맛지마 니까야

중간 길이로 설하신 경[中部]

제1권

M1~M30

맛지마 니까야

Majjhima Nikāya

중간 길이로 설하신 경

제1권

M1~M30

초기불전연구원

그분
부처님
공양 올려 마땅한 분
바르게 깨달으신 분께 귀의합니다.

Namo tassa Bhagavato Arahato Sammāsambuddhassa

제1권 목차

약어

A.	Aṅguttara Nikāya(앙굿따라 니까야, 증지부)
AA.	Aṅguttara Nikāya Aṭṭhakathā = Manorathapūraṇī(증지부 주석서)
AAṬ.	Aṅguttara Nikāya Aṭṭhakathā Ṭīkā(증지부 복주서)
ApA.	Apadāna Aṭṭhakathā(아빠다나(譬喩經) 주석서)
Be	Burmese-script ed. of M.(미얀마 육차결집본)
BG.	Bhagavadgīta(바가왓 기따)
BHD	Buddhist Hybrid Sanskrit Dictionary
BHS	Buddhist Hybrid Sanskrit
BL	Buddhist Legends(Burlingame)
BPS	Buddhist Publication Society
BvA.	Buddhavaṁsa Aṭṭhakathā
CBETA	CBETA Chinese Electronic Tripitaka Collection: CD-ROM
CMA	A Comprehensive Manual of Abhidhamma(아비담맛타 상가하)
CPD	Critical Pāli Dictionary
C.Rh.D	C.A.F. Rhys Davids
D.	Dīgha Nikāya(디가 니까야, 장부)
DA.	Dīgha Nikāya Aṭṭhakathā = Sumaṅgalavilāsinī(장부 주석서)
DAṬ.	Dīgha Nikāya Aṭṭhakathā Ṭīkā(장부 복주서)

Dhp.	Dhammapada(법구경)
DhpA.	Dhammapada Aṭṭhakathā(법구경 주석서)
Dhs.	Dhammasaṅgaṇi(담마상가니, 法集論)
DhsA.	Dhammasaṅgaṇi Aṭṭhakathā = Aṭṭhasālinī(법집론 주석서)
DPL	A Dictionary of the Pali Language(Childers)
DPPN.	G. P. Malalasekera's *Dictionary of Pali Proper Names*
Dv.	Dīpavaṁsa(島史), edited by Oldenberg
DVR	A Dictionary of the Vedic Rituals, Sen, C. Delhi, 1978.
Ee	Roman-script ed. of M.
EV1	Elders' Verses I(장로게 영역, Norman)
EV2	Elders' Verses II(장로니게 영역, Norman)
GD	Group of Discourse(숫따니빠따 영역, Norman)
Ibid.	*Ibidem*(전게서, 前揭書, 위의 책)
It.	Itivuttaka(如是語)
ItA.	Itivuttaka Aṭṭhakathā(여시어 경 주석서)
Jā.	Jātaka(本生譚)
JāA.	Jātaka Aṭṭhakathā(본생담 주석서)
KhpA.	Khuddakapātha Aṭṭhakathā(쿳다까빠타 주석서)
KS	Kindred Sayings(상윳따 니까야 영역, Rhys Davids, Woodward)
Kv.	Kathāvatthu(까타왓투, 論事)
KvA.	Kathāvatthu Aṭṭhakathā(까타왓투 주석서)
LBD	Long Discouurse of the Buddha(디가 니까야 영역, Walshe)
M.	Majjhima Nikāya(맛지마 니까야, 중부)

MA.	Majjhima Nikāya Aṭṭhakathā = Papañcasūdanī(중부 주석서)
MAT.	Majjhima Nikāya Aṭṭhakathā Ṭīkā(중부 복주서)
Mil.	Milindapañha(밀린다왕문경)
MLBD	Middle Length Discouurse of the Buddha(중부 영역, Ñāṇamoli)
Mvu.	Mahāvastu(북전 大事, Edited by Senart)
Mhv.	Mahāvaṁsa(大史), edited by Geiger
MW	Monier-Williams' Sanskrit-English Dictionary
Nd1.	Mahā Niddesa(大義釋)
Nd1A.	Mahā Niddesa Aṭṭhakathā (대의석 주석서)
Nd2.	Cūla Niddesa(소의석)
Netti.	Nettippakaraṇa(指道論)
NMD	Ven. Ñāṇamoli's *Pali-English Glossary of Buddhist Terms*
Pe.	Peṭakopadesa(藏釋論)
PED	*Pāli-English Dictionary* (PTS)
Pm.	Paramatthamañjūsā = Visuddhimagga Mahāṭīkā(청정도론 복주서)
Ps.	Paṭisambhidāmagga(무애해도)
Ptṇ.	Paṭṭhāna(發趣論)
PTS	Pāli Text Society
Pug.	Puggalapaññatti(人施設論)
PugA.	Puggalapaññatti Aṭṭhakathā (인시설론 주석서)
Pv.	Petavatthu (아귀사)
Rv.	Ṛgveda(리그베다)
S.	Saṁyutta Nikāya(상윳따 니까야, 상응부)
SA.	Saṁyutta Nikāya Aṭṭhakathā = Sāratthappakāsinī(상응부 주석서)
SAṬ.	Saṁyutta Nikāya Aṭṭhakathā Ṭīkā(상응부 복주서)
Se	Sinhala-script ed. of M.(스리랑카본)

Sk.	Sanskrit
Sn.	Suttanipāta(숫따니빠따, 경집)
SnA.	Suttanipāta Aṭṭhakathā(숫따니빠따 주석서)
SS	Ee에 언급된 S.의 싱할리어 필사본
Sv	Sāsanavaṁsa(사사나왐사, 교단의 역사)
s.v.	*sub verbō(under the word)*
Te	Thai-script ed. of M.(태국본)
Thag.	Theragāthā(테라가타, 장로게)
ThagA.	Theragāthā Aṭṭhakathā(장로게 주석서)
Thig.	Therīgāthā(테리가타, 장로니게)
ThigA.	Therīgāthā Aṭṭhakathā(장로니게 주석서)
Ud.	Udāna(감흥어)
UdA.	Udāna Aṭṭhakathā(감흥어 주석서)
Uv	Udānavarga(북전 출요경, 出曜經)
VĀT	Vanarata, Āananda Thera
Vbh.	Vibhaṅga(위방가, 分別論)
VbhA.	Vibhaṅga Aṭṭhakathā = Sammohavinodanī(분별론 주석서)
Vin.	Vinaya Piṭaka(율장)
VinA.	Vinaya Piṭaka Aṭṭhakathā = Samantapāsādikā(율장 주석서)
Vis.	Visuddhimagga(청정도론)
v.l.	variant reading(이문, 異文)
VRI	Vipassanā Research Institute
VṬ	Abhidhammaṭṭha Vibhavinī Ṭīkā(위바위니 띠까)
Vv.	Vimānavatthu(천궁사)
VvA.	Vimānavatthu Aṭṭhakathā(천궁사 주석서)

Yam. Yamaka(쌍론)

YamA. Yamaka Aṭṭhakathā = Pañcappakaraṇa(야마까 주석서)

Ybhūś Yogācārabhūmi Śarirārthagāthā(범본 유가사지론)

디가 니까야 각묵 스님 옮김, 초기불전연구원, 2006, 3쇄 2010

상윳따 니까야 각묵 스님 옮김, 초기불전연구원, 2009

앙굿따라 니까야 대림 스님 옮김, 초기불전연구원, 2006~2007

냐나몰리 스님/보디 스님

The Middle Length Discourses of the Buddha(맛지마 니까야 영역본)

보디 스님 *The Connected Discourses of the Buddha*(상윳따 니까야 영역본)

청정도론 대림 스님 옮김, 초기불전연구원, 2004, 4쇄 2012.

아비담마 길라잡이 대림스님/각묵스님 옮김, 초기불전연구원, 2002, 9쇄 2011

우드워드 *The Book of the Kindred Sayings*(상윳따 니까야 영역본)

육차결집본 Vipassana Research Institute(인도) 간행 육차결집 본

초기불교이해 각묵스님 지음, 초기불전연구원, 2010, 3쇄 2012

일러두기

(1) 삼장(Tipitaka)과 주석서(Aṭṭhakathā)들은 별다른 언급이 없는 한 모두 PTS본(Ee)임.
『디가 니까야 복주서』(DAṬ)를 제외한 모든 복주서(Ṭīkā)들은
미얀마 육차결집본(Be, 인도 Vipassana Research Institute 간행)이고,
『디가 니까야 복주서』(DAṬ)는 PTS본이며,『청정도론』은 HOS본임.
M89는『맛지마 니까야』의 89번째 경을 뜻함.
M.ii.123은 PTS본(Ee)『맛지마 니까야』제2권 123쪽을 뜻함.
M89/ii.123은『맛지마 니까야』의 89번째 경으로『맛지마 니까야』제2권
123쪽에 나타남을 뜻함.

(2) 본문에 나타나는 문단번호는 냐나몰리 스님/보디 스님을 따랐음.

(3)『청정도론 복주서』(Pm)의 숫자는 미얀마 6차결집본(VRI)의 문단번호임.

(4) [ ] 안의 숫자는 모두 PTS본(Ee)의 페이지 번호임.

(5) { } 안의 숫자는 PTS본(Ee)의 게송번호임.

(6) 빠알리어는 정체로 표기하였고 영어는 이탤릭체로 표기하였음.

역자 서문

1. 들어가는 말

'불교(佛敎)'는 붓다사사나(Buddha-sāsana, Sk. Buddha-śāsana, 부처님의 교법)를 옮긴 말이다. 이 술어는 부처님의 원음을 잘 간직하고 있는 4부 니까야에서부터 드물지 않게 나타난다. 그리고 이것과 동의어인 사투사사나(sathu sāsana, 스승의 교법, 스승의 가르침)는 니까야의 도처에 나타나며 본서에만 해도 M24 §16 등의 9개 경에 나타나고 있다. 그리고 이 붓다사사나라는 합성어는 이미 니까야의 여러 곳에서 붓닷사 사사나(Buddhassa sāsana, 부처님의 교법) 혹은 붓다낭 사사나(Buddhānaṁ sāsana, 부처님들의 교법)로 나타나고 주석서들도 당연히 붓다사사나를 이처럼 붓닷사 사사나 혹은 붓다낭 사사나로 설명하고 있다.

그리고 이것은 중국에서도 『아함경』 등에서 불교(佛敎)로 옮겨졌는데 우리가 잘 아는 『법구경』(Dhp {183} = D14 §3.28)의 '제악막작/제선봉행/자정기의/시제불교(諸惡莫作 諸善奉行 自淨其意 是諸佛敎)'[1]에 나타나는

---

1) "모든 악을 행하지 않고
유익함[善]을 구족하며
자신의 마음을 깨끗하게 하는 것
이것이 부처님들의 교법이다."(Dhp {183} = D14 §3.28)
sabbapāpassa akaraṇaṁ/ kusalassa upasampadā/
sacittapariyodapanaṁ/ etaṁ buddhāna sāsanaṁ//

주석서는 계·정·혜 삼학으로 본 게송을 설명하고 있다. 주석서를 인용한다. "이와 같이 계를 통한 단속(sīla-saṁvara)으로 모든 악을 제거하고, 사마타와 위빳사나로 유익함[善]을 구족한 뒤에 아라한과(arahatta-phala)로

불교(佛敎)라는 술어도 바로 이 붓다낭 사사나(Buddhānaṁ sāsana)이다.

이처럼 불교 혹은 부처님의 가르침은 부처님 그분에서부터 비롯된다. 부처님이 없는 부처님의 가르침이란 존재할 수 없기 때문이다. 여기서 부처님으로 옮겨지는 이 붓다[佛, Buddha]라는 술어는 문법적으로는 √budh(깨닫다, *to be enlightened*)의 과거분사에 해당하는데, 이것이 남성명사로 쓰여 깨달음을 실현한 자[覺者]라는 뜻이 되고 중국에서는 佛陀, 勃陀, 勃馱, 步他, 沒度, 沒馱, 浮圖, 浮屠(불타, 발타, 발타, 보타, 몰도, 몰타, 부도, 부도) 등으로 다양하게 음역되다가 불(佛)이나 불타(佛陀)로 정착이 되었으며, 한국에서는 부처님으로 정착이 되었다.

우리가 이렇게 부처님으로 부르고 있는 그분은 2600여 년 전에 인도 혹은 네팔의 까삘라왓투에서 태어난 고따마 싯닷타(Gotama Siddhattha)라는 왕자였다. 그분이 출가하여 수행을 통해서 깨달음을 실현하였기 때문에 우리는 그분을 깨달은 분 즉 부처님이라 부르는 것이다. 그러므로 부처님의 깨달음이 없는 불교란 애초부터 존재하지 않는다.

그러면 우리의 관심은 이제 '부처님께서는 어떤 과정을 통해서 깨달으셨는가. 부처님께서는 무엇을 깨달으셨는가. 부처님께서는 깨달으시고 무엇을 하셨는가.' 등으로 모아질 것이다. 다행히 『맛지마 니까야』에는 이러한 부처님의 성도과정과 성도 직후의 행적을 담은 경들이 여섯 개 정도가 전승되어 온다. 그리고 이것은 직계제자들의 설명이 아닌 세존께서 직접 말씀하신 것이라 의미가 더 크다고 할 수 있다. 부처님 원음에 관한 제일의 권위를 가지고 있는 4부 니까야 가운데 다른 세 개의 니까야에는 부처님의 성도과정과 성도 직후의 행적을 구체적으로 담은 경은 찾아보기가 어렵다.

마음을 깨끗하게 해야 한다는, 이러한 모든 부처님들의 교법을 가르치시고 교계하시었다."(DA.ii.478)

2. 부처님의 성도과정

(1) 「성스러운 구함 경」(M26)과 「삿짜까 긴 경」(M36)

『맛지마 니까야』 가운데서 부처님이 깨달으신 과정 즉 성도과정을 담은 경으로는 본서 제1권 「성스러운 구함 경」(M26)과 제2권 「삿짜까 긴 경」(M36)을 들 수 있다. 그리고 이것은 제3권 「보디 왕자 경」(M85)과 「상가라와 경」(M100)과 제1권 「두려움과 공포 경」(M4) §§23~33과 「두 가지 사유 경」(M19) §§14~24 등에도 나타난다.[2] 특히 이 가운데 M26, M36, M85, M100의 네 개의 경은 거의 같은 내용을 담고

---

2) 이 여섯 개 경을 「성스러운 구함 경」(M26)과 「삿짜까 긴 경」(M36)을 중심에 놓고 비교해 보면 다음과 같다.

① 먼저 「성스러운 구함 경」(M26)과 「삿짜까 긴 경」(M36)에는 부처님이 출가하여 두 스승 문하에서 무소유처와 비상비비상처를 증득하였지만 이를 버리고 떠나 우루웰라의 장군촌에 이르시는 부분이 같이 나타난다.(M26 §§14~17 = M36 §§13~17) 그리고 이 부분은 「보디 왕자 경」(M85) §§11~14와 「상가라와 경」(M100) §§10~13과도 같다.

② 부처님의 고행과정(M36 §§17~29)과 새로운 길을 찾는 과정(M36 §§30~33)과 4禪-3명을 증득하여 부처님이 되시는 과정(M36 §§34~44)은 M36에만 나타나고 M26에는 나타나지 않는다. 그리고 이것은 M85 §§15~42와 M100 §§17~41에도 동일하게 나타난다. 4선-3명을 증득하시는 부분은 「두려움과 공포 경」(M4) §§23~33과 「두 가지 사유 경」(M19) §§14~24 등에도 언급이 된다.

③ 범천의 권청부터 오비구의 교화까지의 부처님의 전법과정은 「성스러운 구함 경」(M26) §§19~29에만 나타나고, M36에는 나타나지 않는다. 그리고 이것은 M85 §§43~53에 나타나지만 「상가라와 경」(M100)에는 나타나지 않는다. 이 부분은 『율장』 『대품』(Mahāvagga, Vin.i.7~14)에도 나타난다. 그리고 범천의 권청 부분은 『상윳따 니까야』 제1권 「권청(勸請) 경」(S6:1)으로 실려 있다.

그러므로 고행과정과 깨달음의 실현과정은 M36에만 나타나고 전법과정은 M26에만 나타나며 이 둘은 M85에 함께 나타난다. 이런 면에서 「보디 왕자 경」(M85)이 부처님 성도과정과 전법과정에 대한 출처로 인용하기에 가장 좋다고 할 수 있지만 반복되는 정형구가 대부분 생략되어 편집되어 전해지는 관계로 인용의 저본으로 삼기에는 무리가 따른다.

그래서 니까야에서 부처님의 성도과정과 관계된 내용을 인용하는 데는 「성스러운 구함 경」(M26)과 「삿짜까 긴 경」(M36)의 두 경이 중요하다.

있으며, 부처님의 성도과정을 잘 보여주고 있다. 이 가운데서도 「성스러운 구함 경」(M26)과 「삿짜까 긴 경」(M36)은 반복되는 정형구의 생략(peyyala) 없이 전문을 잘 담고 있어서 많이 인용되고 있다.

이 두 개의 경들 가운데 「성스러운 구함 경」(M26)은 부처님이 깨달으시고 전법을 결심하신 후 오비구에게 법을 전하시는 것에 초점을 맞추고 있기 때문에(§§22~30) 부처님이 어떤 과정을 통해서 무엇을 깨달으셨는가에 대한 언급은 없다. 그러므로 세존이 고행을 버리고 발상의 대전환을 가져오시는 과정과 깨달음을 증득하시는 과정 등에 대한 것은 「삿짜까 긴 경」(M36)이 가장 좋은 자료가 된다 할 수 있다.

그럼 「삿짜까 긴 경」(M36)을 중심으로 부처님의 깨달음의 과정을 간단하게 살펴보자. 잘 알려진 대로 부처님은 출가하여 당대 선정의 대가였던 알라라 깔라마와 웃다까 라마뿟따 문하에 들어가서 그들이 가르치는 각각 무소유처 삼매와 비상비비상처 삼매를 아주 빨리 체득하신다.(§§14~15 = M26 §§15~16) 그렇지만 세존께서는 여기에 만족하지 못하여 버리고 떠나신다. 왜? 깨달음과 열반으로 인도하지 못하기 때문이다. 경에서 세존께서는 이렇게 말씀하신다.

"이 법은 염오로 인도하지 못하고, 탐욕의 빛바램으로 인도하지 못하고, 소멸로 인도하지 못하고, 고요함으로 인도하지 못하고, 최상의 지혜로 인도하지 못하고, 바른 깨달음으로 인도하지 못하고, 열반으로 인도하지 못한다."(§§14~15 = M26 §§15~16)

(2) '이것이 깨달음을 위한 길이다.'(M36 §31)

당대에 삼매 혹은 선정수행으로는 최고의 경지라 할 수 있는 비상비비상처에까지 오른 세존이 더 닦으실 삼매는 없었을 것이다. 그러나 이런 삼매의 경지가 부처님이 추구하시는 궁극적 목적이 아니었기 때문에 다른 길을 찾아야 한다. 그래서 세존께서는 이제는 삼매수행과는 저 반대편에 있다 할 수 있는 고행을 떠나신다.(M36 §§17~29) 6년간[3] 혹독한 고행을 했지만 역시 세존께서 원하는 바른 깨달음을 실현하시지 못한다. 이렇게 사지가 메마르고 문드러져 죽음의 문턱에 다다라서 부처님께서는 고행에 대한 반성을 하시면서 다른 수행법이 없을까 깊은 사유를 하신다.[4]

'그러나 나는 이런 극심한 고행으로도 인간의 법을 초월하고 성자들에게 적합한, 지와 견의 특별함을 증득하지 못했다. 깨달음을 얻을 다른 길이 없을까?'(§30)

이렇게 깊은 사유와 반성의 끝에 세존의 사유는 어릴 적 농경제 때 체험한 삼매의 경지에 다다른다. 세존께서는 이렇게 고찰하신다.

'아버지가 삭까족의 농경제 의식을 거행하실 때 나는 시원한 잠부 나무 그늘에 앉아서 감각적 욕망을 완전히 떨쳐버리고 해로운 법들을 떨쳐버린 뒤 일으킨 생각과 지속적 고찰이 있고, 떨쳐버렸음에서 생긴 희열과 행복이 있는 초선(初禪)을 구족하여 머물렀던 적이 있었는데, 혹시 그것이 깨달음을 위한 길이 되지 않을까?'

세존께서는 말씀하신다. "그 기억을 따라서 이런 알음알이가 [즉시에] 일어났다. '이것이 깨달음을 위한 길이다.'"(§31)

이것은 세존의 삶에 있어서, 아니 인도뿐 아니라 인류의 수행전통에 있어서 가장 중요한 발상의 대전환이라고 역자는 파악한다. 세존의 이러한 발상의 대전환이 없었더라면 불교는 존재하지도 못했을 것이기 때문이다. 주석서는 이 중요한 발상의 전환에 대해서 이렇게 설명한다.

---

3) 6년의 출처는 역자 서문 §3-(1)을 참조할 것.

4) 본서 「사자후의 긴 경」(M12)에서도 세존께서는 여러 가지 고행을 열거하시면서(§§45~55) 이러한 극심한 고행을 했음에도 불구하고 깨달음을 실현하지 못하셨으며 그래서 그것을 버리게 되었다고 말씀하시고 있다. 세존께서는 말씀하신다.
"사리뿟따여, 나는 참으로 그러한 행위와 그러한 도닦음과 그러한 고행으로도 인간의 법을 초월하고 성자들에게 적합한, 지와 견의 특별함을 증득하지 못했다. 그것은 무슨 까닭인가?
그것은 성스러운 통찰지를 증득하지 못했기 때문이다. 성스러운 통찰지를 증득하면 성스러운 해탈로 인도하고, 그렇게 실천하는 자를 바르게 괴로움의 멸진으로 인도한다."(M12 §56)

"'깨달음을 위한 길'이라고 하셨다. 여기서 '길[道, magga]'이란 들숨날숨에 대한 마음챙김을 통한 초선(ānāpāna-ssati-paṭhama-jjhāna)이 깨달음을 성취하기 위한 길이라는 말씀이다."(MA.ii.291)

그리고 세존께서는 계속해서 사유하신다. '이 행복은 감각적 욕망들과도 상관없고 해로운 법들과도 상관없는데, 그것을 내가 왜 두려워하는가?'(§32)

그래서 부처님께서는 이렇게 결론지으신다. '나는 감각적 욕망들과도 상관없고 해로운 법들과도 상관없는 그런 행복을 두려워하지 않는다.'(§32) 그리고 이제 드디어 음식을 드시리라고 대결단을 하신다. '이렇게 극도로 야윈 몸으로 그런 행복을 얻기란 쉽지 않다. 나는 쌀밥과 보리죽 같은 덩어리진 음식을 먹으리라.'(§33)라고.

여기서 인용한 이 구절들은 고행에 대한 부처님의 반성이 깊이 담겨 있는 사유이면서 부처님의 발상의 대전환을 볼 수 있는 말씀이기도 하다. 그래서 역자는 '이것이 깨달음을 위한 길이다.'라는 가슴 뛰는 이 부처님의 말씀을 본 문단의 표제어로 삼아봤다.

(3) 아니면 버려라

깨달으시기 전 부처님의 수행과정을 한 마디로 표현하라고 한다면 '아니면 버려라.'라고 말하고 싶다. 부처님은 순차적으로 크게 세 가지를 버리셨다.

첫째, 부처님께서는 세속의 삶이 궁극적 행복을 위한 길이 아니라고 생각하셔서 왕자의 삶을 버리고 떠나셨다.[5] 감각적 욕망을 버리신 것이다.

둘째, 출가를 하신 뒤 부처님께서는 알라라 깔라마와 웃다까 라마뿟

---

5) 부처님이 왕자로서 누렸던 영화로운 삶은 『앙굿따라 니까야』 제1권 「편안함 경」(A3:38)에 묘사되어 나타난다. 부처님은 이러한 영화로운 삶을 사시면서도 늙음과 병듦과 죽음의 불가피성을 통찰하셨고 그래서 젊음과 건강과 장수에 대한 자부심이 다 사라져버렸다고 토로하고 계신다.

따를 만나서 각각 무소유처 삼매와 비상비비상처 삼매를 체득했지만 그것이 깨달음을 위한 길이 아니라고 판단하셔서 버리고 떠나셨다. 수정주의(修定主義 = 선정 제일주의)를 버리신 것이다.

셋째, 그 후 6년에 걸친 혹독한 고행을 하셨지만 이 고행도 깨달음을 위한 길이 아니라고 판단하셔서 그것도 버리고 떠나셨다. 고행주의를 버리신 것이다.

그러면 부처님께서는 이 셋을 버리고 나서 무엇을 '깨달음의 길'로 받아들이셨는가? 위의 §2에서 밝힌 '감각적 욕망들과도 상관없고 해로운 법들과도 상관없는 행복'(§32)이요, 어릴 때 체험한 초선으로 표현되는 행복이 그것이다.(§31)

부처님이 이러한 새로운 길을 받아들이기 위해서 고행을 포기하는 위대한 결단을 하시자 경은 이렇게 표현하고 있다.

"그러나 내가 쌀밥과 보리죽 같은 덩어리진 음식을 먹자 그 다섯 비구들은 '사문 고따마는 호사스러운 생활을 하고 용맹정진을 포기하고 사치스러운 생활에 젖어있다.'라고 생각하면서 나를 혐오하여 떠나 가버렸다." (§33)

아니기에 버리신 세존을 오비구가 버리고 떠나버린 것이다.

(4) 4선 - 3명과 깨달음

아마 오비구뿐만 아니라 당대의 모든 고행자들도 고행을 포기하고 덩어리진 음식을 드신[6] 세존을 타락자라고 엄청나게 비난했을 것이다. 세존께서는 그러한 수행자들의 비난을 뒤로하고 어릴 때 체험하신 초선의 경지에 들기 위해서 수행에 들어가신다.[7] 그래서 부처님께는 초선에 드시고 거기에 머물지 않고 더욱더 깊은 경지의 삼매인 제2선, 제3선, 제4

---

6) 주석서에 의하면 부처님은 세나니의 딸 수자따(Sujātā Senānidhītā)가 올린 우유죽을 드셨다.(AA.i.401~404 참조)

7) 위에서 인용했듯이 주석서는 들숨날숨에 대한 마음챙김을 통해서 초선에 드신 것으로 설명하고 있다."(MA.ii.291)

선을 차례대로 증득하셨다. 이 네 가지 禪은 부처님이 새로 터득하신 禪이요 '감각적 욕망들과도 상관없고 해로운 법들과도 상관없는 행복'이요, '깨달음의 길'이다. 앞의 공무변처와 비상비비상처가 당대의 선정주의자들이 닦은 삼매라면[8] 초선부터 제4선까지는 불교의 삼매이고, 이 삼매를 토대로 부처님께서는 밤의 초경에 숙명통을 증득하시고, 밤의 이경에는 천안통을 증득하신 뒤, 마침내 밤의 삼경에는 누진통을 체득하셔서 사성제를 꿰뚫으시고 모든 번뇌를 소멸하여 위없는 깨달음을 실현하셨다. 경에서 부처님은 이렇게 누진통을 정형화하여 말씀하신다.

"그런 나는 '이것이 괴로움이다.'라고 있는 그대로 꿰뚫어 알았고, '이것이 괴로움의 일어남이다.'라고 있는 그대로 꿰뚫어 알았고, '이것이 괴로움의 소멸이다.'라고 있는 그대로 꿰뚫어 알았고, '이것이 괴로움의 소멸로 인도하는 도닦음이다.'라고 있는 그대로 꿰뚫어 알았다. '이것이 번뇌다.'라고 있는 그대로 꿰뚫어 알았고, '이것이 번뇌의 일어남이다.'라고 있는 그대로 꿰뚫어 알았고, '이것이 번뇌의 소멸이다.'라고 있는 그대로 꿰뚫어 알았고, '이것이 번뇌의 소멸로 인도하는 도닦음이다.'라고 있는 그대로 꿰뚫어 알았다.

내가 이와 같이 알고 이와 같이 볼 때 나는 감각적 욕망에 기인한 번뇌[欲漏]에서 마음이 해탈했다. 존재에 기인한 번뇌[有漏]에서도 마음이 해탈했다. 무명에 기인한 번뇌[無明漏]에서도 마음이 해탈했다. 해탈했을 때 해탈했다는 지혜가 생겼다. '태어남은 다했다. 청정범행은 성취되었다. 할 일을 다 해 마쳤다. 다시는 어떤 존재로도 돌아오지 않을 것이다.'라고 꿰뚫어 알았다."(M36 §§42~43)

부처님이 이러한 누진통으로 표현되는 깨달음을 실현하셨기 때문에 드디어 불교가 세상에 존재하게 된 것이다. 여기서 보듯이 부처님은 사성제를 깨달으셨다. 그리고 모든 번뇌를 다 제거하셨다. 다른 여러 경들

---

8) 물론 부처님께서는 깨달으신 후에 이러한 삼매를 무색계 삼매로 받아들이신다. 본서 「지워 없앰 경」(M8) §8이하의 주해들을 참조할 것.

에서도 깨달음은 사성제로 정의되고(M91 §31 등) 바른 견해도 사성제에 대한 이해로 설명된다.(M9 §14 등)

(5) 깨달음과 초전법륜

이렇게 깨달음을 성취하신 부처님은 전법에 대한 사유를 하셨고[9] 세존의 마음은 법을 설하기보다는 무관심으로 기울었지만 사함빠띠 범천의 권청으로 전법을 하시기로 결심을 하신다.(M26 §§19~21)

그래서 바라나시의 녹야원으로 가셔서 오비구를 만나 그들에게 법을 설하시면서 수행을 지도하신다.(M26 §§22~30) 마침내 오비구는 위없는 유가안은인 열반을 증득했다. 그래서 그들에게는 '우리의 해탈은 확고부동하다. 이것이 마지막 태어남이다. 더 이상 다시 태어남[再生]은 없다.'라는 지와 견이 생겼다.(M26 §30) 『율장』의 『대품』(Vin.i.10~14)에 의하면 오비구는 부처님의 처음 설법인 『상윳따 니까야』 제6권 「초전법륜 경」(S56:11)을 듣고 유학(有學, sekha)이 되어 있었으며, 부처님의 두 번째 설법인 「무아의 특징 경」(S22:59)을 듣고 아라한과를 증득하였다고 한다.

좀 길지만 부처님의 발상의 대전환을 중심으로 한 성도과정과 성도후의 일을 경의 가르침에 준해서 살펴보았다. 이제 4부 니까야를 중심으로 한 법의 결집에 대해서 간략하게 살펴보자.

3. 니까야의 결집

(1) 결집을 통한 법의 전승

세존의 마지막 행적을 담고 있는 「대반열반경」(D16 §5.27)에서 부처님께서는 임종하시기 직전에 부처님을 뵙고 당신의 마지막 출가 제자가

---

9) 주석서(MA.ii.181~186)는 세존께서 깨달음을 증득하신 뒤 초전법륜을 결심하시기 전의 7×7=49일 동안에 하셨던 일을 자세하게 적고 있다. 여기에 대해서는 본서 M26 §19의 주해를 참조할 것.

된 수밧다 유행승에게 이렇게 게송으로 말씀하고 계신다.

"수밧다여, 29세가 되어 나는/ 무엇이 유익함인지를 구하여 출가하였노라./ 수밧다여, 이제 51년 동안/ 출가 생활을 하면서 바른 방법과 법을 위해서/ [여러] 지방에 머물렀나니/ 이밖에는 사문이 없다."(D16 §5.27)

즉 부처님께서는 29세에 출가하셨고, 6년간의 고행을 하시고 깨달음을 증득하신 뒤, 45년간의 전법을 포함한 51년간 출가생활을 하셨으며, 80세에 반열반하시게 되었다고 스스로 이렇게 말씀하신 것이다. 이처럼 깨달음을 실현하여 부처님으로 45년을 이 세상에 머무르신 세존의 일생을 한마디로 표현하라면 그것은 당연히 법(法, dhamma)이다. 그래서 세존께서는 깨달음을 성취하신 직후에도 "아무도 존중할 사람이 없고 의지할 사람이 없이 머문다는 것은 괴로움이다. … 참으로 나는 내가 바르게 깨달은 바로 이 법을 존경하고 존중하고 의지하여 머물리라."(A4: 21) 라고 사유하신다. 이 외에도 니까야의 도처에는 부처님이 얼마나 법을 존중하고 계신가를 알 수 있는 언급이 많이 나타난다. 이러한 부처님의 법 존중의 정신에 대해서는 『초기불교 이해』 제5장(69쪽 이하)을 참조하기 바란다.

그리고 부처님께서는 "법과 율이 그대들의 스승이 될 것이다."(D16 §6.1)라는 마지막 유훈을 남기고 반열반에 드셨다. 그래서 부처님의 직계제자들은 부처님의 입멸이라는 가슴이 무너지는 슬픔을 뒤로 하고 부처님이 남기신 법과 율을 결집하는 일에 몰입하였다.[10] 그들은 장장 일곱 달 동안[11] 합송에 몰두하여 세존이 남기신 법과 율을 결집하였던 것이다.

그들은 일단 법의 바구니(Dhamma-Pitaka = Sutta-Pitaka, 經藏)와 율의 바구니(Vinaya-Pitaka, 律藏)라는 두 개의 바구니를 먼저 설정하였다. 그 가운데서 율의 바구니부터 먼저 채우기로 결의하였는데, 합송에 참

---

10) 『삼장』의 결집에 대해서는 『디가 니까야』 제3권의 부록으로 옮긴 『디가 니까야 주석서』 「서문」(535쪽 이하)을 참조할 것.

11) 여기에 대해서는 위의 책 『디가 니까야 주석서』 「서문」 §69를 참조할 것.

석한 아라한들은 "율은 부처님 교법의 생명(āyu)입니다. 율이 확립될 때 교법도 확립됩니다. 그러므로 율을 첫 번째로 합송해야 합니다."(AA.i.11)라고 결정하였기 때문이다. 그런 다음 법의 바구니를 채우기 시작하였는데, 법의 바구니는 다시 다섯 개의 니까야(Nikāya)로 나누어서 합송하였다. 그 가운데 핵심은 네 개의 니까야 즉 『디가 니까야』(長部)와 『맛지마 니까야』(中部)와 『상윳따 니까야』(相應部)와 『앙굿따라 니까야』(增支部)이다.

(2) 4부 니까야의 결집

일차합송에 참여한 아라한들이 부처님 가르침을 정리한 기준은 길이와 주제와 숫자의 세 가지였다. 그들은 부처님 가르침을 연대기적으로 정리하는 데는 큰 관심을 보이지 않았다. 그들의 관심은 가르침의 길이와 주제와 숫자였다. 그들은 먼저 길이에 초점을 맞추어서 부처님의 가르침이나 직계제자들의 설법들 가운데서 그 길이가 긴 경들 34개를 모아서 『디가 니까야』에 담았고, 중간 길이로 설하신 가르침들 152개를 합송해서 『맛지마 니까야』에 담았다. 그리고 남은 가르침들을 먼저 주제별로 분류하여 56개의 주제를 설정한 뒤 같은 주제에 해당하는 경들을 함께 모아서(saṁyutta) 『상윳따 니까야』를 완성하였다. 그리고 남은 가르침들은 그 가르침이 담고 있는 내용의 숫자[法數]에 주목하여 모두 하나부터 열하나까지의 법수를 가진 모음을 분류한 뒤 숫자별로 모아서 『앙굿따라 니까야』로 합송(合誦, saṅgīti)하였다. 이처럼 법의 결집은 길이와 주제와 숫자를 중심으로 진행되었다.

이런 방법으로 『디가 니까야』 등 네 가지 니까야를 완성한 뒤에 그 외에 남은 부처님 말씀이나 여러 스님들의 설법이나 일화나 전기나 게송 등은 『쿳다까 니까야』(小部)에 채워 넣었다.

이렇게 합송하여 공인된 『디가 니까야』에는 모두 34개의 경들이 포함되어 있고 그 분량은 64바나와라[12]이며, 아난다 존자의 제자들에게 부촉해서 그분들이 계승해 가도록 하였다. 『맛지마 니까야』에는 모두 152개의 경들이 포함되어 있고 분량은 80바나와라이며, 사리뿟따 존자의 제자들이 계승하도록 결의하였다. 『상윳따 니까야』에는 모두 7762개의 경들이 포함되어 있고 분량은 100바나와라이며, 마하깟사빠 존자의 제자들에게 부촉하여 전승하도록 하였다. 『앙굿따라 니까야』에는 모두 9557개의 경들이 포함되어 있고 120바나와라 분량이며, 아누룻다 존자의 제자들에게 부촉해서 전승하도록 하였다 한다.13)

한편 『본생담』(本生譚, Jātaka) 등 13개 혹은 15개(『행장』(行藏, Cariya-piṭaka)과 『불종성』(佛種姓, Buddhavaṁsa)을 넣으면 15개가 됨) 경전군들로 구성된 『쿳다까 니까야』(小部)를 어디에 포함시킬 것인가는 삼장을 전승해온 전통에 따라서 다른 견해를 가졌다.

『디가 니까야』를 전승해 내려온 전통에서는 이 『쿳다까 니까야』를 『경장』에 넣지 않고 『논장』에 포함시켰다. 『디가 니까야』를 전승하는 자들은 이것을 『논장』에 포함시키기 때문에 『쿳다까 니까야』라고 부르지 않고 그냥 '작은 전적[小典, khuddaka-gantha]'이라고 불렀다고

---

12) '바나와라(bhāṇavārā)'란 '쉬지 않고 계속해서 외울 수 있는 만큼의 분량'을 말한다. 바나와라는 문자 그대로 '암송(bhānā)의 전환점(vāra)'이라는 말인데, 경전을 외워 내려가다가 한 바나와라가 끝나면 쉬었다가 다시 외우는 것이 반복되고, 그 다음 바나와라가 끝나면 또 다시 쉬었다가 시작한다. 한 바나와라는 8음절로 된 사구게(四句偈)로 250게송의 분량이라 한다. 그래서 총 4×8×250=8,000음절이 된다.
그러므로 『디가 니까야』는 모두 64×250=16000송이 되며 『맛지마 니까야』는 2만 송, 『상윳따 니까야』는 2만 5천 송, 『앙굿따라 니까야』는 모두 3만 송의 분량이며 4부 니까야 전체는 모두 9만 1천 송으로 구성되어 있다. 한편 삼장은 모두 2,547개에 해당되는 바나와라 즉 636750송의 분량이라고 한다.(『청정도론』 3권 427쪽 주해에서 재인용)

13) 여기에 대해서는 『디가 니까야』 제3권의 부록인 『디가 니까야 주석서』 「서문」§39를, 『쿳다까 니까야』(소부)에 대해서는 §40을 참조할 것.
그리고 본서의 이 역자 서문 §3은 초기불전연구원에서 역출한 『앙굿따라 니까야』 제1권 역자 서문 15~16쪽과 『상윳따 니까야』 제1권 역자 서문 37~39쪽을 참조하였다.

한다. 그러나 『맛지마 니까야』를 독송하는 자들은 『행장』과 『불종성』과 더불어 이 모두를 『경장』의 다섯 번째 니까야인 『쿳다까 니까야』에 포함시켰다.

『디가 니까야』를 전승해온 전통은 위에서 보듯이 아난다 존자의 제자들이었으므로 어찌 보면 이것이 정설일 수도 있는데 『맛지마 니까야』를 전승해온 분들 즉 사리뿟따 존자의 제자들의 견해대로 『쿳다까 니까야』는 『경장』에 포함되어 지금까지 전승되어 온다.

(3) 4부 니까야의 경은 모두 몇 개인가

이렇게 하여 바라나시 녹야원에서 오비구에게 「초전법륜경」(S56:11)을 시작으로 부처님께서 설하신 45년간의 설법과 직계제자들의 가르침 등은 4부 니까야에 담겨서 잘 전승되어 온다. 주석서의 설명에 의하면 (AA.i.17) 『디가 니까야』 34개 경, 『맛지마 니까야』 152개 경, 『상윳따 니까야』 7762개 경, 『앙굿따라 니까야』 9557개 경이 되어 모두 17505개가 된다. 그러나 초기불전연구원에서 번역출간한 4부 니까야를 기준으로 보면 5395개의 경전이 4부 니까야에 담겨 있다. 이를 도표로 나타내면 다음과 같다.

각 니까야에 포함된 경의 개수

니까야	주석서	PTS본	육차결집본	초불번역본
디가	34	34	34	34
맛지마	152	152	152	152
상윳따	7762	2889	2908	2904
앙굿따라	9557	2344	7231	2211
합계	17505	5419	10325	5301

그러면 PTS본과 PTS본을 저본으로 하여 번역한 초기불전연구원 번역본과 육차결집본과 주석서에서 밝히는 경의 개수가 왜 이렇게 차이가 나는가? 먼저 분명히 밝히고 싶은 것은 내용에는 하나도 다른 부분이 없다는 것이다. 두 판본뿐만 아니라 다른 스리랑카나 태국의 여러 공식 판본과 필사본까지도 단어의 철자법이 다른 부분은 적지 않게 있고 혹 문장이 생략된 부분이 나타나기도 하지만, 내용이 다른 경이 새로 첨가된다거나 특정한 경이 누락된다거나 하는 경우는 없는 것으로 보인다.

그런데도 불구하고 두 판본에 나타나는 경의 개수가 왜 이렇게 차이가 나는가? 그것은 후대에 경을 편집하는 편집자들 혹은 결집회의의 주재자들이 경을 어떻게 편집하여 개수를 정했는가 하는 차이이다. 그래서 판본에 따라서 어떤 경은 앞 경에 포함된 것으로 편집되어 나타나기도 하고 어떤 부분은 한 경에서 독립된 경으로 편집되기도 한 것이다. 예를 들면 『앙굿따라 니까야』 제1권 「아난다 경」(A3:32) §2의 주해와 「사대천왕 경」 2(A3:37)의 주해를 참조하기 바란다. 이런 차이일 뿐이지 경의 내용이 첨가되거나 생략된 부분은 없다.

그러면 이제부터 논의의 초점을 『맛지마 니까야』에 모아보자.

4. 『맛지마 니까야』란 무엇인가

주석서에 의하면 『맛지마 니까야』는 4부 니까야 가운데 두 번째로 결집한 것이다. 위에서 살펴보았듯이 부처님 가르침을 결집한 기준은 가르침의 길이와 주제와 숫자이다. 그래서 가장 길이가 긴 것 34개를 모아서 『디가 니까야』(길게 설하신 경)로 이름을 붙였으며, 그 다음으로 긴 경들 152개를 모아서 『맛지마 니까야』(중간 길이로 설하신 경)라고 명명하였다. 그리고 남은 짧은 길이의 경들을 가르침의 주제와 가르침에 포함된 주제의 숫자에 따라서 각각 『상윳따 니까야』(주제별로 모은 경)와 『앙굿따라 니까야』(숫자별로 모은 경)로 편성하였다.

문자적으로 맛지마(majjhima, Sk. madhyama)는 '중간의'를 뜻하는 형용사로 수나 양이나 질이나 크기나 정도나 시간 등의 모든 경우의 중간 정도를 뜻하는 단어이다. 주석서와 복주서는 『맛지마 니까야』를 이렇게 설명한다.

"중간 길이의 경들로 구성된 것(majjhima-pamāṇa-sutt-aṅkita)을 『맛지마 아가마』(Majjhimāgama)라 한다."(MA.i.2)

여기서 『맛지마 아가마』(Majjhimāgama)는 상좌부의 『맛지마 니까야』를 뜻한다. 아가마(āgama)는 중국에서 아함(阿含)으로 음역한 단어이다. 주석서는 이처럼 니까야와 아가마를 동의어로 사용하고 있다. 복주서는 이렇게 설명을 덧붙이고 있다.

"여기서 '중간 길이의 경들로 구성된 것'이란 지나치게 길지도 않고 지나치게 짧지도 않은 길이의 경들(na-atidīgha-na-atikhuddaka-pamāṇā sutta-ntā)로 특징지어진 것을 말한다. 『디가 니까야』에는 긴 길이(dīgha-pamāṇāni)의 경들이, 『상윳따 니까야』와 『앙굿따라 니까야』의 두 니까야에는 짧은 길이의(khuddaka-pamāṇāni) 경들이 [포함되었지만] 여기에는 그렇지 않다. 여기에는 그 길이로 볼 때 중간 정도의(pamāṇato majjhimāni) [길이의] 경들이 포함되었다. 그래서 '중간 길이의 경들로 구성된 것'이라고 하였다."(MAṬ.i.14)

그러므로 그 크기(pamāṇa, 즉 길이)로 볼 때 중간 길이가 되는 경들을 모은 것이 『맛지마 니까야』라는 말이다. 일차합송에서 긴 길이(dīgha)의 경들 34개를 『디가 니까야』로 편성을 하고 남은 경들 가운데서 그 길이가 중간 정도가 되는 경들 152개를 모아서 『맛지마 니까야』를 구성하였기 때문에 이것을 『맛지마 니까야』라 부르는 것이다. 초기불전연구원에서는 이것을 『맛지마 니까야』로 음역하여 옮겼으며 '중간 길이로 설하신 경'이라는 부제를 달았다. 일본에서는 『맛지마 니까야』를 중부(中部)로 옮겼다.

5. 『맛지마 니까야』의 구성

『맛지마 니까야』에는 모두 152개의 경들이 포함되어 있다. 전통적으로 이들 152개의 경들은 세 권으로 편집되어 전승되어 오는데 제1권과 제2권에는 50개씩의 경들이 포함되어 제1권에는 M1~M50의 50개 경들이 포함되어 있고, 제2권에는 M51~M100까지의 50개 경들이 포함되었으며, 마지막 제3권에는 M101~152의 52개의 경들이 들어있다.

초기불전연구원에서는 이들을 모두 네 권으로 번역하여 출간하였는데 세 권으로 편집하면 각 권의 분량이 너무 많기 때문이다. 그래서 초기불전연구원에서 출간하는 『맛지마 니까야』 제1권에는 M1~M30까지의 30개 경들이, 제2권에는 M31~M70까지의 40개 경들이, 제3권에는 M71~M110까지의 40개 경들이, 마지막 제4권에는 M111~M152까지의 42개 경들이 포함되어 있다.

『맛지마 니까야』에 포함된 이러한 152개의 경들은 모두 15개의 품(vagga)으로 나누어져서 담겨 있다. 그래서 하나의 품에는 10개씩의 경들이 들어있고 제15품만 12개의 경들이 들어있다. 그리고 5개의 품 즉 50개의 경들은 다시 하나의 '50개 경들의 묶음'으로 분류된다. 이렇게 하여 『맛지마 니까야』에 포함되어 있는 152개의 경들은 모두 세 개의 '50개 경들의 묶음(paṇṇāsa)'으로 나누어져서 세 권으로 전승되어 온다. 제1권인 『처음 50개 경들의 묶음』(Mūla-paṇṇāsa)에는 M1부터 M50까지, 즉 제1품부터 제5품에 포함되어 있는 50개 경들이 포함되어 있고, 『가운데 50개 경들의 묶음』(Majjhima-paṇṇāsa)이라 불리는 제2권에는 M51부터 M100까지 즉 제6품부터 제10품에 포함되어 있는 50개 경들이 들어있다. 그리고 마지막인 제3권은 『마지막 50개 경들의 묶음』(Upari-paṇṇāsa)이라 불리는데, 여기에는 M101부터 M152까지 즉 제11

품부터 제15품에 포함되어 있는 52개 경들이 포함되어 있다. 이를 정리해 보면 다음과 같다.

I. 처음 50개 경들의 묶음[14](Mūla-paṇṇāsa)
제1장 뿌리에 대한 법문 품(Mūlapariyāya-vagga, M1～M10)
제2장 사자후 품(Sīhanāda-vagga, M11～M20)
제3장 비유 품(Opamma-vagga, M21～M30)
제4장 긴 쌍 품(Mahā-yamaka-vagga, M31～M40)
제5장 짧은 쌍 품(Cūḷa-yamaka-vagga, M41～M50)

II. 가운데 50개 경들의 묶음(Majjhima-paṇṇāsa)
제6장 장자 품(Gahapati-vagga, M51～M60)
제7장 비구 품(Bhikkhu-vagga, M61～M70)
제8장 유행승 품(Paribbājaka-vagga, M71～M80)
제9장 왕 품(Rāja-vagga, M81～M90)
제10장 바라문 품(Brāhmaṇa-vagga, M91～M100)

III. 마지막 50개 경들의 묶음(Upari-paṇṇāsa)
제11장 데와다하 품(Devadaha-vagga, M101～M110)
제12장 차례대로 품(Anupada-vagga, M111～M120)

---

14) 『처음 50개 경들의 묶음』은 mūla-paṇṇāsā를 옮긴 것이다. 여기서 mūla(뿌리)를 본 묶음의 명칭으로 삼은 이유는 본 묶음의 첫 번째 품이 「뿌리에 대한 법문 품」(Mūlapariyāya-vagga)이고 첫 번째 품에 포함된 첫 번째 경이 「뿌리에 대한 법문 경」(Mūlapariyāya Sutta)」이기 때문인 것이 분명해 보인다. 그러므로 본 묶음의 명칭을 '뿌리 50개 경들의 묶음' 정도로 옮기면 좋겠지만 어색하게 느껴져서 mūla를 '처음(ādi)'으로 해석하는 복주서의 다음 설명을 참조하여 『처음 50개 경들의 묶음』으로 옮겼다.
"뿌리에, 즉 처음에 있는 50개의 묶음(mūle ādimhi paṇṇāsā)이라 해서 『처음 50개 경들의 묶음』이라 한다. 혹은 뿌리(근원, 근본)가 되는(mūla-bhūtā) 50개의 묶음이라 해서 『처음 50개 경들의 묶음』이라 한다."(MAṬ. i.18)

제13장 공 품(Suññata-vagga, M121~M130)
제14장 분석 품(Vibhaṅga-vagga, M131~M142) - 12개 경
제15장 여섯 감각장소 품(Saḷāyatana-vagga, M143~M152)

이처럼 10개의 경들은 하나의 품(vagga)으로 분류가 되고 이렇게 하여 다섯 개의 품 즉 50개의 경들은 다시 하나의 '50개 경들의 묶음(빤나사까, paṇṇāsa)'으로 분류가 된다. 빤나사까는 문자 그대로 '50개로 된 것'이라는 의미이다. 이렇게 하여 전체 152개의 경들은 세 개의 '50개 경들의 묶음'으로 구성되어 있다. 이렇게 조직하여 전체 152개의 경들을 일목요연하게 정리한 것이 『맛지마 니까야』 이다.

그리고 이러한 '품'과 '50개 경들의 묶음'을 토대로 한 경의 분류 방법은 『디가 니까야』 와 『상윳따 니까야』 와 『앙굿따라 니까야』 등의 다른 니까야에도 똑같이 적용되는 공통적인 방법이다.

예를 들면 『상윳따 니까야』 에 포함된 7762개 혹은 2904개의 경들은 모두 56개 주제별로 함께 모아서 분류하였으며 각각의 상응들 가운데 많은 경을 포함한 상응은 다시 '50개 경들의 묶음'으로 분류가 되고 이것은 다시 10개의 경을 포함한 품들로 분류하여 편집하였다.

『앙굿따라 니까야』 는 니빠따(nipāta, 모음)라 불리는 숫자별로 분류한 11개의 모음(A1부터 A11까지)으로 구성되어 있다. 각 모음은 많은 경들을 포함하고 있는데 주석서에 의하면 모두 9557개의 경들을 포함하고 있다고 설명하고 있으며 니까야들 가운데 가장 많은 경들을 포함하고 있다. A1부터 A11까지 11개의 모음으로 분류된 경들은 다시 50개씩의 경들로 묶어서 분류하고 있는데 여기서도 이것을 '50개 경들의 묶음'이라 부르고 있다. 여기서도 한 묶음에 포함된 50개의 경들은 다시 다섯 개의 '품'으로 분류가 되는데 하나의 품은 기본적으로 10개씩의 경들을 포함하고 있다. 이렇게 조직하여 전체 9557개의 경들을 일목요연하게 정리한 것이 『앙굿따라 니까야』 이다.

『디가 니까야』에 포함된 경들은 34개뿐이라서 50개의 묶음은 존재하지 않으며 품별로 세 개의 품으로 나누어서 각각을『계온품』(제1권, D1~D13의 13개 경들),『대품』(제2권, D14~D23의 10개 경들),『빠띠까 품』(제3권, D24~D34의 11개 경들)이라 부르고 있다.

이처럼 모든 니까야에서 많은 경들을 배열하는 데는 10개의 경은 하나의 '품'으로, 다시 다섯 개의 품 즉 50개의 경들은 '50개 경들의 묶음'으로 정리되는 것이 모든 니까야에 공통되는 원칙이다.

그러면『맛지마 니까야』에서 10개의 경들을 같은 품 안에 포함시키고 다시 이러한 품 다섯 개를 하나의 묶음 안에 포함시키는 것에는 정해진 원칙이 있는가? 원칙을 찾으려고 노력한 흔적은 많지만 모든 묶음들과 품들이 반드시 정해진 원칙에 의해서 결집된 것은 아닌 듯하다.

그러나 M51부터 M100까지의 50개 경들을 담고 있는『가운데 50개 경들의 묶음』에는 분명한 원칙이 보인다. 그 원칙은 이 묶음에 포함된 다섯 개의 품은 모두 인물 중심이라는 것이다. 그래서 이 50개 경들의 묶음에 포함되어 있는 제6품에는 장자들에 관한 경들 10개가 포함되어 있고, 같은 방법으로 제7품에는 비구들에 관한 경들 10개가, 제8장에는 유행승들에 관한 경들 10개가, 제9장에는 왕에 관한 경들 10개가, 제10품에는 바라문들에 관한 경들 10개가 들어 있다. 그래서 이들 품의 명칭도 각각「장자 품」,「비구 품」,「유행승 품」,「왕 품」,「바라문 품」으로 붙였다.

그리고 제4장「긴 쌍 품」에 포함된 10개의 경들은 길고(mahā-) 짧은(cūḷa-) 쌍으로 구성된「고싱가살라 짧은 경」(Cūḷagosiṅgasāla Sutta, M31)과「고싱가살라 긴 경」(Mahāgosiṅgasāla Sutta, M32) 등의 다섯 쌍의 경들로 구성되어 있다. 그래서 품의 명칭을 '쌍 품'으로 정한 것이다. 같은 방법으로 제5장「짧은 쌍 품」에는「긴 쌍 품」에 포함된 경들보다 상대적으로 길이가 짧은 경들 10개가 포함되어 있는데 이들도 서로 쌍이 되는 다섯 쌍의 경들로 이루어져 있다.

한편 제3장「비유 품」(M21~M30)에는 비유가 중요한 역할을 하는 경들 10개가 포함되어 있다. 그리고 본 품에 포함된 10개의 경들에만 해도 대략 57개의 비유가 나타나고 있다. 그래서 본 품을「비유 품」이라 이름하고 있는 것이다. 물론『맛지마 니까야』에 포함된 경들에는 많은 비유가 나타나는 것이 큰 특징 중의 하나다. 그래서『맛지마 니까야』전체에서 무려 각각 다른 175개 정도의 비유가 나타나고 있으며 이들이 다른 경에서 반복되어 나타나는 것을 헤아려보면『맛지마 니까야』전체에서는 대략 270번 정도나 된다.(아래 §8-(4) 참조)

그 외 제14장「분석 품」과 제15장「여섯 감각장소 품」등의 다른 품들에도 몇몇 원칙들을 발견할 수 있다. 이처럼 각각의 50개 경들의 묶음들과 각각의 품들은 나름대로 원칙을 가지고 경들을 모으려 한 흔적이 뚜렷하다. 이런 원칙 가운데 하나로 특정한 경의 제목에 마하(mahā, 긴)와 이의 반대말인 쭐라(cūḷa/culla, 짧은)를 접두어로 붙여서 두 경의 제목을 구분하는 점을 들 수 있다. 여기에 대해서 고찰해 보자.

6.『맛지마 니까야』의 경의 제목에 나타나는 '긴(mahā)'과 '짧은(cūḷa)'의 용례

본서에는 같은 제목을 가진 한 쌍의 경의 제목에다 마하(mahā, 긴)와 이의 반대말인 쭐라(cūḷa/culla, 짧은)를 접두어로 붙여서 두 경의 제목을 구분하는 경들이 모두 18쌍 37개가 들어있다.15) 예를 들면 본서의 열한 번째 경(M11)은 '사자후의 짧은 경'으로 옮기는「쭐라 시하나다 경」(Cūḷa-sīhanāda Sutta)이고, 열두 번째(M12)는 '사자후의 긴 경'으로 옮기는「마하 시하나다 경」(Mahā-sīhanāda Sutta)이다. 이 두 경은 사자후

---

15) 18쌍 36개가 아니고 18쌍 37개인 이유에 대해서는 (3)의 마지막 부분을 참조할 것.

라는 같은 제목을 가지고 있지만 그 내용은 전혀 다르다. 두 경 모두 부처님의 사자후를 담고 있기 때문에 경의 제목을 사자후로 정하였고, 하나는 짧기 때문에 「사자후의 짧은 경」으로, 다른 하나는 길기 때문에 「사자후의 긴 경」이라고 정한 것이다.

이런 방법을 사용하여 같은 사람이나 같은 장소나 같은 주제나 같은 비유 등으로 설하신 경 18쌍 36개 혹은 37개를 서로 구분하고 있다. 예를 들면 본서 제2권의 「긴 쌍 품」에 포함된 「삿짜까 짧은 경」(M35)과 「삿짜까 긴 경」(M36)은 같은 사람에게 설하신 경을 쌍으로 묶은 경우에 속한다. 그리고 「고싱가살라 짧은 경」(M31)과 「고싱가살라 긴 경」(M32)은 같은 장소를, 「갈애 멸진의 짧은 경」(M37)과 「갈애 멸진의 긴 경」(M38)은 같은 주제를, 「소치는 사람의 긴 경」(M33)과 「소치는 사람의 짧은 경」(M34)은 같은 비유를 쌍으로 묶은 경우이다.

이처럼 같은 이름을 가진 경의 제목 앞에 mahā-와 cūḷa-라는 수식어를 붙여서 두 개의 경들을 구분하고 있는 것은 4부 니까야 가운데서 이 『맛지마 니까야』에만 나타나는 방법이다. 특히 cūḷa-를 붙여서 경의 이름을 정한 경우는 다른 니까야에서는 찾아볼 수 없다. 그러므로 이것은 『맛지마 니까야』만이 가지고 있는 큰 특징이라 할 수 있다.

그러면 이 경우에 마하(mahā) 와 쭐라(cūḷa)는 어떤 의미로 쓰였는가? 범어일반에서 형용사 mahā는 PED에서 '*great, extensive, big, important, venerable*'로 설명하고 있듯이 크게 두 가지 의미로 쓰인다. 하나는 '길다'는 뜻이고 다른 하나는 '크다(위대하다)'는 뜻이다. 반대로 cūḷa/culla는 PED에서 '*small, minor*'로 설명을 하듯이 '짧다'거나 '작다(적다, 열등하다)'는 의미로 쓰이는 형용사이다. 그러므로 이 경우의 mahā와 cūḷa는 각각 '긴'과 '짧은'으로 옮기는 것이 타당하다. 왜냐하면 위대하다거나 열등하다거나 아니면 아주 중요하다거나 덜 중요하다는 의미가 결코 아니기 때문이다. 냐나몰리 스님도 이 둘을 각각 *the greater*와 *the shorter*와 로 옮기고 있다.

그렇지 않고 여기서 cūḷa와 mahā를 덜 중요한 것과 아주 중요한 것 등으로 이해하면 곤란하다. 예를 들면 우리에게 「전유경」(箭喩經, 독화살의 비유)으로 잘 알려진 경은 본서 제2권 「말룽꺄 짧은 경」(Cūḷa-Māluṅkya Sutta, M63)이고 바로 다음의 64번째 경은 「말룽꺄 긴 경」(Mahā-Māluṅkya Sutta)이다. 여기서도 앞의 경의 분량이 적기 때문에 경의 제목에 cūḷa를 붙였고 뒤의 경은 분량이 상대적으로 많기 때문에 mahā라는 단어를 붙여서 두 경을 구분짓고 있을 뿐이다. 중요성에 있어서 10사무기를 설하고 있는 「말룽꺄 짧은 경」이 「말룽꺄 긴 경」보다 더 컸으면 컸지 결코 작다고 할 수는 없다. 그러므로 여기서 cūḷa-를 덜 중요하다는 의미로 받아들이면 안된다.

그러나 『맛지마 니까야』의 경의 제목에도 mahā가 '중요한'이나 '위대한, 굉장한' 등의 의미로 쓰인 경이 두 개가 있다. 그것은 제4권 「위대한 마흔 가지 경」(M117) 과 「위대한 여섯 감각장소 경」(M149)이다. 이 두 경에 해당하는 주석서(MA.iv.135; MA.v.103)도 여기에 나타나는 'mahā-'라는 술어를 본서의 다른 경들에 나타나는 '짧은(cūḷa-)'에 상대되는 '긴(mahā-)'으로 간주하지 않고 있다. 만일 본경의 'mahā-'를 '긴'으로 해석해서 본경의 제목을 '마흔 가지의 긴 경'이나 '여섯 가지 감각장소의 긴 경'으로 이해하면 이 두 경에 대응되는 '마흔 가지의 짧은 경'이나 '여섯 가지 감각장소의 짧은 경'이 있어야 하는데 본서에는 이런 제목의 경이 나타나지 않는다. 냐나몰리 스님도 '*The Great Forty*'와 '*The Great Sixfold Base*'로 옮겼다.[16)]

이런 기준으로 『디가 니까야』를 살펴보자. 『디가 니까야』에 포함된 경의 제목에 나타나는 mahā도 그 기본적인 의미는 여기 『맛지마 니까야』처럼 길다는 의미를 가지고 있다. 그러나 『디가 니까야』와 『상윳따 니까야』와 『앙굿따라 니까야』에 mahā가 붙어서 나타나는 경들은

---

16) 냐나몰리 스님/보디 스님, 934쪽과 1137쪽 참조.

단순히 길다는 것만을 뜻하지 않고 '확장되었다'는 의미를 가진다.

예를 들면 『디가 니까야』 제2권 「대인연경」(Mahānidāna Sutta, D15)과 『상윳따 니까야』 제2권 「인연경」(Nidāna Sutta, S12:60)은 설한 곳과 경의 전개 방법과 주요 내용이 일치한다. 이 경우 『디가 니까야』의 「대인연경」은 『상윳따 니까야』의 「인연경」이 확장된 것으로 봐야 한다.

『디가 니까야』 등의 경의 제목에 나타나는 mahā의 용례에 대해서는 『디가 니까야』 제2권 해제 §2를 참조하기 바란다.

『맛지마 니까야』에 나타나는 쌍을 이루는 37개 경들은 다음과 같다. M11 - M12; M13 - M14; M27 - M28; M29 - M30; M31 - M32; M33 - M34; M35 - M36; M37 - M38; M39 - M40; M43 - M44; M45 - M46; M62 - M147; M63 - M64; M73 - M71/72; M77 - M79; M109 - M110; M121 - M122; M135 - M136

여기서 M71과 M72의 왓차곳따와 관계된 경의 제목에는 cūḷa라는 단어가 나타나지 않지만 다음에 나타나는 경의 제목이 「왓차곳따 긴 경」(M73)이기 때문에 이 두 경은 「왓차곳따 긴 경」(M73)에 대응되는 경으로 봐야 한다. 그래서 이 두 개의 경들을 모두 '짧은(cūḷa)'이라는 단어가 경의 제목에 들어간 것으로 여겨서 전체를 36개가 아닌 37개로 표기하였다. 그리고 M62와 M147 즉 「라훌라를 교계한 긴 경」(M62)과 「라훌라를 교계한 짧은 경」(M147)은 이처럼 쌍으로 경의 제목을 정했지만 각각 다른 품에 포함되어 있는데, 라훌라 존자가 출가자이기 때문에 M62는 제7장 「비구 품」에 포함시켰고, M147은 여섯 가지 감각장소로 해체해서 보는 것으로부터 가르침을 시작하고 있기 때문에 제15장 「여섯 감각장소 품」에 넣은 것이다.

특히 본서 제2권의 제4장 「긴 쌍 품」에 포함된 10개의 경들은 이처럼 길고(mahā-) 짧은(cūḷa-), 쌍으로 구성된 「고싱가살라 짧은 경」(M31)과 「고싱가살라 긴 경」(M32) 등의 다섯 쌍의 경들 10개로 구성되어 있다.

7. 『맛지마 니까야』에 나타나는 설법대상과 설법처 및 설법자

이제 『맛지마 니까야』에 나타나는 대화의 상대와 설법이 진행된 곳과 설법자 등을 살펴보자.

(1) 대화의 상대에 따른 분류

이미 『디가 니까야』 역자 서문에서도 밝혔듯이 『디가 니까야』는 가히 대화의 정수를 보여주고 있다. 대화는 듣는 사람의 기틀을 먼저 생각하는 대기설법(對機說法, pariyāya-desanā)의 가장 강력한 수단이다. 그러므로 대화는 비단 『디가 니까야』 뿐만 아니라 다른 니까야들에도 공통적으로 적용되는 가장 중요한 특징이다. 그러므로 중간 정도 길이의 가르침을 담고 있는 『맛지마 니까야』도 대화를 중시하는 경들로 구성되어 있을 수밖에 없다.

『맛지마 니까야』에 포함된 152개의 경들 가운데 대략 47개 정도는 대화 없이 세존께서 비구대중에게 직접 법을 설하시는 형태의 경이다. 이것은 드물게 사리뿟따 존자 등이 비구대중에게 대화 없이 법을 설한 경우(M15, M28)도 포함시킨 숫자이다. 이들을 제외하면 『맛지마 니까야』를 구성하고 있는 거의 3분의 2가 넘는 105개 정도의 경들이 대화의 형식으로 전개되고 있다 할 수 있다.

그럼 먼저 대화의 상대에 따라 경을 분류해 보자. 같은 경이 청법자나 대화의 상대나 내용에 따라 중복되어 언급되는 경우도 적지 않다.

① 별 다른 일화 없이 비구대중에게 일방적으로 법문을 하시는 형태의 경(47개 정도): M1; M2; M3; M5; M6; M7; M9; M10; M11; M15; M16; M17; M19; M20; M25; M28; M33; M34; M39; M40; M45; M46; M47; M49; M64; M65; M101; M102; M103; M106; M111; M112; M113; M114; M115; M116; M117; M120; M129; M130; M132; M137; M138; M139; M141; M148; M149.

② 일화를 통해서 비구들에게 법문을 하신 형태의 경(14개 정도): M13; M18; M21; M22; M26; M29; M48; M66; M67; M69; M109; M110; M131; M133.

③ 비구 개인이나 몇몇 비구들에게 하신 말씀을 담은 경(33개 정도): M8; M12; M23; M24; M31; M32; M38; M43; M59; M61; M62; M63; M64; M65; M68; M70; M81; M83; M104; M121; M122; M125; M126; M128; M134; M136; M142; M144; M145; M146; M147; M151; M152.

④ 바라문이나 바라문 학도와 대화를 나누고 법을 설하시는 경(27개 정도): M4(자눗소니 바라문),[17] M7(순다리까 바라드와자 바라문), M27(자눗소니 바라문), M30(삥갈라꼿차 바라문), M41(살라의 바라문 장자들), M42(웨란자의 바라문 장자들), M60(바라문 장자들), M81(조띠빨라라는 바라문 학도), M82(툴라꼿틧따의 바라문 장자들), M85(바라문 학도 산지까뿟따), M87(바라문 날리장가), M90(아까사 족성의 산자야 바라문), M91(브라흐마유 바라문), M92(셀라 바라문), M93(앗살라야나 바라문 학도), M94(고따무카 바라문), M95(짱끼 바라문), M96(에수까리 바라문), M97(다난자니 바라문), M98(와셋타 바라문 학도와 바라드와자 바라문 학도), M99(또데야의 아들 수바 바라문 학도), M100(상가라와 바라문 학도), M107(회계사 목갈라나 바라문), M108(고빠까 목갈라나 바라문), M135(또데야의 아들 수바 바라문 학도), M150(나가라윈다에 사는 바라문 장자들), M152(빠라사리야의 제자인 웃따라라는 바라문 학도)

⑤ 유행승과 대화를 나누고 법을 설하시거나 유행승이 언급되는 경(20개 정도): 제8장 「유행승 품」의 10개 경들(M71~M80)과 유행승에게 설법을 하시거나 유행승이 언급되는 경인 M11; M13; M26; M27; M51; M54; M59; M64; M136; M150의 10개.

⑥ 장자들에게 설하셨거나 장자들이 주요인물로 나타나는 경(13개 정도): 제6장 「장자 품」의 10개 경들과 M44(위사카 청신사)와 M127(빤짜깡

17) ( ) 안은 부처님의 가르침을 들은 바라문들의 이름이다.

가 목수)과 M143(아나타삔디까(급고독) 장자).

⑦ 왕이나 왕자들에게 설하신 경들은 제9장 「왕 품」의 10개의 경들(M81~M90)과 「아바야 왕자 경」(M58)이 있고 왕이나 왕자가 주요인물로 나타나는 경은 M14 §§20~21(빔비사라 왕), M24 §14(빠세나디 꼬살라 왕), M35 §12(꼬살라와 마가다 왕), M108 §2(아자따삿뚜 왕), M125(자야세나 왕자), M126(자야세나 왕자), M129 §34 이하(전륜성왕)를 들 수 있다.

⑧ 니간타(자이나) 수행자나 신도가 언급되는 경(9개 정도): M14; M35; M36; M56; M58; M70; M77; M101; M104.

이미 『디가 니까야』에서 설명하였듯이 부처님께서 전개하시는 대화의 특징은 다음과 같이 몇 가지로 정리해 볼 수 있다.

첫째, 진지하고 자상한 대화, 둘째, 상대를 배려하는 대화, 셋째, 무뢰한 자에게는 엄하고 단호하게 대하는 대화, 넷째, 전하고자 하는 말씀을 분명하게 하는 대화라고 말할 수 있다.(『디가 니까야』 제1권 역자 서문 §5-(2) 참조)

『맛지마 니까야』에서는 첫째의 보기로 「짱끼 경」(M95)에서 까빠티까 바라문 학도와 나눈 격조 높은 대화를 들 수 있고, 둘째의 보기로는 우빨리 장자의 사회적 지위를 고려하셔서 개종을 신중히 생각해 보라고 하시는 「우빨리 경」(M56)을 들 수 있다. 셋째의 경우는 무엄하게 나오다가 무아에 대한 세존의 질문에 대답을 못하는 삿짜까에게 아주 엄하게 대하시고 그래서 금강수 약카가 무서운 모습으로 나타나기도 하는 「삿짜까 짧은 경」(M35)을 들 수 있다. 니까야에 나타나는 모든 경들이 넷째의 보기가 되겠지만 사성계급이 평등한 이유를 아홉 가지로 말씀하시는 「앗살라야나 경」(M93)과 57개의 게송으로 행위에 의해 바라문이 됨을 역설하시는 「와셋타 경」(M98)을 들 수 있겠다.

⑵ 설법처와 설법자 등에 따른 분류

이제 152개 경들이 어디서 설해졌는가를 살펴보자. 본서의 152개 경들 가운데 사왓티의 급고독원에서 설해진 경이 70개 정도이고 동승원에서 설해진 경이 한 개다. 이처럼 본서뿐만 아니라 니까야 전체에서 설법처로는 단연 사왓티가 으뜸이다. 사왓티는 세존께서 말년 24년 정도를 머무신 곳이다. 그러므로 본경의 절반에 가까운 경들이 사왓티에서 설해진 것은 어쩌면 당연한 것일 것이다. 『맛지마 니까야』 뿐만 아니라 『상윳따 니까야』 와 『앙굿따라 니까야』 의 경들은 적어도 3분의 2가 넘는 경들이 이곳 사왓티에서 설해졌으며 『디가 니까야』 의 34개 경들 가운데 10개가 이곳에서 설해졌다.

본서의 경들 가운데 사왓티를 제외한 다른 곳에서 설해진 경들은 다음과 같다.

라자가하에서 설해진 경들(22개): M24; M29; M44; M55; M58; M61; M69; M73; M74; M77; M79; M97; M108; M116; M124; M125; M126; M133; M136; M140; M144; M151.

웨살리에서 설해진 경들(6개): M12; M35; M36; M52; M71; M105.

꼬살라에서 설해진 경들(7개): M41; M60; M68; M81; M95; M100; M150.

삭까에서 설해진 경들(8개): M14; M18; M53; M89; M101; M104; M122; M142.

앙가에서 설해진 경들(2개): M39; M40.

그러면 설법자에 따라서 152개 경들을 분류해 보자. 결론적으로 말하면 아래 세존 외의 다른 직계제자들이 설한 경 30개를 제외한 122개의 경들이 세존에 의해서 설해졌다. 세존 외의 설법자는 다음과 같다.

사리뿟따 존자(11개): M3; M5; M9; M24; M28; M32; M43; M69; M141; M143; M144.

아난다 존자(7개): M52; M53; M76; M88; M108; M123; M132.

목갈라나 존자(3개): M15; M37; M50.

마하깟짜나 존자(3개): M18; M84; M133.

그 외 담마딘나 비구니(M44), 랏타빨라 존자(M82), 우데나 존자(M94), 박꿀라 존자(M124, 존자의 설법이 아니라 존자에 대해 서술하고 있는 경임), 아누룻다 존자(M127), 난다까 존자(M146)가 설한 경이 각 한 개씩이다. 이처럼 30개의 경들은 제자들이 설한 것이고 나머지 122개는 부처님이 설하신 것이다.

8. 『맛지마 니까야』의 특징과 주제

이제 『맛지마 니까야』를 그 특징과 주제 등을 중심으로 분류해서 적어 보는 것으로 역자 서문을 마무리하고자 한다.

(1) 4선 - 4처 - 상수멸 - 3명 - 6통 - 8통의 언급이 많다

먼저 『맛지마 니까야』의 중요한 특징으로 4禪과 3명 · 6통 · 8통 등 수행과 깨달음에 관계된 가르침이 아주 많이 나타난다는 점을 들 수 있다. 불교는 깨달음의 실현 혹은 열반의 실현을 근본으로 하는 종교이다. 그러므로 깨달음을 실현하기 위해서 갖추어야 하는 토대나 장비나 깨달음의 내용 등을 언급하는 경이 많은 것은 당연하다 할 수 있겠다. 그런데 『맛지마 니까야』에는 이들에 대한 가르침이 다른 경에 비해서 유난히 많은 것으로 드러나며 특히 부처님의 성도과정을 4선 - 3명으로 설명하고 있고 이것은 다시 『맛지마 니까야』의 15단계 계 · 정 · 혜의 정형구로 정착이 된다. 이렇게 해서 4선 - 3명이 나타나는 경들은 16개 정도가 된다.(아래 2) 참조)

니까야의 도처에서 강조하고 있고, 주석서의 노둣돌인 『청정도론』의 기본골격을 구성하고 있듯이, 불교는 계 · 정 · 혜 삼학을 토대로 한 가르침이다. 그러므로 깨달음을 실현하기 위해서는 계율과 선정(삼매)과 통찰지(지혜)의 세 가지를 당연히 갖추어야 한다.

깨달음을 실현하기 위해서 계를 갖추어야 함은 너무도 당연하다. 그래서 본서 여러 경들에서 계율은 강조되고 있다. 이러한 계를 바탕으로 하여 삼매와 지혜를 체득해서 깨달음을 실현하는 것이다. 아래의 『맛지마 니까야』의 15단계 계·정·혜의 정형구와 『디가 니까야』의 23단계 계·정·혜의 정형구를 참조하기 바란다.

『맛지마 니까야』를 위시한 4부 니까야에서 4선 - 4처 - 상수멸 - 3명 - 6통 - 8통에 관계된 정형구는 모두 19개로 나타난다. 편의상 이 19개를 모두 ①부터 ⑲까지의 번호를 매겨서 적어보면 다음과 같다.

1) 4선 - 4처 - 상수멸 - 3명 - 6통 - 8통의 정형구

I. 4禪의 정형구

① 초선의 정형구

"여기 비구는 감각적 욕망들을 완전히 떨쳐버리고 해로운 법들을 떨쳐버린 뒤, 일으킨 생각[尋]과 지속적 고찰[伺]이 있고, 떨쳐버렸음에서 생긴 희열[喜]과 행복[樂]이 있는 초선(初禪)을 구족하여 머문다."

② 제2선의 정형구

"다시 비구는 일으킨 생각과 지속적 고찰을 가라앉혔기 때문에 [더 이상 존재하지 않고], 자기 내면의 것이고, 확신이 있으며, 마음의 단일한 상태이고, 일으킨 생각과 지속적 고찰은 없고, 삼매에서 생긴 희열과 행복이 있는 제2선(二禪)을 구족하여 머문다."

③ 제3선의 정형구

"다시 비구는 희열이 빛바랬기 때문에 평온하게 머물고, 마음챙기고 알아차리며[正念·正知] 몸으로 행복을 경험한다. [이 禪 때문에] 성자들이 그를 두고 '평온하고 마음챙기며 행복하게 머문다.'고 묘사하는 제3선(三禪)을 구족하여 머문다."

④ 제4선의 정형구

"다시 비구는 즐거움도 버리고 괴로움도 버리고, 아울러 그 이전에 이

미 기쁨과 슬픔을 소멸했으므로 괴롭지도 즐겁지도 않으며, 평온으로 인해 마음챙김이 청정한[捨念淸淨] 제4선(四禪)을 구족하여 머문다."

II. 4처와 상수멸의 정형구

⑤ 공무변처의 정형구

"다시 비구는 물질[色]에 대한 인식을 완전히 초월하고 부딪힘의 인식을 소멸하고 갖가지 인식을 마음에 잡도리하지 않기 때문에 '무한한 허공'이라고 하면서 공무변처(空無邊處)를 구족하여 머문다."

⑥ 식무변처의 정형구

"다시 비구는 공무변처를 완전히 초월하여 '무한한 알음알이[識]'라고 하면서 식무변처(識無邊處)를 구족하여 머문다."

⑦ 무소유처의 정형구

"다시 비구는 식무변처를 완전히 초월하여 '아무것도 없다.'라고 하면서 무소유처(無所有處)를 구족하여 머문다."

⑧ 비상비비상처의 정형구

"다시 비구는 무소유처를 완전히 초월하여 비상비비상처(非想非非想處)를 구족하여 머문다."

⑨ 상수멸의 정형구

"다시 비구는 비상비비상처를 완전히 초월하여 상수멸(想受滅)을 구족하여 머문다. [그리고 그의 통찰지로써 보아 번뇌를 남김없이 소멸한다.]"

III. 육통(六通)과 팔통(八通, 八明)의 정형구

⑩ [육통①] 신족통(神足通, 신통변화의 지혜)의 정형구

"그는 신통변화[神足通]로 마음을 향하게 하고 기울게 한다. 하나인 채 여럿이 되기도 하고 여럿이 되었다가 하나가 되기도 한다. 나타났다 사라졌다 하고 벽이나 담이나 산을 아무런 장애 없이 통과하기를 마치 허공에서처럼 한다. 땅에서도 떠올랐다 잠겼다 하기를 물속에서처럼 한다. 물 위에서 빠지지 않고 걸어가기를 땅 위에서처럼 한다. 가부좌한

채 허공을 날아가기를 날개 달린 새처럼 한다. 저 막강하고 위력적인 태양과 달을 손으로 만져 쓰다듬기도 하며 심지어는 저 멀리 범천의 세상에까지도 몸의 자유자재함을 발한다. 그는 이런 원인이 있을 때는 언제든지 이런 것을 실현하는 능력을 얻는다."

⑪ [육통②] 천이통(天耳通, 신성한 귀의 지혜)의 정형구

"그는 신성한 귀의 요소[天耳界, 天耳通]로 마음을 향하게 하고 기울게 한다. 그는 인간의 능력을 넘어선 청정하고 신성한 귀의 요소로 천상이나 인간의 소리 둘 다를 멀든 가깝든 간에 다 듣는다. 그는 이런 원인이 있을 때는 언제든지 이런 것을 실현하는 능력을 얻는다."

⑫ [육통③] 타심통(他心通, 남의 마음을 아는 지혜)의 정형구

"그는 [남의] 마음을 아는 지혜[他心通]로 마음을 향하게 하고 기울게 한다. 그는 자기의 마음으로 다른 중생들과 다른 인간들의 마음을 꿰뚫어 안다. 탐욕이 있는 마음은 탐욕이 있는 마음이라고 꿰뚫어 알고 탐욕을 여읜 마음은 탐욕을 여읜 마음이라고 꿰뚫어 안다. 성냄이 있는 마음은 성냄이 있는 마음이라고 꿰뚫어 알고 성냄을 여읜 마음은 성냄을 여읜 마음이라고 꿰뚫어 안다. 어리석음이 있는 마음은 어리석음이 있는 마음이라고 꿰뚫어 알고 어리석음을 여읜 마음은 어리석음을 여읜 마음이라고 꿰뚫어 안다. 수축한 마음은 수축한 마음이라고 꿰뚫어 알고 흩어진 마음은 흩어진 마음이라고 꿰뚫어 안다. 고귀한 마음은 고귀한 마음이라고 꿰뚫어 알고 고귀하지 않은 마음은 고귀하지 않은 마음이라고 꿰뚫어 안다. 위가 있는 마음은 위가 있는 마음이라고 꿰뚫어 알고 위가 없는 마음은 위가 없는 마음이라고 꿰뚫어 안다. 삼매에 든 마음은 삼매에 든 마음이라고 꿰뚫어 알고 삼매에 들지 않은 마음은 삼매에 들지 않은 마음이라고 꿰뚫어 안다. 해탈한 마음은 해탈한 마음이라고 꿰뚫어 알고 해탈하지 않은 마음은 해탈하지 않은 마음이라고 꿰뚫어 안다. 그는 이런 원인이 있을 때는 언제든지 이런 것을 실현하는 능력을 얻는다."

⑬ [육통④] 숙명통(宿命通, 전생을 기억하는 지혜)의 정형구

"그는 전생을 기억하는 지혜[宿命通]로 마음을 향하게 하고 기울게 한다. 그는 수많은 전생의 갖가지 삶들을 기억한다. 즉 한 생, 두 생, 세 생, 네 생, 다섯 생, 열 생, 스무 생, 서른 생, 마흔 생, 쉰 생, 백 생, 천 생, 십만 생, 세계가 수축하는 여러 겁, 세계가 팽창하는 여러 겁, 세계가 수축하고 팽창하는 여러 겁을 기억한다. '어느 곳에서 이런 이름을 가졌고, 이런 종족이었고, 이런 용모를 가졌고, 이런 음식을 먹었고, 이런 행복과 고통을 경험했고, 이런 수명의 한계를 가졌고, 그곳에서 죽어 다른 어떤 곳에 다시 태어나 그곳에서는 이런 이름을 가졌고, 이런 종족이었고, 이런 용모를 가졌고, 이런 음식을 먹었고, 이런 행복과 고통을 경험했고, 이런 수명의 한계를 가졌고, 그곳에서 죽어 여기 다시 태어났다.'라고, 이처럼 한량없는 전생의 갖가지 모습들을 그 특색과 더불어 상세하게 기억해낸다. 그는 이런 원인이 있을 때는 언제든지 이런 것을 실현하는 능력을 얻는다."

⑭ [육통⑤] 천안통(天眼通, 신성한 눈의 지혜)의 정형구

"그는 중생들의 죽음과 다시 태어남을 [아는] 지혜[天眼通]로 마음을 향하게 하고 기울게 한다. 그는 청정하고 인간을 넘어선 신성한 눈[天眼]으로 중생들이 죽고 태어나고, 천박하고 고상하고, 잘생기고 못생기고, 좋은 곳[善處]에 가고 나쁜 곳[惡處]에 가는 것을 보고, 중생들이 지은 바 그 업에 따라가는 것을 꿰뚫어 안다. '이들은 몸으로 못된 짓을 골고루 하고 입으로 못된 짓을 골고루 하고 또 마음으로 못된 짓을 골고루 하고, 성자들을 비방하고, 삿된 견해를 지니어 사견업(邪見業)을 지었다. 이들은 죽어서 몸이 무너져 죽은 뒤 처참한 곳, 불행한 곳, 파멸처, 지옥에 태어났다. 그러나 이들은 몸으로 좋은 일을 골고루 하고 입으로 좋은 일을 골고루 하고 마음으로 좋은 일을 골고루 하고 성자들을 비방하지 않고 바른 견해를 지니고 정견업(正見業)을 지었다. 이들은 몸이 무너져 죽은 뒤는 좋은 곳[善處], 천상세계에 태어났다.'라고, 이와 같이 그는 청정하

고 인간을 넘어선 신성한 눈으로 중생들이 죽고 태어나고, 천박하고 고상하고, 잘생기고 못생기고, 좋은 곳[善處]에 가고 나쁜 곳[惡處]에 가는 것을 보고, 중생들이 지은 바 그 업에 따라가는 것을 꿰뚫어 안다. 그는 이런 원인이 있을 때는 언제든지 이런 것을 실현하는 능력을 얻는다."

⑮ [육통⑥-Ⓐ] 긴 누진통(漏盡通, 번뇌를 소멸하는 지혜)의 정형구

"그는 모든 번뇌를 소멸하는 지혜[漏盡通]로 마음을 향하게 하고 기울게 한다. 그는 '이것이 괴로움이다.'라고 있는 그대로 꿰뚫어 안다. '이것이 괴로움의 일어남이다.'라고 있는 그대로 꿰뚫어 안다. '이것이 괴로움의 소멸이다.'라고 있는 그대로 꿰뚫어 안다. '이것이 괴로움의 소멸로 인도하는 도닦음이다.'라고 있는 그대로 꿰뚫어 안다. '이것이 번뇌다.'라고 있는 그대로 꿰뚫어 안다. '이것이 번뇌의 일어남이다.'라고 있는 그대로 꿰뚫어 안다. '이것이 번뇌의 소멸이다.'라고 있는 그대로 꿰뚫어 안다. '이것이 번뇌의 소멸로 인도하는 도닦음이다.'라고 있는 그대로 꿰뚫어 안다.

이와 같이 알고 이와 같이 보는 그는 감각적 욕망의 번뇌로부터 마음이 해탈한다. 존재의 번뇌로부터 마음이 해탈한다. 무명의 번뇌로부터 마음이 해탈한다. 해탈했을 때 해탈했다는 지혜가 있다. '태어남은 다했다. 청정범행은 성취되었다. 할 일을 다 해 마쳤다. 다시는 어떤 존재로도 돌아오지 않을 것이다.'라고 꿰뚫어 안다."(D2 §97; A3:58 등)

⑯ [육통⑥-Ⓑ] 짧은 누진통의 정형구

"그는 모든 번뇌가 다하여 아무 번뇌가 없는 마음의 해탈[心解脫]과 통찰지를 통한 해탈[慧解脫]을 바로 지금・여기에서 스스로 최상의 지혜로 실현하고 구족하여 머문다."[18]

---

18) 이 가운데 ⑬ 숙명통, ⑭ 천안통, ⑮~⑯ 누진통의 셋을 삼명(三明, te-vijjā)이라 한다. 삼명과 육통에 나타나는 누진통에 대해서는 아래 2)의 설명을 참조할 것.

⑰ 지와 견(위빳사나의 지혜)의 정형구19)

"지와 견으로 마음을 향하게 하고 기울게 한다. 그는 이와 같이 꿰뚫어 안다. '나의 이 몸은 물질로 된 것이고, 네 가지 근본물질[四大]로 이루어진 것이며, 부모에서 생겨났고, 밥과 죽으로 집적되었으며, 무상하고 파괴되고 분쇄되고 해체되고 분해되기 마련이다. 그런데 나의 이 알음알이는 여기에 의지하고 여기에 묶여 있다.'라고."

⑱ 마음으로 [다른 몸을] 만드는 신통의 정형구

"마음으로 만든 몸으로 마음을 향하게 하고 기울게 한다. 그는 이 몸으로부터 형색을 갖추었고, 마음으로 만들어졌고, 모든 수족을 다 갖추었고, 감각기능[根]이 결여되지 않은 다른 몸을 만들어낸다."

⑲ 구경의 지혜의 정형구

"'태어남은 다했다. 청정범행(梵行)은 성취되었다. 할 일을 다 해 마쳤다. 다시는 어떤 존재로도 돌아오지 않을 것이다.'라고 꿰뚫어 안다."

이 정형구는 위의 ⑮ 긴 누진통의 정형구의 마지막부분에 해당한다. 그런데 이 정형구만 단독으로 나타나는 경도 적지 않다. 그래서 구경의

---

19) 위 육신통의 정형구 앞에 여기서 언급하는 ⑰ 지와 견(위빳사나의 지혜)의 정형구와 ⑱ 마음으로 [다른 몸을] 만드는 신통의 정형구라는 이 두 개의 정형구가 첨가되어 모두 8개의 정형구로 나타나면 초기불전연구원에서는 이것을 8통(여덟 개의 신통지) 혹은 8명이라 부른다. 이 8통의 정형구는 『디가 니까야』 제1권 『계온품』에 포함된 13개의 경들 가운데서 「사문과경」(D2)을 포함한 10개의 경에 나타나고 있는 것이 특징이다. 『디가 니까야』 제1권을 제외한 다른 니까야 전체에서 이 8통이 나타나는 경우는 특이하게도 본서 제3권의 「사꿀루다이 긴 경」(M77) §§29~36이 유일한 것으로 조사되었다. 단 이 경에서 누진통은 긴 누진통의 정형구가 아니라 짧은 누진통의 정형구인 것만 다르다. 그 외 다른 니까야에는 8통의 정형구가 나타나지 않는다.

그리고 ⑰ 지와 견(위빳사나의 지혜)의 정형구는 「사꿀루다이 긴 경」(M77) §29 외에도 본서 제3권 「디가나까 경」(M74) §9에 단독으로 나타난다. 그리고 ⑱ 마음으로 만든 몸의 정형구는 「사꿀루다이 긴 경」(M77) §30외에는 본서에 나타나지 않는다. 마음으로 만든 몸의 언급은 『상윳따 니까야』 제6권 「철환 경」(S51:22) §3에도 나타나지만 이 정형구는 나타나지 않는다.

지혜의 정형구로 따로 언급하고 있다. 이 정형구는 경에서 구경의 지혜(aññā, M112 §2 등)라 불리고 있어서 여기서도 구경의 지혜로 명명하였다.

이처럼 니까야에 깨달음의 과정으로 나타나는 중요한 정형구는 대략 19가지 정도로 정리가 된다.

이러한 정형구에 대한 이해를 토대로 『맛지마 니까야』에 나타나는 4선 - 4처 - 상수멸 - 3명 - 6통 - 8통의 출처를 도표로 만들어보면 50~51쪽에 나타나는 것과 같다.

한편 본서를 비롯한 니까야의 여러 곳에는 네 가지 거룩한 마음가짐[四梵住, 四無量, cattaro brahma-vihārā]의 정형구가 나타난다. 본서에는 M7 §14, M40 §10, M43 §31, M50, M52, M55, M62, M77, M83, M97, M118, M127 등에 나타나고 있다. 이 정형구를 여기에 인용하면 다음과 같다.

⑳ "그는 자애가 함께한 마음으로 … 연민이 함께한 마음으로 … 더불어 기뻐함이 함께한 마음으로 … 평온이 함께한 마음으로 한 방향을 가득 채우면서 머문다. 그처럼 두 번째 방향을, 그처럼 세 번째 방향을, 그처럼 네 번째 방향을 가득 채우면서 머문다. 이와 같이 위로, 아래로, 옆으로, 모든 곳에서 모두를 자신처럼 여기고, 모든 세상을 풍만하고, 광대하고, 무량하고, 원한 없고, 악의 없는, 자애가 함께한 마음으로 가득 채우고 머문다."

그런데 이 사무량심의 정형구는 4선 - 4처 - 상수멸 - 3명 - 6통 - 8통으로 정리되는 깨달음의 과정에 관계된 정형구와는 직접적인 연관이 없는 것으로 생각된다. 물론 본서 제2권 「앗타까나가라 경」(M52) §§8~11에서 네 가지 거룩한 마음가짐 가운데 하나를 토대로 해서 아라한 등이 된다고 하는 아난다 존자의 설명은 각별하다 할 수 있다. 네 가지 거룩한 마음가짐을 닦으면 열반을 실현하기보다는 범천의 세상에 태어

4선 - 4처 - 상수멸 - 3명 - 6통 - 8통의 도표

1	뿌리에 대한 법문 경(M1)	4처
2	두려움과 공포경(M4)	4禪 3명
3	원한다면 경(M6)	6통
4	지워 없앰 경(M8)	4禪 4처
5	사자후의 긴 경(M12)	6통
6	괴로움의 무더기의 긴 경(M13)	4禪
7	두 가지 사유 경(M19)	4禪 3명
8	미끼 경(M25)	4禪 4처 상수멸
9	성스러운 구함 경(M26)	4禪 상수멸
10	코끼리 발자국 비유의 짧은 경(M27)	4禪 3명 15구 [20]
11	심재 비유의 짧은 경(M30)	4禪 4처 상수멸
12	고싱가살라 짧은 경(M31)	4禪 4처 상수멸
13	삿짜까 긴 경(M36)	4禪 3명
14	갈애 멸진의 긴 경(M38)	4禪 15구 비슷
15	앗사뿌라 짧은 경(M39)	4禪 3명
16	살라의 바라문들 경(M41)	4禪 4처
17	교리문답의 긴 경(M43)	4禪 4처 상수멸
18	교리문답의 짧은 경(M44)	4禪 상수멸
19	법 실천의 짧은 경(M45)	4禪
20	마라 견책 경(M50)	상수멸
21	깐다라까 경(M51)	4禪 3명 15구
22	앗타까나가라 경(M52)	4禪 4처
23	유학 경(M53)	4禪 3명
24	뽀딸리야 경(M54)	3명
25	많은 느낌 경(M59)	4禪 4처 상수멸
26	확실한 가르침 경(M60)	4禪 3명 15구

20) 여기서 '15구'는 『맛지마 니까야』의 15단계 계 · 정 · 혜의 정형구를 뜻한다.

27	말룽꺄 긴 경(M64)	4禪 4처
28	밧달리 경(M65)	4禪 3명
29	메추라기 비유 경(M66)	4禪 4처 상수멸
30	왓차곳따 삼명 경(M71)	3명
31	왓차곳따 긴 경(M73)	4禪 없음 6통
32	산다까 경(M76)	4禪 3명 15구
33	사꿀루다이 긴 경(M77)	4-4-상수-8통
34	사마나만디까 경(M78)	2禪
35	사꿀루다이 짧은 경(M79)	4禪 3명 15구
36	수바 경(M99)	4禪
37	상가라와 경(M100)	4禪 3명
38	데와다하 경(M101)	4禪 3명 15구
39	가나까 목갈라나 경(M107)	4禪
40	고빠까 목갈라나 경(M108)	4禪 6통
41	차례대로 경(M111)	4禪 4처 상수멸
42	여섯 가지 청정 경(M112)	4禪 긴 누진통
43	진실한 사람 경(M113)	4禪 4처 상수멸
44	몸에 대한 마음챙김 경(M119)	4禪 6통
45	의도적 행위에 의한 태어남 경(M120)	4처 짧은 누진통
46	공에 대한 짧은 경(M121)	4처
47	공에 대한 긴 경(M122)	4禪
48	길들임의 단계 경(M125)	4禪 3명 15구
49	여섯 감각장소의 분석 경(M137)	4처 상수멸
50	요약의 분석 경(M138)	4禪
51	무쟁의 분석 경(M139)	4禪
52	요소의 분석 경(M140)	4처
53	진리의 분석 경(M141)	4禪
54	아나타삔디까를 교계한 경(M143)	4처

난다는 것이 일반적이기 때문이다.(예를 들면 M83 §6; D17 §2.13; A5:192 §3 등)

이처럼 초기불전 전체에서 보자면 네 가지 거룩한 마음가짐[四梵住]이 M52에서처럼 수행법의 영역에 나타나는 것은 특이하다 할 수 있다. 그래서 역자는 이 정형구를 맨 마지막에 소개하고 있다.

2) 3명 - 6통 - 8통과 누진통의 정형구

그러면 먼저 3명 - 6통 - 8통이 『맛지마 니까야』의 어디에서 나타나는가부터 살펴보자. 위의 도표에서 보았듯이 『맛지마 니까야』에 포함된 전체 152개의 경들 가운데서 삼명(숙명통, 천안통, 누진통)은 M4, M19, M27, M36, M39, M51, M53, M54, M60, M65, M71, M76, M79, M100, M101, M125의 16개 경 정도에 나타난다. 그리고 육통(신족통, 천이통, 타심통, 숙명통, 천안통, 누진통)은 M6, M12, M73, M77, M108, M119의 6개 경에 나타나는 것으로 보인다.

그런데 3명 즉 세 가지 명지(明知, 숙명통, 천안통, 누진통)가 나타나는 16개 경 가운데 M53과 M54와 M71의 셋을 제외한 13개 경의 누진통의 정형구는 "나는 '이것이 괴로움이다.'라고 있는 그대로 꿰뚫어 안다. … 해탈했을 때 해탈했다는 지혜가 있다. '태어남은 다했다. 청정범행은 성취되었다. 할 일을 다 해 마쳤다. 다시는 어떤 존재로도 돌아오지 않을 것이다.'라고 꿰뚫어 안다."로 이루어진 ⑮ 긴 누진통의 정형구로 되어 있다.

그러나 6통 즉 육신통(신족통, 천이통, 타심통, 숙명통, 천안통, 누진통)이 나타나는 6개 경 전부와 삼명이 나타나는 M53, M54, M71에는 누진통의 정형구가 모두 "모든 번뇌가 다하여 아무 번뇌가 없는 마음의 해탈[心解脫]과 통찰지를 통한 해탈[慧解脫]을 바로 지금·여기에서 스스로 최상의 지혜로 알고 실현하고 구족하여 머문다[漏盡通]."로 정형화되어 있는 심해탈과 혜해탈을 통한 누진통의 정형구 즉 ⑯ 짧은 누진통의 정형구로 나타난다. 한편 『상윳따 니까야』의 육신통의 정형구도 모두 이 ⑯ 짧은 누진통의 정형구로 이루어져 있다. 그리고 M120 §37와 M146 §13에는 이 짧은 누진통의 정형구가 단독으로 나타나기도 한다.

이처럼 본 『맛지마 니까야』에서 누진통의 정형구는 긴 것과 짧은 것 둘 다가 나타나는데 3명의 문맥에서는 대부분 ⑮ 긴 누진통의 정형구로 나타나고 6통의 문맥에서는 모두 ⑯ 짧은 누진통의 정형구로 나타나는 것이 특징이라 하겠다.

그러나 『디가 니까야』 제1권 『계온품』에 포함된 13개의 경들 가운데서 「사문과경」(D2)의 §§40～74을 위시한 10개의 경들은 계의 구족 - 4선의 증득 - 8통(2가지 지혜 + 6신통)의 증득을 설하고 있는데 여기에 나타나는 누진통의 정형구는 모두 ⑮ 긴 누진통의 정형구이다. 『디가 니까야』에서 ⑯ 짧은 누진통의 정형구는 대략 9개 경들에 나타나지만 대부분 아라한을 설명하는 정형구로 나타난다. 『디가 니까야』에서 육신통의 정형구 가운데 이 ⑯ 짧은 누진통의 정형구가 나타나는 곳은 「십상경」(D34) §1.7 한 곳뿐이다.

한편 『앙굿따라 니까야』에는 대부분이 이 심해탈과 혜해탈을 통한 누진통의 정형구 즉 ⑯ 짧은 누진통의 정형구가 누진통의 정형구로 나타나고 있다. 그러나 『앙굿따라 니까야』 제5권 「웨란자 경」(A8:11)에는 육통이 나타나고 제1권 「띠깐나 경」(A3:58)에는 삼명이 나타나는데 여기에는 ⑮ 긴 누진통의 정형구가 나타나기도 한다.

간추리면 『디가 니까야』에는 10개 경들에는 8통의 누진통의 정형구로 긴 정형구가 나타나고 한 개 경(D34)에서만 짧은 정형구가 누진통의 정형구로 나타난다.

『맛지마 니까야』에서는 6통의 정형구로는 모두 긴 것이 여섯 군데, 삼명의 정형구로는 모두 짧은 것이 여덟 군데 나타난다.

『상윳따 니까야』에는 짧은 정형구만 6통의 누진통의 정형구로 나타난다. 긴 정형구는 『상윳따 니까야』에 나타나지 않는다. 그리고 『상윳따 니까야』에는 3명만이 나타나는 경은 없다.

『앙굿따라 니까야』에도 짧은 정형구가 대부분 나타나고 드물게 한두 곳에서 긴 정형구가 나타난다.

(2) 염오-이욕-해탈-구경해탈지의 정형구와 구경의 지혜의 정형구

초기불전의 대략 400군데 정도에는 깨달음을 완성하는 과정으로 해체해서 보기와 무상·고·무아의 통찰을 통한 염오 - 이욕 - 해탈 - 구경해탈지의 정형구가 나타난다. 이 정형구를 적어보면 다음과 같다. 이 정형구를 편의상 앞의 4선 - 4처 - 상수멸 - 6통 - 8통의 정형구의 번호를 이어서 ㉑으로 하였다.

㉑ "비구들이여, 이와 같이 보는 잘 배운 성스러운 제자는 물질에 대해서도 염오하고 느낌에 대해서도 염오하고 인식에 대해서도 염오하고 심리현상들에 대해서도 염오하고 알음알이에 대해서도 염오한다.

염오하면서 탐욕이 빛바래고, 탐욕이 빛바래기 때문에 해탈한다. 해탈하면 해탈했다는 지혜가 있다. '태어남은 다했다. 청정범행(梵行)은 성취되었다. 할 일을 다 해 마쳤다. 다시는 어떤 존재로도 돌아오지 않을 것이다.'라고 꿰뚫어 안다."(M22 §§28~29; S22:59 §§4~6 등)

이처럼 본서 「뱀의 비유 경」(M22) §§26~29 등에 나타나는 ① 오온으로 해체해서 보기 ② 무상·고·무아 ③ 염오 ④ 이욕 ⑤ 해탈 ⑥ 구경해탈지의 정형구는 니까야의 도처에서 강조되고 있는 해탈·열반을 실현하는 여섯 단계의 과정이다. 여섯 단계의 과정에 대해서는 『초기불교 이해』(54~55쪽, 58쪽, 137쪽, 139쪽 이하, 174쪽 이하, 177쪽 이하, 191~192쪽, 209쪽 등)를 참조하고, 『상윳따 니까야』 제4권 해제 §3과 제3권 해제 §3을 중심으로도 살펴볼 것을 권한다.

이처럼 「뱀의 비유 경」(M22)을 위시하여 이 법문을 듣고 60명이 아라한이 된 본서 제3권 「보름밤의 긴 경」(M109) §§15~18과, 이 법문을

듣고 라훌라 존자가 아라한이 되고 수천 명의 천신이 예류자 이상이 된 제4권 「라훌라를 교계한 짧은 경」(M147) §§3~10과, 이 법문을 이틀 동안 두 번을 듣고 오백 명의 비구니들이 모두 예류자 이상이 되었다고 하는(§27) 「난다까의 교계 경」(M146)과, 60명이 아라한이 되었다고 하는 「여섯씩 여섯[六六] 경」(M148)과, 이런 가르침을 듣고 사리뿟따 존자가 아라한이 되었다는 「디가나카 경」(M74) 등은 모두 이 여섯 단계의 가르침을 담고 있다. 그리고 「삿짜까 짧은 경」(M35)과 「앗타까나가라 경」(M52)도 이와 비슷한 가르침을 담고 있다.

나아가서 『상윳따 니까야』 「무더기 상윳따」(S22)와 「육처 상윳따」(S35) 등에 포함되어 있는 경들 가운데 수백 개의 경들도 오온과 육내외처의 무상·고·무아를 통찰하여 이들에 대한 염오 - 이욕 - 해탈 - 구경해탈지를 설하는 전형적인 경들이다. 특히 세존의 두 번째 설법이요 이 설법을 듣고 오비구가 아라한이 된 『상윳따 니까야』 제3권 「무아의 특징 경」(S22:59)도 바로 이 여섯 단계의 정형구로 이루어져 있다. 부처님의 최초의 제자들이요, 최초의 아라한들인 오비구도 바로 이 가르침을 통해서 해탈·열반을 실현한 것이다.

『상윳따 니까야』 제2권 「눈[眼] 경」(S18:1) §5의 주해 등에서도 누차 밝혔지만 여기서 염오 - 이욕 - 해탈 - 구경해탈지는 차례대로 강한 위빳사나 - 도 - 과 - 반조를 뜻한다. 『상윳따 니까야』 제3권 「무상 경」(S22:12) §3에서 인용했던 주석서들을 여기 다시 옮겨본다.

"'염오(nibbidā)'란 염오의 지혜를 말하는데 이것으로 강한 위빳사나를 드러내고 있다."(SA.ii.53 = 「의지처 경」(S12:23) §4의 주해)

"'탐욕의 빛바램(이욕, virāga)'이란 도(즉 예류도, 일래도, 불환도, 아라한도)이다. '탐욕이 빛바래므로 해탈한다(virāgā vimuccati).'는 것은 탐욕의 빛바램이라는 도에 의해서 해탈한다는 과(phala)를 설하셨다. '해탈하면 해탈했다는 지혜가 있다(vimuttasmiṁ vimuttamiti ñāṇaṁ hoti).'는 것은 여기서 반조(paccavekkhaṇā)를 설하셨다."(MA.ii.115)

한편 『상윳따 니까야』 제3권 「과거 · 미래 · 현재 경」 1(S22:9) 등 「무더기 상윳따」(S22)의 여러 곳에서는 오온의 무상 · 고 · 무아를 통찰하여 염오 - 이욕 - 소멸의 실현을 설하고 있는데 본 정형구의 해탈 - 구경해탈지 대신에 소멸이 나타나는 것만 다르다. 여기서도 당연히 염오는 강한 위빳사나요, 이욕은 도요, 소멸은 아라한과라고 주석서들은 밝히고 있다.

(3) 『맛지마 니까야』의 15단계 계 · 정 · 혜의 정형구

1) 『디가 니까야』 제1권의 23단계 계 · 정 · 혜의 정형구

부처님의 일대시교는 계 · 정 · 혜 삼학(三學, 세 가지 공부지음 tisso sikkhā, sikkhattaya, tividhā sikkhā)으로 정리된다. 계 · 정 · 혜는 니까야의 도처에서 강조되고 있고, 주석서의 노둣돌인 『청정도론』의 기본골격이기도 하다. 이 가운데 계학(戒學)은 도덕적인 삶을 뜻하고 정학(定學)은 삼매 수행을 말하고 혜학(慧學)은 통찰지를 의미한다. 그리고 주석서는 이 삼학 가운데 계학은 『율장』에서, 정학은 『경장』에서, 혜학은 『논장』에서 주로 설해진 가르침이라고 설명하고 있기도 하다(DA.i.19).

계 · 정 · 혜 삼학하면 초기불전에서 빼놓을 수 없는 것이 『디가 니까야』 제1권 『계온품』의 10개의 경들에서 정리하고 있는 삼학이다. 이 가운데 대표되는 경이 「사문과경」(D2)이다. 「사문과경」은 출가자가 닦아야 할 것으로 3가지 계의 무더기와 감각대문의 단속 등의 공부지음을 들고(계학), 이것을 통해서 4가지 禪(정학)과 8가지 지혜(혜학)를 실현하는 것을 사문의 결실이라고 정리하고 있다. 이것을 정리해 보면 모두 23가지가 되는데 그것을 요약하면 다음과 같다.

① 여래가 이 세상에 출현한다. … 그는 법을 설하여 더할 나위 없이 완벽하고 지극히 청정한 범행(梵行)을 드러낸다.

② 이런 법을 장자나 장자의 아들이나 다른 가문에 태어난 자가 듣는

다. … 머리와 수염을 깎고 물들인 옷을 입고 집을 떠나 출가한다.

③ 이와 같이 출가하여 계목의 단속으로 단속하면서 머문다. …

④ <짧은 길이의 계 - 모두 26가지로 계를 지님>

⑤ <중간 길이의 계 - 모두 10가지로 잘못된 행위를 멀리함>

⑥ <긴 길이의 계 - 모두 7가지로 삿된 생계를 멀리함>

⑦ 이처럼 계를 구족한 비구는 어느 곳에서도 두려움을 보지 못한다. …

⑧ 비구는 감각의 대문을 잘 지킨다. …

⑨ 비구는 마음챙김과 알아차림을 잘 갖춘다. …

⑩ 비구는 [얻은 필수품으로] 만족한다. …

⑪ 그는 세상에 대한 욕심을 제거하여 욕심을 버린 마음으로 … 악의가 없는 마음으로 … 해태와 혼침을 버려 … 들뜸과 후회를 제거하여 … 의심을 건너서 머문다.(다섯 가지 장애의 극복)

⑫ 초선(初禪)을 구족하여 머문다. …

⑬ 제2선을 구족하여 머문다. …

⑭ 제3선을 구족하여 머문다. …

⑮ 제4선을 구족하여 머문다. …

⑯ 지(知)와 견(見)으로 마음을 향하게 하고 기울게 한다. …

⑰ 마음으로 만든 몸으로 마음을 향하게 하고 기울게 한다. …

⑱ 신통변화[神足通]로 마음을 향하게 하고 기울게 한다. …

⑲ 신성한 귀의 요소[天耳通]로 마음을 향하게 하고 기울게 한다. …

⑳ 남의 마음을 아는 지혜[他心通]로 마음을 향하게 하고 기울게 한다. …

㉑ 전생을 기억하는 지혜[宿命通]로 마음을 향하게 하고 기울게 한다. …

㉒ 중생들의 죽음과 다시 태어남을 [아는] 지혜[天眼通]로 마음을 향하게 하고 기울게 한다. …

㉓ 모든 번뇌를 소멸하는 지혜[漏盡通]로 마음을 향하게 하고 기울게

한다. … '태어남은 다했다. 청정범행은 성취되었다. 할 일을 다 해 마쳤다. 다시는 어떤 존재로도 돌아오지 않을 것이다.'라고 꿰뚫어 안다.

그런데 같은 『디가 니까야』 제1권에 속하는 「수바 경」(D10)에서 아난다 존자는 이 가운데 ①부터 ⑦까지를 계의 무더기[戒蘊]라고 정리하고 있고, ⑧부터 ⑮까지를 삼매의 무더기[定蘊]라고 정리하고 있으며, ⑯부터 ㉓까지를 통찰지의 무더기[慧蘊]라고 정리하고 있다. 삼매의 무더기의 핵심은 마음챙김과 알아차림[正念·正知]의 구족과 다섯 가지 장애[五蓋]의 극복과 초선부터 제4선까지이며, 통찰지의 무더기의 핵심은 지와 견의 정형구와 마음으로 이루어진 몸의 정형구와 육신통 즉 8통이 된다. 이 정형구에 대한 다른 설명은 『디가 니까야』 제1권 해제 §2를 참조하기 바란다.

아무튼 경의 특성상 「뽓타빠다 경」(D9)과 「삼명경」(D13)에서만 23단계 정형구가 모두 언급되지 않을 뿐이지, 이 둘과 「범망경」(D1)을 제외한 『계온품』의 나머지 10개의 경들은 모두 23가지 정형구를 각 경의 특성에 맞게 모두 언급하고 있다. 이처럼 「범망경」과 「뽓타빠다 경」과 「삼명경」을 제외한 나머지 10개의 경들은 계·정·혜 삼학을 23가지로 정리한 정형구를 서로 공유하고 있는 체계로 『디가 니까야』 제1권인 『계온품』이 구성되어 있다.

2) 『맛지마 니까야』의 15단계 계·정·혜의 정형구

이처럼 『디가 니까야』에 23단계 계·정·혜의 정형구가 있다면 본서에는 『맛지마 니까야』의 15단계 계·정·혜의 정형구가 있다. 이 15단계 정형구는 「코끼리 발자국 비유의 짧은 경」(M27) §§11~26을 위시한 M51, M60, M76, M79, M101, M125의 7개 경에 나타나고, 조금 다르지만 비슷한 정형구가 M38, M125, M58 등에도 나타난다. 이 15단계 계·정·혜의 정형구를 요약하면 다음과 같다.

① 여래가 이 세상에 출현한다. … 그는 법을 설하여 더할 나위 없이 완벽하고 지극히 청정한 범행(梵行)을 드러낸다.

② 이런 법을 장자나 장자의 아들이나 다른 가문에 태어난 자가 듣는다. … 머리와 수염을 깎고 물들인 옷을 입고 집을 떠나 출가한다.

③ 이와 같이 출가하여 여러 계목의 단속으로 단속하면서 머문다. …

④ 그는 이러한 성스러운 계의 조목[戒蘊]을 구족하여 안으로 비난받을 일이 없는 행복을 경험한다.

이와 같이 계를 구족한 비구는 어느 곳에서도 두려움을 보지 못한다. …

⑤ 비구는 감각의 대문을 잘 지킨다. …

⑥ 비구는 마음챙김과 알아차림을 잘 갖춘다. …

⑦ 비구는 [얻은 필수품으로] 만족한다. …

⑧ 그는 세상에 대한 욕심을 제거하여 욕심을 버린 마음으로 … 악의가 없는 마음으로 … 해태와 혼침을 버려 … 들뜸과 후회를 제거하여 … 의심을 건너서 머문다.(다섯 가지 장애의 극복)

⑨ 초선(初禪)을 구족하여 머문다. …

⑩ 제2선을 구족하여 머문다. …

⑪ 제3선을 구족하여 머문다. …

⑫ 제4선을 구족하여 머문다. …

⑬ 전생을 기억하는 지혜[宿命通]로 마음을 향하게 하고 기울게 한다. …

⑭ 중생들의 죽음과 다시 태어남을 [아는] 지혜[天眼通]로 마음을 향하게 하고 기울게 한다. …

⑮ 모든 번뇌를 소멸하는 지혜[漏盡通]로 마음을 향하게 하고 기울게 한다. … '태어남은 다했다. 청정범행은 성취되었다. 할 일을 다 해 마쳤다. 다시는 어떤 존재로도 돌아오지 않을 것이다.'라고 꿰뚫어 안다.

한편 위의 『디가 니까야』의 23단계 정형구를 계·정·혜로 배대해서 설명하고 있는 『디가 니까야』 제1권 「수바 경」(D10)에 준해서 이 『맛지마 니까야』의 15단계 정형구를 계·정·혜와 배대해 보면 위의 15단계 가운데 ①부터 ④까지는 계의 무더기[戒蘊]에, ⑤부터 ⑫까지는 삼매의 무더기[定蘊]에, 다시 ⑬부터 ⑮까지는 통찰지의 무더기[慧蘊]에 배대가 된다. 여기서 삼매의 무더기의 핵심은 마음챙김과 알아차림[正念·正知]의 구족과 다섯 가지 장애[五蓋]의 극복과 초선부터 제4선까지이며, 통찰지의 무더기의 핵심은 3명이 된다.

그런데 『디가 니까야』의 23단계 정형구에는 6통 + 2통 = 8통이 나타나지만 『맛지마 니까야』의 15단계 정형구에는 삼명만이 나타난다. 물론 『맛지마 니까야』에도 6통은 M6, M12, M73, M77, M108, M119의 6개 경에 나타나지만 이처럼 15단계 계·정·혜의 정형구에는 삼명만 나타나고 있는 것으로 확인이 되었다.

(4) 비유가 많이 나타남

『맛지마 니까야』의 또 다른 큰 특징 중의 하나를 들라면 많은 비유가 나타나는 점을 들 수 있다. 물론 니까야 전체에는 많은 비유가 나타난다. 그러나 152개의 경이 포함되어 있는 『맛지마 니까야』에서 270번 정도나 비유가 나타난다는 것은 그만큼 본서에서 비유가 각별한 역할을 한다고 할 수 있다. 예를 들면 M21부터 M30까지의 열 개의 경이 포함된 본서 제3품의 이름은 「비유 품」인데 본 품에 포함된 10개의 경에는 많은 비유가 들어있고 이런 비유가 각 경에서 중요한 역할을 하기 때문이다. 그리고 소치는 것을 수행에 비유한 가르침은 중국 선종에서 십우도(十牛圖) 혹은 심우도(尋牛圖)로 표현되기도 하는데 이것은 본서 제2권 「소치는 사람의 긴 경」(M33)과 「소치는 사람의 짧은 경」(M34)과 제1권 「두 가지 사유 경」(M19)의 §7과 §12에 나타나는 소치는 사람의 비유와 견주어 볼 수 있다.

대략적으로 헤아려 봐도 『맛지마 니까야』에는 무려 176개 정도의 비유들이 나타나고 있다. 물론 어떤 것을 비유로 보느냐에 따라 이 숫자는 더 늘어날 수 있다. 예를 들면 제1권 「개미집 경」(M23)에는 15개의 비유적인 설명이 나타나는데 역자는 이를 한 개의 비유로 간주하고 있다. 그런데 여기에 나타나는 개미집에 대한 15개의 비유적인 설명을 15개의 개별적인 비유로 계산하면 비유의 숫자는 더 늘어난다. 그리고 이 176개라는 숫자는 서로 다른 비유만을 계산한 것이다. 그런데 이들 가운데는 같은 비유가 여러 경들에서 나타나는 경우가 많다. 예를 들면 갓난아이의 비유는 M48 §11, M58 §7, M64 §3, M78 §8, M80 §16의 다섯 곳에 나타나고, 독 묻은 화살의 비유는 M63 §5, M101 §7, M105 §19ff., M105 §24ff. 등의 네 곳에 나타난다. 이렇게 계산하면 본경에서 비유는 모두 270번 이상이 나타난다.

본서에 나타나는 비유는 본서 제4권의 말미의 찾아보기에 따로 모아져 있으니 참조하기 바란다.

(5) 『맛지마 니까야』에 나타나는 교학과 수행의 주제

초기불교의 교학과 수행은 온·처·계·제·연 혹은 온·처·계·근·제·연과 37보리분법으로 정리된다.(『초기불교 이해』 49쪽 이하 참조) 그래서 상좌부 불교의 근간이 되며 주석서 문헌들의 중심에 놓여 있는 『청정도론』 XIV.32에서 붓다고사 스님은 "여기서 무더기[蘊, khandha], 감각장소[處, āyatana], 요소[界, dhātu], 기능[根, indriya], 진리[諦, sacca], 연기[緣起, paṭiccasamuppāda] 등으로 구분되는 법들이 이 통찰지의 토양(paññā-bhūmi)이다."(Vis.XIV.32)라고 정의하여 불교교학의 근간을 온·처·계·근·제·연의 여섯으로 설명하고 있다.

그리고 초기불교의 수행은 초기불전의 도처에, 특히 『상윳따 니까야』에 주제별로 정리되어 나타나고 있는 37보리분법(菩提分法, bodhi-pakkhiyā dhammā)이다. 이 37보리분법은 『상윳따 니까야』 빠알리 원본

제5권의 S45부터 S51까지에서 도, 각지, 염처, 기능, 바른 노력, 힘, 성취수단의 일곱 개의 상윳따로 나타나는데, 이들은 각각 팔정도, 칠각지, 사념처, 오근, 사정근, 오력, 사여의족의 7가지 주제이며 이것이 바로 37보리분법이다. 초기불교의 수행은 바로 이 37보리분법으로 정리된다.

1) 『맛지마 니까야』에 나타나는 교학의 주제

이러한 온·처·계·근·제·연의 초기불교 6가지 교학의 주제 가운데 온·처·계·제·연의 5가지 가르침은 본 『맛지마 니까야』에도 여러 곳에서 나타난다. 22근의 가르침은 『기능 상윳따』(S48) 외에는 니까야에는 나타나지 않는다. 이 22근은 『논장』의 가르침으로 간주한다. (『초기불교 이해』 331~332쪽 참조) 본서에서 온·처·계·제·연의 다섯 주제가 나타나는 경을 언급하면 다음과 같다.

먼저 오온의 가르침에 대해서 살펴보자. '나'란 무엇인가에 대한 불교적 대답인 다섯 가지 무더기(오온)의 가르침은 본경에서도 중요한 교학의 토대로서 여러 경들에 나타나고 있다. 오온은 크게 둘로 나타나는데 하나는 다섯 가지 무더기(오온)로 나타나는 경우이고 다른 하나는 취착의 [대상인] 다섯 가지 무더기(오취온)로 나타나는 경우이다.

본서 M62, M64 §§9~12, M72, M131, M138 등에는 오온으로 나타난다. 그리고 M23, M28, M44, M109, M112, M122, M141, M149 등에는 오취온으로 나타나고 M109 등에는 둘 다로 나타나기도 한다. 그리고 오온의 무상·고·무아에 대한 대화는 M22, M35, M109, M147, M148 등에 나타난다.

이렇게 해서 오온의 가르침은 '나'라는 존재를 다섯 무더기로 해체해서 보는 토대로 본서의 여러 곳에 나타나고 있다.

다음으로 처[處]와 계[界]의 가르침 즉 여섯 가지 안팎의 감각장소, 즉 육내처와 육외처 혹은 12가지 감각장소와 18계에 대해서 이들에 대한 가르침이 나타나는 곳과 내용의 키워드를 적어보면 다음과 같다.

M10(근 - 경), M18(근 - 경 - 식 - 촉 - 수 - 상 - 심 - 분별 - 상분), M38(근 - 경 - 식의 발생), M112(근 - 경 - 식 - 촉 - 해탈), M115(18계를 정의함), M133 §§15~16(근 - 경), M143(근 - 경 - 식 - 촉 - 취착), M144(근 - 경 - 식, 내 것 · 나 · 나의 자아 아님), M146(근 - 경 - 식, 염오의 정형구), M147(근 - 경 - 식 - 촉 - 수 - 상 - 의도, 염오의 정형구), M148(근 - 경 - 식 - 촉 - 수 - 애, 염오의 정형구), M149(근 - 경 - 식 - 촉 - 수)

이처럼 세상이란 무엇인가에 대한 불교의 대답인 12처와 18계의 가르침도 본서의 여러 경들에 '해체해서 보기'의 토대로 나타나고 설명되고 있다.

불교의 진리인 네 가지 성스러운 진리(사성제)의 가르침은 「바른 견해 경」(M9) §14 이하와 「마음챙김의 확립 경」(M10, 염처경) §44와 M28 §2, M77 §14 등에 나타나고, 특히 「진리의 분석 경」(M141) 전체는 사리뿟따 존자가 사성제를 상세하게 정의하는 경이다.

『맛지마 니까야』에 나타나는 연기의 가르침에 대해서는 아래 (6)의 설명을 참조하기 바란다.

2) 『맛지마 니까야』에 나타나는 수행의 주제 - 37보리분법

4념처, 4정근, 4여의족, 5근, 5력, 7각지, 8정도를 구성하는 37가지 주제는 37가지 깨달음의 편에 있는 법들[菩提分法, bodhipakkhiyā dhammā]로 불린다. 이 일곱 가지 주제에 포함된 법들을 다 합하면 37가지가 되기 때문에 전통적으로 이를 37보리분법이라 불렀던 것이다. 37보리분법에 대한 자세한 설명은 『초기불교 이해』 275쪽 이하를 참조하기 바란다.

본서 가운데 37보리분법이 포함되어 있는 경은 M77 §18, M104 §5, M118 §13, M149 §10, M151 §12 이하를 들 수 있다. 이 가운데 37보리분법의 37가지 술어에 대한 간단한 언급과 정의는 긴 「사꿀루다이 경」(M77)의 §§15~21에 나타나고 있다. 특이한 것은 이 37가지 보리

분법은 나열만 되고 있지 37가지 깨달음의 편에 있는 법(보리분법)이라는 술어는 나타나지 않는다.[21)]

37보리분법을 구성하는 7가지 주제 가운데 사념처는 M10, M118, M119에 잘 나타나는데 「마음챙김의 확립 경」(M10, 염처경)에서 종합적으로 잘 정리되어 있다. 사정근의 정의는 M77 §16에, 4여의족의 정의는 M77 §17에 나타난다. 오근·오력의 정형구는 M77 §§18~19에서 간략하게 설명은 되지만 『상윳따 니까야』 등에 나타나는 정형구는 나타나지 않는다. 칠각지는 M2 §21, M10 §42, M77 §20, M118 §33 §42, M146 §13 등에 나타나는데 모두 칠각지 구성요소만 언급되고 정의는 나타나지 않는다.

팔정도는 M117 §6 이하에서 설명되고 「진리의 분석경」(M141) §§23~31에서 도성제의 내용으로 팔정도를 정의하고 있다. 그리고 M65 §34, M78 §14, M117 §34~37 등에는 팔정도에다 바른 지혜와 바른 해탈이 첨가된 십정도가 나타난다.

이렇게 볼 때 37보리분법은 팔정도와 사념처 외에는 제대로 설명이 되지 않는다. 37보리분법은 『상윳따 니까야』 제5권의 주제이다. 그곳의 S45부터 S52에서 독립된 상윳따 즉 주제로 편집되어 자세히 나타나고

21) '깨달음의 편에 있는 법들[善提分法, bodhipakkhiyā dhammā]'이라는 술어는 4부 니까야에는 그다지 많이 나타나지 않는다. 이 술어가 나타나는 곳은 『디가 니까야』 제3권 「세기경」(D27) §30과 『상윳따 니까야』 제5권 「기능 상윳따」(Indriya-saṁyutta)의 「살라 경」(S48:51)을 위시한 7개 정도의 경과 『앙굿따라 니까야』 「은사 경」(A5:56)과 「잠 경」(A6:17) 등이다. 『맛지마 니까야』에는 보리분법이라는 이 술어가 나타나지 않는다. 그리고 『상윳따 니까야』 「기능 상윳따」(S48)의 7개 경들은 다섯 가지 기능[五根]만을 깨달음의 편에 있는 법이라고 부르고 있다. 특이하게도 「세기경」(D27) §30에는 '일곱 가지(satta) 깨달음의 편에 있는 법'으로 나타난다. 이 37보리분법의 주제가 일곱 가지이기 때문이다. 「은사 경」(A5:56)과 「잠 경」(A6:17)에는 숫자의 언급이 없다.
이 [37가지] 깨달음의 편에 있는 법들[善提分法]'이라는 술어는 『법집론』(Dhs)등의 『논장』과 『청정도론』(예를 들면 Vis.XXII.39)을 위시한 주석서 문헌에서 주로 많이 나타나고 있다.

있으므로 참조하기 바란다.

3) 『맛지마 니까야』에 나타나는 사마타와 위빳사나

사마타와 위빳사나는 초기불교의 구체적인 수행법을 표현하는 키워드이다. 이 사마타와 위빳사나가 무엇인가에 대해서는 『앙굿따라 니까야』 제2권의 「삼매 경」 1/2/3(A4:92~94)이 명확하게 그 답변을 제공하고 있다. 이 세 개의 경들에 나타나는 '마음의 사마타'와 '통찰지라 [불리는] 법들에 대한 위빳사나'라는 표현 등에서 보듯이 사마타는 마음의 개발을 뜻하는 삼매와 동의어이고, 위빳사나는 통찰지와 동의어이다.

그러므로 사마타는 계・정・혜 삼학 가운데 정학과 동의어이고 위빳사나는 혜학과 동의어이다. 이처럼 사마타와 위빳사나는 불교수행을 대표하는 술어가 된다. 이 두 술어는 일찍이 중국에서 각각 지(止)와 관(觀)으로 정착되었다. 그래서 지와 관을 고르게 닦을 것을 강조하여 지관겸수(止觀兼修)로 정착되었고, 이것은 다시 선종에서 정혜쌍수(定慧雙修)로 계승되었다. 사마타와 위빳사나에 대해서는 『초기불교 이해』 제26장(398쪽 이하)을 참조하기 바란다.

그리고 빠알리 삼장의 주석서 문헌에서도 도처에서 불교수행을 사마타와 위빳사나로 설명해내고 있다. 여기서는 주석서의 언급은 제외하고 본서의 경에서 사마타와 위빳사나는 어떤 문맥에서 나타나는가를 간단하게 살펴보려 한다.

먼저 사마타와 위빳사나는 "그는 계를 원만히 하고 안으로 마음의 사마타에 전념하며 禪을 경시하지 않고 위빳사나를 구족하여 빈집에 머물기에 전념해야 한다."(M6 §3 이하, M32 §5 등)라는 정형구에 나타난다. 그리고 "바른 견해는 계의 도움을 받고, 배움의 도움을 받고, 담론의 도움을 받고, 사마타[止]의 도움을 받고, 위빳사나[觀]의 도움을 받습니다."(M43 §14)로도, "사마타와 위빳사나의 이들 두 가지 법들을 더 닦으면 여러 가지 요소[界]들을 꿰뚫어 보게 될 것이다."(M73 §18)로도 언급되고 있다.

그리고 팔정도를 닦으면 37보리분법이 수행을 통해서 완성되고 그래서 "그에게 사마타와 위빳사나라는 이 두 가지 법이 조화롭게 나타난다."(M149 §10 이하)라고 강조되기도 하고, 같은 경에서 "어떤 것이 최상의 지혜로 닦아야 할 법들인가? 사마타와 위빳사나이니 이것이 최상의 지혜로 닦아야 할 법들이다."(M149 §26)라고 언급되기도 한다. 한편 M151 §13에서는 탁발할 때 반조해야 할 법들을 탐·진·치부터 나열하면서 37보리분법의 7가지 항목들 다음에 "나는 사마타와 위빳사나를 닦았는가?"(M151 §13)로 반조해야 함을 설하신다.

이처럼 경문에서는 대부분 사마타와 위빳사나가 함께 나타난다. 단독으로 나타나는 경우는 "스스로 사마타[止]를 얻고 스스로 적멸을 얻게 된다."(M48 §9)와 "사리뿟따는 보름 동안 차례대로 법에 대해 위빳사나를 닦았다."(M111 §2)만이 있는 것으로 조사되었다.

(6) 『맛지마 니까야』에 나타나는 연기의 가르침

『맛지마 니까야』에는 대략 10군데 정도에 연기의 가르침이 나타나고 있다. 이를 하나하나 간략히 설명하면 다음과 같다.

① 먼저 『맛지마 니까야』에서 연기에 대한 가르침으로 주목해야 할 경은 「갈애 멸진의 긴 경」(M38)이다. 역자는 니까야 전체에서 본경이야말로 알음알이[識] 혹은 마음을 윤회의 주체로 간주하려는 잘못된 견해를 연기의 가르침으로 척파하고 무아를 천명하는 가장 중요한 경이라고 보고 있다.

본경은 알음알이가 윤회의 주체가 된다는 잘못된 견해를 국집하고 있는 사띠 비구에게 "도반 사띠여, 세존께서는 여러 가지 방편으로 알음알이는 조건 따라 일어난다[緣而生]고 설하셨습니다. 조건이 없어지면 알음알이도 일어나지 않는다고 하셨습니다."라고 나무라는 동료 비구들의 지적과 더불어 시작한다.

이렇게 시작하여 본경에서 세존께서는 여러 관점에서 12연기를 말씀하시는데 §§17~22에서 12연기를 유전문(流轉門)과 환멸문(還滅門)과 순관(順觀)과 역관(逆觀)의 관점에서 심도 깊게 설하고 계신다.

그런데 본경의 §19 "이것이 있을 때 저것이 있고, 이것이 일어남으로써 저것이 일어난다."와 §22의 "이것이 없을 때 저것이 없고, 이것이 소멸함으로써 저것이 소멸한다."는 정형구는 다른 경들에서는 함께 연결되어서 하나의 게송의 형태로 나타나고 있다. 그런데 본경처럼 '이것이 있을 때 저것이 있고, 이것이 일어남으로써 저것이 일어난다.'와 '이것이 없을 때 저것이 없고, 이것이 소멸함으로써 저것이 소멸한다.'가 유전문의 정형구(§19)와 환멸문의 정형구(§22)에 분리되어서 나타나는 경우는 다른 니까야에서는 찾아보기 힘들다.

이 「갈애 멸진의 긴 경」(M38)은 윤회의 주체가 되는 고정불변하는 알음알이란 없다는 점을 분명히 한다. 그리고 §§17~22의 6가지 관점을 통해서 12연기를 분석하면서 알음알이란 조건발생일 뿐임을 분명하게 드러내고 있다.

② 그리고 본서 제4권 「여러 종류의 요소 경」(M115) §11에는 12연기의 유전문과 환멸문을 잘 아는 비구를 '연기에 능숙한 비구'라고 부르고 있다. 그리고 12연기의 유전문과 환멸문의 정형구를 '무명연행'부터 '생연노사'까지와 '무명멸즉행멸'부터 '생멸즉 노사우비고뇌멸'까지로 설하고 계신다.

③ 「바른 견해 경」(M9)에서 사리뿟따 존자는 무명이 일어나는 조건으로 번뇌를 들면서 무명을 넣은 13지 연기를 설하고 있다. 본경은 무명은 윤회를 설명할 때 출발점(sīsa-bhāva)이 되는 것일 뿐 이것이 근본원인은 아니며, 무명은 이처럼 번뇌를 조건으로 생기는 조건발생이라는 것을 밝히는 경으로 『청정도론』 XVII.36에서 인용되기도 한다.

④ 그리고 연기의 가르침에서 관심을 가져야 할 것이 「여섯씩 여섯[六六] 경」(M148)이다. 본경은 육근 - 육경 - 육식 - 육촉 - 육수 - 육애

로 모두 6×6=36개의 구성요소를 설하기 때문에 「여섯씩 여섯[六六] 경」(Chachaka Sutta)이라 불리게 되었다.

본경은 이처럼 근 - 경 - 식 - 촉 - 수 - 애의 6지 연기를 통해서 '나'라는 존재를 36가지로 해체해서 이들에 대해서 염오 - 이욕 - 해탈 - 구경해탈지를 일으켜 깨달음을 성취하는 가르침으로 승화시키고 있는 것이다. 이런 가르침을 들었기 때문에 60명의 스님들이 아라한이 된 것이다.

⑤ 「사자후의 짧은 경」(M11) §§16~17에서는 취착부터 무명까지의 9지 연기를 설하시는 것으로 경을 마무리 짓고 계신다.(§§16~17)

⑥ 「꿀 덩어리 경」(M18)에서 마하깟짜나 존자는 부처님께서 삭까 사람 단다빠니에게 하신 사량 분별이 함께한 인식의 더미(papañca-saññā-saṅkhā)를 해석하면서(§§16~18) 근 - 경 - 식 - 촉 - 수 - 상 - 심 - [사량 분별] - 사량 분별이 함께한 인식의 더미라는 8지 연기 혹은 9지 연기로 해체해서 부처님의 말씀을 달콤하게 설명해내고 있다. 그래서 본경은 「꿀 덩어리 경」으로 불리게 된 것이다.

⑦ 「코끼리 발자국 비유의 긴 경」(M28) §28에서 사리뿟따 존자는 부처님이 하신 말씀으로 '연기(緣起)를 보는 자는 법을 보고, 법을 보는 자는 연기를 본다.'라는 연기의 가르침을 인용하고 있다. 이 정형구는 우리에게는 잘 알려져 있지만 정작 니까야에서는 본경에만 나타나는 것으로 조사가 되었다.

⑧ 「왓차곳따 불 경」(M72) §18에서 세존께서는 "왓차여, 이 [조건[緣]에 대한] 가르침은 심오하여 보기 어렵고 깨닫기 어렵고 고요하고 수승하고 사유의 영역을 넘어섰고 미묘하여 오로지 현자들만이 알아볼 수 있을 것이다."라고 말씀하신 뒤 불과 연료의 비유를 드신다.

⑨ 「사꿀루다이 짧은 경」(M79)에서도 세존께서는 "나는 그대에게 [조건[緣]에 대한] 가르침을 설하리라. '이것이 있을 때 저것이 있다. 이것이 일어날 때 저것이 일어난다. 이것이 없을 때 저것도 없다. 이것이 소멸할 때 저것도 소멸한다.'"라고 하고 계신다.

⑩ 그리고 「성스러운 구함 경」(M26) §19에서는 "'이것에게 조건 됨'인 연기를 보기는 어려울 것이다. … 설혹 내가 법을 가르친다 하더라도 저들이 내 말을 이해하지 못한다면 그것은 나를 피로하게 만들 뿐이고, 나를 성가시게 할 뿐이다."라고 나타나는데, 연기는 집착에 빠져서 사는 사람들이 보기 어려운 가르침으로 언급이 되고 있다.

그 외 니까야에 나타나는 연기의 가르침과 12연기의 구성요소에 대한 설명은 『초기불교 이해』 제15장과 제16장(225쪽 이하)을 참조하기 바란다.

(7) 부처님의 성도과정이 나타난다

이미 역자 서문 §2에서 밝힌 대로 『맛지마 니까야』에는 부처님의 성도과정을 담고 있는 경이 다섯 개 정도(M26, M36, M85 §§11~53, M100 §§10~41, M4) 나타난다. 이런 경들은 다른 니까야에서는 찾아보기 힘들다. 이러한 경들을 토대로 부처님의 성도과정을 살펴보면 크게 여덟 부분으로 나누어서 이해할 수 있다.

① 출가하여 알라라 깔라마를 만나서 무소유처 삼매를 체득하는 과정(M26 §15, M36 §14)

② 알라라 깔라마 문하를 떠나 웃다까 라마뿟따 문하로 가서 비상비비상처 삼매를 체득하는 과정(M26 §16, M36 §15)

③ 웃다까 라마뿟따 문하를 떠나서 극심한 고행을 하는 과정(M36 §17~29)

④ 고행으로도 깨달음을 실현할 수 없음을 알고 나무 아래에서 사유를 하여 어릴 때 체험한 초선의 경지가 새로운 길임을 발견하는 과정(M36 §30~33)

⑤ 4선 - 3명의 체득으로 깨달음을 실현하는 과정(M36 §34~44)

⑥ 범천의 권청으로 설법하기로 결심하는 과정(M26 §19~21)

⑦ 누구에게 먼저 법을 설할까를 사유하다가 오비구에게 설법하기 위해서 바라나시로 가는 도중에 아지와까 유행승인 우빠까를 만나는 과

정(M26 §22~25)

⑧ 오비구를 만나서 법을 설하여 오비구가 위없는 유가안은인 열반을 증득하는 과정(M26 §26~30)

부처님의 성도과정에서 가장 중요한 발상의 전환은 위의 네 번째라 할 수 있는데 여기에 대해서는 본서 역자 서문 §2를 참조하기 바란다.

(8) 순차적인 공부지음과 순차적인 가르침을 강조한다

세상의 모든 일에는 과정이 있고 절차가 있고 순서와 차례가 있기 마련이다. 세존께서는 본서의 몇몇 경들을 통해서 불교에도 순차적인 공부지음이 있다고 강조하시고 순차적인 가르침을 정형화해서 말씀하신다.

본서에는 이러한 순차적인 방법이 크게 두 개의 문맥에서 나타나는데, 이 두 가지는 '순차적인 공부지음(anupubba-sikkhā)'과 '순차적인 가르침(ānupubbi-kathā)'이라는 술어로 정리할 수 있다.

먼저 '순차적인 공부지음'에 대해서 살펴보면, 이 술어는 '순차적인 공부지음(anupubba-sikkhā)과 순차적인 실천(anupubba-kiriyā)과 순차적인 도닦음(anupubba-paṭipadā)'이라는 표현으로 본서 제2권 「끼따기리 경」(M70) §22와 제3권 「가나까 목갈라나 경」(M107) §2 이하에 나타나고 있다. 본서 제2권 「끼따기리 경」(M70) §22 이하에서 세존께서는 "비구들이여, 나는 구경의 지혜가 단박에 이루어진다고 말하지 않는다. 비구들이여, 그러나 순차적인 공부지음과 순차적인 실천과 순차적인 도닦음으로 구경의 지혜는 이루어지는 것이다."라고 강조하고 계신다. 주석서는 "이것은 개구리가 단 한 번에 껑충 뛰어올라서 가는 것처럼 그렇게 구경의 지혜가 이루어져서 아라한과에 확립된다고 말하지 않으신다는 뜻이다."(MA.iii.193)라고 덧붙이고 있다.

그리고 「가나까 목갈라나 경」(M107) §2에서 가나까 목갈라나 바라문이 세존을 뵙고, 칠층으로 된 녹자모 강당을 짓고 바라문들이 공부를 하고 궁수들이 궁술을 연마하고 회계사들이 셈을 배우는 데도 모두 순차적인 작업이 있듯이 “이 법과 율에서도 순차적인 공부지음과 순차적인 실천과 순차적인 도닦음을 설명할 수 있습니까?”(§2)라고 질문을 드리자, 세존께서는 그렇다고 분명하게 대답을 하신 뒤(§3) 11가지 단계로 이것을 설명하신다. 여기에 대해서는 본서 제3권 「가나까 목갈라나 경」(M107)의 해설과 제2권 「끼따기리 경」(M70) §22의 주해 등을 참조하기 바란다.

두 번째 '순차적인 가르침'은 본서 제2권 「우빨리 경」(M56) §18과 제3권 「브라흐마유 경」(M91) §36에 정형구로 나타나고 있다. 이것은 본서뿐만 아니라 다른 니까야에서도 다음과 같이 정형화되어 나타난다.

“그러자 세존께서는 순차적인 가르침을 설하셨다. 보시의 가르침, 계의 가르침, 천상의 가르침, 감각적 욕망들의 위험과 타락과 오염원, 출리에 대한 공덕을 밝혀주셨다. 세존께서는 … 부처님들께서 직접 얻으신 괴로움[苦]과 일어남[集]과 소멸[滅]과 도[道]라는 법의 가르침을 드러내셨다.

마치 얼룩이 없는 깨끗한 천이 바르게 잘 염색되는 것처럼 그 자리에서 '일어나는 법은 그 무엇이건 모두 멸하기 마련인 법이다[集法卽滅法].'라는 티 없고 때가 없는 법의 눈[法眼]이 [브라흐마유 바라문에게] 생겼다. …”(M91 §36)

세존께서는 이러한 말씀을 통해서 궁극적 행복인 열반은 순차적으로 실현되는 것이지 단박에 이루어지지 않는다고 분명히 말씀하고 계신다.

(9) 바라문 우월주의에 대한 비판

인도 최고(最古)요 최고(最高)의 권위인 『리그베다』의 「뿌루샤 숙따」(Pruṣa Sūkta, 原人에 대한 찬미가)는 “바라문은 그(뿌루샤)의 입이고/ 그의 팔로부터 끄샤뜨리야가 만들어졌고/ 그의 넓적다리로부터 와이샤가/ 발로부터 수드라가 태어났다.”(Rv.x.90:12)라고 노래한다.

본서 「앗살라야나 경」(M93) §5에서 앗살라야나 바라문 학도는 '바라문들만이 최상의 계급이다. 다른 계급은 저열하다. … 바라문들만이 범천의 입에서 태어났고. … 범천의 상속자들이다.'라고 언급하고, 「짱끼 경」(M95 §34 = M50 §13)에서는 사문들은 '조상(범천)의 발에서 태어난 자'라고 언급된다. 이처럼 인도 문화는 계급 문화이다. 이러한 문화를 선도해 오고 지켜온 것이 바로 바라문 집단이다.

불교가 당시 인도사회에 던진 큰 공헌 가운데 하나는 이러한 계급주의와 바라문 제일주의와 바라문 우월주의에 대한 비판을 들 수 있다. 본 『맛지마 니까야』에서도 이러한 비판은 본서 제3권 「마두라 경」(M84)과 「깐나깟탈라 경」(M90) §9 이하와 특히 제10장 「바라문 품」의 「앗살라야나 경」(M93)과 「짱끼 경」(M95)과 「에수까리 경」(M96)과 「와셋타 경」(M98) 등에서 단호하면서도 분명한 대화나 가르침을 통해서 적지 않게 나타나고 있다. 그리고 『디가 니까야』에서는 제1권 「암밧타 경」(D3)과 「소나단다 경」(D4)과 「삼명경」(D13)과 제3권 「세기경」(D27) 등도 여기에 해당하는 대표적인 경으로 꼽을 수 있다.

바라문들의 이러한 주장과 견해에 대해서 부처님께서는 본서 제3권 「앗살라야나 경」(M93)을 통해서 바라문 계급이 우월한 것이 아니라 사성계급이 평등한 이유를 ① 바라문들의 바라문 아내들도 다른 계급의 여인들처럼 월경을 하고 잉태를 하고 출산을 하고 수유를 한다.(§5) ② 요나와 깜보자나 다른 변방에는 주인과 노예의 두 계급밖에 없는데 주인이 노예가 되기도 하고 노예가 주인이 되기도 한다.(§6) ③ 두 계급 다 10불선업을 지으면 처참한 곳[苦界], 불행한 곳[惡處], 파멸처, 지옥에 태어난다.(§7) ④ 둘 다 10선업을 지으면 좋은 곳, 천상세계에 태어난다.(§8) 등의 9가지로 말씀하고 계신다. 그리고 다른 비판과 가르침에 대해서는 본서 제10장 「바라문 품」의 여러 경들을 참조하기 바란다.

그 외에도 『맛지마 니까야』의 특징이나 『맛지마 니까야』에 나타나는 중요한 가르침을 더 언급할 수 있겠지만 이 정도로 줄이고자 한다.

본서에 나타나는 152개의 경들이 가지는 특징과 중요성 등에 대해서는 각권의 앞부분에 싣고 있는 각권 해제의 각 경들에 대한 해설 편을 참조하기 바란다.

9. 번역에 임한 태도

초기불전연구원은 경을 옮김에 있어서 항상 몇 가지 원칙을 중시하고 있다. 이들 원칙에 대해서는 이미 초기불전연구원에서 역출한 다른 책들의 역자 서문 등에서 밝혔기 때문에 본서의 역자 서문에서는 이것에 대해서는 적지 않으려 한다. 『디가 니까야』 역자 서문과 『앙굿따라 니까야』 역자 서문과 『상윳따 니까야』 역자 서문 등에서 밝힌 번역의 원칙에 대한 것을 제목만을 간추리면 다음과 같다.

첫째, 주석서를 중시하였다.
둘째, 『청정도론』을 중시하였다.
셋째, 『아비담마 길라잡이』를 중시하였다.
넷째, 술어를 한글화하려 노력하였다.

중요한 술어를 한글화한 원칙에 대해서는 『청정도론』 해제 §16 '『청정도론』에 나타나는 주요단어들의 한글번역에 대하여'를 참조하고 번역에 대한 일반원칙에 대한 더 자세한 설명은 『디가 니까야』 역자 서문 §6 '번역에 임하는 몇 가지 태도'를 참조하기 바란다.

10. 맺는 말

부처님의 말씀은 일차결집에서 합송이 되어서 니까야로 전승되어 온다. 이 가운데 『디가 니까야』(길게 설하신 경)는 아난다 존자의 제자들에게 부촉해서 그분들이 계승해 가도록 하였으며, 『맛지마 니까야』(중간 길이로 설하신 경)는 사리뿟따 존자의 제자들에게, 『상윳따 니까야』(주제별로 모은 경)는 마하깟사빠 존자의 제자들에게, 『앙굿따라 니까야』(숫자별로 모은 경)는 아누룻다 존자의 제자들에게 각각 부촉해서 전승하도록 하였다 한다.22)

『디가 니까야』는 불교의 큰 틀을 완성하고 있다. 디가(dīgha, 長, 긴)라는 술어가 보여 주듯이 부처님 가르침을 큰 틀에서 웅장하게 서술하고 있다. 특히 인도의 신화적인 요소를 빌려 와서 삼학의 큰 틀을 23가지 정형구로 완성하고 있고(제1권) 인류의 성장과 쇠퇴를 장구한 시공의 관점에서 그려내고 있기도 하며(「전륜성왕 사자후경」(D26), 「세기경」(D27) 등 제3권의 여러 경들) 인간이 세속에서 어떻게 살아야 하는지도 웅대한 문체로 드러내고 있기도 하다.(「교계 싱갈라 경」(D31) 등)

이처럼 인간에게 불교가 무엇인지를 웅대하게 드러내는 것이 『디가 니까야』라 한다면, 『상윳따 니까야』는 불교의 교학체계와 수행체계를 본격적으로 정의하고 있고 이를 정확하고 심도 깊게 드러내고 있다. 『상윳따 니까야』는 웅대하지 않고 간결하다. 그러나 그 내용은 깊고 어렵다. 불교의 교학과 수행을 중심한 이론 체계는 이 『상윳따 니까야』를 떠나서는 말을 할 수가 없다.

『앙굿따라 니까야』는 불자가 살아야 할 측면을 세세한 면까지 챙겨서 드러낸다. 특히 다양한 방법으로 인간들을 분류하고 있으며(예를 들면 「넷의 모음」에는 인간에 대한 다양한 설명과 분류를 담은 경들이 60여 개나 된다.) 『상윳따 니까야』에서 교학과 수행의 주제로 포함되지 않은 여러 중요한 가르침들을 포함하고 있다. 특히 재가의 삶에 대한 가르침이 다른 니까야보다 많이 들어있다.

『상윳따 니까야』가 불교의 이론을 집대성한 가르침이라 한다면 본 『맛지마 니까야』는 이 이론을 토대로 한 철저한 수행체계를 드러낸다.

---

22) 여기에 대해서는 『디가 니까야』 제3권의 부록인 『디가 니까야 주석서』 서문 §39를 참조하고 『쿳다까 니까야』(소부)에 대해서는 §40을 참조할 것.

수행 중에 극복해야 할 번뇌나 장애 등의 불선법들을 상세하게 열거하기도 하고(제1품의 여러 경들) 수행 중에 만나는 광명 등의 현상 등을 설명하기도 한다.(예를 들면 「오염원 경」(M128)과 「사꿀루다이 짧은 경」(M79) 등) 그리고 계·정·혜의 정형구와 4선 - 4처 - 상수멸 - 3명 - 6통 - 8통 등의 정형구를 통해서 수행의 경지를 드러내고 있다. 수행삼경(修行三經)이라 부를 수 있는 마음챙김에 관한 핵심이 되는 경들(M10, M118, M119)도 본 니까야에 포함되어 있다. 그 외에도 출가생활과 수행 도중 만나는 여러 문제에 대한 세존과 직계제자들의 간곡한 말씀과 성자(ariya)가 되는 여러 요긴한 말씀을 담고 있다.

이제 『맛지마 니까야』 한글 번역본을 전4권으로 세상에 내어 놓는다. 『맛지마 니까야』를 읽는 모든 분들이 수행 중에 따라오는 모든 장애를 거뜬히 이겨내고 성자의 길에 확고히 서서 마침내 해탈·열반을 실현하시기를 기원하면서 『맛지마 니까야』 역자 서문을 마무리 한다.

이 세상에 부처님 가르침이 오래오래 머물기를!

맛지마 니까야 제1권 해제

1. 들어가는 말

『맛지마 니까야』는 부처님과 직계제자들이 남기신 가르침 가운데 그 길이가 중간 정도에 해당하는 경들을 모아서 결집한 것이다. 여기서 중간 정도란 복주서의 설명대로 지나치게 길지도 않고 지나치게 짧지도 않은 길이의 경들[23]을 말한다. 길이가 긴 경 34개는 『디가 니까야』에 결집을 하였다. 그리고 길이가 짧은 경들은 다시 주제별로 나누어서 2904개를 『상윳따 니까야』에 담았고, 숫자별로 분류하여 2305개를 『앙굿따라 니까야』에 모았다. 여기 『맛지마 니까야』에는 이들을 제외한 중간 정도의 길이에 해당하는 경들 152개가 들어 있다.

이 152개의 경들은 모두 15개의 품으로 분류되고, 이 15개의 품들은 다시 세 개의 '50개 경들의 묶음'으로 묶어져서 모두 세 권으로 전승되어온다. 제1권인 『처음 50개 경들의 묶음』(Mūla-paṇṇāsa)에는 제1품부터 제5품에 속하는 M1부터 M50까지의 50개 경들이 포함되어 있다.[24] 『가운데 50개 경들의 묶음』(Majjhima-paṇṇāsa)이라 불리는 제2권에는

23) na-atidīgha-na-atikhuddaka-pamāṇā suttantā — MAṬ.i.14.

24) 『맛지마 니까야』 뿐만 아니라 모든 니까야에서 10개의 경들은 하나의 품(vagga)으로 분류가 된다. 그리고 다섯 개의 품들 즉 50개의 경들은 다시 하나의 '50개 경들의 묶음(빤나사, 빤나사까, paṇṇāsa/paññāsa/paṇṇāsaka/paññāsaka)'으로 분류가 된다. 빤나사(paṇṇāsa)는 문자 그대로 '50개로 된 것'이라는 의미이다. 이 방법을 『맛지마 니까야』에 적용시키면 전체 152개의 경들은 15개의 품으로 분류가 되고 이들은 다시 세 개의 '50개 경들의 묶음'으로 분류가 된다.

제6품부터 제10품에 속하는 M51부터 M100까지의 50개 경들이 들어 있다. 그리고 마지막인 제3권은 『마지막 50개 경들의 묶음』(Upari-paṇṇāsa)이라 불리는데, 여기에는 제11품부터 제15품에 속하는 M101부터 M152까지의 52개 경들이 포함되어 있다. 주석서에 의하면 『맛지마 니까야』는 일차결집에서 『디가 니까야』 다음에 결집(합송)되어서 사리뿟따 존자의 제자들에게 부촉되어 그들이 함께 외워서 전승해왔다고 한다.(AA.i.15)

초기불전연구원에서는 분량의 문제 때문에 이들을 전체 네 권으로 번역하여 출간하고 있다. 초기불전연구원의 번역본 제1권에는 제1품부터 제3품까지의 세 개 품 30개의 경들이, 제2권에는 제4품부터 제7품까지의 네 개 품 40개의 경들이, 제3권에는 제8품부터 제11품까지의 네 개 품 40개의 경들이, 제4권에는 제12품부터 제15품까지의 네 개 품 42개의 경들이 실려 있다.

2. 한글 『맛지마 니까야』 제1권의 구성

초기불전연구원에서 번역하여 출간하는 『맛지마 니까야』 제1권에는 『처음 50개 경들의 묶음』에 속하는 제1장 「뿌리에 대한 법문 품」과 제2장 「사자후 품」과 제3장 「비유 품」이 들어 있다. 이 가운데 제1장에는 「뿌리에 대한 법문 경」(M1) 등 10개의 경들이, 제2장에는 「사자후의 짧은 경」(M11) 등 열 개의 경들이, 제3장에는 「톱의 비유 경」(M21) 등 열 개의 경들이 포함되어 있다. 이렇게 해서 초기불전연구원에서 출간하는 『맛지마 니까야』 제1권에는 모두 30개의 경들이 들어 있다. 그럼 이 세 개의 품을 개관해 보자.

(1) 제1장 「뿌리에 대한 법문 품」(M1~10)

「뿌리에 대한 법문 품」은 『맛지마 니까야』 전체의 첫 번째 경이면서 동시에 본 품의 첫 번째 경인 「뿌리에 대한 법문 경」(Mūlapariyāya-sutta, M1)의 이름을 따서 품의 이름으로 삼은 것이다. 여기서 뿌리에 대한 법문은 mūla(뿌리)-pariyāya(법문)를 직역한 것이다. 주석서와 복주서의 설명대로 존재(오취온)의 뿌리는 무명과 갈애와 사견과 자만이다. 여기에 휘둘리는 자가 범부요, 여기에서 단계적으로 벗어난 분들이 예류자부터 아라한까지의 성자들이다. 본 『맛지마 니까야』의 첫 번째 가르침인 「뿌리에 대한 법문 경」(M1)은 이러한 존재의 뿌리를 설하는 경이기 때문에 본서의 뿌리 즉 처음에 놓였다고 여겨진다.

그리고 이 「뿌리에 대한 법문 경」(M1)에는 모두 8(보는 자)×24(대상)=192개의 법문이 들어있다. 이것은 존재하는 모든 것은 개별적인 실재가 있는 것이 아니라 대상과 그것을 보는 사람의 상호의존[緣, paccaya]을 떠나서는 존재할 수 없다는 불교의 조건발생 혹은 연기의 가르침을 뿌리에 두고 있다. 이것도 본경을 『맛지마 니까야』의 첫 번째 경으로 결집한 이유라 할 수 있을 것이다.

그러므로 경을 결집한 분들이 이러한 첫 번째 경을 담고 있는 『맛지마 니까야』의 첫 번째 품의 이름을 「뿌리에 대한 법문 품」으로 정하는 것은 당연한 일이었을 것이다. 이처럼 첫 번째 경의 제목은 본품의 명칭을 결정하는 데 가장 큰 역할을 하였음이 분명하다. 그렇지만 단순히 첫 번째 경의 이름을 따서 본 품의 명칭을 「뿌리에 대한 법문 품」으로 정하였다고만 생각하는 것은 본 품의 명칭을 너무 협소한 관점에서 고찰하는 것이라고 말하고 싶다. 왜냐하면 본 품에 들어있는 10개의 경들은 모두 이 각각의 경들이 설하고 있는 주제에 관한한 모두 뿌리에 해당하는 가르침이라고 볼 수 있기 때문이다.

예를 들면 본 품의 두 번째 경인 「모든 번뇌 경」(M2)에는 수행자가 없애야 할 번뇌들을 '봄[見]으로써 없애야 할 번뇌' 등 7개의 주제로 분류하고 이를 말씀하시기 때문에 이 경은 모든 번뇌들의 뿌리에 관한 가르침이라 할 수 있다. 그리고 세 번째 경인 「법의 상속자 경」(M3)에는 8가지 쌍의 16가지 버려야 할 법을 버려야지만 재물의 상속자가 아닌 법의 상속자가 된다고 나타나는데, 이처럼 본경은 부처님의 진정한 법의 상속자가 되는 토대 혹은 뿌리를 말씀하시는 경이라 할 수 있다.

다시 「두려움과 공포 경」(M4)은 수행자에게 두려움과 공포를 가져다주는 뿌리로 12가지 해로운 법[不善法]들을 들고 있으며, 「흠 없음 경」(M5)은 흠 혹은 흠의 뿌리로 19가지 나쁘고 해로운 바람[願]의 영역들을 들고 있다. 「원한다면 경」(M6)은 출가수행자가 가질 수 있는 17가지의 원을 열거하고 이를 성취하려면 사마타와 위빳사나 수행에 전념해야 한다고 강조한다. 그리고 「옷감의 비유 경」(M7)은 버려야 할 16가지 마음의 오염원을 들고 이렇게 하여 믿음과 네 가지 거룩한 마음가짐을 닦아 해탈한다고 설하고 있다. 「지워 없앰 경」(M8)은 지워 없애야 할 오염원들 44가지를 말씀하신다. 이처럼 이들 경에서는 두려움과 공포의 뿌리가 되는 법들, 수행자들의 바람의 뿌리, 괴로움의 뿌리가 되는 여러 가지 오염원들을 들고 있다.

나아가서 「바른 견해 경」(M9)은 팔정도의 뿌리라 할 수 있는 바른 견해를 정의하고 있으며, 「마음챙김의 확립 경」(M10, 염처경)은 불교수행의 핵심인 마음챙기는 공부를 정리하면서 마음챙김의 대상을 21가지 혹은 44가지로 정리하고 이를 신·수·심·법의 네 가지로 분류해서 설명하고 있다.

『맛지마 니까야』에 포함된 여러 경들은 다양한 주제와 관련된 여러 법수(法數)들을 분류하여 열거하고 있다. 이 가운데서도 특히 본 품에 포함된 10개의 경들은 수행자들이 먼저 꼭 알아두어야 하는 번뇌, 두려움과 공포, 흠, 오염원, 바른 견해, 마음챙김 등과 같은 기본 법수들을 자세하게 나열하고 아울러 상세하게 설명하고 있다. 본 품은 이처럼 불교수행의 뿌리가 되는 중요한 가르침을 모았기 때문에 본 품의 제목을 「뿌리에 대한 법문 품」으로 정하였다고 보는 것도 충분히 설득력이 있을 것이다.

(2) 제2장 「사자후 품」(M11~20)

제2장의 품의 명칭은 「사자후 품」이다. 이것은 본 품에 포함된 첫 번째와 두 번째 경인 「사자후의 짧은 경」(M11)과 「사자후의 긴 경」(M12)의 경 이름에서 따온 것이다. 여기서 사자후(sīha-nāda)는 sīha(사자)-nāda(소리)의 역어인데 주석서에서는 "다른 교설에 의해서 깨뜨려지지 않고 자신의 교설을 명쾌하게 밝히는 두려움 없는 소리"(AA.iii.844) 등으로 설명한다. 이처럼 사자후는 외도들이 결코 따를 수 없고 흉내조차 낼 수 없는 부처님과 불교 교단에만 있는 뛰어난 가르침을 뜻한다.

본 품에서 제일 먼저 나타나는 「사자후의 짧은 경」(M11)에서 세존께서는 "오직 여기에만 사문이 있다. … 다른 [외도들의] 교설에는 사문들이 비어 있다. 비구들이여, 이렇게 바르게 사자후를 토하라."(§2)라는 엄청난 사자후를 하신다. 그러므로 경의 제목도 당연히 사자후가 될 수밖에 없다. 그리고 두 번째인 「사자후의 긴 경」(M12)은 세존이 갖추신 여러 가지 특질에 대해서 말씀하시는 가르침을 담고 있는데, 초기불전 가운데서 부처님의 특질을 가장 많이 나열하고 가장 심도 깊게 설명하고 있는 경에 속한다. 이러한 부처님에 대한 다양하고 깊은 가르침을 담고 있기 때문에 경의 제목을 사자후로 정한 것이다. 본 품은 이러한 부처님의 사자후가 담긴 두 개의 경을 품의 맨 앞에 배치하고 품의 이름도 「사자후 품」으로 정하였다.

물론 본 품의 나머지 여덟 개 경들도 부처님이나 직계제자의 사자후를 담고 있다고 봐야 한다. 본 품의 세 번째 경인 「괴로움의 무더기의 긴 경」(M13)은 감각적 욕망과 물질과 느낌이라는, 자본주의의 대표가 되는 세 가지에 대한 부처님의 사자후를 담고 있으며, 「괴로움의 무더기의 짧은 경」(M14)에서 세존께서는 세속인이 추구해 마지않는 감각적 욕망과 고행자들이 행복해지기 위해서 몰입한다는 고통이라는 이 두 가지가 진정한 행복을 가져다주는가를 점검하고 계신다. 다시 「추론 경」(M15)은 16가지 훈도하기 어려운 자질들과 반대로 16가지 훈도하기 쉬운 자질들에 대한 목갈라나 존자의 가르침을 담고 있으며, 「마음의 삭막함 경」(M16)은 다섯 가지 마음의 삭막함과 다섯 가지 마음의 속박에 대한 부처님 말씀을 담고 있다.

「밀림 경」(M17)은 비구들이 의지해서 살게 마련인 밀림이나 마을 등의 처소에 대해서 분석하고 계시며, 「꿀 덩어리 경」(M18)은 근 - 경 - 식 - 촉 - 수 - 상 - 심 - [사량 분별] - 사량 분별이 함께한 인식의 더미라는 8지 연기 혹은 9지 연기로 해체해서 부처님의 말씀을 설명하는 깟짜나 존자의 꿀 덩어리와 같은 달콤한 설법을 간직하고 있다. 그리고 「두 가지 사유 경」(M19)과 「사유를 가라앉힘 경」(M20)은 다른 경에서는 쉽게 접하지 못하는 바른 사유를 통한 4선 - 3명을 증득하는 것과 팔정도의 두 번째인 바른 사유(정사유)를 실천하는 구체적인 방법을 설명하고 있다.

본 품의 처음 두 개의 경들의 이름이 「사자후 경」이기 때문에 본 품을 「사자후 품」으로 명명한 것이겠지만, 이처럼 본 품에 포함된 나머지 경들도 사자의 용맹한 음성에 비유되는 부처님의 가르침을 담고 있기 때문에 본 품의 명칭을 「사자후 품」으로 정하였을 것이다.

(3) 제3장 「비유 품」(M21∼30)

『맛지마 니까야』에는 많은 비유들이 나타난다. 각각 다른 비유가 종류만으로도 175개 정도가 나타나고 이것은 본서 전체에서 모두 270번 정도나 나타난다.[25] 그 가운데서도 특히 본 「비유 품」에 포함된 10개의 경에는 모두 31개 혹은 45개의 비유가 나타난다.

예를 들면 「개미집 경」에서 중요한 역할을 하는 개미집을 파 들어가

25) 여기에 대해서는 본서 역자 서문 §8-(4)를 참조할 것.

서 마침내 용을 발견하는 15단계의 비유는 전체를 하나의 비유로도 볼 수 있고 각각을 분리하여 15개의 비유로도 볼 수 있다. 역자는 하나의 비유로 간주하였다. 그리고 「심재 비유의 짧은 경」(M30)에 조금씩 다르게 다섯 번이 나타나는 심재를 찾는 사람의 비유를 하나로 간주할 수도 있고 다섯 개의 비유로 계산할 수도 있다. 이처럼 본 품에 포함된 경들에는 뗏목의 비유나 톱의 비유 등을 포함한 비유들이 나타나는데, 이들 경이야말로 가히 비유의 정수를 보여준다 할 수 있다. 그래서 본 품을 「비유 품」이라 이름 붙인 것이다.

물론 여기서 중요한 것은 비유의 개수가 아니라 그 비유가 그 경에서 갖는 중요성일 것이다. 본경에는 부처님의 가르침 가운데서 비유가 중요한 역할을 하는 경들 10개를 모아서 「비유 품」이라는 품의 명칭을 달아서 본서 제3품에 담았다.

그럼 본 품에 포함된 경들을 비유를 중심으로 간단하게 개관해 보자. 먼저 「톱의 비유 경」(M21)은 양쪽에 날이 선 톱으로 도둑이나 첩자가 사지를 마디마다 자르더라도 그 사람에게 자애가 함께한 마음으로 가득 채우고 머물라는 부처님의 고구정녕하신 말씀을 담고 있다. 「뱀의 비유 경」(M22)은 잘못 만지면 큰 봉변을 당하게 되는 뱀의 비유와 조계종 소의경전인 『금강경』에도 나타나는 뗏목의 비유로 부처님의 가르침에 대한 바른 이해를 강조한다. 「개미집 경」(M23)은 개미집(몸)을 파서 마침내 용(번뇌 다한 비구)을 찾게 되는 한 가지 혹은 15가지 비유를 들고 있다.

「역마차 교대 경」(M24)은 일곱 대의 역마차를 바꿔 타면서 목적지에 도달하는 역마차 교대의 비유로 상좌부 불교의 중요한 가르침인 일곱 가지 청정[七淸淨]을 설하고 있으며, 「미끼 경」(M25)은 사슴 사냥꾼이 미끼로 사슴을 사로잡는 비유로 수행을 네 단계의 과정으로 설명하고 있다. 「성스러운 구함 경」(M26)은 부처님의 성도과정과 전법에 대한 사유와 오비구를 교화하는 부분을 자세히 설명한 뒤 감각적 욕망에 대한 출리와 4선 - 4처 - 상수멸을 설한다.

「코끼리 발자국 비유의 짧은 경」(M27)에는 『맛지마 니까야』의 15단계 계 · 정 · 혜의 정형구가 담겨 있는데 이것을 코끼리 발자국의 비유를 통해서 나열하고 있다. 「코끼리 발자국 비유의 긴 경」(M28)은 사성제를 코끼리 발자국에 비유한 뒤에 사성제를 하나하나 설명하고 있다. 「심재 비유의 긴 경」(M29)은 심재를 찾는 사람의 비유 한 가지 혹은 다섯 가지를 통해서 인간을 다섯 부류로 나누어서 설명한다. 「심재 비유의 짧은 경」(M30)도 심재를 찾는 사람의 비유 한 가지 혹은 다섯 가지를 통해서 육사외도의 지혜는 최상의 지혜가 아니고 부처님이 설하시는 확고부동한 마음의 해탈이 최상의 지혜라고 강조한다.

이처럼 본 품의 열 개의 경들은 다양한 비유를 통해서 불교의 정수를 분명하게 드러내고 있다. 그래서 본 품을 「비유 품」이라 이름을 지은 것이다.

3. 한글 『맛지마 니까야』 제1권에 포함된 경들에 대한 해설

이제 본서에 포함된 30개의 경들을 간략하게 요약하면서 간단한 해설을 붙이는 것으로 본서의 해제를 마무리 짓고자 한다.

제1장 「뿌리에 대한 법문 품」(M1~10)

「뿌리에 대한 법문 경」(M1) 해설

『맛지마 니까야』는 존재 혹은 모든 법[諸法]의 뿌리[26]에 대한 가르

---

26) 본경에 해당하는 『맛지마 니까야 복주서』는 본경에서 모든 법[諸法]은 오취온(취착의 대상이 되는 다섯 가지 무더기)을 뜻하고 이러한 모든 법의 뿌리는 갈애와 자만과 사견과 무명을 말한다고 설명하고 있는데(MAṬ.i.56ff), 이 설명은 중요하다. 특히 본경의 §§3~26에 계속해서 나타나는 '생각하다(maññati)'를 주석서는 갈애와 자만과 사견의 세 가지 허황된 생각[空想, maññanā]을 통해서 생각하는 것으로 해석하는데(MA.i.26~27, 본경 §3의 13번 주해 참조) 이처럼 세 가지 허황된 생각[空想]으로 생각하는 것이 유신견으로 설명되는 모든 법의 뿌리가 된다는 말이 된다.

침으로부터 시작한다. 『맛지마 니까야』의 첫 번째 가르침인 본경에서 세존께서는 "비구들이여, 모든 법[諸法]의 뿌리에 대한 법문을 설하리니 그것을 들어라. 듣고 마음에 잘 새겨라."(§2)라고 말문을 열고 계신다.

본경은 모든 존재의 뿌리를 설명하면서 먼저 대상과 그것을 보는 사람으로 나누어 가르침을 전개하고 있음에 유념해야 한다. 세존께서는 본경에서 대상을 24가지로, 보는 사람을 경지에 따라 여덟 부류로 분해하여, 모두 24×8=192가지로 해체해서 법문을 설하신다. 이러한 본경을 『맛지마 니까야』의 첫 번째 경으로 결집했다는 것은 큰 의미가 있을 것이다.

여기서 24가지 대상은 땅, 물, 불, 바람[四大], 존재들, 신들, 빠자빠띠, 브라흐마(범천, 초선천), 광음천(2선천), 변정천(3선천), 광과천(4선천), 승자천, 공무변처, 식무변처, 무소유처, 비상비비상처, 본 것[見], 들은 것[聞], 감지한 것[覺], 안 것[知], 동일한 것, 다른 것, 전체, 열반의 24가지이다. (§§3~26 등) 그리고 대상을 보는 자는 범부, 유학, 아라한1/2/3/4, 여래1/2의 여덟 부류이다. 본경은 경지에 따라 대상을 보는 여덟 부류의 사람을 중심으로 크게 8가지 부분으로 나누어지는데 이를 정리하면 다음과 같다.

(1) 범부: [24가지] 대상을 철저히 알지 못했기 때문에, [24가지] 대상을 인식하고, [24가지] 대상을 4가지로 생각하고, [24가지] 대상을 기뻐한다.(§§3~26)

(2) 유학: 대상을 철저히 알아야 하기 때문에, 대상을 최상의 지혜로 잘 알고, 대상을 4가지로 생각하지 않아야 하고, 대상을 기뻐하지 않아야 한다.(§§27~50)

(3) 아라한1: 대상을 철저히 알았기 때문에, 대상을 최상의 지혜로 잘

냐나몰리 스님/보디 스님도 복주서의 이 설명을 존중하여 『맛지마 니까야』 영역본의 주해(1162쪽 3번 주해)에서 이것을 '모든 법들의 뿌리'에 대한 설명으로 소개하고 있다. 먼저 이러한 전통적인 견해에 충실한 뒤에 본경을 음미해 보실 것을 독자들께 권하고 싶다.

알고, 대상을 4가지로 생각하지 않고, 대상을 기뻐하지 않는다.(§§51~74)

(4) 아라한2: 애욕으로부터 벗어났기 때문에, 대상을 최상의 지혜로 잘 알고, 대상을 4가지로 생각하지 않고, 대상을 기뻐하지 않는다.(§§75~98)

(5) 아라한3: 성냄으로부터 벗어났기 때문에, 대상을 최상의 지혜로 잘 알고, 대상을 4가지로 생각하지 않고, 대상을 기뻐하지 않는다.(§§99~122)

(6) 아라한4: 미혹으로부터 벗어났기 때문에, 대상을 최상의 지혜로 잘 알고, 대상을 4가지로 생각하지 않고, 대상을 기뻐하지 않는다.(§§123~146)

(7) 여래1: 여래는 대상을 철저히 알았기 때문에, 대상을 최상의 지혜로 잘 알고, 대상을 4가지로 생각하지 않고, 대상을 기뻐하지 않는다.(§§147~170)

(8) 여래2: 즐거움이 괴로움의 뿌리라는 것을 알았으며, 존재[有]로 인해 태어남[生]이 있고, 중생들의 늙음과 죽음이 있다고 알았기 때문에, 대상을 최상의 지혜로 잘 알고, 대상을 4가지로 생각하지 않고, 대상을 기뻐하지 않는다.(§§171~194)

여기서 (3)~(8) 즉 아라한1/2/3/4와 여래1/2는 모두 "대상을 최상의 지혜로 잘 알고, 대상을 4가지로 생각하지 않고, 대상을 기뻐하지 않는다."로 표현되고 있고 그 조건만 다르게 나타나고 있다. 이처럼 본경은 각각 다른 섬세한 표현으로 범부와 5단계의 성자와 2단계의 여래의 경지를 묘사하고 있다. 여기서 '철저히 알다'는 parijānāti를 옮긴 것이고, '인식하다'는 sañjānāti를, '생각하다'는 maññati를, '기뻐하다'는 abhinandati를 옮긴 것이며, '최상의 지혜로 잘 알다'는 abhijānāti를 옮긴 것이다.[27)]

---

27) 냐나몰리 스님/보디 스님도 영역본의 제일 첫 번째 주해에서 밝혔듯이(냐나몰리 스님/보디 스님 1161쪽 1번 주해 참조) 본경은 중요하면서도 어려운

「**모든 번뇌 경**」(M2) **해설**

초기경들에서 아라한은 항상 번뇌 다한 자(khiṇāsava)로 정의되고 있다.(M35 §25 등) 그러므로 수행의 핵심은 모든 번뇌를 없애는 것이다. 그래서 6신통 가운데 마지막이면서 구경의 지혜를 실현하는 정형구는 누진통 즉 번뇌를 멸진하는 지혜[漏盡通]로 나타난다. 아비담마에서 번뇌는 극복되어야 할 불선법들의 모둠 10가지 가운데 제일 처음에 언급되고 있는데(『초기불교 이해』 303쪽 이하 참조), 경에서 번뇌는 감각적 욕망의 번뇌와 존재의 번뇌와 무명의 번뇌의 세 가지로 나타나고(M9 §70) 아비담마에서는 여기에다 사견의 번뇌를 포함하여 네 가지 번뇌로 정착 되었다.(Dhs.195 {1096})

그러면 어떻게 해서 번뇌는 없어지는 것일까? 부처님께서는 여기에 대해서 아무런 말씀도 하지 않으셨는가? 부처님께서는 분명하게 말씀하셨다. 그것이 바로 본경이다. 본경에서 세존께서는 번뇌를 대처하는 방법에 따라 번뇌를 일곱 가지로 분류하시고(§4) 본경의 §5 이하에서 이들을 하나하나 설명하신다. 이를 간단하게 정리해 보면 다음과 같다.

(1) 봄[見]으로써 없애야 할 번뇌: 마음에 잡도리하지 말아야 할 법들을 마음에 잡도리하지 않고 마음에 잡도리해야 할 법들을 마음에 잡도리하여 제거되는, [불변하는] 존재 더미가 있다는 견해[有身見]와 의심[疑]과 계행과 의례의식에 대한 집착[戒禁取]의 세 가지 족쇄들을 말한다.(§§5~11)

(2) 단속하여 없애야 하는 번뇌: 눈・귀・코・혀・몸・마노의 여섯 가지 감각기능을 단속함으로써 없애야 하는 번뇌를 말한다.(§12)

(3) 수용하여 없애야 하는 번뇌: 옷과 탁발음식과 거처와 약품을 수용

가르침이다. 각묵 스님과 역자도 여기 본경의 해제를 적으면서 이런저런 설명을 넣었다가 최종 편집에서 모두 삭제하였다. 우리의 좁은 견해로 이 귀중한 가르침을 잘못 해석하거나 편협하게 이해한 것을 독자들께 전하는 것이 아닐까하는 두려움이 컸기 때문이다.

함으로써 없애야 하는 번뇌를 말하는데 배고픔과 추위 등에서 생긴 번뇌를 없애는 것이다.(§§13~17)

(4) 감내하여 없애야 하는 번뇌: 인욕하고 견뎌냄으로써 없애야 하는 번뇌를 말하는데 몸과 마음에서 생긴 여러 가지 괴로운 느낌 등에 기인한 번뇌를 없애는 것이다.(§18)

(5) 피하여 없애야 하는 번뇌: 맹수 등과 적합하지 않은 자리 등을 피함으로써 없애야 하는 번뇌를 말한다.(§19)

(6) 버려서 없애야 하는 번뇌: 감각적 욕망이나 악의나 해코지와 같은 생각을 버림으로써 없애야 하는 번뇌를 말한다.(§20)

(7) 수행하여 없애야 하는 번뇌: 칠각지로 대표되는 수행을 통해서 없애야 하는 번뇌를 말한다.(§21)

이처럼 자신에게서 일어나는 번뇌가 무엇에서 기인한 것인가를 주도면밀하게 살펴보아서 그에 맞게 대처를 해야 번뇌를 없앨 수 있는 것이지 무조건 밀어붙인다고 번뇌가 없어지는 것이 아닐 것이다. 이런 의미에서 본경은 수행자들이 꼭 정독해야 할 가르침이다. 이 일곱 가지 번뇌 가운데 첫 번째인 봄[見]으로써 없애야 할 번뇌를 제외한 나머지 여섯 가지는 『앙굿따라 니까야』 제4권 「번뇌 경」(A6:58)에도 나타나고 있다.

「법의 상속자 경」(M3) 해설

불교는 법을 근본으로 한다. 그래서 아난다 존자도 세존이 입멸하신 뒤에 "우리는 법을 귀의처로 합니다."(M108 §9)라고 강조하면서 법의 중요성을 역설하고 있다. 법의 중요성에 대해서는 본서 제3권 「고빠까 목갈라나 경」(M108)의 해설을 참조하기 바란다.

특히 출가자는 이 법 때문에 부처님의 제자가 되어 부처님 교단에 들어왔다. 그러므로 불자, 특히 출가수행자는 신명을 바쳐 법을 배우고 이를 실천하여야 한다. 그러나 아마 부처님 시대에도 법보다는 재물에 눈이 팔리고 수행보다는 안락한 삶을 위해서 교단에 들어온 사람들이 있었을 것이다.

본경에서 부처님께서는 그런 비구들에게 "비구들이여, 그러므로 그대들은 내 법의 상속자가 되어야지 재물의 상속자가 되지 마라."(§3)라고 고구정녕하게 말씀하시고 원림으로 들어가셨다. 그러자 사리뿟따 존자가 대중들에게 "어떻게 하는 것이 스승께서 끊임없이 한거(閑居)하여 머무실 때 제자들이 한거를 따라 공부짓지 않는 것이며, 어떻게 하는 것이 스승께서 한거하여 머무실 때 제자들이 한거를 따라 공부짓는 것입니까?"(§5)라고 문제를 제기하고 대중들의 요청에 따라서 이것을 설명하는 것이 본경의 주요 내용이다.

사리뿟따 존자는 본경을 통해서 탐욕·성냄, 분노·적의, 모욕·얕봄, 질투·인색, 속임수·사기, 완고함·뻔뻔스러움, 자만·거만, 허영·방일이라는 8가지 쌍의 16가지 버려야 할 법들을 든 뒤에 이를 버리기 위해서 중도(中道)가 있다고 강조한다.(§§8~15) 그 중도는 다름 아닌 초기불교의 실천도인 성스러운 팔정도[八支聖道]이며 그것은 바른 견해, 바른 사유, 바른 말, 바른 행위, 바른 생계, 바른 정진, 바른 마음챙김, 바른 삼매이다.(§§8~15) 사리뿟따 존자의 설법을 들은 비구들은 크게 기뻐하며 경은 마무리된다.

「**두려움과 공포 경**」(M4) **해설**

수행, 특히 숲 속의 외딴 처소에 머물면서 하는 수행은 많은 두려움과 공포를 몰고 온다. 그러므로 어떻게 하면 이 두려움과 공포를 극복하고 부처님이 간곡하게 말씀하신 깨달음과 해탈·열반을 실현할 것인가는 불교 수행자뿐만 아니라 수행을 근본으로 삼는 모든 사문·바라문에게 공통적으로 해당되는 내용이다. 그래서 자눗소니 바라문이 세존께 다가와서 "숲과 밀림의 멀리 떨어진 외딴곳은 참으로 견뎌내기가 어렵습니다. 한거는 행하기가 어렵습니다. 혼자됨을 즐기기는 어렵습니다. 숲은 삼매를 얻지 못한 비구의 마음을 빼앗아가 버린다고 생각합니다."(§2)라고 말씀드린다.

그러자 세존께서는 세존이 깨달음을 얻지 못한 보살이셨을 때의 일화를 말씀하시는 것으로 설법을 전개하신다. 먼저 세존께서는 외딴곳에서 비구들이 지내기 위해서 갖추어야 할 조건으로 몸과 말과 마음의 삼행과 생계의 청정을 기본적으로 말씀하시면서 이것을 갖추지 못하면 숲과 밀림의 멀리 떨어진 외딴곳에 거주하기가 어렵다고 말씀하신다.(§§4~7)

그리고 더 나아가서 ① 욕심을 부리고 감각적 욕망들에 깊이 탐닉한 자들 ② 악의와 타락한 생각을 품은 자들 ③ 해태와 혼침에 압도된 자들 ④ 들뜸과 고요하지 않은 마음 ⑤ 의혹과 의심을 품은 자들 ⑥ 자기를 칭찬하고 남을 비난하는 자들 ⑦ 무서움과 두려움에 질려 있는 자들 ⑧ 이득과 존경과 명성을 바라는 자들 ⑨ 게으르고 정진하지 않는 자들 ⑩ 마음챙김이 없고 알아차림이 없는 자들 ⑪ 집중하지 못하고 마음이 산란한 자들 ⑫ 지혜가 없고 멍청이 같은 자들의 12가지를 드시면서(§§8~19) 이런 자들이 숲과 밀림의 멀리 떨어진 외딴곳에 거주하게 되면 해로운 두려움과 공포를 불러올 것이라고 말씀하신다. 그러나 세존께서는 욕심을 부리지 않음 등의 12가지를 갖추어서 숲과 밀림의 멀리 떨어진 외딴곳에 거주하셨기 때문에 어떤 해로운 두려움과 공포도 생기지 않았다고 말씀하신다.(§§8~19)

그런 뒤에 다시 세존께서는 "바라문이여, 내게는 불굴의 정진이 생겼고, 마음챙김이 확립되어 잊어버림이 없었으며, 몸이 경안하여 교란하지 않았고, 마음이 집중되어 일념이 되었습니다."(§22)라고 덧붙이고 계신다. 이렇게 하여 세존께서는 차례대로 네 가지 禪을 갖추고(§§23~26) 밤의 초경에 숙명통을, 이경에 천안통을, 삼경에 누진통을 완성하여 깨달음을 완성했다고 말씀하고 계신다.(§§27~33)

그리고 마지막으로 세존께서는 탐·진·치를 없애지 못했기 때문에 숲과 밀림의 멀리 떨어진 외딴곳에 거주하는 것이 아니라 두 가지 이익을 보기 때문이라고 하신다. 즉, 내 스스로 지금·여기에서 행복하게 머묾을 보고, 또한 다음 세대를 연민하기 때문에 숲과 밀림의 멀리 떨어진 외딴곳에 거주한다고 강조하시면서 경을 마무리하신다.(§34) 이렇게 하여 자눗소니 바라문은 부처님의 재가신도가 된다.

본경은 수행자 특히 외딴곳에 거주하는 비구가 가져서는 안되는 12가지 해로운 심리현상들을 들고 있는데 토굴 생활을 하고자 하는 스님들이 새겨봐야 할 가르침이다.

「**흠 없음 경**」(M5) **해설**

본경은 사리뿟따 존자가 급고독원에서 비구들에게 설한 가르침이다. 본경의 주제는 경 제목이 보여주듯이 흠(aṅgaṇa), 혹은 허물에 관한 것이다. 사리뿟따 존자는 특히 출가수행자가 가져서는 안되는 흠 19가지를 들고 있는데 출가자들이 깊이 새겨보고 반성해봐야 하는 가르침이라 생각한다.

먼저 사리뿟따 존자는 "세상에는 네 부류의 인간들이 있습니다."라고 문제 제기를 하면서, ① 흠이 있으면서도 흠이 있다고 꿰뚫어 알지 못하는 사람 ② 흠이 있으면 흠이 있다고 꿰뚫어 아는 사람 ③ 흠이 없으면서도 흠이 없다고 꿰뚫어 알지 못하는 사람 ④ 흠이 없으면 흠이 없다고 꿰뚫어 아는 사람을 말한 뒤에(§2) 시장이나 대장간에서 가져온 청동 그릇의 비유로 이 네 사람에 대해서 설명을 한다.(§§4~7)

그 다음에 흠이란 무엇을 두고 하는 말인가라는 목갈라나 존자의 질문에(§9) 사리뿟따 존자는 흠이란 나쁘고 해로운 바람[願]의 영역들을 두고 하는 말이라고 대답하면서(§9) "'내가 계를 범하더라도 '비구들이 내가 계를 범했다.'라는 것을 알지 못했으면'하는 바람이 생기는 경우"(§10) 등의 19가지 나쁘고 해로운 바람[願]의 영역들을 열거하고 있다.(§§10~28)

그런 뒤 사리뿟따 존자는 시장이나 대장간에서 가져온 깨끗하고 광이 나는 청동 그릇의 비유(§29)를 들고, 목갈라나 존자는 수레공의 아들 사미띠의 비유(§31)와 장식을 좋아하는 어리고 젊은 여자나 남자의 비유(§33)를 주고 받으며 "서로 간의 훌륭한 대화[金言]를 기뻐했다."(§33)는 것으로 경은 끝을 맺는다.

「**원한다면 경**」(M6) **해설**

인간은 바람을 가지고 원을 가진다. 출가수행자도 예외일 수는 없다. 본경에서 세존께서는 출가수행자가 성취하기를 바라는 17가지 원을 열거하시면서 이러한 원을 성취하기를 원한다면 계를 잘 지키고 사마타를 닦고 위빳사나를 수행할 것을 반복해서 말씀하신다.(§§3~19)

조금 더 자세히 살펴보자. 세존께서는 본경에서 먼저 "비구들이여, 계를 잘 지키며 머물러라. 빠띠목카(戒目)를 지키고 빠띠목카의 단속으로 단속하며 머물러라. 바른 행실과 행동의 영역을 갖추고, 조그마한 허물에도 두려움을 보며, 학습계목을 잘 받아 지녀 공부지어라."(§2)라고 간곡하게 말씀하신다. 그런 뒤에 본경의 §§3~19에서 세존께서는 비구들이 성취하기를 바라는 17가지 원을 열거하신다. 그리고 각각의 원에 대한 언급이 끝날 때 마다 "만일 비구가 [이런 것을] 원한다면, 그는 계를 원만히 하고 안으로 마음의 사마타에 전념하며 禪을 경시하지 않고 위빳사나를 구족하여 빈집에 머물기에 전념해야 한다."(§§3~19)라고 강조하신다.

본경에 나타나는 수행자들이 성취하기를 바라는 17가지 원은 ① 동료 수행자들의 존경을 받음 ② 네 가지 필수품을 잘 얻음 ③ 네 가지 필수품 보시한 자들의 공덕 ④ 망자들의 공덕 ⑤ 싫어함과 좋아함의 극복 ⑥ 두려움과 공포의 극복 ⑦ 네 가지 禪을 얻음 ⑧ 네 가지 무색계선을 얻음 ⑨ 예류자가 됨 ⑩ 일래자가 됨 ⑪ 불환자가 됨 ⑫~⑰ 6신통을 얻음이다.(§§3~19) 이 가운데 처음의 여섯은 출가생활에 관계된 원이고, 그 다음의 둘은 삼매에, 그 다음의 셋은 성자에, 마지막 여섯은 육신통에 관한 원이다.

이렇게 17가지를 말씀하신 뒤 세존께서는 §2에서 말씀하셨던 "비구들이여, 계를 잘 지키며 머물러라. 빠띠목카(戒目)를 지키고 … 학습계목을 잘 받아 지녀 공부지어라."는 말씀을 마지막으로 한 번 더 강조하시고(§20) 가르침을 끝맺으신다. 이처럼 본경은 출가자가 원을 성취하기 위해서는 계와 사마타와 위빳사나, 즉 계·정·혜 삼학을 잘 닦아야 함을 반복해서 강조하고 있다.

「옷감의 비유 경」(M7) 해설

불교에서 바른 노력[四正勤]과 바른 정진[正精進]은 항상 해탈·열반에 도움이 되는 유익한 법[善法]과 해탈·열반에 장애가 되는 해로운 법[不善法]의 판단에서부터 출발한다.(본서 제3권 M73의 해설 참조) 이렇게 하여 불선법을 없애고 선법을 증장시켜 깨달음을 얻고 열반을 실현하는 것이다. 이미 니까야에서부터 불선법은 번뇌, 폭류, 족쇄 등의 여러 무리로 분류되어 나타나는데 아비담마에서는 이것을 열 가지 모둠으로 정리한다.(『초기불교 이해』 303쪽 이하 참조) 이러한 모둠 가운데 하나가 오염원인데, 본경에서는 16가지 마음의 오염원으로 나타난다.

본경은 이러한 마음의 오염원들을 제거하여 깨달음을 실현하는 다섯 단계의 가르침을 담고 있다. 그 다섯 가지는 ① 16가지 마음의 오염원을 버림(§3) ② 삼보에 흔들림 없는 깨끗한 믿음을 지님(§§5~7) ③ 행복과 삼매를 체험함(§§8~10) ④ 자애·연민·더불어 기뻐함·평온 즉 자·비·희·사의 네 가지 거룩한 마음가짐[四梵住, 四無量心]을 체득함(§§13 ~16) ⑤ 번뇌를 소멸하는 지혜[漏盡通]의 실현(§§17~18)으로 나타난다.

먼저 세존께서는 더럽고 때가 묻은 옷감과 희고 깨끗한 옷감을 예로 드시면서 옷감이 더럽고 때가 묻으면 염색공이 그 옷감을 물들이기 위해 염료에 담그더라도 물이 잘 들지도 않을 뿐더러 색깔도 선명하지 않다고 말씀을 하신다. 그것은 옷감이 깨끗하지 않기 때문이다. 그와 같이 마음이 오염되면 악처(惡處)가 예상된다고 가르치신다. 그러나 반대로 옷감이 희고 깨끗하면 물이 잘 들고 그 색깔도 선명한데 그것은 옷감이 깨끗하기 때문이다. 그와 같이 마음이 오염되지 않으면 선처(善處)가 예상된다고 말씀하신다.(§2) 이러한 옷감의 비유가 본경의 제목이 되었다.

① 그런 뒤에 세존께서는 16가지의 마음의 오염원(cittassa upakkilesa)을 들고 계신다.(§3) 이 16가지 오염원을 원어와 함께 병기해 보면, 욕심과 그릇된 탐욕(abhijjhā-visama-lobha), 악의(byāpāda), 분노(kodha), 적의(upanāha), 모욕(makkha), 얕봄(paḷāsa), 질투(issā), 인색(macchariya), 속임(māyā), 사기(sāṭheyya), 완고함(thambha), 뻔뻔스러움(sārambha), 자만(māna), 거만(atimāna), 허영(mada), 방일(pamāda)이다.

② 이러한 16가지 오염원을 버릴 때 그는 부처님께 … 법에 … 승가에 흔들리지 않는 깨끗한 믿음[淸淨信]을 지닌다.(§§5~7)

③ 이렇게 부처님과 법과 승가에 깨끗한 믿음을 지니면 영감과 법과 관계된 환희와 희열과 몸의 경안과 행복을 경험하고 마음이 삼매에 든다.(§§8~10)

④ 이렇게 하여 그는 자애 · 연민 · 더불어 기뻐함 · 평온의 네 가지 거룩한 마음가짐[四梵住]이 함께한 마음으로 온 방향을 가득 채우면서 머문다.(§§13~16)

⑤ 이것을 토대로 그는 해탈하게 되고 "'태어남은 다했다. … 다시는 어떤 존재로도 돌아오지 않을 것이다.'라고 꿰뚫어 아는" 번뇌를 소멸하는 지혜가 생긴다.(§§17~18)

이런 가르침을 듣고 순다리까 바라드와자 바라문이 출가를 하게 된다. 그는 세존의 곁으로 출가하여 구족계를 받았고 마침내 아라한이 되었다.(§§19~22) 이렇게 해서 경은 마무리가 된다.

특히 본경에서 설하고 계신 16가지 마음의 오염원은 상좌부 아비담마의 14가지 해로운 마음부수법과 비견해 볼 수 있는 『경장』의 가르침으로 아비담마의 해로운 법들과 비교해서 음미해 볼 필요가 있다.

「지워 없앰 경」(M8) 해설

불교의 궁극적 목적은 열반의 실현이다. 열반은 탐·진·치가 소멸된 경지로 정의된다.(S38:1 §3 등) 탐·진·치는 모든 불선법들의 근본이요 불선법들은 이미 니까야의 여러 곳에서 여러 가지 모둠으로 나타나는데 아비담마에서는 이것을 열 가지 모둠으로 정리한다.(『아비담마 길라잡이』 592쪽 이하 참조) 이러한 여러 가지 불선법들의 모둠 가운데 본경은 열반의 실현을 위해서 극복해야 할 것으로 44가지 오염원들(kilesā)을 담고 있다.

니까야에는 여러 가지 해로운 법들이 오염원(kilesa/upakilesa)이라는 술어로 나타나고 있다. 앞의 「옷감의 비유 경」(M7)에는 16가지의 마음의 오염원이 나타났고, 본서 제4권 「오염원 경」(M128) §27은 의심, 마음에 잡도리하지 않음, 해태와 혼침, 두려움, 의기양양함, 무력증, 지나친 정진, 느슨한 정진, 갈애, 다양한 인식, 형색들에 대한 지나친 명상의 11가지를 마음의 오염원으로 들고 있다. 그리고 삼매를 방해하는 감각적 욕망 등의 다섯 가지 장애[五蓋]도 마음의 오염원이라 불리고 있으며(S46:3; A5:23) 눈·귀·코·혀·몸·마노의 육내처도 역시 마음의 오염원이라고 언급되고 있다.(S27:1 §3)

본경은 급고독원에서 세존께서 마하쭌다 존자에게 설하신 가르침이다. 여기서 지워 없앰(sallekha)이란 당연히 오염원들을 지워 없앰이라고 주석서는 밝히고 있다. 중생을 중생이게끔 오염시키고 윤회하게 하는 것이 오염원이다. 그러므로 이런 오염원들을 지워 없애거나 말살하지 않고서 해탈·열반을 실현하는 것은 불가능일 것이다. 그래서 마하쭌다 존자는 세존께 찾아가서 이렇게 질문을 드리는 것이다.

"세존이시여, 여러 가지 견해들이 세상에 일어납니다. 그런 것들은 자아에 대한 이론과 연관되어 있거나 세상에 대한 이론과 연관되어 있습니다. 세존이시여, 이제 막 마음에 잡도리하는 비구에게도 이런 견해들이 제

거되고 이런 견해들이 완전히 버려집니까?”(§3)

여기에 대해서 세존께서는 초선·2선·3선·4선의 네 가지 禪과 공무변처부터 비상비비상처까지의 4처를 차례대로 설하신다.(§§4~11) 그러나 이러한 4선-4처의 증득 즉 여덟 가지 증득[八等至]은 오염원들을 완전히 지워 없앤 것이 아니며 오염원들을 완전히 말살한 것도 아니다. 단지 이것은 '지금·여기에서의 행복한 머묾'일 뿐이라고 말씀하신다.(§§4~11) 본삼매의 경지인 4선-4처의 증득 자체는 깨달음이 아니다. 이런 경지들에서 출정하여 이런 경지가 무상·고·무아라고 통찰하여야 열반을 실현하고 그래서 아라한이나 불환자가 된다. 여기에 대해서는 본서 제2권 「앗타까나가라 경」(M52)의 해설을 참조하기 바란다.

이렇게 말씀하신 뒤에 세존께서는 극복해야 하고 지워 없애야 하는 44가지를 각각 사람과 대처 방법을 통해서 들고 계신다.(§12) 이런 측면에서 본경은 오염원을 제거하여 해탈·열반을 실현하기 위해 노력하는 출·재가자에게는 아주 중요한 가르침이다.

「**바른 견해 경**」(M9) **해설**

인간은 견해의 동물이다. 인간은 매순간 대상과 조우하면서 수많은 인식을 하게 되고 그런 인식은 항상 견해로 자리잡기 때문이다. 그런데 인간이 가지는 견해는 너무도 다양하기 때문에 견해는 항상 무엇이 바른 견해인가라는 질문을 수반한다. 견해란 무엇인가? 아니 바른 견해란 도대체 무엇인가?[28] 여기에 대한 답이 본경에 들어 있다. 본경은 바른 견해에 대한 부처님의 상수제자요, 10대 제자 중에서 지혜제일이라는 사리뿟따 존자의 긴 설명을 담고 있다.

간단하게 요약하면 본경에서 사리뿟따 존자는 (1) 유익함[善]과 해로움[不善]을 꿰뚫어 앎 (2) 네 가지 음식(자양분)과 그것의 집·멸·도를

---

28) 『디가 니까야』 제1권 해제 59쪽에서 인용하였다. 견해의 문제에 대해서는 본서 제3권 「디가나카 경」(M74)의 해설과 『디가 니까야』 제1권 해제 59~61쪽도 참조하기 바란다.

꿰뚫어 앎 (3) 네 가지 성스러운 진리(사성제)를 꿰뚫어 앎 (4) 12연기와 번뇌를 꿰뚫어 앎의 넷을 바른 견해[正見]라고 설파하고 있다. 그럼 이들 각각을 정리해 보자

(1) 유익함[善]과 해로움[不善]을 꿰뚫어 앎: 십불선업도가 해로움[不善]이고 탐·진·치가 그 뿌리이다. 십선업도가 유익함[善]이고 불탐·부진·불치가 그 뿌리이다.(§§3~8)

(2) 네 가지 음식(자양분)과 그것의 집·멸·도를 꿰뚫어 앎: 거칠거나 미세한 덩어리진 [먹는] 음식, 감각접촉[觸], 마음의 의도, 알음알이가 네 가지 음식이다. 갈애가 음식의 일어남(원인)이고 갈애의 소멸이 음식의 소멸이며 성스러운 팔정도[八支聖道]가 음식의 소멸로 인도하는 도닦음이다.(§§9~12)

(3) 네 가지 성스러운 진리(사성제)를 꿰뚫어 앎: 니까야에서 정의되는 고·집·멸·도의 정형구로 사성제를 설명함(§§13~19)

(4) 12연기와 번뇌를 꿰뚫어 앎: 본경의 많은 부분을 할애하여 늙음·죽음부터 시작해서 무명까지의 역관으로 12연기의 각지를 설명한다. 그리고 무명의 원인으로 번뇌를 13번째로 들고 있다.(§66) 이렇게 본경에서는 모두 13가지 구성요소들 각각과 이들의 집·멸·도를 정의하는 방법으로 연기의 가르침을 설명하고 있다.(§§20~71)

한편 '번뇌[漏]가 일어나기 때문에 무명이 일어난다.'(§66)는 이 가르침은 『청정도론』 XVII.36에서 '무명도 상카 학파에서 주장하는 쁘라끄르띠(근본 질료)처럼 윤회의 근본원인이 되는 것인가'라는 의문을 해소시키는 경전적 근거로 인용되고 있다. 무명은 윤회를 설명할 때 출발점이 되는 것일 뿐 이것이 근본원인은 아니며, 무명은 이처럼 번뇌를 조건으로 생기는 조건발생이라는 것이다.

본경은 71개의 단락번호가 매겨질 정도로 긴 가르침이다. 이렇게 긴 가르침을 통해서 부처님의 상수제자요, 지혜제일인 사리뿟따 존자는 후학들에게 바른 견해가 무엇인가를 분명하게 설명해주고 있다. 주석서는

"이와 같이 본경에서는 열 가지 업의 길, 음식, 괴로움, 늙음·죽음, 태어남, 존재, 취착, 갈애, 느낌, 감각접촉, 감각장소, 정신·물질, 알음알이, 의도적 행위, 무명, 번뇌의 열여섯 부분을 다루었다."(MA.i.224)라고 본경의 가르침을 정리하고 있다.

이처럼 본경에서는 바른 견해의 내용으로 네 가지 주제를 다루고 있지만 일반적으로 팔정도의 첫째인 바른 견해는 사성제를 아는 것으로 정의되고(M141 §24), 『상윳따 니까야』 제2권 「깟짜나곳따 경」(S12:15)에서는 연기의 가르침이 바른 견해로 설해지고 있다. 이처럼 부처님께서는 바른 견해를 사성제에 대한 지혜와 연기의 가르침으로 정의하시는데 이 둘은 본경의 세 번째와 네 번째에 해당한다.

「마음챙김의 확립 경」(M10, 염처경) 해설

초기경들 가운데서 실참수행법을 설한 대표적인 경을 들라면 본경과 본서 제4권 「들숨날숨에 대한 마음챙김 경」(M118)과 「몸에 대한 마음챙김 경」(M119)의 셋을 들 수 있다. 그중에서 본경은 초기불교 수행법을 몸[身]·느낌[受]· 마음[心]· 법(法)의 네 가지 주제 하에 집대성한 경으로 초기 수행법에 관한한 가장 중요한 경이며, 그런 만큼 가장 유명한 경이기도 하다. 마음챙김으로 대표되는 초기불교 수행법은 이 경을 토대로 지금까지 전승되어오고 있다.

sati는 √smṛ(*to remember*)에서 파생된 명사인데 한국에서 '마음챙김'으로 정착이 되어가는 추세이다. 초기불전연구원에서도 '마음챙김'이라 정착시키고 있다. sati를 마음챙김으로 옮기는 것은 너무 심한 의역이 아닌가 생각하는 분들은 『초기불교 이해』 283쪽의 '(4) 왜 마음챙김으로 옮겼나' 편을 보실 것을 권한다.

마음챙기는 공부에서 가장 중요한 것은 대상이다. 그래서 「마음챙김의 확립 경」(M10)에서는 이 대상을 크게 신·수·심·법, 즉 몸·느낌·마음·법의 넷으로 나누고 다시 이를 21가지 혹은 44가지 대상으로 나누어서 설하고 있다. 그래서 「마음챙김의 확립 경」의 내용은 대상에 따라서 다음과 같이 정리할 수 있다.

(1) 몸(kāya, 身): 14가지

① 들숨날숨(§§4~5), ② 네 가지 자세(§§6~7) ③ 네 가지 분명하게 알아차림(§§8~9) ④ 32가지 몸의 부위에 대한 관찰(§§10~11), ⑤ 사대를 분석함(§§12~13) ⑥~⑭ 아홉 가지 공동묘지의 관찰(§§14~30)

(2) 느낌(vedanā, 受): 9가지(§§32~33)

① 즐거운 느낌 ② 괴로운 느낌 ③ 괴롭지도 즐겁지도 않은 느낌 ④ 세속적인 즐거운 느낌 ⑤ 세속적인 괴로운 느낌 ⑥ 세속적인 괴롭지도 즐겁지도 않은 느낌 ⑦ 세속을 여읜 즐거운 느낌 ⑧ 세속을 여읜 괴로운 느낌 ⑨ 세속을 여읜 괴롭지도 즐겁지도 않은 느낌

(3) 마음(citta, 心): 16가지(§§34~35)

① 탐욕이 있는 마음 ② 탐욕을 여읜 마음 ③ 성냄이 있는 마음 ④ 성냄을 여읜 마음 ⑤ 어리석음이 있는 마음 ⑥ 어리석음을 여읜 마음 ⑦ 위축된 마음 ⑧ 산란한 마음 ⑨ 고귀한 마음 ⑩ 고귀하지 않은 마음 ⑪ 위가 남아있는 마음 ⑫ [더 이상] 위가 없는 마음 ⑬ 삼매에 든 마음 ⑭ 삼매에 들지 않은 마음 ⑮ 해탈한 마음 ⑯ 해탈하지 않은 마음

(4) 법(dhamma, 法): 5가지

① 장애[蓋]를 파악함(§§36~37) ② 무더기[蘊]를 파악함(§§38~39) ③ 감각장소[處]를 파악함(§§40~41) ④ 깨달음의 구성요소[覺支]를 파악함(§§42~43) ⑤ 진리[諦]를 파악함(§§44~45)

「마음챙김의 확립 경」(M10)과 「대념처경」(D22)은 이렇게 모두 44가지로 마음챙김의 대상을 구분하여 밝히고 있다. 물론 이 가운데서 느낌을 9가지 대신에 한 가지로 보고 마음을 16가지 대신에 한 가지로 보면 이 44가지 대상은 21가지가 된다. 그래서 주석서 문헌 특히 「대념처경」의 주석서에서는 마음챙김의 대상을 21가지라고 언급한다.(DA.iii.741) 이 44가지 혹은 21가지 대상의 각각에 대한 자세한 설명은 본경의 해당 부

분에 대한 주해들을 참조하고 「대념처경」과 주석서를 함께 옮긴 『네 가지 마음챙기는 공부』의 해당 부분도 살펴볼 것을 권한다.

본경과 본서 제4권 「몸에 대한 마음챙김 경」(M119)을 비교해 보면 본경은 위빳사나적인 측면을 강조하고 「몸에 대한 마음챙김 경」(M119)은 사마타 혹은 삼매 수행을 강조하고 있다. 이 두 경에 대한 간단한 비교는 본서 제4권 해제 가운데 「몸에 대한 마음챙김 경」(M119)의 해설 마지막 부분을 참조하기 바란다.

제2장 「사자후 품」(M11~20)

「사자후의 짧은 경」(M11) 해설

출가하여 독신생활을 하는 인도의 모든 사람들을 일찍부터 사문(沙門, samaṇa)이라 불렀다. 니간타들(자이나 수행자들)도 사문집단이요, 육사외도들도 사문집단이요, 당연히 불교도 사문집단이다. 그러면 무엇을 일러 진정한 사문이라 불러야 하나? 집을 떠나 독신생활만 하면 사문인가? 본경에서 세존께서는 불교 교단에만 진정한 사문이 있고 다른 외도들의 교설에는 사문이 없다는 사자후를 하시는데 이것은 본경의 제목이기도 하다.

여기서 사자후(sīha-nāda)는 sīha(사자)-nāda(소리)의 역어인데 주석서에서는 "다른 교설에 의해서 깨뜨려지지 않고 자신의 교설을 명쾌하게 밝히는 두려움 없는 소리"(AA.iii.844) 등으로 설명하듯이 외도들이 결코 따를 수 없고 흉내조차 낼 수 없는 부처님과 불교 교단에만 있는 뛰어난 가르침을 뜻한다.

본경에서 세존께서는 "비구들이여, 오직 여기에만 사문이 있다. 여기에만 두 번째 사문이 있고, 여기에만 세 번째 사문이 있고 여기에만 네 번째 사문이 있다. 다른 [외도들의] 교설에는 사문들이 비어 있다. 비구들이여, 이렇게 바르게 사자후를 토하라."(§2)라는 엄청난 사자후를 하신다. '오직 여기에만 사문이 있다. … 다른 [외도들의] 교설에는 사문들이 텅 비어 있다.'라는 이 말씀은 『디가 니까야』 제2권 「대반열반경」(D16) §5.27과 『앙굿따라 니까야』 제2권 「사문 경」(A4:239) §1에도 나타나고 있다. 특히 세존의 임종 직전에 마지막으로 세존의 제자가 된 수밧다 유행승에게 '팔정도가 있기 때문에 불교 교단에는 첫 번째부터 네 번째까지의 진정한 사문이 있다.'라고 하신 「대반열반경」(D16 §5.27)의 이 말씀은 불교 만대의 표준이 되는 말씀이다. 그리고 이 네 부류의 사문은 이미 「사문 경」(A4:239)에서 각각 예류자, 일래자, 불환자, 아라한을 뜻하는 것으로 설해지고 있다.

그러면 본경에서 부처님께서는 무슨 근거로 오직 불교 교단에만 진정한 사문이 있다고 말씀하시는가? 본경의 §3에서 세존께서는 그 이유를 불교 교단에는 스승, 법, 계행, 동료수행자의 네 가지가 있기 때문이라고 말씀하신다. 물론 다른 교단에도 스승, 법, 계행, 동료수행자는 있다.(§4) 그러나 불교 교단만이 존재에 대한 견해[常見]와 비존재에 대한 견해[斷見]의 일어남과 사라짐과 달콤함과 재난과 벗어남을 있는 그대로 꿰뚫어 알아(§§6~8) 구경의 경지는 하나임을 바르게 천명한다. 그리고 불교에서는 존재의 괴로움의 원인이 되는 네 가지 취착[取]을 철저히 알고 바르게 천명한다.(§§9~15) 그러므로 오직 불교 교단에만 진정한 스승과 법과 계행과 동료 수행자라는 네 가지 법이 있으며 그래서 불교 교단에만 진정한 사문이 있다고 강조하신다.(§15) 이렇게 말씀하신 뒤에 다시 이 취착부터 무명까지의 9지 연기를 발생구조와(§16) 소멸구조로(§17) 설하시는 것으로 결론을 짓고 계신다.

이렇게 하여 본경에서 세존께서는 불교 교단에만 해탈·열반을 실현한 진정한 사문 즉 예류자, 일래자, 불환자, 아라한이 있다고 사자후를 토하신다.

「**사자후의 긴 경**」(M12) **해설**

본경은 세존께서는 웨살리에서 서쪽 교외의 숲에 머물고 계실 때 있었던 일화를 바탕으로 하고 있다. 릿차위의 후손인 수낙캇따가 이 법과 율로부터 환속한 지 얼마 되지 않았을 때 세존과 사리뿟따 존자 사이에 있었던 대화를 담고 있는 길이가 긴 가르침이다. 수낙캇따의 환속을 두고 전개되는 세존과 박가와곳따라는 유행승의 대화로 구성되어 있는 다른 경으로는 『디가 니까야』 제3권 「빠띠까 경」(D24)이 있다.

수낙캇따는 웨살리의 집회에서 "사문 고따마는 인간의 법을 초월하고 성자들에게 적합한, 지와 견의 특별함이 없다."라고 떠들었다.(§2)

이렇게 떠들고 다니는 소리를 듣고 사리뿟따 존자가 세존께 와서 말씀드리자(§3) 세존께서는 사리뿟따 존자에게 여러 가지 지혜를 비롯한 세존의 특질 등에 대해 상세하게 말씀하신다. 본경에서 세존께서 하신 말씀을 주제 위주로 간단히 정리해 보면 다음과 같다.

신족통과 천이통과 타심통(§§6~8), 십력에 대한 지혜(§§9~20), 네 가지 담대함[四無畏]에 대한 지혜(§§22~27), 여덟 가지 회중[八會衆]에 대해 동요하지 않는 지혜(§§29~30), 네 부류의 태어남[四生]을 구분하는 지혜(§§32~33), 다섯 가지 태어날 곳[五趣]을 구분하는 지혜이다.(§§35~42) 여기서 지혜(ñāṇa)라는 술어는 주석서를 따라서 넣었다. 그리고 다시 세존께서 보살이었을 때 감행한 극심한 난행 · 고행들을 상세하게 언급하시고(§§44~56), 윤회에 의한 청정과 재생에 의한 청정과 머무는 곳에 의한 청정과 제사에 의한 청정과 불을 섬김에 의한 청정에 대해서 말씀하신다.(§§57~61) 그런 뒤에 마지막으로 세존께서는 이제 이 성스러운 통찰지를 갖추었음을 선언하시고(§62) 여래의 출현을 천명하시면서(§63) 긴 가르침의 결론을 지으신다.

수낙캇따의 환속을 계기로 세존께서는 본경을 통해서 세존이 갖추신 여러 가지 특질을 길게 나열하여 말씀하시는데 초기불전 가운데서 부처님의 특질을 가장 많이, 가장 심도 깊게 열거하고 있는 경이라 할 수 있다. 그리고 본경은 길이가 긴 가르침들을 모은 『디가 니까야』의 여러 경들과 견주어서도 그 길이가 짧지 않을 정도로 많은 가르침을 담고 있다.

「**괴로움의 무더기의 긴 경**」(M13) **해설**

니까야에는 부처님이나 비구들이나 재가불자들이 시간이 나면 다른 외도 유행승들의 처소로 가서 법담을 나누는 모습들이 적잖게 등장한다. 본서에만 해도 M71, M77, M78, M79, M108 등의 경을 들 수 있고 본경도 이런 경우에 속한다.

본경은 감각적 욕망과 물질과 느낌이라는 자본주의의 대표가 되는 세 가지를 다루고 있는 경이다. 어느 날 많은 비구들이 사왓티로 탁발을 나섰다가 너무 이르다고 판단하여 외도 유행승들의 원림(園林)으로 발길을 돌렸다.(§2) 그러자 외도 유행승들은 그 비구들에게 사문 고따마가 감각적 욕망을 철저히 안다고 천명하고 물질과 느낌도 철저히 안다고 천명하지만 우리도 그렇다고 천명한다. 그렇다면 사문 고따마의 가르침과 우리들의 가르침 사이에 무엇이 특별한 점이며 무엇이 차이점이며 무엇이 다른 점인가라고 묻는다. 그러자 그 비구들은 그 외도 유행승들의 말을 인정하지도 못하고 공박하지도 못한 채 '세존께 가서 이 말의 뜻을 정확히 알아보리라.'라고 생각하면서 자리에서 일어나 돌아왔다.(§§3~4) 그래서 세존께 이 사실을 아뢰자 세존께서 비구들에게 설하신 가르침을 담은 것이 본경이다.

본경에서 세존께서는 감각적 욕망과 물질과 느낌은 이들의 달콤함과 재난과 벗어남을 통해서 분명하게 설명을 해야 한다고 말씀하신 뒤에 (§6) 먼저 감각적 욕망의 달콤함과 재난과 벗어남을 심도 깊게 말씀하신다.(§§7~17) 그런 뒤에 다시 물질의 달콤함과 재난과 벗어남을 소녀의 비유와 함께 말씀하시고,(§§18~31) 느낌의 달콤함과 재난과 벗어남을 설명하신다.(§§32~37)

현대를 살아가는 불자들 특히 출가자들에게도 가장 난감하면서도 중요한 문제로 대두되는 것이 바로 감각적 욕망이요, 자본주의의 대표가 되는 단어가 바로 물질과 느낌일 것이다. 우리는 물질적 풍부함을 추구하고 이것이 가져다주는 즐거운 느낌에 매료되어 살아간다. 그러므로 감각적 욕망과 물질과 느낌은 이 시대를 살아가는 인류가 짊어진 가장 큰 짐이면서 내려놓아야 할 짐이기도 하다. 그러므로 이 세 가지를 주제로 삼고 있는 본경은 우리가 깊이 음미해봐야 할 부처님 말씀이 아닌가 생각한다.

「**괴로움의 무더기의 짧은 경**」(M14) **해설**

인간은 행복을 추구한다. 대부분의 인간들은 감각적 욕망을 누리는 것을 행복이라고 생각한다. 특히 자본주의가 성취한 엄청난 물질의 향연을 즐기고 그 달콤함에 취하여 사는 현대인들은 말할 필요가 없다. 과연 감각적 욕망이 진정한 행복인가. 한편 이러한 감각적 욕망을 극단적으로 거부하는 고행주의자들은 고통으로 행복이 성취된다고 주장한다.(§20) 이처럼 세상 사람들이 추구해 마지않는 감각적 욕망과 고행자들이 행복해지기 위해 몰입한다는 고통이라는 이 두 가지가 진정한 행복을 가져다주는가를 본경에서 세존께서는 점검하고 계신다.

본경은 세존께서 삭까에서 까삘라왓투의 니그로다 원림에 머무시면서 삭까 사람 마하나마에게 설하신 가르침이다. 마하나마는 세존께 와서 세존께서는 오랜 세월을 탐·진·치는 마음의 오염원이라고 가르치셨고 본인도 또한 잘 알지만 때로는 탐·진·치가 자신의 마음을 사로잡아 버린다고 말씀드린다. 그래서 그는 '어떤 법이 내 안에서 제거되지 않았기 때문에 때로는 이처럼 탐·진·치가 내 마음을 사로잡아 버리는가?'라고 생각하게 된다고 말씀드린다.(§2) 여기에 대해 세존께서는 그것은 바로 감각적 욕망 때문이라고 답변하시면서(§4) 위 M13의 §§7~15에서 설하신 감각적 욕망의 달콤함과 재난과 벗어남을 심도 깊게 말씀하신다.(§§6~14)

그리고 §§15~19에서 니간타와 나누었던 고통과 행복에 대한 대화를 소개하신다. 세존께서 그들의 이론에 대해서 비판적으로 말씀하시자 그들은 "행복으로 행복은 얻어지지 않습니다. 괴로움으로 행복은 얻어집니다. 행복으로 행복이 얻어지는 거라면 세니야 빔비사라 마가다 왕은 행복을 얻었을 것입니다. 세니야 빔비사라 마가다 왕은 고따마 존자보다 더 행복하게 사니까요."(§20)라고 항변한다. 그러자 세존께서는 세니야 빔비사라 마가다 왕은 몸을 움직이지 않고 말을 하지 않고 엿새 동안 … 이틀 동안 … 하루를 전일한 행복을 경험하면서 지낼 수가 없지만 (§21) 나는 몸을 움직이지 않고 말을 하지 않고 하루 동안 … 이레 동안 전일한 행복을 경험하면서 지낼 수 있다. 그래서 내가 마가다의 왕 빔비사라보다 더 행복하게 산다고 말씀하신다.(§22)

즉 감각적 욕망에서 오는 행복이 아니라 수행을 통한 행복과 아라한과의 증득에서 오는 행복이야말로 진정한 행복이며, 이러한 행복을 증득해야 탐 · 진 · 치에 사로잡히지 않는 전일한 행복을 체득하게 된다는 세존의 말씀이시다.

그러므로 부처님의 제자들은 감각적 욕망의 달콤함과 재난과 벗어남을 바르게 알아서 감각적 욕망을 행복으로 삼아서는 안된다. 오히려 이를 넘어서서 해탈 · 열반을 실현하기 위해 수행하는 것이 진정한 행복이며, 그래서 열반을 실현할 때 그것이 궁극적인 행복임을 먼저 자각해야 할 것이다.

「**추론 경**」(M15) **해설**

출가는 정진하는 삶을 사는 것이다. 팔정도의 바른 정진[正精進]은 해로운 법[不善法]을 버리려고 노력하고 유익한 법[善法]은 증장시키려고 노력하는 것이다.(M141 §29 참조) 그러므로 모든 정진과 모든 수행의 출발은 해로운 법과 유익한 법 즉 선법과 불선법에 대한 정확한 판단에서부터 시작된다 할 수 있다.

본경은 마하목갈라나 존자가 박가에서 숨수마라기리(악어산)의 베사

깔라 숲에 있는 녹야원에서 비구들에게 설한 가르침이다. 본경에서 목갈라나 존자는 비구들은 16가지 훈도하기 어려운 자질들과 반대로 16가지 훈도하기 쉬운 자질들을 바르게 알아야 한다고 강조한다. 여기서 훈도하기 어려운 자질은 나쁘고 해로운 법들 즉 불선법들에 해당하고 훈도하기 쉬운 자질은 유익한 법들 즉 선법들에 해당한다.(§§7~8) 본경에서 설하는 16가지 훈도하기 어려운 자질은 다음과 같다.(§3)

(1) 나쁜 바람[願]을 가지고 나쁜 바람에 지배됨 (2) 자기를 칭찬하고 남을 비방함 (3) 분노하고 분노에 지배됨 (4) 분노하고 분노를 원인으로 적개심을 품음 (5) 분노하고 분노를 원인으로 고집을 부림 (6) 분노하고 분노에 찬 말을 내뱉음 (7) 책망을 듣고는 그 책망하는 자에게 대항함 (8) 책망을 듣고는 그 책망하는 자에게 언짢아함 (9) 책망을 듣고는 그 책망하는 자에게 말대꾸함 (10) 책망을 듣고는 그 책망을 다른 것으로 발뺌하고 주제를 바꿔버리고 분노하고 성내고 불만을 드러냄 (11) 책망을 듣고 자기의 행위에 대해 설명할 수 없음 (12) 모욕하고 얕봄 (13) 질투하고 인색함 (14) 속이고 사기침 (15) 완고하고 거만함 (16) 자기 견해를 고수하고 굳게 거머쥐어 그것을 쉽게 놓아버리지 못함.

그리고 다시 이와 반대되는 자질을 훈도하기 쉬운 자질로 설하고 있다.(§5) 경의 마지막에서 목갈라나 존자는 강조한다. "만일 비구가 자신을 반조할 때 자신 안에서 이런 나쁘고 해로운 법들이 모두 다 제거되지 않은 것을 보게 되면 그런 나쁘고 해로운 법들을 제거하기 위해서 정진해야 한다. 그러나 자신을 반조할 때 자신 안에서 그런 나쁘고 해로운 법들이 모두 다 제거된 것을 보게 되면 그는 밤낮으로 유익한 법들에 대해 공부지으면서 희열과 환희로 머물 것이다."(§§7~8)

주석서는 "옛 스님들은 이 경을 비구 빠띠목카(비구계목)라고 불렀다. 이것을 하루에 세 번씩 반조해야 한다. 이러한 해로운 법들이 내 안에 있는지 없는지 반조해야 한다. 만약 있는 것을 보게 되면 버리기 위해서 노력해야 한다. 만약 발견되지 않으면 출가를 잘했다고 기뻐해야 한다.

하루에 세 번씩 할 수 없으면 두 번이라도 반조해야 하고, 두 번이라도 할 수 없으면 반드시 한 번은 반조해야 한다."(MA.ii.67)라고 강조하고 있다.

「**마음의 삭막함 경**」(M16) **해설**

어느 시대에나 출가자나 종교인들이라고 해도 마음이 건조하고 메마르고 뻣뻣하고 삭막한 사람들이 있었나 보다. 또한 이와 반대로 감각적 욕망에 빠져 살고 재물을 모으고 많이 먹고 게으른 사람들이 있었을 것이다. 본경은 전자를 마음의 삭막함이라 부르고 후자를 마음의 속박이라 부른다. 이런 삭막함과 속박을 극복하지 못하고서는 해탈 · 열반은 고사하고 선처에 태어나는 것조차 장담하기 어려울 것이다.

그래서 본경에서 세존께서는 어떤 비구라도 그에게 다섯 가지 마음의 삭막함[心穢]이 제거되지 않고 다섯 가지 마음의 속박이 끊어지지 않으면 '그가 이 법과 율에서 향상과 증장과 충만함을 성취하게 될 것이다.'라는 것은 불가능하다고 강조하신다.(§2)

여기서 스승, 법, 승가, 공부지음에 대해 회의하고 의심하고 확신을 가지지 못하고 신뢰하지 못하는 네 가지에, 동료 수행자들에게 화내고 마음으로 기뻐하지 않고 마음이 불쾌하고 삭막함이 생기는 것을 더하여 '다섯 가지 마음의 삭막함'이 된다.(§§3~7)

그리고 감각적 욕망에 대한 탐욕, 몸에 대한 탐욕, 물질에 대한 탐욕, 원하는 대로 배불리 먹은 뒤 잠자는 즐거움, 기대는 즐거움, 꾸벅꾸벅 조는 즐거움에 빠져 머묾, 다른 천신의 무리를 갈구하여 청정범행을 닦는 것이 '다섯 가지 마음의 속박'이다.(§§8~12)

그러면 이러한 삭막함과 속박을 극복하는 방법은 없는가? 본경에서 세존께서는 다섯 가지 삭막함과 다섯 가지 속박을 버리고 열의, 정진, 마음, 검증의 네 가지 성취수단[四如意足]과 분발의 다섯을 닦을 것을 강조하신다.(§26) 세존께서는 '분발을 포함한 열다섯 가지 조건'이라는 표현을 쓰시는데(§27) 그것은 다섯 가지 마음의 삭막함을 버림과 다섯 가지 속박을 버림과 네 가지 성취 수단과 분발을 말한다.(MA.ii.69)

「**밀림 경**」(M17) **해설**

밀림이나 숲 속과 같은 외딴 처소는 삼매를 닦고 유익한 법을 닦기에 적당한 곳이다. 그러면 어떤 밀림에 머물건 그것이 다 좋은가. 그렇지는 않다고 해야 한다. 같은 밀림도 어떤 비구에게는 좋을 수 있지만 어떤 비구에게는 장애가 될 수 있다. 그래서 세존께서는 비구들에게 본경을 설하셨는데 본경은 네 가지로 밀림에 머무는 것을 설하고 있다.

먼저 본경 §§3~6의 말씀은 다음의 넷으로 요약할 수 있다. ① 항상이 없고 필수품 얻기가 어렵다 - 떠나야 함(§3, §7 등) ② 항상이 없지만 필수품 얻기가 쉽다 - 떠나야 함(§4, §8 등) ③ 항상이 있지만 필수품 얻기가 어렵다 - 머물러야 함(§5, §9 등) ④ 항상이 있고 필수품 얻기도 쉽다 - 머물러야 함(§6, §10 등)

이 네 가지는 §§3~6에서는 밀림에, §§7~10에서는 마을에, §§11~14에서는 읍에, §§15~18에서는 도시에, §§19~22에서는 나라에, §§23~26에서는 사람에 적용시켜서 대처해야 함을 강조하신다.(§§3~26) 그래서 세존께서는 마지막으로 이렇게 강조하시고 가르침을 마무리하신다.

"비구들이여, 여기 비구가 어떤 사람을 의지하여 머문다. 그가 그 사람을 의지하여 머물 때 아직 확립되지 않은 마음챙김이 확립되고 … 그 비구는 그렇게 숙고하여 목숨이 붙어 있는 한 그 사람을 따라야 하고 비록 내치더라도 그 사람을 떠나서는 안된다."(§26)

본경도 수행자가 거처와 환경을 잘 살펴야 함을 강조하고 있다. 이처럼 출가생활과 수행은 주도면밀한 것이어야 함을 특히 본 품에 포함된 여러 경들은 강조하고 있다.

「꿀 덩어리 경」(M18) 해설

불교란 부처님의 가르침을 뜻하고 이것은 붓다사사나(Buddha-sāsana)를 한글로 직역한 것이다. 붓다사사나 즉 불교 혹은 부처님의 가르침이란 무엇인가? 가장 잘 알려진 정의가 『법구경』에 나오는 "모든 악을 행하지 않고/ 유익함[善]을 구족하며/ 자신의 마음을 깨끗하게 하는 것/ 이것이 부처님들의 교법이다."(Dhp {183}, 본서 역자 서문 §1 참조)이다. 이처럼 부처님은 무엇을 설하시는가에 대한 의문과 관심은 부처님 재세 시부터 당연히 있어 왔다. 본경은 부처님의 고향인 삭까에 사는 사람 단다빠니가 부처님께 이것에 대해 질문을 드리고, 부처님께서는 간단명료하지만 함축된 답변을 하시며, 여기에 대해 논의제일이라 불리는 마하깟짜나 존자가 설명해낸 아름다운 해석을 담고 있는 경이다. 존자의 이 해석이 너무 매력적이어서 아난다 존자는 이 가르침을 꿀 덩어리라 불렀다.(§22)

본경의 가르침은 삭까 사람 단다빠니가 산책을 나왔다가 세존을 만나서는 "사문께서는 무엇을 설하시는 분이며 무엇을 말씀하시는 분입니까?"(§3)라고 질문을 드리는 것으로부터 시작된다. '무엇을 설하시는 분'이냐는 단다빠니의 이 질문에 대해 세존께서는 '[나는] 오염원의 인식이 더 이상 잠복해있지 않음을 설하는 사람'이라고 말씀하신다.(§4) 세존께서는 이 말씀을 본경 §8에서 좀 더 자세하게 설명하신다. 그러자 대중들은 마하깟짜나 존자에게 더 자세하게 설명해줄 것을 청하고(§§10~15) 그래서 마하깟짜나 존자가 이것을 다시 해설해내며(§§16~19), 부처님께서 이것을 인정하시는 것(§21)이 본경의 전체 구조이다. 마하깟짜나 존자는 다음과 같이 설명한다.

눈 등의 감각기관[根, 안의 감각장소, 內處]과 형상 등의 감각대상[境, 밖의 감각장소, 外處]을 조건으로 눈의 알음알이[識] 등이 일어나고 이 셋의 만남이 감각접촉[觸]이고 이를 조건으로 느낌[受]이, 인식[想]이, 생각[尋]이, 사량 분별[戱論]이 생기고 다시 사량 분별이 함께한 인식의 더미가

일어난다.(§§16~17)

그리고 같은 방법으로 눈 등이 없고 형상 등이 없고 눈의 알음알이 등이 없을 때 감각접촉이라는 개념을 설명한다는 것은 불가능하고 … 일으킨 생각이라는 개념이 없을 때 사량 분별이 함께한 인식의 더미의 일어남이라는 개념을 설명할 수 없다.(§18)

이렇게 해서 마하깟짜나 존자는 근 - 경 - 식 - 촉 - 수 - 상 - 심 - [사량 분별] - 사량 분별이 함께한 인식의 더미라는 8지 연기(§16) 혹은 9지 연기(§17)로 부처님의 말씀을 설명해낸다.

비구들은 세존께 가서 이 사실을 말씀드리고(§20) 세존께서는 이 말씀을 인정하신다.(§21) 아난다 존자는 이 법문을 듣는 것은 마치 배가 고파 지친 사람이 꿀 덩어리를 얻어서 어느 부분이라도 먹으면 달콤하고 황홀한 맛을 얻게 되는 것과 같다고 말씀드리고, 세존께서는 "이 법문을 꿀 덩어리 법문이라고 호지하라."고 말씀하신다.(§22) 그래서 본경의 제목은 「꿀 덩어리 경」이 되었다. 이렇게 하여 본경은 부처님의 함축적인 말씀(§4), 간명한 말씀(§8), 여기에 대한 마하깟짜나 존자의 해석(§§16~19)의 세 단계의 설법을 담고 있다.

「**두 가지 사유 경**」(M19) **해설**

실천적인 측면에서 부처님의 가르침은 중도(中道)로 정리가 되고(M3 §8 등) 이 중도를 초기불전에서 부처님께서는 항상 팔정도로 설명을 하신다. 팔정도의 첫 번째인 바른 견해[正見]에 대한 자세한 설명은 본서 「바른 견해 경」(M9)의 사리뿟따 존자의 가르침을 통해서 살펴보았다. 팔정도의 두 번째는 바른 사유[正思惟]이다. 정사유는 출리와 관련된 사유와 악의 없음과 관련된 사유와 해코지 않음과 관련된 사유의 셋으로 정의된다.(M141 §25)

본경에서 사유로 번역한 술어는 vitakka(일으킨 생각)이고 팔정도의 바른 사유의 사유는 saṅkappa로 서로 다르다. 그러나 이 두 술어가 지칭하는 내용이 공히 출리와 악의 없음과 해코지 않음의 셋이기 때문에(§§8~10; M141 §25) 이 두 술어는 동의어이다. 그런데 니까야에서 바른 사유에 대한 구체적인 실례는 쉽게 만날 수 없다. 그러나 본경에 부처님께서 깨달음을 성취하기 전의 보살이었을 때 가졌던 사유에 대한 대처 방법이 나타나므로 바른 사유에 대한 구체적인 실례가 된다는 점에서 본경의 가치는 크다 하겠다.

본경에서 부처님께서는 바른 깨달음을 성취하지 못한 아직 보살이었을 적에 감각적 욕망과 관련된 사유, 악의와 관련된 사유, 해코지와 관련된 사유를 하나의 부분으로 만들었고, 출리와 관련된 사유, 악의 없음과 관련된 사유, 해코지 않음과 관련된 사유를 또 하나의 부분으로 만들었다고 말씀하신다.(§2)

이렇게 사유하신 뒤에 감각적 욕망과 악의와 해코지에 관련된 사유가 일어나자 세존께서는 그것을 바르게 극복하신다.(§§3~5) 그리고 세존께서는 "비구가 어떤 것에 대해 사유를 거듭해서 일으키고 고찰을 거듭하다보면 그대로 마음의 성향이 된다."(§6)고 말씀하신다.

그런 뒤에 위의 세 가지 사유와 반대되는 출리와 관련된 사유나 악의 없음과 관련된 사유나 해코지 않음과 관련된 사유가 일어나면 이러한 사유가 통찰지를 증장시키고 곤혹스럽게 하지 않고 열반에 이바지한다고 알고(§§8~10) 마음이 들뜨지 않게 하기 위해 안으로 마음을 확고하게 하고 가라앉히고 통일하여 삼매에 들었다고 말씀하신다.(§10)

그래서 보살(세존)에게는 불굴의 정진과 마음챙김의 확립과 몸의 경안이 생겼고 마음이 집중되어 일념이 되었다.(§13) 이것을 토대로 4선과 3명을 증득하여 깨달은 분이 되었다고 세존께서는 강조하고 계신다.(§§14~24)

바른 사유는 팔정도의 두 번째 구성요소이다. 바른 사유를 기본 주제로 설하신 경들은 만나기가 힘든데 본경이 바른 사유를 통한 4선 - 3명을 증득하는 것을 말씀하시는 대표적인 가르침이라 할 수 있다. 이런 의미에서 해로운 사유를 극복하는 구체적인 방법을 제시하는 다음의 「사유를 가라앉힘 경」(M20)도 수행자들에게 꼭 필요한 경이라 하겠다.

「사유를 가라앉힘 경」(M20) 해설

해로운 사유 즉 해로운 생각을 어떻게 극복해야 할 것인가는 수행자에게 있어서 가장 중요한 문제 가운데 하나라 할 수 있다. 해로운 생각이란 탐욕·성냄·어리석음 즉 탐·진·치 삼독을 그 근본으로 한다. 좋아하고 원하고 마음에 드는 대상을 접하면 감각적 욕망이 일어나고, 또한 좋아하지 않고 원하지 않고 마음에 들지 않는 대상이나 자신과 다른 이념을 대하면 분노가 치민다. 도대체 이러한 나쁜 생각과 나쁜 사유를 어떻게 극복해야 하는가. 본경에서 부처님께서는 그 방법을 분명하게 제시하신다.

본경에서 세존께서는 높은 마음[增上心]에 몰두하는 비구는 다섯 가지 표상[29]을 때때로 마음에 잡도리해야 한다고 설하신다.(§2) 그리고 그 방법을 이렇게 말씀하신다.

① 어떤 표상을 의존하고 마음에 잡도리할 때 탐·진·치와 관련된 나쁘고 해로운 사유들이 일어나면 그 표상과는 다른 유익함과 관련된 표상을 마음에 잡도리해야 한다.(§3) ② 그래도 나쁘고 해로운 사유들이 극복되지 않으면 그 사유들의 위험을 면밀히 관찰해야 한다.(§4) ③ 그래도 극복이 되지 않으면 그 사유들을 마음챙기지 말아야 하고 마음에 잡도리하지 말아야 한다.(§5) ④ 그래도 극복이 되지 않으면 그 사유들의 원인을 가라앉힘을 마음에 잡도리해야 한다.(§6) ⑤ 그래도 극복이

29) 초기불전에서 표상(nimitta)이라는 술어는 중요하다. 표상은 서양에서 image(영상)로 옮기는데 우리는 매순간 만나는 대상을 이 표상 혹은 영상을 통해서 인식한다. 이러한 표상은 특히 삼매 수행의 키워드이다. 수행자는 삼매에 들기 위해서 대상을 통해서 익힌 표상을 일으키고 이것을 닮은 표상으로 승화시켜야 한다. 그래서 이 닮은 표상에 마음이 집중될 때 마음은 근접삼매를 넘어서 본삼매에 든다고 『청정도론』은 설명한다. '표상(nimitta)'의 의미에 대해서는 본서 제3권 「보름밤의 긴 경」(M109) §13의 주해와 『상윳따 니까야』 제3권 「할릿디까니 경」 1(S22:3) §6의 주해와 『아비담마 길라잡이』 제9장 §5 이하의 [해설]들을 참조할 것.

되지 않으면 마지막으로 이를 악물고 혀를 입천장에 굳게 대고 마음으로 마음을(주석서에 의하면 유익한 마음으로 해로운 마음을) 제지하고 압박하고 짓밟아버려야 한다.(§7)

이렇게 할 때 나쁘고 해로운 사유들이 제거되어 마음이 안으로 안정되고 고요해지고 전일해져 삼매에 든다(§8)고 부처님께서는 본경에서 강조하고 계신다. 이렇게 해서 세존께서는 다섯 가지 절차로 해로운 사유들을 극복하는 방법을 말씀하신다. 본경과 앞의 경(M19)은 팔정도의 두 번째인 정사유를 실천하는 구체적인 방법이라 할 수 있다.

제3장 「비유 품」(M21~30)

「**톱의 비유 경**」(M21) **해설**

자비무적이라는 말이 있다. 자비로운 사람에게는 적이 있을 수 없다는 말이다. 본경에서 부처님께서는 양쪽에 날이 선 톱으로 도둑이나 첩자가 사지를 마디마디 자르더라도 그 사람에게 자애가 함께한 마음으로 가득 채우고 머무르라고 말씀하신다. 이처럼 본경은 톱의 비유를 통해서 자비무적의 정신을 강조하는 대표적인 경이다.

그런데 이러한 자비나 자애는 치우치거나 편중되어서는 안된다. 치우침 없는 보편적인 것이 될 때 그것이 진정한 자애이다. 본경은 급고독원에서 비구니들과 가깝게 지내는 팍구나 존자를(§2) 경책하시면서 비구들에게 설하신 가르침이다. 세존께서는 말씀하신다. “그대 앞에서 어떠한 사람이 비구니들을 비난하더라도 … 그 비구니들을 손으로 때리고 흙덩이를 던지고 몽둥이로 때리고 칼을 내리치더라도 … ‘내 마음은 그것에 영향을 받지 않으리라. 악담을 내뱉지 않으리라. 이로움과 함께 연민을 가지고 머물리라. 자애로운 마음을 가지며 증오를 품지 않으리라.’ 라고 이와 같이 그대는 공부지어야 한다.”(§6)

이렇게 팍구나 존자를 경책하신 뒤에 대중들에게 “비구들이여, 그러므로 그대들도 해로움을 제거하고 유익한 법들에 전념하라. 그렇게 하여 그대들도 이 법과 율에서 향상하고 증장하고 충만함을 성취하라."(§8)라고 몇 가지 비유를 들면서 말씀하신다.

그런 후에 다시 비구들에게 다섯 가지 말의 길을 설하시는데, 그것은 ① 시기에 맞거나 맞지 않는 말 ② 사실이거나 사실이 아닌 말 ③ 부드럽거나 거친 말 ④ 원인에 근거하거나 원인과 무관한 말 ⑤ 자애롭거나 증오를 품은 말이다.(§11) 그런 뒤에 땅을 없애려는 비유(§12), 허공에다 그림을 그리는 비유(§14), 횃불로 강가 강을 태우려는 비유(§16), 부드러운 자루의 비유(§18)와 마지막으로 본경의 제목이기도 한 톱의 비유(§20)의 다섯 가지 비유를 드시면서 자애가 함께한 마음을 가질 것을 강조하신다. 이런 다섯 가지 각 비유의 말미에서 "'나는 그 사람에 대해 자애가 함께한 마음으로 가득 채우고 머물리라. 그리고 그 사람을 [자애의 마음을 내는] 대상으로 삼아 모든 세상을 풍만하고, 광대하고, 무량하고, 원한 없고, 악의 없는, 자애가 함께한 마음으로 채우고 머물리라.'라고 그대들은 이와 같이 공부지어야 한다."라고 결론을 내리신다.

비구니들에게 치우친 팍구나 존자의 편애는 자애가 아니다. 본경에서 세존께서는 한 사람이나 한 편이나 한 무리에 치우침이 없는 관심과 자애가 진정한 자애임을 강조하고 계신다.

「**뱀의 비유 경**」(M22) **해설**

대중생활을 하다보면 대중공사를 통해서 결의된 사항을 그 공사에 함께 참석한 사람이라도 전혀 다르게 그 내용을 이해하고 해석하는 경우를 가끔 본다. 아마 부처님 시대에도 사정은 마찬가지였나 보다. 본경에서도 아릿타 비구가 부처님의 말씀을 엉뚱하게 이해한 뒤 이러한 자기식의 이해를 고집하는 일화를 들고 있다. 본경은 세존의 가르침에 대한 잘못된 해석을 경계하는 가르침으로 급고독원에서 생긴 일화를 토대로 부처님께서 말씀하신 경이다.

전에 독수리 사냥꾼이었던 아릿타라는 비구에게 '내가 세존께서 설하신 법을 알기로는, 장애가 되는 법들이라고 설하신 것을 수용해도 아무런 장애가 되지 않는다.'라는 이런 나쁜 견해가 생겼다.(§2) 비구들이 그를 설득시켜 나쁜 견해를 없애지 못하자(§3) 세존께 말씀을 드렸고(§4), 세존께서 아릿타 비구를 불러서 경책을 하시면서(§§5~6) 대중들에게 말씀하신 것이 본경의 내용이다.

본경 §§10~12에서 세존께서는 잘못 만지면 큰 봉변을 당하게 되는 뱀의 비유 두 가지로 부처님의 가르침을 잘못 해석하는 것을 경계하고 바른 해석을 하도록 말씀하신다. 이렇게 뱀의 비유로 말씀하시고 다시 뗏목의 비유를 들고 계신데(§§13~14) 특히 이 뗏목의 비유는 대한불교 조계종의 소의경전인 『금강경』 제6품 「정신희유분」(正信希有分)에 나타나는 것과 같다. 이렇게 말씀하신 뒤 본경에서 부처님께서는 대략 일곱 가지 말씀을 하시는데, 그것은 다음과 같다.

(1) 먼저 여섯 가지 견해의 토대로 ① 물질 ② 느낌 ③ 인식 ④ 심리현상들[行] ⑤ 보고, 듣고, 생각하고, 알고, 얻고, 탐구하고, 마음으로 고찰한 것 ⑥ '이것이 세계요, … 영원토록 여여하게 머물 것이다.'라는 것을 말씀하시면서 범부는 이러한 견해의 토대를 내 것·나·나의 자아로 관찰하지만 잘 배운 성스러운 제자는 그렇지 않다.(§§15~17)

(2) 번민에 대한 어떤 비구와의 문답(§§18~21)

(3) 무상과 무아에 대해서 비구들과 문답을 하시고(§§22~25) 그래서 ① 오온으로 해체해서 보기 ② 무상·고·무아 ③ 염오 ④ 이욕 ⑤ 해탈 ⑥ 구경해탈지의 정형구로 해탈·열반을 실현하는 여섯 단계의 해체해서 보기의 정형구를 드러내신다.(§§26~29)

(4) 이 정형구로 아라한이 된 비구를 묘사하는 "빗장을 밀어제친 자, 도랑을 가득 채운 자, 기둥을 뽑아버린 자, 걸쇠를 푼 자라고도 하고, 깃발을 거두었고, 짐을 내려놓았고 족쇄에서 벗어난 성자"라는 표현을 소개하시고(§30) 이 술어들을 설명하신다.(§§31~36)

(5) 여래에 대한 잘못된 비난을 들어서 설명하신다.(§§37~39)

(6) 그리고 다시 "그러므로 그대들의 것이 아닌 것을 버려야 한다. …"는 정형구를 말씀하시고 오온은 그대들의 것이 아니니 버려야 한다고 말씀하시면서 그 예를 드신다.(§§40~41)

(7) 법은 잘 설해졌다고 강조하시면서 아라한, 불환자, 일래자, 예류자, 법을 따르고 믿음을 따르는 자, 믿음이 깊고 세존을 좋아하는 자에 대해서 말씀하시면서 가르침을 마무리하신다.(§§42~47)

본경을 통해서 부처님께서는 비구들에게 중요한 부처님의 가르침에 대한 바른 이해를 강조하신다. 부처님 당시에도 아릿타 비구처럼 부처님 가르침을 잘못 해석하고서도 그것이 옳다고 자기주장을 굽히지 않는 비구가 있었으니 부처님이 계시지 않는 지금시대야 말해 무엇하겠는가. 참으로 두려운 일이다.

「**개미집 경**」(M23) **해설**

본경은 급고독원에서 있었던 일화로 구성되어 있다. 꾸마라깟사빠 존자는 장님들의 숲에 머물렀는데 밤이 아주 깊었을 때 어떤 천신이 존자에게 다가와서 알 수 없는 15개의 비유가 든 말을 하고 세존께 가서 이 뜻을 여쭈어보라고 권하고 사라졌다.(§2) 존자가 부처님께 가서 이 15가지 비유에 대해서 여쭙자(§3) 세존께서는 다음과 같이 그 뜻을 말씀하신다.(§4)

① 개미집: 사대(四大)로 이루어진 이 몸 ② 밤에 연기를 내뿜는 것: 낮에 행한 것에 대해 밤에 사유하고 고찰하는 것 ③ 낮에 불타오르는 것: 밤에 사유하고 고찰한 것을 낮에 몸과 말과 마음으로 행위에 적용시키는 것 ④ 바라문: 모든 번뇌를 제거하고 바르고 원만하게 깨달으신 여래 ⑤ 현자: 유학인 비구 ⑥ 칼: 성스러운 통찰지 ⑦ 파는 것: 정진 ⑧ 빗장: 무명 ⑨ 두꺼비: 분노에 따른 절망 ⑩ 두 갈래의 길: 의심 ⑪ 체: 다섯 가지 장애 즉 감각적 욕망, 악의, 해태와 혼침, 들뜸과 후회, 의심 ⑫ 거북이: 취착의 [대상인] 다섯 가지 무더기[五取蘊] ⑬ 칼과 도마: 다

섯 가닥의 얽어매는 감각적 욕망 ⑭ 고깃덩이: 향락과 탐욕 ⑮ 용: 번뇌 다한 비구

「**역마차 교대 경**」(M24) **해설**

본경은 상좌부 불교교학의 토대가 되는 일곱 가지 청정[七淸淨]이 논의되는 경으로 잘 알려져 있다. 일곱 가지 청정이 언급되는 경은 니까야에서는 본경 하나밖에 없다. 그것도 부처님께서 설하시는 것이 아니라 사리뿟따 존자와 뿐나 만따니뿟따 존자를 통해서 드러나고 있다. 물론 본경의 내용이 보여주듯이 이 칠청정은 이미 세존 당시의 승가 대중에서 정착이 된 가르침이었음이 분명하고 그래서 두 존자들은 아무 거리낌이나 설명이 없이 칠청정에 관계된 술어들을 사용하고 있다. 한편 뿐나 만따니뿟따 존자(āyasamā Puṇṇa Mantāṇiputta)는 부루나 미다라니자(富樓那 彌多羅尼子)로 옮겨졌으며 우리에게 설법제일 부루나(富樓那) 존자로 알려진 분이다. 본경은 왜 뿐나 존자가 논의제일로 추앙되는 지를 여실히 보여주는 경이라 할 수 있다.

세존께서 라자가하에서 대나무 숲의 다람쥐 보호구역에서 머무실 때 사리뿟따 존자가 대중들이 뿐나 만따니뿟따 존자를 칭송하는 말을 듣고(§2) 기회가 되면 그와 대화를 나누어 보리라고 생각한다.(§3) 세존께서 유행을 하시어 급고독원으로 오시자(§4) 뿐나 존자도 그곳에 와서 세존께 인사를 드린다.(§5) 이렇게 하여 뿐나 존자를 만나게 된 사리뿟따 존자는 뿐나 존자에게 "① 계행의 청정을 위해 세존의 문하에서 청정범행을 닦으십니까?"라고 질문을 하자 뿐나 존자는 "그렇지 않습니다, 도반이여."라고 대답한다. 같은 방법으로 ② 마음의 청정 ③ 견의 청정 ④ 의심을 극복함에 의한 청정 ⑤ 도와 도 아님에 대한 지견에 의한 청정 ⑥ 도닦음에 대한 지견에 의한 청정 ⑦ 지견에 의한 청정을 위해 세존의 문하에서 청정범행을 닦는가를 묻고 뿐나 존자는 아니라고 말한다.(§9) 대신에 "도반이여, 취착 없는 완전한 열반을 위해 세존의 문하에서 청정범행을 닦습니다."(§10)라고 대답한다.

그러자 사리뿟따 존자는 이 계행의 청정부터 지견에 의한 청정까지의 칠청정이 취착 없는 완전한 열반인가를 묻고 그는 그렇지 않다고 대답한다.(§11) 이렇게 하여 뿐나 만따니뿟따 존자는 사왓티에서 일곱 번의 역마차를 바꾸어 타고 일곱 번째 역마차로 사께따의 내전의 대문에 당도하는 비유를 들어서 이 칠청정을 차례로 닦아서 열반을 성취한다고 대답한다.(§§14~15)

그러자 두 사람은 서로가 서로를 칭송하면서 감격해마지 않는다.(§§16~17) 그래서 경은 "이렇게 그들 두 큰 용들은 서로 서로의 좋은 말을 기뻐했다."(§17)라고 마무리를 짓고 있다.

이 칠청정의 가르침은 계·정·혜 삼학의 초점에 맞추어 부처님 가르침을 체계적으로 설명하는 『청정도론』의 중요한 발판이 되고 있으며, 상좌부 불교 교학을 체계화하는 중요한 토대로 주석서 문헌의 여러 곳에 나타나고 있다.

「미끼 경」(M25) 해설

니까야는 수행할 때 생기는 유혹들을 마라의 꼬드김으로 비유하고 있다. 『상윳따 니까야』 제1권 「마라 상윳따」(S4)는 마라와 관련된 경들 25개 경들이 포함되어 나타나는데 수행자들을 방해하는 마라에 관한 일화를 담고 있는 경들이다. 특히 「비구니 상윳따」(S5)에 포함된 10개의 경들도 모두 마라가 비구니 스님들을 유혹하거나 겁을 주는 경들로 구성되어 있다. 본경에서도 세존께서는 사슴 사냥꾼이 사슴의 무리에게 미끼를 놓는 것을 비유로 들어서 수행자들이 마라의 유혹의 미끼를 물지 않고 깨달음을 실현하는 것을 사슴과 미끼의 비유로 네 단계의 과정으로 설명하고 계신다.

(1) 첫 번째 사슴의 무리들은 사슴 사냥꾼이 놓아둔 미끼에 잠입해 들어와서 넋을 놓고 그것을 먹어버렸다.(§3)

(2) 두 번째 무리들은 모든 종류의 미끼 음식을 금하고 두려움을 수반

하는 음식을 금하고 숲 속 깊이 들어가서 머물렀지만 마침내는 기력이 떨어져서 미끼로 되돌아가 넋을 놓고 음식을 먹었다.(§4)

(3) 세 번째 무리들은 위처럼 하지 않는다. 그러자 사냥꾼의 일행은 그들이 놓아둔 미끼를 큰 그물망으로 사방으로 완전히 둘러싸버렸다. 그래서 그들은 세 번째 사슴 무리의 거처를 보았고 그곳에서 그들을 잡았다.(§5)

(4) 네 번째 무리들은 사슴 사냥꾼의 일행이 갈 수 없는 곳에 거처를 정했다. 그래서 사냥꾼 일행의 음식을 취하지 않았다. 그러자 사냥꾼의 일행들은 네 번째 사슴 무리를 무관심으로 대했다. 이렇게 하여 네 번째 사슴 무리는 사슴 사냥꾼의 지배와 힘에서 벗어났다.(§6)

세존께서는 이 네 비유를 네 가지의 사문·바라문에 비유한 것이라고 말씀하시고(§7) 위 네 가지 비유를 사문·바라문에 견주어서 설명하신다.(§§8~11) 그러고 나서 "그러면 어느 곳이 마라와 마라의 일행들이 갈 수 없는 곳인가?"(§12)라고 문제 제기를 하신 뒤에 초선부터 제4선까지의 네 가지 禪과 공무변처부터 비상비비상처까지의 4처를 말씀하시면서(§§12~19) 각각에 대해서 "이 비구를 일러 '마라를 눈멀게 했고, 마라의 눈을 발판이 없도록 그렇게 빼버려 그 사악한 [마라]가 볼 수 없는 곳으로 갔다.'라고 한다."라고 말씀하신다.

그런 뒤에 마지막으로 상수멸(想受滅)의 구족을 설하시고 여기에 대해서는 위의 후렴구에다 다시 "세상에 대한 집착을 초월했다고 한다."는 구절을 더 넣어서 말씀하신다.(§20) 당연히 상수멸의 구족은 여덟 가지 증득[八等至]을 바탕으로 위빠사나 수행을 하여 도(magga)가 일어난 불환자나 아라한만이 상수멸에 들 수 있기 때문이다. 그에게 더 이상 번뇌가 있을 수 없다.

「성스러운 구함 경」(M26) 해설

니까야 전체에서 부처님의 성도과정을 담고 있는 경을 들라면 본경과 본서 제2권 「삿짜까 긴 경」(M36)을 들 수 있다. 그러나 본경에는 세존께서 깨달음을 실현하시는 구체적인 과정은 나타나지 않는다. 대신에 본경은 부처님께서 깨달음을 증득하신 후에(§18) 전법에 대한 사유를 하시고(§§19~21) 바라나시로 가셔서 오비구를 교화하는 부분을(§§26~31) 자세히 드러내고 있다. 반면에 「삿짜까 긴 경」(M36)은 부처님의 성도 과정을 구체적으로 묘사하는데 부처님의 고행을 상세하게 묘사하고 있고(§§20~30), 특히 부처님께서 고행을 버리고 수행을 통한 행복을 인정하는, 진지한 사유를 하시는 것과(§§31~33) 4선 - 3명을 증득하시는 과정도 나타나고 있다.(§§34~44)

본경은 람마까 바라문의 아쉬람에서 법담을 나누며 모여 있는 비구들에게(§4) 하신 설법을 담고 있다. 먼저 세존께서는 "두 가지 구함이 있나니 성스럽지 못한 구함과 성스러운 구함이 그것이다."(§5)라고 말문을 여신 후에, 성스럽지 못한 구함을 설명하시고(§§5~11), 생·노·병·사와 슬픔과 오염되기 마련인 것에서 재난을 알아 오염이 없는 위없는 유가안은인 열반을 구하는 것이 성스러운 구함이라 말씀하신다.(§12) 그런 뒤에 §13 이하에서 부처님께서 성스러운 것을 구하여 출가하여 수행하시던 일을 말씀하신다.

먼저 알라라 깔라마 회상으로 찾아가서 그가 가르치던 무소유처를 빠르게 증득하였고 알라라 깔라마의 인가를 받았지만 세존께서는 그 법이 염오로 … 열반으로 인도하지 못하고 단지 무소유처에 다시 태어나게 할 뿐이라고 하시면서 그 법을 버리고 떠나셨다.(§15) 다시 웃다까 라마뿟따를 찾아가서 그가 가르치던 비상비비상처를 얼마 지나지 않아 증득하였지만 역시 같은 이유로 떠나셨다.(§§16)

그 후 세존께서는 혹독한 고행을 하셨는데 이 일화는 M36에 나타나고 본경에는 나타나지 않는다. 이런 과정을 거쳐서 부처님께서는 마침내 위없는 유가안은인 열반을 증득하셨다.(§17) 부처님이 4선 - 3명을 통해서 깨달음을 증득하신 과정도 본경에는 나타나지 않고 이것 역시

M36에 나타난다. 본경에서는 깨달으시고(§18) 범천의 권청을 받고 전법을 결심하시고(§§19~21) 오비구를 가르치신 일화(§§26~30)가 중점적으로 언급되고 있다.

깨달으신 뒤 부처님께서는 법을 설하기보다는 무관심으로 기울었다고 본경은 표현하고 있다.(§19) 그러나 대범천이 와서 설법해 주시기를 간곡하게 권청하자(§20) 마침내 전법을 하기로 결심하시고(§21) 그 대상으로 알라라 깔라마와 웃다까 라마뿟따를 떠올리셨으나 그들이 모두 칠일 전에 임종한 것을 알고(§§22~23) 오비구에게 설법을 하기로 결심하시고(§24) 바라나시 녹야원으로 떠나신다. 도중에 아지와까 [유행승인] 우빠까를 만나기도 하시면서(§25) 녹야원에 도착하셨다.

처음에 오비구는 부처님이 고행을 포기하고 '호사스러운 생활을 하고 용맹정진을 포기하고 사치스러운 생활에 젖어 있는' 수행자라 오해하고 만나지 않으려 했지만(§26) 세존께서는 그들을 간곡하게 설득하셔서 그들을 확신시킬 수가 있었다.(§§27~29) 이렇게 하여 오비구도 마침내 태어남이 없는 위없는 유가안은인 열반을 증득했다.(§30) 오비구는 부처님의 최초의 설법인 「초전법륜 경」(S56:11)을 듣고 모두 예류자가 되었으며 「무아의 특징 경」(無我相經, S22:59)을 듣고 모두 아라한과를 얻었다.(MA.ii.192)

그리고 본경에서 세존께서는 다섯 가닥의 얽어매는 감각적 욕망에 묶이지 않고 홀리지 않고 푹 빠지지 않아서 재난을 보고 벗어남을 비유와 함께 말씀하시고(§§31~33) 다시 4선 - 4처 - 상수멸의 구차제멸을 설하시어(§§34~42) 이 각각에 대해서 앞의 경(M25) §§12~20처럼 "이 비구를 일러 마라를 눈멀게 했고, 마라의 눈을 발판이 없도록 그렇게 빼버려 그 사악한 [마라]가 볼 수 없는 곳으로 갔다고 한다."(§§34~42)라고 말씀하고 계신다. 4선 - 4처 - 상수멸을 설하시는 본경의 §§34~42는 앞 경의 §§12~20과 같다. 본경의 §21에 청련과 홍련과 백련의 비유가 나타나고 §§32~34에 세 가지 비유가 나타나며, 본경의 §§34~42가 앞

경의 §§12~20과 같기 때문에 경을 결집한 분들은 본경을 「비유 품」의 이곳에 넣은 듯하다.

「코끼리 발자국 비유의 짧은 경」(M27) 해설

초기불전의 여러 곳에서 세존께서는 불교를 계·정·혜 삼학으로 말씀하신다. 『맛지마 니까야』에서는 이것을 계의 조목-4선-3명으로 정형화해서 말씀하시는데 본경과 본서 M38, M51, M60, M76, M79, M101, M125 등의 8개 정도의 경을 보기로 들 수 있다. 이것을 역자는 본서의 해설과 주해 등에서 『맛지마 니까야』의 15단계 계·정·혜의 정형구라고 표현하고 있다. 한편 『디가 니까야』 제1권에 포함된 「사문과경」(D2) 등 10개 정도의 경도 계·정·혜 삼학을 근본 가르침으로 설하고 있는데 모두 23단계의 정형구를 포함하고 있어서 역자는 이것을 『디가 니까야』의 23단계 계·정·혜의 정형구로 표현한다. 『맛지마 니까야』 8개 정도의 경에 나타나는 이 15단계의 정형구와 『디가 니까야』 제1권에 나타나는 23단계의 정형구는 본서 역자 서문 §8-(3)에서 설명하고 있으므로 참조하기 바란다.

본경을 요약하면 다음과 같다. 자눗소니 바라문이 한낮에 백마가 끄는 온통 흰색으로 장엄한 백마차를 타고 사와티를 나가고 있었는데 그는 유행승 삘로띠까가 세존을 친견하고 오는 것을 보았다.(§2) 왓차야나라고도 일컬어지는 유행승 삘로띠까는 코끼리의 족적에 대한 비유를 들면서(§§3~7) "나는 사문 고따마에게서 네 가지 족적을 보았을 때 '세존은 정등각자이시고, 법은 세존에 의해 잘 설해졌고, 세존의 제자들의 승가는 잘 도를 닦는다.'라는 이런 결론에 도달했습니다."(§§4~7)라는 칭송의 말을 듣고 감동을 받아서 그 자리에서 부처님께 귀의하는 감흥어를 읊는다.(§8)

그런 후 그는 세존을 친견하고 완성된 형태의 코끼리 발자국에 비유한 가르침을 듣는다.(§10) 그리고 『맛지마 니까야』에서 정형화된 15단계 계·정·혜의 정형구를 통해서 세존의 가르침을 듣게 된다.(§§11~

26) 이 가르침은 위에서 언급한 『맛지마 니까야』 8개 정도의 경에 나타나는 『맛지마 니까야』에서 정형화된 가르침이다. 이것은 본서 역자 서문 §8 - (3)에서 이미 설명하였지만 여기에 다시 표제어만 적어보면 다음과 같다.

① 여래가 이 세상에 출현하여 청정범행을 드러냄.

② 이런 법을 듣고 집을 떠나 출가함.

③~④ 계목의 단속과 계의 구족.

⑤~⑥ 감각의 대문을 지킴, 마음챙김과 알아차림 갖춤.

⑦~⑧ 얻은 필수품으로 만족함, 다섯 가지 장애의 극복.

⑨~⑫ 초선(初禪)부터 제4선까지를 구족하여 머묾.

⑬~⑮ 숙명통, 천안통, 누진통을 증득함.(§§11~26)

『디가 니까야』 제1권에 속하는 「수바 경」(D10) 등을 참조해서 보면 이 15단계 가운데 ①부터 ④까지는 계의 무더기[戒蘊]로, ⑤부터 ⑫까지는 삼매의 무더기[定蘊]로, ⑬부터 ⑮까지는 통찰지의 무더기[慧蘊]로 정리된다.

「코끼리 발자국 비유의 긴 경」(M28) **해설**

부처님께서는 45년 동안 많은 가르침을 베푸셨다. 그러면 이렇게 많은 부처님 가르침의 핵심은 무엇이라고 봐야 하는가? 이것은 부처님 당시의 직계제자들에게도 중요한 의문이었을 것이다. 부처님의 상수제자요 지혜제일이라는 사리뿟따 존자가 여기에 대해서 가만히 있었을 리가 없다. 그래서 본경에서 사리뿟따 존자는 이렇게 말한다.

"도반들이여, 예를 들면 움직이는 생명들의 발자국은 그 어떤 것이든 모두 코끼리 발자국 안에 놓이고, 또한 코끼리 발자국이야말로 그들 가운데 최상이라고 불리나니 그것은 큰 치수 때문입니다. 도반들이여, 유익한 법[善法]은 그 어떤 것이든 모두 네 가지 성스러운 진리[四聖諦]에 내포됩니다. 무엇이 넷인가요? 괴로움의 성스러운 진리, 괴로움의 일어남의 성스러운 진리, 괴로움의 소멸의 성스러운 진리, 괴로움의 소멸로 인도하는 도닦음의 성스러운 진리입니다."(§2)

이처럼 사리뿟따 존자는 사성제야말로 불교교학의 근본이라고 이렇게 먼저 정의를 하였다. 그런 뒤에 §3에서 고성제부터 설명해서 들어간다. 고성제는 일반적으로 생·노·병·사의 사고(四苦)에다 애별리고(愛別離苦)와 원증회고(怨憎會苦)와 구부득고(求不得苦)와 오취온고(略 五陰盛苦)를 더한 팔고(八苦)로 정의한다.(M9 §15; M28 §3 등)

이렇게 고성제를 정의한 후에 다시 오취온을 정의하고(§4) 이 가운데 색취온을 네 가지 근본물질[四大]과 그 근본물질에서 파생된 물질[所造色]들이라고 정의한 후에(§5) 경의 대부분을 사대의 각각, 즉 땅의 요소, 물의 요소, 불의 요소, 바람의 요소를 설명하는 데 할애하고 있다.(§§6~25)

그리고 §§27~38에서는 여섯 가지 안의 감각장소[六內處]와 여섯 가지 밖의 감각장소[六外處]와 그것에 상응하는 여섯 가지 알음알이[六識]에 대해서 설명을 한다. 그리고 §28 등에서는 "이렇게 해서 취착의 [대상인] 다섯 가지 무더기들의 모임, 적집, 더미가 만들어집니다."라고 하면서 근-경-식의 삼사에 의해서 오취온으로 구성된 '나'라는 존재가 생긴다고 역설한다.

그리고 다시 '연기를 보는 자는 법을 보고, 법을 보는 자는 연기를 본다.'는 세존의 말씀을 인용한 뒤에(§28), 오취온은 조건 따라 생긴 것[緣起]이며 이들에 욕심 등을 내는 것이 괴로움의 일어남이요 탐욕과 욕망을 제어하여 없애는 것이 괴로움의 소멸이라고 하면서(§28 등) 괴로움의 일어남과 괴로움의 소멸을 간략하게 설명하는 것으로 경을 마무리 짓는다. 이렇게 하여 괴로움의 발생구조[流轉門]와 소멸구조[還滅門]를 밝히고 있으며 이것이야말로 연기의 가르침의 핵심이다. 그래서 사리뿟따 존자는 '연기를 보는 자는 법을 보고, 법을 보는 자는 연기를 본다.'라고 §28에서 먼저 강조한 것이다. 그런데 사성제 가운데 도성제에 대한 설명은 본경에는 나타나지 않는다.

「**심재 비유의 긴 경**」(M29) **해설**

비구들은 해탈·열반을 실현하기 위해 출가한 사람들이다. 그런데 해탈·열반의 실현보다 다른 것에 더 관심이 있는 출가자들이 있다. 대표적인 인물이 데와닷따이다. 본경은 데와닷따가 교단을 떠난 지 얼마 되지 않아서 세존께서 비구들에게 하신 말씀으로, 출가자를 다섯 부류로 분류해서 설하시는 가르침이다. 본경에서는 다섯 부류의 출가자를 심재를 찾는 사람의 비유 다섯 가지와 함께 설하고 있다.

(1) 첫 번째 부류의 사람은 출가했지만 이득과 존경과 명성에 취하고 방일하여 방일함에 빠진다. 방일해서는 괴로움 속에 머문다. 이것은 심재(속재목)를 찾아다니다가 큰 나무의 심재를 지나치고 겉재목[白木質]을 지나치고 속껍질을 지나치고 겉껍질을 지나쳐서 잔가지와 잎사귀를 잘라 심재라 생각하고 돌아가는 것과 같다(§2)

(2) 두 번째 부류의 사람은 (1)에 빠지지는 않지만 계의 구족을 성취하여 마음으로 흡족해하고 계의 구족으로 자신을 칭송하고 다른 이를 비난한다. 이것은 심재를 찾는 사람이 겉껍질을 잘라 심재라 생각하고 돌아가는 것과 같다.(§3)

(3) 세 번째 부류의 사람은 삼매의 구족을 성취하여 마음으로 흡족해하고 이제 그의 의도하는 바는 성취되었다. 그는 삼매의 구족으로 자신을 칭송하고 남을 비난한다. 이것은 마치 속껍질을 잘라 심재라 생각하고 돌아가는 것과 같다.(§4)

(4) 네 번째 부류의 사람은 그 지와 견의 구족을 성취하여 마음으로 흡족해하고 이제 그의 의도하는 바는 성취되었다. 그는 지와 견의 구족으로 자신을 칭송하고 남을 비난한다. 이것은 겉재목을 잘라 심재라 생각하고 돌아가는 것과 같다.(§5)

(5) 다섯 번째 부류의 사람은 일시적이지 않은 해탈(완전한 해탈)을 성취한다. 이 사람이야말로 심재를 가지고 튼튼하게 서 있는 큰 나무의 심

재를 잘라 심재라 생각하고 돌아가는 것과 같다.(§6)

그리고 세존께서는 종합적으로 확고부동한 마음의 해탈이야말로 청정범행의 목적이고 청정범행의 심재이고 청정범행의 완결이라고 말씀하시면서 가르침을 마무리하신다.(§7) 이렇게 본다면 일시적이지 않은 해탈(완전한 해탈)과 확고부동한 마음의 해탈은 같은 것으로 불교의 최상의 경지가 아닌가 생각된다.

「**심재 비유의 짧은 경**」(M30) **해설**

수행자 혹은 출가자 혹은 사문은 누구든지 궁극적 지혜 혹은 최상의 지혜를 추구하여 출가한다. 인도에서 육사외도로 정리되는 사문들도 예외는 아니었을 것이다. 그들은 나름대로 최상의 지혜를 표방한다. 본서 제3권 「데와다하 경」(M101) §10 등에도 니간타는 이것을 선언하였다고 나타난다. 그러면 이들 가운데 누가 최상의 지혜를 얻은 자일까? 아마 당대의 지식인들에게는 큰 관심사 중의 하나였을 것이다.

그래서 본경에서도 삥갈라꼿차 바라문이 세존께 찾아와서 육사외도로 일컬어지는 뿌라나 깟사빠, 막칼리 고살라, 아지따 께사깜발라, 빠꾸다 깟짜야나, 산자야 웰랏티뿟따, 니간타 나따뿟따 등이 "모두 스스로 자처하듯이 최상의 지혜로 알았습니까? …"(§2)라고 그들의 경지에 대해서 질문을 드린다.

여기에 대해서 세존께서는 §§3~7에서 앞의 M29의 §§2~6에 나타나는 다섯 가지 비유를 먼저 말씀하신다. 그리고 §§8~11에서 다섯 가지 비유 가운데서 앞의 네 가지 비유를 각각 방일함에 빠지고(§8), 계의 구족에 빠지고(§9), 삼매의 구족에 빠지고(§10), 지와 견의 구족에 빠진(§11) 경우로 설명하시면서 앞의 경(M29)의 네 가지 부류의 사람들(§§2~5)의 경우와 같이 말씀하신다. 그런 뒤에 이 지와 견보다 더 높고 더 수승한 법들로 세존께서는 초선부터 제4선까지와(§§13~16) 공무변처부터 비상비비상처까지와 상수멸(§§17~21) 즉 4선 - 4처 - 상수멸의 아홉 가지를 드신다. 그리고 이것을 나무의 심재를 가져가는 사람에 비

유하신다.(§22)

마지막으로 세존께서는 확고부동한 마음의 해탈이야말로 청정범행의 완결이라고 결론지으신다.(§23) 그러므로 이러한 확고부동한 마음의 해탈이 최상의 지혜이지 육사외도의 경지는 최상의 지혜가 아니라는 것이 부처님의 결론이라 하겠다.

이렇게 해서 뼁갈라꼿차 바라문은 부처님의 재가신도가 되는 것으로 경은 마무리가 된다.(§24)

4. 맺는 말

이상으로 『맛지마 니까야』 제1권에 포함된 제1품부터 제3품까지의 30개 경들을 개관해 보았다. 제1장 「뿌리에 대한 법문 품」에서는 유위제법의 뿌리가 되는 허황된 생각[空想]이나(M1) 여러 가지 번뇌나(M2) 버려야 할 법(M3) 등과 수행자가 가져야 하는 바른 견해나(M9) 바른 마음챙김(M10) 등에 대해서 살펴보았다. 그리고 제2장 「사자후 품」에서는 불교 교단에만 진정한 사문이 있다는(M11) 부처님의 사자후를 중심으로 한 여러 가르침을 음미해 보았으며, 제3장 「비유 품」에서는 다양한 비유를 통해서 부처님의 가르침에 대한 분명한 입각처를 보았다.

부처님은 우리 인간이 살고 있는 이 세상을 욕계라고 규정하신다. 감각적 욕망이 치성하고 감각적 욕망이 삶의 근본이 되는 곳이라는 뜻이다. 우리는 매스미디어를 총동원하여 선정적인 장면과 현란한 문구와 매혹적인 노래와 사진과 영상 등등으로 온갖 종류의 감각적 욕망을 부추기는 대한민국이라는 욕계에 산다.

그러므로 이러한 감각적 욕망의 지배를 받는 자야세나 왕자가 본서 제4권 「길들임의 단계 경」(M125)에서 "비구가 방일하지 않고 열심히 스스로 독려하며 머물 때 마음이 하나됨을 얻는다는 것은 불가능한 일이고 있을 수 없는 일입니다."(§5)라고 단언하는 것은 참으로 당연한 일인지 모른다. 그래서 감각적 욕망에 물들어 사는 자야세나 왕자가 "감각적 욕망에서 벗어나야 실현할 수 있는 것을, 알고 보고 실현할 수 있겠는가? 그것은 불가능하다."(§7)고 부처님께서는 단언하신다.

세존께서는 본서 「괴로움의 무더기의 긴 경」(M13)에서 감각적 욕망과 물질과 느낌의 달콤함과 재난과 벗어남을 상세하게 설하셨다.(§§7~37) 감각적 욕망과 물질과 느낌이라는 이 셋은 자본주의 이념이 득세하는 우리 대한민국에서 가장 극단적으로 드러나는 것이라 여겨진다. 그러므로 이 세 가지를 주제로 삼고 있는 본경은 대단히 중요한 의미를 던져주고 있다.

본서를 읽는 독자들께서 본 『맛지마 니까야』를 통해서 이러한 감각적 욕망과 물질과 느낌의 부추김을 극복하는 발판을 만들고 그래서 진정한 행복인 해탈 · 열반을 실현하는 튼튼한 토대를 닦으시기를 기원하면서 제1권 해제를 마무리한다.

I. 처음 50개 경들의 묶음

Mūlapaṇṇāsa

제1장

뿌리에 대한 법문 품

Mūlapariyāya-vagga

(M1~10)

뿌리에 대한 법문 경

Mūlapariyāya Sutta(M1)

1. 이와 같이 나는 들었다. [1] 한때 세존께서는 욱깟타[30]에서 수바가 숲의 큰 살라 나무 아래 머무셨다. 거기서 세존께서는 "비구들이여."라고 비구들을 부르셨다. "세존이시여."라고 비구들은 세존께 응답했다. 세존께서는 이렇게 말씀하셨다.[31]

---

30) 욱깟타(Ukkaṭṭhā)는 히말라야 산 근처에 있었던 꼬살라(Kosala)의 도시(nagara)였다. 『디가 니까야』 제1권 「암밧타 경」(D3) §1.1에 의하면 이 성읍은 빠세나디 꼬살라의 왕이 뽁카라사띠(Pokkharasāti)라는 당대의 유명한 바라문에게 왕의 하사품(rāja-dāya)이자 거룩한 마음의 표시로 그에게 영지(領地, brahma-deyya)로 준 곳이었다고 한다.
그리고 욱깟타와 세따바(Setavya)와 웨살리(Vesāli)를 연결하는 대로가 몇 곳에서 언급되고 있다.(「세상 경」(A4:36), VvA.229, 「바까 범천 자따까」(Baka-brahma Jātaka, J405/ii.259)
주석서에 의하면 이 성읍이 욱깟타(Ukkaṭṭhā)로 불리게 된 것은 정해진 좋은 날에 공사를 완료하기 위해서 밤에도 횃불(ukka)을 켜고 작업을 하였기 때문에 이런 이름으로 불린다고 한다.(MA.i.9; DA.i.245; AA.ii.504)
본경뿐만 아니라 본서 제2권 「범천의 초대 경」(M49)도 이곳에서 설해졌으며 『앙굿따라 니까야』 제2권 「세상 경」(A4:36)은 욱깟타와 세따뱌 사이에 난 대로에서 설해진 경이다. 그리고 『디가 니까야』 제2권 「대본경」(D14) §3.29에는 세존께서 욱깟타의 이곳 수바가 숲(Subhaga-vana)의 큰 살라 나무 밑(sāla-rāja-mūla)에 계시다가 정거천인 무번천으로 올라가신 것이 언급되기도 한다.

31) 본경은 조금 복잡한 구조로 되어 있기 때문에 먼저 본경을 간략하게 정리해 보는 것이 이해에 도움이 될 것이다. 먼저 본경에는 모두 192가지 법문(pari-yāya)이 설해지고 있음을 유념해야 한다. 이192가지 법문은 24(대상)×8(경지)=192로 되어 있다. 이 각각에 다른 문단번호를 매기다보니 본경의 문단번호가 §194까지 확장되었다.

① 여기서 24가지 대상은 지·수·화·풍(4대), 존재들, 신들, 빠자빠띠, 브라흐마(범천, 초선천), 광음천(2선천), 변정천(3선천), 광과천(4선천), 승자천, 공무변처, 식무변처, 무소유처, 비상비비상처, 본 것[見], 들은 것[聞], 감지한 것[覺], 안 것[知], 동일한 것, 다른 것, 전체, 열반의 24가지이다.

② 그리고 8가지 경지는 범부, 유학, 아라한1/2/3/4, 여래1/2의 8가지이다.

이렇게 해서 본경은 이 24가지 대상과 이런 대상을 아는 8가지 경지의 사람과의 관계를 8가지 경지의 측면에서 해체해서 설하고 있다. 본경에 나타나는 내용을 간단하게 정리해 보면 다음과 같다.

(1) 범부: 대상을 철저히 알지 못했기 때문에 대상을 인식한다. 대상을 4가지로 생각한다. 대상을 기뻐한다.(§§3~26)

(2) 유학: 대상을 철저히 알아야 하기 때문에 대상을 최상의 지혜로 잘 안다. 대상을 4가지로 생각하지 않아야 한다. 대상을 기뻐하지 않아야 한다.(§§27~50)

(3) 아라한1: 대상을 철저히 알았기 때문에 대상을 최상의 지혜로 잘 안다. 대상을 4가지로 생각하지 않는다. 대상을 기뻐하지 않는다.(§§51~74)

(4) 아라한2: 탐욕으로부터 벗어났기 때문에 대상을 최상의 지혜로 잘 안다. 대상을 4가지로 생각하지 않는다. 대상을 기뻐하지 않는다.(§§75~98)

(5) 아라한3: 성냄으로부터 벗어났기 때문에 대상을 최상의 지혜로 잘 안다. 대상을 4가지로 생각하지 않는다. 대상을 기뻐하지 않는다.(§§99~122)

(6) 아라한4: 어리석음으로부터 벗어났기 때문에 대상을 최상의 지혜로 잘 안다. 대상을 4가지로 생각하지 않는다. 대상을 기뻐하지 않는다.(§§123~146)

(7) 여래1: 여래는 대상을 철저히 알았기 때문에 대상을 최상의 지혜로 잘 안다. 대상을 4가지로 생각하지 않는다. 대상을 기뻐하지 않는다.(§§147~170)

(8) 여래2: 즐거움이 괴로움의 뿌리라는 것을 알았으며, 존재[有]로 인해 태어남[生]이 있고, 중생들의 늙음과 죽음이 있다고 알았기 때문에 대상을 최상의 지혜로 잘 안다. 대상을 4가지로 생각하지 않는다. 대상을 기뻐하지 않는다.(§§171~194)

이처럼 본경은 각각 다른 섬세한 표현으로 범부와 7단계의 성자들의 경지를 묘사하고 있다. 여기서 철저히 알다는 parijānāti를 옮긴 것이다. 인식하다는 sañjānāti를, 생각하다는 maññati를, 기뻐하다는 abhinandati를 옮긴 것이고, 최상의 지혜로 잘 알다는 abhijānāti를 옮긴 것이다.

2. "비구들이여, 모든 법들[諸法]의 뿌리에 대한 법문32)을 설하

32) '모든 법들의 뿌리에 대한 법문'은 sabba-dhamma-mūla-pariyāya를 직역한 것이다. 주석서는 다음과 같이 설명하고 있다. 아래 인용은 핵심이 되는 부분을 중심으로 요약해서 옮긴 것이다.
"여기서 '모든(sabba)'이란 남김없이 다 포함함(anavasesa)을 뜻한다.
그러나 '법(dhamma)'이란 ① 성전을 배움(교학, pariyatti), ② 진리(sacca), ③ 삼매(samādhi), ④ 통찰지(paññā), ⑤ 자연적인 현상(pakati), ⑥ 본성(sabhāva), ⑦ 공성(suññatā), ⑧ 공덕(puñña), ⑨ 범계(āpatti), ⑩ 알아야 할 것(ñeyya) 등을 나타낸다.
① "여기 비구는 경전과 게송의 법을 배운다."(A.iii.86)라는 등에서는 성전을 배움을 말하고, ② "여기 비구는 법을 보았고, 법을 경험했다."(Vin.i.12)라는 등에서는 진리를 말하고, ③ "그분 세존들께서는 이러한 법을 가지셨다."(D.ii.54)라는 등에서는 삼매를 말하고, ④ "원숭이여, 진실함과 법(통찰지)과 결심과 관대함의 네 가지 법을 갖춘 자는 적을 이긴다."(J.i.280)라는 등에서는 통찰지를 말하고, ⑤ "태어나기 마련인 법, 죽기 마련인 법."(M.i.162)이라는 등에서는 자연적인 현상을 말하고, ⑥ "유익한 법"(Dhs.1)이라는 등에서는 본성을 말하고, ⑦ "그때 법들이 있다."(Dhs. 25)라는 등에서는 공성을 말하고, ⑧ "훌륭한 법은 행복을 가져온다."(Sn. 182)라는 등에서는 공덕을 말하고, ⑨ "두 가지 결정되지 않은 법이 있다."(Vin.iii.187)라는 등에서는 범계를 말하고, ⑩ "모든 법들은 모든 측면에서 부처님·세존의 지혜의 영역에 들어온다."(Ps.ii.194)라는 등에서는 알아야 할 것을 말한다.
여기서는 그러나 본성(sabhāva)을 말한다. 그 뜻은 다음과 같다. "자신의 특징을 가지기 때문에 법들이라 한다(attano lakkhaṇaṁ dhārentīti dhammā)."(한편 자신의 특징을 가지기 때문에 법들이라 한다는 이 설명은 아비담마에서 "자신의 고유성질(自性)을 가졌다고 해서 법들이라 한다(attano sabhāvaṁ dhārenti ti dhammā)."(DhsA.39 등)라고 정의하는 것과 꼭 같은 표현이다. 그리고 한역 『구사론』 등에서는 이것을 능지자성(能持自性)이나 임지자성(任持自性) 등으로 옮겼다.)

'뿌리(mūla)'라는 것은 여기서는 공통적이지 않은 원인(asādhāraṇa-hetu)의 뜻이라고 알아야 한다. [즉 존재 더미[有身, sakkāya]에 속하는 법들에만 적용되는 특별한 조건(āveṇika-paccaya)을 뜻한다. — MAṬ.i.57]
'법문(pariyāya)'이란 것은 여기서는 이유(kāraṇa)와 가르침(desana) 둘 다를 말한다. 그러므로 '모든 법들의 뿌리에 대한 법문'은 모든 법들의 특별한 원인이라고 알려진 이유나, 혹은 모든 법들의 원인에 대한 가르침을 말한다. 본경은 숨은 뜻을 알아내어야 하는 가르침(neyyattha)이기 때문에 [열반을 포함한] 네 가지 세상에 속하는(catu-bhūmakā) 모든 법들을 말하는 것이 아니라고 알아야 한다. 여기서는 존재 더미[有身, sakkāya]에만 한정

리니 그것을 들어라. 듣고 마음에 잘 새겨라. 나는 설할 것이다."

"그렇게 하겠습니다, 세존이시여."라고 비구들은 세존께 응답했다.

세존께서는 이렇게 말씀하셨다.

(1) 범부

3. "비구들이여, 여기 배우지 못한 범부[33]는 성자들[34]을 친견

된 삼계에 속하는(tebhūmakā) 법들을 남김없이 말하는 것이라고 알아야 한다."(MA.i.17~18)

본서 제2권 「교리문답의 짧은 경」(M44) §2에서 담마딘나 비구니는 "도반 위사카여, 세존께서는 취착의 [대상인] 이들 다섯 가지 무더기[五取蘊]들을 존재 더미라고 하셨습니다."라고 설명하고 있듯이 존재 더미[有身]는 오취온을 말한다. 그러므로 이 경우의 '모든 법들(sabbe dhammā)'은 오취온(五取蘊) 즉 취착의 [대상인] 다섯 가지 무더기에 포함된 것으로만 제한해야 한다. 그러므로 예류도 등의 네 가지 도와 예류과 등의 네 가지 과와 열반이라는 출세간의 경지를 제외한 삼계의 법들만이 모든 법들에 포함된다.

그리고 복주서는 '모든 법들의 뿌리(sabba-dhamma-mūla)'로 갈애(taṇhā)와 자만(māna)과 사견(diṭṭhi)을 들고 있는데(MAṬ.i.57) 이 셋은 본경 §3의 여러 주해에도 키워드로 나타나고 있다. 물론 본경 §3에서 "범부는 … 그것을 철저히 알지 못했기 때문에"라고 나타나듯이 무명(avijjā)도 뿌리가 된다고 복주서는 밝히고 있다.(*Ibid*)

본경에서 모든 법들[諸法]은 존재 더미[有身] 즉 오취온을 뜻하고 모든 법들의 뿌리 즉 오취온의 뿌리는 갈애와 자만과 사견과 무명이라는 주석서와 복주서의 이 설명은 중요하다. 특히 본경의 §§3~26에 계속해서 나타나는 '생각하다(maññati)'를 주석서는 갈애와 자만과 사견의 세 가지 허황된 생각[空想, maññanā]을 통해서 생각하는 것으로 해석하는데(아래 §3의 13번 주해 참조) 이처럼 세 가지 허황된 생각[空想]으로 생각하는 것이 모든 법들 즉 오취온의 뿌리가 된다는 말이 된다.

냐나몰리 스님/보디 스님도 복주서의 이런 설명을 존중하여 그들이 옮긴 『맛지마 니까야』 영역본의 주해(1162쪽 3번 주해)에서 이것을 '모든 법들의 뿌리'에 대한 설명으로 소개하고 있다.

33) '배우지 못한 범부(assutava puthujjana)'에 대한 설명은 『상윳따 니까야』 제2권 「배우지 못한 자 경」 1(S12:61) §3의 주해를 참조할 것.
주석서와 복주서들은 배우지 못한 범부(assutavā puthujjana)와 선한 범부(kalyāṇa-puthujjana)를 구분하고 있다. 이 둘은 아직 예류도에 도달하

하지 못하고[35] 성스러운 법에 능숙하지 못하고[36] 성스러운 법에 인도되지 못하고,[37] 바른 사람들[38]을 친견하지 못하고 바른 사람들의

지 못했기 때문에 범부지만, 전자는 온・처・계・연 등의 법에 대한 이론적인 지혜(교학)도 없고 마음챙김의 확립 등의 수행도 하지 않은 자이다. 후자는 이 둘을 다 갖추어 예류도에 도달하기 위해 노력하는 자이다.(SA.ii.200)

34) "'성자들(ariyā)'이란 부처님과 벽지불과 세존의 제자들을 말한다. 혹은 오직 부처님만을 말한다."(MA.i.21)

35) '친견하지 못하고'는 adassāvī를 옮긴 것이다. 주석서는 다음과 같이 설명한다.
"'친견하지 못하고(adassāvī)'라는 것은 성자들(ariyā)을 친견하지 않는 습성(adassanasīla)을 갖고 있거나 혹은 친견하더라도 존중하지 않는 자(na sādhukārī)를 말한다. 눈(cakkhu)으로 친견하지 않는 자와 지혜(ñāṇa)로 친견하지 않는 자의 두 부류가 있다. 그중에서 지혜로 친견하지 않는 자가 여기서 뜻하는 것이다. 왜냐하면 그가 육안으로나 혹은 천안으로 성자들을 친견하더라도 친견하지 않는 것이 되는데, 그들의 눈은 모습만을 취할 뿐, 성스러움의 영역에 속하지 않기 때문이다. 소나(Soṇa)와 싱갈라(Siṅgāla) 등도 눈으로는 성자들을 친견했지만 성자들을 존중하지 않은 사람들이었다."(MA.i.21)

36) "'성스러운 법에 능숙하지 못하다(ariyadhammassa akovido).'는 것은 마음챙김의 확립(sati-paṭṭhānā) 등으로 분류된 성스러운 법에 대해 능숙하지 않다(akusala)는 말이다."(MA.i.22)

37) "'성스러운 법에 인도되지 못했다(ariyadhamme avinīto).'는 것은 –

> 두 가지 율이 다시 각각 다섯 가지가 있는데
> 그것이 그에게 없기 때문에 인도되지 못한 자라 불린다.

여기서 두 가지 율(vinaya)이란 단속하는 율(saṁvara-vinaya)과 버리는 율(pahāna-vinaya)이다. 이 두 가지 율은 다시 각각 다섯으로 분류된다. 그중에서 단속하는 율이란 계(sīla)를 통한 단속, 마음챙김(sati)을 통한 단속, 지혜(ñāṇa)를 통한 단속, 인욕(khanti)을 통한 단속, 정진(vīriya)을 통한 단속의 다섯 가지이다. 버리는 율이란 대체(tadaṅga)를 통한 버림, 억제(vikkhambhana)를 통한 버림, 근절(samuccheda)을 통한 버림, 편안함(paṭippassaddhi)을 통한 버림, 벗어남(nissaraṇa)을 통한 버림의 다섯 가지이다. …
이와 같이 율은 간략하게 두 가지이고, 분류하면 열 가지인데, 그것에 대한 단속이 흐트러지고 버려야 할 것을 버리지 않아서 배우지 못한 그 범부에게

법[39]에 능숙하지 못하고 바른 사람들의 법에 인도되지 않아서, 땅을 땅이라고 인식한다.[40] 땅을 땅이라 인식하고서는[41] [자신을] 땅이

는 없기 때문에 '인도되지 못한 자(avinīta)'라 한다. 이 방법은 '바른 사람들을 친견하지 못하고 바른 사람들의 법에 능숙하지 못하고 바른 사람들의 법에 인도되지 않아서'에도 적용된다."(MA.i.22~24)
단속하는 율의 다섯 가지는 『청정도론』 I.18에서 설명되어 나타난다. 그리고 다섯 가지 버림은 『청정도론 복주서』(Pm.70, Vis.IV.82에 대한 주석)에 나타난다. 『상윳따 니까야』 제5권 「절반 경」(S45:2) §4의 주해도 참조할 것.

38) "여기서 '바른 사람들(sappurisā)'이란 벽지불과 세존의 제자들을 이른다. 그들은 출세간의 공덕을 가졌기 때문에 아름다운(sobhanā) 사람들이다."(MA.i.21)

39) '바른 사람들의 법'은 sappurisa-dhamma를 옮긴 것이다. 이것은 바른 사람의 법으로도 옮길 수 있고 바른 사람들의 법으로도 옮길 수 있다. 그런데 주석서에서 "바른 사람들의 법(sappurisa-dhamman ti sappurisānaṁ dhammaṁ)"(MA.iv.98; DA.iii.1039)으로 복수의 의미로 풀이하고 있어서 이렇게 옮겼다.

40) "여기서는 먼저 범부를 지칭하신 뒤에, 땅 등의 대상(vatthu)이 존재 더미[有身, 오취온]를 구성하고 있는 법(sakkāya-dhamma)이라고 여기면서 일어난 [범부의] 허황된 생각[空想, maññanā]을 보여주시기 위해서 '땅을 땅이라(pathaviṁ pathavito)' 등으로 말씀을 시작하셨다.
여기 '땅(pathavī)'에는 ① 특징으로서의 땅(lakkhaṇa-pathavī) ② 구성요소를 가진 땅(sasambhāra-pathavī) ③ 명상주제인 대상으로서의 땅(ārammaṇa-pathavī) ④ 관습적으로 불리는 땅(sammuti-pathavī)의 네 가지가 있다.
이 중에서 ① "도반이여, 무엇이 내적인 땅의 요소인가? 안에 있고 개개인에 속하는 딱딱하고 견고한 것을 내적인 땅의 요소라 한다."(M.i.185)라는 등에서는 특징으로서의 땅을 말한다.
② "비구가 땅을 파거나 혹은 파게 하면"(Vin.iv.33)이라는 등에서는 구성요소를 가진 땅을 말한다. 머리털 등 스무 가지 부분과 아연, 구리 등 외적인 땅은 형색 등의 구성요소를 가진 땅이기 때문에 구성요소를 가진 땅이라 한다.
③ "어떤 자는 땅의 까시나를 인식한다."(M.ii.14)라는 등에서는 명상주제인 대상으로서의 땅을 말한다.
④ 땅의 까시나를 통해 禪을 얻은 자가 천상에 태어날 때 [증득의] 출현으로 인해 땅의 신이라는 이름을 얻는다. 이것이 관습적으로 불리는

라 생각하고,[42] [자신을] 땅에서 생각하고,[43] [자신을] 땅으로부터

땅이라고 알아야 한다. 여기서는 이 네 가지 모두 해당된다.
이 가운데서 어떤 땅을 두고(tāsu yaṅkañci pathaviṁ) 범부는 땅으로부터 인식하고(pathavito sañjānāti), '땅이다.'라고 인식하고(pathavīti sañ- jānāti), 땅의 부분을 통해 인식하고(pathavī-bhāgena sañjānāti), 세상의 관습을 취하여(lokavohāraṁ gahetvā) 전도된 인식(saññā-vipallāsa)으로 인식한다."(MA.i.25)
전도된 인식(saññā-vipallāsa) 혹은 인식의 전도는 무상 · 고 · 무아 · 부정인 것을 항상하고 즐겁고 자아이고 깨끗한 것[常 · 樂 · 我 · 淨]으로 여기는 것을 말한다. 『앙굿따라 니까야』 「전도 경」(A4:49) §1과 『청정도론』 XXII.53을 참조할 것.

41) "'땅을 땅이라 인식하고서는(pathaviṁ pathavito saññatvā)'이란 것은 '그는 그 땅을 전도된 인식[顚倒想, viparīta-saññā]으로 인식한 뒤에'라는 말이다. "인식으로 인해 사량 분별이라는 이름이 있다."(saññānidānā hi papañcasaṅkhā – Sn {874})라는 금구가 있다. 그러므로 그가 일단 이 땅을 이와 같이 전도된 인식으로 인식하고 나면 다음 단계에서 갈애와 자만과 사견에 의한 사량 분별(taṇhā-māna-diṭṭhi-papañca)은 힘을 얻는다. 여기서 그는 허황된 생각[空想, maññanā]이란 이름으로 설한 이러한 사량 분별을 통해 생각하고 헤아리고 이리저리 헤아리고 여러 측면으로 다르게 취한다(maññati kappeti vikappeti, nānappakārato aññathā gaṇ-hāti). 그러므로 '땅이라 생각한다(pathaviṁ maññati).'라고 말씀하셨다." (MA.i.25)

42) "'[자신을] 땅이라 생각한다(pathaviyā maññati).'는 것은 세 가지 허황된 생각[空想, maññanā]을 통해 '나는 땅이다.'라고 생각하고, '나의 땅이다.' 라고 생각하고, '다른 이는 땅이다.'라고 생각하고, '다른 이의 땅이다.'라고 생각한다는 말이다. 혹은 내적인 땅(ajjhattika pathavi)을 갈애에 기인한 허황된 생각(taṇhā-maññanā)을 통해 생각하고, 자만에 기인한 허황된 생각(māna-maññanā)을 통해 생각하고, 사견에 기인한 허황된 생각(diṭṭhi-maññanā)을 통해 생각한다는 말이다.
어떻게? 그는 머리털, 몸 털 등에서 욕망을 일으키고, 머리털을 즐기고, 좋아하고, 기뻐하고, 집착한다. 이와 같이 내적인 땅을 갈애에 기인한 허황된 생각을 통해 생각한다. '미래에 나의 머리털은 이렇게 될 것이고, 나의 몸 털도 이렇게 될 것이다.'라는 식으로 거기에 기쁨을 일으킨다. '이 계행과 청정범행으로 나의 머리털은 이렇게 윤기 있고 부드럽고 가늘고 검을 것이다.'라는 식으로 얻지 못한 것을 얻기 위해 갈망한다. 이와 같이 내적인 땅을 갈애에 기인한 허황된 생각을 통해 생각한다.
그와 마찬가지로 자신의 머리털 등에 대해 원하는 바를 성취한 것과 성취하

생각하고,44) 땅을 내 것이라고 생각한다.45) 46) 그는 땅을 기뻐한

지 못한 것을 두고 '내가 뛰어나다거나 혹은 동등하다거나 혹은 저열하다.'라고 자만을 일으킨다. 이와 같이 내적인 땅을 자만에 기인한 허황된 생각을 통해 생각한다.

"영혼[壽者, 생명, jīva]이 바로 몸이다."(「잘리야 경」(D7) §1)라고 전해 내려오는 방법에 따라 머리털이 영혼이라고 천착한다. 이 방법은 몸 털 등에 대해서도 마찬가지이다. 이와 같이 내적인 땅을 사견에 기인한 허황된 생각을 통해 생각한다. 혹은 "내적인 땅의 요소이든 외적인 땅의 요소이든 그것은 단지 땅의 요소일 뿐입니다. 이에 대해 '이것은 내 것이 아니다. 이것은 내가 아니다. 이것은 나의 자아가 아니다.'라고 있는 그대로 바르게 통찰지로 보아야 합니다. 이와 같이 이것을 있는 그대로 바르게 통찰지로 보아 땅의 요소를 염오하고 마음이 땅의 요소에 대한 탐욕을 빛바래게 합니다[離慾]."(본서 「코끼리 발자국 비유의 긴 경」(M28) §6)라는 가르침과는 반대로 머리털 등으로 분류되는 이 땅은 내 것이고, 이것은 나이고, 이것은 나의 자아라고 천착한다. 이와 같이 내적인 땅을 사견에 기인한 허황된 생각을 통해 생각한다.

이처럼 내적인 땅을 세 가지 허황된 생각을 통해 생각한다. 그와 마찬가지로 외적인 땅(bāhira pathavi)에 대해서도 세 가지 허황된 생각을 통해 생각한다."(MA.i.26~27)

43) "'[자신을] 땅에서 생각한다(pathaviyā maññati).'라고 하셨다. 여기서 '땅에서(pathaviyā)'라는 것은 문법적으로 처소격(bhumma-vacana, *Locative*)이다. 그러므로 그는 '나는 땅에서'라고 생각한다. 즉 '나에게 어떤 장애(palibodha)는 땅에 있다.'라고 생각한다는 말이다. 그는 '다른 이는 땅에서'라고 생각한다. '다른 이의 장애는 땅에 있다.'라고 생각한다는 말이다. 이것이 이 문맥에 대한 뜻이다.

혹은 "어떻게 물질에서 자아라고 여기는가? 여기 어떤 이는 느낌을 … 인식을 … 심리현상들을 … 알음알이를 자아라고 여긴다. 그에게 이런 생각이 든다. '이것은 나의 자아다. 이 나의 자아는 이 물질에 있다.'라고 이와 같이 물질에서 자아라고 여긴다."(Ps.i.145)라고 [장소]로서의 뜻을 [『무애해도』에서] 설했다. 그 방법대로 느낌 등의 법들을 자아라고 거머쥐고 내적인 땅과 외적인 땅 가운데 어떤 땅을 자기의 장소라고 상상하면서 '이 나의 자아는 땅에 있다.'라고 땅에서 생각한다. 이것은 그의 사견에 기인한 허황된 생각(diṭṭhi-maññanā)이다. 그러면 그 자아에 대해 애정(sineha)과 자만(māna)도 일어나기 때문에(uppādayato) 갈애에 기인한 허황된 생각과 자만에 기인한 허황된 생각(taṇhā-māna-maññana)도 [일어난다고] 알아야 한다."(MA.i.27~28)

44) "'[자신을] 땅으로부터 생각한다(pathavito maññati).'라고 하셨다. 여기서

'땅으로부터(pathavito)'라는 것은 문법적으로 탈격(nissakka-vacana, *Ablative*)이다. 그러므로 내적인 땅과 외적인 땅으로부터 자신과 다른 이가 태어나거나 혹은 사라진다는 말이다. 혹은 땅과는 상관없이 자아가 있다고 생각하면서 [자신을] 땅으로부터 생각하는 것이라고 알아야 한다. 이것은 그의 사견에 기인한 허황된 생각(diṭṭhi-maññanā)이다. 사견에 기인한 허황된 생각을 통해 생각할 때 대상에 대해 애정(sineha)과 자만(māna)이 일어나기 때문에(uppādayato) 갈애에 기인한 허황된 생각과 자만에 기인한 허황된 생각(taṇhā-māna-maññana)도 [일어난다고] 알아야 한다."(MA.i.28)

냐나몰리 스님은 이 부분을 "*he conceives [himself apart] from the earth*(자신을 땅과 다르다고 생각한다)."로 옮겼다.

45) "'땅을 내 것이라고 생각한다(pathaviṁ meti maññati).'라고 하셨다. 여기서는 오직 땅의 근본물질[地大, mahā-pathavi]에 대해서 갈애를 가지고 내 것이라는 방법으로 일어난 한 가지 허황된 생각만 일어난다고 알아야 한다. 즉 [사견과 자만에 기인한 허황된 생각은 일어나지 않고] 갈애에 기인한 한 가지 허황된 생각만 일어난다고 알아야 한다. 이 땅이 나의 머리털이고 나의 몸 털이고 나의 아연이고 나의 구리라고 이와 같이 내적인 땅과 외적인 땅(ajjhattika-bāhira pathavi)에 연결시켜야 한다."(MA.i.28)

46) 이상 땅에 적용된 네 가지 허황된 생각[空想, maññanā]의 구문은 본경에 나타나는 나머지 23가지 대상에도 다 적용되어 나타난다. 이 네 가지 허황된 생각은 '① [자신을] X라 생각한다. ② [자신을] X에서(*in*) 생각한다. ③ [자신을] X로부터(*from*) 생각한다. ④ X를 내 것이라고 생각한다.'로 정리된다. 여기서 ①은 동일시, ②는 근본 ③은 별개 혹은 파생 ④는 소유(전유)를 뜻한다고 할 수 있다. 즉 범부는 ① 땅과 자신을 같은 것으로 동일시하고 ② 땅을 자신의 근본으로 삼고 ③ 땅과 자신은 다르거나 자신을 땅에서부터 생겨난 것으로 여기고 ④ 땅을 자신의 소유물이나 전유물이라고 여기는 것을 말한다. 범부는 이렇게 모든 대상에 대해서 허황되고 전도되고 잘못된 생각[空想, maññanā]을 가진다고 부처님께서는 설파하고 계신다.

특히 이 가운데 '① [자신을] X라 생각한다. ② [자신을] X에서(*in*) 생각한다. ③ [자신을] X로부터(*from*) 생각한다.'는 셋은 『상윳따 니까야』 제3권 「야마까 경」(S22:85) §§11~14에 나타나는 다섯 가지 관찰 가운데 처음의 셋인 ① 오온을 여래라고 관찰하는 것과 ② 오온 안에 여래가 있다고 관찰하는 것과 ③ 오온은 여래와 다르다고 관찰하는 것의 셋과 같은 방법이다. 그리고 이것은 『상윳따 니까야』 제4권 「뿌리 뽑는데 어울림 경」(S35:30) §3과 「뿌리 뽑는데 도움이 됨 경」 1(S35:31) §3에서 "눈을 사랑하지 않고, 눈에서 사랑하지 않고, 눈으로부터 사랑하지 않고(cakkhuṁ na maññati cakkhusmiṁ na maññati cakkhuto na maññati)"라고 여섯 가지 감각다.47) 그것은 무슨 까닭인가? 그는 그것을 철저히 알지 못했기 때문48)이라고 나는 설한다."

4. "그는 물을 물이라 인식한다. 물을 물이라 인식하고서는 [자신을] 물이라 생각하고, [자신을] 물에서 생각하고, [자신을] 물로부

장소[六處]를 관찰하는 것과도 같은 방법이다. 여기에 대해서는 「야마까 경」(S22:85) §14의 주해를 참조할 것.

47) "'기뻐한다(abhinandati).'라고 하셨다. 여기서는 사견과 갈애에 의한 기뻐함(diṭṭhi-taṇhā-abhinandana)으로 기뻐하면서(abhinandanta) 모든 것을 기뻐한다는 뜻이다."(MAṬ.i.79)

48) "'그것을 철저히 알지 못하기 때문(apariññātaṁ tassa)'이라고 하셨다. 땅이라는 토대(vatthu)를 '철저히 알지 못하기 때문에(apariññātaṁ)' 그것에 대해 허황된 생각을 가지고 기꺼워한다. 땅을 잘 아는 자는 세 가지 통달지를 통해 철저히 안다. 그것은 ① 안 것의 통달지(ñāta-pariññā, 知遍知) ② 조사의 통달지(tīraṇa-pariññā, 審察遍知) ③ 버림의 통달지(pahāna-pariññā, 斷遍知)이다.

이 가운데서 ① 어떤 것이 안 것의 통달지인가? "그는 땅의 요소를 잘 안다. 이것은 내적인 땅의 요소이고, 이것은 외적인 땅의 요소이고, 이것은 그 특징이고, 이것은 역할이고, 나타남이고, 가까운 원인이다."라고 철저히 아는 것이 안 것의 통달지이다. ② 어떤 것이 조사의 통달지인가? "물질을 무상으로, 괴로움으로, 병으로 본다."(Ps.ii.238)라고 마흔 가지 측면에서 땅의 요소를 조사하는 것이 조사의 통달지이다. ③ 어떤 것이 버림의 통달지인가? 이렇게 조사한 뒤 최상의 도로써 땅의 요소에 대해 욕망을 버리는 것이 버림의 통달지이다.

혹은 ① 정신과 물질을 분석하는 것이 안 것의 통달지이고, ② 깔라빠를 명상하는 것부터 수순의 지혜까지를 조사의 통달지라 하고, ③ 성스러운 도에 대한 지혜를 버림의 통달지라 한다.

땅을 철저하게 아는 자는 이 세 가지 통달지에 의해 철저히 안다. 범부는 이 통달지가 없기 때문에 철저히 알지 못하고 그래서 그것에 대해 허황된 생각을 가지고 기꺼워한다."(MA.i.29)

세 가지 통달지에 대한 더 상세한 설명은 『청정도론』 XX.3~4와 18~19를 참조할 것.

주석서에 나타나는 pariññāta(과거분사)와 pariññā(명사)는 둘 다 pari+√jñā(*to know*)에서 파생된 단어인데, 초기불전연구원의 번역물에서는 여기서처럼 pariññā를 '통달지'로, pariññāta를 '철저히 안'으로 옮기고 있다.

터 생각하고, 물을 내 것이라고 생각한다. 그는 물을 기뻐한다. 그것은 무슨 까닭인가? 그는 그것을 철저히 알지 못했기 때문이라고 나는 설한다."

5. "그는 불을 불이라 인식한다. 불을 불이라 인식하고서는 [자신을] 불이라 생각하고, [자신을] 불에서 생각하고, [자신을] 불로부터 생각하고, 불을 내 것이라고 생각한다. 그는 불을 기뻐한다. 그것은 무슨 까닭인가? 그는 그것을 철저히 알지 못했기 때문이라고 나는 설한다."

6. "그는 바람을 바람이라 인식한다. 바람을 바람이라 인식하고서는 [자신을] 바람이라 생각하고, [자신을] 바람에서 생각하고, [자신을] 바람으로부터 생각하고, 바람을 내 것이라고 생각한다. 그는 바람을 기뻐한다. 그것은 무슨 까닭인가? 그는 그것을 철저히 알지 못했기 때문이라고 나는 설한다." [2]

7. "그는 존재들[49]을 존재들이라 인식한다. 존재들을 존재들이라 인식하고서는 [자신을] 존재들이라[50] 생각하고, [자신을] 존재들

49) "'존재(bhūta)'라는 단어는 ① 오온(pañcakkhandha) ② 비인간(amanussa, 유령이나 약카 등의 존재) ③ 요소(dhātu, 18계 가운데 네 가지 근본물질[四大, mahā-bhūta]) ④ 존재함(vijjamāna) ⑤ 번뇌 다함(khīṇāsava) ⑥ 중생(satta) ⑦ 나무 등의 존재(rukkhādi) 등에서 나타나고 있다. … 여기서는 중생(satta)을 뜻하는 것으로 쓰였다."(MA.i.31~32)

50) "'[자신을] 존재들이라 생각한다(bhūte maññati).'는 것 등에서도 세 가지의 허황된 생각을 알아야 한다. 어떻게?
① "그는 장자나 장자의 아들이 다섯 가닥의 얽어매는 감각적 욕망을 갖추고 완비하여 즐기고 있는 것을 본다."(M.i.461)라고 설한 방법에 따라 존재들을 아름답고(subhā) 행복하다(sukhitā)고 취하고서는 즐긴다. 보고서도 즐기고, 듣고서도 즐기고, 냄새 맡고서도 즐기고, 맛보고서도 즐기고, 닿고서도 즐기고, 알고서도 즐긴다. 이와 같이 존재들을 갈애에 기인한 허황된 생

에서 생각하고,[51] [자신을] 존재들로부터 생각하고, 존재들을 내 것이라고 생각한다.[52] 그는 존재들을 기뻐한다. 그것은 무슨 까닭인가? 그는 그것을 철저히 알지 못했기 때문이라고 나는 설한다."

각을 통해 생각한다.

② "여기 어떤 이는 태생이나 혹은 다른 어떤 것을 근거로 이전에는 다른 이와 자신을 동등하다(sadisa)고, 그 다음에는 자신을 수승하고(seyya) 다른 이를 저열하다(hīna)고 여긴다. 이러한 자만(māna)을 오만(mānātimāna)이라고 한다."(Vbh.355)라는 말씀이 있듯이 이와 같이 존재들을 자만에 기인한 허황된 생각을 통해 생각한다.

③ 존재들은 항상하고 굳건하고 영원하고 변하지 않는다(niccā dhuvā sassatā avipariṇāmadhammā)거나 혹은 "모든 중생들과 모든 생명들과 모든 존재들과 모든 영혼들은 [자신의 운명을] 지배하지 못하고 힘도 없고 정진력도 없이(avasā abalā avīriyā) 운명과 우연의 일치와 천성의 틀에 짜여서(niyati-saṅgati-bhāva-pariṇatā) 여섯 종류의 생(abhijāti)에서 즐거움과 괴로움을 경험한다."(D.i.53)라고 생각하면서 사견에 기인한 허황된 생각을 통해 생각한다.

이와 같이 존재들을 세 가지의 허황된 생각을 통해 생각한다."(MA.i.32)

51) "'[자신을] 존재들에서 생각한다(bhūtesu maññati).'라고 하셨다. 그러면 어떻게 [자신을] 존재들에서 생각하는가?

① 각각의 존재들에서 자신의 태어남(upapatti)이나 혹은 행복의 성취(sukhuppatti)를 바란다. 이와 같이 갈애에 기인한 허황된 생각을 통해 [자신을] 존재들에서 생각한다. 존재들에서 다시 태어나기를 바라면서 보시를 하고, 계를 지키고, 포살을 행한다. 이와 같이 존재들에서 갈애에 기인한 허황된 생각을 통해 생각한다.

② 그리고 존재들을 무리별로 취하여(samūhaggāha) 그중에서 어떤 존재들은 수승하다고 보고, 어떤 존재들은 동등하거나 저열하다고 본다. 이와 같이 존재들에서 자만에 기인한 허황된 생각을 통해 생각한다.

③ 그와 마찬가지로 어떤 존재들은 항상하고 영원하다고 생각하고, 어떤 존재들은 무상하고 영원하지 않다고 생각한다. 나도 존재들 가운데서 어떤 사람이다라고 생각한다. 이와 같이 존재들에서 사견에 기인한 허황된 생각을 통해 생각한다."(MA.i.32~33)

52) "'존재들을 내 것이라 생각한다(bhūte meti maññati).'는 것에서는 갈애에 기인한 허황된 생각만 일어난다. 이 땅이 내 아들이고, 내 딸이고, 내 양, 개, 돼지, 코끼리, 소, 말이라고 이런 방법으로 내 것이라고 일어난다고 알아야 한다."(MA.i.33)

8. "그는 신들[53]을 신들이라 인식한다. 신들을 신들이라 인식하고서는 [자신을] 신들이라 생각하고, [자신을] 신들에서 생각하고, [자신을] 신들로부터 생각하고, 신들을 내 것이라고 생각한다. 그는 신들을 기뻐한다. 그것은 무슨 까닭인가? 그는 그것을 철저히 알지 못했기 때문이라고 나는 설한다."

9. "그는 빠자빠띠[54]를 빠자빠띠라 인식한다. 빠자빠띠를 빠자

---

53) "다섯 가닥의 얽어매는 감각적 욕망으로 즐기기(dibbati) 때문에 '신들(deva)'이라 한다. 혹은 자신의 신통력(iddhi)으로 즐기기 때문에 신들이라 한다. '향락한다(kīḷanti)', 혹은 '비춘다(jotenti)'는 뜻이다.
신들은 세 종류가 있으니 ① 일상적인 표현의 신들(sammuti-devā) ② 신으로 태어난 신들(upapatti-devā) ③ 청정한 신들(visuddhi-devā)이다.
① 일상적인 표현으로서의 신들이란 왕들, 여왕들, 왕자들이다. ② 신으로 태어난 신들이란 사대왕천의 신들로 태어났거나 그보다 높은 신들이다. ③ 청정한 신들이란 번뇌 다한 아라한들이다.
여기서는 신으로 태어난 신들을 말한다. 그러나 모두를 포함하는 건 아니다. 타화자재천(paranimmitavasavatti)의 천상세계에서 마라(Māra)의 무리들은 제외하고 나머지 육욕천(六欲天, cha kāmāvacarā)이 여기서 말하는 신들이다."(MA.i.33)
주석서의 설명에서 보듯이 여기서 신들은 욕계 천상의 신들 즉 육욕천(六欲天)의 신들을 말한다. 육욕천은 사대왕천, 삼십삼천, 야마천, 도솔천, 화락천, 타화자재천의 여섯을 말한다. 육욕천 각각에 대한 설명은 『아비담마 길라잡이』 제5장 §5의 해설을 참조할 것.

54) "여기서는 마라(Māra)를 '빠자빠띠(Pajāpati)'라 한다고 알아야 한다. 이 마라는 타화자재천의 신의 세계(Paranimmitavasavatti-devaloka)에 산다.
① 미모를 갖추고 수명이 길고 큰 행복을 가진 빠자빠띠를 보거나 듣고는 즐기면서 갈애에 기인한 허황된 생각을 통해 생각한다. ② 빠자빠띠의 상태를 얻고서는 나는 중생들의 왕이고 지배자라고 자만을 일으키면서 빠자빠띠를 자만에 기인한 허황된 생각을 통해 생각한다. ③ 빠자빠띠는 항상하고 영원하다거나 혹은 단멸한다거나 혹은 [자신의 운명을] 지배하지 못하고 힘도 없고 정진력도 없이 운명과 우연의 일치와 천성의 틀에 짜여서 여섯 종류의 생에서 즐거움과 괴로움을 경험한다고 생각하면서 빠자빠띠를 사견에 기인한 허황된 생각을 통해 생각한다."(MA.i.33~34)
빠자빠띠(Pajāpati, Sk. Prajāpati, 쁘라자빠띠, 창조의 신)는 베다(Veda)

빠띠라 인식하고서는 [자신을] 빠자빠띠라 생각하고, [자신을] 빠자빠띠에서 생각하고,[55] [자신을] 빠자빠띠로부터 생각하고, 빠자빠띠를 내 것이라고 생각한다. 그는 빠자빠띠를 기뻐한다. 그것은 무슨 까닭인가? 그는 그것을 철저히 알지 못했기 때문이라고 나는 설한다."

10. "그는 브라흐마[梵天][56]를 브라흐마라 인식한다. 브라흐마를 브라흐마라 인식하고서는 [자신을] 브라흐마라 생각하고, [자신을] 브라흐마에서 생각하고, [자신을] 브라흐마로부터 생각하고, 브라흐마를 내 것이라고 생각한다. 그는 브라흐마를 기뻐한다. 그것은 무슨

에서부터 나타나는 인도의 신이다. 베다에서는 인드라(Indra)나 아그니(Ag-ni) 등과 같은 베다 문헌의 가장 유력한 신들을 쁘라자빠띠(Prajāpati)라고 부르고 있다. 그러나 『맛지마 니까야 주석서』는 위에서 인용하였듯이 마라가 바로 빠자빠띠라고 설명하고 있다. 역자는 빠알리 음가대로 '빠자빠띠'로 음역을 하였다.

마라(Māra)에 대해서는 본서 제2권 「마라 견책 경」(M50) §2의 주해를 참조할 것.

55) "'[자신을] 빠자빠띠에서 생각한다(pajāpatismiṁ maññati).'는 것은 하나의 사견에 기인한 허황된 생각이 생기는 것을 말한다. 여기 어떤 이는 "빠자빠띠가 가진 법들은 모두 항상하고 영속하고 영원하고 변하지 않는 성질의 것이다."라고 생각한다. 혹은 "빠자빠띠에게는 사악함(pāpa)이 없다. 그에게는 사악한 업들(pāpakāni kammāni)이 달라붙지 않는다."라고 생각하면서 [사견에 기인한 허황된 생각이] 일어난다."(MA.i.34)

56) "'브라흐마(梵天, Brahma)'라고 했다. 여기서는 각각 [禪의] 특별한 공덕으로 향상한(brūhito) 자를 브라흐마(梵天)라 한다. 대범천(大梵天, Mahā-brahmā)도 브라흐마라 부르고, 여래, 바라문, 부모, 뛰어난 자도 브라흐마라 부른다. "1000의 브라흐마, 2000의 브라흐마"(M.iii.101)라는 등에서 대범천도 브라흐마라고 했다. 그러나 여기서는 처음으로 태어나서 겁의 수명을 가진 브라흐마(범천)를 말한다. 그러므로 범보천(Brahmapurohitā)과 범중천(Brahmapārisajjā)도 포함된다."(MA.i.34~35)

"처음으로 태어났다는 것은 수승한 초선(paṭhamajhāna)에 의해 태어났거나 혹은 초선의 세상에 처음으로 태어났다는 말이다."(MAṬ.i.84)

색계 초선천인 대범천과 범보천과 범중천에 대해서는 『아비담마 길라잡이』 제5장 §6의 [해설]을 참조할 것.

까닭인가? 그는 그것을 철저히 알지 못했기 때문이라고 나는 설한다."

11. "그는 광음천[57]을 광음천이라 인식한다. 광음천을 광음천이라 인식하고서는 [자신을] 광음천이라 생각하고, [자신을] 광음천에서 생각하고, [자신을] 광음천으로부터 생각하고, 광음천을 내 것이라고 생각한다. 그는 광음천을 기뻐한다. 그것은 무슨 까닭인가? 그는 그것을 철저히 알지 못했기 때문이라고 나는 설한다."

12. "그는 변정천[58]을 변정천이라 인식한다. 변정천을 변정천이라 인식하고서는 [자신을] 변정천이라 생각하고, [자신을] 변정천에서 생각하고, [자신을] 변정천으로부터 생각하고, 변정천을 내 것이라고 생각한다. 그는 변정천을 기뻐한다. 그것은 무슨 까닭인가? 그는 그것을 철저히 알지 못했기 때문이라고 나는 설한다."

13. "그는 광과천[59]을 광과천이라 인식한다. 광과천을 광과천이

---

57) '광음천(Ābhassarā)'은 색계 제2선천(二禪天)의 세 번째 천상이다. 임종할 때의 제2禪의 깊이에 따라 광명(ābha)의 크기도 달라진다. 제2선천의 첫 번째는 소광천(Parittābhā)이고, 두 번째는 무량광천(Appamāṇābhā)이다. 광음천에 대해서는 『아비담마 길라잡이』 제5장 §6의 [해설]을 참조할 것. 한편 주석서는 다음과 같이 설명한다.
"마치 횃불의 불빛처럼 이들의 몸에서 광명(ābha)이 계속해서 떨어지는 것처럼 흐르기(sarati) 때문에 광음천이라 한다. 제2선천에 태어난 자들은 모두 포함된다. 동일한 세계에 머무는 모든 소광천과 무량광천도 광음천이라고 알아야 한다."(MA.i.35)

58) "깨끗함(subhena)으로 뒤덮여있고(okiṇṇā), 온통 뒤덮여있다(vikiṇṇā). 깨끗한 몸의 빛이 한 덩어리가 되어 금으로 만든 상자에 놓인 빛나는 금덩이처럼 광채를 발한다고 해서 '변정천(Subhakiṇhā)'이라 한다. 변정천을 대표로 제3선천에 태어난 자들은 모두 포함된다. 동일한 세계에 머무는 모든 소정천(Parittasubhā)과 무량정천(Appamāṇasubhā)도 변정천이라고 알아야 한다."(MA.i.35)
변정천 등에 대해서도 『아비담마 길라잡이』 제5장 §6의 [해설]을 참조할 것.

59) "수승한(vipulā) 결과(phalā)가 있기 때문에 '광과천(Vehapphalā)'이라 한

라 인식하고서는 [자신을] 광과천이라 생각하고, [자신을] 광과천에서 생각하고, [자신을] 광과천으로부터 생각하고, 광과천을 내 것이라고 생각한다. 그는 광과천을 기뻐한다. 그것은 무슨 까닭인가? 그는 그것을 철저히 알지 못했기 때문이라고 나는 설한다."

14. "그는 승자천[60]을 승자천이라 인식한다. 승자천을 승자천이라 인식하고서는 [자신을] 승자천이라 생각하고, [자신을] 승자천에서 생각하고, [자신을] 승자천으로부터 생각하고, 승자천을 내 것이라고 생각한다. 그는 승자천을 기뻐한다. 그것은 무슨 까닭인가? 그는 그것을 철저히 알지 못했기 때문이라고 나는 설한다."

다. 색계 제4선천의 천상이다."(MA.i.35)
광과천에 대해서도 『아비담마 길라잡이』 제5장 §6의 [해설]을 참조할 것.

60) '승자천(勝者天)'은 Abhibhū를 옮긴 것이다. 주석서는 다음과 같이 설명한다.
"극복하기 때문에 승자(abhibhū)라 한다. 무엇을 극복하는가? 네 가지 정신의 무더기(수·상·행·식)를 극복한다. 무상유정천(無想有情天, Asañña-satta)의 동의어이다. 무상유정천의 신들은 광과천의 신들과 같은 천상(색계 제4선천)에 머문다."(MA.i.35)
색계의 제4선천(四禪天)의 제일 아래가 광과천이고 두 번째가 이 무상유정천이다. 그 다음은 정거천(淨居天, Suddhāvāsa)인데 이곳에는 불환자들이 태어나는 곳이기 때문에 무상유정천은 중생으로 태어나는 경지로는 색계에서 최고로 높은 천상이다. 수행자의 마음이 제4선에 들어서 인식을 없애 버리려는 의도로 가득 배어 있고, 인식에 대해 혐오하기 때문에(saññā-virāga) 그들은 무상유정천에 태어난다고 한다.(여기에 대해서는 『아비담마 길라잡이』 5장 §31의 [해설]과 5장 §6의 [해설] 등과 『청정도론』 XVII.197 등을 참조할 것.) 말 그대로 무상유정천에는 마음은 일어나지 않고 오직 물질로 된 몸만이 있다.
한편 abhibhū는 본서 제2권 「범천의 초대 경」(M49) §5에서는 바까 범천의 신으로서의 지배력을 뜻하는 수식어로 나타나고 있어서 거기서는 '지배자'로 옮겼다. 이 경 §5의 정형구는 『디가 니까야』 제1권 「범망경」(D1) §2.5 등 니까야의 다른 곳에도 나타나고 있다.

15. "그는 공무변처[61]를 공무변처라 인식한다. 공무변처를 공무변처라 인식하고서는 [자신을] 공무변처라 생각하고, [자신을] 공무변처에서 생각하고, [자신을] 공무변처로부터 생각하고, 공무변처를 내 것이라고 생각한다. 그는 공무변처를 기뻐한다. 그것은 무슨 까닭인가? 그는 그것을 철저히 알지 못했기 때문이라고 나는 설한다."

16. "그는 식무변처를 식무변처라 인식한다. 식무변처를 식무변처라 인식하고서는 [3] [자신을] 식무변처라 생각하고, [자신을] 식무변처에서 생각하고, [자신을] 식무변처로부터 생각하고, 식무변처를 내 것이라고 생각한다. 그는 식무변처를 기뻐한다. 그것은 무슨 까닭인가? 그는 그것을 철저히 알지 못했기 때문이라고 나는 설한다."

17. "그는 무소유처를 무소유처라 인식한다. 무소유처를 무소유처라 인식하고서는 [자신을] 무소유처라 생각하고, [자신을] 무소유처에서 생각하고, [자신을] 무소유처로부터 생각하고, 무소유처를 내 것이라고 생각한다. 그는 무소유처를 기뻐한다. 그것은 무슨 까닭인가? 그는 그것을 철저히 알지 못했기 때문이라고 나는 설한다."

18. "그는 비상비비상처를 비상비비상처라 인식한다. 비상비비상처를 비상비비상처라 인식하고서는 [자신을] 비상비비상처라 생각하고, [자신을] 비상비비상처에서 생각하고, [자신을] 비상비비상처로부터 생각하고, 비상비비상처를 내 것이라고 생각한다. 그는 비

---

61) 이하 공무변처(空無邊處, ākāsānañcāyatana)와 식무변처(識無邊處, viññāṇañcāyatana)와 무소유처(無所有處, ākiñcaññāyatana)와 비상비비상처(非想非非想處, nevasaññā-nāsaññāyatana)로 분류되는 사처(四處)에 대한 설명은 본서 「지워 없앰 경」(M8) §8이하의 주해들을 참조할 것. 이것은 『아비담마 길라잡이』 제1장 §22와 제9장 §12에 정리되어 있으며, 이것을 증득하는 방법은 『청정도론』 X장에 상세하게 나타난다.

상비비상처를 기뻐한다. 그것은 무슨 까닭인가? 그는 그것을 철저히 알지 못했기 때문이라고 나는 설한다."

19. "그는 본 것[62]을 본 것이라 인식한다. 본 것을 본 것이라 인식하고서는 [자신을] 본 것이라 생각하고, [자신을] 본 것에서 생각하고, [자신을] 본 것으로부터 생각하고, 본 것을 내 것이라고 생각한다. 그는 본 것을 기뻐한다. 그것은 무슨 까닭인가? 그는 그것을 철저히 알지 못했기 때문이라고 나는 설한다."

20. "그는 들은 것[63]을 들은 것이라 인식한다. 들은 것을 들은 것이라 인식하고서는 [자신을] 들은 것이라 생각하고, [자신을] 들은 것에서 생각하고, [자신을] 들은 것으로부터 생각하고, 들은 것을 내 것이라고 생각한다. 그는 들은 것을 기뻐한다. 그것은 무슨 까닭인가? 그는 그것을 철저히 알지 못했기 때문이라고 나는 설한다."

21. "그는 감지한 것[64]을 감지한 것이라 인식한다. 감지한 것을

---

62) "'본 것(diṭṭha)'은 육안(maṁsa-cakkhu)으로 본 것과 천안(dibba-cakkhu)으로 본 것 모두를 말한다. 이것은 형색의 감각장소[色處, rūpāyatana]와 동의어이다. 본 것을 본 것이라 인식한다는 것도 세 가지 허황된 생각을 통해 생각한다. 즉 형색을 아름다움의 인식(subha-saññā)과 행복의 인식(sukha-saññā)을 갖고 보면서 거기에 욕망을 일으키고 즐기고 기뻐하면서 갈애에 기인한 허황된 생각을 일으키고, 형색을 성취한 것(sampatti)과 성취하지 못한 것(vipatti)을 두고 '내가 뛰어나다거나 혹은 동등하다거나 혹은 저열하다.'라고 자만에 기인한 허황된 생각을 일으키고, 형색이 영원한 것이라고 사견에 기인한 허황된 생각을 일으킨다. 이와 같이 본 것을 세 가지 허황된 생각을 통해 생각한다."(MA.i.37)

63) "육체적인 귀(maṁsa-sota)로 들은 것과 신성한 귀(dibba-sota)로 들은 것 모두 '들은 것(suta)'이다. 이것은 소리의 감각장소[聲處]와 동의어이다." (MA.i.37)

64) "생각하고(mutvā) 인지하여(munitvā) 취한 것을 '감지한 것(muta)'이라 한다. 감각기관들이 대상들과 함께 서로서로 닿아서(aññamañña-saṁ-

감지한 것이라 인식하고서는 [자신을] 감지한 것이라 생각하고, [자신을] 감지한 것에서 생각하고, [자신을] 감지한 것으로부터 생각하고, 감지한 것을 내 것이라고 생각한다. 그는 감지한 것을 기뻐한다. 그것은 무슨 까닭인가? 그는 그것을 철저히 알지 못했기 때문이라고 나는 설한다."

22. "그는 안 것[65]을 안 것이라 인식한다. 안 것을 안 것이라 인식하고서는 [자신을] 안 것이라 생각하고, [자신을] 안 것에서 생각하고, [자신을] 안 것으로부터 생각하고, 안 것을 내 것이라고 생각한다. 그는 안 것을 기뻐한다. 그것은 무슨 까닭인가? 그는 그것을 철저히 알지 못했기 때문이라고 나는 설한다."

23. "그는 동일한 것[66]을 동일한 것이라 인식한다. 동일한 것을

---

silesa) 안다는 말이다. 냄새와 맛과 감촉의 감각장소와 동의어이다."(MA.i.37)
"'서로서로 닿아서'라는 것은 눈과 형색, 귀와 소리처럼 서로 멀리 있지 않고, 이들 세 종류의 내처(內處)와 외처(外處)는 서로 붙어 있다(alliyana)는 뜻이다."(MAṬ.i.87)
여기서 보듯이 감지한 것(muta)은 자기에게 직접 닿은(saṁsilesa) 대상들만을 말한다. 여기에는 각각 코, 혀, 몸의 대상인 냄새, 맛, 감촉이 포함된다.

65) "여기서 '안 것(viññāta)'이란 오직 마음으로(manasā) 안 것을 말한다." (MA.i.37)

66) "이와 같이 '본 것' 등의 네 가지로 존재 더미를 분류하는 것(sakkāya-bheda)을 보이신 뒤 이제 증득을 얻은 것(samāpannaka-vāra)과 증득을 얻지 못한 것(asamāpannaka-vāra)의 두 가지를 보이시기 위해서 여기서는 '동일한 것(ekatta)'을 설하시고 아래서는 '다른 것(nānatta)'을 말씀하신다. '동일한 것'이란 증득을 얻은 것을 나타내고 '다른 것'이란 증득을 얻지 못한 것을 나타낸다."(MA.i.37)
한편 복주서는 다음과 같이 설명한다.
"증득을 얻은 것(samāpannaka-vāra)은 색계선과 무색계선(rūpāvacara-arūpāvacara-jhāna)이 일어났다는 말이다. 그것은 동일한 대상에 동일한 상태(ekākāra)로 일어나기 때문에 '동일한 것'이라 말한다. 그러므로 과보

동일한 것이라 인식하고서는 [자신을] 동일한 것이라 생각하고, [자신을] 동일한 것에서 생각하고, [자신을] 동일한 것으로부터 생각하고, 동일한 것을 내 것이라고 생각한다. 그는 동일한 것을 기뻐한다. 그것은 무슨 까닭인가? 그는 그것을 철저히 알지 못했기 때문이라고 나는 설한다."

24. "그는 다른 것을 다른 것이라 인식한다. 다른 것을 다른 것이라 인식하고서는 [자신을] 다른 것이라 생각하고, [자신을] 다른 것에서 생각하고, [자신을] 다른 것으로부터 생각하고, 다른 것을 내 것이라고 생각한다. 그는 다른 것을 기뻐한다. 그것은 무슨 까닭인가? 그는 그것을 철저히 알지 못했기 때문이라고 나는 설한다."

25. "그는 일체[67]를 일체라 인식한다. 일체를 일체라 인식하고서는 [자신을] 일체라 생각하고, [4] [자신을] 일체에서 생각하고,[68] [자신을] 일체로부터 생각하고, 일체를 내 것이라고 생각한다. 그는 일체를 기뻐한다.[69] 그것은 무슨 까닭인가? 그는 그것을 철저히 알

의 禪(vipāka-jjhāna)이 일어난 것도 또한 이 증득을 얻은 것에 포함된다고 알아야 한다. 증득을 얻지 못했다는 것(asamāpannaka-vāra)은 욕계의 법(kāmāvacara-dhamma)이 일어난 것을 말한다. [본삼매라는 색계선과 무색계선을 증득하기 직전의 단계이며 아직 욕계의 상태에 속하는] 근접삼매(upacāra-jjhāna)를 통해서도 마음은 아직 바르게 동일한 상태가 된 것이 아니다."(MAṬ.i.87)

67) "이와 같이 모든 존재 더미(sabba sakkāya)를 두 부류로 보이신 뒤 이제는 그것을 하나로 모아서 보이기 위해 '일체(sabba)'라고 하셨다."(MA.i.38)

68) "'[자신을] 일체에서 생각한다(sabbasmiṁ maññati).'라고 하셨다. 어떻게 [자신을] 일체에서 생각하는가? 그는 '나의 자아는 위대하다(mahā me attā).'라고 생각한다. 그는 세상의 모든 공동체(sabba-loka-sannivāsa)를 자기의 공간(tassa okāsa-bhāva)이라 상상하면서 '이 나의 자아는 일체에 있다.'라고 생각한다. 이것은 그의 사견에 기인한 허황된 생각이다."(MA.i.38)

지 못했기 때문이라고 나는 설한다."

26. 그는 열반[70]을 열반이라 인식한다. 열반을 열반이라 인식하고서는 [자신을] 열반이라 생각하고, [자신을] 열반에서 생각하고, [자신을] 열반으로부터 생각하고, 열반을 내 것이라고 생각한다. 그는 열반을 기뻐한다. 그것은 무슨 까닭인가? 그는 그것을 철저히 알

---

69) "'그는 일체를 즐긴다(sabbaṁ abhinandati).'라고 하셨다. [모든 삼계의 법에서 재난(ādīnava)을 보지 않을 때 염오(nibbidā)가 일어나지 않기 때문에 — MAṬ.i.88] 일체를 즐기면서 갈애에 기인한 허황된 생각이 일어나고, '이 중생들은 내가 만들었다.'라고 생각하면서 자만에 기인한 허황된 생각이 일어나고, '이 일체는 전생에 지은 업 때문(pubbekata-kamma-hetu)이다, 일체는 신이 창조한 것(issara-nimmāna-hetu)이다, 일체는 원인도 없고 조건도 없다(natthi).'라는 방법으로 생각하면서 사견에 기인한 허황된 생각이 일어난다."(MA.i.38)

70) "여기서 '열반(nibbāna)'이라는 것은 "존자여, 이 자아는 다섯 가닥의 얽어매는 감각적 욕망을 마음껏 충분히 즐깁니다. 존자여, 이런 까닭에 이 자아는 지금·여기에서 구경의 열반을 실현한 것입니다."라는 방식으로 다섯 가지로 설한 지금·여기에서의 구경의 열반(parama-diṭṭhadhamma-nibbāna)을 말한다고 알아야 한다.(『디가 니까야』 제1권 「범망경」(D1) §§3.20~3.24 참조) 이 열반을 즐기면서 갈애에 기인한 허황된 생각이 일어나고, '나는 열반과 함께하고, 열반을 얻었다.'라고 자만에 기인한 허황된 생각이 일어나고, 열반이 아닌 것을 열반이라고, 영원함 등이라고 취하면서 사견에 기인한 허황된 생각이 일어난다고 알아야 한다."(MA.i.38)
한편 복주서는 "다섯 가지 방법으로 '지금·여기에서의 구경의 열반'을 말한다는 것은 외도들의 주장인데, 그것은 감각적 욕망의 행복과 네 가지 색계선의 행복을 말한다."(MAṬ.i.89)라고 덧붙이고 있다.
이 '다섯 가지로 설한 지금·여기에서의 구경의 열반(parama-diṭṭhadhamma-nibbāna)'은 「범망경」(D1) §§3.20~3.24에 그대로 나타나고 있다. 「범망경」(D1)은 62가지 삿된 견해[邪見, micchā-diṭṭhi]를 밝히고 있는 중요한 경이다. 62가지 견해는 과거에 관한 것 18가지와 미래에 관한 것 44가지인데 이 다섯 가지는 이 미래에 관한 44가지 가운데 맨 마지막으로 나타나고 있다. 62견에 대해서는 『디가 니까야』 제1권 해제 §5-(1)과 「범망경」(D1)을 참조하기 바란다. 한편 『맛지마 니까야』의 「범망경」이라 부를 수 있는 본서 제4권 「다섯과 셋 경」(M102) §§17~24에는 네 가지 지금·여기에서의 열반이 논의되고 있다. 이 부분도 참조하기 바란다.

지 못했기 때문이라고 나는 설한다.”

(2) 유학

27\. “비구들이여, 어떤 비구는 아라한과를 얻지 못한71) 유학72)으로 위없는 유가안은(瑜伽安隱)73)을 원하면서 머문다. 그는 땅을 땅

---

71) ‘아라한과를 얻지 못한’으로 옮긴 원어는 appatta-mānaso인데 ‘마음을 얻지 못한’으로 직역할 수 있다. mānasa를 아라한과로 옮긴 것은 주석서를 참조했기 때문이다. 주석서는 이렇게 설명한다.
“mānasa는 욕망(rāga)의 뜻으로도, 마음(citta)이라는 뜻으로도, 아라한과(arahatta)의 뜻으로도 사용된다. “허공을 가르는 욕망”(Vin.i.21)이라는 곳에서 mānasa는 욕망을 나타내고, “심·의·식(cittaṁ mano mānasaṁ)”(Dhs.10)이라는 곳에서는 마음을, “잘 알려진 자가 아라한과를 얻지 못하고 유학으로 죽음을 맞이하게 된다면”(S.i.121)이라는 곳에서는 아라한과를 나타낸다. 그러나 여기서는 오직 ‘아라한과’를 뜻한다.”(MA.i.40~41)

72) “‘유학(有學, sekha/sekkha)’이라 했다. 무슨 의미에서 유학이라 하는가?
① 배워야 할 법이 있기(sekkha-dhamma-ppaṭilābha) 때문에 유학이라 한다. 이런 말씀이 있기 때문이다. “세존이시여, ‘유학, 유학’이라고들 합니다. 어떻게 해서 비구는 유학이 됩니까? 비구여, 여기 비구는 유학의 바른 견해[正見]를 구족하고, … 유학의 바른 삼매[正定]를 구족한다. 비구여, 비구는 이렇게 해서 유학이 된다.”(「유학 경」(S45:13/v.14)
② 그리고 배운다(sikkhati)고 해서 유학이라 한다. 이런 말씀이 있기 때문이다. “비구여, 배운다고 해서 유학이라 부른다. 그러면 무엇을 배우는가? 높은 계를 배우고, 높은 마음을 배우고, 높은 통찰지를 배운다. 비구여, 배운다고 해서 유학이라 한다.”(A.i.231)
유학에 대해서는 세존의 권유로 아난다 존자가 설하는 본서 제2권 「유학 경」(M53)을 참조할 것. 유학에는 예류도, 예류과, 일래도, 일래과, 불환도, 불환과, 아라한도의 일곱 부류가 있다. 아라한과는 무학(無學, asekha)이라 부른다.
한편 초기불교에서는 깨달음을 실현한 예류자, 일래자, 불환자, 아라한의 성자(ariya)들을 10가지 족쇄(saṁyojana)를 얼마나 많이 풀어내었는가와 연결 지어서 설명한다. 여러 부류의 성자와 10가지 족쇄에 대해서는 본경 §99의 주해를 참조할 것.

73) ‘유가안은(瑜伽安隱)’은 yogakkhema(요가케마)의 한역이다. 여기서 유가(瑜伽)는 yoga의 음역이고 안은(安隱)은 khema의 의역이다. 이 단어는 리그베다에서부터 나타나는데 그곳에서 요가(yoga)는 ‘획득’을 케마(khe-

이라고 최상의 지혜로 잘 안다.[74] 땅을 땅이라고 최상의 지혜로 잘 알아 [자신을] 땅이라 생각하지 않아야 하고,[75] [자신을] 땅에서 생

---

ma)는 '보존, 저축'을 뜻했다. 그러나 빠알리 주석서들에서는 예외 없이 yoga를 속박으로 해석해서 "네 가지 속박들로부터 안전하고 괴롭힘이 없기 때문에 유가안은이다(catūhi yogehi khemaṁ anupaddutaṁ iti yoga-kkhemaṁ). 이것은 아라한과를 뜻한다."(MA.i.41)라고 설명한다. 네 가지 속박은 감각적 욕망, 존재, 사견, 무명의 속박을 말한다. 여기에 대해서는 『앙굿따라 니까야』 제2권 「속박 경」(A4:10)과 『아비담마 길라잡이』 제7장 §5의 [해설]을 참조할 것.

한편 유가안은(Sk. yoga-kṣema)의 개념은 까우띨랴(Kautilya)의 정치학 논서인 『아르타샤스뜨라』(Arthaśāstra, 富論)에서 왕도정치의 이념으로 표방되었으며, 초기부터 불교에서 받아들여 anuttara(無上)란 수식어를 붙여 여기서처럼 '위없는 유가안은(anuttara yogakkhema)'이라는 표현으로 많이 나타나고 있다.

74) "'그는 땅을 땅이라고 최상의 지혜로 잘 안다(so pi paṭhaviṁ paṭhavito abhijānāti).'는 것은 이러한 뜻이다. 그는 땅을 땅의 성질(paṭhavī-bhāva)을 통해 최상의 지혜로 잘 안다. 범부처럼 모든 측면에서 전도된 인식(sabbākāra-viparītā saññā)으로 인식하지 않는다. 그는 아주 특별한 지혜(abhivisiṭṭha ñāṇa)로 안다. 땅의 성질을 놓치지 않고 그것을 무상이라고, 괴로움이라고, 무아라고 최상의 지혜로 잘 안다."(MA.i.41)

복주서는 다음과 같이 부연 설명을 덧붙이고 있다.

"여기서 '최상의 지혜로 잘 안다(abhijānāti).'는 것은 세 가지 통달지(pariññā, 위 §3의 주해 참조)와 낮은 단계의 도의 지혜(heṭṭhima-magga-ñāṇa)로써 잘 안다는 말이다.(MAṬ.i.93)

낮은 단계의 도의 지혜는 예류도, 일래도, 불환도의 지혜를 뜻한다.

75) '[자신을] 땅이라 생각하지 않아야 하고'는 paṭhaviṁ mā maññī를 문자 그대로 옮긴 것이다. 먼저 주석서의 설명을 살펴보자.

"'[자신을] 땅이라 생각하지 않아야 하고(paṭhaviṁ mā maññī)'라는 것은 무슨 뜻인가? 유학에게는 '생각한다(maññī).'라고 말해도 안되고, '생각하지 않는다(na maññī).'라고 말해도 안된다는 뜻이다(ayaṁ pana maññī ca na maññī ca na vattabboti). 범부는 세 가지 허황된 생각을 하나도 버리지 못했기 때문에 '생각한다(maññati).'라고 하고, 번뇌 다한 자는 [세 가지 허황된 생각을] 모두 다 버렸기 때문에 '생각하지 않는다(na maññati).'라고 하지만, 유학은 사견에 기인한 허황된 생각은 버렸지만 나머지 두 가지는 줄어든 상태로 남아있다. 그러므로 그를 범부처럼 '생각한다.'라고 해서도 안되고, 번뇌 다한 자처럼 '생각하지 않는다.'라고 해서도 안된다."(MA.i.41 ~

각하지 않아야 하고, [자신을] 땅으로부터 생각하지 않아야 하고, 땅이 자신이라고 생각하지 않아야 한다.76) 그는 땅을 기뻐하지 않아야

---

42)
여기서 논의의 핵심은 '생각하지 않아야 한다.'로 옮기고 있는 mā maññī이다. Ee, Be, Te에는 mā maññī로 나타나지만, Se에는 māmaññi로 나타나고 Be 주석서에도 māmaññī로 나타난다. 특히 주석서는 여기서 mā maññī로 읽는 것이 아니라 māmaññī로 읽어서 이것을 다시 mā amaññī로 풀이하고 있다.
그래서 아직 버리지 못한(appahīna) 허황된 생각(즉 갈애와 자만)의 측면에서는 'mā(생각해서는 안된다.)'가 적용되고, 버려진 것(즉 사견)의 측면에서는 'amaññī(생각하지 않는다.)'가 적용되는 것으로 단어를 분리해서 보고 있다. 이것은 복주서에서 더 분명하게 밝히고 있다. 복주서는 다음과 같이 설명한다.
"버려지지 않은 허황된 생각의 측면에서는 mā가 적용되어 생각해서는 안된다(maññatīti mā)는 뜻이고 버려진 허황된 생각의 측면에서는 amaññī가 적용되어 생각하지 않는다(na maññati)가 된다. 그래서 māmaññī는 mā와 amaññī로 단어를 분석해서(pada-vibhāga) 그 뜻을 알아야 한다."(MAṬ. i.83)
역자는 문자적인 뜻 그대로 '생각하지 않아야 한다.'로 옮겼는데 냐나몰리 스님도 '*he should not conceive*'로 옮기고 있다.

76) 이상의 본 문장에 네 번 나타나는 '생각하지 않아야 한다.'는 모두 Ee, Be의 mā maññī로 읽어서 옮긴 것이다. 그런데 Se에는 māmaññī로 나타난다.
한편 주석서는 이것을 māmaññī로 읽어서 이것을 다시 ① mā(금지를 나타내는 분사, [생각해서는] 안된다)와 ② amaññī(*Aorist* 과거, 생각하지 않았다)로 분석해서(mā ca so amaññī ca māmaññīti) 다음과 같이 설명하고 있다.
"'māmaññī([땅이라] 생각하지 않았고, [땅이라] 생각해서도 안된다.)'는 무슨 뜻인가? 유학에 대해서는 '생각한다.'라고 말해도 안되고, '생각하지 않는다.'라고 말해도 안된다. 범부는 세 가지 허황된 생각을 하나도 버리지 못했기 때문에 '생각한다(maññati).'라고 하고, 번뇌 다한 자(아라한)는 [세 가지 허황된 생각을] 모두 다 버렸기 때문에 '생각하지 않는다(na maññati).'라고 한다. 그러나 유학은 사견에 기인한 허황된 생각은 버렸지만 나머지 두 가지는 줄어든 상태로 남아있다. 그러므로 그를 범부처럼 '생각한다.'라고 해서도 안되고, 번뇌 다한 자처럼 '생각하지 않는다.'라고 해서도 안된다. 그러므로 아직 버리지 못한 허황된 생각의 측면에서는 'mā(생각해서는 안된다.)'라는 뜻이고, 버려진 것의 측면에서는 'amaññī(생각하지 않았다.)'라고 단어를 분리해서 그 뜻을 알아야 한다. 다시 말하면 māmaññi는 mā와 amaññi

한다. 그것은 어떤 이유 때문인가? 그는 그것을 철저히 알아야 하기 때문[77]이라고 나는 설한다."

28. ~ *50.* "그는 물을 … 불을 … 바람을 … 존재들을 … 신들을 … 빠자빠띠를 … 브라흐마를 … 광음천을 … 변정천을 … 광과천을 … 승자천을 … 공무변처를 … 식무변처를 … 무소유처를 … 비상비비상처를 … 본 것을 … 들은 것을 … 감지한 것을 … 안 것을 … 동일한 것을 … 다른 것을 … 전체를 … 열반을 열반이라고 최상의 지혜로 잘 안다. 열반을 열반이라고 최상의 지혜로 잘 알아 [자신을] 열반이라 생각하지 않아야 하고, [자신을] 열반에서 생각하지 않아야 하고, [자신을] 열반으로부터 생각하지 않아야 하고, 열반이 자신이

의 합성어이다."(MA.i.41~42)

주석서에 나타나는 이런 설명대로 옮기면 "[자신을] 땅이라 생각하지 않았고, 땅이라 생각해서도 안된다. [자신을] 땅에서 생각하지 않았고, 땅에서 생각해서도 안된다. [자신을] 땅으로부터 생각하지 않았고, 땅으로부터 생각해서도 안된다. 땅을 내 것이라 생각하지 않았고, 땅을 내 것이라 생각해서도 안된다. 그는 땅을 기뻐하지 않았고, 땅을 기뻐해서도 안된다."가 된다.

그런데 이렇게 옮기면 복잡할 뿐만 아니라 원문을 너무 광의로 해석하는 것이 된다. 그래서 역자는 Ee, Be에 나타나는 대로 mā maññī로 읽어서 '생각하지 않아야 한다.'로만 옮기고 있다. 냐나몰리 스님도 '*He should not conceive*'로 옮기고, 호너(I. B. Horner)도 *let him not think*로 옮겨서 역자와 같은 입장을 취하고 있다.

77) '철저히 알아야 한다.'는 pariññeyyaṁ을 옮긴 것이다. 앞의 여러 부류의 범부들(§§3~26)에 대해서는 '철저히 알지 못했다(apariññātaṁ).'로 표현하셨고 여기서 유학(§§27~50)은 철저히 알아야 한다로 표현하고 계신다. 그리고 계속해서 아래에서 아라한의 경우는 '철저히 알았다(pariññātaṁ, §§51~74).', '탐욕으로부터 벗어났다(vītarāgattā, §§75~98).', '성냄으로부터 벗어났다(vītadosattā, §§99~122).', '어리석음으로부터 벗어났다(vīta-mohattā, §§123~146).'의 넷으로 말씀하셨고, 여래는 '철저히 알았다(pariññātaṁ, §§147~170).'와 '갈애들을 모두 끊고 빛바래게 하고 소멸하고 포기하고 놓아버려 위없는 정등각을 완전하게 깨달았다(sabbaso taṇhānaṁ khayā virāgā nirodhā cāgāpaṭinissaggā anuttaraṁ sammā-sambodhiṁ abhisambuddho — §§171~194).'의 둘로 말씀하신다.

라고 생각하지 않아야 한다. 그는 열반을 기뻐하지 않아야 한다. 그것은 어떤 이유 때문인가? 그는 그것을 철저히 알아야 하기 때문이라고 나는 설한다."

⑶ 아라한1

51. "비구들이여, 어떤 비구는 아라한[78]이어서 번뇌가 다했고[79] 삶을 완성했으며[80] 할 바를 다 했고[81] 짐을 내려놓았으며[82] 참된 이상[83]을 실현했고 삶의 족쇄[84]를 부수었으며 바른 구경의 지혜

---

78) "오염원들을 멀리 여의었기(āraka-kilesa) 때문에 '아라한(arahā)'이라 한다. 오염원들을 멀리했고(dūra-kilesa), 오염원들을 버렸다(pahīna-kilesa)는 말이다. 세존께서 이와 같이 말씀하셨다. "비구들이여, 어떻게 비구가 아라한인가? 그는 정신적 오염원이고 다시 태어남을 가져오고 두렵고 괴로운 과보를 가져오고 미래의 태어남과 늙음과 죽음을 초래하는 나쁘고 해로운 법들을 멀리했다. 비구들이여, 그러므로 비구는 아라한이다(본서 제2권 「앗사뿌라 긴 경」(M39) §29)라고."(MA.i.42)

79) "'번뇌가 다했다(khīṇāsava).'는 것은 네 가지 번뇌가 다한 것을 말한다. 즉 감각적 욕망, 존재, 사견, 무명의 번뇌가 다한 것이다."(MA.i.42)

80) "'삶을 완성했다(vusitavā).'는 것은 계가 깨끗함 등의 중요한 도닦음을 실천하거나(garu-saṁvāsa) 성스러운 도를 닦거나(ariyamagga-saṁvāsa) 열 가지 성스러운 삶(dasa ariyavāsa)을 사는 것을 말한다."(MA.i.42)
'열 가지 성스러운 삶'에 대해서는 『앙굿따라 니까야』 제6권 「성스러운 삶 경」 1(A10:19)을 참조할 것.

81) "'할 바를 다 했다(kata-karaṇīya).'는 것은 네 가지 도로써 네 가지 진리에 대해서 해야 할 열여섯 가지를 다 했다는 말이다. 번뇌 다한 자는 철저히 알아야 할 것과 버려야 할 것과 닦아야 할 것과 실현해야 할 것(pariññā-pahāna-sacchi-kiriya-bhāvanā)을 다 했다는 뜻이다."(SA.i.205; MAṬ.i.95)

82) "'짐을 내려놓은(ohita-bhāra)'이라고 하셨다. 세 가지 짐이 있다. 오온의 짐(khandha-bhāra)과 오염원들의 짐(kilesa-bhāra)과 업형성력의 짐(abhisaṅkhāra-bhāra)이다. 이것을 내려놓았다(oropitā nikkhittā pātitā)는 말이다."(MA.i.43)

83) "'참된 이상(sadattha)'은 아라한과를 말한다."(MA.i.43)

로[85] 해탈했다.[86] 그는 땅을 땅이라고 최상의 지혜로 잘 안다. 땅을 땅이라고 최상의 지혜로 잘 알아 [자신을] 땅이라 생각하지 않고, [자신을] 땅에서 생각하지 않고, [자신을] 땅으로부터 생각하지 않고, 땅을 내 것이라 생각하지 않는다. 그는 땅을 기뻐하지 않는다. 그것은 어떤 이유 때문인가? 그는 그것을 철저히 알았기 때문이라고[87] 나는 설한다."

52. ~ *74.* "그는 물을 … 불을 … 바람을 … 존재들을 … 신들을 … 빠자빠띠를 … 브라흐마를 … 광음천을 … 변정천을 … 광과천을 … 승자천을 … 공무변처를 … 식무변처를 … 무소유처를 … 비상비비상처를 … 본 것을 … 들은 것을 … 감지한 것을 … 안 것을 … 동

---

84) "'삶의 족쇄(bhava-saṁyojan)'란 열 가지 족쇄를 말한다."(MA.i.43) 열 가지 족쇄에 대해서는 본경 §99의 주해를 참조할 것.

85) "'바른 구경의 지혜로(sammadaññā)'라고 하셨다. 이것으로 무엇을 말씀하시는가? 무더기들[蘊]의 무더기라는 뜻, 감각장소들[處]의 장소라는 뜻, 요소들[界]의 요소라는 뜻, 괴로움[苦]의 압박(pīḷana)의 뜻, 일어남[集]의 발생(pabhava)의 뜻, 소멸[滅]의 고요해짐(santa)의 뜻, 도[道]의 본다(dassana)는 뜻과 그리고 모든 형성된 것은 무상하다[諸行無常]는 등의 구분(bheda)을 바르게(sammā) 있는 그대로(yathābhūtaṁ) 구경의 지혜로(aññāya) 알고 조사하고 검증하고 분명히 알고 확실하게 한다는 것(jānitvā tīrayitvā tulayitvā vibhāvetvā vibhūtaṁ katvā)을 말씀하셨다."(MA.i.43)

86) "'해탈(vimutti)'에는 두 가지가 있는데 마음의 해탈(cittassa vimutti)과 열반이다. 아라한은 모든 오염원들(sabba-kilesā)로부터 마음이 해탈하였기 때문에 마음의 해탈을 해탈이라 한다. 열반은 확신함(adhimuttatta)이기 때문에 열반도 해탈이다. 그래서 '바른 구경의 지혜로 해탈했다(sammadaññā vimutto).'라고 하는 것이다."(MA.i.43)

87) "'철저히 알았음(pariññāta)'이라고 하셨다. 아라한은 그 허황된 생각의 토대(maññanā-vatthu)를 세 가지 통달지로 철저히 알았기 때문에 그 토대를 생각하지 않는다, 그 허황된 생각을 마음에 품지 않는다는 말씀이다."(MA.i.43)

일한 것을 … 다른 것을 … 전체를 … 열반을 열반이라고 최상의 지혜로 잘 안다. 열반을 열반이라고 최상의 지혜로 잘 알아 [자신을] 열반이라 생각하지 않고, [자신을] 열반에서 생각하지 않고, [자신을] 열반으로부터 생각하지 않고, 열반을 내 것이라 생각하지 않는다. 그는 열반을 기뻐하지 않는다. 그것은 어떤 이유 때문인가? 그는 그것을 철저히 알았기 때문이라고 나는 설한다."

(4) 아라한2

75. "비구들이여, 어떤 비구는 아라한이어서 번뇌가 다했고 삶을 완성했으며 할 바를 다 했고 짐을 내려놓았으며 참된 이상을 실현했고 삶의 족쇄를 부수었으며 바른 구경의 지혜로 해탈했다. [5] 그는 땅을 땅이라고 최상의 지혜로 잘 안다. 땅을 땅이라고 최상의 지혜로 잘 알아 [자신을] 땅이라 생각하지 않고, [자신을] 땅에서 생각하지 않고, [자신을] 땅으로부터 생각하지 않고, 땅을 내 것이라 생각하지 않는다. 그는 땅을 기뻐하지 않는다. 그것은 어떤 이유 때문인가? 그는 탐욕을 끊어 탐욕으로부터 벗어났기 때문이라고 나는 설한다."

76. ~ *98.* "그는 물을 … 불을 … 바람을 … 존재들을 … 신들을 … 빠자빠띠를 … 브라흐마를 … 광음천을 … 변정천을 … 광과천을 … 승자천을 … 공무변처를 … 식무변처를 … 무소유처를 … 비상비비상처를 … 본 것을 … 들은 것을 … 감지한 것을 … 안 것을 … 동일한 것을 … 다른 것을 … 전체를 … 열반을 열반이라고 최상의 지혜로 잘 안다. 열반을 열반이라고 최상의 지혜로 잘 알아 [자신을] 열반이라 생각하지 않고, [자신을] 열반에서 생각하지 않고, [자신을] 열반으로부터 생각하지 않고, 열반을 내 것이라 생각하지 않는다. 그는 열반을 기뻐하지 않는다. 그것은 어떤 이유 때문인가? 그는 탐욕

을 끊어 탐욕으로부터 벗어났기 때문이라고 나는 설한다."

(5) 아라한3

99. "비구들이여, 어떤 비구는 아라한이어서 번뇌가 다했고 삶을 완성했으며 할 바를 다 했고 짐을 내려놓았으며 참된 이상을 실현했고 삶의 족쇄88)를 부수었으며 바른 구경의 지혜로 해탈했다. 그는

---

88) '족쇄[結, saṁyojana]'로 옮긴 삼요자나(saṁyojana)는 saṁ(함께)+√yuj (*to yoke*)에서 파생된 중성명사이다. '함께 묶는다.'는 문자적인 뜻에서 족쇄라고 옮겼다. 족쇄는 중생들을 윤회에 묶는 정신적 요인이다.
한편 초기불교에서는 깨달음을 실현한 예류자, 일래자, 불환자, 아라한의 성자(ariya)들을 10가지 족쇄(saṁyojana)를 얼마나 많이 풀었는가와 연결지어서 설명한다. 먼저 열 가지 족쇄를 간략히 살펴보면 다음과 같다.
① 유신견(有身見, sakkāya-diṭṭhi): [불변하는] 존재 더미가 있다는 견해 즉 자아가 있다는 견해를 말한다. 중생을 중생이게끔 기만하고 오도하는 가장 근본적인 삿된 견해로, 고정 불변하는 자아 혹은 실체가 있다고 국집하는 견해이다. 경에서는 오온의 각각에 대해 네 가지로 자아 등이 있다고 여기는 것이라고 설명한다. 즉 (1)-(5) 오온을 자아라고 수관(隨觀)하는 것 (6)-(10) 오온을 가진 것이 자아라고 [수관하는 것] (11)-(15) 오온이 자아 안에 있다고 [수관하는 것] (16)-(20) 오온 안에 자아가 있다고 [수관하는] 스무 가지를 말한다.(본서 제2권 「교리문답의 짧은 경」(M44) §7과 제3권 「보름밤의 긴 경」(M109) §10과 『상윳따 니까야』 제3권 「나꿀라삐따 경」(S22:1) §§10～14 및 주해와 『아비담마 길라잡이』 7장 §7의 해설 참조)
② 계행과 의례의식[誓戒, 서계]에 대한 집착(戒禁取, 계금취, sīla-bbata-parāmāsa): 형식적 계행과 의례의식을 지킴으로써 해탈할 수 있다고 집착하는 것.(본서 「바른 견해 경」(M9) §34의 주해와 『상윳따 니까야』 제2권 「분석 경」(S12:2) §7의 주해와 『아비담마 길라잡이』 7장 §6의 해설 참조)
③ 의심[疑, vicikicchā]: 불・법・승, 계율, 연기법 등을 회의하여 의심하는 것.(본서 「모든 번뇌 경」(M2) §11의 주해와 『상윳따 니까야』 제5권 「방법 경」(S46:52) §7의 주해와 『아비담마 길라잡이』 2장 §4의 해설 참조)
④ 감각적 욕망(kāma-rāga): 감각적 쾌락에 대한 탐욕.(본서 제2권 「앗사뿌라 긴 경」(M39) §14의 주해 참조)
⑤ 악의(byāpāda): 반감, 증오, 분개, 적대감 등을 뜻하며 성내는 마음[嗔心]과 동의어이다.(본서 제2권 「앗사뿌라 긴 경」(M39) §14의 주해와 『아비담마 길라잡이』 7장 §6의 해설 참조)
⑥ 색계에 대한 탐욕(rūpa-rāga): 색계禪(초선부터 제4선까지)으로 실현되는 경지인 색계존재(rūpa-bhava)에 대한 욕망.

⑦ 무색계에 대한 탐욕(arūpa-rāga): 무색계禪(공무변처부터 비상비비상처까지)으로 실현되는 경지인 무색계존재(arūpa-bhava)에 대한 욕망.
⑧ 자만[慢, māna]: 내가 남보다 뛰어나다, 동등하다, 못하다 하는 마음.(『상윳따 니까야』 제1권 「사밋디 경」(S1:20) §10과 주해, 『아비담마 길라잡이』 2장 §4 해설 참조)
⑨ 들뜸(掉擧, 도거, uddhacca): 들뜨고 불안한 마음.(본서 제2권 「앗사뿌라 긴 경」(M39) §14의 주해와 『상윳따 니까야』 제5권 「방법 경」(S46:52) §7의 주해 = 『청정도론』 XIV.165와 『아비담마 길라잡이』 2장 §4 해설 참조)
⑩ 무명(無明, avijjā): 사성제를 모르는 것.(본서 「바른 견해 경」(M9) §66과 『상윳따 니까야』 제2권 「분석 경」(S12:2) §15 참조)

이 가운데서 유신견, 계행과 의례의식에 대한 집착, 의심, 감각적 욕망, 악의의 다섯은 아래의 [욕계에서] 생긴 무더기 등을 결박하기 때문에 낮은 단계의 족쇄[下分結]라 부른다.(『청정도론』 XXII.48, 본서 「원한다면 경」(M6) §13, 『상윳따 니까야』 제5권 「낮은 단계의 족쇄 경」(S45:179) 등 참조) 그리고 색계에 대한 탐욕, 무색계에 대한 탐욕, 자만, 들뜸, 무명의 다섯은 위의 [색계와 무색계]에서 생긴 무더기 등을 결박하기 때문에 높은 단계의 족쇄[上分結]라 부른다.(『청정도론』 XXII.48, 『상윳따 니까야』 제5권 「높은 단계의 족쇄 경」(S45:180) 등 참조)
예류자(sotāpatti)는 유신견, 계행과 의례의식에 대한 집착, 의심의 세 가지 족쇄가 완전히 풀린 성자이고, 일래자(sakadāgami)는 이 세 가지가 완전히 다 풀렸을 뿐만 아니라 감각적 욕망과 적의의 두 가지 족쇄가 아주 엷어진 성자이다. 불환자(anāgāmi)는 다섯 가지 낮은 단계의 족쇄가 완전히 다 풀린 성자이고, 아라한(arahan)은 열 가지 모든 족쇄를 다 풀어버린 성자이다.

아비담마 문헌의 여러 곳에서는 열 가지 족쇄 가운데 처음의 셋을 보아서[見, dassana] 버려야 할 법들(dassanena pahātabbā dhammā)이라고 정리하고 있으며(Dhs.182 {1002}), 나머지는 닦아서[修, bhāvanā]) 버려야 할 법들(bhāvanāya pahātabbā dhammā)이라고 설명하고 있다.(Dhs.183 {1007}) 이러한 봄[見]과 닦음[修]은 다시 견도(見道, dassana-magga)와 수도(修道, bhāvanā-magga)라는 술어로 주석서 문헌들 도처에 나타나고 있으며(MA.i.75 등) 견 혹은 견도에 의해서 예류자가 되고 수 혹은 수도의 성취정도에 따라서 차례대로 일래자, 불환자, 아라한이 된다고 설명하고 있다.(Ps.ii.82 이하; Pm.299 등)
한편 이러한 견도(見道, Sk. darśana-mārga)와 수도(修道, Sk. bhāvanā-mārga)는 후대의 여러 불교에서도 중요한 주제로 다루어지는데, 특히 북방 아비달마를 대표하는 『구사론』에서도 같은 방법으로 자세히 논의되고 있으며, 『성유식론』과 『유가사지론』 등의 유식 문헌에서도 역시 논의되고 땅을 땅이라고 최상의 지혜로 잘 안다. 땅을 땅이라고 최상의 지혜로 잘 알아 [자신을] 땅이라 생각하지 않고, [자신을] 땅에서 생각하지 않고, [자신을] 땅으로부터 생각하지 않고, 땅을 내 것이라 생각하지 않는다. 그는 땅을 기뻐하지 않는다. 그것은 어떤 이유 때문인가? 그는 성냄을 끊어 성냄으로부터 벗어났기 때문이라고 나는 설한다."

100. *~122.* "그는 물을 … 불을 … 바람을 … 존재들을 … 신들을 … 빠자빠띠를 … 브라흐마를 … 광음천을 … 변정천을 … 광과천을 … 승자천을 … 공무변처를 … 식무변처를 … 무소유처를 … 비상비비상처를 … 본 것을 … 들은 것을 … 감지한 것을 … 안 것을 … 동일한 것을 … 다른 것을 … 전체를 … 열반을 열반이라고 최상의 지혜로 잘 안다. 열반을 열반이라고 최상의 지혜로 잘 알아 [자신을] 열반이라 생각하지 않고, [자신을] 열반에서 생각하지 않고, [자신을] 열반으로부터 생각하지 않고, 열반을 내 것이라 생각하지 않는다. 그는 열반을 기뻐하지 않는다. 그것은 어떤 이유 때문인가? 그는 성냄을 끊어 성냄으로부터 벗어났기 때문이라고 나는 설한다."

(6) 아라한4

123. "비구들이여, 어떤 비구는 아라한이어서 번뇌가 다했고 삶을 완성했으며 할 바를 다 했고 짐을 내려놓았으며 참된 이상을 실현했고 삶의 족쇄를 부수었으며 바른 구경의 지혜로 해탈했다. 그는 땅을 땅이라고 최상의 지혜로 잘 안다. 땅을 땅이라고 최상의 지혜로 잘 알아 [자신을] 땅이라 생각하지 않고, [자신을] 땅에서 생각하지 않고, [자신을] 땅으로부터 생각하지 않고, 땅을 내 것이라 생각하지 않는다. 그는 땅을 기뻐하지 않는다. 그것은 어떤 이유 때문인가?

있다.

그는 어리석음을 끊어 어리석음으로부터 벗어났기 때문이라고 나는 설한다."

124. ~ *146.* "그는 물을 … 불을 … 바람을 … 존재들을 … 신들을 … 빠자빠띠를 … 브라흐마를 … 광음천을 … 변정천을 … 광과천을 … 승자천을 … 공무변처를 … 식무변처를 … 무소유처를 … 비상비비상처를 … 본 것을 … 들은 것을 … 감지한 것을 … 안 것을 … 동일한 것을 … 다른 것을 … 전체를 … 열반을 열반이라고 최상의 지혜로 잘 안다. 열반을 열반이라고 최상의 지혜로 잘 알아 [자신을] 열반이라 생각하지 않고, [자신을] 열반에서 생각하지 않고, [자신을] 열반으로부터 생각하지 않고, 열반을 내 것이라 생각하지 않는다. 그는 열반을 기뻐하지 않는다. 그것은 어떤 이유 때문인가? 그는 어리석음을 끊어 어리석음으로부터 벗어났기 때문이라고 나는 설한다."

(7) 여래1

147. "비구들이여, 아라한이고 정등각자인 여래[89]도 역시 땅을

---

89) "여덟 가지 이유로 세존을 '여래(tathāgata)'라 한다. ① 그렇게 왔기(tathā āgato) 때문에 여래(tathāgato)라 한다. ② 그렇게 갔기(tathā gato) 때문에 여래라 한다. ③ 그렇게 특징을 알았기(tathalakkhaṇaṁ āgato) 때문에 여래라 한다. ④ 진실한 법들을 완전하게 깨달았기(tathadhamme yāthāvato abhisambuddho) 때문에 여래라 한다. ⑤ 그렇게 드러내었기(tathadassitāya) 때문에 여래라 한다. ⑥ 그렇게 말했기(tathāvāditāya) 때문에 여래라 한다. ⑦ 그렇게 행했기(tathākāritāya) 때문에 여래라 한다. ⑧ 정복했다는 뜻에서(abhibhavanaṭṭhena) 여래라 한다."(MA.i.45)
주석서(MA.i.45~51)는 이 여덟 가지 이유(kāraṇa)를 자세하게 서술하고 있는데 이를 간추려보면 다음과 같다.
① 어떻게 그렇게 오셨는가? 모든 중생들의 이익을 바라는 열망으로 이전의 부처님들이 오셨듯이, 나 여래도 그렇게 왔다. 혹은 위빳시 세존이나 깟사빠 세존이 보시 등 십바라밀을 두루 채우고 오셨듯이 지금의 여래도 그렇게 오셨다.
② 어떻게 그렇게 가셨는가? 태어나자마자 위빳시 세존께서 가셨듯이, … 깟사빠 세존께서 가셨듯이, 지금의 여래도 그렇게 가셨다. 즉 태어나자마자

여래는 두 발로 땅에 확고하게 서서 북쪽을 향해 일곱 발자국을 걸어가셨다. 이런 금구가 있다. "아난다여, 보살이 태어나자마자 두 발로 땅에 확고하게 서서 하얀 일산이 펴졌을 때 북쪽을 향해 일곱 발자국을 걸어간다. 모든 방향을 두루 살펴보고 '나는 세상에서 최상이요, 나는 세상에서 제일 어른이요, 나는 세상에서 으뜸이다. 이것이 마지막 생이다. 더 이상 다시 태어남[再生]은 없다.'라고 대장부다운 말을 한다."(『디가 니까야』 제2권 「대본경」(D14) §1.29)라고. 그렇게 나아감은 진실이고 거짓이 아니고 여러 가지 특별함을 얻을 징조였다. 태어나자마자 두 발로 땅에 확고하게 선 것은 네 가지 신통을 얻을 징조였고, 북쪽을 향한 것은 모든 출세간의 징조였고, 일곱 발자국을 걸어간 것은 칠각지의 보배를 얻을 징조 등이었다. 그렇게 세존께서도 가셨다.

③ 어떻게 그렇게 특징을 아셨는가? 땅의 요소[地界]는 딱딱함의 특징을 갖고 있다. 그것은 진실이고 거짓이 아니다. 물의 요소[水界]는 흘러내림의 특징을 갖고 있다. … 물질은 변하는 특징을 갖고 있다. … 마음챙김의 기능[念根]은 확립의 특징을 갖고 있다. 그것은 진실이고 거짓이 아니다. 이와 같이 그렇게 특징을 지혜로 아셨고, 놓치지 않고 얻으셨기 때문에 여래라 한다.

④ 어떻게 진실한 법들을 완전하게 깨달으셨는가? 진실한 법이란 사성제를 말한다. 이런 금구가 있다. "비구들이여, 이러한 네 가지는 진실이고 거짓이 아니고 그렇지 않은 것이 아니다. 무엇이 넷인가? '이것은 괴로움이다.'라는 것은 진실이고 거짓이 아니고 그렇지 않은 것이 아니다. …"(『상윳따 니까야』 제6권 「진실함 경」(S56:27)) 세존은 그것을 완전하게 깨달으셨기 때문에 여래라 한다. 이와 같이 진실한 법들을 완전하게 깨달으셨기 때문에 여래라 한다.

⑤ 어떻게 그렇게 드러내셨는가? 신과 인간을 포함한 한량없는 세계에서 한량없는 중생들의 시야에 들어온 형색[色]의 대상이 있는바, 세존께서는 그것을 모든 측면에서 아시고 보신다. 이렇게 아시고 보시는 그분께서 그 모든 형색의 대상을 원하는 것과 원하지 않는 것 등으로, 혹은 본 것과 들은 것과 감지한 것과 안 것 가운데서 각각에 해당되는 것 등 여러 가지 이름으로 설명하셨다. 즉 "어떤 것이 형색의 감각장소인 형색인가? 네 가지 근본물질을 의지했고 색깔을 가졌고 눈으로 볼 수 있고 부딪힘이 있는 파란색 노란색 등이다."라는 금구가 있다. 이것은 진실이고 거짓이 아니다. 이와 같이 그렇게 드러내셨기 때문에 여래라 한다.

한편 복주서에서 "'본 것과 들은 것과 감지한 것과 안 것 가운데서 각각에 해당되는 것'이란 형색의 감각장소란 본 것에, 소리의 감각장소는 들은 것에, 냄새의 감각장소와 맛의 감각장소와 감촉의 감각장소는 감지한 것에, 마음으로 안 것은 안 것에 해당한다."(MAṬ.i.95)라고 부연 설명을 하고 있다.

⑥ 어떻게 그렇게 말씀하셨는가? 세존께서 보리좌에 앉아서 무상 정등각을 완전하게 깨달던 그 밤부터 사라쌍수 아래서 무여열반에 들던 그 밤까지 45

땅이라고 최상의 지혜로 잘 안다. 땅을 땅이라고 최상의 지혜로 잘 알아 [자신을] 땅이라 생각하지 않고, [자신을] 땅에서 생각하지 않고, [자신을] 땅으로부터 생각하지 않고, 땅을 내 것이라 생각하지 않는다. 그는 땅을 기뻐하지 않는다. [6] 그것은 어떤 이유 때문인가? 여래는 그것을 철저히 알았기 때문이라고 나는 설한다."

148. ~ *170.* "그는 물을 … 불을 … 바람을 … 존재들을 … 신들을 … 빠자빠띠를 … 브라흐마를 … 광음천을 … 변정천을 … 광과천을 … 승자천을 … 공무변처를 … 식무변처를 … 무소유처를 … 비상비비상처를 … 본 것을 … 들은 것을 … 감지한 것을 … 안 것을 … 동일한 것을 … 다른 것을 … 전체를 … 열반을 열반이라고 최상의 지혜로 잘 안다. 열반을 열반이라고 최상의 지혜로 잘 알아 [자신을] 열반이라 생각하지 않고, [자신을] 열반에서 생각하지 않고, [자신을] 열반으로부터 생각하지 않고, 열반을 내 것이라 생각하지 않는다. 그는 열반을 기뻐하지 않는다. 그것은 어떤 이유 때문인가? 여래는 그것을 철저히 알았기 때문이라고 나는 설한다."

넌간 설하신 경, 게송, 전생담 등은 뜻으로도 문장으로도 비난받을 일이 없고, 모자라지도 넘치지도 않고, 탐욕의 홍분을 분쇄하고 성냄과 어리석음의 홍분을 분쇄하는 것이어서 그것은 모두 진실이고 거짓이 아니다. 이와 같이 그렇게 말씀하셨기 때문에 여래라 한다.

⑦ 어떻게 그렇게 행하셨는가? 세존께서는 말씀하시는 대로 행하시고, 행하시는 대로 말씀하셨다. 그러므로 여래라 한다.

⑧ 어떻게 정복하셨다는 뜻에서 여래인가? 세존께서는 위로는 가장 높은 존재까지 아래로는 무간지옥까지 옆으로는 한량없는 세계의 모든 중생들을 정복하셨다. 계로도 삼매로도 통찰지로도 해탈로도 그분에게 견줄 자가 없다. 그분은 왕들 가운데 위없는 왕이시고, 신들 가운데 위없는 신이시고, 제석들을 뛰어넘는 위없는 제석이시고, 브라흐마들을 뛰어넘는 위없는 브라흐마이시다. 그러므로 그분을 여래라 한다.(MA.i.45~51)

(8) 여래2

171. "비구들이여, 아라한이고 정등각자인 여래도 역시 땅을 땅이라고 최상의 지혜로 잘 안다. 땅을 땅이라고 최상의 지혜로 잘 알아 [자신을] 땅이라 생각하지 않고, [자신을] 땅에서 생각하지 않고, [자신을] 땅으로부터 생각하지 않고, 땅을 내 것이라 생각하지 않는다. 그는 땅을 기뻐하지 않는다. 그것은 어떤 이유 때문인가? 그는 즐김이 괴로움의 뿌리라는 것을 알았으며,90) 존재[有]로 인해 태어남[生]이 있고,91) 중생들의 늙음과 죽음이 있다고 알았기 때문이다.92) 비구들이여, 그러므로 여기 여래는 갈애들을 모두 끊고 빛바래게 하고 소멸하고 포기하고 놓아버려 위없는 정등각을 완전하게 깨달았다고 나는 말한다."

---

90) "'즐김이 괴로움의 뿌리라는 것을 알았으며(nandī dukkhassa mūlan ti iti viditvā)'에서 '즐김(nandī)'이란 이전의 갈애들을 말한다. 즉 이전의 갈애들이 괴로움인 이 오온의 뿌리(mūla)라는 것을 알았다는 말이다."(MA.i.52)

91) "'존재[有]로 인해 태어남[生]이 있고(bhavā jāti)'에서 '존재[有, bhava]'는 업으로서의 존재[業有, kamma-bhava]이고 '태어남[生, jāti]'은 과보로 나타난 오온(vipāka-kkhandhā)을 말한다."(MA.i.52)
즉 여기서 존재는 재생으로서의 존재[生有, upapatti-bhava]가 아니라 업으로서의 존재[業有, kamma-bhava]를 말하며, 이러한 업으로 인해 그 과보인 오온이 생긴 것을 태어남[生]이라고 부른다는 말이다.

92) 이것은 12연기에서 유연생(有緣生)과 생연노사(生緣老死)에 해당하는 부분이다. 주석서에서 여기서 유를 업유(業有)로만 해석하는 것에 유념할 필요가 있다. 일반적으로 12연기의 유(존재)에는 업유(業有)와 생유(生有)가 다 적용되는 것으로 설명한다.(『상윳따 니까야』 제2권 「분석 경」(S12:2) §6의 주해 참조. 업으로서의 존재[業有]와 재생으로서의 존재[生有]에 대한 자세한 설명은 『청정도론』 XVII.250~251을 참조할 것.) 그러나 북방의 『구사론』에서는 12연기의 유를 업유로만 보고 있다.(『초기불교 이해』 250쪽, 권오민 역, 『아비달마 구사론』 454쪽 참조) 그런데 본 문단에 대한 주석서에서도 이것을 업유로만 보고 있어서 유념할 필요가 있다.

172. ~ 194. "그는 물을 … 불을 … 바람을 … 존재들을 … 신들을 … 빠자빠띠를 … 브라흐마를 … 광음천을 … 변정천을 … 광과천을 … 승자천을 … 공무변처를 … 식무변처를 … 무소유처를 … 비상비비상처를 … 본 것을 … 들은 것을 … 감지한 것을 … 안 것을 … 동일한 것을 … 다른 것을 … 전체를 … 열반을 열반이라고 최상의 지혜로 잘 안다. 열반을 열반이라고 최상의 지혜로 잘 알아 [자신을] 열반이라 생각하지 않고, [자신을] 열반에서 생각하지 않고, [자신을] 열반으로부터 생각하지 않고, 열반을 내 것이라 생각하지 않는다. 그는 열반을 기뻐하지 않는다. 그것은 어떤 이유 때문인가? 그는 즐김이 괴로움의 뿌리라는 것을 알았으며, 존재[有]로 인해 태어남[生]이 있고, 중생들의 늙음과 죽음이 있다고 알았기 때문이다. 비구들이여, 그러므로 여기 여래는 갈애들을 모두 끊고 빛바래게 하고 소멸하고 포기하고 놓아버려 위없는 정등각을 완전하게 깨달았다고 나는 말한다."

세존께서는 이와 같이 설하셨다. 그 비구들은 세존의 말씀을 기뻐하지 않았다.[93]

---

93) '비구들은 세존의 말씀을 기뻐하지 않았다.'는 Be, Se: na te bhikkhū bhaga-vato bhāsitaṁ abhinandunti를 옮긴 것이다. 그러나 역자의 저본인 Ee에는 이와는 반대의 의미를 가진 attamanā te bhikkhū bhagavato-bhāsitaṁ abhinandunti로 나타나는데 '그 비구들은 흡족해진 마음으로 세존의 말씀을 기뻐했다.'로 옮겨진다. 아래 인용하는 주석서의 설명을 존중하여 역자는 Be, Se를 따라서 옮겼다. 냐나몰리 스님도 이렇게 옮겼다.
"세존의 말씀을 무슨 이유로 기뻐하지 않았는가? 알지 못했기(aññāṇaka) 때문이다. 그들은 이 경의 뜻을 알지 못했기 때문에 기뻐하지 않았다.
세존께서는 자신의 가르침을 다른 이로 하여금 알게 하기 위해 네 아승지겁(cattāri asaṅkhyeyyāni) 동안 바라밀(pārami)을 완성하시고서 일체지(sabbaññutā)를 얻으셨다. 그런 세존께서 어찌하여 그들이 알지 못하는 이런 법문을 하셨는가?
그것은 오직 그들의 자만심을 꺾기 위해서(māna-bhañjanattha)였다. 세존께서는 이들이 자만심을 꺾지 않고서는 도와 과를 얻을 수 없다고 생각하

뿌리에 대한 법문 경(M1)이 끝났다.

셨다. 그래서 '모든 법들의 뿌리에 대한 법문을 설하리라.'라고 법문을 시작하셨다. …
한때 3베다에 통달한 오백 명의 바라문 학도들이 세존의 법문을 듣고는 감각적 욕망에서 위험을 보고 출리에서 이익을 보면서 세존의 곁으로 출가했다. 출가한 지 얼마 되지 않아 부처님의 말씀을 모두 습득하고서는 그 배움에 의지하여 자만이 생겼다. "세존께서 말씀하시는 것은 무엇이든지 즉시에 안다."라고 생각하면서 세존을 존경하지 않았고, 그때부터 세존께 문안드리지도 않았고 법문을 들으러 가지도 않았다. 그러자 세존께서는 바로 이 '모든 법들의 뿌리에 대한 법문'을 설하셨고, 그들은 도무지 그 뜻을 알 수 없었다. 그래서 그들은 부처님은 위대하시고, 견줄 이 없다고 자만심이 꺾여 부처님께 문안드리고 법을 듣는 것에 성심을 다했다. …
그 뒤 한때 세존께서 지방을 순회하시다가 웨살리에 도착하여 고따마까 탑묘에 머무실 때 이 오백 명의 비구들의 지혜가 익은 것을 아시고 「고따마까 경」(A3:123)을 설하셨다. 이 경을 듣고 이 오백 명의 비구들은 그 자리에서 무애해(paṭisambhidā)를 갖춘 아라한이 되었다."(MA.i.56~59)

모든 번뇌 경[94]

Sabbāsava Sutta(M2)

1. 이와 같이 나는 들었다. 한때 세존께서는 사왓티[95]에서 제따 숲[96]의 아나타삔디까 원림(급고독원)[97]에 머무셨다. 거기서 세존께서

94) 본경에는 모두 7가지 번뇌의 대처 방법이 설명되고 있다. 이 가운데 첫 번째인 '봄[見]으로써 없애야 할 번뇌들'을 제외한 나머지 여섯 가지는 『앙굿따라 니까야』 제4권 「번뇌 경」(A6:58)에 나타나는 여섯 가지 번뇌의 대처 방법의 설명과 같다.

95) 사왓티(Sāvatthi)는 꼬살라(Kosala) 국의 수도였다. 꼬살라는 부처님 재세 시에 인도에 있었던 16개국(16국은 『앙굿따라 니까야』 제1권 「팔관재계 경」(A3:70) §17을 참조할 것.) 가운데 하나였으며 16국은 차차 서로 병합되어 나중에는 마가다(Magadha)와 꼬살라 두 나라로 통일되었다. 부처님 재세 시에는 빠세나디(Pasenadi) 왕이 꼬살라를 통치하였고, 그의 아들 위두다바(Viḍūḍabha)가 계승하였다. 부처님께서 말년에 24년 정도를 이곳 사왓티의 제따와나 급고독원에 머무시는 등 부처님과 아주 인연이 많았던 곳이다.
주석서에 의하면 사왓티라는 이름은 두 가지에서 유래했다고 한다. 첫째는 사왓타(Savattha)라는 선인(仙人, isi)의 거처가 있던 곳이었기 때문에 붙인 이름이라 한다. 마치 꾸삼바 선인의 거처가 있던 곳을 꼬삼비라 하는 것과 같다. 둘째는 이곳에 대상(隊商, sattha)들이 모여들어서 '어떤 상품이 있어요?'라고 물으면 '모든 게 다 있습니다(sabbam atthi).'라고 대답했다고 해서 sāvatthi라 했다고 한다.(SnA.i.300; UdA.55, PsA.iii.532 등) 주석서들에서 사왓티를 당시 인도의 가장 큰 6대 도시 가운데 하나라고 했을 정도로 사왓티는 번창한 곳인데 이런 사정을 보여주는 설명이라 할 수 있겠다.

는 "비구들이여."라고 비구들을 부르셨다. "세존이시여."라고 비구들은 세존께 응답했다. 세존께서는 이렇게 말씀하셨다.

---

96) 제따(Jetā)는 사왓티(Sk. 슈라와스띠)를 수도로 한 꼬살라의 빠세나디 왕의 왕자 이름으로 √ji(*to win*)에서 파생되었으며 '승리자'라는 뜻이다. 아나타삔디까(Anāthapiṇḍika, 급고독) 장자가 자신의 고향인 사왓티에다 원림을 만들려고 이 땅을 구입하기 위해 수많은 수레에 황금을 가득히 가져와서 땅에 깔았고(이 일화는 인도와 남방불교와 북방불교에 그림과 조각으로 많이 남아 있다.) 그 신심에 감격한 왕자가 공동으로 기증해서 원림(ārama)을 만들었다는 감동적인 이야기는 불자들이 잘 알고 있다. 주석서에 의하면 아나타삔디까 장자는 이 땅을 구입하기 위해서 1억 8천만의 돈을 지불했다고 하며 제따 왕자는 이 돈을 모두 대문을 짓는 데 사용했다고 한다.(MA.i.50; UdA.56)

97) 원문은 Anāthapiṇḍikassa ārāma이다. Anāthapiṇḍika는 급고독(給孤獨)으로 한역되었으며 '무의탁자에게 음식을 베푸는 사람'이라는 뜻이다. 부처님 재세 시 재가신도 가운데서 제일가는 이름으로 우리에게 잘 알려져 있다. 급고독 장자에 대해서는 『앙굿따라 니까야』 제2권 「수닷따 경」(A4:58) §1의 주해를 참조할 것.
이 제따 숲[祇園]의 아나타삔디까 원림 즉 급고독원은 우리나라에서는 기원정사(祇園精舍)로 잘 알려진 곳이고 세존께서 말년 19년간을 여기서 보내셨다고 한다.(DhA.i.3; BuA.3; AA.i.314) 사왓티의 동쪽 원림[東園林]에 있는 미가라마따(녹자모)의 강당(『앙굿따라 니까야』 제1권 「족쇄 경」(A2:4:5) §1의 주해 참조)에 머무신 것을 합치면 세존께서는 사왓티에서만 24년 정도를 보내셨다. 세존께서 아난다 존자를 시자로 삼으신 것도 여기 계시기 시작할 무렵이었다.
깨달으신 후 보내신 세존의 45년간의 삶은 크게 두 부분으로 나누어 볼 수 있다. 전반부 20여 년은 인도 중원을 다니면서 법의 전도에 역점을 두셨고 나머지 25년 가까운 세월은 이 아늑하고 편안한 기원정사에 머무시면서 사리뿟따 존자를 위시한 제자들과 교법을 체계화하는 데 중점을 두셨다. 물론 해제 때에는 제자들과 여러 곳으로 유행을 하셨지만 후반부 24년을 사왓티 한 곳에서만 머무셨다는 것은 분명 법체계화와 깊은 관련이 있다고 볼 수 있을 것이다.
그렇기 때문에 152개의 본 『맛지마 니까야』의 경들 가운데 절반에 가까운 대략 69개의 경들이 이곳에서 설해진 것으로 나타나는 것도 우연은 아니다. 사왓티의 급고독원은 법체계화에 중점을 둔 부처님 후반부의 삶과 깊은 관계가 있는 곳이기 때문이다.

2. "비구들이여, 그대들에게 모든 번뇌[98]를 단속[99]하는 법문을 설하리니 [7] 그것을 들어라. 듣고 마음에 잘 새겨라. 나는 설할 것이다."

"그렇게 하겠습니다, 세존이시여."라고 그 비구들은 세존께 응답했다.

세존께서는 이렇게 말씀하셨다.

3. "비구들이여, 나는 알고 보는 자[100]의 번뇌들이 소멸한다고

---

98) "그곳에서 나오기(āsavanti) 때문에 '번뇌(āsavā)'라 한다. 눈으로부터 나오고 … 마음으로부터 나온다, 생긴다는 말이다. 혹은 법(dhamma)으로는 고뜨라부[種姓, gotrabhū, 『아비담마 길라잡이』 9장 §34 참조)의 영역에까지 흐르고, 공간으로서는 최고로 높은 존재 즉 비상비비상처까지 흐르기(savanti) 때문에 번뇌라 한다."(MA.i.61)
번뇌로 옮긴 āsavā는 '흐르는 것'이라는 문자적인 뜻에서 원래는 종기에서 흘러나오는 고름이나 오랫동안 발효된 술(madira) 등을 뜻했다고 주석가들은 말한다.(DhsA.48) 이것이 우리 마음의 해로운 상태를 나타내는 말로 정착된 것이며 중국에서는 번뇌(煩惱)라고 옮겼다. 이런 마음상태들을 아사와(āsava, ā + √sru, *to flow,* 생기는 것, 흐르는 것)라고 부르는 이유는 이것도 흘러나오는 고름이나 악취 나는 술과 같기 때문이다.

99) '단속'은 saṁvara를 옮긴 것이다. 『청정도론』(Vis.I.18)과 본경에 해당하는 주석서(MA.i.62)는 계목을 통한 단속(pātimokkha-saṁvara), 마음챙김을 통한 단속(sati-saṁvara), 지혜를 통한 단속(ñāṇa-saṁvara), 인욕을 통한 단속(khanti-saṁvāa), 정진을 통한 단속(vīriya-saṁvara)의 다섯 가지 단속을 든 뒤에 경을 인용하여 이 다섯을 설명하고 있다.
그리고 주석서는 계속해서 본경에서 7가지로 분류되고 있는 번뇌들 가운데서 ⑤ 피함으로써 없애야 할 번뇌들(§19) 중의 적합하지 않은 자리에 앉거나 갈 곳이 아닌 곳에 다니는 것을 피하는 것을 계목을 통한 단속의 보기로 들고 있다. 그리고 ② 단속함으로써 없애야 할 번뇌들(§12)을 마음챙김을 통한 단속의 보기로, 7가지 항목에 나타나는 '지혜롭게 숙고하여'라는 구문을 지혜를 통한 단속의 보기로, ⑥ 버림으로써 없애야 할 번뇌들(§20)을 정진을 통한 단속의 보기로, ④ 감내함으로써 없애야 할 번뇌들(§18)을 인욕을 통한 단속의 보기로 들고 있다.

100) "여기서 '아는 자(jānato)'와 '보는 자(passato)'는 단어만 다를 뿐 같은 뜻

말하지, 알지 못하고 보지 못하는 자의 [번뇌들이 소멸한다고 말하지 않는다]. 비구들이여, 무엇을 알고 무엇을 보는 자의 번뇌들이 소멸하는가?

지혜롭게 마음에 잡도리함과 지혜 없이 마음에 잡도리함101)이다.

이다. 아는 자란 지혜의 특징(ñāṇa-lakkhaṇa)과 관련하여 사람을 나타낸 것이다. 왜냐하면 지혜는 아는 특징(jānana-lakkhaṇa)을 가지기 때문이다. 보는 자란 지혜의 힘(ñāṇa-ppabhāva)과 관련하여 사람을 나타낸 것이다. 왜냐하면 지혜는 보는 힘(passana-ppabhāva)을 가지기 때문이다.
지혜를 가진(ñāṇa-samaṅgī) 사람은 마치 눈을 가진 사람처럼 눈으로는 형색을 보고 지혜(ñāṇa)로는 드러난 법들(vivaṭā dhammā)을 본다. 그는 무엇을 알고 보는 자인가? '지혜롭게 마음에 잡도리함(yoniso manasikāra)'이 일어나도록 아는 자(jānato)이고, '지혜 없이 마음에 잡도리함(ayoniso manasikāra)'이 일어나지 않도록 그렇게 보는 자(passato)이다. 이렇게 알고 보는 자의 번뇌는 소멸한다."(MA.i.63)

101) "'지혜롭게 마음에 잡도리함'은 중국에서 여리작의(如理作意)로 옮긴 yoniso-manasikāra를 옮긴 것이고 '지혜없이 마음에 잡도리함'은 중국에서 불여리작의(不如理作意) 등으로 옮긴 ayoniso-manasikāra를 옮긴 것이다. 주석서는 다음과 같이 설명한다.
"'지혜롭게 마음에 잡도리함[如理作意, yoniso manasikāra]'이란 [바른] 방법에 의해서 마음에 잡도리함(upāya-manasikāra)이고 길에 따라 마음(patha-manasikāra)에 잡도리함이고 [일어남에 대해서 마음에 잡도리함(uppādaka-manasikāra) — SA.iii.165]이다. 이것은 무상한 [것]에 대해서 무상이라고, 괴로운 [것]에 대해서 괴로움이라고, 무아인 [것]에 대해서 무아라고, 더러운 것[不淨]에 대해서 부정이라는 이러한 방법으로 진리에 순응하여(saccānulomika) 마음이 굴러가고(āvaṭṭanā) 함께 전개되고(anvāvaṭṭanā) 관심을 가지고(ābhoga) 마음에 두고(samannāhāra) 마음에 잡도리하는 것을 지혜롭게 마음에 잡도리함이라 한다.(지혜 없이 마음에 잡도리함은 이와 반대로 설명하고 있어서 인용하지 않음.)"(MA.i.64)
지혜롭게 마음에 잡도리함은 초기불전의 여러 곳에서 강조되고 있는 덕목이다. 그래서 "지혜롭게 마음에 잡도리하기 때문에 아직 생겨나지 않은 번뇌들은 생겨나지 않고 이미 생겨난 번뇌들은 버려진다."(본경 M.i.7)고도 설하셨고, "지혜롭게 마음에 잡도리함을 반연하여(paccaya) 정견(正見)이 생겨난다."(M43/i.294)고도 하셨다. 그리고 『상윳따 니까야』 제2권 「위빳시 경」 등(S12:4~10)에서는 위빳시 부처님 등 칠불이 지혜롭게 마음에 잡도리함을 통해서 12연기를 통찰지로 관통하여(paññāya abhisamaya) 일어남과 사라짐에 대한 눈[眼], 지혜[智], 통찰지[慧], 명지[明], 광명[光]이 생겼다 비구들이여, 지혜 없이 마음에 잡도리하는 자에게 아직 일어나지 않은 번뇌들은 일어나고, 이미 일어난 번뇌들은 증가한다. 지혜롭게 마음에 잡도리하는 자에게 아직 일어나지 않은 번뇌들은 일어나지 않고, 이미 일어난 번뇌들은 없어진다."

4. "비구들이여, ① 봄[見]으로써 없애야 할 번뇌들이 있다. ② 단속함으로써 없애야 할 번뇌들이 있다. ③ 수용함으로써 없애야 할 번뇌들이 있다. ④ 감내함으로써 없애야 할 번뇌들이 있다. ⑤ 피함으로써 없애야 할 번뇌들이 있다. ⑥ 버림으로써 없애야 할 번뇌들이 있다. ⑦ 수행으로써 없애야 할 번뇌들이 있다."[102]

(1) 봄[見]으로써 없애야 할 번뇌들

5. "비구들이여, 어떤 것이 봄[見]으로써 없애야 할 번뇌들인가? 비구들이여, 여기 배우지 못한 범부는 성자들을 친견하지 못하고 성스러운 법에 능숙하지 못하고 성스러운 법에 인도되지 못하고, 바른

고 나타나고 있다.

한편 초기불전연구원에서는 이 술어를 문맥이나 역자에 따라 '근원적으로 마음에 잡도리함'이나 '지혜로운 주의' 등으로도 옮겼다. 그리고 manasikāra가 단독으로 나타날 때는 주로 '마음에 잡도리함'으로 옮겼으며, 동사 manasikaroti는 대부분 '마음에 잘 새기다.'로 옮겼다. 그리고 지혜롭게 마음에 잡도리함과 반대되는 ayoniso manasikāra는 본서에서는 '지혜 없이 마음에 잡도리함'으로 옮기고 있으며, 다른 곳에서는 '지혜롭지 못한 주의[非如理作意]'나 '근원을 벗어나서 마음에 잡도리함' 등으로도 옮겼다.

'마음에 잡도리함(manasikāra)'에 대해서는 아래 주해를 참조할 것.

102) 이 일곱 가지는 본경의 기본 주제이다. 여기서 ① '봄[見]'으로써 없애야 할 번뇌들은 āsavā dassanā pahātabbā를 옮긴 것이다. 같이 하여 ② '단속함'은 saṁvarā를 ③ '수용함'은 paṭisevanā를 ④ '감내함'은 adhivāsanā를 ⑤ '피함'은 parivajjanā를 ⑥ '버림'은 vinodanā를 ⑦ '수행'은 bhāvanā를 옮긴 것이다. 이 가운데 ①을 제외한 여섯 가지는 『앙굿따라 니까야』 제4권 「번뇌 경」(A6:58)에도 나타나고 있다.

사람들을 친견하지 못하고 바른 사람들의 법에 능숙하지 못하고 바른 사람들의 법에 인도되지 않아서, 마음에 잡도리해야 할 법들을 꿰뚫어 알지 못하고, 마음에 잡도리하지 말아야 할 법들을 꿰뚫어 알지 못한다.103) 그는 마음에 잡도리해야 할 법들을 꿰뚫어 알지 못하고 마음에 잡도리하지 말아야 할 법들을 꿰뚫어 알지 못하여, 마음에 잡도리하지 말아야 할 법들을 마음에 잡도리하고 마음에 잡도리해야 할 법들을 마음에 잡도리하지 않는다."

6. "비구들이여, 그러면 무엇이 그가 마음에 잡도리하지만 마음에 잡도리하지 말아야 할 법들인가? 비구들이여, 어떤 법들을 마음에 잡도리할 때 아직 일어나지 않은 감각적 욕망에 기인한 번뇌[欲漏]104)가 일어나고 이미 일어난 감각적 욕망에 기인한 번뇌가 증가

---

103) "'마음에 잡도리하다(manasikaroti).'는 주의를 기울이다(āvajjati), 주의를 돌리다(몰두하다, samannāharati)라는 뜻이고, '마음에 잡도리하지 않다(anamasikaroti).'는 그 반대의 뜻이다.
'마음에 잡도리해야 할 법들(manasikaraṇīyā dhammā)'과 '마음에 잡도리하지 말아야 할 법들(amanasikaraṇīyā dhammā)'이라고 했다. 이 법들은 마음에 잡도리해야 할 것이고, 이 법들은 마음에 잡도리하지 말아야 할 것이라고 한 것은 사실상 법으로서는 정해진 것(niyama)이 없고, 방식(ākāra)으로서는 있다. 즉 마음에 잡도리할 때 해로운 법들이 일어날 가까운 원인(akusaluppatti-padaṭṭhāna)이 되는 그런 방식으로 마음에 잡도리하지 말아야 한다. 마음에 잡도리할 때 유익한 법들이 일어날 가까운 원인(kusal-uppatti-padaṭṭhāna)이 되는 그런 방식으로 마음에 잡도리해야 한다."(MA.i.67)
복주서는 그 이유를 이렇게 설명하고 있다.
"왜냐하면 유익한 법들에 대해서도 아름다움, 행복, 영원함 등으로 마음에 잡도리할 때 달콤함(assādana) 등의 원인이 되기 때문에 비난받아 마땅하고(sāvajja) 손해와 괴로움을 가져오며(ahita-dukkh-āvaha), 해로운 법들에 대해서도 무상함 등으로 마음에 잡도리할 때 염오(nibbidā) 등의 원인이 되기 때문에 비난받을 일이 없고 이익과 행복을 가져온다(hita-sukh-āvaha). 그렇기 때문에 법으로서는 정해진 것이 없고, 방식으로서는 있는 것이다."(MAṬ.i.69)

하며, 아직 일어나지 않은 존재에 기인한 번뇌[有漏]가 일어나고 이미 일어난 존재에 기인한 번뇌가 증가하며, 아직 일어나지 않은 무명에 기인한 번뇌[無明漏]가 일어나고 이미 일어난 무명에 기인한 번뇌가 증가하면, 그 법들은 그가 마음에 잡도리하지만 마음에 잡도리하지 말아야 할 법들이다.105)

무엇이 그가 마음에 잡도리하지 않지만 마음에 잡도리해야 할 법들인가? 비구들이여, 어떤 법들을 마음에 잡도리할 때 아직 일어나지 않은 감각적 욕망에 기인한 번뇌[欲漏]가 일어나지 않고 이미 일어난 감각적 욕망에 기인한 번뇌가 없어지며, 아직 일어나지 않은 존

---

104) "'감각적 욕망에 기인한 번뇌[欲漏, kāmāsava]'란 다섯 가닥의 얽어매는 감각적 욕망을 가진 탐욕(rāga)을 말한다. '존재에 기인한 번뇌[有漏, bhav-āsava]'란 색계와 무색계의 존재에 대한 갈망(chanda-rāga)과, 상견과 단견의 사견과 함께한, 禪에 대한 열망(jhāna-nikanti)이다. 그러므로 사견에 기인한 번뇌도 이 존재에 기인한 번뇌에 포함된다. '무명에 기인한 번뇌[無明漏, avijjāsava]'란 사성제에 대한 무지(aññāṇa)이다.
다섯 가닥의 얽어매는 감각적 욕망을 맛보고 마음에 잡도리할 때 아직 일어나지 않은 감각적 욕망에 기인한 번뇌가 일어나고, 일어난 것은 증가한다. 고귀한 법들(mahaggata-dhammā)을 맛보고 마음에 잡도리할 때 아직 일어나지 않은 존재에 기인한 번뇌가 일어나고, 일어난 것은 증가한다. 삼계의 법들에 대해 네 가지 전도됨[四顚倒, catu-vipallāsa]의 가까운 원인이 될 상태로 마음에 잡도리할 때 아직 일어나지 않은 무명에 기인한 번뇌가 일어나고, 일어난 것은 증가한다."(MA.i.67)
여기서 고귀한 법들이란 색계와 무색계의 법들을 말하고, 네 가지 전도됨이란 무상한 것을 항상한 것이라고, 괴로움을 행복이라고, 무아를 자아라고, 부정한 것을 깨끗한 것이라고 인식하는 것, 즉 무상·고·무아·부정인 것을 상·락·아·정(常·樂·我·淨)으로 인식하는 것을 말한다.

105) 여기서 보듯이 니까야에서는 감각적 욕망(kāma), 존재(bhava), 무명(avijjā)의 세 가지 번뇌만 나타나지만(「합송경」(D33 §1.10 (20)), 「띠깐나 경」(A3:58), 「번뇌 경」(S38:8) 등등) 『무애해도』 등의 『쿳다까 니까야』(소부)와 아비담마에서는 사견(diṭṭhi)의 번뇌가 첨가되어 네 가지로 나타난다. (Dhs.195 {1096}) 그래서 『아비담마 길라잡이』(제7장 §3)에서도 네 가지로 나타난다. 이 네 가지는 4가지 폭류(ogha)와 4가지 속박(yoga)으로도 나타나는데 그래서 『논장』에서는 이 네 가지를 다 번뇌라고도 분류하는 듯하다.

재에 기인한 번뇌[有漏]가 일어나지 않고 이미 일어난 존재에 기인한 번뇌가 없어지며, 아직 일어나지 않은 무명에 기인한 번뇌[無明漏]가 일어나지 않고 이미 일어난 무명에 기인한 번뇌가 없어지면, 그 법들은 그가 마음에 잡도리하고 있지 않지만 마음에 잡도리해야 할 법들이다.

그가 [8] 마음에 잡도리하지 말아야 할 법들을 마음에 잡도리하고, 마음에 잡도리해야 할 법들을 마음에 잡도리하지 않기 때문에 아직 일어나지 않은 번뇌들이 일어나고 이미 일어난 번뇌들은 증가한다."

7. "그는 다음과 같이 지혜 없이 마음에 잡도리한다.

'나는 과거에 존재했을까?106) 아니면 나는 과거에 존재하지 않았을까?107) 나는 과거에 무엇이었을까? 나는 과거에 어떠했을까? 나

---

106) 여기 §7에 나타나는 16가지로 과거와 현재와 미래에 대한 이러한 의심(kathaṁ-kathī)은 본서 제2권 「갈애 멸진의 긴 경」(M38) §23에도 문답식으로 나타나고 있으며 『상윳따 니까야』 제2권 「조건 경」(S12:20) §6에도 나타나고 있다.

『청정도론』 XIX.5~6은 이를 과거에 대한 5가지와 미래에 대한 5가지와 현재에 대한 6가지로 설명하여 모두 16가지 의심이라고 설명하고 있다. 한편 이것의 극복은 『청정도론』 XIX.21~27에서 언급되고 있다. 이렇게 해서 이러한 16가지 의심이 말끔히 해소되는 것을 위빳사나의 7청정 가운데 4번째인 의심을 극복함에 의한 청정(kaṅkhā-vitaraṇa-visuddhi, 『아비담마 길라잡이』 제9장 §31과 『청정도론』 XIX.1 이하 참조)이라 부른다. 『청정도론』의 설명과 「조건 경」(S12:20) §6에서 보듯이 연기 혹은 조건발생을 정확하게 알아야 삼세의 모든 의심이 극복되며 이것은 도와 과의 증득에도 필수적인 항목이다.

107) "'나는 과거에 존재했을까? 아니면 나는 존재하지 않았을까(atītamaddhānaṁ ahosiṁ nu kho nanu kho)?'라는 것은 상견(sassata)의 측면과 우연발생론(adhicca-samuppatti)의 측면에서 과거에 자신이 존재했던 것인지 아닌지를 의심하는 것이다(kaṅkhati). 그 이유를 물어서는 안된다. 왜냐하면 미친 사람마냥 어리석은 범부는 아무거나 마음대로 생각하기 때문이다. 혹은 지혜 없이 마음에 잡도리하기 때문이다.

'무엇이었을까(kiṁ nu kho ahosiṁ)?'라는 것은 계급(태생), 성별, 재생

는 과거에 무엇이었다가 무엇으로 변했을까? 나는 미래에 존재할까? 아니면 나는 미래에 존재하지 않을까? 나는 미래에 무엇이 될까? 나는 미래에 어떻게 될까? 나는 미래에 무엇이었다가 무엇으로 변할까? 지금 현재에 대해서도 안으로 의심한다. 나는 존재하기는 하는가? 나는 존재하지 않는가? 나는 무엇인가? 나는 어떠한가? 이 중생은 어디서 왔는가? 어디로 가게 될 것인가?'라고"

8. "이와 같이 지혜 없이 마음에 잡도리할 때 그에게 여섯 가지 견해들 가운데 하나의 견해가 생긴다.

① '나에게 자아가 있다.'라는 견해가 그에게 진실로 확고하게 생긴다. ② '나에게 자아란 없다.'[108]라는 견해가 그에게 진실로 확고하게 생긴다. ③ '나는 자아로써 자아를 인식한다.'[109]라는 견해가 그에

(jāti-liṅg-ūpapatti)과 관련하여 캇띠야(끄샤뜨리야), 바라문, 와이샤, 수드라, 재가자, 출가자, 신, 인간 중에 무엇이었는지를 의심하는 것이다.
'어떠했을까(kathaṁ nu kho)?'라는 것은 모습(saṇṭhānākāra)과 관련하여 긴 것, 짧은 것, 흰색, 검은색 중에 어떠했을 지를 의심하는 것이다.
'무엇이었다가 무엇으로 변했을까(kiṁ hutvā kiṁ ahosiṁ)?'라는 것은 계급 등과 관련하여 캇띠야였다가 바라문이었을까, 신이었다가 인간이었을까라고 계속적으로 의심하는 것이다.
'미래에 존재할까 아니면 존재하지 않을까(anāgatamaddhānaṁ bhavissāmi nu kho nanu kho)?'라는 것도 상견의 측면과 우연발생론의 측면에서 미래에 자신이 존재할 것인지 아닌지를 의심하는 것이다.
나머지는 같은 방법을 적용하면 된다."(MA.i.68~69)

108) 주석서를 요약하면 다음과 같다.
"'나에게 자아가 있다(atthi me atta).'는 것은 상견(sassatadiṭṭhi)이라는 사견이 자아를 거머쥐는 것(attano atthitaṁ gaṇhāti)이고, '자아가 없다(natthi me atta).'는 것은 단견(ucchedadiṭṭhi)을 나타내는 것이다. 이것은 [불교의 무아를 말하는 것이 아니라] 죽으면 모든 것이 끝난다는 유물론자들의 주장을 거머쥐는 것(vibhava-ggahaṇa)을 말한다."(MA.i.70)

109) "'나는 자아로써 자아를 인식한다(attanā va attānaṁ sañjānāmi).'는 것은 인식의 무더기[想蘊, saññā-kkhandha]를 선두에 두고, 그 인식의 무더기로 다른 무더기들에 대해 자아라고 거머쥐고는 인식으로 나머지 무더기들

게 진실로 확고하게 생긴다. ④ '나는 자아로써 무아를 인식한다.'110) 라는 견해가 그에게 진실로 확고하게 생긴다. ⑤ '나는 무아로써 자아를 인식한다.'111)라는 견해가 그에게 진실로 확고하게 생긴다. ⑥ 혹은 그에게 이런 견해가 생긴다. '이러한 나의 자아는 말하고 경험하며, 여기저기서112) 선행과 악행의 과보를 경험한다. 그런 나의 자아는 항상하고 견고하고 영원하고 변하지 않는 법이고 영원히 지속될 것이다.'113)라고.

비구들이여, 이를 일러 견해에 빠짐, 견해의 밀림, 견해의 황무지, 견해의 뒤틀림, 견해의 요동, 견해의 족쇄114)라 한다. 비구들이여, 견

을 인식하면서 나는 이 자아로써 이 자아를 인식한다는 견해가 일어난다는 뜻이다."(MA.i.70)

110) "'나는 자아로써 무아를 인식한다(attanā va anattānaṁ sañjānāmi).'는 것은 인식의 무더기는 자아이고, 나머지 네 가지 무더기들은 무아라고 거머쥐고는 인식으로써 인식하면서 이러한 견해가 일어난다는 뜻이다."(MA.i.70)

111) "'나는 무아로써 자아를 인식한다(anattanā va attānaṁ sañjānāmi).'는 것은 인식의 무더기는 무아이고, 나머지 네 가지 무더기들은 자아라고 거머쥐고는 인식으로 그들을 인식하면서 이러한 견해가 일어난다."(MA.i.70)

112) "'여기저기서(tatra tatra)'라는 것은 각각의 모태(yoni), 태어날 곳(gati), 머묾(ṭhiti), 거처(nivāsa) 부류(nikāya)나 혹은 각각의 대상(ārammaṇa)을 말한다."(MA.i.71)

113) "'항상하다(nicca).'는 것은 일어남과 멸함이 없다는 것이고, '견고하다(dhuva).'는 것은 정수(sāra-bhūta)를 나타내고, '영원하다(sassata).'는 것은 어느 때에나 항상 있다는 것이고, '변하지 않는 법(avipariṇāma-dhamma)'이란 자아의 본성은 버릴 수 없다는 것이고, '영원히 지속된다(sassatisama).'는 것은 달, 태양, 바다, 땅, 산은 세상의 용어로는 영원한 것(sassati)이라고 불리는데, 그것과 같다는 뜻이다. 그들이 머무는 한 이 자아도 머문다고 이와 같이 견해가 일어난다."(MA.i.71)
이 견해는 본서 제2권 「갈애 멸진의 긴 경」(M38) §2에 나타나는 사띠라는 비구(Sāti nāma bhikkhu)가 가진 삿된 견해와 같은 부류에 속한다.

114) '견해에 빠짐, 견해의 밀림, 견해의 황무지, 견해의 뒤틀림, 견해의 요동, 견해의 족쇄'는 각각 diṭṭhi-gata, diṭṭhi-gahana, diṭṭhi-kantāra, diṭṭhi-

해의 족쇄에 계박되어서 배우지 못한 범부는 태어남과 늙음과 죽음과 근심·탄식·육체적 고통·정신적 고통·절망에서 벗어나지 못하고, 괴로움에서 벗어나지 못한다고 나는 말한다."

9. "비구들이여, 잘 배운 성스러운 제자는 성자들을 친견하고 성스러운 법에 능숙하고 성스러운 법에 인도되고, 바른 사람들을 친견하고 바른 사람들의 법에 능숙하고 바른 사람들의 법에 인도되어서, 마음에 잡도리해야 할 법들을 꿰뚫어 알고, 마음에 잡도리하지 말아야 할 법들을 꿰뚫어 안다. 그는 마음에 잡도리해야 할 법들을 꿰뚫어 알고 마음에 잡도리하지 말아야 할 법들을 꿰뚫어 알아서, 마음에 잡도리하지 말아야 할 법들을 [9] 마음에 잡도리하지 않고 마음에 잡도리해야 할 법들을 마음에 잡도리한다."

10. "비구들이여, 무엇이 그가 마음에 잡도리하고 있지 않는 법으로서, 마음에 잡도리하지 말아야 할 법들인가?

비구들이여, 어떤 법들을 마음에 잡도리할 때 아직 일어나지 않은 감각적 욕망에 기인한 번뇌[欲漏]가 일어나고 이미 일어난 감각적 욕망에 기인한 번뇌가 증가하며, 아직 일어나지 않은 존재에 기인한 번뇌[有漏]가 일어나고 이미 일어난 존재에 기인한 번뇌가 증가하며, 아직 일어나지 않은 무명에 기인한 번뇌[無明漏]가 일어나고 이미 일어난 무명에 기인한 번뇌가 증가하면, 그 법들은 그가 마음에 잡도리하고 있지 않는 법으로서, 마음에 잡도리하지 말아야 할 법들이다.

비구들이여, 무엇이 그가 마음에 잡도리하고 있는 법으로서, 마음에 잡도리해야 할 법들인가?

비구들이여, 어떤 법들을 마음에 잡도리할 때 아직 일어나지 않은

---

visūka, diṭṭhi-vipphandita, diṭṭhi-saṁyojana를 옮긴 것이다.

감각적 욕망에 기인한 번뇌[欲漏]가 일어나지 않고 이미 일어난 감각적 욕망에 기인한 번뇌가 없어지며, 아직 일어나지 않은 존재에 기인한 번뇌[有漏]가 일어나지 않고 이미 일어난 존재에 기인한 번뇌가 없어지며, 아직 일어나지 않은 무명에 기인한 번뇌[無明漏]가 일어나지 않고 이미 일어난 무명에 기인한 번뇌가 없어지면, 그 법들은 그가 마음에 잡도리하고 있는 법으로서, 마음에 잡도리해야 할 법들이다.

그가 마음에 잡도리하지 말아야 할 법들을 마음에 잡도리하지 않고, 마음에 잡도리해야 할 법들을 마음에 잡도리하고 있기 때문에 아직 일어나지 않은 번뇌들은 일어나지 않고 이미 일어난 번뇌들은 없어진다."

11. "그는 '이것이 괴로움이다.'라고 지혜롭게 마음에 잡도리한다. '이것이 괴로움의 일어남이다.'라고 지혜롭게 마음에 잡도리한다. '이것이 괴로움의 소멸이다.'라고 지혜롭게 마음에 잡도리한다. '이것이 괴로움의 소멸로 인도하는 도닦음이다.'라고 지혜롭게 마음에 잡도리한다.115) 그가 이와 같이 지혜롭게 마음에 잡도리하면 세 가지

115) "사성제를 명상주제로 가진(catu-sacca-kammaṭṭhānika) 성스러운 제자는 갈애(taṇhā)를 제외한 삼계의 무더기들을 '괴로움(dukkha)'이라고, 갈애를 '괴로움의 일어남(dukkha-samudaya)'이라고, 둘 모두 일어나지 않음을 '소멸(nirodha)'이라고, 소멸을 성취하게 하는 것(nirodha-sampāpaka)을 '도(magga)'라고 이렇게 이전에 스승의 곁에서 습득하여 마음에 잡도리하였다. 그는 그 다음에 위빳사나의 도에 올라서서 [조건[緣, paccaya]과 더불어 정신·물질을 무상 등으로 명상하면서 — MAṬ] 삼계의 무더기들을 '이것이 괴로움이다.'라고 지혜롭게 마음에 잡도리한다. [이렇게 하여 위빳사나의 지혜(vipassanā-ñāṇa)가 일어난다. — MAṬ] 예류도까지는 마음에 잡도리함이라는 주제로 위빳사나를 말한 것이다.
이 괴로움을 일어나게 하고 생기게 하는 갈애를 '이것이 일어남이다.'라고 지혜롭게 마음에 잡도리한다. 괴로움과 일어남이 이곳에 이르러서는 소멸하고 일어나지 않기 때문에 '이것이 열반이라 부르는 괴로움의 소멸이다.'라고 지혜롭게 마음에 잡도리한다. 소멸을 성취하는 성스러운 팔정도[八支聖道,

족쇄들이 제거되나니 [불변하는] 존재 더미가 있다는 견해[有身見]와, 의심[疑]과, 계행과 의례의식에 대한 집착[戒禁取]이다.116)

비구들이여, 이를 일러 봄[見]으로써 없애야 할117) 번뇌들이라 한다."

---

ariya aṭṭhaṅgika maggā]를 '이것이 괴로움의 소멸로 인도하는 도닦음이다.'라고 지혜롭게 마음에 잡도리한다."(MA.i.72)

116) '세 가지 족쇄들이 제거되나니 [불변하는] 존재 더미가 있다는 견해[有身見]와, 의심[疑]과, 계행과 의례의식에 대한 집착[戒禁取]이다.'는 tīṇi saṁyojanāni pahīyanti sakkāyadiṭṭhi vicikicchā sīlabbataparāmāso를 옮긴 것이다. 주석서는 다음과 같이 덧붙이고 있다.
"'세 가지 족쇄(tīṇi saṁyojanāni)'는 스무 가지 유신견과, 여덟 가지 의심(불, 법, 승, 학습[계], 과거, 미래, 과거와 미래, 연기법의 8가지를 의심하는 것 — Dhs.183)과, 계를 통해 청정해지고 의례의식을 통해 청정해진다고 집착하는 계금취견이다. 네 가지 번뇌 중에서 유신견과 계금취견은 사견의 번뇌(diṭṭhāsava)에 속하기 때문에 번뇌이면서 족쇄다. 그러나 의심은 오직 족쇄이지 번뇌는 아니다. 그렇다면 어떻게 이것을 '봄으로써 없애야 할 번뇌(āsavā dassanā pahātabbā)'라 했는가? 봄으로써 없애야 할 번뇌에 포함되기 때문이다."(MA.i.73~74)
여기에 대해서 복주서는 다음과 같이 부연해서 설명한다.
"마치 바른 사유[正思惟, sammā-saṅkappa]가 그 역할이 통찰지와 비슷하기 때문에 통찰지의 무더기[慧蘊, paññā-kkhandha]에 포함되듯이, 의심도 그 역할이 비슷하기 때문에 번뇌에 포함(āsava-saṅgaha)되었다고 알아야 한다. 그리고 '네 가지 번뇌'란 아비담마의 방식에 따른 것이지, 경의 방식에 따른 것이 아니다. 경에서는 결코 네 가지 번뇌를 설한 적이 없다."(MAṬ.i.63)
복주서의 설명처럼 4부 니까야에서는 감각적 욕망(kāma), 존재(bhava), 무명(avijjā)의 세 가지 번뇌만 나타나지만(D2 §98 등 참조) 『무애해도』 등의 『쿳다까 니까야』와 아비담마에서는 사견(diṭṭhi)의 번뇌가 첨가되어 네 가지로 나타난다.(『아비담마 길라잡이』 제7장 §3을 참조할 것.)
그리고 '족쇄(saṁyojana)' 혹은 열 가지 족쇄에 대해서는 본서 「뿌리에 대한 법문 경」(M1) §99의 주해를 참조할 것.

117) "'봄[見]으로써 없애야 할(dassanā pahātabbā)'에서 봄[見, dassana]이라는 것은 예류도(sotāpatti-magga)를 말한다. 그 예류도로써 없앤다는 말이다. 어떻게 예류도를 봄[見]이라 하는가? 처음으로 열반을 보기(nibbāna-dassana) 때문이다. 고뜨라부[種性, gotrabhū]가 그보다 먼저 열반을 보지 않는가? 물론 본다. 보지만 해야 할 일(kattabba-kicca)을 하지 않는다. 족쇄를 버리지 않기 때문에 봄[見]이라고 할 수 없다."(MA.i.74)

(2) 단속함으로써 없애야 할 번뇌들[118]

12. "비구들이여, 무엇이 단속함으로써 없애야 할 번뇌들인가? 비구들이여, 여기 비구는 지혜롭게 숙고하여[119] 눈의 감각기능[眼根]의 단속을 잘 단속하면서 머문다.[120] 비구들이여, 눈의 감각기능

고뜨라부(종성)에 대해서는 『아비담마 길라잡이』 제9장 §34의 [해설]과 『청정도론』 XXII.5 이하를 참조할 것. 고뜨라부(종성, gotrabhū)는 『앙굿따라 니까야』 제5권 「공양받아 마땅함 경」(A9:10)과 제6권 「공양받아 마땅함 경」(A10:16)에 나타나는데 이 둘은 아비담마에서 설하는 고뜨라부에 대한 경전적인 근거가 되는 경이다.

118) "봄[見, dassana]과 수행(bhāvanā), 이 두 가지로 없애지 못할 번뇌가 없는데, 무슨 이유로 단속(saṁvara) 등으로 없애야 할 것을 보이셨는가? 단속 등으로 미리 제지된 번뇌들이 네 가지 도를 통해 뿌리 뽑힌다. 그러므로 그 도의 이전 단계에서 이 다섯 가지 측면을 통해 억압하여 버림을 보이기 위해 '단속함으로써 없애야 할 번뇌들(āsavā saṁvarā pahātabbā)' 등으로 설하셨다."(MA.i.74~75)

119) '숙고'는 paṭisaṅkhā를 옮긴 것인데 명사 saṅkhā에 접두어 paṭi-(Sk. prati-)가 붙은 것이다. 주석서는 이렇게 설명한다.
"saṅkhā는 일반적으로 지혜(ñāṇa), 몫(부분, koṭṭhāsa), 명칭(개념, paññatti), 헤아림(숫자, gaṇanā) 등의 뜻을 나타낸다. "숙고한 뒤에 어떤 것은 수용한다."(A.iv.354) 등에서는 지혜를 나타내고, "사량 분별이 함께한 인식의 더미"(M.i.109) 등에서는 더미, 무더기를 나타내고, "각 법들의 이름, 명칭"(Dhs.226) 등에서는 명칭을 나타내고, "헤아리기가 쉽지 않다." 등에서는 헤아림을 나타낸다. 그러나 여기서는 지혜를 말한다. 숙고하다(paṭisaṅkhāti)는 알다(jānāti), 반조하다(paccavekkhati)의 뜻이다."(MA.i.75)

120) "'눈의 감각기능[眼根]의 단속을 잘 단속하면서 머문다(cakkhundriya-saṁvara-saṁvuto viharati).'라고 하셨다. 여기서 눈이 바로 '눈의 감각기능(cakkhundriya)'이다. 단속함(saṁvarana)이 있기 때문에 '단속(saṁvara)'이라 하는데 닫음(pidahana), 덮음(thakana)을 뜻한다. 이것은 마음챙김[念, sati]을 두고 한 말이다.
사실상 눈의 감각기능 자체를 가지고 단속이나 단속하지 않음을 말할 수는 없다. 왜냐하면 눈의 감성(cakkhu-pasāda)을 의지하여 마음챙김이나 혹은 마음챙김을 놓아버림(muṭṭha-sacca)이 일어나는 것이 아니기 때문이다. 대상인 형색이 눈의 영역에 나타날 때 잠재의식(bhavaṅga)이 두 번 일어난

의 단속을 잘 단속하지 못하면서 머무는 자에게는 속상함과 열병을 초래하는 번뇌들이 일어날 것이다. [그러나] 눈의 감각기능의 단속을 잘 단속하면서 머무는 자에게는 그러한 속상함과 열병을 초래하는 번뇌들이 없다.121)

비구들이여, 여기 비구는 지혜롭게 숙고하여 귀의 감각기능[耳根]의 단속을 잘 단속하면서 머문다. … 지혜롭게 숙고하여 코의 감각기능[鼻根]의 단속을 잘 단속하면서 머문다. … 지혜롭게 숙고하여 혀의 감각기능[舌根]의 단속을 잘 단속하면서 머문다. … 지혜롭게 숙고하

뒤 멈추고 다음에 전향, 안식, 받아들임, 조사, 결정, 속행이 인식과정에서 차례로 일어난다. 이 단속이나 단속하지 않음은 이런 잠재의식의 순간이나 결정의 순간에 있는 것이 아니라, 그것은 속행(javana)의 순간에 만약 나쁜 계행(dussīlya)이나 잊어버림(muṭṭhasacca)이나 알지 못함(aññāṇa)이나 참을성 없음(akkhanti)이나 게으름(kosajja)이 일어나면 단속하지 않은 것이 된다. 이럴 때 눈의 감각기능을 단속하지 않은 것이라 한다. 왜냐하면 속행에서 나쁜 계행 등이 일어날 때 그것이 단속되지 않으면 문(dvāra)도 보호되지 않고(agutta), 잠재의식이나 전향 등의 인식과정들도 보호되지 않지만 속행에서 계 등이 일어나면 문도 보호되고, 잠재의식과 전향 등의 인식과정들도 보호되기 때문이다."(MA.i.75~76)

여기 나타나는 전향 등의 술어는 『아비담마 길라잡이』 제3장 §8의 역할의 길라잡이 [해설]과 『청정도론』 XIV.111 이하를 참조할 것. 인식과정(vīthi-citta)에 대해서는 『아비담마 길라잡이』 제4장에 상세하게 설명되어 있으므로 참조하기 바란다.

121) 이러한 감각기능의 단속은 니까야의 다른 곳에서는 "그는 눈으로 형색을 봄에 그 표상[全體相]을 취하지 않으며, 또 그 세세한 부분상[細相]을 취하지도 않습니다. … 그는 이러한 성스러운 감각기능의 단속을 구족하여 안으로 더럽혀지지 않는 행복을 경험합니다."라는 '감각의 대문을 잘 지키는 정형구'로 나타나고 있다. 이 정형구는 『맛지마 니까야』의 15단계 계·정·혜 정형구 가운데 다섯 번째에 속하고 『디가 니까야』 제1권의 23단계 계·정·혜의 정형구(이 둘은 본서 역자 서문 §8-(3)을 참조할 것.) 가운데 여덟 번째에 속하는데 니까야의 도처에 나타나고 있다. 본서에서만 M27 §15, M33 §20, M38 §35, M39 §8, M51 §16, M53 §8, M107 §4, M112 §15, M125 §16 등에 나타나고 있다. 이 정형구는 『청정도론』 I.53~59에서 상세하게 설명되고 있으므로 참조할 것.

여 몸의 감각기능[身根]의 단속을 잘 단속하면서 머문다. … 비구들이여, 여기 비구는 지혜롭게 숙고하여 마노의 감각기능[意根]의 단속을 잘 단속하면서 머문다. 비구들이여, 마노의 감각기능의 단속을 잘 단속하지 못하면서 머무는 자에게는 속상함과 열병을 초래하는 번뇌들이 일어날 것이다. [10] [그러나] 마노의 감각기능의 단속을 잘 단속하면서 머무는 자에게는 그러한 속상함과 열병을 초래하는 번뇌들이 없다.

비구들이여, 이를 일러 단속함으로써 없애야 할 번뇌들이라 한다."

(3) 수용함으로써 없애야 할 번뇌들

13. "비구들이여, 무엇이 수용함으로써 없애야 할 번뇌들인가?122)

비구들이여, 여기 비구는 지혜롭게 숙고하면서 옷을 수용하나니 오직 추위를 물리치고, 더위를 물리치고, 날파리 · 모기 · 바람 · 뙤약볕 · 파충류에 닿음을 물리치고, 부끄러운 부분을 가리기 위해서이다."

14. "그는 지혜롭게 숙고하면서 음식을 수용하나니 즐기기 위해서도 아니고, 취하기 위해서도 아니며, 치장을 하기 위해서도 아니고, 장식을 하기 위해서도 아니며, 단지 이 몸을 지탱하고 유지하고 잔인

---

122) 이하 본경의 §§13~16까지에 나타나는 네 가지 필수품의 수용(catu-paccaya-paribhoga)에 관한 정형구는 『청정도론』 I.85~97에서 '필수품에 관한 계(paccaya-sannissita-sīla)'를 설명하는 경전적 근거로 인용되어 나타난다. 『청정도론』 제1장은 여러 가지 방법으로 계를 설명하고 있는데, I.42에서 "그는 지혜롭게 숙고하면서 옷을 수용하나니 오직 추위를 물리치고, 더위를 물리치고, 파리 · 모기 · 바람 · 뙤약볕 · 파충류와 닿는 것을 물리치고, 부끄러운 부분을 가리기 위해서이다."(M.i.10)라는 방법으로 설한 숙고함을 통해 청정해진 네 가지 필수품의 수용(catu-paccaya-paribhoga)이 필수품에 관한 계"라고 소개한다. 그런 뒤에 I.85~97에서 본경의 §§13~16을 상세하게 설명하고 있다. 본경의 이 정형구에 대한 설명은 『청정도론』의 이 부분을 참조하기 바란다.

함을 쉬고 청정범행을 잘 지키기 위해서이다. '그래서 나는 오래된 느낌을 물리치고 새로운 느낌을 일어나게 하지 않을 것이다. 나는 잘 부양될 것이고 비난받을 일이 없고 안온하게 머물 것이다.'라고."

15. "그는 지혜롭게 숙고하면서 거처를 수용하나니 추위를 물리치고, 더위를 물리치고, 날파리 · 모기 · 바람 · 뙤약볕 · 파충류에 닿음을 물리치고, 오직 기후의 변화에서 생기는 위험을 없애고, 한거(閑居)를 편안히 하기 위해서이다."

16. "그는 지혜롭게 숙고하면서 병구완을 위한 약품을 수용하나니 오직 일어난 고통스러운 느낌들을 물리치고, 병 없음을 최상으로 하기 위해서이다."

17. "비구들이여, 그것을 수용하지 않으면 속상함과 열병을 초래하는 번뇌들이 일어날 것이다. 그러나 그것을 수용하면 그러한 속상함과 열병을 초래하는 번뇌들이 없다.

비구들이여, 이를 일러 수용함으로써 없애야 할 번뇌들이라 한다."

(4) 감내함으로써 없애야 할 번뇌들

18. "비구들이여, 무엇이 감내함[123]으로써 없애야 할 번뇌들인가?

비구들이여, 여기 비구는 지혜롭게 숙고하면서 감내한다. 추위와 더위와 배고픔과 목마름과, 날파리 · 모기 · 바람 · 뙤약볕 · 파충류에 닿음과, 고약하고 언짢은 말들과, 몸에 생겨난 괴롭고 날카롭고 거칠

123) '감내함'은 adhivāsana를 옮긴 것이다. 주석서 문헌들은 감내함을 인욕이나 관용과 동의어라고 설명하고 있다.
"관용(titikkhā)이란 인욕(khanti)의 동의어이다. 그러므로 관용이라 불리는 감내하는(adhivāsana) 인욕이 최상의 고행이라는 뜻이다."(DA.ii.478)
"'인욕(khanti)'이란 감내함(adhivāsana)을 말한다."(SA.i.166)

고 찌르고 불쾌하고 마음에 들지 않고 생명을 위협하는 갖가지 느낌들을 감내한다. 비구들이여, 그것을 감내하지 않으면 그에게 속상함과 열병을 초래하는 번뇌들이 일어날 것이다. 그러나 그것을 감내하면 그러한 속상함과 열병을 초래하는 번뇌들이 없다.

비구들이여, 이를 일러 감내함으로써 없애야 할 번뇌들이라 한다."

(5) 피함으로써 없애야 할 번뇌들

19. "비구들이여, 무엇이 피함으로써 없애야 할 번뇌들인가?

비구들이여, 여기서 비구는 지혜롭게 숙고하여 사나운 코끼리를 피하고, 사나운 말을 피하고, 사나운 소를 피하고, 사나운 개를 피하고, 뱀, 나뭇등걸, [11] 가시덤불, 협곡, 낭떠러지, 더러운 물구덩이[泥沼], 더러운 웅덩이[小澤地]를 피한다. 적합하지 않은 자리에 앉고, 갈 곳이 아닌 곳에 다니고,[124] 저열한 도반들을 사귀어서 지자인 동료 수행자들이 저열한 곳에 믿음을 일으킬지도 모르는[125] 적합하지 않은 자리, 영역이 아닌 곳, 저열한 도반들을 지혜롭게 숙고하여 피한다. 비구들이여, 그것을 피하지 않으면 그에게 속상함과 열병을 초래하는 번뇌들이 일어날 것이다. 그러나 그것을 피하면 그러한 속상함과 열병을 초래하는 번뇌들이 없다.

비구들이여, 이를 일러 피함으로써 없애야 할 번뇌들이라 한다."

---

124) 『청정도론』 I.45에 여러 가지 '갈 곳이 아닌 곳(agocara)'이 언급되고 있다.

125) '저열한 곳에 믿음을 일으킬지도 모르는'은 pāpakesu ṭhānesu okappeyyuṁ을 옮긴 것이다. 주석서는 이렇게 설명하고 있다.
"이 사람이 저열한 도반을 사귀거나 어울리지 않는 행위를 하는 것을 보고 동료 지자들이 '오, 이 존자가 했거나 할 것이기 때문에'라고 하면서 그 저열한 곳에 확신을 가질지도 모르는(saddaheyyuṁ) 그런 적합하지 않은 상황을 피해야 한다는 뜻이다."(MA.i.81)

(6) 버림으로써 없애야 할 번뇌들

20. "비구들이여, 무엇이 버림으로써 없애야 할 번뇌들인가?

비구들이여, 여기 비구는 지혜롭게 숙고하여 이미 일어난 감각적 욕망에 대한 생각을 품지 않고[126] 버리고 제거하고 끝내고 없앤다. 지혜롭게 숙고하여 이미 일어난 악의에 찬 생각을 품지 않고 버리고 제거하고 끝내고 없앤다. 지혜롭게 숙고하여 이미 일어난 해코지하려는 생각[127]을 품지 않고 버리고 제거하고 끝내고 없앤다. 지혜롭게 숙고하여 계속적으로 일어나는 삿되고 해로운 법들을 품지 않고 버리고 제거하고 끝내고 없앤다. 비구들이여, 그것을 버리지 않으면 그에게 속상함과 열병을 초래하는 번뇌들이 일어날 것이다. 그러나 그것을 버리면 그러한 속상함과 열병을 초래하는 번뇌들이 없다.

비구들이여, 이를 일러 버림으로써 없애야 할 번뇌들이라 한다."

(7) 수행으로써 없애야 할 번뇌들

21. "비구들이여, 무엇이 수행으로 없애야 할 번뇌들인가?

---

126) "'감각적 욕망에 대한 생각을 품지 않는다(kāmavitakkaṁ nādhivāseti).' 라고 하셨다. 지혜 없이 마음에 잡도리함에서 생겼고, 탐욕 등과 함께하고, 유익함과 반대되는 이런 이유로, 이 감각적 욕망에 대한 생각은 해로운 것(akusala)이고, 이런 이유로 이것은 비난받아 마땅한 것(sāvajja)이고, 이런 이유로 이것은 괴로운 과보를 가져오는 것(dukkha-vipāka)이다. "이것은 자신을 해친다."(M.i.115)라는 방법으로 지혜롭게 감각적 욕망에 대한 생각을 숙고하여 각각의 대상에서 생긴 감각적 욕망에 대한 생각을 품지 않는다는 말씀이다."(MA.i.81)

127) 한편 여기서 언급되는 '감각적 욕망에 대한 생각(kāma-vitakka)'과 '악의에 찬 생각(byāpāda-vitakka)'과 '해코지하려는 생각(vihiṁsā-vitakka)'에 반대되는 출리(出離)에 대한 사유(nekkhamma-saṅkappa), 악의 없음에 대한 사유(abyāpāda-saṅkappa), 해코지 않음[不害]에 대한 사유(avihiṁsā-saṅkappa)를 팔정도의 두 번째인 바른 사유라고 여러 경들은 정의하고 있다.(본서 제4권 「진리의 분석 경」(M141) §25를 참조할 것.)

비구들이여, 여기 비구는 지혜롭게 숙고하여 떨쳐버림[128]을 의지하고 [탐욕의] 빛바램을 의지하고 소멸을 의지하고 철저한 버림[129]으로 기우는 마음챙김의 깨달음의 구성요소[念覺支][130]를 닦는다. …

---

128) "'떨쳐버림(viveka)'에는 다섯 종류가 있다. 유익한 법으로 대체함(tadaṅga)에 의한 떨쳐버림, 억압(vikkhambhana)에 의한 떨쳐버림, 근절(samuccheda)에 의한 떨쳐버림, 편안함(paṭippassaddhi)에 의한 떨쳐버림, 벗어남(nissaraṇa)에 의한 떨쳐버림이다.
여기서는 이 중에서 유익한 법으로 대체함에 의한 떨쳐버림과 근절에 의한 떨쳐버림과 벗어남에 의한 떨쳐버림을 의지한 마음챙김의 깨달음의 구성요소[念覺支]를 닦는다고 알아야 한다. 깨달음의 구성요소를 닦는 데 몰두하는 수행자가 위빳사나의 순간에는 역할로는 유익한 법으로 대체함에 의한 떨쳐버림을, [열반을 실현하리라는] 원(願)으로는 벗어남에 의한 떨쳐버림을, 그러나 도의 순간에는 역할로는 근절에 의한 떨쳐버림을, 대상으로는 벗어남에 의한 떨쳐버림을 의지한 마음챙김의 깨달음의 구성요소를 닦는 것을 말한다."(MA.i.85)
『모하윗체다니』(Mohavicchedanī)라는 『담마상가니』(法集論)의 띠까(Ṭīkā, 복주서) 문헌에서는 다섯 가지 떨쳐버림을 각각 위빳사나(vipassanā), 초선부터 비상비비상처까지의 여덟 가지 증득(aṭṭha samāpatti), 도(magga), 과(phala), 열반(nibbāna)에 배대하고 있다.

129) "'철저한 버림(vossagga)'은 두 종류가 있다. 버림(pariccāga)으로써의 철저한 버림과 들어감(pakkhandana)으로서의 철저한 버림이다. 버림으로써의 철저한 버림은 위빳사나의 순간에는 유익한 법으로 대체함으로써, 도의 순간에는 근절로써 오염원들을 버린다. 들어감으로써의 버림은 위빳사나의 순간에는 그것으로 기우는 상태로써 열반으로 들어가고, 도의 순간에는 대상이 되어 열반으로 들어간다."(MA.i.85)

130) 여기서 주목할 점은 '일곱 가지 깨달음의 구성요소' 즉 칠각지(七覺支)는 satta bojjhaṅga로 나타나지만 '마음챙김의 깨달음의 구성요소' 등은 sati-sambojjhaṅga 등으로 나타나지 sati-bojjhaṅga로는 나타나지 않는다는 것이다.
니까야 전체에서 깨달음의 구성요소가 합성어로 쓰이지 않고 단독으로 나타날 때는 모두 bojjhaṅga로 나타난다. 그러므로 '일곱 가지 깨달음의 구성요소[七覺支]'는 satta bojjhaṅga로 나타나지 satta sambojjhaṅga가 아니다. 그러나 sati-sambojjhaṅga(마음챙김의 깨달음의 구성요소)나 dhamma-vicaya-sambojjhaṅga(법을 간택하는 깨달음의 구성요소) 등으로 합성어로 나타날 때는 예외 없이 모두 sambojjhaṅga로 나타나고 있다. 이런 차이만 있을 뿐이지 bojjhaṅga와 sambojjhaṅga는 동의어이다. 그리고 이것법을 간택하는 깨달음의 구성요소[擇法覺支]를 닦는다. … 정진의 깨달음의 구성요소[精進覺支]를 닦는다. … 희열의 깨달음의 구성요소[喜覺支]를 닦는다. … 편안함의 깨달음의 구성요소[輕安覺支]를 닦는다. … 삼매의 깨달음의 구성요소[定覺支]를 닦는다. … 평온의 깨달음의 구성요소[捨覺支]를 닦는다.131) 비구들이여, 수행하지 않으면

은 본서 「바른 견해 경」(M9) §46 등에서 나타나고 있는 samphassa와 phassa의 용례와도 같다.(M9 §46의 주해를 참조할 것.)

131) '일곱 가지 깨달음의 구성요소[七覺支, satta bojjhaṅga]'는 본경에 해당하는 주석서에서 상세하게 설명하고 있는데 다음과 같다.
"이것은 '일곱 가지 깨달음의 구성요소[七覺支, satta bojjhaṅga]'이다. 수행하지 않음에 위험(ādīnava)을 보고, 수행함에 이익(ānisaṁsa)을 보면서 바른 방법으로 반조하면서 마음챙김의 깨달음의 구성요소 등을 닦는다. 뜻(attha)에 따라, 특징(lakkhaṇa)과 역할(rasa)과 나타남(paccupaṭṭhāna)에 따라, 순서(kama)에 따라, 그만큼인가(anūnādhika)에 따라 해설해 보면 다음과 같다.
(1) 먼저 뜻과 특징과 역할과 나타남에 따라 설하면 다음과 같다.
① 기억한다는 뜻(saraṇaṭṭha)에서 마음챙김(sati)이다. 특징은 확립함이다. 혹은 반복함이다. "마치 왕의 창고지기가 '이만큼의 금이 있고, 이만큼의 은이 있고, 이만큼의 재물이 있다.'라고 왕의 재물을 반복해서 생각하듯이, 그와 같이 마음챙김이 있을 때 유익함과 해로움, 비난받아 마땅함과 비난받을 일이 없음, 저열함과 수승함, 흑백으로 상반되는 여러 법을 반복해서 생각한다. 이것이 네 가지 마음챙김의 확립이다."(Mil.37)라고. 역할은 대상에 깊이 들어감이다. 혹은 잊어버리지 않음이다. 나타남은 대상과 직면함이다.
② 사성제의 법들(catusacca-dhammā)을 간택하기(vicināti) 때문에 법을 간택함[擇法, dhamma-vicaya]이라 한다. 즉 '이것은 괴로움이다.'라고 이렇게 검증한다는 말이다. 특징은 간택함이고, 역할은 밝게 비추는 것이다. 즉 법들의 진실한 본성을 덮는 어리석음을 흩어버린다. 나타남은 미혹하지 않음이다.
③ 적절한 방법으로(vidhinā) 일으켜야 하기(īrayitabba) 때문에 정진(vīriya)이라 한다. 특징은 용감함(paggaha)이고, 역할은 굳건하게 지지함이고, 나타남은 가라앉음과 반대되는 것이다.
④ 만족하기(pīnayati) 때문에 희열(pīti)이라 한다. 특징은 충만함 혹은 만족함이고, 역할은 몸과 마음을 강하게 함이고, 나타남은 의기양양함이다.
⑤ 몸과 마음의 피로를 편안하게 하기(passambhana) 때문에 편안함[輕安, passaddhi]이라 한다. 특징은 고요함이고, 역할은 몸과 마음의 피로를 가시

그에게 속상하고 열 받는 번뇌들이 일어날 것이다. 그러나 그것을 수행하면 그러한 속상함과 열병을 초래하는 번뇌들이 없다.

게 함이고, 나타남은 차분함이다.

복주서는 다음과 같이 부연 설명을 하고 있다. "'몸과 마음의 피로를 가시게 함'에서 '몸'은 느낌의 무더기, 인식의 무더기, 심리현상들의 무더기인 세 가지의 무더기를 말하고, '마음'이란 네 가지 정신의 무더기를 말한다. '피로'란 육체적 고통과 정신적 고통의 원인인 들뜸 등의 오염원을 말한다."(MAṬ.i.175)

⑥ 모으기(samādhāna) 때문에 삼매(samādhi)라 한다. 특징은 흩어지지 않음 혹은 산만하지 않음이고, 역할은 마음과 마음부수들을 결합시키는 것이고, 나타남은 마음이 계속해서 머무는 것이다.

⑦ 공평하기(ajjhupekkhana) 때문에 평온(upekkhā)이다. 특징은 식별함 혹은 공평하게 나름이고, 역할은 모자라거나 넘치는 것을 막음 혹은 편견을 끊는 것이고, 나타남은 중립적인 상태이다.

(2) 순서(kama)에 따라 설하면, "비구들이여, 나는 마음챙김을 모든 곳에 항상 이롭다고 말한다."(S46:53/v.115)라는 말씀이 있다. 그러므로 마음챙김의 깨달음의 구성요소는 나머지 모든 깨달음의 구성요소에 도움이 되기 때문에 제일 먼저 설했다.

(3) '왜 그만큼인가(anūnādhika)'라는 것은 '세존께서는 왜 일곱 가지만 설하셨는가?'라는 질문이다. 침체와 들뜸에 반대되는 것(līn-uddhacca-paṭipakkha)으로서, 모든 곳에 이로운 것(sabbatthika)으로서, 모자라지도 더하지도 않게(anūnā anadhikā) 이 일곱 가지만 설하셨다. 침체되어 있을 때에는 그와 반대되는 택법, 정진, 희열의 세 가지 깨달음의 구성요소를 닦는 것이 적당하고, 들떠있을 때에는 그와 반대되는 경안, 삼매, 평온의 세 가지 깨달음의 구성요소를 닦는 것이 적당하고, 한 가지인 마음챙김의 깨달음의 구성요소는 모든 곳에 이롭다고 설하셨기 때문이다. 그래서 이 일곱 가지 깨달음의 구성요소만 설하신 것이다."(MA.i.84~85)

일곱 가지 깨달음의 구성요소(칠각지)는 초기불전의 대표적인 수행에 관한 경인 본서 「마음챙김의 확립 경」(염처경, M10) §42와 제4권 「들숨날숨에 대한 마음챙김 경」(M118) §29~40에도 나타나고 있다. 특히 칠각지의 일곱 가지 구성요소들이 어떻게 점진적으로 개발되는지는 후자에 잘 설명되어 나타나므로 참조하기 바란다. 그리고 칠각지에 관한 경들은 『상윳따 니까야』 제5권 「깨달음의 구성요소 상윳따」(S46)에 모아져서 나타나는데 칠각지에 대해서는 그곳의 경들과 주해들과 해제를 참조하기 바란다. 그리고 칠각지의 일곱 가지를 설명하고 있는 경으로는 『상윳따 니까야』 제5권 「몸 경」(S46:2) §10 이하가 잘 알려져 있으므로 주해들과 함께 참조하기를 권한다.

비구들이여, 이를 일러 수행으로 없애야 할 번뇌들이라 한다."

결론

22. "비구들이여, 비구는 봄[見]으로써 없애야 할 번뇌들은 봄으로써 없애야 한다. 단속함으로써 없애야 할 번뇌들은 단속함으로써 없애야 한다. 수용함으로써 없애야 할 번뇌들은 수용함으로써 없애야 한다. 감내함으로써 없애야 할 번뇌들은 감내함으로써 없애야 한다. 피함으로써 없애야 할 번뇌들은 [12] 피함으로써 없애야 한다. 버림으로써 없애야 할 번뇌들은 버림으로써 없애야 한다. 수행으로써 없애야 할 번뇌들은 수행으로써 없애야 한다. 비구들이여, 이를 일러 '비구가 모든 번뇌를 단속하여 머물고, 갈애를 끊어버렸고, 족쇄를 풀어버렸고, 자만을 바르게 꿰뚫었고,[132] 마침내 괴로움을 끝내버렸다.'[133] 고 한다."

세존께서는 이와 같이 설하셨다. 그 비구들은 흡족한 마음으로 세존의 말씀을 크게 기뻐했다.

모든 번뇌 경(M2)이 끝났다.

---

132) "'자만을 바르게 꿰뚫음(māna-abhisamaya)'이란 자만을 봄을 통한 꿰뚫음(dassana-abhisamaya)과 버림을 통한 꿰뚫음(pahāna-abhisamaya)을 말한다. 아라한도는 그 역할(kicca)을 통해서 자만을 보게 되는데(diṭṭha) 이것이 자만을 봄을 통한 꿰뚫음이다. 보게 되면 버려지는데(pahīyati) 이것이 버림을 통한 꿰뚫음이다."(MA.i.87)
자만은 열 가지 족쇄 가운데 여덟 번째 족쇄이다. 그리고 여기서 보듯이 이것은 아라한도에서 끊어진다. 여기에 대해서는 본서 「뿌리에 대한 법문 경」(M1) §99의 주해를 참조할 것.

133) "'마침내 괴로움을 끝내버렸다(antamakāsi dukkhassa).'는 것은 윤회의 괴로움(vaṭṭa-dukkha)을 끝냈다는 말씀이다."(MA.i.87)

법의 상속자 경

Dhammadāyāda Sutta(M3)

1. 이와 같이 나는 들었다. 한때 세존께서는 사왓티에서 제따 숲의 아나타삔디까 원림(급고독원)에 머무셨다. 거기서 세존께서는 "비구들이여."라고 비구들을 부르셨다. "세존이시여."라고 비구들은 세존께 응답했다. 세존께서는 이렇게 말씀하셨다.

2. "비구들이여, 그대들은 내 법의 상속자가 되지 재물의 상속자가 되지 마라.[134] 나는 그대들에 대한 연민이 생겨서 '어떻게 나의

134) "'내 법의 상속자가 되지 재물의 상속자가 되지 마라(dhamma-dāyādā me bhavatha, mā āmisa-dāyādā).'라고 하셨다. '법(dhamma)'과 '재물(āmi-sa)'에는 각각 두 종류가 있다. 비방편적인(nippariyāya) 것과 방편적인(pariyāya) 것이다.
[네 가지] 도와 [네 가지] 과와 열반으로 분류되는 아홉 가지 출세간법은 비방편적인 법이다. 어떤 이유나 핑계가 붙지 않는 법이다. 윤회에서 벗어나기를 바라면서 보시를 하고, 계를 지키고, 포살을 준수하고, 법을 듣고, 禪의 증득을 일으키는 등을 하면서 서서히 비방편인 열반을 얻는 것이 방편적인 법이다.
그와 마찬가지로 옷 등 네 가지 필수품은 비방편적인 재물이다. 어떤 이유나 핑계가 붙지 않는 재물이다. 윤회하기를 바라고 성취를 바라면서 보시하고, 계를 지키고, 포살을 준수하고, 법을 듣고, 禪의 증득을 일으키는 등을 하면서 서서히 천상과 인간의 성취를 얻는 것이 방편적인 재물이다."(MA.i.89)

제자들이 재물의 상속자가 아니라 법의 상속자가 될까.'라는 생각을 했다. 비구들이여, 만일 그대들이 내 법의 상속자가 되지 못하고 재물의 상속자가 된다면 그대들은 그 때문에 '스승의 제자들은 법의 상속자가 아니라 재물의 상속자로 머문다.'라는 비난을 받을 것이다. 나도 역시 그 때문에 '스승의 제자들은 법의 상속자가 아니라 재물의 상속자로 머문다.'라는 비난을 받을 것이다.

비구들이여, 만일 그대들이 재물의 상속자가 아니라 내 법의 상속자가 된다면 그 때문에 그대들은 '스승의 제자들은 법의 상속자이지 재물의 상속자로 머물지 않는다.'라고 비난받지 않을 것이다. 나도 역시 그 때문에 '스승의 제자들은 법의 상속자이지 재물의 상속자로 머물지 않는다.'라고 비난받지 않을 것이다. 그러므로 그대들은 내 법의 상속자가 되지 재물의 상속자가 되지 마라. 나는 그대들에 대한 연민이 생겨서 '어떻게 나의 제자들이 재물의 상속자가 아니라 법의 상속자가 될까.'라는 생각을 했다."

3. "비구들이여, 만약 내가 공양하여 먹을 만큼 충분히 먹고 끝내어서 원하는 만큼 배불리 먹었는데 음식이 남아서 버리려고 할 때, 그때 배고프고 기운 없는 두 비구가 왔다 하자. [13] 그들에게 나는 말할 것이다.

'비구들이여, 나는 공양하여 먹을 만큼 충분히 먹고 끝내어서 원하는 만큼 배불리 먹었는데 음식이 남아서 버리려고 했다. 만일 그대들이 원한다면 먹도록 하라. 만일 먹지 않는다면 나는 이제 자라는 풀이 없는 곳에 버리거나 생물이 없는 물에 던져버릴 것이다.'

그러자 한 비구는 이렇게 생각했다.

'세존께서 공양하여 드실 만큼 충분히 드시고 끝내시어 원하는 만큼 배불리 드셨다. 그런데 세존의 음식이 남아서 버리게 되었다. 만일 내가 먹지 않는다면 세존께서는 지금 자라는 풀이 없는 곳에 버리시거나 생물이 없는 물에 던져버리실 것이다. 그러나 세존께서는 말씀하셨다. '비구들이여, 내 법의 상속자가 되어라. 재물의 상속자가 되지 마라.'라고. 그러나 이 음식은 일종의 재물이다. 그러므로 나는 이 음식을 먹는 대신 배고프고 기운 없는 상태로 이 밤과 낮을 보내리라.'

그는 그 음식을 먹는 대신 배고프고 기운 없는 상태로 그 밤과 낮을 보내었다.

두 번째 비구는 이와 같이 생각했다.

'세존께서 공양하여 드실 만큼 충분히 드시고 끝내시어 원하는 만큼 배불리 드셨다. 그런데 세존의 음식이 남아서 버리게 되었다. 만일 내가 먹지 않는다면 세존께서는 지금 자라는 풀이 없는 곳에 버리시거나 생물이 없는 물에 던져버리실 것이다. 그러므로 나는 이 음식을 먹고 배고픔과 기운 없음을 떨쳐버리고 이 밤과 낮을 보내리라.'

그는 그 음식을 먹고 배고픔과 기운 없음을 떨쳐버리고 그 밤과 낮을 보내었다.

비구들이여, 비록 그 비구가 그 음식을 먹고 배고픔과 기운 없음을 떨쳐버리고 그 밤과 낮을 잘 보냈다 하더라도 나는 처음 비구를 더 존중하고 칭송한다. 그것은 무슨 까닭인가? 비구들이여, 그 비구는 오랜 세월 소욕하고 지족하고 [오염원들을] 지워 없애고 공양하기 쉽고[135] 열심히 정진할 것이기 때문이다.

비구들이여, 그러므로 그대들은 내 법의 상속자가 되지 재물의 상속자가 되지 마라. 나는 그대들에 대한 연민이 생겨 '어떻게 나의 제자들이 법의 상속자가 되고, 재물의 상속자가 되지 않을까.'라는 생

---

135) "'공양하기 쉽고(subharatā)'란 [이 비구를] 부양하기가 쉽다(sukha-posa-nattha)는 말이다."(AA.iv.137)

각을 했다."

4. 세존께서는 이렇게 말씀하셨다. 이렇게 말씀하시고 선서께서는 자리에서 일어나서 원림(園林)으로 들어가셨다.

세존께서 떠나신 지 얼마 되지 않아 사리뿟따 존자136)가 "도반 비구들이여."라고 비구들을 불렀다. "도반이시여."라고 비구들은 사리뿟따 존자에게 응답했다. [14] 사리뿟따 존자는 이렇게 말하였다.

5. "도반들이여, 어떻게 하는 것이 스승께서 끊임없이 한거(閑居)하여137) 머무실 때 제자들이 한거를 따라 공부짓지 않는 것이며,

---

136) 사리뿟따 존자(āyasmā Sāriputta)는 날란다 지방의 큰 바라문 가문에 태어났으며 본서 「역마차 교대 경」(M24) §17에서 존자 스스로가 자신의 이름이 우빠띳사(Upatissa)라고 말하고 있다.(V.i.42 등) 어머니의 이름이 사리(Sārī)였기 때문에 사리뿟따(Sāriputta, 사리의 아들)로 불리게 된 것이다. 그는 불가지론자였던 산자야 벨랏티뿟따(Sañjaya Belaṭṭhiputta)의 제자였는데 오비구 가운데 한 분이었던 앗사지(Assaji) 존자가 읊는 게송의 첫 번째 두 구절을 듣고 예류과를 얻었다고 한다.(앗사지 존자와 존자가 읊은 게송에 대해서는 본서 제2권 「삿짜까 짧은 경」(M35) §3의 주해 참조) 그리고 존자는 본서 제3권 「디가나카 경」(M74) §§10~13에서 세존께서 디가나카(존자의 조카임)에게 설하신 느낌에 대한 말씀을 듣고 §14에서 아라한이 된다.

『디가 니까야』 「대전기경」(D14) §1.9에서 세존께서 "지금의 나에게는 사리뿟따와 목갈라나라는 고결한 두 상수제자(agga bhadda-yuga)가 있다."라고 하셨듯이 그는 부처님의 상수제자였다. 그리고 그는 『앙굿따라 니까야』 「하나의 모음」(A1:14:1-2)에서 "큰 통찰지를 가진 자들 가운데서 사리뿟따(사리불)가 으뜸"이라고 하셨듯이 통찰지(지혜) 제일로 꼽히며 그는 법의 총사령관 사리뿟따 장로(dhamma-senāpati-sāriputta-tthera)라 불린다.(DA.i.15 등) 북방에서도 사리뿟따 존자는 지혜제일로 꼽힌다.

본서에 포함된 152개 경들 가운데 11개 경들이 그가 설했거나 그와 밀접한 관계가 있는 것이다. 사리뿟따 존자에 대한 자세한 것은 『사리뿟따 이야기』(고요한 소리, 1995)를 참조할 것.

137) '끊임없이 한거(閑居)하여'는 pavivitta를 옮긴 것이다. 주석서에서 "끊임없이(accantaṁ) 한거하다(vivitta)."(MA.i.101)로 설명하고 있어서 이렇게 옮겼다.

어떻게 하는 것이 스승이 한거하여 머무실 때 제자들이 한거를 따라 공부짓는 것입니까?"

"도반이시여, 우리는 이런 말씀의 뜻을 알기 위해서라면 멀리서라도 사리뿟따 존자의 곁으로 올 것입니다. 그러니 사리뿟따 존자가 직접 이 말씀의 뜻을 설명해주시면 감사하겠습니다. 비구들은 사리뿟따 존자로부터 듣고 잘 호지할 것입니다."

"도반들이여, 그렇다면 듣고 마음에 잘 잡도리하십시오. 설할 것입니다."

"그러겠습니다, 도반이시여."라고 그 비구들은 사리뿟따 존자에게 대답했다.

사리뿟따 존자는 이렇게 말했다.

6. "도반들이여, 어떻게 하는 것이 스승께서 끊임없이 한거하여 머무실 때 제자들이 한거를 따라서 공부짓지 않는 것[138]입니까?

여기 스승께서 끊임없이 한거하여 머무실 때 제자들이 한거를 따라 공부짓지 않습니다. 스승께서 버려야 한다고 설한 법들[139]을 버리지 않습니다.[140] 그들은 사치스럽고 부주의하며 퇴보에 앞장서고

주석서에 의하면 스승께서는 세 가지로부터 한거하여 머무신다. 세 가지는 몸과 마음과 재생의 근거로부터의 한거(kāya-citta-upadhi-viveka)이다. (MA.i.100) 스승께서 이처럼 세 가지로부터 한거하여 머무실 때 제자도 이 세 가지 가운데 어떤 한 가지라도 따라서 공부짓는지, 아니면 단지 재물의 상속자(āmisa-dāyāda)만 되고 마는지에 대해서 사리뿟따 존자는 여기서 비구들에게 묻고 있다.

138) "'한거를 따라 공부짓지 않는 것(vivekaṁ nānusikkhanti)'은 [몸과 마음과 재생의 근거로부터의 한거(kāya-citta-upadhi-viveka)라는] 세 가지 한거(viveka) 가운데서 몸으로부터의 한거(citta-viveka)를 공부짓지 않는 것이다. 즉 충족하지 않는다는 말이다."(MA.i.101)

139) "'스승께서 버려야 한다고 설한 법들(dhammā satthā pahānam āha)'은 탐욕(lobha) 등의 법을 말한다."(MA.i.101)

한거를 멀리 내팽개쳐버립니다.[141]

도반들이여, 여기에 대해 장로 비구들은 세 가지 이유로 비난받아야 합니다. 스승께서 끊임없이 한거하여 머무실 때 제자들이 한거를 따라 공부짓지 않는 이 첫 번째 이유로 장로 비구들은 비난받아야 합니다. 스승께서 버려야 한다고 설한 법들을 버리지 않는 이 두 번째 이유로 장로 비구들은 비난받아야 합니다. 사치스럽고 부주의하며 퇴보에 앞장서고 한거를 멀리 내팽개쳐버린 이 세 번째 이유로 장로 비구들은 비난받아야 합니다.

도반들이여, 여기에 대해 중진 비구들은 세 가지 이유로 비난받아야 합니다. 스승께서 끊임없이 한거하여 머무실 때 제자들이 한거를 따라 공부짓지 않는 이 첫 번째 이유로 중진 비구들은 비난받아야 합니다. 스승께서 버려야 한다고 설한 법들을 버리지 않는 이 두 번째 이유로 중진 비구들은 비난받아야 합니다. 사치스럽고 부주의하며 퇴보에 앞장서고 한거를 멀리 내팽개쳐버린 이 세 번째 이유로 중진 비구들은 비난받아야 합니다.

도반들이여, 여기에 대해 신참 비구들은 세 가지 이유로 비난받아야 합니다. 스승께서 끊임없이 한거하여 머무실 때 제자들이 한거를 따라 공부짓지 않는 이 첫 번째 이유로 신참 비구들은 비난받아야 합

---

140) "'버려야 한다고 설하신 법들을 버리지 않음(dhamme nappajahanti)'은 마음으로부터의 한거(citta-viveka)를 하지 않는 것을 말한다."(MA.i.101)

141) "'사치스럽고 부주의한 것' 등은 재생의 근거로부터의 한거(upadhi-viveka)를 행하지 않는 것을 말한다. …
여기서 '사치스러운 것(bāhullikā)'은 옷 등에 사치스러운 것이고, '부주의한 것(sāthilikā)'은 교법에 태만한 것이고, '퇴보에 앞장서는 것(okkamane pubbaṅgamā)'은 쇠퇴한다는 뜻에서의 다섯 가지 장애(pañca-nīvaraṇāni)를 말한다. 그러므로 다섯 가지 장애에 앞장선다는 말이다. '한거를 멀리 내팽개쳐버린(paviveke nikkhitta-dhurā)'에서 '한거(paviveka)'란 재생의 근거로부터의 한거인 열반을 말한다."(MA.i.101)

니다. 스승께서 버려야 한다고 설한 법들을 버리지 않는 이 두 번째 이유로 신참 비구들은 비난받아야 합니다. 사치스럽고 부주의하며 퇴보에 앞장서고 한거를 멀리 내팽개쳐버린 이 세 번째 이유로 신참 비구들은 비난받아야 합니다.

이렇게 하는 것이 스승께서 끊임없이 한거하여 머무실 때 제자들이 한거를 따라서 공부짓지 않는 것입니다."

7. "도반들이여, 어떻게 하는 것이 스승께서 끊임없이 한거하여 머무실 때 제자들이 [15] 한거를 따라서 공부짓는 것입니까?

여기 스승께서 끊임없이 한거하여 머무실 때 제자들이 한거를 따라 공부짓습니다. 스승께서 버려야 한다고 설한 법들을 버립니다. 그들은 사치스럽지 않고 부주의하지 않으며 퇴보를 멀리하고 한거에 솔선수범합니다.

도반들이여, 여기에 대해 장로 비구들은 세 가지 이유로 칭송받아야 합니다. 스승께서 끊임없이 한거하여 머무실 때 제자들이 한거를 따라 공부짓는 이 첫 번째 이유로 장로 비구들은 칭송받아야 합니다. 스승께서 버려야 한다고 설한 법들을 버리는 이 두 번째 이유로 장로 비구들은 칭송받아야 합니다. 사치스럽지 않고 부주의하지 않으며 퇴보를 멀리하고 한거에 솔선수범하는 이 세 번째 이유로 장로 비구들은 칭송받아야 합니다.

도반들이여, 여기에 대해 중진 비구들은 …

도반들이여, 여기에 대해 신참 비구들은 세 가지 이유로 칭송받아야 합니다. 스승께서 끊임없이 한거하여 머무실 때 제자들이 한거를 따라 공부짓는 이 첫 번째 이유로 신참 비구들은 칭송받아야 합니다. 스승께서 버려야 한다고 설한 법들을 버리는 이 두 번째 이유로 신참 비구들은 칭송받아야 합니다. 사치스럽지 않고 부주의하지 않으며 퇴보를 멀리하고 한거에 솔선수범하는 이 세 번째 이유로 신참 비구들은 칭송받아야 합니다.

이렇게 하는 것이 스승께서 끊임없이 한거하여 머무실 때 제자들이 한거를 따라서 공부짓는 것입니다."

8. "도반들이여, 여기 탐욕도 나쁘고, 성냄도 나쁩니다. 탐욕도 버리고 성냄도 버리기 위해 중도(中道)[142]가 있습니다. 그것은 안목을 만들고 지혜를 만들며, 고요함으로 인도하고, 최상의 지혜[143]로 인도하고, 바른 깨달음으로 인도하고, 열반으로 인도합니다. 도반들이여, 그러면 무엇이 안목을 만들고 지혜를 만들며, 고요함으로 인도하고, 최상의 지혜로 인도하고, 바른 깨달음으로 인도하고, 열반으로

---

142) "'탐욕(lobha)'도 하나의 극단(eka anta)이고, '성냄(dosa)'도 하나의 극단이라고 생각하면서 이 양 극단(dve anta)에 다가가지 않고, 접근하지 않고, 이 양 극단으로부터 벗어나기 때문에 '중도(中道, majjhimā paṭipadā)'라 한다. 그와 마찬가지로 쾌락에 빠지는 것(kāma-sukhallika-anuyoga)도 하나의 극단(eka anta)이고 자기 학대에 빠지는 것(atta-kilamatha-anuyoga)도 하나의 극단이고(『상윳따 니까야』 제6권 「초전법륜경」(S56:11) 참조), 상견(sassata)도 하나의 극단이고 단견(uccheda)도 하나의 극단이라고(『상윳따 니까야』 제2권 「깟짜나곳따 경」(S12:15) 등 참조) 이전에 설한 방법에 따라서도 알아야 한다."(MA.i.104)

143) '최상의 지혜'로 옮긴 원어는 abhiññā이다. 니까야에서 abhiññā는 두 가지로 쓰인다. 첫째는 동명사 abhiññāya의 축약된 형태이고 둘째는 육신통(六神通)을 뜻하는 명사이다.
첫째의 보기는 초기경의 여러 곳에서 정형구로 많이 나타나는 "바로 지금·여기에서 스스로 최상의 지혜로 알고 실현하고 구족하여 머문다(diṭṭheva dhamme sayaṁ abhiññā sacchikatvā upasampajja viharati)."(『디가 니까야』 제1권 「범망경」(D1) §1.28 등)를 들 수 있다. 주석서는 abhiññā를 abhivisiṭṭhena ñāṇena(특별한 지혜로)라고 설명하기도 하고(DA.i.99) adhikena ñāṇena ñatvā(뛰어난 지혜로 안 뒤에)라고도 설명한다.(DA.i.175)
둘째, 명사 abhiññā는 『청정도론』과 『아비담마 길라잡이』에서는 초월지나 신통지로 옮겼다. 주로 육신통을 나타내는 문맥에서 사용되기 때문이다. 본서에서는 대부분 '최상의 지혜'로 옮기고 있다.

인도하는 중도입니까?

그것은 바로 이 성스러운 팔정도[八支聖道][144]이니, 즉 바른 견해[正見], 바른 사유[正思惟], 바른 말[正語], 바른 행위[正業], 바른 생계[正命], 바른 정진[正精進], 바른 마음챙김[正念], 바른 삼매[正定]입니다.[145] 도반들이여, 이것이 중도이니, 그것은 안목을 만들고 지혜를 만들며, 고요함으로 인도하고, 최상의 지혜로 인도하고, 바른 깨달음으로 인도하고, 열반으로 인도합니다."

9. ~ *15.* "도반들이여, 여기 분노도 나쁘고 적의도 나쁩니다. …

모욕도 나쁘고 얕봄도 나쁩니다. …

질투도 나쁘고 인색도 나쁩니다. …

---

144) '성스러운 팔정도[八支聖道]'는 ariya aṭṭhaṅgika magga를 옮긴 것이다. 이것을 직역하면 '성스러운(ariya) 여덟 가지 구성요소를 가진(aṭṭhaṅgika) 도(magga)'가 된다. 그래서 『상윳따 니까야』에서는 모두 '여덟 가지 구성요소를 가진 성스러운 도[八支聖道]'로 통일해서 옮겼다. 그러나 이렇게 옮기면 한글 술어 자체가 너무 길고, 게다가 우리에게 너무도 잘 알려졌으며 초기불교의 가장 중요한 가르침인 팔정도(八正道)라는 말이 빠져버려 혼란스러운 게 사실이다. 그래서 본서 전체에서는 '성스러운 팔정도[八支聖道]'로 통일해서 옮겼다.

145) 여기서 보듯이 중도(中道, majjhimā paṭipadā)는 팔정도이다. 4부 니까야(Nikāya)에는 대략 6군데에서 중도가 나타나는데 여기뿐만 아니라 4념처와 37보리분법(깨달음의 편에 있는 법, bodhipakkhiyā dhammā)을 중도라고 말씀하시는 『앙굿따라 니까야』「나체수행자 경」 1/2(A3:151~152/i.295)를 제외한 초기불전에서 중도는 반드시 팔정도로 설명이 되고 있다. 물론 37보리분법도 팔정도가 핵심이요, 4념처는 팔정도의 바른 마음챙김의 내용이다. 그리고 『무애해도』(Ps.ii.147)에도 팔정도가 중도로 표방되고 있다.
그리고 법의 상속자를 설하는 본경에서 사리뿟따 존자가 중도인 팔정도로 본경의 결론을 맺고 있다는 것은 팔정도를 실천하는 자야말로 진정한 부처님 법의 상속자라고 천명하는 것이다.
이 팔정도에 대한 경전적인 정의는 본서 제4권 「진리의 분석 경」(M141) §§23~31에 나타나고 있으니 참조할 것. 그리고 팔정도에 대한 여러 설명은 『초기불교 이해』 제25장(386쪽 이하)을 참조할 것.

속임수도 나쁘고 사기도 나쁩니다. …

완고함도 나쁘고 [16] 뻔뻔스러움도 나쁩니다. …

자만도 나쁘고 거만도 나쁩니다. …

허영도 나쁘고 방일도 나쁩니다.146) 허영도 버리고 방일도 버리기 위해 중도(中道)가 있습니다. 그것은 안목을 만들고 지혜를 만들며, 고요함으로 인도하고, 최상의 지혜로 인도하고, 바른 깨달음으로 인도하고, 열반으로 인도합니다. 도반들이여, 그러면 무엇이 안목을 만들고 지혜를 만들며, 고요함으로 인도하고, 최상의 지혜로 인도하고, 바른 깨달음으로 인도하고, 열반으로 인도하는 중도입니까?

그것은 바로 이 성스러운 팔정도[八支聖道]이니, 즉 바른 견해, 바른 사유, 바른 말, 바른 행위, 바른 생계, 바른 정진, 바른 마음챙김, 바른 삼매입니다. 도반들이여, 이것이 중도이니, 안목을 만들고 지혜를 만들며, 고요함으로 인도하고, 최상의 지혜로 인도하고, 바른 깨달음으로 인도하고, 열반으로 인도합니다."

사리뿟따 존자는 이와 같이 설했다. 그 비구들은 흡족한 마음으로 사리뿟따 존자의 설법을 크게 기뻐했다.

법의 상속자 경(M3)이 끝났다.

---

146) 이상으로 여기 본경 §§8~15에서 언급되고 있는 탐욕과 성냄부터 허영과 방일까지의 모두 16개의 오염원들(upakkilesa)은 본서 「옷감의 비유 경」(M7) §3에서도 나타나고 있다. 단 이 가운데 두 번째인 본경의 성냄(dosa) 대신에 거기서는 악의(byāpāda)가 나타나는 것이 다르다. 이 16가지를 원어와 함께 나열하면 다음과 같다.
탐욕(lobha), 성냄(dosa) 분노(kodha), 적의(upanāha), 모욕(makkha), 얕봄(paḷāsa), 질투(issā), 인색(macchariya), 속임수(māyā), 사기(sāṭhe-yya), 완고함(thambha), 뻔뻔스러움(sārambha), 자만(māna), 거만(atimāna), 허영(mada), 방일(pamāda).

두려움과 공포 경

Bhayabherava Sutta(M4)

1. 이와 같이 나는 들었다. 한때 세존께서는 사왓티에서 제따 숲의 아나타삔디까 원림(급고독원)에 머무셨다.

2. 그때 자눗소니 바라문147)이 세존께 다가갔다. 가서는 세존과 함께 환담을 나누었다. 유쾌하고 기억할 만한 이야기로 서로 담소를 한 뒤 한 곁에 앉았다. 한 곁에 앉아서 자눗소니 바라문은 세존께 이렇게 말씀드렸다.

"고따마 존자시여, 이들 좋은 가문의 아들[善男子]148)들은 고따마

---

147) 자눗소니 바라문(Jāṇussoṇī brāhmaṇa)은 꼬살라의 유명한 바라문 마을이었던 잇차낭깔라(Icchānaṅkala 혹은 Icchānaṅgala)라는 곳에 살고 있었다고 한다. 본경 등 적지 않은 경들이 그와 세존이 나눈 대화를 담고 있다. 그는 세존께 큰 신뢰를 가진 재가신도였다.
주석서에 의하면 그는 꼬살라의 유명한 바라문 마을이었던 잇차낭깔라(Icchā-naṅkala 혹은 Icchānaṅgala)라는 곳에 살고 있었다고 한다. 그는 빠세나디 꼬살라 왕의 높은 궁중제관(mahā-purohita)이었으며 많은 재산을 가졌다(vibhava)고 한다. 그의 이름은 그의 부모가 지어준 개인 이름이 아니라 그의 직위(ṭhāna) 때문에 생겼다고 한다.(SA.ii.74; MA.i.90) 『앙굿따라 니까야 주석서』는 누구든지 이 서열에 이른 자는 자눗소니 가문(Jāṇussoṇi-kula)이라 한다고 적고 있다.(AA.ii.115)

존자를 의지하여 믿음으로 집을 나와 출가했습니다. 고따마 존자께서는 그들의 지도자이시고, 고따마 존자께서는 그들을 돕는 분이시며 고따마 존자께서는 그들의 인도자이십니까? 이 사람들은 고따마 존자님을 본보기로 삼습니까?"149)

"바라문이여, 그러합니다. 바라문이여, 그러합니다. 바라문이여, 이들 좋은 가문의 아들[善男子]들은 나를 의지하여 믿음으로 집을 나와 출가했습니다. 나는 그들의 지도자이고, 나는 그들을 돕는 자이며 나는 그들의 인도자입니다. 이 사람들은 나를 본보기로 삼습니다."

"고따마 존자시여, 숲과 밀림의 멀리 떨어진 외딴곳은 참으로 견

---

148) '좋은 가문의 아들[善男子]'은 kula-putta를 직역한 것이다. 주석서는 "두 가지 좋은 가문의 아들이 있다. 태생이 좋은 가문의 아들(jāti-kula-putta)과 스승의 가문의 아들(ācāra-kula-putta)이다."(MA.i.111)라고 주석하면서 대부분의 문맥에서 스승의 가문의 아들로 해석하고 있다. 물론 스승의 가문의 아들이란 부처님 가문의 아들 즉 부처님의 아들이란 뜻이며 출가한 스님들을 지칭하는 경우가 대부분이다. 중국에서는 선남자(善男子)로 옮겼으며 불자(佛子)라는 의미와도 상통한다.
한편 중국에서 선여인(善女人)으로 옮긴 빠알리어는 kula-dhītā(좋은 가문의 딸, Sk. kula-duhitā)인데 초기경에는 나타나지 않고 주석서 문헌에서부터 나타나고 있다. 그러나 출가한 불제자의 의미로는 사용되지 않고 있다.

149) '이 사람들은 고따마 존자님을 본보기로 삼습니까?'는 bhoto ca pana Gotamassa sā janatā diṭṭhānugatiṁ āpajjati를 옮긴 것이다. 여기서 '본보기'는 diṭṭha-anugati를 옮긴 것이다. 냐나몰리 스님/보디 스님 1174쪽 57번 주해에서 냐나몰리 스님은 이 부분을 '*Master Gotama's view*'로 옮겼고 호너 여사도 역시 *view*로 옮겼다. 주석서(MA.i.111)도 역시 이것을 견해(dassana)로 설명하고 있다. 그런데 diṭṭha는 √dṛś(*to see*)의 과거분사로 '보아진'을 뜻하며, 같은 어근에서 파생된 견해를 뜻하는 명사인 diṭṭhi와는 구분되어야 한다. 보디 스님(800쪽 280번 주해)의 의견대로 여기서는 *example* 정도로 이해하는 것이 좋다. 그래서 역자는 '본보기'로 옮겼다.
이 표현은 D27 §12, S16:5 등 니까야의 여러 곳에 나타나는데 예를 들면 "후대 사람들은 [저를] 본보기로 하여 따라 할 것입니다."(S16:5) 등으로 '본보기'라는 의미가 분명하게 드러난다. 초기불전연구원에서는 대부분 '본보기'로 옮겼다.

뎌내기가 어렵습니다. 한거는 행하기가 어렵습니다. 혼자됨을 즐기기는 어렵습니다. 숲은 삼매를 얻지 못한 비구의 마음을 빼앗아 가버린다고 생각합니다."150)

"바라문이여, [17] 그러합니다. 바라문이여, 그러합니다. 바라문이여, 숲과 밀림의 멀리 떨어진 외딴곳은 참으로 견뎌내기가 어렵습니다. 한거는 행하기가 어렵습니다. 혼자됨을 즐기기는 어렵습니다. 숲은 삼매를 얻지 못한 비구의 마음을 빼앗아 가버린다고 생각합니다."

3. "바라문이여, 전에 내가 정각을 이루지 못한 보살이었을 적에 이러한 생각이 들었습니다.

'숲과 밀림의 멀리 떨어진 외딴곳은 참으로 견뎌내기가 어렵다. 한거는 행하기가 어렵다. 혼자됨을 즐기기는 어렵다. 숲은 삼매를 얻지 못한 비구의 마음을 빼앗아 가버린다.'"

4. "바라문이여, 그때 내게 이런 생각이 들었습니다.

'어떤 사문이든 바라문151)이든 [살생 등] 몸의 행위[身行]가 청정

---

150) "여기서 '한거는 행하기가 어렵다(dukkaraṁ pavivekaṁ).'는 것은 몸으로부터의 한거(kāya-viveka)를 행하기가 어렵다는 말이다. 혼자 있는 상태를 즐기기는 쉽지가 않다. 몸이 한거할 때 마음은 그것을 즐거워하지 않는다. 이 세상 사람들은 둘씩 있는 것을 즐기기 때문이다.
'숲은 삼매를 얻지 못한 비구의 마음을 빼앗아 가버린다고 생각한다(haranti maññe mano vanāni samādhiṁ alabhamānassa bhikkhuno).'라고 했다. 근접삼매나 본삼매를 얻지 못한 자가 숲이나 밀림에 거주하면 그곳의 풀, 나뭇잎, 동물 등의 여러 가지 무서운 것들로 인해 그의 마음이 산란해진다는 말이다."(MA.i.112~113)

151) '사문(沙門)'은 samaṇa(Sk. śramaṇa)를 음역한 것이다. 집을 떠나 독신생활을 하는 수행자를 사문(sāmaṇa)이라 통칭하였다. 계급과 관계없이 누구나 사문이 될 수 있다. 육사외도(六邪外道, 본서 「심재 비유의 짧은 경」(M30) §2의 주해를 참조할 것.)로 불리는 집단과 불교 교단이 대표적인 사문 집단이다. 사문집단에 대한 경전적 설명은 『디가 니까야』 제3권 「세기경」(D27) §26을 참조할 것. 네 종류의 사문에 대해서는 『앙굿따라 니까

하지 못한 자들이 숲과 밀림의 멀리 떨어진 외딴곳에 거주하게 되면, 몸의 행위가 청정하지 못한 것으로 인해 그 사문·바라문들은 해로운[152] 두려움과 공포를 불러올 것이다.

그러나 나는 몸의 행위가 청정하지 못한 채 숲과 밀림의 멀리 떨어진 외딴곳에 거주하지 않는다. 나는 몸의 행위가 청정하다. 나는 몸의 행위가 청정한 성스러운 자들 중의 한 사람으로 숲과 밀림의 멀

야』 제2권 「음식 경」(A4:87)을 참조할 것.

'바라문(婆羅門)'은 brāhmaṇa(Sk.와 동일)를 음역한 것이다. 바라문은 인도의 종교인과 지식인을 대표하는 사람들로 바라문이라는 특정 계급 출신이라야 하며, 결혼을 하고 독신이 아니다. 물론 8살부터 20살까지 12년간은 스승의 문하에서 독신으로 금욕생활을 하면서 베다 등을 학습한다. 초기불전의 도처에 나타나듯이 바라문들은 세존과 대화가 가능한 지적이고 양심적인 사람들이 대부분이었다. 그리고 부처님 제자들 가운데서도 사리뿟따, 목갈라나, 깟사빠, 뿐나, 만따니뿟따 등등 교단을 대표하는 인물들은 대부분 바라문 출신들이었다. 주석서들에서는 "'바라문(brāhmaṇa)'이란 최상(seṭṭha)이며 결점이 없다는(niddosa) 뜻이다."(AA.iii.4)라거나 "사악함을 내몰았기(bāhita-pāpatā) 때문에 바라문이라는 술어가 생긴 것이니 번뇌 다한 자(khīṇāsava)를 말한다."(AAṬ.ii.203)라는 등으로 바라문을 정의하고 있다.

그리고 본서 제3권 「와셋타 경」(M98) §10이하의 게송들과 『법구경』 「바라문 품」(Dhp.390~423)에서도 부처님께서는 진정한 바라문을 여러 가지로 정의하고 계시는데 탐·진·치가 다하고 번뇌가 다한 성자야말로 진정한 바라문이라고 강조하신다. 바라문 집단의 출현(brāhmaṇa-maṇḍala)에 대한 불교식의 이해는 『디가 니까야』 제3권 「세기경」(D27) §22를 참조할 것.

그리고 니까야에서 사문과 바라문은 아주 많이 나타나고 있는데 사문과 바라문이 언급될 때는 거의 예외 없이 samaṇā vā brāhmaṇā나 samaṇa-brāhmaṇā라는 합성으로 나타난다. 이처럼 불교 경전에서는 항상 사문을 바라문보다 앞에 두고 언급하고 있는데 불교가 사문집단이기 때문에 사문을 앞에 언급한 것일 것이다.

152) "'해로움[不善, akusala]'이란 비난받아 마땅하고(sāvajja) 안전하지 못하다(akkhema)는 말이다. '두려움(bhaya)'은 비난받아 마땅하다는 뜻에서 해로움이고, '공포(bherava)'는 안전하지 못하다는 뜻에서 해로움이다." (MA.i.113~114)

리 떨어진 외딴곳에 거주한다.'

바라문이여, 나는 내 자신 안에서 이 몸의 행위가 청정함을 보면서 더욱더 숲 속에 머무는 데 안전함을 느꼈습니다."

5. ~ *7.* "바라문이여, 그때 내게 이런 생각이 들었습니다.

'어떤 사문이든 바라문이든 말의 행위[口行]가 청정하지 못한 자들이 … 마노의 행위[意行]가 청정하지 못한 자들이 … 생계[命]가 청정하지 못한 자들이 숲과 밀림의 멀리 떨어진 외딴곳에 거주하게 되면, 생계가 청정하지 못한 것으로 인해 그 사문 · 바라문들은 해로운 두려움과 공포를 불러올 것이다.

그러나 나는 생계가 청정하지 못한 채 숲과 밀림의 멀리 떨어진 외딴곳에 거주하지 않는다. 나는 생계가 청정하다. 나는 생계가 청정한 성스러운 자들 중의 한 사람으로 숲과 밀림의 멀리 떨어진 외딴곳에 거주한다.'

바라문이여, 나는 내 자신 안에서 이 생계가 청정함을 보면서 더욱더 숲 속에 머무는 데 안전함을 느꼈습니다."

8. "바라문이여, 그때 내게 이런 생각이 들었습니다.

'어떤 사문이든 바라문이든 욕심을 부리고 감각적 욕망들에 깊이 탐닉한 자들이 숲과 밀림의 멀리 떨어진 외딴곳에 거주하게 되면, 욕심을 부리고 감각적 욕망들에 깊이 탐닉함으로 인해 그 사문 · 바라문들은 해로운 두려움과 공포를 불러올 것이다.

그러나 나는 욕심을 부리고 감각적 욕망들에 깊이 탐닉한 채 숲과 밀림의 멀리 떨어진 외딴곳에 거주하지 않는다. 나는 욕심을 부리지 않는다. 나는 욕심을 부리지 않는 성스러운 자들 중의 한 사람으로 숲과 밀림의 멀리 떨어진 외딴곳에 [18] 거주한다.'

바라문이여, 나는 내 자신 안에서 이 욕심을 부리지 않음을 보면서 더욱더 숲 속에 머무는 데 안전함을 느꼈습니다."

9. "바라문이여, 그때 내게 이런 생각이 들었습니다.

'어떤 사문이든 바라문이든 악의와 타락한 생각을 품은 자들이 숲과 밀림의 멀리 떨어진 외딴곳에 거주하게 되면, 악의와 타락한 생각을 품음으로 인해 그 사문·바라문들은 해로운 두려움과 공포를 불러올 것이다.

그러나 나는 악의와 타락한 생각을 품은 채 숲과 밀림의 멀리 떨어진 외딴곳에 거주하지 않는다. 나는 자애로운 마음을 가졌다. 나는 자애로운 마음을 가진 성스러운 자들 중의 한 사람으로 숲과 밀림의 멀리 떨어진 외딴곳에 거주한다.'

바라문이여, 나는 내 자신 안에서 이 자애로움을 보면서 더욱더 숲 속에 머무는 데 안전함을 느꼈습니다."

10. "바라문이여, 그때 내게 이런 생각이 들었습니다.

'어떤 사문이든 바라문이든 해태와 혼침에 압도된 자들이 숲과 밀림의 멀리 떨어진 외딴곳에 거주하게 되면, 해태와 혼침에 압도됨으로 인해 그 사문·바라문들은 해로운 두려움과 공포를 불러올 것이다.

그러나 나는 해태와 혼침에 압도된 채 숲과 밀림의 멀리 떨어진 외딴곳에 거주하지 않는다. 나는 해태와 혼침이 없다. 나는 해태와 혼침이 없는 성스러운 자들 중의 한 사람으로 숲과 밀림의 멀리 떨어진 외딴곳에 거주한다.'

바라문이여, 나는 내 자신 안에서 이 해태와 혼침이 없음을 보면서 더욱더 숲 속에 머무는 데 안전함을 느꼈습니다."

11. "바라문이여, 그때 내게 이런 생각이 들었습니다.

'어떤 사문이든 바라문이든 들뜨고 마음이 고요하지 않은[153] 자들이 숲과 밀림의 멀리 떨어진 외딴곳에 거주하게 되면, 들뜸과 고요하지 않은 마음으로 인해 그 사문・바라문들은 해로운 두려움과 공포를 불러올 것이다.

그러나 나는 들뜸과 고요하지 않은 마음을 가진 채 숲과 밀림의 멀리 떨어진 외딴곳에 거주하지 않는다. 내 마음은 고요하다. 나는 마음이 고요한 성스러운 자들 중의 한 사람으로 숲과 밀림의 멀리 떨어진 외딴곳에 거주한다.'

바라문이여, 나는 내 자신 안에서 이 고요한 마음을 보면서 더욱더 숲 속에 머무는 데 안전함을 느꼈습니다."

12. "바라문이여, 그때 내게 이런 생각이 들었습니다.

'어떤 사문이든 바라문이든 의혹과 의심을 품은 자들[154]이 숲과 밀림의 멀리 떨어진 외딴곳에 거주하게 되면, 의혹과 의심을 품음으로 인해 그 사문・바라문들은 해로운 두려움과 공포를 불러올 것이다.

그러나 나는 의혹과 의심을 품은 채 숲과 밀림의 멀리 떨어진 외딴곳에 거주하지 않는다. 나는 의심을 건넜다. 나는 의심을 건넌 성

---

153) "'들뜸(uddhatā)'은 하나의 대상에 대해 마음이 요동치는 것(vipphandamāna-cittā)이다. 마치 깃대에 달려있는 깃발이 바람에 나부끼는 것처럼. '마음이 고요하지 않음(avūpasanta-cittā)'은 마음이 가라앉지 않음(anibbuta-cittā)을 말한다. 이것은 후회(kukkucca)도 포함한다."(MA.i.116)

154) '의혹과 의심을 품은 자들'은 kaṅkhī vicikicchī를 옮긴 것이다. 주석서는 이렇게 설명한다.
"'의혹(kaṅkhā)'과 '의심(vicikicchā)'은 같은 것으로 다섯 번째 장애이다. '이것은 무엇인가?'라고 대상에 대해 의심하는 것이 의혹이고, '이것은 바로 그것이다.'라고 결정할 능력이 없는 상태를 의심이라 한다."(MA.i.116)

스러운 자들 중의 한 사람으로 숲과 밀림의 멀리 떨어진 외딴곳에 거주한다.'

바라문이여, 나는 내 자신 안에서 이 의심을 건넜음을 [19] 보면서 더욱더 숲 속에 머무는 데 안전함을 느꼈습니다."

13. "바라문이여, 그때 내게 이런 생각이 들었습니다.

'어떤 사문이든 바라문이든 자기를 칭찬하고 남을 비난하는 자들이 숲과 밀림의 멀리 떨어진 외딴곳에 거주하게 되면, 자기를 칭찬하고 남을 비난함으로 인해 그 사문·바라문들은 해로운 두려움과 공포를 불러올 것이다.

그러나 나는 나를 칭찬하고 남을 비난하면서 숲과 밀림의 멀리 떨어진 외딴곳에 거주하지 않는다. 나는 나를 칭찬하고 남을 비난하지 않는다. 나는 자기를 칭찬하고 남을 비난하지 않는 성스러운 자들 중의 한 사람으로 숲과 밀림의 멀리 떨어진 외딴곳에 거주한다.'

바라문이여, 나는 내 자신 안에서 나를 칭찬하지 않고 남을 비난하지 않는 것을 보면서 더욱더 숲 속에 머무는 데 안전함을 느꼈습니다."

14. "바라문이여, 그때 내게 이런 생각이 들었습니다.

'어떤 사문이든 바라문이든 무서움과 두려움에 질려 있는 자들이 숲과 밀림의 멀리 떨어진 외딴곳에 거주하게 되면, 무서움과 두려움에 질림으로 인해 그 사문·바라문들은 해로운 두려움과 공포를 불러올 것이다.

그러나 나는 무서움과 두려움에 질린 채 숲과 밀림의 멀리 떨어진 외딴곳에 거주하지 않는다. 나는 소름끼침이 없다. 나는 소름끼침이 없는 성스러운 자들 중의 한 사람으로 숲과 밀림의 멀리 떨어진 외딴곳에 거주한다.'

바라문이여, 나는 내 자신 안에서 이 소름끼침이 없음을 보면서 더욱더 숲 속에 머무는 데 안전함을 느꼈습니다."

15. "바라문이여, 그때 내게 이런 생각이 들었습니다.

'어떤 사문이든 바라문이든 이득과 존경과 명성[155]을 바라는 자들이 숲과 밀림의 멀리 떨어진 외딴곳에 거주하게 되면, 이득과 존경과 명성을 바람으로 인해 그 사문·바라문들은 해로운 두려움과 공포를 불러올 것이다.

그러나 나는 이득과 존경과 명성을 바라면서 숲과 밀림의 멀리 떨어진 외딴곳에 거주하지 않는다. 나는 바라는 것이 적다[小欲]. 나는 바라는 것이 적은 성스러운 자들 중의 한 사람으로 숲과 밀림의 멀리 떨어진 외딴곳에 거주한다.'

바라문이여, 나는 내 자신 안에서 이 바라는 것이 적음을 보면서 더욱더 숲 속에 머무는 데 안전함을 느꼈습니다."

16. "바라문이여, 그때 내게 이런 생각이 들었습니다.

'어떤 사문이든 바라문이든 게으르고 정진하지 않는[156] 자들이 숲과 밀림의 멀리 떨어진 외딴곳에 거주하게 되면, 게으르고 정진하지 않음으로 인해 그 사문·바라문들은 해로운 두려움과 공포를 불러올

---

155) "'이득(lābha)'은 네 가지 필수품을 두고 한 말이다. '존경(sakkāra)'은 아름다운 것(sundarākāra)을 말한다. 더 수승하고 더 좋은 필수품들을 생각하는 것을 말한다. 또한 다른 사람이 자신을 존중하는 것이나 혹은 꽃다발 등으로 존중되는 것을 뜻한다.

156) '정진하지 않는'은 hīna-viriya를 옮긴 것이다. 일반적으로 hīna는 '저열한, 열등의' 등으로 옮길 수 있지만, 여기서는 '없음(virahitā viyuttā)'을 뜻한다고 주석서에서 설명하고 있어서(MA.i.117) 이렇게 옮겼다.
"'게으름(kusita)'은 육체적인(kāyika) 정진이 없는 것을, '정진하지 않음(hīna-viriya)'은 정신적인(cetasika) 정진이 없는 것을 말한다. 이 둘은 대상을 결정하는 것조차도 할 수가 없다."(*Ibid*)

것이다.

그러나 나는 게으르고 정진하지 않으면서 숲과 밀림의 멀리 떨어진 외딴곳에 거주하지 않는다. 나는 열심히 정진한다. 나는 열심히 정진하는 성스러운 자들 중의 한 사람으로 숲과 밀림의 멀리 떨어진 외딴곳에 거주한다.'

바라문이여, 나는 내 자신 안에서 이 열심히 정진함을 보면서 더욱더 숲 속에 머무는 데 안전함을 느꼈습니다."

17. "바라문이여, 그때 내게 이런 생각이 들었습니다.

'어떤 [20] 사문이든 바라문이든 마음챙김이 없고 알아차림이 없는 자들이 숲과 밀림의 멀리 떨어진 외딴곳에 거주하게 되면, 마음챙김이 없고 알아차림이 없음으로 인해 그 사문·바라문들은 해로운 두려움과 공포를 불러올 것이다.

그러나 나는 마음챙김이 없고 알아차림이 없이 숲과 밀림의 멀리 떨어진 외딴곳에 거주하지 않는다. 나는 마음챙김을 확립했다. 나는 마음챙김을 확립한 성스러운 자들 중의 한 사람으로 숲과 밀림의 멀리 떨어진 외딴곳에 거주한다.'

바라문이여, 나는 내 자신 안에서 이 마음챙김의 확립을 보면서 더욱더 숲 속에 머무는 데 안전함을 느꼈습니다."

18. "바라문이여, 그때 내게 이런 생각이 들었습니다.

'어떤 사문이든 바라문이든 집중하지 못하고 마음이 산란한 자들이 숲과 밀림의 멀리 떨어진 외딴곳에 거주하게 되면, 집중하지 못하고 마음이 산란함으로 인해 그 사문·바라문들은 해로운 두려움과 공포를 불러올 것이다.

그러나 나는 집중하지 못하고 산란한 마음을 가진 채 숲과 밀림의 멀리 떨어진 외딴곳에 거주하지 않는다. 나는 삼매를 성취했다. 나는 삼매를 성취한 성스러운 자들 중의 한 사람으로 숲과 밀림의 멀리 떨어진 외딴곳에 거주한다.'

바라문이여, 나는 내 자신 안에서 이 삼매의 성취를 보면서 더욱더 숲 속에 머무는 데 안전함을 느꼈습니다."

19. "바라문이여, 그때 내게 이런 생각이 들었습니다.

'어떤 사문이든 바라문이든 통찰지가 없고 멍청이157) 같은 자들이 숲과 밀림의 멀리 떨어진 외딴곳에 거주하게 되면, 통찰지가 없고 멍청한 것으로 인해 그 사문·바라문들은 해로운 두려움과 공포를 불러올 것이다.

그러나 나는 통찰지가 없고 멍청이같이 되어 숲과 밀림의 멀리 떨어진 외딴곳에 거주하지 않는다. 나는 통찰지를 구족했다. 나는 통찰지를 구족한 성스러운 자들 중의 한 사람으로 숲과 밀림의 멀리 떨어진 외딴곳에 거주한다.'

바라문이여, 나는 내 자신 안에서 이 통찰지의 구족을 보면서 더욱더 숲 속에 머무는 데 안전함을 느꼈습니다."

20. "바라문이여, 그때 내게 이런 생각이 들었습니다.

'보름 중의 14일과 15일과 8일 밤은 상서로운 날로 알려져 있다. 그런 날 밤 무시무시하고 소름끼치는 동산의 탑전이나 숲의 탑전이나 밀림의 탑전 같은 그런 곳에서 내가 머물면 어떨까?'라고. 그러면

---

157) 여기서 '멍청이'는 일반적으로 벙어리로 옮기는 eḷamūga를 주석서를 참조해서 이렇게 옮긴 것이다. 주석서는 이렇게 설명한다.
"여기서 엘라무가(eḷamūga)는 엘라무카(eḷa-mukha)에서 kha가 ga로 변한 것이다. 이것은 랄라무카(lāla-mukha) 즉 입에 침을 흘리는 자(lālā mukhato galati)를 뜻한다. 지혜가 없는 사람들은 말을 할 때 입에서 침을 흘리기 때문이다. 엘라(eḷa)는 바로 이 침(lālā)을 뜻한다."(MA.i.118)

아마도 두려움과 공포를 볼 수 있으리라.'

바라문이여, 그 후 상서로운 날로 알려져 있는, 보름 중의 14일과 15일과 8일의 그런 날 밤에 나는 무시무시하고 소름끼치는 동산의 탑전이나 숲의 탑전이나 밀림의 탑전 같은 그런 곳에서 머물렀습니다. 바라문이여, 내가 머무는 동안 짐승이 오거나 공작새가 [21] 마른 나뭇가지를 부러뜨리거나 바람이 낙엽과 쓰레기를 흩날렸습니다. 바라문이여, 그때 내게 '지금 다가오는 이것이 두려움과 공포가 아닌가?'158)라는 생각이 들었습니다.

바라문이여, 그때 내게 이런 생각이 들었습니다.

'왜 내가 꼭 두려움을 기대하면서 머물러야 하는가? 내가 어떠한 자세를 취하고 있을 때159) 어떤 두려움과 공포가 다가오든, 그 자세를 유지한 채160) 그 두려움과 공포를 물리치리라.'

바라문이여, 그때 내가 포행을 하고 있을 때 그 두려움과 공포가

---

158) '지금 다가오는 이것이 두려움과 공포가 아닌가?'로 옮긴 원문은 etaṁ nūna taṁ bhayabheravaṁ āgacchati(참으로 두려움과 공포가 다가온다.)인데, 주석서에서 '지금 다가오는 이것이 두려움과 공포가 아닌가?(yam etaṁ āgacchati, taṁ bhayabheravaṁ nūnāti)'라고 설명하고 있어서 (MA.i.120) 이렇게 옮겼다.
계속해서 주석서는 "여기서부터는 두려움과 공포가 대상이 된다고 알아야 한다."(*Ibid*)고 덧붙이고 있다.

159) '내가 어떠한 자세를 취하고 있을 때'로 옮긴 원문은 yathābhūtassa yathā-bhūtassa(그렇고 그런)인데, 주석서에서 "네 가지 자세 가운데 어떤 자세를 취하고 있든(yena yena iriyāpathena bhūtassa bhavitassa sato vattamānassa samaṅgībhūtassa)"(MA.i.120)으로 설명하고 있어서 이렇게 풀어서 옮겼다.

160) '그 자세를 유지한 채'로 옮긴 원문은 tathābhūtaṁ tathābhūto(그렇고 그런)인데 주석서에서 "[다른 자세로 바꾸지 않고,] '두려움과 공포가 올 때의 바로 그 자세에서(tena teneva iriyāpathena bhūto bhavito santo vatta-māno samaṅgībhūto vā)' 그 두려움과 공포를 물리친다는 말이다." (MA.i.120)라고 설명하고 있어서 이렇게 풀어서 옮겼다.

다가왔습니다. 나는 서지도, 앉지도, 눕지도 않고 오직 포행을 하면서 그 두려움과 공포를 물리쳤습니다. 바라문이여, 그때 내가 서 있을 때 그 두려움과 공포가 다가왔습니다. 나는 포행도, 앉지도, 눕지도 않고 오직 서서 그 두려움과 공포를 물리쳤습니다. 바라문이여, 그때 내가 앉아 있을 때 그 두려움과 공포가 다가왔습니다. 나는 눕지도, 서지도, 포행도 하지 않고 오직 앉아서 그 두려움과 공포를 물리쳤습니다. 바라문이여, 그때 내가 누워 있을 때 그 두려움과 공포가 다가왔습니다. 나는 앉지도 서지도 포행도 않고 오직 누워서 그 두려움과 공포를 물리쳤습니다."

21. "바라문이여, 어떤 사문·바라문들은 밤인데도 '이것은 낮이다.'라고 인식하고, 낮인데도 '이것은 밤이다.'라고 인식합니다.161) 바라문이여, 나는 이를 두고 그들 사문·바라문들은 어리석음 속에

---

161) "그러면 왜 이러한 [잘못된] 인식을 하는 것일까? ① 출정에 능숙하지 못하기(uṭṭhāna-kosalla-abhāva) 때문이요 ② 새소리(sakuṇa-ruta) 때문이다.
① 출정에 능숙하지 못함이란, 여기 어떤 자는 흰 색의 까시나를 얻어서(odāta-kasiṇa-lābhī) 낮(divasa)에 준비단계의 수행(parikamma)을 하여 낮에 증득(본삼매, samāpann)에 들었다가 낮에 출정할 것이라고 마음에 잡도리한다. 그러나 그는 시간을 한정하는 데(addhāna-paricchedа)는 능숙하지 못하다. 그래서 그는 낮을 넘어서 밤(ratti)에 출정한다. 그는 흰색 까시나가 가득하여(odāta-kasiṇa-pharaṇa-vasena) 밤에 출정하였는데도 낮이라고 잘못 인식하는 것이다.
반대로 청색 까시나를 가져(nīla-kasiṇa-lābhī) 밤에 본삼매에 들었다가 시간에 능숙하지 못해서 낮에 출정한 사람은 그 청색 까시나가 가득하여 낮에 출정하였는데도 밤이라고 인식한다. 이처럼 출정에 능숙함이 없기 때문에 이러한 인식을 가진 자가 되는 것이다.
② 새소리 때문이라는 것은, 거처의 안(anto-senāsana)에 앉아있는데 낮에 우는 새들(divā ravanaka-sakuṇā)인 까마귀 등이 달빛 등을 보고 낮이라고 생각하고 밤에 우는 것을 듣고 낮이라고 잘못 생각하거나, 밤에 우는 올빼미 등이 대낮에 어떤 이유 때문에 우는 것을 듣고 낮이라고 잘못 인식하는 것 등을 말한다.(MA.i.121~122)

서 산다고 말합니다. 바라문이여, 그러나 나는 밤이면 '이것은 밤이다.'라고 인식하고 낮이면 '이것은 낮이다.'라고 인식합니다.

바라문이여, 누군가가 말하면서 '어리석음의 본성을 초월한 분이 세상에 출현하셨으니, 그것은 많은 사람의 이익을 위하고 많은 사람의 행복을 위하고 세상을 연민하고 신과 인간의 이상과 이익과 행복162)을 위한 것이다.'라고 어떤 사람에 대해 바르게 말한다면, 그것은 바로 나를 두고 그렇게 말할 때 바르게 말하는 것입니다."

22. "바라문이여, 내게는 불굴의 정진이 생겼고, 마음챙김이 확립되어 잊어버림이 없었으며, 몸이 경안하여 교란하지 않았고, 마음이 집중되어 일념이 되었습니다."163)

23. "바라문이여, 그런 나는 감각적 욕망을 완전히 떨쳐버리고 해로운 법[不善法]들을 떨쳐버린 뒤 일으킨 생각[尋]과 지속적 고찰[伺]이 있고, 떨쳐버렸음에서 생긴 희열[喜]과 행복[樂]이 있는 초선(初

---

162) "여기서 '이상(attha)'은 구경법(究境法, paramattha)인 열반을 말한다. '이익(hita)'은 그것을 성취하는 도(magga)를 말한다. 열반을 성취하는 도보다 더 큰 이익은 없다. '행복(sukha)'은 과(phala)의 증득인 행복을 말한다. 그보다 더 수승한 행복은 없기 때문이다."(MA.i.123)
도는 예류도부터 아라한도까지의 네 가지 도를 뜻하고 과는 예류과부터 아라한과까지의 네 가지 과를 말한다.

163) '마음이 집중되어 일념이 되었다.'는 samāhitaṁ cittaṁ ekaggaṁ를 직역하여 옮긴 것이다. 이 표현은 본서 「두 가지 사유 경」(M19) §13과 「코끼리 발자국 비유의 긴 경」(M28) §9에도 나타나고 있다. 일념이 됨으로 옮긴 것은 citta ekagga인데 ekagga에 추상명사 어미 -tā를 붙여 ekaggatā가 되어 전체를 cittassa ekaggatā로 표기하면 삼매를 정의하는 우리에게 잘 알려진 술어가 된다.
초기불전연구원에서는 이 cittassa ekaggatā를 '마음이 한 끝에 집중됨'으로 옮기고 있다. 중국에서는 心一境性(심일경성) 혹은 心一境(심일경)으로 직역되어 정착되었다. 여기에 대해서는 본서 제2권 「교리문답의 짧은 경」(M44) §12의 주해를 참조할 것.

禪)을 구족하여 머물렀습니다."164)

24. "일으킨 생각[尋]과 지속적 고찰[伺]을 가라앉혔기 때문에 [더 이상 존재하지 않고], 자기 내면의 것이고, 확신이 있으며, 마음의 단일한 상태이고, [22] 일으킨 생각과 지속적 고찰은 없고, 삼매에서 생긴 희열과 행복이 있는 제2선(二禪)을 구족하여 머물렀습니다."

25. "희열이 빛바랬기 때문에 평온하게 머물렀고, 마음챙기고 알아차리며[正念·正知] 몸으로 행복을 경험했습니다. 이 [禪 때문에] '평온하고 마음챙기며 행복하게 머문다.'고 성자들이 묘사하는 제3선(三禪)을 구족하여 머물렀습니다."

26. "행복도 버리고 괴로움도 버리고, 아울러 그 이전에 이미 기쁨과 슬픔을 소멸하였으므로 괴롭지도 즐겁지도 않으며, 평온으로 인해 마음챙김이 청정한165) 제4선(四禪)을 구족하여 머물렀습니다."166)

---

164) "어떤 명상주제(kammaṭṭhāna)를 닦아서 세존께서는 이런 禪들을 구족했는가? 들숨날숨에 마음챙기는 공부라는 명상주제(ānāpānassati-kammaṭṭhāna)를 통해서였다."(MA.i.124)

165) '평온으로 인해 마음챙김이 청정한'은 upekkhā-sati-pārisuddhi를 옮긴 것이다. 이것은 중국에서 사념청정(捨念淸淨)으로 직역되었다. 주석서들은 "평온에서 생긴 마음챙김의 청정함(upekkhāya janita-sati-pārisuddhi)"(DhsA.178 등)으로 설명하고 있어서 이렇게 옮겼다. 『청정도론』의 설명을 인용한다.
"평온으로 인해 마음챙김이 청정한: 평온에서 생긴 마음챙김의 청정함. 이 [제4]禪에서 마음챙김은 지극히 청정하다. 이 마음챙김의 청정함은 평온 때문에 이루어진 것이고 다른 이유 때문이 아니다. 그러므로 '평온으로 인해 마음챙김이 청정한'이라고 했다. 『위방가』에서도 설하셨다. "이 마음챙김은 평온 때문에 맑고 청정하고 깨끗해졌기 때문에 '평온으로 인해 마음챙김이 청정하다.'고 한다."(Vbh.261) 여기서 마음챙김을 청정하게 하는 그 평온은 뜻으로는 중립(tatra-majjhattatā)의 [마음부수]라고 알아야 한다. 그것은 오직 마음챙김만 청정하게 하는 것이 아니라 함께하는 모든 법들을 청정하게 한다. 그러나 마음챙김을 상수(上首)로 하여 가르침을 설했다."(『청정

27. "그런 나는 이와 같이 마음이 집중되고, 청정하고, 깨끗하고, 흠이 없고, 오염원이 사라지고, 부드럽고, 활발발하고, 안정되고, 흔들림이 없는 상태에 이르렀을 때 전생을 기억하는 지혜[宿命通][167]로 마음을 향하게 했습니다.

도론』 IV.194)
중립의 마음부수에 대해서는 『아비담마 길라잡이』 제2장 §5의 [해설] 7을 참조할 것.

166) "이러한 네 가지 선[四種禪, cattāri jhānāni]은 ① 어떤 사람들에게는 마음이 한 끝에 집중됨[心一境性](cittekaggatā)이 되고 ② 어떤 사람들에게는 위빳사나의 기초(vipassanā-pādaka)가 되고 ③ 어떤 사람들에게는 신통지의 기초(abhiññā-pādaka)가 되고 ④ 어떤 사람들에게는 소멸의 기초(nirodha-pādaka)가 되고 ⑤ 어떤 사람들에게는 존재의 승격(bha-vok-kamana)을 위한 것이다.
① '증득(samāpatti)에 들어 일념으로 행복하게 하루를 머물리라.'라고 생각하면서 까시나의 준비(kasiṇa-parikamma)를 지어 여덟 가지 증득[八等至, aṭṭha samāpatti]을 일으킨다.
② '증득에서 나와 잘 집중된 마음으로 위빳사나를 하리라.'라고 증득을 일으키는 유학과 범부들에게 이것은 위빳사나의 기초가 된다.
③ 그러나 여덟 가지 증득을 일으켜 신통지의 기초가 되는 禪(abhiññā-pādaka-jjhāna)에 들었다가 출정하여 '하나인 채 여럿이 되리라.'라고 설한 방법대로 신통을 나투는 사람들에게 이 禪은 신통지의 기초가 된다.
④ '여덟 가지 증득을 일으켜서 멸진정(상수멸, nirodha-samāpatti)에 들어 7일 동안 마음 없이 지금·여기에서 소멸인 열반을 얻어 행복하게 머물리라.'라고 일으키는 사람들에게는 이것은 소멸의 기초가 된다.
⑤ 그러나 '여덟 가지 증득을 일으켜서 禪을 벗어나지 않고(aparihīna-jjhānā) 범천의 세상(brahma-loka)에 태어나리라.'라고 일으키는 사람들에게는 이것은 존재의 승격을 위한 것이다.
그런데 세존께서는 이 제4禪(catuttha-jjhāna)을 보리수 아래서 일으키셨다. 그것은 위빳사나의 기초가 되고, 신통지의 기초가 되었고, 모든 역할을 성취하게 하는 것(sabba-kicca-sādhaka)이었고, 모든 세간·출세간의 공덕을 주는 것(sabba-lokiya-lokuttara-guṇa-dāyaka)이었다."(MA.i.124~125)

167) 본문에 나타나는 '전생을 기억하는 지혜[宿命通, pubbe-nivāsa-anussati-ñāṇa]'의 정형구는 『청정도론』 XIII.13~71에 상세하게 설명되어 있으므로 참조할 것.

그런 나는 한량없는 전생의 갖가지 삶들을 기억했습니다. 즉 한 생, 두 생, 세 생, 네 생, 다섯 생, 열 생, 스무 생, 서른 생, 마흔 생, 쉰 생, 백 생, 천 생, 십만 생, 세계가 수축하는 여러 겁, 세계가 팽창하는 여러 겁, 세계가 수축하고 팽창하는 여러 겁을 기억했습니다. '어느 곳에서 이런 이름을 가졌고, 이런 종족이었고, 이런 용모를 가졌고, 이런 음식을 먹었고, 이런 행복과 고통을 경험했고, 이런 수명의 한계를 가졌고, 그곳에서 죽어 다른 어떤 곳에 다시 태어나 그곳에서는 이런 이름을 가졌고, 이런 종족이었고, 이런 용모를 가졌고, 이런 음식을 먹었고, 이런 행복과 고통을 경험했고, 이런 수명의 한계를 가졌고, 그곳에서 죽어 다시 여기 태어났다.'라고. 이처럼 한량없는 전생의 갖가지 모습들을 그 특색과 더불어 상세하게 기억해냈습니다."

28. "바라문이여, 이것이 내가 밤의 초경(初更)에 증득한 첫 번째 명지(明知)168)입니다. 마치 방일하지 않고 열심히, 스스로 독려하며

---

168) "'명지(明知, vijjā)'란 알게 하는 것(vidita-karaṇa)이라는 뜻에서 명지라 한다. 무엇을 아는가? 전생(pubbe-nivāsa)을 안다."(MA.i.126)
명지(明知)로 옮긴 vijjā는 vindati(알다, √vij, *to know*)에서 파생된 명사인데 주석서는 이것을 꿰뚫음(paṭi-vedha)의 뜻이라고 설명하고 있다.(SA.ii.21) 초기불전연구원의 기존 번역에서는 영지(靈知)로 옮겼는데, 『상윳따 니까야』와 본서에서는 모두 명(明)의 의미를 살려서 명지로 통일해서 옮기고 있음을 밝힌다. 『청정도론』에서는 명지를 다음과 같이 설명한다.
"'명지(vijjā)'란 세 가지 명지[三明, te-vijjā]도 있고 여덟 가지 명지[八明, aṭṭha vijjā]도 있다. 세 가지 명지는 『맛지마 니까야』 「두려움과 공포 경」(M4, 본경)에서 설한 방법대로 알아야 하고 여덟 가지는 『디가 니까야』 「암밧타 경」(D3/i.100 이하 = D2 §§83~98)에서 설한 대로 알아야 한다. 이처럼 위빳사나의 지혜(vipassanā-ñāṇa, 「사문과경」 D2 §83)와 마음으로 [만드는 몸의] 신통(manomay-iddhi, D2 §85)과 함께 여섯 가지 신통지[六神通]를 더하여 여덟 가지의 명지를 설하셨다."(『청정도론』 VII.30)
즉 신족통, 천이통, 타심통, 숙명통, 천안통, 누진통의 육신통(六神通, chaḷ-abhiññā) 가운데 본경에 나타나는 숙명통(§27), 천안통(§29), 누진통(§§31

머무는 자에게 무명이 제거되고 명지가 일어나며 어둠이 제거되고 광명이 일어나듯이, 내게도 무명이 제거되고 명지가 일어났으며 어둠이 제거되고 광명169)이 일어났습니다."

29. "그런 나는 이와 같이 마음이 집중되고, 청정하고, 깨끗하고, 흠이 없고, 오염원이 사라지고, 부드럽고, 활발발하고, 안정되고, 흔들림이 없는 상태에 이르렀을 때 중생들의 죽음과 다시 태어남을 [아는] 지혜[天眼通]170)로 마음을 향하게 했습니다.

나는 청정하고 인간을 넘어선 신성한 눈[天眼]으로 중생들이 죽고 태어나고, 천박하고 고상하고, 잘생기고 못생기고, 좋은 곳[善處]에 가고 나쁜 곳[惡處]에 가는 것을 보고, 중생들이 지은 바 그 업에 따라 가는 것을 꿰뚫어 알았습니다. '이들은 몸으로 못된 짓을 골고루 하고 말로 못된 짓을 골고루 하고 또 마음으로 못된 짓을 골고루 하고, 성자들을 비방하고, 삿된 견해를 지니어 사견업(邪見業)을 지었다. 이들은 몸이 무너져 죽은 뒤 처참한 곳[苦界], 불행한 곳[惡處], 파멸처, 지옥에 태어났다. 그러나 이들은 몸으로 [23] 좋은 일을 골고루

~32)의 셋을 세 가지 명지(te-vijjā) 즉 삼명(三明)이라 하며, 이 육신통에 다 위빳사나의 지혜와 마음으로 [만든 몸의] 신통을 포함시키면 여덟 가지 명지(aṭṭha vijjā) 즉 팔명(八明)이 된다. 이 여덟 가지 명지는 본서 제3권 「사꿀루다이 긴 경」(M77) §§29~36에 비유와 함께 나타나며, 『디가 니까야』 제1권 「사문과경」(D2) §83이하에도 비유와 함께 나타나고 있으므로 참조할 것.

169) "'무명(avijjā)'은 전생을 알지 못하게 한다는 뜻에서, 그것을 덮어버리는(paṭicchādaka) 어리석음(moha)을 말한다. '어둠(tamo)'은 바로 어리석음을 말하는데, 덮는다는 뜻에서 어둠이라 한다. '광명(āloka)'은 바로 명지를 말하는데, 비춘다는(obhāsa-karaṇa) 뜻에서 광명이라 한다.(MA.i.126)

170) 본문에 나타나는 '중생들의 죽음과 다시 태어남을 [아는] 지혜[天眼通, cut-ūpapāta-ñāṇa]'의 정형구는 『청정도론』 XIII.72~101에 상세하게 설명되어 있다.

하고 말로 좋은 일을 골고루 하고 마음으로 좋은 일을 골고루 하고, 성자들을 비방하지 않고, 바른 견해를 지니고 정견업(正見業)을 지었다. 이들은 몸이 무너져 죽은 뒤 좋은 곳[善處], 천상세계에 태어났다.' 라고. 이와 같이 나는 청정하고 인간을 넘어선 신성한 눈으로 중생들이 죽고 태어나고, 천박하고 고상하고, 잘생기고 못생기고, 좋은 곳[善處]에 가고 나쁜 곳[惡處]에 가는 것을 보고, 중생들이 지은 바 그 업에 따라 가는 것을 꿰뚫어 알았습니다."

30. "바라문이여, 이것이 내가 밤의 이경(二更)에 증득한 두 번째 명지(明知)171) 입니다. 마치 방일하지 않고 열심히, 스스로 독려하며 머무는 자에게 무명이 제거되고 명지가 일어나며, 어둠이 제거되고 광명이 일어나듯이, 내게도 무명이 제거되고 명지가 일어났으며, 어둠이 제거되고 광명이 일어났습니다."

31. "그런 나는 이와 같이 마음이 집중되고,172) 청정하고, 깨끗하고, 흠이 없고, 오염원이 사라지고, 부드럽고, 활발발하고, 안정되고, 흔들림이 없는 상태에 이르렀을 때 모든 번뇌를 소멸하는 지혜[漏盡通]로173) 마음을174) 향하게 했습니다.

---

171) "여기서의 '명지(vijjā)'는 천안통의 명지를 말한다. '무명(avijjā)'은 중생들의 죽음과 재생연결을 덮는(cuti-paṭisandhi-paṭicchādikā) 무명을 말한다."(MA.i.126)

172) "'마음이 집중되고(samāhite citte)'에서의 마음은 위빳사나의 기초가 되는 제4禪의 마음(vipassanā-pādaka catutthajjhāna-citta)을 말한다."(MA.i.126)

173) "'번뇌를 소멸하는 지혜[漏盡通, āsavānaṁ khaya-ñāṇa]'는 아라한도의 지혜를 말한다. 왜냐하면 아라한도는 번뇌를 제거하기(āsava-vināsana) 때문에 번뇌들의 소멸이라 부른다. 이것은 그것에 대한 지혜를 말한다."(MA.i.127)

그런 나는 '이것이 괴로움이다.'라고 있는 그대로 꿰뚫어 알았고,[175] '이것이 괴로움의 일어남이다.'라고 있는 그대로 꿰뚫어 알았고, '이것이 괴로움의 소멸이다.'라고 있는 그대로 꿰뚫어 알았고, '이것이 괴로움의 소멸로 인도하는 도닦음이다.'라고 있는 그대로 꿰뚫어 알았습니다. '이것이 번뇌다.'라고 있는 그대로 꿰뚫어 알았고, '이것이 번뇌의 일어남이다.'라고 있는 그대로 꿰뚫어 알았고, '이것이 번뇌의 소멸이다.'라고 있는 그대로 꿰뚫어 알았고, '이것이 번뇌의 소멸로 인도하는 도닦음이다.'라고 있는 그대로 꿰뚫어 알았습니다."[176]

32. "내가 이와 같이 알고 이와 같이 볼 때 나는 감각적 욕망에 기인한 번뇌[欲漏]에서 마음이 해탈했습니다. 존재에 기인한 번뇌[有漏]에서도 마음이 해탈했습니다. 무명에 기인한 번뇌[無明漏]에서도 마음이 해탈했습니다. 해탈했을 때 해탈했다는 지혜가 생겼습니다.[177] '태어남은 다했다.[178] 청정범행[179]은 성취되었다. 할 일을 다 해 마

---

174) "여기서의 '마음(citta)'은 위빳사나의 마음(vipassanā-citta)이다."(MA.i.127)

175) '꿰뚫어 알았다.'는 것은 abbhaññāsiṁ을 옮긴 것인데, 주석서에서 "알았다, 꿰뚫어 알았다(jāniṁ paṭivijjhiṁ)의 뜻이다."(MA.i.127)라고 설명하고 있어서 이렇게 옮겼다.

176) 여기서 언급되는 사성제의 관통(sacca-abhisamaya)에 대해서는 『청정도론』 XXII.92~103을 참조할 것.

177) "'해탈했을 때 해탈했다는 지혜가 생겼다(vimuttasmiṁ vimuttamiti ñāṇaṁ ahosi).'는 것은 반조의 지혜(paccavekkhaṇa-ñāṇa)를 말한다. 세존께서 이 지혜로 반조하실 때 '태어남은 다했다. 청정범행은 성취되었다.'라는 등을 꿰뚫어 아셨다는 말이다."(MA.i.127)
반조의 지혜에 대해서는 본서 「역마차 교대 경」(M24) §2의 주해를 참조하고 자세한 것은 『청정도론』 XXII.19 이하를 참조할 것.

178) "'태어남은 다했다(khīṇā jāti).'라고 하셨다. 그러면 세존의 어떤 태어남이 다했으며, 어떻게 그것을 꿰뚫어 아셨는가? 이것은 과거의 태어남이 다한 것

쳤다. 다시는 어떤 존재로도 돌아오지 않을 것이다.'라고 꿰뚫어 알았습니다."

33. "바라문이여, 이것이 내가 밤의 삼경(三更)에 증득한 세 번째 명지(明知)180)입니다. 마치 방일하지 않고 열심히, 스스로 독려하며 머무는 자에게 무명이 제거되고 명지가 일어나며, 어둠이 제거되고 광명이 일어나듯이, 내게도 무명이 제거되고 명지가 일어났으며, 어둠이 제거되고 광명이 일어났습니다."181)

이 아니다. 그것은 이미 사라졌기 때문이다. 미래의 태어남이 다한 것도 아니다. 미래에 정진이 없기 때문이다. 금생의 태어남이 다한 것도 아니다. 지금 존재하기 때문이다.
도를 닦지 않았을 때는 한 가지 무더기[一蘊]나 네 가지 무더기[四蘊]나 다섯 가지 무더기[五蘊]의 존재 가운데서 한 가지 무더기와 네 가지 무더기와 다섯 가지 무더기로 분류되는 태어남이 일어나지만, 도를 닦아서 다시 일어나지 않는 상태(anuppāda-dhammatā)를 얻음으로써 태어남이 다한 것이다. 세존께서는 도를 닦아서 버려진 오염원들을 반조하시고 오염원들이 없을 때 비록 업이 존재하더라도 그것은 미래에 재생연결을 만들지 않는다고 아시면서 꿰뚫어 아셨다."(MA.i.127)
여기서 한 가지 무더기의 존재는 몸의 생명기능만 유지되는 무상유정천의 존재이고 네 가지 무더기의 존재는 물질이 없는 무색계의 존재이고 다섯 가지 무더기의 존재는 그 외의 존재들이다.(『청정도론』 XVII.255를 참조할 것.)

179) '청정범행'으로 옮긴 원어는 brahma-cariya인데 초기불전에 아주 많이 나타나는 술어이다. 이 단어는 brahma(梵)-cariya(行)으로 직역되기 때문에 중국에서는 범행(梵行)으로 옮겼으며 초기불전연구원에서는 청정범행(淸淨梵行)으로 정착시켰다. 이것은 성행위를 완전히 하지 않는 삶을 의미한다. 여기에 대해서는 『상윳따 니까야』 제5권 「분석 경」(S45:8) §7과 제6권 「생명을 죽임 경」(S56:71)을 참조할 것.
본서 전체에서 역자는 여기서처럼 대부분 '청정범행'으로 옮겼지만 문맥에 따라 '청정한 범행(梵行)을 드러낸다(brahmacariyaṁ pakāseti).'(M27 §11 등)'로 옮기기도 하였다.

180) "여기서 '명지'는 아라한도의 지혜인 명지를 말하고, '무명'은 사성제를 덮어버리는 무명을 말한다."(MA.i.128)

181) "이렇게 해서 숙명통(pubbenivāsa-ñāṇa)으로는 과거에 관한 지혜(atītaṁsa

34. "바라문이여, 그대는 이와 같이 생각할지 모르겠습니다. '오늘도 참으로 사문 고따마는 탐욕을 없애지 못했고 성냄을 없애지 못했고 미혹을 없애지 못하여 숲과 밀림의 멀리 떨어진 외딴곳에 거주하는구나.'라고.

바라문이여, 그렇게 여겨서는 안됩니다. 바라문이여, 나는 두 가지 이익을 보면서 숲과 밀림의 멀리 떨어진 외딴곳에 거주합니다. 내 스스로 지금・여기에서 행복하게 머묾을 보고, 또한 다음 세대를 연민하기 때문입니다."

35. "참으로 아라한이신 정등각자께서 다음 세대를 연민하시는 것처럼, 고따마 존자께서 다음 세대를 연민하십니다. [24]

경이롭습니다, 고따마 존자시여. 경이롭습니다, 고따마 존자시여. 마치 넘어진 자를 일으켜 세우시듯, 덮여있는 것을 걷어내 보이시듯, [방향을] 잃어버린 자에게 길을 가리켜주시듯, 눈 있는 자 형상을 보라고 어둠 속에서 등불을 비춰주시듯, 고따마 존자께서는 여러 가지 방편으로 법을 설해주셨습니다. 저는 이제 고따마 존자께 귀의하옵고 법과 비구 승가에 귀의합니다. 고따마 존자께서는 저를 재가신자로 받아주소서. 오늘부터 목숨이 붙어 있는 그날까지 귀의하옵니다."

두려움과 공포 경(M4)이 끝났다.

-ñāṇa)를, 천안통(dibba-cakkhu)으로는 현재와 미래에 관한 지혜(paccuppanna-anāgataṁsa-ñāṇa)를, 번뇌들의 소멸[漏盡通, āsava-kkhaya]로는 모든 세간・출세간의 공덕(sakala-lokiya-lokuttara-guṇa)을 보이셨다. 이와 같이 세 가지 명지[三明, 삼명, te-vijjā]를 통해 모든 일체지의 공덕(sabbaññu-guṇa)을 들어 보이시면서 세존의 어리석음 없이 머묾(asam-moha-vihāra)을 바라문에게 보여주셨다."(MA.i.128)

흠 없음 경

Anaṅgaṇa Sutta(M5)

1. 이와 같이 나는 들었다. 한때 세존께서는 사왓티에서 제따 숲의 아나타삔디까 원림(급고독원)에 머무셨다. 그때 사리뿟따 존자가 "도반 비구들이여."라고 비구들을 불렀다. "도반이시여."라고 비구들은 사리뿟따 존자에게 응답했다. 사리뿟따 존자는 이렇게 말하였다.

2. "도반들이여, 세상에는 네 부류의 사람들182)이 있습니다. 무

182) "여기서 '인간들(puggalā)'은 중생들, 사람들(sattā, narā, posā)을 말한다. … 사리뿟따 존자는 부처님의 아들들 중에서 가장 뛰어난 사람이다. 그는 부처님·세존의 가르침에서 조금도 벗어남이 없이 법을 설한다. 세존의 가르침은 두 가지이다. 하나는 인습적인 가르침[世俗諦, 俗諦, sammuti-desanā]이고, 다른 하나는 궁극적인의 가르침[勝義諦, 眞諦, paramattha-desanā]이다.
그중에서 인간, 중생, 여자, 남자, 끄샤뜨리야, 바라문, 천신, 마라 등은 인습적인 가르침이고, 무상, 고, 무아, 무더기[蘊], 요소[界], 감각장소[處], 마음챙김의 확립[念處] 등은 궁극적인 가르침이다. 세존께서는 인습적인 가르침을 통해 뜻을 통찰하여 어리석음을 버리고 특별함(visesa)을 얻을 수 있는 사람들에게는 인습적인 가르침을 설하시고, 궁극적인 가르침을 듣고는 뜻을 통찰하여 어리석음을 버리고 특별함을 얻을 수 있는 사람들에게는 궁극적인 가르침을 설하셨다. …
그러므로 사리뿟따 존자도 세상의 용어에 능숙하기(desa-bhāsā-kusala) 때문에 부처님·세존의 가르침에서 벗어나지 않고 세상의 언어를 사용하여

엇이 넷인가요? 도반들이여, ① 여기 어떤 사람은 흠이 있으면서도 '내 안에 흠이 있다.'라고 있는 그대로 꿰뚫어 알지 못합니다. ② 그러나 여기 어떤 사람은 흠이 있으면 '내 안에 흠이 있다.'라고 있는 그대로 꿰뚫어 압니다. ③ 여기 어떤 사람은 흠이 없으면서도 '내 안에 흠이 없다.'라고 있는 그대로 꿰뚫어 알지 못합니다. ④ 여기 어떤 사람은 흠이 없으면 '내 안에 흠이 없다.'라고 있는 그대로 꿰뚫어 압니다.

여기서 흠이 있으면서도 '내 안에 흠이 있다.'라고 있는 그대로 꿰뚫어 알지 못하는 사람은 흠이 있는 두 사람 가운데서 열등한 사람이라고 불립니다. 흠이 있으면 '내 안에 흠이 있다.'라고 있는 그대로 꿰뚫어 아는 사람은 흠이 있는 두 사람 가운데서 수승한 사람이라고 불립니다. 여기서 흠이 없으면서도 [25] '내 안에 흠이 없다.'라고 있는 그대로 꿰뚫어 알지 못하는 사람은 흠이 없는 두 사람 가운데서 열등한 사람이라고 불립니다. 여기서 흠이 없으면 '내 안에 흠이 없다.'라고 있는 그대로 꿰뚫어 아는 사람은 흠이 없는 두 사람 가운데서 수승한 사람이라고 불립니다."

3. 이렇게 설했을 때 마하목갈라나 존자[183]가 사리뿟따 존자에

'네 부류의 사람이 있다(cattārome puggalā santo).'라고 말했다. 그러므로 여기서는 궁극적인(paramattha) 가르침으로서의 인간이 아니라 인습적인 것(sammuti)으로서의 인간임을 알아야 한다."(MA.i.137~139)

183) 마하목갈라나 존자(āyasmā Mahā-Moggallāna)는 라자가하의 꼴리따 마을(Kolitagāma)의 바라문 가문에서 태어났으며 마을 이름을 따서 꼴리따(Kolita)라 불리었다. 어머니의 이름이 목갈리(Moggalī 혹은 Moggalinī)였기 때문에 목갈라나로 불리게 되었다. 어릴 적부터 사리뿟따 존자와 절친한 친구였으며 같이 산자야 벨랏티뿟따 문하에서 수학하다가 사리뿟따 존자와 함께 부처님의 제자가 되었으며(AA.i.148 이하), 사리뿟따 존자와 함께 부처님의 두 상수제자(agga sāvaka-yuga)로 불린다.
존자는 『앙굿따라 니까야』 「하나의 모음」(A1:14:1-3)에서 "신통을 가진

게 이렇게 말했다.

"도반 사리뿟따여, 무슨 원인과 무슨 조건으로 흠이 있는 두 사람 가운데서 한 사람은 열등한 사람이라고 불리고, 다른 사람은 수승한 사람이라 불립니까? 도반 사리뿟따여, 다시 무슨 원인과 무슨 조건으로 흠이 없는 두 사람 가운데서 한 사람은 열등한 사람이라고 불리고, 다른 사람은 수승한 사람이라 불립니까?"

4. "도반이여, 그중에서 흠이 있으면서도 '내 안에 흠이 있다.'라고 있는 그대로 꿰뚫어 알지 못하는 사람은 그 흠을 제거하기 위해서 의욕을 일으키지도 않고 노력하지도 않고 정진을 시작하지도 않을 것이라는 것이 예상됩니다. 그는 탐욕을 가지고 성냄을 가지고 어리석음을 가지고 흠을 가지고 마음이 오염된 채로 죽을 것입니다.

도반이여, 예를 들면 시장이나 대장간에서 가져온 청동 그릇이 먼지에 뒤덮이고 녹이 슬어도 주인이 그것을 사용하지도 않고 닦게 하지도 않고 먼지 구덩이에 던져버리는 것과 같습니다. 도반이여, 그러면 그 청동 그릇은 나중에 더 더러워지고 더 녹슬겠습니까?"

"그렇습니다, 도반이여."

"도반이여, 그와 같이 흠이 있으면서도 '내 안에 흠이 있다.'라고 있는 그대로 꿰뚫어 알지 못하는 사람은 그 흠을 제거하기 위해서 의욕을 일으키지도 않고 노력하지도 않고 정진을 시작하지도 않을 것이라는 것이 예상됩니다. 그는 탐욕을 가지고 성냄을 가지고 어리석

자(iddhi-manta)들 가운데서 마하목갈라나(대목련)가 으뜸"이라고 칭송되고 있다. 북방에서도 마하목갈라나 존자는 신통제일이라 불린다.
한편 『앙굿따라 니까야』 제4권 「졸고 있음 경」(A7:58)은 목갈라나 존자가 아라한과를 증득한 인연을 담고 있다. 그리고 목갈라나 존자에 대해서는 Hecker, "Mahāmoggallāna: Master of Psychic Powers", in Nyanaponika and Hecker, Great Disciples of the Buddha, pp. 78~83도 참조할 것.

음을 가지고 흠을 가지고 마음이 오염된 채로 죽을 것입니다."

5. "도반이여, 그중에서 흠이 있으면 '내 안에 흠이 있다.'라고 있는 그대로 꿰뚫어 아는 사람은 그 흠을 제거하기 위해서 의욕을 일으키고 노력하고 정진을 시작할 것이라는 것이 예상됩니다. 그는 탐욕 없이 성냄 없이 어리석음 없이 흠 없이 마음이 오염되지 않은 채로 죽을 것입니다.

도반이여, 예를 들면 시장이나 대장간에서 가져온 청동 그릇이 먼지에 뒤덮이고 녹이 슬면 주인이 그것을 사용하고 닦게 하고 먼지구덩이에 던져버리지 않는 것과 같습니다. [26] 도반이여, 그러면 그 청동 그릇은 나중에 더 깨끗해지고 더 광이 나겠습니까?"

"그렇습니다, 도반이여."

"도반이여, 그와 같이 흠이 있으면 '내 안에 흠이 있다.'라고 있는 그대로 꿰뚫어 아는 사람은 그 흠을 제거하기 위해서 의욕을 일으키고 노력하고 정진을 시작할 것이라는 것이 예상됩니다. 그는 탐욕 없이 성냄 없이 어리석음 없이 흠 없이 마음이 오염되지 않은 채로 죽을 것입니다."

6. "도반이여, 그중에서 어떤 사람은 흠이 없으면서도 '내 안에 흠이 없다.'라고 있는 그대로 꿰뚫어 알지 못합니다. 그는 아름다운 표상[184]을 마음에 잡도리할 것이고, 아름다운 표상을 마음에 잡도리

---

184) "여기서 '아름다운 표상(subha-nimitta)'이란 탐욕을 확고하게 하는(rāga-ṭṭhāniya) 원하는 대상(iṭṭh-ārammaṇa)을 말한다."(MA.i.142)
한편 『상윳따 니까야』 제5권 「몸 경」(S46:2) §4에서는 아름다운 표상에 지혜 없이 마음에 잡도리하기(ayoniso-manasikāra)를 많이 짓는 것이 아직 일어나지 않은 감각적 욕망을 일어나도록 하고 이미 일어난 감각적 욕망을 늘리고 드세게 만드는 자양분(āhāra)이라고 설명하고 계신다.

하기 때문에 탐욕이 그의 마음을 오염시킬 것이라는 것이 예상됩니다. 그는 탐욕을 가지고 성냄을 가지고 어리석음을 가지고 흠을 가지고 마음이 오염된 채로 죽을 것입니다.

예를 들면 시장이나 대장간에서 가져온 청동 그릇이 깨끗하고 광이 나는데도 주인이 그것을 사용하지도 않고 닦게 하지도 않고 먼지구덩이에 던져버리는 것과 같습니다. 도반이여, 그러면 그 청동 그릇은 나중에 더러워지고 녹슬겠습니까?"

"그렇습니다, 도반이여."

"도반이여, 그와 같이 흠이 없으면서도 '내 안에 흠이 없다.'라고 있는 그대로 꿰뚫어 알지 못하는 사람은 아름다운 표상을 마음에 잡도리하고 아름다운 표상을 마음에 잡도리하기 때문에 탐욕이 그의 마음을 오염시킬 것이라는 것이 예상됩니다. 그는 탐욕을 가지고 성냄을 가지고 어리석음을 가지고 흠을 가지고 마음이 오염된 채로 죽을 것입니다."

7. "도반이여, 그중에서 어떤 사람은 흠이 없으면 '내 안에 흠이 없다.'라고 있는 그대로 꿰뚫어 압니다. 그는 아름다운 표상을 마음에 잡도리하지 않을 것이고, 아름다운 표상을 마음에 잡도리하지 않기 때문에 탐욕이 그의 마음을 오염시키지 못하리라는 것이 예상됩니다. 그는 탐욕 없이 성냄 없이 어리석음 없이 흠 없이 마음이 오염되지 않은 채로 죽을 것입니다.

도반이여, 예를 들면 시장이나 대장간에서 가져온 청동 그릇이 깨끗하고 광이 나면 주인이 그것을 사용하고 닦게 하고 먼지구덩이에 던져버리지 않는 것과 같습니다. 도반이여, 그러면 그 청동 그릇은 나중에 더 깨끗해지고 광이 나겠습니까?"

"그렇습니다, 도반이여."

"도반이여, 그와 같이 흠이 없으면 '내 안에 흠이 없다.'라고 있는 그대로 꿰뚫어 아는 사람은 아름다운 표상을 마음에 잡도리하지 않을 것이고, 아름다운 표상을 마음에 잡도리하지 않기 때문에 탐욕이 그의 마음을 오염시키지 못하리라는 것이 예상됩니다. 그는 탐욕 없이 성냄 없이 어리석음 없이 흠 없이 마음이 오염되지 않은 채로 죽을 것입니다."

8. "도반 [27] 목갈라나여, 이런 원인과 이런 조건으로 흠이 있는 두 사람 가운데서 한 사람은 열등한 사람이라고 불리고, 다른 사람은 수승한 사람이라 불립니다. 도반 목갈라나여, 다시 이런 원인과 이런 조건으로 흠이 없는 두 사람 가운데서 한 사람은 열등한 사람이라고 불리고, 다른 사람은 수승한 사람이라 불립니다."

9. "도반이여, '흠', '흠'이라고 말하는데 그것은 무엇을 두고 하는 말입니까?"

"도반이여, 흠이란 나쁘고 해로운 바람[願]의 영역들185)을 두고 하는 말입니다."

10. "도반이여, 여기 어떤 비구에게 '내가 계를 범하더라도 '비구들이 내가 계를 범했다.'라는 것을 알지 못했으면.' 하는 바람이 생기는 경우186)가 있습니다. 도반이여, 그러나 비구들이 '그 비구가 계율

185) "'바람[願]의 영역들(icchāvacarā)'이란 소원의 형태로 일어난 여러 가지 화와 기분 나빠함(kopa-appaccaya)을 말한다."(MA.i.143)

186) 여기서 '경우'는 ṭhāna(장소)를 옮긴 것이다. 주석서에서 taṁ ṭhānaṁ은 taṁ kāraṇaṁ이라고 설명하고 있어서(MA.i.143) 이렇게 옮겼다. 주석서는 계속해서 다음과 같이 설명한다.
"그러면 내가 비록 '계를 범하더라도(āpatti)' 다른 비구들이 내가 '계를 범했다(āpattiṁ āpanno).'는 사실을 알지 못했으면 하는 바람이 생기는 이유는 무엇인가? 이득을 바라기 때문(lābh-atthikatā)이다. 이득을 바라는 비

을 범했다.'라고 알게 되는 경우가 있습니다. 그는 '비구들이 '내가 계를 범했다.'라고 아는구나.'라고 생각하면서 화를 내고 기분 나빠합니다.[187] 도반이여, 화냄과 기분 나빠함 둘 다가 흠입니다."[188]

11. "도반이여, 여기 어떤 비구에게 '내가 계를 범하더라도 '비구들이 남의 눈을 피하여 나를 질책하고,[189] 승가 가운데서 질책하지 않기를.' 하는 바람이 생기는 경우가 있습니다. 도반이여, 그러나 비구들이 그 비구를 승가 가운데서 질책하고, 남의 눈을 피하여 질책하지 않는 경우가 있습니다. 그는 '비구들이 나를 승가 가운데서 질책하고, 남의 눈을 피하여 질책하지 않는구나.'라고 생각하면서 화를 내고 기분 나빠합니다. 도반이여, 화냄과 기분 나빠함 둘 다가 흠입니다."

12. "도반이여, 여기 어떤 비구에게 '내가 계를 범하면 나와 동등

구는 천성적으로 공덕을 쌓아서(kata-puñña) 사람들로부터 존경과 공경(sakkata garukata)을 받으면서 다음과 같이 생각한다. '장로들이 어떤 비구가 계를 범했다라고 알면 중진 비구들에게 말하고, 그들은 또 신참들에게 말하고, 신참들은 또 남은 음식을 먹는 사람들에게 말하여, 결국은 사부대중(catu-parisā)이 알게 될 것이다. 이렇게 하여 그의 이득에 장애(lābh-antarāya)가 될 것이다. 그러므로 비록 내가 계를 범하더라도 그 비구들이 내가 계를 범했다는 사실을 알지 못했으면.'이라고."(MA.i.143)

187) "'장로들이 알고 중진들에게 말하고 그들은 다시 신참들에게 말하여, 이런 식으로 사부대중에게 널리 알려지게 된다. 이렇게 오명이 자자하면(ayasa-abhibhūta) 나는 망하게 된다.'라고 생각하면서 이런 이유로 화를 내고 기분 나빠한다."(MA.i.143)

188) "'화냄(kopo)'은 심리현상들의 무더기[行蘊]에 포함되고, '기분 나빠함(ap-paccaya)'은 느낌의 무더기[受蘊]에 포함된다."(MA.i.144)

189) "'비구들이 남의 눈을 피하여(anuraha) 나를 질책한다(anuraho maṁ bhi-kkhū codeyyuṁ).'는 것은 자기를 데리고 원림에서 멀리 떨어진 거처에 들어가서 문을 걸어 잠그고 질책하는 것이다."(MA.i.144)

한 사람[190]이 나를 질책하고, 나와 동등하지 않은 사람이 질책하지 않기를.' 하는 바람이 생기는 경우가 있습니다. 도반이여, 그러나 그와 동등하지 않은 사람이 그 비구를 질책하고, 동등한 사람이 질책하지 않는 경우가 있습니다. 그는 '나와 동등하지 않은 사람이 나를 질책하고, 나와 동등한 사람이 질책하지 않는구나.'라고 생각하면서 화를 내고 기분 나빠합니다. 도반이여, 화냄과 기분 나빠함 둘 다가 흠입니다."

13. "도반이여, 여기 어떤 비구에게 '참으로 스승께서는 오직 내게 거듭 질문을 하시어 비구들에게 법을 설하시지, 스승께서 다른 비구에게 거듭 질문을 하시어 법을 설하지 않으시기를.' 하는 바람이 생기는 경우가 있습니다.[191] 도반이여, 그러나 스승께서 다른 비구

---

190) "'동등한 사람(sappaṭipuggala)'이란 죄를 범한 것이 동등한(samāna) 사람(puggala)이다. 즉 질책을 당하는 자(cuditaka)와 질책을 하는 자(codaka) 둘 모두 죄를 범했기 때문에(āpatti-āpannatāya) 동등하다는 말이다. 이 사람은 자기와 동등하게 죄를 범한 사람으로부터 질책을 듣기를 원한다. 그래야 "'그대도 이런저런 죄를 범했으니, 먼저 그것을 참회하고 나중에 나를 질책하시오.'라고 말을 할 수 있을 것이다."라고 생각하면서.
혹은 태생 등이 동등한 사람을 말한다. 이 사람은 태생(jāti), 가문(kula), 많이 배움(bāhu-sacca), 현명함(byattatā), 두타행(dhutaṅga) 등 이런 것이 자기와 동등한 사람으로부터 질책을 듣기를 원한다. '이런 사람들로부터 질책을 듣는 것은 그리 큰 고통은 아니다.'라고 생각하면서."(MA.i.144)

191) "이 비구도 이득을 바라서(lābh-atthika) 세존께서 자기에게 거듭 질문을 해주시기를 원한다. 그것도 도를 닦고 과를 실현하고 위빳사나를 닦고 열반을 성취하는 것 등에 관한 질문이 아니라, 공감하고 찬성하는 질문(anumati-pucchā)만을 원한다.
그는 세존께서 사리뿟따 등 대장로들에게 '사리뿟따여, 목갈라나여, 깟사빠여, 라훌라여, 이것을 어떻게 생각하는가? 눈은 항상한가, 무상한가?'라고 대중 가운데서 거듭 질문하시고서 법을 설하시고, 또 사람들이 '이 현명한 장로들이 스승의 마음을 기쁘게 했다.'라고 이들을 칭찬하고 이득과 존경(lābha-sakkāra)을 표하는 것을 본다. 그러므로 그도 그 이득과 존경을 원하면서 이렇게 생각하고는 박아놓은 말뚝처럼 세존의 면전에 앉아있다."(MA.i.144

에게 거듭 질문하시어 비구들에게 법을 설하시지, [28] 그 비구에게 거듭 질문을 하시어 비구들에게 법을 설하시지 않는 경우가 있습니다. 그는 '스승께서는 다른 비구에게 거듭 질문을 하시어 법을 설하시지, 내게 거듭 질문을 하시어 비구들에게 법을 설하시지 않는구나.' 라고 생각하면서 화를 내고 기분 나빠합니다.192) 도반이여, 화냄과 기분 나빠함 둘 다가 흠입니다."

14. "도반이여, 여기 어떤 비구에게 '참으로 비구들은 오직 나를 앞세워 마을로 탁발을 가고, 다른 비구를 앞세워 마을로 탁발을 가지 않기를.' 하는 바람이 생기는 경우가 있습니다. 도반이여, 그러나 비구들은 다른 비구를 앞세워 마을로 탁발을 가고 그 비구를 앞세워 마을로 탁발을 가지 않는 경우가 있습니다. 그는 '비구들이 다른 비구를 앞세워 마을로 탁발을 가고, 나를 앞세워 마을로 탁발을 가지 않는구나.'라고 생각하면서 화를 내고 기분 나빠합니다. 도반이여, 화냄과 기분 나빠함 둘 다가 흠입니다."

15. "도반이여, 여기 어떤 비구에게 '참으로 내가 식당에서 가장 좋은 자리, 가장 좋은 물, 가장 좋은 음식을 얻고, 다른 비구가 식당에서 가장 좋은 자리, 가장 좋은 물, 가장 좋은 음식을 얻지 않기를.' 하는 바람이 생기는 경우가 있습니다. 도반이여, 그러나 다른 비구가

~145)

192) "'화를 내고 기분 나빠한다(kupito hoti appatīto).'라고 했다. 세존께서 그를 염두에 두지 않고 다른 장로들에게 거듭 질문을 하시어 법을 설하시자 그는 세존과 장로들에게 화를 낸다. '세존께서는 나에게 한 번도 관심을 주시지도 않고 내게 질문하시어 법을 설하시지 않는다.'라고 생각하면서 세존께 화를 내고, '이 장로들이 이 원림에 머물지 않았다면 세존께서 분명 내게 질문하시어 법을 설하셨을 것이다.'라고 생각하면서 장로들에게도 화를 낸다는 말이다."(MA.i.145)

식당에서 가장 좋은 자리, 가장 좋은 물, 가장 좋은 음식을 얻고, 그 비구가 식당에서 가장 좋은 자리, 가장 좋은 물, 가장 좋은 음식을 얻지 못하는 경우가 있습니다. 그는 '다른 비구가 식당에서 가장 좋은 자리, 가장 좋은 물, 가장 좋은 음식을 얻고, 나는 식당에서 가장 좋은 자리, 가장 좋은 물, 가장 좋은 음식을 얻지 못하는구나.'라고 생각하면서 화를 내고 기분 나빠합니다. 도반이여, 화냄과 기분 나빠함 둘 다가 흠입니다."

16. "도반이여, 여기 어떤 비구에게 '참으로 식당에서 공양을 한 뒤 내가 축원 법문을 하고, 다른 비구가 축원 법문을 하지 않기를' 하는 바람이 생기는 경우가 있습니다. 도반이여, 그러나 식당에서 공양을 한 뒤 다른 비구가 축원 법문을 하고, 그 비구가 축원 법문을 하지 못하는 경우가 있습니다. 그는 '식당에서 공양을 한 뒤 다른 비구가 축원 법문을 하고, 내가 축원 법문을 하지 못하는구나.'라고 생각하면서 화를 내고 기분 나빠합니다. 도반이여, 화냄과 기분 나빠함 둘 다가 흠입니다."

17. "도반이여, 여기 어떤 비구에게 '참으로 내가 승원에 모인 비구들에게 법을 설하고, 다른 비구가 승원에 모인 비구들에게 법을 설하지 않기를.' 하는 바람이 생기는 경우가 있습니다. 도반이여, 그러나 다른 비구가 승원에 모인 비구들에게 법을 설하고, 그 비구가 승원에 모인 비구들에게 법을 설하지 못하는 경우가 있습니다. 그는 '다른 비구가 승원에 모인 비구들에게 법을 설하고, 내가 승원에 모인 비구들에게 법을 설하지 못하는구나.'라고 생각하면서 화를 내고 기분 나빠합니다. 도반이여, 화냄과 기분 나빠함 둘 다가 흠입니다."

18. ~ *20.* "도반이여, 여기 어떤 비구에게 '참으로 내가 승원에 모인 비구니들에게 … 청신사들에게 … 청신녀들에게 법을 설하고, 다른 비구가 승원에 모인 청신녀들에게 법을 설하지 않기를.' 하는 바람이 생기는 경우가 있습니다. 도반이여, 그러나 다른 비구가 승원에 모인 청신녀들에게 법을 설하고, 그 비구가 승원에 모인 청신녀들에게 법을 설하지 못하는 경우가 있습니다. 그는 '다른 비구가 승원에 모인 청신녀들에게 법을 설하고, 내가 승원에 모인 청신녀들에게 법을 설하지 못하는구나.'라고 생각하면서 화를 내고 기분 나빠합니다. 도반이여, 화냄과 기분 나빠함 둘 다가 흠입니다." [29]

21. ~ *24.* "도반이여, 여기 어떤 비구에게 '참으로 비구들이 … 비구니들이 … 청신사들이 … 청신녀들이 나만을 존경하고 존중하고 공경하고 숭배하고, 다른 비구를 존경하고 존중하고 공경하고 숭배하지 않기를.' 하는 바람이 생기는 경우가 있습니다. 도반이여, 그러나 비구들이 … 비구니들이 … 청신사들이 … 청신녀들이 다른 비구를 존경하고 존중하고 공경하고 숭배하고, 그 비구를 존경하고 존중하고 공경하고 숭배하지 않는 경우가 있습니다. 그는 '비구들이 … 비구니들이 … 청신사들이 … 청신녀들이 다른 비구를 존경하고 존중하고 공경하고 숭배하고, 나를 존경하고 존중하고 공경하고 숭배하지 않는구나.'라고 생각하면서 화를 내고 기분 나빠합니다. 도반이여, 화냄과 기분 나빠함 둘 다가 흠입니다."

25. ~ *28.* "도반이여, [90] 여기 어떤 비구에게 '참으로 내가 수승한 의복을 … 수승한 음식을 … 수승한 거처를 … 병구완을 위한 수승한 약품을 얻고, 다른 비구가 수승한 의복을 … 수승한 음식을 … 수승한 거처를 … 병구완을 위한 수승한 약품을 얻지 않기를.' 하

는 바람이 생기는 경우가 있습니다. 도반이여, 그러나 다른 비구가 수승한 의복을 … 수승한 음식을 … 수승한 거처를 … 병구완을 위한 수승한 약품을 얻고, 그 비구가 수승한 의복을 … 수승한 음식을 … 수승한 거처를 … 병구완을 위한 수승한 약품을 얻지 못하는 경우가 있습니다. 그는 '다른 비구가 수승한 의복을 … 수승한 음식을 … 수승한 거처를 … 병구완을 위한 수승한 약품을 얻고, 내가 수승한 의복을 … 수승한 음식을 … 수승한 거처를 … 병구완을 위한 수승한 약품을 얻지 못하는구나.'라고 생각하면서 화를 내고 기분 나빠합니다. 도반이여, 화냄과 기분 나빠함 둘 다가 흠입니다.

도반이여, 흠이라고 하는 것은 이런 나쁘고 해로운 바람[願]의 영역들을 두고 하는 말입니다."

29. "도반이여, 누구든지 이런 나쁘고 해로운 바람[願]의 영역들을 버리지 못한 비구를 보거나 그에 대해서 듣게 되면,193) 비록 그 비구가 숲 속에 머물거나, 외딴 거주처에 머물거나, 탁발음식만을 수용하거나, 집의 차례대로 탁발하거나, 분소의만 입거나,194) 조악한

---

193) "'바람[願]의 영역(icchāvacarā)'은 눈으로 볼 수도 귀로 들을 수도 없다. 그것은 마노의 알음알이[意識]의 대상이기 때문이다. 그러나 바람의 영역을 버리지 않은 사람의 바람의 영역에 따라 일어난 몸의 행위를 남들이 보게 되면 그것은 보인 것과 같고, 말의 행위를 남들이 듣게 되면 그것은 들린 것과 같다. 그래서 '보이거나 들리면(dissanti ceva suyyanti ca)'이라고 한 것이다."(MA.i.149)

194) 이런 두타행(dhutaṅga)은 13가지로 정리되어서 『청정도론』 제2장에 상세히 설명되어 있으니 참고할 것. 13가지 두타행은 ① 분소의를 입는 수행 ② 삼의(三衣)만 수용하는 수행 ③ 탁발음식만 수용하는 수행 ④ 차례대로 탁발하는 수행 ⑤ 한 자리에서만 먹는 수행 ⑥ 발우 [한 개]의 탁발음식만 먹는 수행 ⑦ 나중에 얻은 밥을 먹지 않는 수행 ⑧ 숲에 머무는 수행 ⑨ 나무 아래 머무는 수행 ⑩ 노천에 머무는 수행 ⑪ 공동묘지에 머무는 수행 ⑫ 배정된 대로 머무는 수행 ⑬ 눕지 않는 수행이다.(Vis.II.2)

옷만을 입더라도, 동료 수행자들은 결코 그를 존경하지도 존중하지도 공경하지도 숭배하지도 않습니다. 그것은 무슨 까닭인가요? 그 존자가 이런 나쁘고 해로운 바람[願]의 영역들을 버리지 못한 것을 보고 듣기 때문입니다.

예를 들면 시장이나 대장간에서 가져온 깨끗하고 광이 나는 청동 그릇이 있다고 합시다. 그러나 주인이 그 안에다 뱀의 시체나 개의 시체나 인간의 시체를 담아서 다른 청동 그릇으로 덮어 다시 시장 안으로 내오면, 사람이 그것을 보고 '여보시오, 그대가 가져온 귀중하게 보이는 그것은 무엇입니까?'라고 말할 것입니다. 그러면 그는 그것을 들고 열어서 보게 할 것입니다. 그 사람은 그것을 보자마자 즉시 불쾌해지고 혐오하게 되고 넌더리가 나서 배고픈 사람들조차도 식욕이 달아날 것인데 이미 배불리 먹은 사람들이야 말해 무엇하겠습니까?

도반이여, 그와 같이 누구든지 이런 나쁘고 해로운 바람[願]의 영역들을 버리지 못한 비구를 보거나 그에 대해서 듣게 되면, 비록 그 비구가 숲 속에 머물거나, 외딴 거주처에 머물거나, 탁발음식만을 수용하거나, 집의 차례대로 탁발하거나, 분소의만 입거나, 조악한 옷만을 입더라도, 동료 수행자들은 결코 그를 존경하지도 존중하지도 공경하지도 [91] 숭배하지도 않습니다. 그것은 무슨 까닭인가요? 그 존자가 이런 나쁘고 해로운 바람[願]의 영역들을 버리지 못한 것을 보고 듣기 때문입니다."195)

---

195) "이 비유는 다음과 같다. 이 출가자의 용모는 깨끗한 청동 그릇과 같고, 해로운 바람의 영역을 버리지 않음은 시체를 담고 있는 것과 같고, 숲 속에 머무는 수행 등으로 나쁜 행위를 덮는 것은 다른 청동 그릇으로 덮는 것과 같고, 숲 속에 머무는 수행 등의 장막을 걷어내고 해로운 바람의 영역을 봄으로써 동료 수행자들이 존경하지 않는 것은 청동 그릇을 열고는 시체를 봄으로써 사람이 불쾌해지는 것과 같다."(MA.i.150)

30. "도반이여, 누구든지 이런 나쁘고 해로운 바람의 영역들을 버려버린 비구를 보거나 그에 대해서 듣게 되면, 비록 그 비구가 마을 안에 살거나, 공양청에 응하거나, 장자들이 준 [값비싼] 가사를 입더라도, 동료 수행자들은 반드시 그를 존경하고 존중하고 공경하고 숭배합니다. 그것은 무슨 까닭인가요? 그 존자가 이런 나쁘고 해로운 바람의 영역들을 버려버린 것을 보거나 듣기 때문입니다.

예를 들면 시장이나 대장간에서 가져온 깨끗하고 광이 나는 청동 그릇이 있다고 합시다. 주인이 그 안에다 윤기 흐르는 흰쌀밥과 여러 가지 국과 여러 가지 반찬을 담아서 다른 청동 그릇으로 덮어 다시 시장 안으로 내오면, 사람이 그것을 보고 '여보시오, 그대가 가져온 귀중하게 보이는 그것은 무엇입니까?'라고 말할 것입니다. 그러면 그는 그것을 들고 열어서 보게 할 것입니다. 그 사람은 그것을 보자마자 즉시 유쾌해지고 좋아하게 되고 흥미를 느껴 배불리 먹은 사람들조차도 구미가 동할 것인데 하물며 배고픈 사람들이야 말해 무엇하겠습니까?

도반이여, 그와 같이 누구든지 이런 나쁘고 해로운 바람의 영역들을 버려버린 비구를 보거나 그에 대해서 듣게 되면, 비록 그 비구가 마을 안에 살거나, 공양청에 응하거나, 장자들이 준 [값비싼] 가사를 입더라도, 동료 수행자들은 반드시 그를 존경하고 존중하고 공경하고 숭배합니다. 그것은 무슨 까닭인가요? 그 존자가 이런 나쁘고 해로운 바람의 영역들을 버려버린 것을 보거나 듣기 때문입니다."

31. 이와 같이 말했을 때 마하목갈라나 존자가 사리뿟따 존자에게 이렇게 말했다.

"도반 사리뿟따여, 내게도 비유가 떠올랐습니다."

"도반 목갈라나여, 그것을 말해 보십시오."

"한때 나는 라자가하에서 기립바자[196]에 머물렀습니다. 그때 나는 아침에 옷매무새를 가다듬고 발우와 가사를 수하고 라자가하로 탁발을 갔습니다. 그때 수레공의 아들 사미띠가 수레바퀴의 테를 만들고 있었습니다. 그때 이전에 수레공이였던 빤두뿟따라는 아지와까 수행자[197]가 그 앞에 다가와 서 있었습니다.

그때 전에 수레공이었던 빤두뿟따 아지와까 수행자는 마음에 이러한 생각이 떠올랐습니다.

'이 수레공의 아들 사미띠는 이 테의 한쪽으로 굽은 이 부분, 이 뒤틀린 부분, 이 결함 부분을 바로잡아서 한쪽으로 굽은 부분도 없고, 뒤틀린 부분도 없고, 결함도 없이 그 차축에 깔끔하게 장착시킬 것이

---

196) 기립바자(Giribbaja)는 라자가하(Rājagāha, 왕사성)의 옛 이름이다. 기립바자(문자적으로는 산(giri)의 요새(vaja, 축사))는 산에 있는 성으로 마하고윈다(Mahā-govinda)라는 유명한 건축가가 지었다고 하며, 라자가하는 산 아래에 빔비사라(Bimbisāra) 왕이 지었다고 한다.(VmA.82) 경에서 이 둘은 여기서처럼 구분 없이 동의어로 사용되고 있다.
한편 『숫따니빠따 주석서』에 의하면 라자가하는 빤다와(Paṇḍava), 독수리봉(Gijjhakūṭa), 웨바라(Vebhāra), 이시길리(Isigili), 웨뿔라(Vepulla)라는 다섯 개의 산으로 둘러싸여 있기 때문에 기립바자(산으로 에워싸인 축사 혹은 요새라는 뜻)라고 불렸다고 한다.(SnA.ii.382)

197) 아지와까 수행자(Ajīvaka)는 중국에서 사명외도(邪命外道)로 옮겨져서 우리에게 알려져 있다. 아지와까는 생계수단을 뜻하는 ājīva에서 파생된 단어인데 그들은 바르지 못한 생계수단으로 삶을 영위하고 있다고 이해했기 때문에 중국에서 사명외도로 옮겼다. 그래서 학계에서는 아지와까라는 이름은 불교를 위시한 다른 종교집단에서 붙인 이름이라고 보고 있다.
주석서에 의하면 아지와까는 나체수행자(nagga-paribbājaka)들이었다.(MA.i.151; AA.iii.334) DPPN에 의하면 그들은 막칼리 고살라(『디가 니까야』 제1권 「사문과경」(D2) §19 주해 참조)의 제자들이었다고 한다. 아지와까 교단은 불교와 자이나교와 함께 아소까 대왕 때까지도 남아있었으며 그래서 아소까 대왕이 그들을 위해서 보시를 하기도 하였다고 한다.(Hultsch : Asoka Inscriptions, see Index)

다.’ [92]

도반이여, 전에 수레공이었던 빤두뿟따 아지와까 수행자가 생각하던 그대로 수레공의 아들 사미띠는 테의 한쪽으로 굽은 그 부분, 그 뒤틀린 부분, 그 결함 부분을 바로잡았습니다. 그러자 전에 수레공이였던 빤두뿟따 아지와까 수행자는 흡족한 마음으로 기쁨을 표현했습니다. ‘참으로 그는 그의 마음으로 내 마음을 훤히 아는 듯이 그것을 바로잡았다.’라고.”

32. “도반이여, 믿음 없는 사람들은 믿음이 없으면서도 생계 때문에 집을 나와 출가하였습니다. 그들은 교활하고 속이고 사기치고 들뜨고 오만하고 촐랑대고 수다스럽고 함부로 말합니다. 그들은 감각기능의 문을 지키지 않고 음식에 대해 적당한 양을 모르고 깨어있음에 전념하지 않습니다. 그들은 사문의 결실에는 관심이 없고 공부지음을 전혀 존중하지 않으며 사치하고 게으르며 퇴보에 앞장서고 한거(閑居)를 멀리 내팽개쳐버리고 태만하고 정진하지 않고 마음챙김을 놓아버리고 분명히 알아차림[正知]이 없고 집중하지 못하고 마음이 산란하고 통찰지가 없고 귀머거리와 벙어리 같습니다. 사리뿟따 존자는 이들에게 맞을 이런 법문을 하여 마음으로 내 마음을 훤히 아는 듯이 바로잡았습니다.

도반이여, 그러나 좋은 가문의 아들[善男子]들은 믿음으로 집을 나와 출가하였습니다. 그들은 교활하지 않고 속이지 않고 사기치지 않고 들뜨지 않고 오만하지 않고 촐랑대지 않고 수다스럽지 않고 함부로 말하지 않습니다. 그들은 감각기능의 문을 잘 지키고 음식을 대해 적당한 양을 알고 깨어있음에 전념합니다. 그들은 사문의 결실을 기대하고 공부지음을 극히 존중하며 사치하지 않고 게으르지 않고 퇴보를 멀리 내팽개쳐버리며 한거에는 앞장서고 열심히 정진하고 마음챙김을 확립하고 분명히 알아차리고[正知] 집중하며 마음이 산란하지 않고 통찰지가 있고 귀머거리와 벙어리 같지 않습니다.198) 그들은 사리뿟따 존자의 이런 법문을 듣고서 그것을 마시듯이 말로 [기쁨을 표현하고], 그것을 먹듯이 마음으로 [기뻐합니다].199)

도반이여, 참으로 장하십니다. 그대는 참으로 동료 수행자들을 해로움[不善]에서 빠져나와 유익함[善]에 굳게 서게 합니다."

33. "도반이여, 마치 장식을 좋아하는 어리고 젊은 여자나 남자가 머리를 감은 뒤 연꽃 화환이나 재스민 화환이나 장미꽃 화환을 얻으면 두 손으로 받아서 몸의 최상인 머리에 놓는 것과 같이, 믿음으로 집을 나와 출가한 사람들은 교활하지 않고 속이지 않고 사기치지 않고 들뜨지 않고 오만하지 않고 촐랑대지 않고 수다스럽지 않고 함부로 말하지 않습니다. 그들은 감각기능의 문을 잘 지키고 음식을 대해 적당한 양을 알고 깨어있음에 전념합니다. 그들은 사문의 결실을 기대하고 공부지음을 극히 존중하며 사치하지 않고 게으르지 않고 퇴보를 멀리 내팽개쳐버리며 한거에는 앞장서고 열심히 정진하고 마음챙김을 확립하고 분명히 알아차리고[正知] 집중하며 마음이 산란하지 않고 통찰지가 있고 귀머거리와 벙어리 같지 않습니다. 그들은 사리뿟따 존자의 이런 법문을 듣고서 그것을 마시듯이 말로 [기쁨을

198) 이상 본경 §32의 내용은 본서 제3권 「가나까 목갈라나 경」(M107) §15와 같다.

199) '마시듯이 말로 [기쁨을 표현하고], 먹듯이 마음으로 [기뻐합니다].'로 옮긴 원문은 pivanti maññe ghasanti maññe vacasā ceva manasā ca이다. 주석서는 "마시는 것과 같고 먹는 것과 같다(pivanti viya ghasanti viya). 즉 법문을 듣고 기뻐서 그 기쁨을 말로 표현할 때(nicchārentā vacasā) 마시는 것처럼 하고, 마음으로 기뻐할 때(abbhanumodantā manasā) 먹는 것처럼 한다는 뜻이다."(MA.i.152)라고 설명하고 있어서 이렇게 풀어서 옮겼다.

표현하고], 그것을 먹듯이 마음으로 [기뻐합니다].

도반이여, 참으로 장하십니다. 그대는 참으로 동료 수행자들을 해로움[不善]에서 빠져나와 유익함[善]에 굳게 서게 합니다."

이렇게 두 큰 용들200)은 서로 간의 훌륭한 대화[金言]를 기뻐했다.

흠 없음 경(M5)이 끝났다.

---

200) '큰 용들'은 mahā-nāgā를 옮긴 것이다. 주석서는 나가(nāga, 용)의 어원을 다음과 같이 설명한다.
"상수 제자들(agga-sāvakā)을 '큰 용들(mahā-nāgā)'이라 부른다. 이것의 어원은 다음과 같다. ① 욕구(chanda) 등에 바탕하여 나아가지 않기(na gacchanti) 때문에 나가(nāga)라 하고, ② 각각의 도로써 버려진 오염원들(kilesā)은 다시 나타나지 않기(na āgacchanti) 때문에 나가라 하고, ③ 여러 종류의 죄(āgu)를 범하지 않기(na karonti) 때문에 나가라 한다. … 큰 용들이란 다른 번뇌 다한 용들(khīṇāsava-nāgā, 아라한들)보다 더 존경받고 더 칭송받는다는 뜻이다."(MA.i.153)

원한다면 경

Akaṅkheyya Sutta(M6)

1. 이와 같이 나는 들었다. [93] 한때 세존께서는 사왓티에서 제따 숲의 아나타삔디까 원림(급고독원)에 머무셨다. 거기서 세존께서는 "비구들이여."라고 비구들을 부르셨다. "세존이시여."라고 비구들은 세존께 응답했다. 세존께서는 이렇게 말씀하셨다.

2. "비구들이여, 계[201]를 잘 지키며 머물러라. 빠띠목카(戒目)[202]

---

201) '계(sīla)'에 대해서는 『청정도론』 I.17이하에 상세하게 설명되어 있다. 본경에 해당하는 주석서도 자세한 것은 『청정도론』에 설해져있다고 적고 있다.(MA.i.155)

202) '빠띠목카(계목, 戒目)'는 pātimokkha를 음역한 것이다. 『청정도론』은 다음과 같이 설명하고 있다.
"'빠띠목카(pātimokkha, 戒目)'란 학습계율(sikkhāpada-sīla)을 뜻한다. 이것은 이것을 보호하고(pāti) 지키는 사람을 해탈케 하고(mokkheti), 악처 등의 고통으로부터 벗어나게 한다. 그러므로 빠띠목카(pāṭimokkha)라고 한다."(Vis.I.43)
상좌부의 비구 계목은 모두 227개의 조항으로 구성되어 있다.
한편 여기서 '빠띠목카의 단속'으로 옮기고 있는 pātimokkha-saṁvara는 의미상 '빠띠목카를 통한 단속'의 뜻이 되겠는데 『청정도론』에서는 "빠띠목카삼와라(pātimokkha-saṁvara, 계목의 단속)라는 합성어는 빠띠목카가 바로 단속이라고 풀이된다."(*Ibid*)라고 설명하고 있다. 그래서 그냥 '빠띠목카의 단속'으로 옮기고 있음을 밝힌다. 빠띠목카(계목)의 단속은 『청정를 지키고 빠띠목카의 단속으로 단속하며 머물러라. 바른 행실과 행동의 영역을 갖추고,[203] 조그마한 허물에도 두려움을 보며, 학습계목[204]을 잘 받아 지녀 공부지어라."

3. "비구들이여, 만일 비구가 '내가 동료 수행자들로부터 사랑받고 호감을 사고 존중받고 존경받기를.' 하고 원한다면, 그는 계를 원만히 하고[205] 안으로 마음의 사마타[止]에 전념하며[206] 선(禪)을

도론』 I.43 이하에 상세하게 설명되어 있으므로 참조하기 바란다.
초기불전연구원에서는 pātimokkha를 여기서처럼 빠띠목카(계목, 戒目)라고 음역하기도 하고 계목(戒目)으로 뜻번역을 하기도 하였음을 밝힌다. 본서에서는 빠띠목카로 음역하고 있다.

203) '바른 행실과 행동의 영역을 갖추고'는 ācāra-gocara-sampannā를 옮긴 것이다. 여기에 대한 『청정도론』 I.44~51의 설명을 요약하면 다음과 같다.
'바른 행실(ācāra)'이란 몸과 말로 범하지 않는 것이 바른 행실이다. 계를 통한 단속은 모두 바른 행실이다. '행동의 영역(gocara)'이란 기생집을 행동의 영역으로 삼지 않고, 과부의 집, 술집을 행동의 영역으로 삼지 않으며 성인들의 출입을 좋아하고 이로움을 바라고 유가안은을 바라는 그런 가족을 의지하는 것이 행동의 영역이다.
상세한 설명은 『청정도론』 I.44~51에 나타나므로 이를 참조하기 바란다.

204) "배워야 할 조목이라 해서 '학습계목(sikkhā-pada)'이라 한다. 학습하는 항목(koṭṭhāsa), 혹은 학습해야 할 조목이라 해서 학습계목이라 한다."(DA.iii.1026)

205) "'계를 원만히 하고(sīlesvevassa paripūrakārī)'란 네 가지 청정한 계(catu-pārisuddhi-sīlā)를 원만히 한다는 말이다."(MA.i.156)
네 가지 청정한 계란 계목의 단속에 관한 계, 감각기능의 단속에 관한 계, 생계의 청정에 관한 계, 필수품에 관한 계이다. 이것은 『청정도론』에서 계를 설명하는 핵심이 된다. 그래서 계를 설명하는 『청정도론』 제1장의 161개 단락 가운데서 이 네 가지 청정한 계에 관한 단락이 I.42부터 I.130까지 모두 89개나 된다. 상세한 설명은 『청정도론』 I.42~130을 참조할 것.

206) "'안으로 마음의 사마타[止]에 전념하며(ajjhattaṁ cetosamatham anuyutto)'라는 것은 자신의 마음의 사마타에 몰두하는 것(attano citta-samathe yutto)을 말한다."(MA.i.157)
한편 『앙굿따라 니까야 주석서』에서는 "'안으로 마음의 사마타(ajjhattaṁ cetosamatha)를 얻은 자'란 자기 안에서 본삼매인 마음의 삼매(appanā-

경시하지 않고 위빳사나[觀]를 구족하여207) 빈집에 머물기에 전념해야 한다."

4. "비구들이여, 만일 비구가 '내가 의복, 음식, 거처, 병구완을 위한 약품을 얻게 되기를.' 하고 원한다면, 그는 계를 원만히 하고 안으로 마음의 사마타에 전념하며 선을 경시하지 않고 위빳사나를 구족하여 빈집에 머물기에 전념해야 한다."

5. "비구들이여, 만일 비구가 '내게 의복, 음식, 거처, 병구완을 위한 약품을 보시해준 그 시주자들에게 큰 결실과 큰 공덕이 있기를.' 하고 원한다면, 그는 계를 원만히 하고 안으로 마음의 사마타에 전념하며 선(禪)을 경시하지 않고 위빳사나를 구족하여 빈집에 머물기에 전념해야 한다."

6. "비구들이여, 만일 비구가 '나의 친지들이나 혈족들이 죽어 청정한 마음으로 나를 기억하는208) 그들에게 큰 결실과 큰 공덕이

---

citta-samādhi)를 [얻은 자를] 말한다."(AA.iii.116)라고 마음의 사마타를 설명하고 있다.
사마타와 위빳사나는 『아비담마 길라잡이』 제9장에 자세하게 정리되어 있으니 참조할 것.

207) "'위빳사나를 구족한다(vipassanāya samannāgato).'는 것은 일곱 가지 수관(隨觀, 관찰, anupassanā)을 말한다. 그것은 무상의 수관(anicca-anu-passanā), 괴로움의 수관(dukkha-anupassanā), 무아의 수관(anatta-anupassanā), 염오의 수관(nibbidānupassanā), 탐욕의 빛바램의 수관(vi-rāga-anupassanā), 소멸의 수관(nirodha-anupassanā), 놓아버림의 수관(paṭinissagga-anupassanā)이다."(MA.i.157)
수관(隨觀, 관찰)에 대한 설명은 『아비담마 길라잡이』 제9장 §24의 [해설]을 참조할 것. 한편 이 일곱 가지 수관은 『무애해도』(Ps.i.98; ii.172)에 위빳사나의 힘(vipassanā-bala)으로 나타나고 있으며, 이것은 다시 『청정도론』 XXIII.22~23에서 설명되어 나타난다. 『청정도론』 XXI.14 이하도 참조할 것.

208) "'친지(ñāti)'는 장인 · 장모 등 [결혼에 의해 맺어진] 관계(sassu-sasura-

있기를.' 하고 원한다면, 그는 계를 원만히 하고 안으로 마음의 사마타에 전념하며 선을 경시하지 않고 위빳사나를 구족하여 빈집에 머물기에 전념해야 한다."

7. "비구들이여, 만일 비구가 '내가 싫어함과 좋아함을[209] 극복하고, 싫어함이 나를 지배하지 않으며, 싫어함이 일어나는 족족 이를 극복하고 머물기를.' 하고 원한다면, 그는 계를 원만히 하고 안으로 마음의 사마타에 전념하며 선을 경시하지 않고 위빳사나를 구족하여 빈집에 머물기에 전념해야 한다."

8. "비구들이여, 만일 비구가 '내가 두려움과 공포를 극복하고 두려움과 공포가 나를 지배하지 않으며, 두려움이나 공포가 일어나는 족족 이를 극복하고 머물기를.' 하고 원한다면, 그는 계를 원만히 하고 안으로 마음의 사마타에 전념하며 선을 경시하지 않고 위빳사나를 구족하여 빈집에 머물기에 전념해야 한다."

9. "비구들이여, 만일 비구가 '바로 지금·여기에서 행복하게 머물게 하는, 높은 마음인 네 가지 선[四種禪]을 원하는 대로 얻고 힘들이지 않고 얻고 어렵지 않게 얻기를.' 하고 원한다면, 그는 계를 원만히 하고 안으로 마음의 사마타에 전념하며 선을 경시하지 않고 위

---

pakkhikā)이고, '혈족(sālohita)'은 모태 등의 같은 혈연으로 맺어진 관계(eka-lohita-sambaddhā)를 말한다. 그들이 죽어서 아귀계에 다시 태어나 '우리 친척 장로가 계를 지니고 선한 성품을 지녔다.'라고 생각하면서 마음이 청정해지고(pasanna-citta), 그런 마음으로 그 비구를 기억한다(anussara-ti)는 뜻이다. 그러므로 청정한 마음과 그 비구를 기억함 모두 큰 결실과 공덕이 기대된다."(MA.i.159)

209) "'싫어함(arati)'이란 유익한 법들에 대해(adhikusalesu dhammesu) 혹은 멀리 떨어진 외딴 처소에 머무는 것(panta-senāsanesu)에 대해 싫어하는 것이고, '좋아함(rati)'이란 다섯 가닥의 감각적 욕망에 대해 좋아하는 것이다."(MA..i.160)

빳사나를 구족하여 빈집에 머물기에 전념해야 한다."

10. "비구들이여, 만일 비구가 '내가 물질[色]을 초월하여 물질이 없는[無色] 저 [네 가지] 평화로운 해탈들을 몸으로 닿아서 머물기를.'210)하고 원한다면, 그는 계를 원만히 하고 안으로 마음의 사마타에 전념하며 선을 경시하지 않고 위빳사나를 구족하여 빈집에 머물기에 전념해야 한다."

11. "비구들이여, [94] 만일 비구가 '내가 세 가지 족쇄211)를 완

---

210) 먼저 '평화로운 해탈(santa vimokkha)'이 무엇을 뜻하는가부터 살펴보자. 『청정도론 주석서』는 평화로운 해탈을 무색계禪(arūpa-jjhāna)이라고 설명하고 있다(santavimokkhato ti arūpajjhānato — Pm.394 = Vis.X.5에 대한 주석). 공무변처부터 비상비비상처까지의 무색계 4처 혹은 무색계선은 본서 「지워 없앰 경」(M8) §§8~11과 「미끼 경」(M25) §§16~19 등에 정형구로 나타나고 있으므로 참조하기 바란다.
한편 본경에 해당하는 주석서는 평화로운 해탈을 다음과 같이 설명한다.
"'평화로운(satā)'이란 것은 구성요소가 평화롭고 대상이 평화롭기 때문에 평화롭다. '해탈(vimokkha)'이란 반대되는 법들로부터 해탈했고(vimuttatta) 또 대상에 대해 확신이 있기 때문에(adhimuttatta) 해탈이다. '물질을 초월한다(atikkamma rūpe).'는 것은 색계선(rūpa-avacara-jjhāna)을 초월한다는 것이다."(MA.i.162)
『상윳따 니까야 주석서』는 다음과 같이 설명한다.
"'평화로운 해탈들(santā vimokkhā)'이란 구성요소들도 평화롭고 대상도 평화롭기 때문에 평화로운데 이것은 무색계의 해탈들(āruppa-vimokkhā)을 말한다. '몸으로 체득하여(kāyena phusitvā)'란 정신적인 몸(nāma-kāya)으로 체득하여, 증득하여(paṭilabhitvā)라는 뜻이다."(SA.ii.126)
『맛지마 니까야 복주서』는 '정신적인 몸'이란 함께 생긴 정신의 무더기(nāma-kkhandha = 수 · 상 · 행 · 식의 4온)를 뜻한다고 설명하고 있다. (MAṬ.i.265)

211) "'세 가지 족쇄(saṁyojana)'란 유신견과 의심과 계금취의 세 가지 속박(bandhana)이다. 이들은 무더기와 태어날 곳과 존재(khandha-gati-bhava) 등으로써 무더기와 태어날 곳과 존재 등을 얽어매기 때문에 족쇄라고 부른다." (MA.i.162)
세 가지 족쇄를 비롯한 10가지 족쇄saṁyojana)에 대한 설명은 본서 「뿌리에 대한 법문 경」(M1) §99의 주해를 참조할 것.

전히 없애고 흐름에 든 자[預流者]가 되어, 더 이상 [네 가지 악취에] 떨어지는 법이 없고 [해탈이] 확실하며 바른 깨달음으로 나아가기를.'[212] 하고 원한다면, 그는 계를 원만히 하고 안으로 마음의 사마타에 전념하며 선을 경시하지 않고 위빳사나를 구족하여 빈집에 머물기에 전념해야 한다."

12. "비구들이여, 만일 비구가 '내가 세 가지 족쇄[213]를 완전히 없애고 탐욕과 성냄과 어리석음이 엷어져서[214] 한 번만 더 돌아올

---

212) ' ' 안의 정형구는 예류자의 정형구로 여러 경에 나타난다. 여기에 대한 주석서의 설명은 다음과 같다.
"'흐름에 든 자[預流者, sotāpanna]'란 흐름(sotaṁ)을 얻은 자(āpanno)를 말한다. '흐름(sota)'은 도(magga)를 두고 한 말이고, '흐름에 든 자'는 첫 번째 도(예류도)의 순간에 있는 자를 두고 한 말이다. 그래서 경에 이렇게 나타난다.
"사리뿟따여, '흐름, 흐름'이라고들 한다. 사리뿟따여, 어떤 것이 흐름인가? 세존이시여, 성스러운 팔정도[八支聖道]가 바로 흐름이니, 그것은 바른 견해, … 바른 삼매입니다. … 사리뿟따여, '흐름에 든 자[예류자], 흐름에 든 자'라고들 한다. 사리뿟따여, 어떤 것이 흐름에 든 자인가? 세존이시여, 이러한 성스러운 팔정도를 구족한 자를 일러 흐름에 든 자라고 하나니 이러한 이름을 가지고 이러한 족성을 가진 그런 존자를 뜻합니다."(『상윳따 니까야』 제6권 「사리뿟따 경」 2(S55:5) §§4~5)
그러나 여기서는 도로써 과를 얘기했다. 그러므로 과에 서 있는 자를 흐름에 든 자라고 알아야 한다.
'[악취에] 떨어지는 법이 없다(avinipāta-dhammo).'는 것은 처참한 곳(apāya)에 떨어지게 하는 법들을 이미 다 버렸기 때문에 그에게는 더 이상 없다는 말이다.
'바른 깨달음으로 나아가는 자(sambodhi-parāyano)'란 첫 번째 도를 얻었기 때문에 틀림없이 더 높은 세 가지 도(즉 일래도, 불환도, 아라한도)를 성취한다는 뜻이다."(MA.i.162~163)
일래자와 불환자와 아라한에 대한 상세한 설명은 『청정도론』 XXII.3~31과 『아비담마 길라잡이』 9장 §§39~41을 참조할 것.

213) 세 가지 족쇄는 [불변하는] 존재 더미가 있다는 견해[有身見]와 의심[疑]과 계행과 의례의식에 대한 집착[戒禁取]이다. 본서 「모든 번뇌 경」(M2) §11을 참조할 것.

자[一來者]가 되어서 한 번만 더 이 세상에 돌아와서 괴로움을 끝내기를.'[215]하고 원한다면, 그는 계를 원만히 하고 안으로 마음의 사마타에 전념하며 선을 경시하지 않고 위빳사나를 구족하여 빈집에 머물기에 전념해야 한다."

13. "비구들이여, 만일 비구가 '내가 다섯 가지 낮은 단계의 족쇄[216]를 완전히 없애고 [정거천[217]에] 화생하여 그곳에서 완전한

---

214) "'탐욕과 성냄과 어리석음이 엷어져서(rāga-dosa-mohānaṁ tanuttā)'라는 것은 가끔씩 어떤 때에 일어나고, 흘림이 약한 상태(viraḷākārā)라는 말이다. 그들에게는 탐욕과 성냄과 어리석음이 윤회를 따르는 많은 사람들에게처럼 그렇게 자주 일어나지 않는다. 가끔씩 일어난다. 일어나더라도 윤회를 따르는 많은 사람들에게처럼 파괴하고(maddantā), 널리 퍼지고(pharan-tā), 덮어버리고(chādentā), 암흑을 만들 듯이(andhakāraṁ karontā) 그렇게 일어나지 않고 아주 약하게 일어난다. 한 번만 더 인간 세상에 돌아와서 윤회의 괴로움을 끝낸다."(MA.i.163)

215) "여기 이 세상에서 일래도를 닦아서 바로 여기서 열반에 드는 자는 여기서 말하는 '한 번만 더 이 세상에 돌아와서(sakideva imaṁ lokaṁ āgantvā)'라고 설한 것에 해당되지 않는다. 여기서 도를 닦아서 천상에 다시 태어나서 바로 그곳에서 열반에 드는 자도, 천상 세계에서 도를 닦아 바로 그곳에서 열반에 드는 자도, 천상 세계에서 도를 닦아 여기 인간 세상에 다시 태어나 열반에 드는 자도 해당되지 않는다. 그러나 여기서 도를 닦아 천상 세계에 다시 태어나 그곳에서 수명만큼 머물다가 다시 이 세상에 태어나 열반에 드는 자가 여기서 말하는 '한 번만 더 이 세상에 돌아오는 자'라고 알아야 한다."(MA.i.163)
다섯 부류의 일래자(一來者, sakadāgāmī, 일래도 및 일래과)에 대해서는 『아비담마 길라잡이』 9장 §39 및 『청정도론』 XXII.21~24를 참조할 것.

216) "'낮은 단계의 족쇄[下分結, orambhāgiya saṁyojana]'란 욕계 천상(kām-āvacara-devaloka)에 태어나는 조건(uppatti-paccaya)이라는 것을 암시하고 있다."(MA.i.163)
"낮은 단계의 [족쇄]란 아래 단계(heṭṭhā-bhāgiya)의 [족쇄]를 말한다. 여기에 걸리면(baddha) 위로 정거천의 경지(Suddhāvāsa-bhūmi)에 태어날 수 없다."(DA.i.313)
유신견(有身見 sakkāya-diṭṭhi), 의심(vicikicchā), 계행과 의례의식에 대한 취착[戒禁取, sīlabbata-parāmāsa), 감각적 욕망(kāma-rāga), 악의

열반에 들어 그 세계에서 다시 돌아오지 않는 법을 얻기를[不還者].' 하고 원한다면, 그는 계를 원만히 하고 안으로 마음의 사마타에 전념하며 선을 경시하지 않고 위빳사나를 구족하여 빈집에 머물기에 전념해야 한다."

14. "비구들이여,218) 만일 비구가 '내가 여러 가지 신통변화[神足通]를 나투었으면 좋겠다. 즉 하나인 채 여럿이 되기도 하고 여럿이 되었다가 하나가 되기도 하며, 나타나기도 하고 사라지기도 하며, 마치 허공에서처럼 벽이나 담이나 산을 아무런 장애 없이 통과하고, 물속에서처럼 땅에서도 떠올랐다 잠겼다 하고, 땅 위에서처럼 물 위에서 빠지지 않고 걸어가고, 날개 달린 새처럼 가부좌한 채 허공을 날아가고, 저 막강하고 위력적인 태양과 달을 손으로 만져 쓰다듬기도 하며, 심지어는 저 멀리 범천의 세상219)에까지도 몸의 자유자재함을 발하기를[神足通].' 하고 원한다면, 그는 계를 원만히 하고 안으로 마

(byāpāda)의 다섯을 '다섯 가지 낮은 단계의 족쇄[五下分結, pañca oram-bhāgiyāni saṁyojanāni]'이라 하는데 존재를 욕계(kāma-dhātu)에 묶어두는 족쇄이다. 이 가운데 처음의 셋은 예류자와 일래자에 의해서 제거되고 다섯 가지 모두는 불환자에 의해서 제거된다. 이 다섯 가지 낮은 단계의 족쇄와 다섯 가지 높은 단계의 족쇄[上分結]를 합쳐서 열 가지 족쇄(saṁyojana)라 부른다. 열 가지 족쇄에 대한 설명은 본서 「뿌리에 대한 법문 경」(M1) §99의 주해를 참조할 것.

217) '정거천(淨居天, Suddhāvāsa)'에 대해서는 본서 「사자후의 긴 경」(M12) §57의 주해를 참조할 것.

218) 이하 본경의 §§14~19에는 육신통의 정형구가 나타난다. 이 육신통 가운데 마지막인 누진통을 제외한 다섯 가지 신통은 『청정도론』 XII장과 XIII장에서 상세하게 설명되고 있다. 본서에서 육신통과 삼명이 언급되는 경들에 대해서는 본서 「코끼리 발자국 비유의 짧은 경」(M27) §26의 주해를 참조할 것.

219) '범천의 세상(brahma-loka)'에 대해서는 본서 제3권 「다난자니 경」(M97) §31의 주해를 참조할 것.

음의 사마타에 전념하며 선을 경시하지 않고 위빳사나를 구족하여 빈집에 머물기에 전념해야 한다."

15. "비구들이여, 만일 비구가 '내가 인간의 능력을 넘어선 청정하고 신성한 귀의 요소로 천상이나 인간의 소리 둘 다를 멀든 가깝든 간에 다 듣기를[天耳通].' 하고 원한다면, 그는 계를 원만히 하고 안으로 마음의 사마타에 전념하며 선을 경시하지 않고 위빳사나를 구족하여 빈집에 머물기에 전념해야 한다."

16. "비구들이여, 만일 비구가 '내가 내 마음으로 다른 중생들과 다른 인간들의 마음을 대하여 꿰뚫어 알면 좋겠다. 즉 탐욕이 있는 마음은 탐욕이 있는 마음이라고 꿰뚫어 알고 탐욕을 여읜 마음은 탐욕을 여읜 마음이라고 꿰뚫어 알며, 성냄이 있는 마음은 성냄이 있는 마음이라고 꿰뚫어 알고 성냄을 여읜 마음은 성냄을 여읜 마음이라고 꿰뚫어 알며, 어리석음이 있는 마음은 어리석음이 있는 마음이라고 꿰뚫어 알고 어리석음을 여읜 마음은 어리석음을 여읜 마음이라고 꿰뚫어 알며, 수축한 마음은 수축한 마음이라고 꿰뚫어 알고 흩어진 마음은 흩어진 마음이라고 꿰뚫어 알며, 고귀한 마음은 고귀한 마음이라고 꿰뚫어 알고 고귀하지 않은 마음은 고귀하지 않은 마음이라고 꿰뚫어 알며, 위가 있는 마음은 위가 있는 마음이라고 꿰뚫어 알고 위가 없는 마음은 위가 없는 마음이라고 꿰뚫어 알며, 삼매에 든 마음은 삼매에 든 마음이라고 꿰뚫어 알고 [95] 삼매에 들지 않은 마음은 삼매에 들지 않은 마음이라고 꿰뚫어 알며, 해탈한 마음은 해탈한 마음이라고 꿰뚫어 알고 해탈하지 않은 마음은 해탈하지 않은 마음이라고 꿰뚫어 알기를[他心通].' 하고 원한다면, 그는 계를 원만히 하고 안으로 마음의 사마타에 전념하며 선을 경시하지 않고 위빳

사나를 구족하여 빈집에 머물기에 전념해야 한다."

17. "비구들이여, 만일 비구가 '내가 한량없는 전생의 갖가지 삶들을 기억하면 좋겠다. 즉 한 생, 두 생, 세 생, 네 생, 다섯 생, 열 생, 스무 생, 서른 생, 마흔 생, 쉰 생, 백 생, 천 생, 십만 생, 세계가 수축하는 여러 겁, 세계가 팽창하는 여러 겁, 세계가 수축하고 팽창하는 여러 겁을 기억하면 좋겠다. '어느 곳에서 이런 이름을 가졌고, 이런 종족이었고, 이런 용모를 가졌고, 이런 음식을 먹었고, 이런 행복과 고통을 경험했고, 이런 수명의 한계를 가졌고, 그곳에서 죽어 다른 어떤 곳에 다시 태어나 그곳에서는 이런 이름을 가졌고, 이런 종족이었고, 이런 용모를 가졌고, 이런 음식을 먹었고, 이런 행복과 고통을 경험했고, 이런 수명의 한계를 가졌고, 그곳에서 죽어 다시 여기 태어났다.'라고. 이와 같이 한량없는 전생의 갖가지 모습들을 그 특색과 더불어 상세하게 기억해낼 수 있기를[宿命通].' 하고 원한다면, 그는 계를 원만히 하고 안으로 마음의 사마타에 전념하며 선을 경시하지 않고 위빳사나를 구족하여 빈집에 머물기에 전념해야 한다."

18. "비구들이여, 만일 비구가 '내가 인간의 능력을 넘어선 청정하고 신성한 눈[天眼]으로 중생들이 죽고 태어나고, 천박하고 고상하고, 잘생기고 못생기고, 좋은 곳[善處]에 가고 나쁜 곳[惡處]에 가는 것을 보고, 중생들이 지은 바 그 업에 따라가는 것을 꿰뚫어 알면 좋겠다. '이들은 몸으로 못된 짓을 골고루 하고 말로 못된 짓을 골고루 하고 또 마음으로 못된 짓을 골고루 하고, 성자들을 비방하고, 삿된 견해를 지니어 사견업(邪見業)을 지었다. 이들은 몸이 무너져 죽은 뒤 처참한 곳, 불행한 곳, 파멸처, 지옥에 태어났다. 그러나 이들은 몸으로 좋은 일을 골고루 하고 말로 좋은 일을 골고루 하고 마음으로 좋

은 일을 골고루 하고 성자들을 비방하지 않고 바른 견해를 지니고 정견업(正見業)을 지었다. 이들은 몸이 무너진 다음 좋은 곳[善處], 천상세계에 태어났다.'라고. 이와 같이 내가 청정하고 인간을 넘어선 신성한 눈으로 중생들이 죽고 태어나고, 천박하고 고상하고, 잘생기고 못생기고, 좋은 곳[善處]에 가고 나쁜 곳[惡處]에 가는 것을 보고, 중생들이 지은 바 그 업에 따라가는 것을 꿰뚫어 알기를[天眼通]' 하고 원한다면, 그는 계를 원만히 하고 안으로 마음의 사마타에 전념하며 선을 경시하지 않고 위빳사나를 구족하여 빈집에 머물기에 전념해야 한다."

19. "비구들이여, 만일 비구가 '내가 모든 번뇌가 다하여 아무 번뇌가 없는 마음의 해탈[心解脫]과 통찰지를 통한 해탈[慧解脫]220)을

---

220) '마음의 해탈[心解脫]'은 ceto(마음의)-vimutti(해탈)의 역어이고 '통찰지를 통한 해탈[慧解脫]'은 paññā(통찰지의)-vimutti(해탈)의 역어이다. 본 경에 해당하는 주석서는 다음과 같이 설명한다.
"여기서 마음이라는 단어로 아라한과와 함께하는 삼매가, 통찰지라는 단어로 아라한과와 함께하는 통찰지가 설해졌다. 여기서 삼매(samādhi)는 감각적 욕망으로부터 해탈하였기 때문에 마음의 해탈이고, 통찰지는 무명으로부터 해탈하였기 때문에 통찰지의 해탈이라고 알아야 한다. … 감각적 욕망이 빛바랬기 때문에 마음의 해탈이라 하고, 무명이 빛바랬기 때문에 통찰지의 해탈이라 한다. 그리고 사마타[止]의 결실(samatha-phala)이 마음의 해탈이며, 위빳사나의 결실이 통찰지의 해탈이라고 알아야 한다."(MA.i.164~165)
여기서 보듯이 마음은 삼매의 동의어로 마음의 해탈은 삼매를 통한 해탈이고, 통찰지의 해탈은 통찰지(반야)를 통한 해탈이다. 『디가 니까야 주석서』에서 통찰지를 통한 해탈에는 마른 위빳사나를 닦은 자(sukkha-vipassaka)와 네 가지 禪으로부터 출정하여 아라한과를 얻은 자들로 모두 다섯 가지 경우가 있다고 설명하고 있다.(DA.iii.879)
그리고 마음의 해탈이 단독으로 나타나는 경우는 거의 없으며 대부분 이렇게 통찰지의 해탈과 함께 나타난다. 그러나 통찰지의 해탈은 단독으로 나타나는 곳이 있다. 이와 관련해서 양면해탈(兩面解脫, ubhato-bhāga-vimu-tti)도 언급해야 하는데, 요약하면 양면으로 해탈한 자(ubhato-bhāga-vimutta)는 무색계 삼매(공무변처부터 비상비비상처까지)와 더불어 아라한

바로 지금·여기에서 스스로 최상의 지혜로 실현하고 구족하여 머물기를[漏盡通].'221)하고 원한다면, [96] 그는 계를 원만히 하고 안으로 마음의 사마타에 전념하며 선을 경시하지 않고 위빳사나를 구족하여 빈집에 머물기에 전념해야 한다."

20. "'비구들이여, 계를 잘 지키며 머물러라. 빠띠목카(戒目)를 지키고 빠띠목카의 단속으로 단속하며 머물러라. 바른 행실과 행동의 영역을 갖추고, 조그마한 허물에도 두려움을 보며, 학습계목을 잘 받아 지녀 공부지어라.'라고 [앞서] 설한 것은 이것을 반연하여 설했다."

세존께서는 이와 같이 설하셨다. 그 비구들은 흡족한 마음으로 세존의 말씀을 크게 기뻐했다.

원한다면 경(M6)이 끝났다.

과를 증득한 자를 뜻하고, 통찰지로 해탈한 자(paññā-vimutta)는 무색계 삼매 없이 아라한과를 증득한 자를 말한다.

양면해탈과 통찰지를 통한 해탈에 대해서는 본서 제2권「끼따기리 경」(M70) §§14~16의 주해들을 참조하고『디가 니까야』제2권「대인연경」(D15) §36의 주해와『초기불교 이해』407쪽 이하도 참조할 것. 마른 위빳사나를 닦은 자는 본서 제2권「끼따기리 경」(M70) §16의 주해와『아비담마 길라잡이』9장 §29의 해설과『청정도론』XXI.112의 주해 등을 참조할 것.

221) 니까야 전체에는 두 가지 누진통(漏盡通, 번뇌를 소멸하는 지혜, āsava-kkhaya-ñāṇa)의 정형구가 나타난다.『디가 니까야』와『청정도론』과 본서 M4 §31, M27 §25, M51 §26 등에 나타나는 정형구가 첫 번째이고 둘째는 본경에 나타나는 본 정형구이다. 특히『상윳따 니까야』에는 모두 심해탈과 혜해탈을 통한 번뇌 다함으로 표현되는 본경의 본 정형구가 누진통의 정형구로만 나타난다.『앙굿따라 니까야』와 본『맛지마 니까야』에는 두 가지 정형구가 다 나타난다. 여기에 대해서는 본서 역자 서문 §8-(1)의 1)과 2)와,『상윳따 니까야』제2권「선(禪)과 최상의 지혜 경」(S16:9) §17의 주해를 참조할 것.

옷감의 비유 경

Vatthūpama Sutta(M7)

1. 이와 같이 나는 들었다. 한때 세존께서는 사왓티에서 제따 숲의 아나타삔디까 원림(급고독원)에 머무셨다. 거기서 세존께서는 "비구들이여."라고 비구들을 부르셨다. "세존이시여."라고 비구들은 세존께 응답했다. 세존께서는 이렇게 말씀하셨다.

2. "비구들이여, 마치 옷감이 더럽고 때가 묻으면 염색공이 그 옷감을 파랗거나 노랗거나 빨갛거나 심홍색으로 물들이기 위해 그 각각의 염료에 담그더라도 그것은 물이 잘 들지도 않고 그 색깔도 선명하지 않을 것이다. 그것은 무슨 까닭인가? 비구들이여, 옷감이 깨끗하지 않기 때문이다. 비구들이여, 그와 같이 마음이 오염되면 악처(惡處)222)가 예상된다.

---

222) '악처'는 duggati를 옮긴 것이고 아래의 '선처'는 sugati를 옮긴 것이다. 주석서는 "선처는 26가지 천상세계이고 악처는 네 가지이다(chabbīsatideva-lokabhedaṁ saggañca catubbidhaṁ apāyañca dibbacakkhunā passati, — Sn.ii.470)."라고 설명하고 있다. 우리에게 악처는 삼악도라 하여 지옥, 축생, 아귀의 셋으로 알려져 있지만 주석서에서 보듯이 상좌부에서는 아수라를 악도 혹은 악처에 넣어서 4악도로 나타난다. 26가지 천상세계와 4악도에 대한 설명은 『아비담마 길라잡이』 제5장 §§3~8을 참조할 것.

비구들이여, 마치 옷감이 희고 깨끗하면 염색공이 파랗거나 노랗거나 빨갛거나 심홍색으로 물들이기 위해 그 각각의 염료에 담글 때 그것은 물이 잘 들고 그 색깔도 선명하다. 그것은 무슨 까닭인가? 비구들이여, 옷감이 깨끗하기 때문이다. 비구들이여, 그와 같이 마음이 오염되지 않으면 선처(善處)가 예상된다."

3. "비구들이여, 무엇이 마음의 오염원들223)인가?

---

223) 여기서 '오염원'은 upakkilesa를 옮긴 것이다. 일반적으로 오염원으로 옮기는 단어에는 kilesa(『상윳따 니까야』「오염원 상윳따」(S27) 등)와 여기에 접두어 'upa+'가 붙은 upakkilesa(본경과 본서 제4권「오염원 경」(M128) §27 등)와 접두어 saṁ+이 첨가된 saṅkilesa(본서「사자후의 긴 경」(M12) §16 등)의 세 가지가 니까야에 나타나는데 kilesa가 대표적인 것이다.
주석서는 "성가시게 하고 억누른다, 들볶는다(kilissati vibādhati, upatāpeti)는 뜻에서 오염원이라 한다."(DhsA.42)라고 설명하고 있다. 『담마상가니 주석서』(DhsA.50)에서 kilesa는 saṅkilesa와 같은 의미로 받아들이고 있듯이 일반적으로 이 셋은 동의어로 취급한다.
한편『논장』『담마상가니』에는 "열 가지 오염원이 있으니 (1) 탐욕 (2) 성냄 (3) 어리석음 (4) 자만 (5) 사견 (6) 의심 (7) 해태 (8) 들뜸 (9) 양심 없음 (10) 수치심 없음이다(dasa kilesā: lobho, doso, moho, māno, diṭṭhi, vicikicchā, thinaṁ, uddhaccaṁ, ahirikaṁ, anottappaṁ)."(Dhs.214 {1229})라고 하여 열 가지 오염원을 들고 있지만 니까야에는 10가지 오염원이 나타나지 않는다.
『상윳따 니까야』제5권「오염원 경」(S46:33)과『앙굿따라 니까야』제3권「오염원 경」(A5:23)에는 삼매를 방해하는 다섯 가지 장애[五蓋, pañca nīvaraṇāni] 즉 감각적 욕망, 악의, 해태·혼침, 들뜸·후회, 의심의 다섯 가지를 마음의 오염원(cittassa upakkilesa)이라고 부르고 있다. 그리고『상윳따 니까야』제3권「눈[眼] 경」(S27:1) §3에서는 눈·귀·코·혀·몸·마노의 육내처를 '마음의 오염원(cittass'eso upakkileso)'이라고 부르고 있다.
본서 제4권「오염원 경」(M128) §27에는 의심, 마음에 잡도리하지 않음, 해태와 혼침, 두려움, 의기양양함, 무력증, 지나친 정진, 느슨한 정진, 갈애, 다양한 인식, 형색들에 대한 지나친 명상의 11가지를 마음의 오염원으로 들고 있다.
그런데『청정도론』(XX.105 이하)에서는 일어남과 사라짐을 관찰하는 위빳사나 수행자가 형성된 것들을 무상 등으로 관찰할 때 그에게 나타나는 광

① 욕심과 그릇된 탐욕[224]이 마음의 오염원이다.[225] ② 악의가 마음의 오염원이다. ③ 분노가 마음의 오염원이다. ④ 적의가 마음의 오염원이다. ⑤ 모욕이 마음의 오염원이다. ⑥ 얕봄이 마음의 오염원이다. ⑦ 질투가 마음의 오염원이다. ⑧ 인색이 마음의 오염원이다. ⑨ 속임이 마음의 오염원이다. ⑩ 사기가 마음의 오염원이다. ⑪ 완고함이 마음의 오염원이다. ⑫ 뻔뻔스러움이 마음의 오염원이다. ⑬ 자만이 마음의 오염원이다. ⑭ 거만이 마음의 오염원이다. ⑮ 허영이

명, 희열 등을 upakkilesa(경계, 혹은 오염원)로 표현했다. 왜냐하면 위빳사나 수행자가 이것을 성스러운 법이라 여기면서 바른 과정에서 벗어나버리기 때문이다. upakkilesa가 해로운 마음부수법들과 연결이 되면 '오염원'이나 '더러움' 등으로 옮겨야 하겠지만 여기서는 열심히 위빳사나를 닦는 자에게 나타나는 현상이므로 수행 중에 일어나는 경계라는 의미에서 '경계'로 옮겼다. 『청정도론』(XX.105 이하)과 『아비담마 길라잡이』 제9장 §32도 참조할 것.

본경에서는 옷감의 비유와 함께 마음이 오염될 때는 '악처(惡處, duggati)'에 태어나고, 마음이 오염되지 않을 때는 '선처(善處, sugati)'에 태어난다고 설하고 계신다. 그리고 무엇에 의해서 마음이 오염되는지를 보이시면서 탐욕을 위시한 모든 오염원(kilesā)들을 upakkilesa라고 표현하고 있다.

224) '욕심과 그릇된 탐욕'은 abhijjhā-visama-lobha를 옮긴 것이다. 주석서는 이렇게 설명한다.
"자기의 재산(saka-bhaṇḍa)에 대한 열정과 욕망(chanda-rāga)은 '욕심(abhijjhā)'이고, 다른 이의 재산에 대한 열정과 욕망은 '그릇된 탐욕(visama-lobha)'이다. 혹은 자기의 것이건 다른 이의 것이건, 소유하고 있거나 얻은 것에 대한 열정과 욕망은 '욕심'이고, 다른 이의 아내 등 소유하기에 부적절한 것과 얻을 수 없는 것에 대한 열정과 욕망은 '그릇된 탐욕'이다. 그러나 바로 그 탐욕(lobha)이 욕심을 부린다는 뜻에서는 '욕심'이고, 그릇되다는 뜻에서는 '그릇됨'이기 때문에 단어만 다를 뿐 뜻은 같다. 그는 이 욕심과 그릇된 탐욕을 일으켜 마음을 더럽히고 빛나게 하지 않는다. 그러므로 '마음의 오염원(cittassa upakkilesa)'이라 한다."(MA.i.169)

225) 본 문단에 나타나는 16가지 오염원을 원어와 함께 병기해 보면 다음과 같다.
욕심과 그릇된 탐욕(abhijjhā-visama-lobha), 악의(byāpāda), 분노(kodha), 적의(upanāha), 모욕(makkha), 얕봄(paḷāsa), 질투(issā), 인색(macchariya), 속임(māyā), 사기(sāṭheyya), 완고함(thambha), 뻔뻔스러움(sārambha), 자만(māna), 거만(atimāna), 허영(mada), 방일(pamāda).

마음의 오염원이다. [97] ⑯ 방일이 마음의 오염원이다."226)

4. "비구들이여, 비구는 '욕심과 그릇된 탐욕227)이 마음의 오염원이다.'라고 알아 욕심과 그릇된 탐욕이라는 마음의 오염원을 버린다.228) '악의가 마음의 오염원이다.'라고 알아 … '방일이 마음의 오염원이다.'라고 알아 방일이라는 마음의 오염원을 버린다."

5. "비구들이여, 비구가 '욕심과 그릇된 탐욕이 마음의 오염원이다.'라고 알아 욕심과 그릇된 탐욕이라는 마음의 오염원을 버리고, '악의가 마음의 오염원이다.'라고 알아 … '방일이 마음의 오염원이

---

226) 이 16가지 오염원들은 본서 「법의 상속자 경」(M3)의 §§8~15에서도 언급되고 있다. 단 두 번째 오염원인 본경의 악의 대신에 거기서는 성냄(dosa)으로 나타나는 것이 다르다.

227) "그렇다면 왜 세존께서는 이런 오염원들을 보이시면서 '탐욕(lobha)'을 첫 번째로 언급하셨는가? 탐욕이 가장 먼저 일어나기(paṭham-uppattita) 때문이다. 모든 중생들에게는 그들이 어디에 태어나든지 간에, 정거천의 세상까지도 가장 먼저 존재에 대한 갈구(bhava-nikanti)의 형태로 탐욕이 일어나고, 그 다음에 각자에게 적합한 조건(anurūpa-paccaya)에 따라 다른 오염원들이 일어난다. 그리고 이 열여섯 가지 마음의 오염원들(cittassa upakkilesā)만이 마음을 오염시키는 것이 아니라 모든 오염원(kilesā)들도 다 해당된다고 알아야 한다."(MA.i.170)

228) 여기서 '버린다(pajahati)'는 것은 성스러운 도(ariya-magga)로써 근절에 의한 버림(samuccheda-ppahāna)으로 버린다는 뜻이다. 오염원들을 버리는 순서는 다음과 같다. ① 욕심과 그릇된 탐욕, 완고함, 뻔뻔스러움, 거만, 자만, 허영(abhijjhā-visama-lobha, thambha, sārambha, māna, atimāna, mada)의 여섯은 아라한도로써 버린다. ② 악의, 분노, 적의, 방일(byāpāda, kodha, upanāha, pamāda)의 넷은 불환도로써 버린다. ③ 모욕, 얕봄, 질투, 인색, 속임, 사기(makkha, paḷāsa, issā, macchariya, māyā)의 여섯은 예류도로써 버린다.
그러나 이 문맥에서는 이 오염원들을 예류도로써 버리건 혹은 나머지 도로써 버리건, 여기서는 오직 불환도(anāgāmi-magga)에 의한 버림과 관련하여 욕심과 부당한 탐욕이라는 마음의 오염원을 버린다고 말문을 여셨다고 알아야 한다."(MA.i.171)

다.'라고 알아 방일이라는 마음의 오염원을 버릴 때, 그는 부처님께 흔들리지 않는 깨끗한 믿음[淸淨信]을 지닌다. '이런 [이유로] 그분 세존께서는 아라한[應供]이시며, 완전히 깨달은 분[正等覺]이시며, 명지와 실천을 구족한 분[明行足]이시며, 피안으로 잘 가신 분[善逝]이시며, 세간을 잘 알고 계신 분[世間解]이시며, 가장 높은 분[無上士]이시며, 사람을 잘 길들이는 분[調御丈夫]이시며, 하늘과 인간의 스승[天人師]이시며, 부처님[佛]이시며, 세존(世尊)이시다.'라고."229)

6. "그는 법에 흔들리지 않는 깨끗한 믿음을 지닌다. '법은 세존에 의해서 잘 설해졌고, 스스로 보아 알 수 있고, 시간이 걸리지 않고, 와서 보라는 것이고, 향상으로 인도하고, 지자들이 각자 알아야 하는 것이다.'라고"230)

7. "그는 승가에 흔들리지 않는 깨끗한 믿음을 지닌다. '세존의 제자들의 승가는 잘 도를 닦고, 세존의 제자들의 승가는 바르게 도를 닦고, 세존의 제자들의 승가는 참되게 도를 닦고, 세존의 제자들의 승가는 합당하게 도를 닦으니, 곧 네 쌍의 인간들이요[四雙] 여덟 단계에 있는 사람들[八輩]이시다. 이러한 세존의 제자들의 승가는 공양받아 마땅하고, 선사받아 마땅하고, 보시받아 마땅하고, 합장받아 마땅하며, 세상의 위없는 복밭[福田]이시다.'라고."231)

8. "그가 [각각의 오염원을 완전히 남김없이 버릴 수 있는] 그

---

229) 본경과 니까야의 도처에 나타나는 이 여래십호(如來十號)를 위시한 부처님에 대한 설명은 『청정도론』 VII.2~67에 상세하게 설명되어 있으므로 참조하기 바란다.

230) 이 법에 대한 정형구의 설명은 『청정도론』 VII.68~88에 잘 설명되어 있으므로 참조할 것.

231) 이 승가에 대한 정형구의 설명은 『청정도론』 VII.89~100을 참조할 것.

각각의 도로써[232] [그 오염원을] 포기하고, 토해내고, 풀어주고, 버리고, 완전히 놓아버릴 때 '나는 부처님께 움직이지 않는 깨끗한 믿음을 지녔다.'라고 생각하면서 결과에서 영감을 얻고 원인에서 영감을 얻으며[233] 법과 관계된 환희를 얻는다. 환희하는 자에게 희열이

---

232) '그 각각의 도로써'는 yathodhi를 주석서를 참조하여 옮긴 것이다. 주석서는 이렇게 설명한다.
"변방에 머무는 도둑의 위험을 진정시키고서 그것을 반조하면서 대도시에 머무는 왕처럼, 이 불환자에게 '나에게 이런 오염원들과 이런 오염원들은 제거되었다.'라고 자기의 오염원들을 버린 것을 반조하면서 크나큰 기쁨이 일어난다. 세존께서 그것을 보이시면서 'yathodhi kho panassa(그가 그 각각의 도로써)'라고 말씀을 시작하셨다.
여기서 'yathodhi'는 yo yo odhi(각각의 도)의 합성어이다. 이 뜻은 다음과 같다. 이 불환자인 비구가 각각의 오염원을 완전히 남김없이 버릴 수 있는 그 각각의 도로써 그 오염원을 포기하고, 토해내고, 풀어주고, 버리고, 완전히 놓아버린다. 즉 예류도로써는 모욕, 얕봄, 질투, 인색 등을 완전히 남김없이 버리고, 불환도로써는 악의, 적의 등을 완전히 남김없이 버린다. 그는 이렇게 오염원들의 버림을 반조하면서 기쁨을 얻는다. 또한 그보다 더한 '삼보에 대한 흔들리지 않는 청정한 믿음을 구족했다.'라고 생각하면서 영감을 얻는다는 뜻이다.
암송할 때에는 'yatodhi kho panassa'라고도 한다. 여기서는 yato와 odhi의 합성어가 된다. 'yato'는 이유를 나타내고, 'odhi'는 일반적으로는 '한계, 부분'을 뜻하지만 여기서는 아래 단계의 세 가지 도(예류도, 일래도, 불환도)를 말한다. 이 세 도는 한계(odhi)를 짓고 부분(koṭṭhāsa)을 만들어서, 더 위의 도(아라한도)로써 버려야 할 오염원들을 남겨두고 버리기 때문에 odhi라고 한다. 그러나 마지막인 아라한도는 어떤 오염원들도 남기지 않고 모두 버리기 때문에 anodhi(한계 없음)라고 한다. 이 비구가 아래 단계의 세 가지 도로써 오염원들을 버린 것이 'yathodhi kho panassa cattaṁ hoti'의 뜻이다."(MA.i.172~173)
한편 Ee, Be에는 yathodhi로 나타나고 Te(태국 본)에는 yatodhi로, Se에는 yatopi로 나타난다. 주석서의 설명에서 보았듯이 주석서는 yathodhi와 yatodhi 둘 다로 읽어서 설명하고 있다.

233) '결과에서 영감을 얻고 원인에서 영감을 얻으며'는 atthavedaṁ labhati dhammavedaṁ labhati를 옮긴 것이다. 이것은 '목표(attha)에서 영감(veda)을 얻고, 법(dhamma)에서 영감(veda)을 얻는다.'로 직역할 수 있다. 그런데 역자가 이렇게 의역을 한 것은 『위방가』(分別論)에서 "원인(hetu)에 대한 지혜가 법무애(法無碍)이다. 원인의 결과(hetu-phala)에 대한 지

생긴다. 희열이 있는 자는 몸이 경안하다. 몸이 경안한 자는 행복을 경험하고 행복한 자는 마음이 삼매에 든다."234)

9. "'나는 법에 움직이지 않는 깨끗한 믿음을 지녔다.'라고 생각하면서 결과에서 영감을 얻고 원인에서 영감을 얻으며 법과 관계된 환희를 얻는다. 환희하는 자에게 희열이 생긴다. 희열이 있는 자는 몸이 경안하다. 몸이 경안한 자는 행복을 경험하고 행복한 자는 마음이 삼매에 든다."

10. "'나는 [98] 승가에 움직이지 않는 깨끗한 믿음을 지녔다.'라고 생각하면서 결과에서 영감을 얻고 원인에서 영감을 얻으며 법과 관계된 환희를 얻는다. 환희하는 자에게 희열이 생긴다. 희열이 있는

혜가 의무애(義無碍)이다."(Vbh.293, Vis.XIV.24 참조)라고 설명하고 있기 때문에 attha-veda를 '결과에 대한 영감'으로, dhamma-veda를 '원인에 대한 영감'으로 옮겼다. 주석서는 다음과 같이 설명한다.

"여기서 부처님 등에 대해 흔들리지 않는 청정한 믿음만이 존중받을만하기 때문에(araṇīyato) attha(목표)라 한다. 다가가야 한다는 말이다. 유지하고 붙들기 때문에(dhāranato) dhamma(법)라 한다. 이 청정한 믿음을 가진 자를 악처에 떨어지는 것에서 붙들어준다는 뜻이다. veda(영감)는 '책(gantha), 지혜(ñāṇa), 기쁨(somanassa)'이라는 뜻으로 사용되지만 여기서는 기쁨이라는 뜻이다. 즉 목표에서 기쁨을 얻고, 법에서 기쁨을 얻는다는 말이다.

혹은 attha-veda는 흔들리지 않는 청정한 믿음을 반조하면서 일어난 기쁨과 또 기쁨으로 가득 찬 지혜를 말하고, dhamma-veda는 흔들리지 않는 청정한 믿음의 원인인 각각의 도를 통한 오염원들의 버림을 반조하면서 일어난 기쁨과 또 기쁨으로 가득 찬 지혜를 말한다."(MA.i.173~174)

234) "환희(pāmujja)는 얕은 희열(taruṇa-pīti)이고, 희열은 만족의 형태로 나타나는 강한 희열(balava-pīti)이다. 몸(kāya)은 정신의 무더기(nāma-kāya)를 뜻하고, 마음이 삼매에 든다는 것은 아라한과의 삼매로 삼매에 든다는 뜻이다."(AA.iii.230)

한편 복주서는 "정신의 무더기가 경안할 때 물질의 무더기(rūpa-kāya)도 반드시 경안하기 때문에 정신의 무더기가 경안하다고 설했다."(AAṬ.iii.10)고 덧붙이고 있다.

자는 몸이 경안하다. 몸이 경안한 자는 행복을 경험하고 행복한 자는 마음이 삼매에 든다."

11. "이제 그는 '나는 [각각의 오염원을 완전히 남김없이 버릴 수 있는] 그 각각의 도로써 [그 오염원을] 포기하고, 토해내고, 풀어 주고, 버리고, 완전히 놓아버렸다.'라고 반조하면서 결과에서 영감을 얻고 원인에서 영감을 얻으며 법과 관계된 환희를 얻는다. 환희하는 자에게 희열이 생긴다. 희열이 있는 자는 몸이 경안하다. 몸이 경안한 자는 행복을 경험하고 행복한 자는 마음이 삼매에 든다."

12. "비구들이여, 비구가 이런 계를 지니고, 이런 법을 지니고, 이런 통찰지235)를 구족하면 깨끗한 흰쌀밥과 여러 가지 국과 여러 가지 반찬을 먹더라도 그것은 그에게 장애가 되지 않는다. 예를 들면 더럽고 때묻은 옷감이 맑은 물을 만나 청정해지고 깨끗해지고, 금이 용광로를 만나 청정해지고 깨끗해지듯이, 비구가 이와 같이 계를 지니고 이와 같이 [삼매의] 법을 지니고 이와 같이 통찰지를 구족하면 깨끗한 흰쌀밥과 여러 가지 국과 여러 가지 반찬을 먹더라도 그것은 그에게 장애가 되지 않는다."236)

---

235) "여기서 '이런 계(evaṁ-sīla)'란 불환도와 관련된 계의 무더기[戒蘊]를, '이런 법(evaṁ-dhamma)'이란 불환도와 관련된 삼매의 무더기[定蘊]를, '이런 통찰지(evaṁ-pañña)'란 불환도와 관련된 통찰지의 무더기[慧蘊]를 말한다."(MA.i.174)
주석서의 설명처럼 이 셋은 계・정・혜 삼학을 언급하는 것이 분명하다. 왜 두 번째의 samādhi(삼매, 定) 대신에 법(dhamma)이란 용어가 쓰였는지는 분명치 않다. 그런데 본경의 이 표현은 본서 제4권「경이롭고 놀라운 일 경」(M123) §2에도 나타나는데 그곳에 해당하는 주석서는 "'이런 법(evaṁ-dhammā)'이란 삼매의 편에 있는 법(samādhi-pakkhā dhammā)을 말한다."(MA.iv.167~168)라고 설명하고 있다.

236) "이런 비구는 이런 좋은 음식을 먹더라도 그가 도와 과와 이것을 성취하는 위빳사나를 얻는데 아무런 장애(antarāyā)가 되지 않는다. 왜냐하면 위에서

13. "그는 자애가 함께한 마음으로 한 방향을 가득 채우면서 머문다. 그처럼 두 번째 방향을, 그처럼 세 번째 방향을, 그처럼 네 번째 방향을 자애가 함께한 마음으로 가득 채우면서 머문다. 이와 같이 위로, 아래로, 옆으로, 모든 곳에서 모두를 자신처럼 여기고, 모든 세상을 풍만하고, 광대하고, 무량하고, 원한 없고, 악의 없는, 자애가 함께한 마음으로 가득 채우면서 머문다."

14. ~16. "그는 연민이 함께한 마음으로 … 더불어 기뻐함이 함께한 마음으로 … 평온이 함께한 마음으로 한 방향을 가득 채우면서 머문다. 그처럼 두 번째 방향을, 그처럼 세 번째 방향을, 그처럼 네 번째 방향을 평온이 함께한 마음으로 가득 채우면서 머문다. 이와 같이 위로, 아래로, 옆으로, 모든 곳에서 모두를 자신처럼 여기고, 모든 세상을 풍만하고, 광대하고, 무량하고, 원한 없고, 악의 없는, 평온이 함께한 마음으로 가득 채우면서 머문다."237)

17. "그는 '이것이 있다. 저열한 것이 있다. 수승한 것이 있다. 이런 인식에 의지한 것보다 더 높은 벗어남이 있다.'라고 꿰뚫어 안다."238)

설명한 계와 법과 통찰지를 갖춘 도에 의해서 마음이 청정해졌기 때문(visuddha-cittattā)이다."(MA.i.174)

237) 이상 본경 §§13~16에 나타나는 자애[慈, mettā], 연민[悲, karuṇā], 더불어 기뻐함[喜, muditā], 평온[捨, upekkhā]의 네 가지 거룩한 마음가짐[四梵住, 四無量心, cattāro brahma-vihāra]에 대한 정형구는 『청정도론』 제9장(IX)에 상세하게 설명되어 있다. 『아비담마 길라잡이』 제2장 §7의 [해설]도 참조 할 것.

238) "감각적 욕망과 악의를 버림으로써 반대가 없어졌다. 그리하여 가까운 원인을 얻은 그 불환자의 네 가지 거룩한 마음가짐[四梵住]의 상태를 보여주고, 이제는 그가 아라한과를 얻기 위한 위빳사나 수행을 먼저 보여준 뒤, 다음에는 아라한과의 증득을 보여주기 위해 '이것이 있다(atthi idaṁ).'라고 시작하셨다. 뜻은 다음과 같다.

18. "이와 같이 알고 이와 같이 볼 때[239] 그는 감각적 욕망에 기인한 번뇌에서 마음이 해탈한다. 존재에 기인한 번뇌에서도 마음이 해탈한다. 무명에 기인한 번뇌에서도 마음이 해탈한다. 해탈했을 때 해탈했다는 지혜가 생긴다. '태어남은 다했다. 청정범행은 성취되었다. 할 일을 다 해 마쳤다. 다시는 어떤 존재로도 돌아오지 않을 것이다.'라고 꿰뚫어 안다. [39] 비구들이여, 이를 일러 '비구가 내면의 목욕[240]으로 목욕했다.'라고 한다."[241]

그 불환자가 이렇게 거룩한 마음가짐을 닦아서 그 거룩한 마음가짐에서 출정한 뒤, 그 거룩한 마음가짐의 법들을 정신[名, nāma]으로 정의하고, 그들의 의지처는 심장토대(hadaya-vatthu)이고, 이것의 의지처는 근본물질들(bhūtāni)이라고 이러한 방식으로 근본물질과 파생된 물질의 법들(bhūt-upādāya-dhammā)을 물질[色, rūpa]로 정의하면서 '이것이 있다(atthi idaṁ).'라고 꿰뚫어 안다. 이것은 괴로움의 진리[苦諦, dukkha-sacca]를 정의한 것(vavatthāna)이다.

그 다음에 괴로움의 발생을 통찰하면서 '저열한 것이 있다(atthi hīnaṁ).'라고 꿰뚫어 안다. 이것은 일어남의 진리[集諦, samudaya-sacca]를 정의한 것이다.

그 다음에 버리는 수단을 숙고하면서 '수승한 것이 있다(atthi paṇītaṁ).'라고 꿰뚫어 안다. 이것은 도의 진리[道諦, magga-sacca]를 정의한 것이다.

그 다음에 그 도로써 얻어야 할 경지(adhigantabba-ṭṭhāna)를 숙고하면서 '이런 인식의 영역에 의지한 것보다 더 높은 벗어남이 있다(atthi uttari imassa saññāgatassa nissaraṇaṁ).'라고 꿰뚫어 안다. 이것은 내가 증득한(adhigata) 거룩한 마음가짐의 인식의 영역이라는 이것보다 더 높은 벗어남(nissaraṇa)인 열반이 있다고 꿰뚫어 아는 것을 말한다. 이것은 소멸의 진리[滅諦, nirodha-sacca]를 정의한 것이다."(MA.i.176)

239) "'이와 같이 알고 이와 같이 본다(evaṁ jānato evaṁ passato).'는 것은 그가 위빳사나의 통찰지로 이와 같이 네 가지 형태로 네 가지 진리[四諦]를 알고, 도의 통찰지로 이와 같이 볼 때 본서 「두려움과 공포 경」(M4)에서 설한 대로 번뇌가 다하여 마음이 해탈한다는 뜻이다."(MA.i.176~177)
여기서 네 가지 형태란 §17의 '이것이 있다. 저열한 것이 있다.' 등을 말한다.

240) "'내면의 목욕(antara sināna)'이란 안으로 오염원들에서 벗어남의 목욕(kilesa-vuṭṭhāna-sināna)을 말한다."(MA.i.177)
바라문 전통에서 강에 목욕하는 의식은 중요하다. 그래서 『앙굿따라 니까

19. 그때 순다리까 바라드와자 바라문[242]이 세존과 멀지 않은 곳에 앉아 있었다. 그는 세존께 이렇게 말씀드렸다.

"그런데 고따마 존자께서도 바후까 강으로 목욕을 가지 않으십니까?"[243]

"바라문이여, 바후까 강이 무슨 소용 있는가? 바후까 강이 무엇을 할 수 있는가?"

야』 제4권 「사문 등의 경」(A7:82)에도 나타나듯이 베다 공부를 마친 바라문을 '목욕을 마친 자(nahātaka, Sk. snātaka)'라 부른다. 부처님께서는 진정한 의미의 목욕을 불교식으로 정의하신다. '목욕을 마친 자(nahātaka, Sk. snātaka)'의 의미 등에 대해서는 본서 제2권 「앗사뿌라 긴 경」(M39) §22의 주해와 §25의 주해를 참조할 것.

241) 이상으로 아라한과의 증득에 대한 가르침을 설하신 뒤, 이것은 강에서 목욕하는 의식을 통해 청정해진다(sināna-suddhi)는 사견을 가진 순다리까 바라드와자라는 바라문을 꾸짖으면서 하신 말씀이라고 주석서는 밝히고 있다.(MA.i.177) 그때 그가 대중 가운데 앉아 있었는데 세존께서는 그가 부처님의 목욕에 대한 법문을 듣고 교단으로 출가하면 장차 아라한과를 얻을 사람이라는 것을 미리 아셨다고 한다.(*Ibid*)

242) "이 바라문의 이름은 바라드와자(Bhāradvāja)였는데, 순다리까 강에서 목욕한 사람의 악업이 소멸된다는 견해를 가지고 있었기 때문에 순다리까 바라드와자(Sundarika-bhāradvāja)라 불렀다."(MA.i.177)
"순다리까 바라드와자 바라문(Sundarika-bhāradvāja brāhmaṇa)은 순다리까 강의 언덕에서 불에 헌공을 하는(aggi-juhaṇa) 자였기 때문에 얻은 이름이다."(SA.i.233)
문자적으로 순다리까는 '잘생긴 자'라는 뜻이다.

243) "부처님께서 '비구가 내면의 목욕으로 목욕했다(bhikkhu sināto antarena sinānena).'라고 하시는 말씀을 듣고 그 바라문은 '우리도 목욕하여 청정해지는 것을 칭찬하는데 고따마 존자도 역시 그것을 칭찬하시는구나. 우리와 같은 생각을 갖고 계시는구나.'라고 생각했다. 그래서 그는 '세존께서 바후까 강에 가서 그곳에서 악업을 씻어내고 오셨다.'라고 생각하면서 '그런데 고따마 존자께서도 바후까 강으로 목욕을 가시지 않으십니까?'라고 말한 것이다. 세존께서는 간다, 가지 않는다는 말씀 대신 바라문의 사견을 부수고(diṭṭhi-samugghāta) 싶은 마음에 '바후까 강이 무슨 소용 있는가? 바후까 강이 무엇을 할 수 있는가?'라고 말씀 하신다."(MA.i.177)

"고따마 존자시여, 많은 사람들은 바후까 강이 해탈을 준다고 생각합니다. 고따마 존자시여, 많은 사람들은 바후까 강이 공덕을 준다고 생각합니다. 바후까 강에서 많은 사람들은 악업을 씻어냅니다."

20. 그때 세존께서는 순다리까 바라드와자 바라문에게 게송으로 설하셨다.

"바후까, 아디깍까, 순다리까
사랏사띠, 빠야까, 바후마띠 강에
어리석은 자 항상 뛰어들지만
검은 업을 맑히지 못한다네.

순다리까 강이 무엇을 하며
빠야까 강이 무엇을 하며
바후까 강이 무엇을 하겠는가?
[살생 등] 나쁜 업을 지었고 잔혹한 행위를 했으며
악업을 지은 그를 [이 강들이] 맑히지 못한다네.

청정한 자에게는 나날이
팍구나의 보름날이요,[244] 포살일이니[245]

---

244) "'청정한 자(suddha)'란 오염원들이 없는 자를 말한다."(MA.i.179)
여기서 '팍구나의 보름날'은 phaggu를 풀어서 옮긴 것이다. 이것은 팍구나 달(phagguṇa, 음력 2월에서 3월까지)의 보름날을 말하는데 바라문들은 이 날을 가장 신성한 날로 여겼다고 한다.
주석서에 의하면 이 바라문은 '누구든지 팍구나 달 가운데서 팍구나 달의 보름날(uttara-phagguṇī-divasa)에 목욕을 하는 자는 일 년 동안 지은 죄를 모두 씻는다.'는 견해를 갖고 있었다고 한다. 세존께서는 그의 이런 견해를 부수기 위해 오염원들이 없는 청정한 자에게는 나날이 팍구나의 보름날이라고 하셨다고 주석서는 밝히고 있다.(*Ibid*)

245) "청정한 자는 음력 14일과 15일 등에서 '포살(uposatha)'을 준수하지 않더

마음이 청정하고 몸의 행위 등이 깨끗한 자는
항상 서계를 구족한 것이라네.

바라문이여, 그대는 바로 여기서 목욕을 하라.246)
모든 존재들에게 안은(安隱)함을 베풀라.247)
만일 그대가 거짓말을 하지 않고
생명을 해치지 않고, 주지 않은 것을 가지지 않고
믿음 있고, 인색하지 않으면

라도 항상 포살을 행하는 것이다."(MA.i.179)
'포살일(布薩日)' 혹은 줄여서 '포살'은 uposatha의 음역이며 불교의 계율 준수일을 말한다. 주석서는 이렇게 설명한다.
"이날에 준수한다(upavasati)고 해서 포살이라 한다. 준수한다는 것은 계(sīla)나 금식(anasana)을 지키면서 머문다는 뜻이다. 이 포살일(uposatha-divasa)은 8일, 14일, 15일의 세 가지가 있다."(SA.i.276)
일반적으로 포살은 음력 초하루와 보름에 거행되며 이날에 비구들은 함께 모여서 『비구 빠띠목카』를 암송한다. 이러한 포살 가운데서 안거가 끝나는 마지막 보름밤에 모여서 행하는 의식을 '자자(自恣, pavāraṇā)'라고 한다. 자자는 연장자부터 자신의 잘못을 발로참회하고, 본경에서처럼 혹시 자신이 모르는 가운데 지은 잘못이 있는가를 대중들에게 묻고 대중들의 책망을 기꺼이 받아들이는 의식이다. 포살과 자자는 지금 한국 승가의 대중처소에서도 잘 지켜지고 있다.
한편 포살로 음역한 우빠사타(Sk. upavasatha)는 『제의서』(祭儀書, Brāhmaṇa) 등의 베딕 문헌에서도 제사를 지내기 전에 지키는 금식일로 나타나고 있으며, 자이나교 등의 다른 사문・바라문 전통에서도 이미 준수하던 것이었다. 그래서 자연스럽게 일찍부터 불교 교단에 채용되었다.

246) "'바로 여기서 목욕을 하라(idheva sināhi).'는 것은 바로 이 내 교법(sāsana)에서 목욕을 하라는 말이다. 만약 안의 오염원들과 더러움을 씻어내기를 원한다면, 여기 바로 내 교법에서 팔정도의 물(aṭṭhaṅgika-magga-salila)로 목욕을 하라. 그 외에는 방법이 없다는 말씀이시다."(MA.i.179)

247) "이제 그에게 세 가지 문(dvāra)의 청정함(suddhi)을 보이시면서 하신 말씀이다. '안은함(khematā)'이란 두려움 없음(abhaya), 이로움(hita-bhāva), 자애로움(mettā)을 말한다. 이것은 마음의 문의 청정함이고, 거짓말을 하지 않는 것은 말의 문의 청정함이고, 생명을 해치지 않는 것과 주지 않은 것을 가지지 않는 것은 몸의 문의 청정함을 보이신 것이다."(MA.i.179)

가야 강에 갈 필요가 뭐 있겠는가?
우물도 그대에게 가야 강이 되리."248)

21. 이렇게 말씀하시자 순다리까 바라드와자 바라문은 세존께 이렇게 말씀드렸다.

"경이롭습니다, 고따마 존자시여. 경이롭습니다, 고따마 존자시여. 마치 넘어진 자를 일으켜 세우시듯, 덮여있는 것을 걷어내 보이시듯, [방향을] 잃어버린 자에게 길을 가리켜주시듯, 눈 있는 자 형상을 보라고 어둠 속에서 등불을 비춰주시듯, 고따마 존자께서는 여러 가지 방편으로 법을 설해주셨습니다. 저는 이제 고따마 존자께 귀의하옵고 법과 비구 승가에 귀의합니다. 고따마 존자시여, 저는 고따마 존자의 곁에 출가하여 구족계를 받고자 합니다."

22. 순다리까 바라드와자 바라문은 세존의 곁으로 출가하여 구족계를 받았다. [40] 구족계를 받은 지 얼마 되지 않아서 바라드와자 존자는 혼자 은둔하여 방일하지 않고 열심히, 스스로 독려하며 지냈다. 그는 오래지 않아 좋은 가문의 아들들이 바르게 집을 떠나 출가하는 목적인 그 위없는 청정범행의 완성을 지금・여기에서 최상의 지혜로 알고 실현하고 구족하여 머물렀다. '태어남은 다했다. 청정범행은 성취되었다. 할 일을 다 해 마쳤다. 다시는 어떤 존재로도 돌아오지 않을 것이다.'라고 꿰뚫어 알았다.

바라드와자 존자는 아라한들 중의 한 분이 되었다.

옷감의 비유 경(M7)이 끝났다.

---

248) "가야 강에서 목욕을 하건 우물에서 목욕을 하건 그대는 오직 이 도닦음(paṭipatti)으로써만 오염원들이 청정(kilesa-suddhi)해진다. 몸의 더러움을 씻는 것(sarīra-mala-suddhi)은 두 곳 모두에서 할 수 있다."(MA.i.179)

지워 없앰 경

Sallekha Sutta(M8)

1. 이와 같이 나는 들었다. 한때 세존께서는 사왓티에서 제따 숲의 아나타삔디까 원림(급고독원)에 머무셨다.

2. 그때 마하쭌다 존자[249]는 해거름에 [낮 동안의] 홀로 앉음[250]에서 일어나[251] 세존께 다가갔다. 가서는 세존께 절을 올리고

---

249) 마하쭌다 존자(āyasmā Mahā-Cunda)는 쭌다 존자로도 불리고, 쭌다까(Cundaka) 존자로도 불리고, 쭌다 사미(Cunda samaṇuddesa)로도 불린다. 그는 사리뿟따 존자의 동생이었으며, 구족계를 받은 후에도 이 사미라는 호칭이 애칭으로 불리기도 했다고 한다.(DA.iii.907) 한때 그는 세존의 시자 소임을 맡기도 하였다.(ThagA.ii.124; J.iv.95 등) 사리뿟따 존자에게는 세 명의 남동생과 세 명의 여동생이 있었는데, 쭌다 장로는 그 중의 한 사람이다. 그들은 모두 출가하여 세존의 제자가 되었다(DhpA.ii.188)

250) '홀로 앉음'은 paṭisallāna의 역어이다. paṭisallāna는 prati(*against*)+saṁ(*together*)+√lī(*to cling, to adhere*)에서 파생된 명사이다. 경에서는 주로 부처님이나 비구들이 공양을 마치고 낮 동안 나무 아래나 승원에서 홀로 앉아 지내는 것을 나타낸다.
주석서는 대부분 "홀로 앉음(paṭisallāna)이란 혼자 있는 상태(ekībhāva)이다."(DA.iii.1040)로 설명하고 있다. 비슷한 단어로 paviveka가 있는데 대중에서 살지 않고 한적한 곳에 홀로 지내는 일종의 토굴 생활을 뜻한다. 이 경우는 모두 '한거(閑居), 멀리 여읨'으로 옮겼다.

251) "'홀로 앉음에서 일어남(paṭisallāṇā vuṭṭhita)'이란 과의 증득(phala-sam

한 곁에 앉았다. 한 곁에 앉은 마하쭌다 존자는 세존께 이렇게 말씀드렸다.

3. "세존이시여, 여러 가지 견해들이 세상에 일어납니다. 그런 것들은 자아에 대한 이론과 연관되어 있거나 세상에 대한 이론과 연관되어 있습니다.[252] 세존이시여, 이제 막 마음에 잡도리하는[253] 비구에게도 이런 견해들이 제거되고 이런 견해들이 완전히 버려집니까?"

"쭌다여, 참으로 여러 가지 견해들이 세상에 일어난다. 그런 것은 자아에 대한 주장과 연결되어 있거나 세상에 대한 주장과 연결되어

-āpatti)에서 출정한 것을 말한다."(MA.i.181)

252) "'자아에 대한 이론과 연관되어 있다(attavāda-paṭisaṁyuttā).'는 것은 '물질을 자아라고 본다.'라는 방법으로 일어난 자아에 대한 이론과 연관되어 있다는 말이다.
'세상에 대한 이론(lokavāda)과 연관되어 있다.'는 것은 '자아와 세상은 영원하다.'라는 방법으로 일어난 세상에 대한 이론과 연관되어 있다는 말이다. 이것은 여덟 가지이다. 즉 자아와 세상은 영원하다. 영원하지 않다. 영원하기도 하고 영원하지 않기도 하다. 영원한 것도 영원하지 않은 것도 아니다. 자아와 세상은 유한하다. 무한하다. 유한하기도 하고 무한하기도 하다. 유한한 것도 무한한 것도 아니다."(MA.i.182)
여기서 '자아에 대한 이론(atta-vāda)'은 스무 가지 유신견을 말한다. 이것은 본서 제2권 「교리문답의 짧은 경」(M44) §7에 나열되어 있다. 세상에 대한 이론(loka-vāda)은 본서 제3권 「다섯과 셋 경」(M102) §14와 『디가 니까야』 제2권 「정신경」(D29) §34 등에 나타나는 처음 8가지와 같다.
본서 제2권 「말룽꺄 짧은 경」(M63)과 제3권 「왓차곳따 불 경」(M72)에서 세존께서는 이러한 이론을 논파하고 계신다.

253) "'이제 막 마음에 잡도리한다(ādimeva manasikaroto).'는 것은 처음으로 마음에 잡도리한다는 뜻이다. 여기서 언급되는 유신견은 예류도를 통해서만 버릴 수 있다. 하지만 쭌다 장로는 세존께 예류도를 아직 얻지 못한, 위빳사나 명상수행을 처음으로 하는 자(vipassanā-missaka-paṭhama-manasi-kāra)도 이러한 견해를 버릴 수 있느냐고 질문 드린다. 사실 이 쭌다 장로는 자신을 과대평가하진 않지만(anadhimānika), 자신들을 과대평가하는 자들(adhimānikā)의 과대망상(adhimāna)을 버리게 하기 위해 본인이 그런 사람인 것처럼 하면서 이렇게 질문을 드렸다."(MA.i.182)

있다. 그러나 이러한 견해들이 어디서 일어나고254) 어디서 잠재해 있고 어디서 움직이더라도255) '이것은 내 것이 아니요, 이것은 내가 아니며, 이것은 나의 자아가 아니다.'256)라고 있는 그대로 바른 통찰지로 보는257) 자에게 이러한 견해들이 제거되고 이러한 견해들이 완전히 버려진다."258)

여덟 가지 증득[八等至]259)

4. "쭌다여, 이런 경우가 생길 것이다.260) 여기 어떤 비구가 감

---

254) "이러한 견해들은 다섯 가지 무더기[五蘊]에서 일어나기 때문에 오온과 관련하여 설하셨다."(MA.i.182)

255) "'일어나고(uppajjati), 잠재해 있고(anuseti), 움직인다(samudācarati).'는 것에서 '일어난다.'는 것은 이러한 견해가 이전에 없었는데 지금 생겨나는 것이고, '잠재해 있다.'는 것은 반복해서 행하여 굳건해지고 내재해 있는 것이고, '움직인다.'는 것은 몸의 문과 말의 문을 통하여 표출되는 것(sampattā)이다.(MA.i.182)

256) "'이것은 내 것이다(etaṁ mama).'라고 거머쥐면 백팔 번뇌로 분류되는 갈애에 의한 사량 분별(taṇhā-papañca)을 취하게 되고, '이것이 나다(eso-hamasmi).'라고 거머쥐면 아홉 가지로 분류되는 자만에 의한 사량 분별(māna-papañca)을 취하게 되고, '이것이 나의 자아다(eso me atta).'라고 거머쥐면 62가지 사견으로 분류되는 사견에 의한 사량 분별(diṭṭhi-papañca)을 취한다. 그러므로 세존께서는 '이것은 내 것이 아니요, 이것은 내가 아니며, 이것은 나의 자아가 아니다(netaṁ mama nesohamasmi na meso atta).'라고 말씀하시면서 갈애 등의 세 가지 사량 분별을 내치신다."(MA.i.183)

257) "'바른 통찰지로 본다(sammappaññāya passato).'는 것은 예류도의 통찰지로 귀결되는(pariyosānā), 위빳사나 통찰지로 본다는 말이다."(MA.i.183)

258) "'제거되고 완전히 버려진다(pahānaṁ hoti, paṭinissaggo hoti).'는 것은 둘 모두 근절에 의한 버림(samuccheda-ppahāna)을 두고 한 말이다."(MA.i.183)

259) '여덟 가지 증득[八等至, aṭṭha samāpatti]'에 대해서는 본서 「사자후의 긴 경」(M12) §16의 주해를 참조할 것.

각적 욕망들을 완전히 떨쳐버리고 해로운 법[不善法]들을 떨쳐버린 뒤, 일으킨 생각[尋]과 지속적 고찰[伺]이 있고, 떨쳐버렸음에서 생긴 희열[喜]과 행복[樂]이 있는 초선(初禪)을 구족하여 머물 것이다. 그러면 그에게 이런 [생각이] 들지도 모른다. '나는 [오염원들을] 지워 없애면서 머문다.'라고. 쭌다여, 그러나 성자의 율에서는 이런 것을 [오염원들을] 지워 없앰261)이라 부르지 않는다. 이것은 성자의 율에서 '지금·여기에서의 행복한 머묾'이라고 [41] 부른다."262)

---

260) "쭌다 장로의 질문에 세존께서는 수행이 초보 단계인 자는 이런 견해를 버리지 못하고, 오직 예류도로써만이 버릴 수 있다고 대답하신 다음, 이제는 자신을 과대평가하는 자들(adhimānikā)의 禪은 오염원들을 지워 없애는 것이 아니라는 것을 설명하시기 위해서 '이런 경우가 생길 것이다(ṭhānaṁ kho panetaṁ vijjati).'라고 말씀하신다.
과대평가하는 자들이란 이런 도를 얻지 못했지만 얻었다는 인식으로 인해 과대평가를 일으키는 자들이다. 이것은 세상에서 윤회를 따르는 어리석은 범부들(loka-vaṭṭa-anusārī bāla-puthujjanā)에게는 일어나지 않는다. 수행을 하지 않기 때문이다. 성스러운 제자들(ariyasāvakā)에게도 일어나지 않는다. 왜냐하면 예류자들에게는 '나는 일래자이다.'라는 과대평가가 일어나지 않는다. 일래자에게도 '나는 불환자이다.'라는 과대평가가 일어나지 않고, 불환자에게도 마찬가지이다. 그러나 이 과대평가는 사마타를 하거나 위빳사나를 하여 오염원들을 억압하고서(vikkhambhita-kilesa) 적절하게 수행을 시작한 자에게 일어난다. 왜냐하면 그가 사마타로 오염원들을 억압하거나 혹은 위빳사나로 억압하여 오염원들이 움직이는 것을 보지 못할 때 '나는 예류자이다, 혹은 일래자이다, 불환자이다, 혹은 아라한이다.'라고 이러한 과대평가가 일어나기 때문이다."(MA.i.183~184)

261) '지워 없앰'은 sallekha를 옮긴 것이다. 아래 주석서와 복주서들을 참조하여 본서에서 '[오염원들의] 지워 없앰'이라고 옮기고 있음을 밝힌다.
"'지워 없어짐(sallekhatā)'이란 모든 오염원들(sabba-kilesā)이 지워 없어진 상태(sallikhita-bhāva)를 말한다."(DA.iii.904)
"바르게 오염원들(kilesā)을 지워 없앴다(likhati)고 해서 지워 없앰이라 한다."(DAT.i.162)
"지워 없앰이란 오염원들(kilesā)을 바르게 지워 없앴다(sammadeva likha-na), 잘랐다(chedana), 엷게 만들었다(tanukaraṇa)는 말이다."(Pm.88)

262) 주석서의 설명을 정리하면 이러하다.
'나는 [오염원들을] 지워 없애면서 머문다(sallekhena viharāmi).'라고 생

5. "쭌다여, 이런 경우가 있을 것이다. 여기 어떤 비구가 일으킨 생각[尋]과 지속적 고찰[伺]을 가라앉혔기 때문에 [더 이상 존재하지 않고], 자기 내면의 것이고, 확신이 있으며, 마음의 단일한 상태이고, 일으킨 생각과 지속적 고찰은 없고, 삼매에서 생긴 희열과 행복이 있는 제2선(二禪)을 구족하여 머물 것이다. 그러면 그에게 이런 [생각이] 들지도 모른다. '나는 [오염원들을] 지워 없애면서 머문다.'라고. 쭌다여, 그러나 성자의 율에서는 이런 것을 지워 없앰이라 부르지 않는다. 이것은 성자의 율에서 '지금・여기에서의 행복한 머묾'이라고 부른다."

6. "쭌다여, 이런 경우가 있을 것이다. 여기 어떤 비구가 희열이 빛바랬기 때문에 평온하게 머물고, 마음챙기고 알아차리며[正念・正知] 몸으로 행복을 경험한다. [이 禪 때문에] 성자들이 그를 두고 '평

각하는 것은 옳지 않다. [본경에서 언급하고 있는] 스스로 과대평가를 하는(adhimānika) 비구의 여덟 가지 증득은 [오염원들을] 지워 없앤 것이 아니고 혹은 지워 없애기 위한 도닦음이 아니다. 무슨 이유인가? 그 禪을 위빳사나의 기초로 삼지 않기 때문(avipassanā-pādakattā)이다. 비록 여덟 가지 증득이 본서 「미끼 경」(M25) §§12~19나 「성스러운 구함 경」(M26) §§34~41에서처럼 불교의 수행법으로 잘 나타나 있기도 하지만, 본경에서 그는 禪을 증득한 뒤 그것에서 출정하여 형성된 것들을 명상하지 않는다(na saṅkhāre sammasati). 그의 禪은 오직 마음이 한 끝에 집중됨만[心一境性, cittekagga-matta]을 이루어 지금・여기에서 행복하게 머물 뿐이다. 그러므로 그 뜻을 보이시면서 세존께서는 '이것은 성자의 율에서는 지워 없앰이라 부르지 않고, 지금・여기에서의 행복한 머묾이라 한다.'고 말씀하신 것이다.(MA.i.186)

여기에 대해서는 본서 제2권 「앗타까 나가라 경」(M52) §§4~14와 「말룽꺄 긴 경」(M64) §§9~14도 참조할 것. 복주서는 여기에 부연 설명한다.

"거기서 바르게(sammā) 모든(sabbaso) 오염원들(kilesā)을 지워 없애기(likhati) 때문에 지워 없앰(sallekha)이다. 바로 성스러운 도를 말한다. 그것을 이루는 위빳사나는 지워 없앰을 위한 도닦음(sallekha-paṭipadā)이라 한다."(MAṬ.i.288)

온하고 마음챙기며 행복하게 머문다.'고 묘사하는 제3선(三禪)을 구족하여 머물 것이다. 그러면 그에게 이런 [생각이] 들지도 모른다. '나는 [오염원들을] 지워 없애면서 머문다.'라고. 쭌다여, 그러나 성자의 율에서는 이런 것을 지워 없앰이라 부르지 않는다. 이것은 성자의 율에서 '지금 · 여기에서의 행복한 머묾'이라고 부른다."

7. "쭌다여, 이런 경우가 있을 것이다. 여기 어떤 비구가 행복도 버리고 괴로움도 버리고, 아울러 그 이전에 이미 기쁨과 슬픔을 소멸하였으므로 괴롭지도 즐겁지도 않으며, 평온으로 인해 마음챙김이 청정한[捨念淸淨] 제4선(四禪)을 구족하여 머물 것이다. 그러면 그에게 이런 [생각이] 들지도 모른다. '나는 [오염원들을] 지워 없애면서 머문다.'라고. 쭌다여, 그러나 성자의 율에서는 이런 것을 지워 없앰이라 부르지 않는다. 이것은 성자의 율에서 '지금 · 여기에서의 행복한 머묾'이라고 부른다."

8. "쭌다여, 이런 경우가 있을 것이다. 여기 어떤 비구가 물질[色]에 대한 인식을 완전히 초월하고 부딪힘263)의 인식을 소멸하고 갖가지 인식을 마음에 잡도리하지 않기 때문에 '무한한 허공'이라고 하면서 공무변처(空無邊處)264)를 구족하여 머물 것이다. 그러면 그에

263) '부딪힘의 인식(paṭigha-saññā)'에서 '부딪힘'으로 옮긴 paṭigha는 보통 '적의' 혹은 '적대감'으로 옮기는 술어이다. 그러나 초기불전연구원에서는 이 공무변처의 문맥에서 나타날 때는 paṭi(대하여)+√han(*to strike, to kill*)이라는 어원에 입각해서 '부딪힘'으로 통일해서 옮긴다. 왜냐하면 물질이 있을 때에는 반드시 부딪힘 즉 접촉이 있지만 물질이 제거되면 부딪힘 즉 접촉도 없기 때문이다. 냐나몰리 스님도 『청정도론』 등에서 '*sensory impingement*'로 옮기고 있다.

264) '공무변처(空無邊處)'는 ākāsānañcāyatana를 옮긴 것인데 이 술어는 ākāsa(허공)+ānañca(끝없음)+āyatana(장소, 處)로 이루어진 합성어이며 중국에서는 공무변처로 직역하여 정착되었다. 이 공무변처의 정형구에 "'무

게 이런 [생각이] 들지도 모른다. '나는 [오염원들을] 지워 없애면서 머문다.'라고. 쭌다여, 그러나 성자의 율에서는 이런 것을 지워 없앰이라 부르지 않는다. 이것은 성자의 율에서 '지금·여기에서의 행복한 머묾'이라고 부른다."

9. "쭌다여, 이런 경우가 있을 것이다. 여기 어떤 비구가 공무변처를 완전히 초월하여 '무한한 알음알이[識]'라고 하면서 식무변처(識無邊處)265)를 구족하여 머물 것이다. 그러면 그에게 이런 [생각이] 들지도 모른다. '나는 [오염원들을] 지워 없애면서 머문다.'라고. 쭌다여, 그러나 성자의 율에서는 이런 것을 지워 없앰이라 부르지 않는다. 이것은 성자의 율에서 '지금·여기에서의 행복한 머묾'이라고 부른다."

10. "쭌다여, 이런 경우가 있을 것이다. 여기 어떤 비구가 식무변처를 완전히 초월하여 '아무것도 없다.'라고 하면서 무소유처(無所有處)266)를 구족하여 머물 것이다. 그러면 그에게 이런 [생각이] 들지

한한 허공'이라 하는 공무변처를 구족하여 머문다."라고 나타나듯이 이 경지에서는 '무한한 허공(ananto ākāso)'이라는 산냐(인식)가 현전하므로 이것을 공무변처라고 부른 것이다. 더 자세한 설명은 『청정도론』(X.6~11)을 참조할 것.
이하 공무변처에서부터 비상비비상처까지의 4처는 『청정도론』 X장에 상세하게 설명되어 있으며 『아비담마 길라잡이』 제1장 §22와 9장 §12에도 정리되어 있다.

265) '식무변처(識無邊處)'는 viññāṇancāyatana를 옮긴 것인데 이 술어도 viññāṇa(알음알이)+ānañca+āyatana로 분석된다. 여기서는 ānañca가 añca로 발음되어 나타난다. 본 정형구에서 무한하다고 하는 것은 첫 번째 무색계禪(공무변처)을 뜻한다. 첫 번째 무색계선은 허공이라는 개념(paññatti)을 대상으로 가지기 때문에 허공을 대상으로 가지는 알음알이도 그 무한함을 나누어 가지는 것이다. 그러므로 이런 경지에 도달하기 위해서 수행자는 공무변처의 알음알이를 그 대상으로 삼아 그것이 무한한 알음알이라는 두 번째 무색계의 본삼매가 일어날 때까지 수행한다.

도 모른다. '나는 [오염원들을] 지워 없애면서 머문다.'라고. 쭌다여, 그러나 성자의 율에서는 이런 것을 지워 없앰이라 부르지 않는다. 이것은 성자의 율에서 '지금 · 여기에서의 행복한 머묾'이라고 부른다."

11. "쭌다여, 이런 경우가 있을 것이다. 여기 어떤 비구가 무소유처를 완전히 초월하여 비상비비상처(非想非非想處)267)를 구족하여 머물 것이다. 그러면 그에게 이런 [생각이] 들지도 모른다. '나는 [오염원들을] 지워 없애면서 머문다.'라고. [42] 쭌다여, 그러나 성자의 율에서는 이런 것을 지워 없앰이라 부르지 않는다. 이것은 성자의 율에서 '지금 · 여기에서의 행복한 머묾'이라고 부른다."268)

---

266) '무소유처(無所有處)'는 ākiñcaññāyatana)를 옮긴 것인데 ākiñcañña+āyatana로 분석된다. ākiñcañña는 kiñcana(그 무엇)의 부정어인 akiñ-cana(아무것도 아닌)의 곡용형으로서 '아무것도 없음'을 나타내는 명사이다. 무소유처는 공무변처의 알음알이가 지금 존재하지 않음(natthi-bhāva)이 그 대상이 된다. 그 알음알이가 존재하지 않는 것에 마음을 잡도리함으로써 무소유처는 첫 번째 무색계 마음이 '존재하지 않는다는 개념(natthibhāva-paññatti)'을 대상으로 삼아서 일어나는 것이다.

267) '비상비비상처(非想非非想處)'는 nevasaññānāsaññāyatana를 옮긴 것인데 이것은 na(아니다)+eva(결코)+saññā(인식)+na(아니다)+asaññā(인식 아님도)로 분석이 되는데 여기서 보듯이 이 경지는 인식이 극도로 미세해져서 인식 등의 마음부수들이 있는지 없는지 분간하기 어려운 심리상태라 하겠다.
비상비비상처의 증득은 인식을 포함했다고도 제외했다고도 할 수 없기 때문에 이렇게 이름지은 것이다. 이런 유형의 마음에는 인식(saññā)의 마음부수가 너무나 미세하기 때문에 그것이 더 이상 인식으로서의 기능을 수행할 수가 없다. 그러므로 이 경지는 인식을 가졌다고 할 수 없다. 그러나 인식이 완전히 사라진 것도 아니고 설명할 수 없는 형태로 남아 있다. 비록 인식 하나만이 언급되었지만 이 마음에 존재하는 다른 모든 마음부수법들도 그런 극히 미세한 상태로 존재하기 때문에 그들도 존재한다거나 하지 않는다라고 설명할 수 없다. 이 네 번째 무색계선은 세 번째 무색계선인 무소유처의 마음을 그 대상으로 가진다.

268) 이러한 색계 네 가지 선과 무색계 네 가지 선으로 정리되는 본삼매의 경지로는 오염원들을 말살하거나 다 지워내지 못한다. 이러한 삼매에 들었을 때는

지워 없앰의 실천

12. "쭌다여, 그러나 그대들은 여기서 지워 없앰을 실천해야 한다.[269] ① '다른 사람들은 상해(傷害)를 입힐지라도 우리는 상해하지

오염원들이 밖으로 드러나지 않을 뿐이다. 그래서 이러한 선이나 본삼매의 경지를 다른 경들에서는 '일시적 해탈(samaya-vimutta)'이라 부른다. 일시적 해탈에 대해서는 『상윳따 니까야』 제1권 「고디까 경」(S4:23) §2와 이에 대한 주해와 『앙굿따라 니까야』 제3권 「일시적 해탈 경」 1(A5:149) §1의 주해를 참조할 것. '일시적이지 않은 해탈(asamaya-vimutti)'에 대해서는 본서 「심재 비유의 긴 경」(M29) §6과 주해를 참조할 것.

269) "이처럼 자신을 과대평가하는 비구의 禪은 위빳사나의 토대가 되지 않기 때문에 지워 없앰의 머묾(sallekha-vihāra)이라 하지 않는다고 말씀하시고, 이제는 마흔네 가지 형태로 지워 없앰을 보이시면서 이렇게 '지워 없앰을 실천해야 한다(sallekho karaṇīyo).'라고 하신다.
그러면 이런 여덟 가지 증득[八等至, aṭṭha samāpatti]도 오염원들을 억압하여 일어난 고요하고 수승한 높은 법들인데 이들은 지워 없앰이라 하지 않고, 왜 여기서 상해하지 않음(avihiṁsa) 등을 지워 없앰이라 하셨는가? 상해하지 않음 등은 출세간법의 토대가 되고(lokuttara-pādakatta), 외도들(bāhirakā)의 여덟 가지 증득은 오직 윤회의 토대(vaṭṭa-pādaka)가 되기 때문이다."(MA.i.186)
여기 나타나는 이 44가지 형태의 지워 없앰 가운데서 어떤 것은 특정한 범주에 속하는데 다음과 같이 정리된다. 여기에 언급되지 않은 것은 특정한 범주에 속하지 않는 것이다.
②~⑪은 열 가지 유익하고 해로운 업의 길[十善業道·不善業道]을 말한다.(본서 「바른 견해 경」(M9) §4 참조)
⑫~⑱은 팔정도(여덟 가지 바른 길)와 여덟 가지 그릇된 길 가운데서 첫 번째인 정견·사견을 제외한 일곱 가지이다. 정견·사견은 ⑪과 중복되었다. 아래 주해에서 설명하고 있다.(본서 제4권 「위대한 40가지 경」(M117) §34 참조)
⑲~⑳은 열 가지 바름과 그릇됨[十正道·十邪道] 중에서 두 가지이다. 십정도의 처음 여덟은 앞의 팔정도와 같다.(『앙굿따라 니까야』 제6권 「열 번째 경」(A10:132)과 「열한 번째 경」(A10:133) 참조)
㉑~㉓은 다섯 가지 장애[五蓋] 가운데 마지막 세 가지로, 처음의 두 가지는 ⑨와 ⑩과 같다.
㉔~㉝은 열여섯 가지 오염원들(본서 「천의 비유 경」(M7) §3 참조) 가운데 10가지이다.
㊲~㊸은 일곱 가지 좋고 나쁜 자질을 말한다.(본서 제2권 「유학 경」

않으리라.'라고 그대들은 이렇게 지워 없앰을 실천해야 한다.[270] ② '다른 사람들은 생명을 죽일지라도 우리는 생명을 죽이지 않으리라.' 라고 지워 없앰을 실천해야 한다. ③ '다른 사람들은 주지 않은 것을 가질지라도 우리는 주지 않은 것을 가지지 않으리라.'라고 지워 없앰을 실천해야 한다. ④ '다른 사람들은 청정범행을 지키지 않을지라도 우리는 청정범행을 지키리라.'라고 지워 없앰을 실천해야 한다. ⑤ '다른 사람들은 거짓말을 할지라도 우리는 거짓말을 하지 않으리라.' 라고 지워 없앰을 실천해야 한다. ⑥ '다른 사람들은 중상모략을 할지라도 우리는 중상모략을 하지 않으리라.'라고 지워 없앰을 실천해야 한다. ⑦ '다른 사람들은 욕설을 할지라도 우리는 욕설을 하지 않으리라.'라고 지워 없앰을 실천해야 한다. ⑧ '다른 사람들은 잡담을 할지라도 우리는 잡담을 하지 않으리라.'라고 지워 없앰을 실천해야 한다. ⑨ '다른 사람들은 욕심을 부리더라도 우리는 욕심을 부리지 않으리라.'라고 이렇게 지워 없앰을 실천해야 한다. ⑩ '다른 사람들은 악의를 품을지라도 우리는 악의를 품지 않으리라.'라고 이렇게 지워 없앰을 실천해야 한다. ⑪ '다른 사람들은 그릇된 견해를 지닐지라도 우리는 바른 견해를 지니리라.'라고 이렇게 지워 없앰을 실천해야 한다.[271]

(M53) §§11~17 참조)

270) "여기서 '지워 없앰(sallekha)'은 '상해(傷害)하지 않음(avihiṁsa)'을 말한다. 상해하지 않음은 상해를 지워 없애고(sallekhati) 끊어버리기(chindati) 때문에 지워 없앰(sallekha)이라 부른다. 이 방법은 여기 나타나는 다른 곳에도 다 적용된다."(MA.i.187)

271) "여기서 '그릇된 견해(micchā-diṭṭhika)'는 열 가지 해로운 업의 길(十不善業道) 중에서 마지막인 열 번째와 여덟 가지 그릇됨 중에서 처음을 가르침의 순서에 따라 하나로 묶어 보인 것이다. 둘 모두 그릇된 견해의 상태가 동일하기 때문이다."(MA.i.188)

⑫ '다른 사람들은 그릇된 사유[272]를 할지라도 우리는 바른 사유를 하리라.'라고 이렇게 지워 없앰을 실천해야 한다. ⑬ '다른 사람들은 그릇된 말을 할지라도 우리는 바른 말을 하리라.'라고 이렇게 지워 없앰을 실천해야 한다. ⑭ '다른 사람들은 그릇된 행위를 할지라도 우리는 바른 행위를 하리라.'라고 이렇게 지워 없앰을 실천해야 한다. ⑮ '다른 사람들은 그릇된 생계를 영위할지라도 우리는 바른 생계를 영위하리라.'라고 이렇게 지워 없앰을 실천해야 한다. ⑯ '다른 사람들은 그릇된 정진을 할지라도 우리는 바른 정진을 하리라.'라고 이렇게 지워 없앰을 실천해야 한다. ⑰ '다른 사람들은 그릇된 마음챙김[273]을 할지라도 우리는 바른 마음챙김을 하리라.'라고 이렇게 지워 없앰을 실천해야 한다. ⑱ '다른 사람들은 그릇된 삼매를 가질지라도 우리는 바른 삼매를 가지리라.'라고 이렇게 지워 없앰을 실천해야 한다. ⑲ '다른 사람들은 그릇된 지혜[274]를 가질지라도 우리는 바른 지혜[275]를 가지리라.'라고 이렇게 지워 없앰을 실천해야 한다. ⑳ '다른 사람들은 그릇된 해탈[276]을 할지라도 우리는 바른 해탈[277]을 하

272) "'그릇된 사유(micchā-saṅkappa)'란 전도되고 [해탈로] 인도하지 않는 해로운 사유(ayāthāva-aniyyānika-akusala-saṅkappa)를 말한다."(MA.i.188)

273) "'그릇된 마음챙김(micchā-sati)'이란 어떤 개별적인 법이 없다. 그것은 다만 과거를 생각하면서 일어난 [수·상·행·식의] 네 가지 해로운 무더기(cattāro akusala-kkhandhā)를 두고 한 말이다."(MA.i.188)

274) "여기서 '그릇된 지혜(micchā-ñāṇa)'란 나쁜 행위에 대해 [그물이나 올가미 등의] 수단을 궁구함에 의해 죄를 짓고도 '난 잘했어.'라고 반조하는 형태로 일어난 어리석음(moha)을 말한다."(MA.i.188)

275) "'바른 지혜(sammā-ñāṇa)'란 열아홉 가지로 분류되는 반조의 지혜(paccavekkhaṇā-ñāṇa)를 바른 지혜라 한다."(MA.i.188~189)
열아홉 가지 반조의 지혜는 본서 「역마차 교대 경」(M24) §2의 주해와 『청정도론』 XXII.19 이하를 참조할 것

리라.'라고 이렇게 지워 없앰을 실천해야 한다.

㉑ '다른 사람들은 해태와 혼침에 빠질지라도 우리는 해태와 혼침을 떨어버리리라.'라고 이렇게 지워 없앰을 실천해야 한다. ㉒ '다른 사람들은 들뜰지라도 우리는 들뜨지 않으리라.'라고 이렇게 지워 없앰을 실천해야 한다. ㉓ '다른 사람들은 의심할지라도 우리는 의심을 건너뛰리라.'라고 이렇게 지워 없앰을 실천해야 한다.

㉔ '다른 사람들은 분노할지라도 우리는 분노하지 않으리라.'라고 이렇게 지워 없앰을 실천해야 한다. ㉕ '다른 사람들은 적의를 품을지라도 우리는 적의를 품지 않으리라.'라고 이렇게 지워 없앰을 실천해야 한다. [43] ㉖ '다른 사람들은 모욕할지라도 우리는 모욕하지 않으리라.'라고 이렇게 지워 없앰을 실천해야 한다. ㉗ '다른 사람들은 얕볼지라도 우리는 얕보지 않으리라.'라고 이렇게 지워 없앰을 실천해야 한다. ㉘ '다른 사람들은 질투할지라도 우리는 질투하지 않으리라.'라고 이렇게 지워 없앰을 실천해야 한다. ㉙ '다른 사람들은 인색할지라도 우리는 인색하지 않으리라.'라고 이렇게 지워 없앰을 실천해야 한다. ㉚ '다른 사람들은 속일지라도 우리는 속이지 않으리라.'라고 이렇게 지워 없앰을 실천해야 한다. ㉛ '다른 사람들은 사기 칠지라도 우리는 사기 치지 않으리라.'라고 이렇게 지워 없앰을 실천해야 한다. ㉜ '다른 사람들은 완고할지라도 우리는 완고하지 않으리라.'라고 이렇게 지워 없앰을 실천해야 한다. ㉝ '다른 사람들은 거

---

276) "이들은 [색계禪과 무색계禪을 얻은 것만으로는(rūpa-arūpa-samāpatti-lābhitā-mattena) — MAṬ] 윤회에서 해탈하지 못한 상태임에도 '우리는 해탈했다.'라는 인식을 가진 자들(vimutti-saññino)이다."(MA.i.89)

277) "'바른 해탈(sammā-vimutti)'이란 과와 함께한 바른 견해 등 여덟 가지를 제외한 나머지 법들을 바른 해탈이라 한다. 그것은 그릇된 해탈을 지워 없애고 머물기 때문에 지워 없앰이라 한다."(MA.i.189)

만할지라도 우리는 거만하지 않으리라.'라고 이렇게 지워 없앰을 실천해야 한다.

㉞ '다른 사람들은 훈도하기 어려운 사람이 될지라도 우리는 훈도하기 쉬운 사람이 되리라.'라고 이렇게 지워 없앰을 실천해야 한다. ㉟ '다른 사람들은 나쁜 도반을 사귈지라도 우리는 좋은 도반[善友]을 사귀리라.'[278]라고 이렇게 지워 없앰을 실천해야 한다. ㊱ '다른 사람들은 방일할지라도 우리는 방일하지 않으리라.'라고 이렇게 지워 없앰을 실천해야 한다.

㊲ '다른 사람들은 믿음이 없을지라도 우리는 믿음을 가지리라.'라고 이렇게 지워 없앰을 실천해야 한다. ㊳ '다른 사람들은 양심이 없을지라도 우리는 양심을 가지리라.'라고 이렇게 지워 없앰을 실천해야 한다. ㊴ '다른 사람들은 수치심이 없을지라도 우리는 수치심을 가지리라.'라고 이렇게 지워 없앰을 실천해야 한다. ㊵ '다른 사람들은 적게 배우더라도 우리는 많이 배우리라.'라고 이렇게 지워 없앰을 실천해야 한다. ㊶ '다른 사람들은 게으르더라도 우리는 열심히 정진하리라.'라고 이렇게 지워 없앰을 실천해야 한다. ㊷ '다른 사람들은 마음챙김을 놓아버리더라도 우리는 마음챙김을 확립하리라.'라고 이렇게 지워 없앰을 실천해야 한다. ㊸ '다른 사람들은 통찰지가 없더라도 우리는 통찰지를 갖추리라.'라고 이렇게 지워 없앰을 실천해야 한다. ㊹ '다른 사람들은 자기 견해를 고수하고 굳게 거머쥐어 그것을 쉽게 놓아버리지 못하더라도[279] 우리는 우리의 견해를 고수하

---

278) 주석서는 데와닷따 같은 '나쁜 도반(pāpa-mitta)'도 있고, 부처님이나 사리뿟따 존자 같은 '좋은 도반(kalyāṇa-mitta)'도 있다고 예를 들고 있다. (MA.i.189)

279) "자기에게 일어난 '이것만이 오직 진리이다.'라는 견해를 쥐고는 부처님께서 바른 방법을 보여주시고 설명해주셔도 '자기 견해를 고수하고(sandiṭṭhi-

여 굳게 거머쥐지 않고 그것을 쉽게 놓아버리리라.'라고 이렇게 지워 없앰을 실천해야 한다.

발심

13. "쭌다여, 유익한 법[善法]들에 대해서 마음을 일으키는 것[發心][280] 만도 큰 도움이 된다고 나는 설하나니, 하물며 몸과 말로써 그것을 따라 실천하는 것은 말해 무엇하겠는가?

그러므로 쭌다여, 그대는 여기서 ① '다른 사람들은 상해를 입힐지라도 우리는 상해하지 않으리라.'라고 마음을 일으켜야 한다. ② '다른 사람들은 생명을 죽일지라도 우리는 생명을 죽이지 않으리라.'라고 마음을 일으켜야 한다. … ㊹ '다른 사람들은 자기 견해를 고수하고 굳게 거머쥐어 그것을 쉽게 놓아버리지 못하더라도 우리는 우리의 견해를 고수하여 굳게 거머쥐지 않고 그것을 쉽게 놓아버리리라.'라고 마음을 일으켜야 한다."

피함

14. "쭌다여, 예를 들면 평탄하지 못한 길과 그것을 피하기 위해 다른 평탄한 길이 있고, 또한 평탄하지 못한 여울목과 그것을 피하기 위해 다른 평탄한 여울목이 있는 것과 같이,[281] [44] ① 상해하는 사

---

paramāsi)', '굳게 거머쥐고(ādhāna-gāhi)', '쉽게 놓아버리지 않는(duppaṭinissaggi)' 자들을 두고 한 말이다."(MA.i.190)

280) "이와 같이 마흔네 가지 형태의 지워 없앰을 보이시고, 이제는 그 지워 없앰에 대해 '마음을 일으키는 것[發心, cittuppāda]'만도 큰 이익이 된다고 말씀하신다. 무슨 이유인가? 그것은 오로지 이익과 행복을 가져오기 때문이고(ekanta-hita-sukh-āvahattā), 또 그것을 행하는 원인이 되기 때문(anuvidhiyanānaṁ hetuttā)이다. 예를 들면 보시를 하리라(dānaṁ dassāmi)고 마음을 일으키는 것은 자기 자신에게 이익과 행복을 가져오고 또 보시를 행하는 원인이 되는 것과 같다."(MA.i.191)

람에게는 그것을 피하기 위해 상해하지 않음이 있다. ② 살생하는 사람에게는 그것을 피하기 위해 살생하지 않음이 있다. ③ 주지 않은 것을 가지는 사람에게는 그것을 피하기 위해 주지 않은 것을 가지지 않음이 있다. ④ 청정범행을 지키지 않는 사람에게는 그것을 피하기 위해 청정범행이 있다. ⑤ 거짓말을 하는 사람에게는 그것을 피하기 위해 거짓말을 하지 않음이 있다. ⑥ 중상모략을 하는 사람에게는 그것을 피하기 위해 중상모략을 하지 않음이 있다. ⑦ 욕설을 하는 사람에게는 그것을 피하기 위해 욕설을 하지 않음이 있다. ⑧ 잡담을 하는 사람에게는 그것을 피하기 위해 잡담하지 않음이 있다. ⑨ 탐욕스러운 사람에게는 그것을 피하기 위해 탐욕스럽지 않음이 있다. ⑩ 악의를 품은 사람에게는 그것을 피하기 위해 악의를 품지 않음이 있다.

⑪ 그릇된 견해를 가진 사람에게는 그것을 피하기 위해 바른 견해가 있다. ⑫ 그릇된 사유를 하는 사람에게는 그것을 피하기 위해 바른 사유가 있다. ⑬ 그릇된 말을 하는 사람에게는 그것을 피하기 위해 바른 말이 있다. ⑭ 그릇된 행위를 하는 사람에게는 그것을 피하기 위해 바른 행위가 있다. ⑮ 그릇된 생계를 영위하는 사람에게는 그것을 피하기 위해 바른 생계가 있다. ⑯ 그릇된 정진을 하는 사람에게는 그것을 피하기 위해 바른 정진이 있다. ⑰ 그릇된 마음챙김을

---

281) "이와 같이 마흔네 가지 형태로 설한 지워 없앰(sallekha)에 대해 마음을 일으키는 것만도 큰 이익이 된다고 설하신 뒤, 지금은 그 지워 없앰의 이익을 얻기 위한 길(hita-adhigamāya magga-bhāva)을 보이시면서 이 문장을 시작하신다.

평탄하지 못한 길과 평탄하지 못한 여울목을 피하기 위해 평탄한 길과 평탄한 여울목을 보이셨듯이, 상해를 피하기 위해 상해하지 않음을 가르치셨다. 그것을 따를 때 어렵지 않게 인간으로 태어날 곳(manussa-gati)과 천상으로 태어날 곳(deva-gati)에 뛰어들어서 성취를 경험할 수도 있고, 세상을 초월할 수도 있다. 이 방법은 나머지 마흔세 가지 형태의 지워 없앰에도 적용된다."(MA.i.192)

하는 사람에게는 그것을 피하기 위해 바른 마음챙김이 있다. ⑱ 그릇된 삼매를 가진 사람에게는 그것을 피하기 위해 바른 삼매가 있다. ⑲ 그릇된 지혜를 가진 사람에게는 그것을 피하기 위해 바른 지혜가 있다. ⑳ 그릇된 해탈을 한 사람에게는 그것을 피하기 위해 바른 해탈이 있다.

㉑ 해태와 혼침에 빠진 사람에게는 그것을 피하기 위해 해태와 혼침 없음이 있다. ㉒ 들뜬 사람에게는 그것을 피하기 위해 들뜨지 않음이 있다. ㉓ 의심하는 사람에게는 그것을 피하기 위해 의심을 건넘이 있다.

㉔ 분노한 사람에게는 그것을 피하기 위해 분노하지 않음이 있다. ㉕ 적의를 품은 사람에게는 그것을 피하기 위해 적의 없음이 있다. ㉖ 모욕하는 사람에게는 그것을 피하기 위해 모욕하지 않음이 있다. ㉗ 얕보는 사람에게는 그것을 피하기 위해 얕보지 않음이 있다. ㉘ 질투하는 사람에게는 그것을 피하기 위해 질투하지 않음이 있다. ㉙ 인색한 사람에게는 그것을 피하기 위해 인색하지 않음이 있다. ㉚ 속이는 사람에게는 그것을 피하기 위해 속이지 않음이 있다. ㉛ 사기 치는 사람에게는 그것을 피하기 위해 사기 치지 않음이 있다. ㉜ 완고한 사람에게는 그것을 피하기 위해 완고하지 않음이 있다. ㉝ 거만한 사람에게는 그것을 피하기 위해 거만하지 않음이 있다.

㉞ 훈도하기 어려운 사람에게는 그것을 피하기 위해 잘 훈도됨이 있다. ㉟ 나쁜 도반에게는 그것을 피하기 위해 좋은 도반[善友] 됨이 있다. ㊱ 방일한 사람에게는 그것을 피하기 위해 불방일이 있다.

㊲ 믿음이 없는 사람에게는 그것을 피하기 위해 믿음이 있다. ㊳ 양심 없는 사람에게는 그것을 피하기 위해 양심이 있다. ㊴ 수치심 없는 사람에게는 그것을 피하기 위해 수치심이 있다. ㊵ 적게 배운

사람에게는 그것을 피하기 위해 많이 배움이 있다. ㊶ 게으른 사람에게는 그것을 피하기 위해 불굴의 정진력이 있다. ㊷ 마음챙김을 놓아버린 사람에게는 그것을 피하기 위해 마음챙김의 확립이 있다. ㊸ 통찰지가 없는 사람에게는 그것을 건너기 위해서 통찰지를 구족함이 있다. ㊹ 자기 견해를 고수하고 굳게 거머쥐어 그것을 쉽게 놓아버리지 못하는 사람에게는 그것을 피하기 위해 자기 견해를 고수하지 않음과 굳게 거머쥐지 않아 그것을 힘들이지 않고 놓아버림이 있다.

고귀한 상태로 인도함

15. "쭌다여, 예를 들면 해로운 법[不善法]들은 모두 미천한 상태로 인도하고 유익한 법[善法]들은 모두 고귀한 상태로 인도하는 것과 같이,[282] ① 상해하는 사람에게는 고귀한 상태를 위해 상해하지 않음이 있다. ② 살생하는 사람에게는 고귀한 상태를 위해 살생하지 않음이 있다. … ㊹ 자기 견해를 고수하고 굳게 거머쥐어 [45] 그것을 쉽게 놓아버리지 못하는 사람에게는 고귀한 상태를 위해 자기 견해를 고수하지 않음과 굳게 거머쥐지 않아 그것을 힘들이지 않고

---

282) "이렇게 그 지워 없앰의 이익을 얻기 위한 길을 보이신 뒤, 지금은 그것이 '고귀한 상태로 인도하는 것(upari-bhāgaṅ-gamanīyā)'을 보이시면서 이 문장을 시작하신다.
해로운 법들은 그것이 어떤 것이건, 즉 재생연결을 생산하는 것이건 아니건, 재생연결이 주어진 뒤 과보를 생산하는 것이건 아니건, 그 모두가 태어남 등이 미천한 상태로 인도하기 때문에 '미천한 상태로 인도함(adho-bhāvaṅ-gamanīyā)'이라고 부른다. 과보를 낼 때에 그 과보는 오로지 원하지 않고 바라지 않는 것이기 때문(aniṭṭha-akanta-vipākattā)이다.
유익한 법들은 모두 태어남 등이 고귀한 상태로 인도하기 때문에 '유익한 상태로 인도함(upari-bhāvaṅ-gamanīyā)'이라고 부른다. 과보를 낼 때 그 과보는 오로지 원하고 바라는 것이기 때문(iṭṭha-kanta-vipākattā)이다." (MA.i.192~193)

놓아버림이 있다.”

완전하게 꺼짐

16. “쭌다여, 스스로 진흙탕에 빠진 사람283)이 다른 진흙탕에 빠진 사람을 끌어올린다는 것은 참으로 불가능하다. 쭌다여, 그러나 스스로 진흙탕에 빠지지 않은 사람이 다른 진흙탕에 빠진 자를 끌어올린다는 것은 가능하다. 쭌다여, 스스로 길들여지지 않았고 바르게 인도되지 않았고 [오염원들이] 완전히 꺼지지 않은 사람이 다른 사람을 길들이고 인도하고 [오염원들을] 완전히 꺼지게 하리라는 것은 참으로 불가능하다.284) 쭌다여, 그러나 스스로 길들여졌고 인도되었고 [오염원들이] 완전히 꺼진 사람이 다른 사람을 길들이고 인도하고 [오염원들을] 완전히 꺼지게 하리라는 것은 가능하다.

쭌다여, 그와 같이 ① 상해하는 사람에게는 그것을 완전히 꺼지게 하기 위해 상해하지 않음이 있다. ② 살생하는 사람에게는 그것을 완전히 꺼지게 하기 위해 살생하지 않음이 있다. … [46] … ㊹ 자기 견

---

283) 주석서를 요약하면 다음과 같다.
'진흙탕에 빠진 사람(palipa-palipanna)'은 깊은 진흙탕에 빠진 사람을 뜻한다. 그러나 여기 성스러운 교법에서는 다섯 가닥의 얽어매는 감각적 욕망(pañca kāmaguṇā)에 빠진 범부를 말한다. 깊은 진흙탕에 빠진 외도 수행자가 그러한 곳에 처해있는 다른 사람을 손이나 머리를 잡고 끌어올린다는 것은 참으로 불가능하다. 그것은 그 사람을 끌어올려서 땅에 서게 할 방법(ṭhāna)이 없기 때문이다. 그와 마찬가지로 자기 스스로 다섯 가닥의 얽어매는 감각적 욕망에 빠진 사람이 그러한 곳에 처해있는 다른 사람을 끌어올린다는 것은 참으로 불가능하다. 방법이 없기 때문이다.(MA.i.193)

284) 주석서는 이 문장을 두 가지 방법으로 설명한다. (1) 스스로 상해하지 않는 사람(attanā avihiṁsaka)은 자기의 상해하지 않음으로 상해하는 다른 사람의 상해함을 완전히 꺼지게 하도록 한다. (2) 스스로 상해하는 사람(attanā vihiṁsaka)은 자기의 상해함을 버리기 위해, 완전히 꺼지게 하기 위해 도를 닦아 상해하지 않음이 일어난다.(MA.i.194)

해를 고수하고 굳게 거머쥐어 그것을 쉽게 놓아버리지 못하는 사람에게는 그것을 완전히 꺼지게 하기 위해 자기 견해를 고수하지 않음과 굳게 거머쥐지 않아 그것을 힘들이지 않고 놓아버림이 있다."

결론

17. "쭌다여, 이와 같이 나는 지워 없애는 방법을 설했고, 거기에 마음 일으키는[發心] 방법을 설했고, 피하는 방법을 설했고, 고귀한 상태에 이르는 방법을 설했고, 완전히 꺼지게 하는 방법을 설했다."

18. "쭌다여, 항상 제자들의 이익을 기원하며 제자들을 연민하는 스승이 마땅히 해야 할 바를 나는 연민으로 했다.285) 쭌다여, 여기 나무 밑이 있다. 여기 빈집이 있다. 참선을 하라.286) 쭌다여, 방일하

---

285) "나는 그대들에게 이러한 다섯 가지 방법을 가르쳤다. 이만큼이 연민을 가진 스승의 임무(kicca)이니, 그것은 전도되지 않은 법을 가르치는 것(aviparīta-dhamma-desanā)이다. 그러나 그 다음에 실천 수행하는 것(paṭipatti)은 제자들의 임무(kicca)이다."(MA.i.195)

286) "'참선을 하라(jhāyatha).'는 것은 대상을 명상하는 것(ārammaṇ-ūpanijjhāna)으로 38가지 대상을, 특징을 명상하는 것(lakkhaṇ-ūpanijjhāna)으로 무더기[蘊], 감각장소[處] 등을 무상 등으로 명상한다는 말이다. 사마타와 위빳사나를 증장시키라고 말씀하시는 것이다."(MA.i.195)
여기서 말하는 38가지 대상은 38가지 명상주제(kammaṭṭhāna)를 말한다. 『청정도론』에서 명상주제는 모두 40가지로 정리되어 나타나는데 주석서 문헌에서는 이처럼 38가지로 나타난다. 38가지로 정리한 것은 경에 나타나는 10가지 까시나 가운데 마지막의 두 가지 까시나(허공의 까시나와 알음알이의 까시나)를 제외한 것이다. 이 두 가지 까시나는 네 가지 무색의 증득 가운데 처음의 둘인 공무변처의 증득과 식무변처의 증득에 포함되기 때문에 주석서 문헌에서는 이를 제외하고 38가지 명상주제라고 언급하고 있다.
그러나 『청정도론』에서는 이 둘을 제한된 허공의 까시나(paricchinn-ākā-sa-kasiṇa)와 광명의 까시나(āloka-kasiṇa)로 대체해서 모두 40가지 명상주제로 정리하고 있다.
경에 나타나는 열 가지 까시나에 대해서는 『앙굿따라 니까야』 「까시나 경」(A10:25)과 「꼬살라 경」 1(A10:29)과 「깔리 경」(A10:26)과 『디가

지 마라. 나중에 후회하지 마라. 이것이 그대에게 주는 나의 간곡한 당부이다."

세존께서는 이와 같이 설하셨다. 마하쭌다 존자는 흡족한 마음으로 세존의 말씀을 크게 기뻐했다.

지워 없앰 경(M8)이 끝났다.

니까야』 제3권 「합송경」(D33) §3.3.(2)와 「십상경」(D34) §2.3.(2)와 본서 제3권 「사꿀루다이 긴 경」(M77) §24 등을 참조할 것. 40가지 명상주제에 대해서는 『청정도론』 III.103 이하와 『아비담마 길라잡이』 9장 §6 이하와 <도표 9.1>을 참조할 것.

바른 견해 경[287]

Sammādiṭṭhi Sutta(M9)

1. 이와 같이 나는 들었다. 한때 세존께서는 사왓티에서 제따 숲의 아나타삔디까 원림(급고독원)에 머무셨다. 거기서 사리뿟따 존자는 "도반 비구들이여."라고 비구들을 불렀다. "도반이시여."라고 비구들은 사리뿟따 존자에게 응답했다. 사리뿟따 존자는 이렇게 말하였다.

2. "도반들이여, '바른 견해', '바른 견해'라고 말합니다. 도반들이여, 그런데 어떻게 하면 성스러운 제자가 바른 견해를 가지고, 견해가 올곧으며, 법에 대해 흔들리지 않는 깨끗한 믿음을 지니고, 정법에 도달했다고 합니까?"[288]

---

287) 『디가 니까야 주석서』(DA.i.24)에는 본경이 구분교(九分敎, navaṅga-satthu-sāsana] 가운데 교리문답[方等, vedalla]에 속하는 보기로 언급이 되고 있다. 구분교와 교리문답에 대해서는 본서 제2권「교리문답의 긴 경」(M43)의 처음 주해를 참조할 것.

288) "'바른 견해[正見, sammā-diṭṭhi]'란 아름답고(sobhana) 훌륭한(pasattha) 견해(diṭṭhi)를 구족한 것이다. 바른 견해는 세간적인 것(lokiyā)과 출세간적인 것(lokuttarā)의 두 종류가 있다.
① 업이 자기의 주인임을 아는 지혜(kammassakatā-ñāṇa)와 진리를 수순

"도반이시여, 우리는 이런 말씀의 뜻을 알기 위해서라면 멀리서라도 사리뿟따 존자의 곁으로 올 것입니다. 그러니 사리뿟따 존자가 직접 이 말씀의 뜻을 설명해주시면 감사하겠습니다. 비구들은 사리뿟따 존자로부터 듣고 잘 호지할 것입니다."

"도반들이여, 그렇다면 듣고 마음에 잘 잡도리하십시오. 설할 것입니다."

"그러겠습니다, 도반이시여."라고 그 비구들은 사리뿟따 존자에게 대답했다.

사리뿟따 존자는 이렇게 말했다.

유익함[善]과 해로움[不善]

3. "도반들이여, 성스러운 제자가 해로움[不善]을 꿰뚫어 알고, 해로움의 뿌리를 꿰뚫어 알고,[289] [47] 유익함[善]을 꿰뚫어 알고, 유

하는 지혜(sacca-anulomika-ñāṇa)는 세간적인 것이다. 간략하게 말하면 번뇌와 함께하는 모든 통찰지(sāsavā paññā)를 세간적인 것이라 한다. 이것은 다시 두 종류이다. 그중에서 업을 인정하고 업이 자기의 주인이라는 견해는 외도들(bāhiraka)과 교단 내에 있는 자들(sāsanika)이 가지는 세간적인 바른 견해이다. 성스러운 진리의 통찰을 수순하는 견해, 즉 위빳사나의 통찰지는 교단 내에 있는 자들만이 가지는 세간적인 바른 견해이다. ② 네 가지 성스러운 도·과와 함께한 통찰지를 출세간적인 바른 견해라 한다.
여기서는 그러나 확실하게 해탈로 인도하는(niyyānikā) 출세간적인 유익한 바른 견해(lokuttara-kusala-sammā-diṭṭhi)를 구족한 자를 바른 견해를 가진 자라 한다. 출세간적인 유익한 바른 견해만이 상견과 단견의 양극단을 피하고(antadvayam anupagamma) 올곧게 된다. 오직 그 견해를 구족할 때 아홉 가지 출세간법(네 가지 도와 네 가지 과와 열반)에 대해 동요하지 않는 확신(avecca-ppasāda)과 흔들리지 않는 확신(acala-ppasāda)을 가지게 된다."(MA.i.196~197)

289) "'해로움[不善]을 꿰뚫어 알고(akusalañca pajānāti)'라는 것은 열 가지 해로운 업의 길[十不善業道, dasa-akulala-kamma-patha, 아래 §4 참조]을 꿰뚫어 안다는 말이다. 소멸(열반)을 실현하기 위해서 [통찰해야 할] 대상을 꿰뚫어 알기 위해서 그 역할(kicca)을 통해서 '이것은 괴로움이다.'라

익함의 뿌리를 꿰뚫어 알 때, 성스러운 제자가 바른 견해를 가지고, 견해가 올곧으며, 법에 대해 흔들리지 않는 깨끗한 믿음을 지니고, 정법에 도달했다고 합니다."

4. "도반들이여, 그러면 무엇이 해로움[不善]이며, 무엇이 해로움의 뿌리이며, 무엇이 유익함[善]이며, 무엇이 유익함의 뿌리입니까?

도반들이여, 생명을 죽이는 것이 해로움입니다. 주지 않은 것을 가지는 것이 해로움입니다. 삿된 음행을 하는 것이 해로움입니다. 거짓말을 하는 것이 해로움입니다. 중상모략을 하는 것이 해로움입니다. 욕설을 하는 것이 해로움입니다. 잡담을 하는 것이 해로움입니다. 욕심이 해로움입니다. 악의가 해로움입니다. 삿된 견해가 해로움입니다. 도반들이여, 이를 일러 해로움이라 합니다."290)

5. "도반들이여, 그러면 무엇이 해로움의 뿌리입니까?

탐욕이 해로움의 뿌리입니다. 성냄이 해로움의 뿌리입니다. 어리석음이 해로움의 뿌리입니다. 도반들이여, 이를 일러 해로움의 뿌리라 합니다."291)

고 통찰한다는 뜻이다.
'해로움의 뿌리를 꿰뚫어 안다(akusala-mūlañca pajānāti).'는 것은 '이것이 괴로움의 일어남이다.'라고 통찰한다는 말이다. 이 방법은 유익함과 유익함의 뿌리에도 적용된다."(MA.i.197)

290) 이것을 열 가지 해로운 업의 길[十不善業道, dasa akusala-kamma-patha]이라 하는데 본서 제2권 「살라의 바라문들 경」(M41) §7에서는 이 10가지를 다시 "세 가지 몸으로 짓는 법에 따르지 않은 그릇된 행실(adhamma-cariyā-visamacariyā), 네 가지 말로 짓는 법에 따르지 않은 그릇된 행실, 세 가지 마음으로 짓는 법에 따르지 않은 그릇된 행실"이라 부르고 §§8~10에서 상세하게 설명하고 있다.

291) 해로움의 세 가지 뿌리 혹은 원인에 대해서는 『아비담마 길라잡이』 제2장 §4의 해로운 마음부수들에 대한 [해설]을 중심으로 살펴보기 바란다. 『앙굿따라 니까야』 제1권 「불선근 경」(A3:69)도 참조할 것.

6. "도반들이여, 그러면 무엇이 유익함입니까?

생명을 죽이는 것을 삼가는 것이 유익함입니다. 주지 않은 것을 가지는 것을 삼가는 것이 유익함입니다. 삿된 음행을 삼가는 것이 유익함입니다. 거짓말을 삼가는 것이 유익함입니다. 중상모략을 삼가는 것이 유익함입니다. 욕설을 삼가는 것이 유익함입니다. 잡담을 삼가는 것이 유익함입니다. 욕심 없음이 유익함입니다. 악의 없음이 유익함입니다. 바른 견해가 유익함입니다. 도반들이여, 이를 일러 유익함이라 합니다."[292]

7. "도반들이여, 무엇이 유익함의 뿌리입니까?

탐욕 없음이 유익함의 뿌리입니다. 성내지 않음이 유익함의 뿌리입니다. 어리석음 없음이 유익함의 뿌리입니다. 도반들이여, 이를 일러 유익함의 뿌리라 합니다."

8. "도반들이여, 성스러운 제자가 이와 같이 해로움을 꿰뚫어 알고, 해로움의 뿌리를 꿰뚫어 알고, 유익함을 꿰뚫어 알고, 유익함의 뿌리를 꿰뚫어 알 때,[293] 그는 욕망의 잠재 성향을 완전히 버리

---

292) 여기서 보듯이 열 가지 유익한 업의 길[十善業道, dasa-kulala-kamma-patha]을 유익함[善, kusala]이라 설명하고 있다. 이 열 가지는 본서 제2권 「살라의 바라문들 경」(M41) §§12~14에서 몸으로 짓는 세 가지와 말로 짓는 네 가지와 마음으로 짓는 세 가지로 분류되어 자세하게 설명되고 있으므로 참조할 것.

293) "여기서 열 가지 해로운 업의 길(십불선업도) 가운데서 욕심(abhijjha)을 제외한 아홉 가지와 열 가지 유익한 업의 길(십선업도)은 괴로움의 진리[苦諦]이다. 욕심과 탐욕(lobha)은 해로움의 뿌리인데 방편 없이 설하면 이 두 법은 일어남의 진리[集諦]이다.
그러나 방편에 따르면 모든 업의 길은 괴로움의 진리[苦諦]이고, 모든 해로움의 뿌리와 유익함의 뿌리는 일어남의 진리[集諦]이고, 이 둘 다 일어나지 않음이 소멸의 진리[滅諦]이고, 괴로움을 완전히 알고, 일어남을 버리고, 소

고,294) 적대감의 잠재 성향을 제거하고,295) '내가 있다.'는 삿된 견해와 비슷한 자만의 잠재 성향296)을 뿌리 뽑고, 무명을 버리고 명지를 일으켜서297) 지금 · 여기에서 괴로움을 끝냅니다. 이렇게 하면 성스러운 제자가 바른 견해를 가지고, 견해가 올곧으며, 법에 대해 흔들리지 않는 깨끗한 믿음을 지니고, 정법에 도달했다고 합니다."

음식

9. "도반이시여, 참으로 장하십니다."라고 비구들은 사리뿟따 존자의 말을 기뻐하고 감사하며 사리뿟따 존자에게 계속 질문을 하였다.

"도반이시여, 성스러운 제자가 바른 견해를 가지고, 견해가 올곧으며, 법에 대해 흔들리지 않는 깨끗한 믿음을 지니고, 정법에 도달했다고 할 다른 방법이 있습니까?"

"도반들이여, 있습니다."

멸을 꿰뚫어 아는 성스러운 도가 도의 진리[道諦]이다."(MA.i.205~206)

294) "'욕망의 잠재성향을 완전히 버리고(sabbaso rāgānusayaṁ pahāya)'라는 것은 감각적 욕망, 색계 존재에 대한 욕망 등을 모든 측면에서 남김없이 다 버린다는 것이다."(MA.i.206)

295) "'적대감의 잠재 성향을 제거하고(paṭighānusayaṁ paṭivinodetvā)'라는, 여기까지는 불환도를 말씀하신 것이다."(MA.i.206)

296) '삿된 견해와 비슷한 자만의 잠재성향'은 diṭṭhi-māna-anusayaṁ(삿된 견해인 자만의 잠재성향)을 옮긴 것이다. 주석서에서 이것을 diṭṭhi-sadisaṁ (삿된 견해와 비슷한) māna-anusayaṁ으로 풀이하고 있어서(MA.i.206) 이렇게 옮겼다. 계속해서 주석서는 이렇게 덧붙이고 있다.
"이 자만의 잠재 성향은 '내가 있다(asmi).'라고 일어난 삿된 견해와 비슷하다(diṭṭhi-sadisa). 그래서 '삿된 견해와 비슷한 자만의 잠재성향(diṭṭhi-māna-anusaya)'이라 한다."(MA.i.206)

297) "윤회의 뿌리(vaṭṭamūla)인 '무명을 버리고(avijjaṁ pahāya)', 그 무명을 뿌리뽑는 아라한도라는 '명지를 일으켜서(vijjaṁ uppādetvā)'라는 말이다. 여기까지는 아라한도를 설하신 것이다."(MA.i.206)

10. "도반들이여, 성스러운 제자가 음식298)을 꿰뚫어 알고, 음식의 일어남을 꿰뚫어 알고, 음식의 소멸을 꿰뚫어 알고, 음식의 소멸로 인도하는 도닦음을 꿰뚫어 알 때, 그는 바른 견해를 가지고, 견해가 올곧으며, 법에 대해 흔들리지 않는 깨끗한 믿음을 지니고, [48] 정법에 도달했다고 합니다."

11. "도반들이여, 그러면 무엇이 음식이고, 무엇이 음식의 일어남이고, 무엇이 음식의 소멸이고, 무엇이 음식의 소멸로 인도하는 도닦음입니까?

도반들이여, 네 가지 음식299)이 있으니, 그것은 이미 존재하는 중

---

298) "여기서 '음식(자양분, āhāra)'은 조건[緣, paccaya]을 말한다. 왜냐하면 조건은 자기의 결과(phala)를 가져오기(āhārati) 때문에 음식(āhāra)이라 불리기 때문이다."(MA.i.207)
한편 본서 전체에서 '음식'으로 옮기고 있는 원어는 āhāra인데 이것은 '음식'으로도 옮기고 문맥에 따라서 자양분(滋養分)으로도 옮긴다.

299) '네 가지 음식(cattāro āhārā)'은 빠알리어로 kabaḷīkāra-āhāra, phassa-āhāra, manosañcetanā-āhāra, viññāṇa-āhāra의 넷이다. 중국에서는 이를 각각 단식(段食), 촉식(觸食), 의사식(意思食), 식식(識食)으로 옮겼다.
주석서는 다음과 같이 네 가지 음식을 설명한다.
"첫 번째인 '덩어리진 [먹는] 음식[段食, kavaḷiṅkāra-āhāra]'은 덩어리를 만들어 삼키는 음식이다. 쌀 등의 재료로 만든 음식을 두고 한 말이다. 거칠거나 부드러운 것이란 재료가 거친 것과 부드러운 것에 따라 그렇게 말한 것이지, 본성으로 보면 오직 부드러운 물질에 포함되기 때문에 덩어리로 된 음식은 부드러운 것이다.
두 번째로 '감각접촉의 음식[觸食, phassa-āhāra]'은 눈의 감각접촉 등 여섯 가지 감각접촉이 이 두 번째 음식에 포함된다. 세 번째인 '마음의 의도의 음식[意思食, mano-sañcetana-āhāra]'은 오직 의도(cetanā)의 음식을 말한 것이다. 네 번째인 '알음알이의 음식[識食, viññāṇa-āhāra]'이란 일반적인 마음(citta)을 말한다.
그러면 어떤 음식이 어떤 것을 가져오는가?
덩어리진 [먹는] 음식은 영양소가 여덟 번째인 물질, 즉 여덟 가지 분리할 수 없는 물질을 가져온다. 이것은 입에 넣는 순간에 여덟 가지 물질을 생기게 하고, 이로 씹어서 삼킬 때에는 각각의 덩어리가 각각 여덟 가지 물질을 생

생들을 부양하고 존재하게 될 중생들을 도와줍니다. 무엇이 넷입니까?

거칠거나 미세한 덩어리진 [먹는] 음식이 [첫 번째요], 감각접촉[觸]이 두 번째요, 마음의 의도가 세 번째요, 알음알이가 네 번째입니다. 갈애가 일어나면 음식이 일어납니다.300) 갈애가 소멸하면 음식

기게 한다.

감각접촉의 음식은 세 가지 느낌을 가져온다. 이것은 즐거운 느낌을 가져올 감각접촉이 일어나면 즐거운 느낌을 가져오고, 괴로운 느낌을 가져올 감각접촉이 일어나면 괴로운 느낌을 가져오고, 괴롭지도 즐겁지도 않은 느낌을 가져올 감각접촉이 일어나면 괴롭지도 즐겁지도 않은 느낌을 가져온다. 이와 같이 모든 곳에서 감각접촉의 음식은 세 가지 느낌을 가져온다.

마음의 의도의 음식은 세 가지 존재를 가져온다. 이것은 욕계로 나아갈 업은 욕계 존재를 가져오고, 색계·무색계로 나아갈 업은 각각 그 존재를 가져온다. 이와 같이 모든 곳에서 의도의 음식은 세 가지 존재를 가져온다.

알음알이의 음식은 재생연결의 정신·물질을 가져온다. 이것은 재생연결의 순간에 그와 함께한 세 가지 무더기와, 세 가지 상속(ti-santati)에 의한 30가지 물질이 함께 생긴 조건으로 일어나는데, 그들을 가져온다."(MA.i.208~209)

여기서 세 가지 상속(ti-santati)이란 재생연결식이 일어나고 머물고 사라지는 세 아찰나(*sub-moment*)를 말하고, 서른 가지 물질이란 그 재생연결의 순간에 태생(胎生)에게 생기는 세 가지 십원소, 즉 토대의 십원소(vatthu-dasaka), 몸의 십원소(kāya-dasaka), 성의 십원소(bhāva-dasaka)인 서른 가지 물질을 말한다.

네 가지 음식에 대해서는 『청정도론』 XI.1~3과 『아비담마 길라잡이』 제7장 §21의 [해설]을 참조할 것. 그리고 여덟 가지 분리할 수 없는 물질(avinibbhoga)은 『아비담마 길라잡이』 제6장 §7의 [해설]을, 아찰나는 제4장 §6의 [해설]을, 십원소 등은 제6장 §7과 §16이하를 참조할 것.

300) "'갈애가 일어나면 음식이 일어난다(taṇhā-samudayā āhārasamudayo).' 즉 이전의 갈애가 일어나므로 재생연결의 음식이 일어난다는 말이다. 어떻게 이것이 일어나는가? 재생연결의 순간에 세 가지 상속(ti-santati)에서 일어난 동일한 30가지 물질 가운데 생긴 영양소(ojā)가 있다. 이 영양소는 갈애를 조건으로 생긴 취착된 덩어리 음식(upādinnaka-kabaḷiṅkār-āhāra)이다. 그러나 재생연결식과 함께한 감각접촉과 의도와 알음알이의 이 셋은 갈애를 조건으로 생긴 취착된(upādinnaka) 감각접촉의 음식, 의도의 음식, 알음알이의 음식이다. 이와 같이 이전의 갈애가 일어나므로 재생연결의 음식이 일어난다고 알아야 한다."(MA.i.214)

여기서 '취착된(upādinnaka)'이란 '업에서 생긴'이란 뜻이다. 『아비담마 길

이 소멸합니다.301) 이 성스러운 팔정도[八支聖道]가 음식의 소멸로 인도하는 도닦음이니, 즉 바른 견해, 바른 사유, 바른 말, 바른 행위, 바른 생계, 바른 정진, 바른 마음챙김, 바른 삼매입니다."

12. "도반들이여, 이와 같이 성스러운 제자가 음식을 꿰뚫어 알고, 음식의 일어남을 꿰뚫어 알고, 음식의 소멸을 꿰뚫어 알고, 음식의 소멸로 인도하는 도닦음을 꿰뚫어 알 때, 그는 욕망의 잠재 성향을 완전히 버리고, 적대감의 잠재 성향을 제거하고, '내가 있다.'는 삿된 견해와 비슷한 자만의 잠재 성향을 뿌리 뽑고, 무명을 버리고 명지를 일으켜서 지금·여기에서 괴로움을 끝냅니다. 이렇게 하면 성스러운 제자가 바른 견해를 가지고, 견해가 올곧으며, 법에 대해 흔들리지 않는 깨끗한 믿음을 지니고, 정법에 도달했다고 합니다."

네 가지 성스러운 진리(사성제)

13. "도반이시여, 참으로 장하십니다."라고 비구들은 사리뿟따 존자의 말을 기뻐하고 감사하며 사리뿟따 존자에게 계속 질문을 하였다.

"도반이시여, 성스러운 제자가 바른 견해를 가지고, 견해가 올곧으며, 법에 대해 흔들리지 않는 깨끗한 믿음을 지니고, 정법에 도달했다고 할 다른 방법이 있습니까?"

"도반들이여, 있습니다."

14. "도반들이여, 성스러운 제자가 괴로움을 꿰뚫어 알고, 괴로

라잡이』 제6장 §7의 24와 [해설]과 『청정도론』 XI.31의 주해를 참조할 것.

301) "'갈애가 소멸하면 음식이 소멸한다(taṇhā-nirodhā āhāranirodho).' 이것은 취착된 음식과 취착되지 않은 음식의 조건이 되는 갈애가 소멸하므로 음식도 소멸한다는 말이다."(MA.i.214)

움의 일어남을 꿰뚫어 알고, 괴로움의 소멸을 꿰뚫어 알고, 괴로움의 소멸로 인도하는 도닦음을 꿰뚫어 알 때, 그는 바른 견해를 가지고, 견해가 올곧으며, 법에 대해 흔들리지 않는 깨끗한 믿음을 지니고, 정법에 도달했다고 합니다."

15. "무엇이 괴로움입니까?

태어남도 괴로움입니다. 늙음도 괴로움입니다. 병도 괴로움입니다.302) 죽음도 괴로움입니다. 근심·탄식·육체적 고통·정신적 고통·절망도 괴로움입니다.303) 원하는 것을 얻지 못하는 것도 괴로움입니다. 요컨대 취착의 [대상인] 다섯 가지 무더기[五取蘊]304)가 괴로움입니다."305)

16. "도반들이여, 그러면 무엇이 괴로움의 일어남입니까?

그것은 다시 태어남을 가져오고 향락과 탐욕이 함께하며 여기저기서 즐기는306) 갈애이니, 즉 감각적 욕망에 대한 갈애[欲愛], [49] 존재

---

302) '병도 괴로움입니다(vyādhi pi dukkhā).'는 Ee와 Se에는 나타나지만 Be에는 나타나지 않는다. 초기불전의 여러 곳에서 생·노·병·사가 언급되는 곳은 판본에 따라서 병이 언급되지 않고 생·노·사만 나타나는 곳이 많다. 예를 들면 『디가 니까야』 제2권 「대념처경」(D22) §18에서 Ee에는 "병도 괴로움이다(vyādhi pi dukkhā)."가 나타나지만 Be에는 나타나지 않는다.

303) 육차결집본에는 이 문장 다음에 '싫어하는 것과 만나는 것도 괴로움입니다. 좋아하는 것과 헤어지는 것도 괴로움입니다(appiyehi sampayogo dukkho piyehi vippayogo dukkho).'라는 내용이 더 들어있다.

304) '취착의 [대상인] 다섯 가지 무더기들[五取蘊]'은 pañca upādāna-kkhandhā를 옮긴 것이다. 왜 이렇게 옮겼는가 하는 이유에 대해서는 『상윳따 니까야』 제3권 「짐 경」(S22:22) §3의 주해를 참조할 것.

305) 본경에 나타나는 여덟 가지 괴로움[八苦]에 대한 더 자세한 설명은 본서 제4권 「진리의 분석 경」(M141) §§11~20에 나타나므로 일독을 권한다.

306) "'여기저기서 즐기는(tatra-tatra-abhinandinī)'이란 어느 곳에서 몸을 받더라도 즐거워한다는 뜻이다."(DA.iii.800)

에 대한 갈애[有愛], 존재하지 않음에 대한 갈애[無有愛]입니다.[307] 도반들이여, 이를 일러 괴로움의 일어남이라 합니다."

17. "도반들이여, 그러면 무엇이 괴로움의 소멸입니까?

그 갈애가 남김없이 빛바래어 소멸함, 버림, 놓아버림, 벗어남, 집착 없음입니다. 도반들이여, 이를 일러 괴로움의 소멸이라 합니다."

18. "도반들이여, 그러면 무엇이 괴로움의 소멸로 인도하는 도닦음입니까?

그것은 성스러운 팔정도[八支聖道]이니, 즉 바른 견해, 바른 사유, 바른 말, 바른 행위, 바른 생계, 바른 정진, 바른 마음챙김, 바른 삼매입니다. 도반들이여, 이를 일러 괴로움의 소멸로 인도하는 도닦음이라 합니다."

19. "도반들이여, 성스러운 제자가 이와 같이 괴로움을 꿰뚫어 알고, 괴로움의 일어남을 꿰뚫어 알고, 괴로움의 소멸을 꿰뚫어 알고, 괴로움의 소멸로 인도하는 도닦음을 꿰뚫어 알 때, 그는 욕망의 잠재 성향을 완전히 버리고, 적대감의 잠재 성향을 제거하고, '내가 있다.'는 삿된 견해와 비슷한 자만의 잠재 성향을 뿌리 뽑고, 무명을 버리고 명지를 일으켜서 지금 · 여기에서 괴로움을 끝냅니다. 이렇게 하면 성스러운 제자가 바른 견해를 가지고, 견해가 올곧으며, 법에 대해 흔들리지 않는 깨끗한 믿음을 지니고, 정법에 도달했다고 합니다."

"'여기저기서 즐기는(tatra-tatra-abhinandinī)'이란 태어나는 곳(upapattiṭṭhāna)과 형색 등의 대상(ārammaṇa)들과 같은 여러 곳에서 즐기는 습성을 가진 것(abhinandana-sīlāva)을 말한다."(SA.ii.264)

307) 이 세 가지 갈애에 대한 설명은 본경 §38의 주해를 참조할 것.

늙음·죽음[老死]

20. "도반이시여, 참으로 장하십니다."라고 비구들은 사리뿟따 존자의 말을 기뻐하고 감사하며 사리뿟따 존자에게 계속 질문을 하였다.

"도반이시여, 성스러운 제자가 바른 견해를 가지고, 견해가 올곧으며, 법에 대해 흔들리지 않는 깨끗한 믿음을 지니고, 정법에 도달했다고 할 다른 방법이 있습니까?"

"도반들이여, 있습니다."308)

21. "도반들이여, 성스러운 제자가 늙음과 죽음을 꿰뚫어 알고, 늙음과 죽음의 일어남을 꿰뚫어 알고, 늙음과 죽음의 소멸을 꿰뚫어 알고, 늙음과 죽음의 소멸로 인도하는 도닦음을 꿰뚫어 알 때, 그는 바른 견해를 가지고, 견해가 올곧으며, 법에 대해 흔들리지 않는 깨끗한 믿음을 지니고, 정법에 도달했다고 합니다."

22. "도반들이여, 그러면 무엇이 늙음과 죽음이고, 무엇이 늙음과 죽음의 일어남이고, 무엇이 늙음과 죽음의 소멸이고, 무엇이 늙음과 죽음의 소멸로 인도하는 도닦음입니까?

여러 중생들의 부류 가운데서 이런저런 중생들의 늙음, 노쇠함, 이가 빠짐, 머리털이 허옇게 셈, 피부가 주름짐, 수명의 감소, 감관의

---

308) 여기서부터는 연기(緣起, paṭiccasamuppāda)에 관한 가르침을 설하고 있다. 그런데 본경에서는 연기의 가르침을 노·사에서부터 시작하여 무명까지 역순으로 관찰하여 올라가서 이 무명의 조건으로 다시 번뇌[漏, āsava]를 설하고 있다. 여기에 대해서는 아래 본경 §66과 주해들을 참조할 것.
12연기의 구성요소에 대한 설명은 『상윳따 니까야』 제2권 「분석 경」(S12:2)의 주해들과 『상윳따 니까야』 제2권 해제 §3 즉 「인연 상윳따」(S12)에 대한 해제를 참조하기 바란다. 그리고 연기에 대한 가르침은 『청정도론』 XVII장 전체에 상세하게 설명되어 있다.

노화 — 이를 일러 늙음이라 합니다. 여러 중생들의 부류 가운데서 이런저런 중생들의 죽음, 떨어짐, 부서짐, 없어짐, 종말, 사망, 서거, 오온의 부서짐, 시체를 안치함, 생명기능[命根]의 끊어짐 — 이를 일러 죽음이라 합니다. 도반들이여, 이러한 늙음과 이러한 죽음을 일러 늙음과 죽음이라 합니다. 태어남이 일어나면 늙음과 죽음이 일어납니다. 태어남이 소멸하기 때문에 늙음과 죽음도 소멸합니다. 이 성스러운 팔정도[八支聖道]가 늙음과 죽음의 소멸로 인도하는 도닦음이니, 즉 바른 견해, 바른 사유, 바른 말, 바른 행위, 바른 생계, 바른 정진, 바른 마음챙김, 바른 삼매입니다."

23. "도반들이여, 이와 같이 성스러운 제자가 늙음과 죽음을 꿰뚫어 알고, 늙음과 죽음의 일어남을 꿰뚫어 알고, 늙음과 죽음의 소멸을 꿰뚫어 알고, 늙음과 죽음의 소멸로 인도하는 도닦음을 꿰뚫어 알 때, 그는 욕망의 잠재 성향을 완전히 버리고, 적대감의 잠재 성향을 제거하고, '내가 있다.'는 삿된 견해와 비슷한 자만의 잠재 성향을 뿌리 뽑고, 무명을 버리고 명지를 일으켜서 지금·여기에서 괴로움을 끝냅니다. 이렇게 하면 성스러운 제자가 바른 견해를 가지고, 견해가 올곧으며, 법에 대해 흔들리지 않는 깨끗한 믿음을 지니고, 정법에 도달했다고 합니다."

태어남[生]

24. "도반이시여, 참으로 장하십니다."라고 비구들은 사리뿟따 존자의 말을 기뻐하고 감사하며 사리뿟따 존자에게 계속 질문을 하였다.

"도반이시여, 성스러운 제자가 바른 견해를 가지고, 견해가 올곧으며, 법에 대해 흔들리지 않는 깨끗한 믿음을 지니고, 정법에 도달했다고 할 다른 방법이 있습니까?"
"도반들이여, [50] 있습니다."

25. "도반들이여, 성스러운 제자가 태어남을 꿰뚫어 알고, 태어남의 일어남을 꿰뚫어 알고, 태어남의 소멸을 꿰뚫어 알고, 태어남의 소멸로 인도하는 도닦음을 꿰뚫어 알 때, 그는 바른 견해를 가지고, 견해가 올곧으며, 법에 대해 흔들리지 않는 깨끗한 믿음을 지니고, 정법에 도달했다고 합니다."

26. "도반들이여, 그러면 무엇이 태어남이고, 무엇이 태어남의 일어남이고, 무엇이 태어남의 소멸이고, 무엇이 태어남의 소멸로 인도하는 도닦음입니까?

여러 중생들의 부류에서 이런저런 중생들의 태어남, 출생, 도래함, 생김, 탄생, 무더기의 나타남,309) 여섯 감각장소[六入]의 획득 — 도반들이여, 이를 일러 태어남이라 합니다. 존재[有]가 일어나기 때문에 태어남이 일어납니다.310) 존재가 멸하면 태어남이 멸합니다. 이 성스러운 팔정도[八支聖道]가 태어남의 소멸로 인도하는 도닦음이니, 즉 바른 견해 … 바른 삼매입니다."

---

309) "한 가지 무더기를 가진 존재(eka-vokāra-bhava, 즉 무상유정천)에서는 한 가지가, 네 가지 무더기를 가진 존재(즉 무색계 존재)에서는 네 가지가, 다섯 가지 무더기를 가진 존재(즉 인간 등)에서는 다섯 가지 무더기가 생긴다."(MA.i.217)
다섯 가지 무더기를 가진 존재에 대해서는 『청정도론』 XVII.126을, 네 가지 무더기를 가진 존재와 한 가지 무더기를 가진 존재에 대해서는 XVII.254~255를 참고할 것.

310) "'존재[有]가 일어나기 때문에 태어남이 일어난다(bhavasamudayā jāti-samudayo).'에서 '존재[有, bhava]'는 태어남의 조건인 업으로서의 존재[業有, kamma-bhava]를 말한다."(MA.i.217)
즉 업을 짓는 것이 다음 생에 태어남의 조건이 된다는 말이다.

27. "도반들이여, 성스러운 제자가 태어남을 꿰뚫어 알고, 태어남의 일어남을 꿰뚫어 알고, 태어남의 소멸을 꿰뚫어 알고, 태어남의 소멸로 인도하는 도닦음을 꿰뚫어 알 때, 그는 욕망의 잠재 성향을 완전히 버리고, 적대감의 잠재 성향을 제거하고, '내가 있다.'는 삿된 견해와 비슷한 자만의 잠재 성향을 뿌리 뽑고, 무명을 버리고 명지를 일으켜서 지금 · 여기에서 괴로움을 끝냅니다. 이렇게 하면 성스러운 제자가 바른 견해를 가지고, 견해가 올곧으며, 법에 대해 흔들리지 않는 깨끗한 믿음을 지니고, 정법에 도달했다고 합니다."

존재[有]

28. "도반이시여, 참으로 장하십니다."라고 비구들은 사리뿟따 존자의 말을 기뻐하고 감사하며 사리뿟따 존자에게 계속 질문을 하였다.

"도반이시여, 성스러운 제자가 바른 견해를 가지고, 견해가 올곧으며, 법에 대해 흔들리지 않는 깨끗한 믿음을 지니고, 정법에 도달했다고 할 다른 방법이 있습니까?"

"도반들이여, 있습니다."

29. "도반들이여, 성스러운 제자가 존재[有]를 꿰뚫어 알고, 존재의 일어남을 꿰뚫어 알고, 존재의 소멸을 꿰뚫어 알고, 존재의 소멸로 인도하는 도닦음을 꿰뚫어 알 때, 그는 바른 견해를 가지고, 견해가 올곧으며, 법에 대해 흔들리지 않는 깨끗한 믿음을 지니고, 정법에 도달했다고 합니다."

30. "도반들이여, 그러면 무엇이 존재[有]이고, 무엇이 존재의 일어남이고, 무엇이 존재의 소멸이고, 무엇이 존재의 소멸로 인도하는

도닦음입니까?

도반들이여, 세 가지 존재[有]들이 있습니다. 욕계 존재[欲有],[311] 색계 존재[色有], 무색계 존재[無色有]입니다. 취착[取]이 일어나기 때문에 존재가 일어납니다.[312] 취착이 소멸하기 때문에 존재가 소멸합니다. 이 성스러운 팔정도[八支聖道]가 존재의 소멸로 인도하는 도닦음이니, 즉 바른 사유 … 바른 삼매입니다."

31. "도반들이여, 성스러운 제자가 존재[有]를 꿰뚫어 알고, 존재의 일어남을 꿰뚫어 알고, 존재의 소멸을 꿰뚫어 알고, 존재의 소멸로 인도하는 도닦음을 꿰뚫어 알 때, 그는 욕망의 잠재 성향을 완전히 버리고, 적대감의 잠재 성향을 제거하고, '내가 있다.'는 삿된 견해와 비슷한 자만의 잠재 성향을 뿌리 뽑고, 무명을 버리고 명지를 일으켜서 지금·여기에서 괴로움을 끝냅니다. 이렇게 하면 성스러운 제자가 바른 견해를 가지고, 견해가 올곧으며, 법에 대해 흔들리지 않는 깨끗한 믿음을 지니고, 정법에 도달했다고 합니다."

---

311) "'욕계 존재[欲有, kāma-bhava]'란 업으로서의 존재[業有, kamma-bhava]와 재생으로서의 존재[生有, upapatti-bhava]이다. 업으로서의 존재란 욕계에 다가갈(kāma-bhav-ūpaga) 업을 말한다. 그것은 재생의 원인(kāraṇa)이다. 그러나 여기서는 결과의 입장(phala-vohāra)에서 말한 것이다. 재생으로서의 존재란 그 업에 의해서 생긴, 취착의 [대상인] 오온(upādinna-khandha-pañcaka)을 말한다. 이와 같이 모든 곳에서 업과 재생, 둘 다를 여기서 욕계 존재라 했다. 이 방법은 색계 존재와 무색계 존재에도 적용된다."(MA.i.218)

312) "'취착이 일어나기 때문에 존재가 일어난다(upādāna-samudayā bhava-samudayo).' 이 취착은 유익한 업으로서의 존재(kusala-kamma-bhava)에게 오로지 강하게 의지하는(upanissaya) 조건으로 조건이 되고, 해로운 업으로서의 존재에게는 강하게 의지하는 조건으로도 조건이 되고, 함께 생긴 조건 등(sahajātādi)으로도 조건이 된다. 그러나 취착은 태어남으로서의 존재[生有]에게는 오로지 강하게 의지하는 조건으로 조건이 된다."(MA.i.218)

취착[取]

32. "도반이시여, 참으로 장하십니다."라고 비구들은 사리뿟따 존자의 말을 기뻐하고 감사하며 사리뿟따 존자에게 계속 질문을 하였다.

"도반이시여, 성스러운 제자가 바른 견해를 가지고, 견해가 올곧으며, 법에 대해 흔들리지 않는 깨끗한 믿음을 지니고, 정법에 도달했다고 할 다른 방법이 있습니까?"

"도반들이여, 있습니다."

33. "도반들이여, 성스러운 제자가 취착[取]을 꿰뚫어 알고, 취착의 일어남을 꿰뚫어 알고, 취착의 소멸을 꿰뚫어 알고, 취착의 소멸로 인도하는 도닦음을 꿰뚫어 알 때, 그는 바른 견해를 가지고, 견해가 올곧으며, 법에 대해 흔들리지 않는 깨끗한 믿음을 지니고, 정법에 도달했다고 합니다."

34. "도반들이여, 그러면 무엇이 취착[取]이고, 무엇이 취착의 일어남이고, 무엇이 취착의 소멸이고, 무엇이 취착의 소멸로 인도하는 도닦음입니까?

도반들이여, [51] 네 가지 취착[取]이 있습니다. 감각적 욕망에 대한 취착[欲取], 견해에 대한 취착[見取], 계행과 의례의식에 대한 취착[戒禁取], 자아의 교리에 대한 취착[我語取]입니다.[313] 갈애가 일어나기

---

313) "'네 가지 취착(cattāri upādānāni)' 가운데서 '감각적 욕망에 대한 취착[欲取, kām-upādāna]'이란 대상이라 불리는 감각적 욕망(vatthu-kāma)을 취착하기 때문에 감각적 욕망에 대한 취착이라 한다. 혹은 감각적 욕망 그 자체가 취착이기 때문에(kāmo ca so upādānañca) 감각적 욕망에 대한 취착이라고도 한다. 취착이라는 것은 강하게 거머쥐는 것(daḷha-ggahaṇa)이다. 이것은 다섯 가닥의 얽어매는 감각적 욕망을 두고 한 말이다.

때문에 취착이 일어납니다. 갈애가 소멸하기 때문에 취착이 소멸합니다. 이 성스러운 팔정도[八支聖道]가 취착의 소멸로 인도하는 도닦음이니, 즉 바른 견해 … 바른 삼매입니다."

35. "도반들이여, 성스러운 제자가 취착[取]을 꿰뚫어 알고, 취착의 일어남을 꿰뚫어 알고, 취착의 소멸을 꿰뚫어 알고, 취착의 소멸로 인도하는 도닦음을 꿰뚫어 알 때, 그는 욕망의 잠재 성향을 완전히 버리고, 적대감의 잠재 성향을 제거하고, '내가 있다.'는 삿된 견해와 비슷한 자만의 잠재 성향을 뿌리 뽑고, 무명을 버리고 명지를 일으켜서 지금·여기에서 괴로움을 끝냅니다. 이렇게 하면 성스러운 제자가 바른 견해를 가지고, 견해가 올곧으며, 법에 대해 흔들리지 않는 깨끗한 믿음을 지니고, 정법에 도달했다고 합니다."

갈애[愛]

36. "도반이시여, 참으로 장하십니다."라고 비구들은 사리뿟따 존자의 말을 기뻐하고 감사하며 사리뿟따 존자에게 계속 질문을 하

마찬가지로 견해 그 자체가 취착이기 때문에 '견해에 대한 취착[見取, diṭṭh-upādāna]'이다. 혹은 견해를 취착하기 때문에 '견해에 대한 취착'이라고도 한다.
마찬가지로 계와 의식을 취착하기 때문에 '계행과 의례의식에 대한 취착[戒禁取, sīla-bbatt-upādāna]'이라 한다. 혹은 계와 의식 그 자체가 취착이기 때문에 '계행과 의례의식에 대한 취착'이라고도 한다. 소처럼 행동하고 소처럼 사는 것이 청정이라고 고집하기 때문에 그 자체가 취착이다.
그와 마찬가지로 이것을 통해 주장하기 때문에 교리(vāda)라 한다. 이것을 통해 취착하기 때문에 취착이다. 무엇을 주장하거나 취착하는가? 자아다. 자아의 교리를 취착하는 것이 '자아의 교리에 대한 취착[我語取, 我設取, 我取 atta-vādupādāna]'이다. 혹은 단지 자아의 교리가 자아이고 그것을 통해 취착하기 때문에 '자아의 교리에 대한 취착'이라고도 한다."(MA.i.218)
네 가지 취착에 대한 상세한 설명은 『청정도론』 XVII.241 이하에 잘 나타나 있다. 『아비담마 길라잡이』 제7장 §7의 [해설]도 참조할 것.

였다.

"도반이시여, 성스러운 제자가 바른 견해를 가지고, 견해가 올곧으며, 법에 대해 흔들리지 않는 깨끗한 믿음을 지니고, 정법에 도달했다고 할 다른 방법이 있습니까?"

"도반들이여, 있습니다."

37. "도반들이여, 성스러운 제자가 갈애[愛]를 꿰뚫어 알고, 갈애의 일어남을 꿰뚫어 알고, 갈애의 소멸을 꿰뚫어 알고, 갈애의 소멸로 인도하는 도닦음을 꿰뚫어 알 때, 그는 바른 견해를 가지고, 견해가 올곧으며, 법에 대해 흔들리지 않는 깨끗한 믿음을 지니고, 정법에 도달했다고 합니다."

38. "도반들이여, 그러면 무엇이 갈애[愛]이고, 무엇이 갈애의 일어남이고, 무엇이 갈애의 소멸이고, 무엇이 갈애의 소멸로 인도하는 도닦음입니까?

도반들이여, 여섯 가지 갈애의 무리[314]가 있습니다. 형색에 대한 갈애, 소리에 대한 갈애, 냄새에 대한 갈애, 맛에 대한 갈애, 감촉에 대한 갈애, 법에 대한 갈애입니다.[315] 느낌[受][316]이 일어나기 때문

---

314) 연기의 구성요소를 정의하고 설명하고 있는 본경과 『상윳따 니까야』 제2권 「분석경」(S12:2) §§8~10 등에서 갈애와 느낌과 감각접촉의 셋은 '여섯 가지 갈애의 무리(cha taṇhā-kāyā)'와 '여섯 가지 느낌의 무리(cha vedanā-kāyā)'와 '여섯 가지 감각접촉의 무리(cha phassa-kāyā)'로 무리(kāya)라는 단어가 함께 쓰이고 있다. 이것은 눈・귀・코・혀・몸・마노의 여섯 가지를 무리라는 단어로 모아서 정의하고 있는 것이다.
한편 이 여섯 가지는 『디가 니까야』 제3권 「합송경」(D33) §2.2 (3)~(8)에서 알음알이, 감각접촉, 느낌, 인식, 의도(sañcetanā), 갈애에 적용되어 각각 여섯 가지 알음알이의 무리(cha viññāṇa-kāyā), 여섯 가지 감각접촉의 무리, 여섯 가지 느낌의 무리, 여섯 가지 인식의 무리, 여섯 가지 의도의 무리, 여섯 가지 갈애의 무리로도 나타나고 있다.

315) "이 여섯 가지는 눈의 문 등에서 속행의 과정으로 일어난 갈애의 이름들이

에 갈애가 일어납니다. 느낌이 소멸하기 때문에 갈애가 소멸합니다. 이 성스러운 팔정도[八支聖道]가 갈애의 소멸로 인도하는 도닦음이니, 즉 바른 견해 … 바른 삼매입니다."

39. "도반들이여, 성스러운 제자가 갈애[愛]를 꿰뚫어 알고, 갈애의 일어남을 꿰뚫어 알고, 갈애의 소멸을 꿰뚫어 알고, 갈애의 소멸로 인도하는 도닦음을 꿰뚫어 알 때, 그는 욕망의 잠재 성향을 완전

다. 이 중에서 형색을 대상으로 한 갈애가 형색에 대한 갈애이다. 이것은 일어나는 형태에 따라 세 가지이다.
① 이 갈애가 감각적 욕망(kāma-rāga-bhāva)으로 형색의 대상을 즐기면서(assādenti) 일어날 때, 그것을 감각적 욕망에 대한 갈애[欲愛, kāma-taṇhā]라 한다. ② 상견과 함께한 욕망(sassata-diṭṭhi-sahagata-rāga-bhāva)으로 '그 형색의 대상은 항상하고 견고하고 영원한 것이다.'라고 즐기면서 갈애가 일어날 때, 그것을 존재에 대한 갈애[有愛, bhava-taṇhā]라 한다. ③ 단견과 함께한 욕망(uccheda-diṭṭhi-sahagata-rāga-bhāva)으로 '그 형색의 대상은 끊어지고 멸하여 죽으면 끝난다.'라고 즐기면서 갈애가 일어날 때, 그것을 존재하지 않음에 대한 갈애[無有愛, vibhava-taṇhā]라 한다.
이 방법은 소리에 대한 갈애 등에도 적용된다. 이렇게 하여 갈애는 18가지가 있다. 이것은 안의 형색 등으로 18가지이고 밖의 형색 등으로 18가지가 되어 모두 36가지가 있다. 이와 같이 과거의 갈애 36가지, 미래의 갈애 36가지, 현재의 갈애 36가지로 108가지의 갈애가 있다. 다시 그들을 요약하면 형색 등 대상(ārammaṇa)으로 여섯이고, 감각적 욕망에 대한 갈애 등으로 셋이라고 알아야 한다."(MA.i.219～220)

316) "여기서의 '느낌[受, vedanā]'은 과보로 나타난 느낌(vipāka-vedanā)을 말한다."(MA.i.220)
12연기의 느낌(수)을 과(果)로 이해하는 것은 아비담마가 12연기를 인과의 중복된 반복(양중인과, 兩重因果)으로 12연기를 해석하는 것과 밀접한 관계가 있다. 남북방 아비담마・아비달마에서는 무명・행과 애・취・유를 인(因)으로 이해하고 식・명색・육입・촉・수와 생・노사를 과(果)로 이해해서 삼세에 걸쳐서 이러한 인과 과가 두 번 반복된다고 해서 삼세양중인과(三世兩重因果)라고 말하고 있으며 이것을 12지 연기를 비롯한 연기의 가르침을 이해하는 정설로 삼고 있다. 여기에 대해서는 『아비담마 길라잡이』 제8장 §3 (2)의 해설과 『청정도론』 XVII.120～185를 참조할 것.

히 버리고, 적대감의 잠재 성향을 제거하고, '내가 있다.'는 삿된 견해와 비슷한 자만의 잠재 성향을 뿌리 뽑고, 무명을 버리고 명지를 일으켜서 지금·여기에서 괴로움을 끝냅니다. 이렇게 하면 성스러운 제자가 바른 견해를 가지고, 견해가 올곧으며, 법에 대해 흔들리지 않는 깨끗한 믿음을 지니고, 정법에 도달했다고 합니다."

느낌[受]

40. "도반이시여, 참으로 장하십니다."라고 비구들은 사리뿟따 존자의 말을 기뻐하고 감사하며 사리뿟따 존자에게 계속 질문을 하였다.

"도반이시여, 성스러운 제자가 바른 견해를 가지고, 견해가 올곧으며, 법에 대해 흔들리지 않는 깨끗한 믿음을 지니고, 정법에 도달했다고 할 다른 방법이 있습니까?"

"도반들이여, 있습니다."

41. "도반들이여, 성스러운 제자가 느낌[受]을 꿰뚫어 알고, 느낌의 일어남을 꿰뚫어 알고, 느낌의 소멸을 꿰뚫어 알고, 느낌의 소멸로 인도하는 도닦음을 꿰뚫어 알 때, 그는 바른 견해를 가지고, 견해가 올곧으며, 법에 대해 흔들리지 않는 깨끗한 믿음을 지니고, 정법에 도달했다고 합니다."

42. "도반들이여, 그러면 무엇이 느낌이고, 무엇이 느낌의 일어남이고, 무엇이 느낌의 소멸이고, 무엇이 느낌의 소멸로 인도하는 도닦음입니까?

도반들이여, 여섯 가지 느낌의 무리가 있습니다. 눈과 접촉하여 생긴 느낌, 귀와 접촉하여 생긴 느낌, 코와 접촉하여 생긴 느낌, 혀와

접촉하여 생긴 느낌, 몸과 접촉하여 생긴 느낌, 마노[意]와 접촉하여 생긴 느낌입니다.317) 감각접촉이 일어나기 때문에 느낌이 일어납니다. 감각접촉이 소멸하기 때문에 느낌이 소멸합니다. 이 성스러운 팔정도[八支聖道]가 느낌의 소멸로 인도하는 도닦음이니, 즉 바른 견해 … 바른 삼매입니다."

43. "도반들이여, [52] 성스러운 제자가 느낌을 꿰뚫어 알고, 느낌의 일어남을 꿰뚫어 알고, 느낌의 소멸을 꿰뚫어 알고, 느낌의 소멸로 인도하는 도닦음을 꿰뚫어 알 때, 그는 욕망의 잠재 성향을 완전히 버리고, 적대감의 잠재 성향을 제거하고, '내가 있다.'는 삿된 견해와 비슷한 자만의 잠재 성향을 뿌리 뽑고, 무명을 버리고 명지를 일으켜서 지금・여기에서 괴로움을 끝냅니다. 이렇게 하면 성스러운 제자가 바른 견해를 가지고, 견해가 올곧으며, 법에 대해 흔들리지 않는 깨끗한 믿음을 지니고, 정법에 도달했다고 합니다."

감각접촉[觸]

44. "도반이시여, 참으로 장하십니다."라고 비구들은 사리뿟따 존자의 말을 기뻐하고 감사하며 사리뿟따 존자에게 계속 질문을 하였다.

"도반이시여, 성스러운 제자가 바른 견해를 가지고, 견해가 올곧으며, 법에 대해 흔들리지 않는 깨끗한 믿음을 지니고, 정법에 도달했다고 할 다른 방법이 있습니까?"

---

317) "이들은 눈의 문 등에서 일어난 유익한 느낌(kusala-vedanā), 해로운 느낌(akusala-vedanā), 무기(無記)의 느낌(abyākata-vedanā)의 이름들이다. 『위방가』(分別論)에서 "눈과 접촉하여 생긴 느낌은 유익한 것도 있고, 해로운 것도 있고, 유익하거나 해롭다고 설할 수 없는 무기의 느낌도 있다."(Vbh. 26)라고 설했기 때문이다."(MA.i.220)

"도반들이여, 있습니다."

45. "도반들이여, 성스러운 제자가 감각접촉[觸]을 꿰뚫어 알고, 감각접촉의 일어남을 꿰뚫어 알고, 감각접촉의 소멸을 꿰뚫어 알고, 감각접촉의 소멸로 인도하는 도닦음을 꿰뚫어 알 때, 그는 바른 견해를 가지고, 견해가 올곧으며, 법에 대해 흔들리지 않는 깨끗한 믿음을 지니고, 정법에 도달했다고 합니다."

46. "도반들이여, 그러면 무엇이 감각접촉[觸][318]이고, 무엇이 감각접촉의 일어남이고, 무엇이 감각접촉의 소멸이고, 무엇이 감각접촉의 소멸로 인도하는 도닦음입니까?

도반들이여, 여섯 가지 감각접촉의 무리가 있습니다. 눈의 감각접촉, 귀의 감각접촉, 코의 감각접촉, 혀의 감각접촉, 몸의 감각접촉, 마노의 감각접촉[意觸]입니다.[319] 여섯 가지 감각장소[六入]가 일어나기

---

318) 일반적으로 '감각접촉[觸]'은 빠알리어 phassa를 옮긴 것이다.
본서 「꿀 덩어리 경」(M18) §16에서는 "눈과 형색을 조건으로 눈의 알음알이가 일어난다. 이 셋의 화합이 감각접촉[觸]이다(tiṇṇaṁ saṅgati phasso)."라고 감각접촉을 정의하고 있으며, 『상윳따 니까야』 제2권 「괴로움 경」(S12:43) 등 니까야의 여러 곳에 나타나고 있다. 이것은 잡아함경(雜阿含經)에서 삼사화합생촉(三事和合生觸)이나 삼사화합촉(三事和合觸) 등으로 한역되었다.
그런데 본경을 비롯한 니까야 전체에서 '감각접촉[觸]'으로 옮기고 있는 원어는 samphassa와 phassa의 두 단어이다. 전자는 예외 없이 '눈의 감각접촉(cakkhu-samphassa)'이나 '귀의 감각접촉(sota-samphassa)' 등의 합성어에서 쓰이고 있으며 후자는 그 외의 경우에 쓰이고 있다. 그러므로 본경에서도 '감각접촉의 일어남' 등은 phassa-samudaya로 나타난다. 이처럼 samphassa와 phassa는 용례만 다를 뿐이지 뜻은 같다.
이것은 본서 「모든 번뇌 경」(M2) §20 등에 나타나는 '깨달음의 구성요소'를 뜻하는 bojjhaṅga와 sambojjhaṅga의 용례와도 같다. 본서 「모든 번뇌 경」(M2) §20의 주해를 참조할 것.

319) "'눈의 감각접촉[眼觸, cakkhu-samphassa]'부터 '몸의 감각접촉[身觸, kāya-samphassa]'까지는 유익한 과보로 나타난 것과 해로운 과보로 나타

때문에 감각접촉이 일어납니다. 여섯 가지 감각장소가 소멸하기 때문에 감각접촉이 소멸합니다. 이 성스러운 팔정도[八支聖道]가 감각접촉의 소멸로 인도하는 도닦음이니, 즉 바른 견해 … 바른 삼매입니다."

47. "도반들이여, 성스러운 제자가 감각접촉을 꿰뚫어 알고, 감각접촉의 일어남을 꿰뚫어 알고, 감각접촉의 소멸을 꿰뚫어 알고, 감각접촉의 소멸로 인도하는 도닦음을 꿰뚫어 알 때, 그는 욕망의 잠재 성향을 완전히 버리고, 적대감의 잠재 성향을 제거하고, '내가 있다.'는 삿된 견해와 비슷한 자만의 잠재 성향을 뿌리 뽑고, 무명을 버리고 명지를 일으켜서 지금·여기에서 괴로움을 끝냅니다. 이렇게 하면 성스러운 제자가 바른 견해를 가지고, 견해가 올곧으며, 법에 대해 흔들리지 않는 깨끗한 믿음을 지니고, 정법에 도달했다고 합니다."

여섯 감각장소[六入]

48. "도반이시여, 참으로 장하십니다."라고 비구들은 사리뿟따 존자의 말을 기뻐하고 감사하며 사리뿟따 존자에게 계속 질문을 하였다.

"도반이시여, 성스러운 제자가 바른 견해를 가지고, 견해가 올곧으며, 법에 대해 흔들리지 않는 깨끗한 믿음을 지니고, 정법에 도달했다고 할 다른 방법이 있습니까?"

난 것의 열 가지 감각접촉을 말하고, 마노의 감각접촉은 나머지 22가지 세간적인 과보로 나타난 감각접촉을 말한다. 눈의 감각장소 등 여섯 가지 감각장소가 일어날 때 이런 여섯 가지 감각접촉이 일어난다고 알아야 한다." (MA.i.221)

여기서 감각접촉(촉)도 앞의 느낌(수)의 경우처럼 과(果)로 이해하고 있는데 이것도 아비담마가 12연기를 인과의 중복된 반복(양중인과, 兩重因果)으로 12연기를 해석하는 것과 밀접한 관계가 있다. 위 느낌(수)의 주해를 참조할 것.

"도반들이여, 있습니다."

49. "도반들이여, 성스러운 제자가 여섯 가지 감각장소[六入][320]를 꿰뚫어 알고, 여섯 가지 감각장소의 일어남을 꿰뚫어 알고, 여섯 가지 감각장소의 소멸을 꿰뚫어 알고, 여섯 가지 감각장소의 소멸로 인도하는 도닦음을 꿰뚫어 알 때, 그는 바른 견해를 가지고, 견해가 올곧으며, 법에 대해 흔들리지 않는 깨끗한 믿음을 지니고, 정법에 도달했다고 합니다."

50. "도반들이여, 그러면 무엇이 여섯 가지 감각장소이고, 무엇이 여섯 가지 감각장소의 일어남이고, 무엇이 여섯 가지 감각장소의 소멸이고, 무엇이 여섯 가지 감각장소의 소멸로 인도하는 도닦음입니까?

도반들이여, 여섯 가지 감각장소[六入]들이 있습니다. 눈의 감각장소, 귀의 감각장소, 코의 감각장소, 혀의 감각장소, 몸의 감각장소, 마노의 감각장소입니다. 정신·물질[名色]이 일어나기 때문에 여섯 가지 감각장소가 일어납니다.[321] 정신·물질이 소멸하기 때문에 여섯

---

320) '감각장소'로 옮긴 'āyatana'는 ā+√yam(*to extend*)나 ā+√yat(*to stretch*)에서 파생된 중성명사이다. 베다 문헌의 제의서(Brāhmaṇa)에도 나타나는 단어로 『사따빠타 브라흐마나』(Satapatha Brāhmaṇa)에 의하면 제사지내는 장소를 āyatana라 부르고 있다. 중국에서는 '이쪽으로 오다'라는 문자적인 의미를 중시하여 '入'으로 번역하기도 하고 또 이 단어가 장소(*base, sphere*)의 의미로 쓰이므로 '處'라고 옮기기도 하였다. 보통 12연기에서는 '入'으로, 12처와 무색계 증득의 4처(공무변처 등)는 '處'로 옮기고 있다. 역자는 감각작용과 관계된 육입이나 12처는 '감각장소'로 옮기고, 4처는 '장소'로 옮기지만 때에 따라서는 '처(處)'로 옮길 때도 있다.
여섯 가지 감각장소[六入/六處, saḷāyatana]는 『상윳따 니까야』 제4권 「감각장소 상윳따」(S35)의 주제이다. 이곳의 주해들과 『상윳따 니까야』 제4권 해제의 해당부분을 참조하기 바란다. 그리고 감각장소에 대한 자세한 설명은 『청정도론』 XIV장과 XV장에 나타나 있다.

가지 감각장소가 소멸합니다. 이 성스러운 팔정도[八支聖道]가 여섯 가지 감각장소의 소멸로 인도하는 도닦음이니, 즉 바른 견해 … 바른 삼매입니다."

51. "도반들이여, 성스러운 제자가 여섯 가지 감각장소를 꿰뚫어 알고, 여섯 가지 감각장소의 일어남을 꿰뚫어 알고, 여섯 가지 감각장소의 소멸을 꿰뚫어 알고, [53] 여섯 가지 감각장소의 소멸로 인도하는 도닦음을 꿰뚫어 알 때, 그는 욕망의 잠재 성향을 완전히 버리고, 적대감의 잠재 성향을 제거하고, '내가 있다.'는 삿된 견해와 비슷한 자만의 잠재 성향을 뿌리 뽑고, 무명을 버리고 명지를 일으켜서 지금·여기에서 괴로움을 끝냅니다. 이렇게 하면 성스러운 제자가 바른 견해를 가지고, 견해가 올곧으며, 법에 대해 흔들리지 않는 깨끗한 믿음을 지니고, 정법에 도달했다고 합니다."

정신·물질[名色]

52. "도반이시여, 참으로 장하십니다."라고 비구들은 사리뿟따 존자의 말을 기뻐하고 감사하며 사리뿟따 존자에게 계속 질문을 하였다.

"도반이시여, 성스러운 제자가 바른 견해를 가지고, 견해가 올곧으며, 법에 대해 흔들리지 않는 깨끗한 믿음을 지니고, 정법에 도달했다고 할 다른 방법이 있습니까?"

"도반들이여, 있습니다."

---

321) "'정신·물질[名色]이 일어나기 때문에 여섯 가지 감각장소가 일어난다(nāmarūpasamudayā saḷāyatanasamudayo).'는 것은 '정신과 물질과 정신·물질이 감각장소의 조건이 된다.'라고 『청정도론』에서 상세하게 설명되어 있다."(MA.i.221)
청정도론 XVII.204 이하를 참조할 것.

53. "도반들이여, 성스러운 제자가 정신 · 물질[名色]을 꿰뚫어 알고, 정신 · 물질의 일어남을 꿰뚫어 알고, 정신 · 물질의 소멸을 꿰뚫어 알고, 정신 · 물질의 소멸로 인도하는 도닦음을 꿰뚫어 알 때, 그는 바른 견해를 가지고, 견해가 올곧으며, 법에 대해 흔들리지 않는 깨끗한 믿음을 지니고, 정법에 도달했다고 합니다."

54. "도반들이여, 그러면 무엇이 정신 · 물질[322]이고, 무엇이 정신 · 물질의 일어남이고, 무엇이 정신 · 물질의 소멸이고, 무엇이 정신 · 물질의 소멸로 인도하는 도닦음입니까?

도반들이여, 느낌, 인식, 의도, 감각접촉, 마음에 잡도리함을 정신[名]이라 하고, 네 가지 근본물질[四大][323]과 그 근본물질에서 파생된 물질들[所造色][324]을 물질[色]이라 합니다. 도반들이여, 이런 정신과

---

322) "정신 · 물질[名色, nāma-rūpa]에서 [대상을 향해] 기우는(namana) 특징을 가지기 때문에 정신이라 하고, 변형되는(ruppana) 특징을 가지기 때문에 물질(rūpa)이라 한다. 이 중에서 느낌은 느낌의 무더기[受蘊]에, 인식은 인식의 무더기[想蘊]에, 의도[思]와 감각접촉[觸]과 마음에 잡도리함[作意]은 심리현상들의 무더기[行蘊]에 속한다. 물론 심리현상들의 무더기에는 다른 법들도 포함되지만, 이 세 가지 법들은 힘이 약한 모든 마음들에도(sabba-dubbalesupi cittesu) 있기 때문에 이들을 심리현상들의 무더기라고 했다." (MA.i.221)

323) '네 가지 근본물질[四大, cattāro mahā-bhūtā]'은 땅의 요소[地界, pathavī-dhātu], 물의 요소[水界, āpo-dhātu], 불의 요소[火界, tejo-dhātu], 바람의 요소[風界, vāyo-dhātu]이다. 이 cattāro mahā-bhūtā는 중국에서 四大로 옮겨져 우리에게 익숙하다. 네 가지 근본물질에 대한 자세한 설명은 『청정도론』 XI.87~93에 나타난다.
물질에 대해서는 『아비담마 길라잡이』 제6장을 참조할 것. 물질은 『청정도론』 XIV.33 이하에 상세하게 설명되어 있다.

324) '파생된 물질[所造色]'은 upādāya rūpa(upādā-rūpa)를 옮긴 것이다. 주석서는 이것을 "여기서는 네 가지 근본물질의 적집(samūha)을 취해서(upādāya) 존재하는 물질이라고 그 뜻을 알아야 한다. 아비담마에서는 눈의 감각장소 등으로 구분하여 모두 23가지라고 알아야 한다."(SA.ii.17)라고

이런 물질을 일러 정신·물질이라 합니다. 알음알이가 일어나기 때문에 정신·물질이 일어납니다. 알음알이가 소멸하기 때문에 정신·물질이 소멸합니다. 이 성스러운 팔정도[八支聖道]가 정신·물질의 소멸로 인도하는 도닦음이니, 즉 바른 견해 … 바른 삼매입니다."

55. "도반들이여, 성스러운 제자가 정신·물질을 꿰뚫어 알고, 정신·물질의 일어남을 꿰뚫어 알고, 정신·물질의 소멸을 꿰뚫어 알고, 정신·물질의 소멸로 인도하는 도닦음을 꿰뚫어 알 때, 그는 욕망의 잠재 성향을 완전히 버리고, 적대감의 잠재 성향을 제거하고, '내가 있다.'는 삿된 견해와 비슷한 자만의 잠재 성향을 뿌리 뽑고, 무명을 버리고 명지를 일으켜서 지금·여기에서 괴로움을 끝냅니다. 이렇게 하면 성스러운 제자가 바른 견해를 가지고, 견해가 올곧으며, 법에 대해 흔들리지 않는 깨끗한 믿음을 지니고, 정법에 도달했다고 합니다."

알음알이[識]

56. "도반이시여, 참으로 장하십니다."라고 비구들은 사리뿟따 존자의 말을 기뻐하고 감사하며 사리뿟따 존자에게 계속 질문을 하였다.

"도반이시여, 성스러운 제자가 바른 견해를 가지고, 견해가 올곧으

설명하고 있다.
아비담마에서는 모두 24가지 파생된 물질을 들고 있는데, 본 주석서는 심장토대(hadaya-vatthu)를 제외한 23가지를 들고 있다. 왜냐하면 아비담마 7론에는 심장토대란 술어가 나타나지 않기 때문이다. 그러나 7론의 마지막인 『빳타나』(Paṭṭhāna, 발취론, 發趣論)에 "그 물질을 의지하여(yaṁ rūpaṁ nissāya)"(Ptn1.7)라고 언급되는 물질을 주석서 문헌에서는 심장토대라고 해석해서(SAṬ.ii.17) 상좌부 아비담마에서는 모두 24가지 파생된 물질을 최종적으로 확립하고 있다.

며, 법에 대해 흔들리지 않는 깨끗한 믿음을 지니고, 정법에 도달했다고 할 다른 방법이 있습니까?"

"도반들이여, 있습니다."

57. "도반들이여, 성스러운 제자가 알음알이[識]를 꿰뚫어 알고, 알음알이의 일어남을 꿰뚫어 알고, 알음알이의 소멸을 꿰뚫어 알고, 알음알이의 소멸로 인도하는 도닦음을 꿰뚫어 알 때, 그는 바른 견해를 가지고, 견해가 올곧으며, 법에 대해 흔들리지 않는 깨끗한 믿음을 지니고, 정법에 도달했다고 합니다."

58. "도반들이여, 그러면 무엇이 알음알이[識]이고, 무엇이 알음알이의 일어남이고, 무엇이 알음알이의 소멸이고, 무엇이 알음알이의 소멸로 인도하는 도닦음입니까?

도반들이여, 여섯 가지 알음알이의 무리가 있습니다. 눈의 알음알이, 귀의 알음알이, 코의 알음알이, 혀의 알음알이, 몸의 알음알이, 마노의 알음알이[意識][325]입니다. 의도적 행위들[行]이 일어나기 때문에 알음알이가 일어납니다. 의도적 행위들이 소멸하기 때문에 알음알이가 소멸합니다. 이 성스러운 팔정도[八支聖道]가 알음알이의 소멸로 인도하는 도닦음이니, 즉 바른 견해 … 바른 삼매입니다."

---

325) "여기서 알음알이는 89가지 마음 중에서 삼계에 속하는 32가지 과보로 나타난 마음이다. '눈의 알음알이[眼識, cakkhu-viññāṇa]'란 눈에서 생긴 알음알이, 혹은 눈으로부터 생긴 알음알이를 말한다. '귀의 알음알이[耳識]' 등도 그와 같다. 그러나 '마노의 알음알이[意識, manoviññāṇa]'는 mano(마음)가 바로 알음알이(viññāṇa)이다. 이것은 쌍으로 된 전오식을 제외한 삼계의 22가지 과보로 나타난 마음을 두고 한 말이다."(MA.i.222)
여기서도 중요한 것은 연기구조에 나타나는 알음알이는 과보로 나타난 마음(vipāka-citta)이라고 주석서는 설명하고 있다는 점이다. 위에서도 말했지만 이것은 아비담마가 12연기를 인과의 중복된 반복(양중인과, 兩重因果)으로 해석하는 것과 밀접한 관계가 있다.

59. "도반들이여, 성스러운 제자가 알음알이[識]를 꿰뚫어 알고, 알음알이의 일어남을 꿰뚫어 알고, 알음알이의 소멸을 꿰뚫어 알고, 알음알이의 소멸로 인도하는 도닦음을 꿰뚫어 알 때, [54] 그는 욕망의 잠재 성향을 완전히 버리고, 적대감의 잠재 성향을 제거하고, '내가 있다.'는 삿된 견해와 비슷한 자만의 잠재 성향을 뿌리 뽑고, 무명을 버리고 명지를 일으켜서 지금 · 여기에서 괴로움을 끝냅니다. 이렇게 하면 성스러운 제자가 바른 견해를 가지고, 견해가 올곧으며, 법에 대해 흔들리지 않는 깨끗한 믿음을 지니고, 정법에 도달했다고 합니다."

의도적 행위[行]

60. "도반이시여, 참으로 장하십니다."라고 비구들은 사리뿟따 존자의 말을 기뻐하고 감사하며 사리뿟따 존자에게 계속 질문을 하였다.

"도반이시여, 성스러운 제자가 바른 견해를 가지고, 견해가 올곧으며, 법에 대해 흔들리지 않는 깨끗한 믿음을 지니고, 정법에 도달했다고 할 다른 방법이 있습니까?"

"도반들이여, 있습니다."

61. "도반들이여, 성스러운 제자가 의도적 행위[行][326]를 꿰뚫어

---

326) '의도적 행위[行]'는 saṅkhāra를 옮긴 것이다. 이 상카라는 중국에서 行으로 정착이 되었지만 다양한 의미를 가진다. 초기불전연구원에서는 문맥에 따라 형성된 것, 심리현상, 의도적 행위, 작용 등으로 크게 네 가지로 구분해서 옮기고 있다. 상카라의 용례와 한글로 옮기는 문제에 대해서는 『상윳따 니까야』 제2권 「분석 경」(S12:2) §14의 주해와 『초기불교 이해』 127쪽 이하를 참조할 것.
아래 주석서의 인용을 보면 알듯이 12연기에 나타나는 상카라는 의도적 행위를 뜻한다. 그래서 여기서는 이 상카라를 의도적 행위[行]로 옮기고 있음을 밝힌다.

알고, 의도적 행위의 일어남을 꿰뚫어 알고, 의도적 행위의 소멸을 꿰뚫어 알고, 의도적 행위의 소멸로 인도하는 도닦음을 꿰뚫어 알 때, 그는 바른 견해를 가지고, 견해가 올곧으며, 법에 대해 흔들리지 않는 깨끗한 믿음을 지니고, 정법에 도달했다고 합니다."

62. "도반들이여, 그러면 무엇이 의도적 행위[行]이고, 무엇이 의도적 행위의 일어남이고, 무엇이 의도적 행위의 소멸이고, 무엇이 의도적 행위의 소멸로 인도하는 도닦음입니까?

도반들이여, 세 가지 의도적 행위들이 있습니다. 몸의 의도적 행위[身行]와 말의 의도적 행위[口行]와 마음의 의도적 행위[心行]입니다.327) 무명이 일어나기 때문에 의도적 행위[行]가 일어납니다. 무명이 소멸하기 때문에 의도적 행위가 소멸합니다. 이 성스러운 팔정도[八支聖道]가 의도적 행위의 소멸로 인도하는 도닦음이니, 즉 바른 견

---

327) "업을 형성하는 특징을 가진 것(abhisaṅkharaṇa-lakkhaṇa)이 상카라[行, 의도적 행위]이다.
상세하게 설하면, 몸에서 일어난 의도적 행위들을 '몸의 의도적 행위[身行, kāya-saṅkhāra]'라 한다. 몸의 문에서 몸의 암시라 불리는 움직임으로 일어난 욕계의 큰 유익한 마음 여덟 가지와 해로운 마음 열두 가지인 스무 가지 몸의 의도들(kāya-sañcetanā)을 말한다.
'말의 의도적 행위[口行, vacī-saṅkhāra]'란 말의 문에서 말을 내뱉음으로써 생긴, [즉 말의 암시(vacī-viññatti, 『아비담마 길라잡이』 제6장 §4의 [해설] 9 참조)에서 생긴] 20가지 말의 의도들을 말한다.
마음에서 생긴 의도적 행위들을 '마음의 의도적 행위[心行, citta-saṅkhāra]'라 한다. 몸과 말의 문에서 움직임을 짓지 않고, 조용히 생각하면서 일어난 세간적인 유익한 마음과 해로운 마음의 29가지 마음의 의도들을 말한다. [즉 이 상카라는 업을 짓는 마음이기 때문에 욕계 속행(자와나)의 29가지 마음을 두고 한 말이다.]"(MA.i.222~223).
주석서는 이 상카라(행)를 몸의 의도(sañcetanā)와 말의 의도와 마음의 의도만으로 설명하고 있다. 의도는 업과 동의어이며 이것은 인(因)에 속한다. 그러므로 이것도 아비담마가 12연기를 인과의 중복된 반복[兩重因果, 양중인과]으로 12연기를 해석하는 것과 밀접한 관계가 있다. 그래서 여기서도 상카라를 의도적 행위로 옮기고 있다.

해 … 바른 삼매입니다.”

63. “도반들이여, 성스러운 제자가 의도적 행위[行]를 꿰뚫어 알고, 의도적 행위의 일어남을 꿰뚫어 알고, 의도적 행위의 소멸을 꿰뚫어 알고, 의도적 행위의 소멸로 인도하는 도닦음을 꿰뚫어 알 때, 그는 욕망의 잠재 성향을 완전히 버리고, 적대감의 잠재 성향을 제거하고, ‘내가 있다.’는 삿된 견해와 비슷한 자만의 잠재 성향을 뿌리뽑고, 무명을 버리고 명지를 일으켜서 지금·여기에서 괴로움을 끝냅니다. 이렇게 하면 성스러운 제자가 바른 견해를 가지고, 견해가 올곧으며, 법에 대해 흔들리지 않는 깨끗한 믿음을 지니고, 정법에 도달했다고 합니다.”

무명(無明)

64. “도반이시여, 참으로 장하십니다.”라고 비구들은 사리뿟따 존자의 말을 기뻐하고 감사하며 사리뿟따 존자에게 계속 질문을 하였다.

“도반이시여, 성스러운 제자가 바른 견해를 가지고, 견해가 올곧으며, 법에 대해 흔들리지 않는 깨끗한 믿음을 지니고, 정법에 도달했다고 할 다른 방법이 있습니까?”

“도반들이여, 있습니다.”

65. “도반들이여, 성스러운 제자가 무명(無明)을 꿰뚫어 알고, 무명의 일어남을 꿰뚫어 알고, 무명의 소멸을 꿰뚫어 알고, 무명의 소멸로 인도하는 도닦음을 꿰뚫어 알 때, 그는 바른 견해를 가지고, 견해가 올곧으며, 법에 대해 흔들리지 않는 깨끗한 믿음을 지니고, 정법에 도달했다고 합니다.”

66. "도반들이여, 그러면 무엇이 무명이고, 무엇이 무명의 일어남이고, 무엇이 무명의 소멸이고, 무엇이 무명의 소멸로 인도하는 도닦음입니까?

도반들이여, 괴로움에 대해서 알지 못하고,[328] 괴로움의 일어남에 대해서 알지 못하며, 괴로움의 소멸에 대해서 알지 못하고, 괴로움의 소멸로 인도하는 도닦음에 대해서 알지 못하는 것을 일러 무명이라 합니다. 번뇌[漏][329]가 일어나기 때문에 무명이 일어납니다.[330] 번뇌

---

328) "'괴로움에 대해 알지 못한다(dukkhe aññāṇaṁ).'는 것은 괴로움의 진리[苦諦, dukkha-sacca]에 대해 알지 못한다는 말이다. 이것은 어리석음(moha)을 두고 한 말이다."(MA.i.223)

329) '번뇌[漏]'로 옮긴 아사와(āsava)는 ā(향하여)+√sru(*to flow*)에서 파생된 남성명사이다. 흐르는 것이라는 문자적인 뜻에서 원래는 종기에서 흘러나오는 고름이나 오랫동안 발효된 술을 뜻했다고 주석가들은 말한 다. 이것이 우리 마음의 해로운 상태를 나타내는 말로 정착이 된 것이며 중국에서는 번뇌(煩惱)라고 옮겼다. 이런 마음상태들을 아사와(āsava, 흘러나오는 것)라고 부르는 이유는 이것도 흘러나오는 고름이나 악취 나는 술과 같기 때문이다. 주석가들은 불교식으로 해석하여 이것을 아사와(흘러나오는 것)라 부르는 이유는 이것이 존재하는 것으로는 최고로 높은 세상까지 흘러가고 법(현상)으로는 고뜨라부(種姓, 『아비담마 길라잡이』 9장 §34를 참조)의 영역에까지 흘러들기 때문이라고 설명한다.
주석서는 다음과 같이 번뇌를 설명한다.
"오랫동안 격리되었다(pārivāsiya)는 뜻에서, 혹은 흐른다(āsavana)는 뜻에서 번뇌[漏]이다. '비구들이여, 그 이전에는 없었고 그 이후에 생겼다라고 하는 무명의 첫 시작(koṭi)은 꿰뚫어 알아지지 않는다.'(A.v.113) 혹은 '비구들이여, 존재에 대한 갈애와 존재에 대한 사견 이전의 첫 시작은 알아지지 않는다. 그 이전에는 존재에 대한 갈애가 없었고 그 이후에 존재에 대한 갈애가 생겼다.'라고 이렇게 오랫동안 격리되었다는 뜻에서 번뇌라 한다고 알아야 한다. '눈으로부터 형색으로 흐른다, 흘러간다, 굴러간다, 귀로부터 소리로 … 마노로부터 법으로 흐른다, 흘러간다, 굴러간다고 해서 흐른다는 뜻에서 번뇌[漏]이다."(DA.iii.988~89)
한편 경에서 번뇌는 본경에서처럼 감각적 욕망의 번뇌, 존재의 번뇌, 무명의 번뇌의 셋으로 나타난다.(「합송경」(D33 §1.10 (20)), 「모든 번뇌 경」(M2 §6), 「띠깐나 경」(A3:58), 「번뇌 경」(S38:8) 등등) 한편 아비담마에서는 여기에다 사견의 번뇌를 더하여 네 가지 번뇌로 정착이 되었다.(Dhs.

가 소멸하기 때문에 무명이 소멸합니다. 이 성스러운 팔정도[八支聖道]가 무명의 소멸로 인도하는 도닦음이니, 즉 바른 견해 … 바른 삼매입니다."

67. "도반들이여, 성스러운 제자가 무명(無明)을 꿰뚫어 알고, 무명의 일어남을 꿰뚫어 알고, 무명의 소멸을 꿰뚫어 알고, 무명의 소멸로 인도하는 도닦음을 꿰뚫어 알 때, 그는 욕망의 잠재 성향을 완전히 버리고, 적대감의 잠재 성향을 제거하고, '내가 있다.'는 삿된 견해와 비슷한 자만의 잠재 성향을 뿌리 뽑고, 무명을 버리고 명지를 일으켜서 지금 · 여기에서 괴로움을 끝냅니다. 이렇게 하면 성스러운 제자가 바른 견해를 가지고, 견해가 올곧으며, 법에 대해 흔들리지 않는 깨끗한 믿음을 지니고, 정법에 도달했다고 합니다."

---

195 {1096})

330) "여기서 감각적 욕망의 번뇌와 존재의 번뇌는 함께 생긴 조건(sahajāta-paccaya) 등으로 무명에게 조건이 된다. 그러나 무명의 번뇌는 오로지 강하게 의지하는 조건(upanissaya-paccaya)으로 무명에게 조건이 된다. 이전 [생]에 일어난(pubb-uppannā) 무명이 무명의 번뇌이다. 이것이 다음 [생]에 계속해서 일어나는(apara-apar-uppanna) 무명에게 강하게 의지하는 조건으로 조건이 된다."(MA.i.223~224)
이처럼 어느 한 생의 무명은 그 전생의 무명을 조건으로 하여 일어나고 그 전생의 무명은 또 그 이전 생의 무명을 조건으로 하여 일어난다. 그래서 본 경 §70에 해당하는 주석서는 "이처럼 무명의 첫 시작점(pubba-koṭi)이 알려지지 않는다. 그것이 알려지지 않기 때문에 윤회는 그 시작이 없다는 것이 증명되었다."라고 설명하고 있다.
한편 '번뇌[漏]가 일어나기 때문에 무명이 일어난다(āsavasamudayā avijjā-samudayo).'는 이 가르침은 『청정도론』 XVII.36에서 '무명도 상카 학파에서 주장하는 쁘라끄르띠처럼 윤회의 근본원인(mūla-kāraṇa)이 되는 것인가'라는 의문을 해소시키는 경전적 근거로 인용되고 있다. 무명은 윤회를 설명할 때 출발점(sīsa-bhāva)이 되는 것일 뿐 이것이 근본원인은 아니며, 무명은 이처럼 번뇌를 조건으로 생기는 조건발생이라는 것이다.

번뇌

68. "도반이시여, 참으로 장하십니다."라고 비구들은 사리뿟따 존자의 말을 기뻐하고 감사하며 사리뿟따 존자에게 계속 질문을 하였다.

"도반이시여, [55] 성스러운 제자가 바른 견해를 가지고, 견해가 올곧으며, 법에 대해 흔들리지 않는 깨끗한 믿음을 지니고, 정법에 도달했다고 할 다른 방법이 있습니까?"

"도반들이여, 있습니다."

69. "도반들이여, 성스러운 제자가 번뇌[漏]를 꿰뚫어 알고, 번뇌의 일어남을 꿰뚫어 알고, 번뇌의 소멸을 꿰뚫어 알고, 번뇌의 소멸로 인도하는 도닦음을 꿰뚫어 알 때, 그는 바른 견해를 가지고, 견해가 올곧으며, 법에 대해 흔들리지 않는 깨끗한 믿음을 지니고, 정법에 도달했다고 합니다."

70. "도반들이여, 그러면 무엇이 번뇌이고, 무엇이 번뇌의 일어남이고, 무엇이 번뇌의 소멸이고, 무엇이 번뇌의 소멸로 인도하는 도닦음입니까?

도반들이여, 세 가지 번뇌들이 있습니다. 감각적 욕망의 번뇌[欲漏]와 존재의 번뇌[有漏]와 무명의 번뇌[無明漏]입니다. 무명이 일어나기 때문에 번뇌가 일어납니다.[331] 무명이 소멸하기 때문에 번뇌가 소멸

331) "여기서 무명은 감각적 욕망의 번뇌와 존재의 번뇌에게는 함께 생긴 조건 등으로 조건이 되고, 무명의 번뇌에게는 오로지 강하게 의지하는 조건으로 조건이 된다. 다음에 계속해서 일어나는 무명이 여기서 무명의 번뇌이다. 이전 [생]에 일어난 무명이 다음 [생]에 계속해서 일어나는 무명의 번뇌에게 강하게 의지하는 조건으로 조건이 된다."(MA.i.224)
함께 생긴 조건(sahajātapaccaya, 俱生緣)과 강하게 의지하는 조건(upani-ssaya-paccaya, 親依止緣)에 대해서는 『아비담마 길라잡이』 제8장 §11

합니다. 이 성스러운 팔정도[八支聖道]가 번뇌의 소멸로 인도하는 도닦음이니, 즉 바른 견해 … 바른 삼매입니다."332)

71. "도반들이여, 성스러운 제자가 번뇌[漏]를 꿰뚫어 알고, 번뇌의 일어남을 꿰뚫어 알고, 번뇌의 소멸을 꿰뚫어 알고, 번뇌의 소멸로 인도하는 도닦음을 꿰뚫어 알 때, 그는 욕망의 잠재 성향을 완전히 버리고, 적대감의 잠재 성향을 제거하고, '내가 있다.'는 삿된 견해와 비슷한 자만의 잠재 성향을 뿌리 뽑고, 무명을 버리고 명지를 일으켜서 지금 · 여기에서 괴로움을 끝냅니다. 이렇게 하면 성스러운 제자가 바른 견해를 가지고, 견해가 올곧으며, 법에 대해 흔들리지 않는 깨끗한 믿음을 지니고, 정법에 도달했다고 합니다."

사리뿟따 존자는 이와 같이 설했다. 그 비구들은 흡족한 마음으로 사리뿟따 존자의 설법을 크게 기뻐했다.

바른 견해 경(M9)이 끝났다.

이하의 해당부분을 참조할 것.

332) "이 번뇌의 부분은 연기의 가르침에서 맨 처음(jeṭṭhikā)인 무명도 조건[緣, paccaya]이 있음을 밝히고 있다. 따라서 윤회(saṁsāra)는 그 시작이 없다는 것(anamataggatā)이 증명되었다(sādhitā). 어떻게? 번뇌가 일어남으로 무명이 일어난다. 무명이 일어남으로도 번뇌가 일어난다. 이와 같이 번뇌가 무명의 조건이 되고, 무명도 번뇌의 조건이 되어 무명의 첫 시작점(pubba-koṭi)이 알려지지 않는다. 그것이 알려지지 않기 때문에 윤회는 그 시작이 없다는 것이 증명되었다.
이와 같이 본경에서는 열 가지 업의 길, 음식, 괴로움, 늙음 · 죽음, 태어남, 존재, 취착, 갈애, 느낌, 감각접촉, 감각장소, 정신 · 물질, 알음알이, 의도적 행위, 무명, 번뇌의 열여섯 부분을 다루었다."(MA.i.224)

마음챙김[333]의 확립 경[334]

Satipaṭṭhāna Sutta(M10)

---

333) '마음챙김'은 sati를 옮긴 것이다. sati(Sk. smṛti)는 √smṛ(*to remember*)에서 파생된 명사이며 중국에서는 念(염)으로 옮겼다. 왜 sati를 마음챙김으로 옮겼는가에 대해서는 『초기불교 이해』 283쪽을 참조하기 바란다.

334) 초기경들 가운데서 실참수행법을 설한 대표적인 경을 들라면 본경과 본서 제4권 「들숨날숨에 마음챙기는 경」(Ānapānasati Sutta, M118)과 「몸에 마음챙기는 경」(Kayagatasati Sutta, M119)의 셋을 들 수 있다. 그중에서 본경은 초기불교 수행법을 몸[身]·느낌[受]· 마음[心]· 법(法)의 네 가지 주제 하에 집대성한 경으로 초기 수행법에 관한한 가장 중요한 경이며, 그런 만큼 가장 유명한 경이기도 하다. 마음챙김으로 대표되는 초기불교 수행법은 이 경을 토대로 지금까지 전승되어오고 있다.
이런 중요성 때문인지 본경은 『디가 니까야』 제2권에도 「대념처경」(D22)이라는 제목으로도 포함되어있다. 이 두 경의 차이점이라면 「대념처경」에서는 네 가지 성스러운 진리[四聖諦]의 구분을 상세하게 설명하지만 본경에서는 간략하게 나타나는 것만 다를 뿐이다.(Be와 Te에 의하면 이 두 경은 완전히 같은 것으로 편집되어 있다.) 남방의 수행법으로 알려진 위빳사나 수행법은 모두 이 경을 토대로 하여 가르쳐지고 있다 해도 과언이 아니다. 본경은 『중아함』의 98번째인 「염처경」(念處經)으로 중국에 소개되었다.
한편 본경에 실린 주해들은 초기불전연구원에서 출간한 『디가 니까야』 제3권 「대념처경」(D22)의 주해들과, 『네 가지 마음챙기는 공부 — 대념처경과 그 주석서』로 번역 출간한 「대념처경」에 대한 주석서의 내용을 대부분 그대로 가져온 것이다. 다만 본경이 『맛지마 니까야』의 「염처경」(M10)이기 때문에 주석서의 출처를 역자가 모두 『맛지마 니까야 주석서』의 해당 페이지로 대체해서 제시하고 있는 것만이 다르다는 것을 밝힌다.
한편 '염처(念處)'는 sati-paṭṭhāna를 옮긴 것인데 한글로는 '마음챙김의 확립'으로 옮겨진다. 마음챙김의 확립[念處, satipaṭṭhāna]의 의미에 대해서는 아래 본경 §2의 해당 주해를 참조하기 바란다.

서언

1. 이와 같이 나는 들었다. 한때 세존께서는 꾸루335)의 깜맛사담마라는 꾸루들의 성읍336)에 머무셨다. 거기서 세존께서는 "비구들이여."라고 비구들을 부르셨다. "세존이시여."라고 비구들은 세존께 응답했다. 세존께서는 이렇게 말씀하셨다.337)

2. "비구들이여, 이 길338)은 중생들을 청정하게 하고,339) [56]

---

335) 꾸루(Kuru)는 인도 16국 가운데 하나였는데 지금의 델리 근처 지역이다. 지역으로 언급할 때는 거의 꾸루빤짤라(Kuru-Pañcāla)로 나타나는데 지금 인도의 델리, 하랴나, 펀잡, 히마찰쁘라데쉬 지역이 꾸루빤짤라에 해당한다. 『자따까』 등에 의하면 이 지역은 상업과 학문이 번창하던 곳이다.(J.ii.214)

336) '성읍(城邑)'으로 옮긴 원어는 nigama이다. 초기경들에 거주 지역을 나타내는 용어가 몇 가지 있다. 가장 작은 단위가 gāma인데 우리의 마을이나 부락에 해당되는 개념이다. 본서에서는 모두 '마을'로 옮겼다. 그 다음으로 큰 단위가 바로 이 nigama인데 모두 '성읍'으로 옮기고 있다. 영어로는 주로 *market-town*으로 옮기고 있다. 이보다 더 큰 단위가 nagara인데 우리의 도시에 해당하며, 본서에서는 '도시' 혹은 '시'로 옮기고 있다. 이보다 더 큰 단위는 janapada인데 '지역'이나 '지방'을 뜻한다. 이보다 더 큰 raṭṭha가 있는데 '왕국'을 뜻한다. 그리고 '수도'를 뜻하는 rājadhāni도 나타나고 있다.

337) 세존께서는 무슨 이유로 이 경을 여기서 설하셨는가? 꾸루(Kuru) 지방 주민들은 심오한 가르침을 이해하는 능력을 갖추었기 때문이다. 꾸루 지방의 비구와 비구니, 청신사와 청신녀들은 아주 좋은 기후 등의 조건을 갖추었다고 한다. 적당한 기후 조건, 음식 등으로 인해 그곳 사람들은 몸과 마음이 항상 건전했다. 그들은 몸과 마음이 건전하고 통찰지(慧, 반야)의 힘을 갖추었기 때문에 심오한 법문을 파악할 능력이 있었다. 세존께서는 그들이 심오한 법문을 파악할 능력을 가졌음을 보시고 21가지 경우로 사성제의 명상주제를 아라한과에 담아서 이 심오한 법문인 「염처경」을 설하셨다. 마치 사람이 황금으로 만든 함을 얻으면 칠보를 담아두는 것처럼 세존께서도 꾸루 지방 사람들을 만나 이 심오한 가르침을 설하셨다고 한다.(MA.i.227~228)

338) "길(magga)이라는 것은 어떤 뜻에서 길인가? 열반으로 간다(nibbāna-gamana)는 뜻에서, 열반을 원하는 자들이 가야 한다(magganīya)는 뜻에서 [길이다]."(MA.i.231)

근심과 탄식을 다 건너게 하고, 육체적 고통과 정신적 고통을 사라지게 하고, 옳은 방법을 얻게 하고,340) 열반을 실현하게 하는341) 유일한 길342)이니,343) 그것은 곧 네 가지 마음챙김의 확립[四念處]344)이다."

339) "'중생들을 청정하게 하고(sattānaṁ visuddhiyā)'라는 것은 이 길은 애욕(rāga) 등의 더러움과 욕심(abhijjhā)이라는 그릇된 탐욕 등의 오염원(kilesa)들로 인해 오염된 마음을 가진 중생들을 청정하게 하기 위한 것이라는 말이다."(MA.i.231)

340) "'옳은 방법을 얻게 한다(ñāyassa adhigamāya).'는 것에서 옳은 방법이란 이 성스러운 팔정도[八支聖道]를 말한다. 이 길은 그것을 얻게 한다, 증득하게 한다는 말이다. 예비단계에서 세간적인 마음챙김의 확립인 도를 닦으면 출세간도의 증득으로 인도한다. 그래서 '옳은 방법을 얻게 하고'라고 말씀하셨다."(MA.i.236)

341) "'열반을 실현하게 한다(nibbānassa sacchikiriyāya).'라는 것은 갈애라는 욕망(vāna)이 없기(virahita) 때문에 열반(nirvāna)이라는 이름을 얻은 불사(不死)를 실현하게 한다. 그것을 자신의 눈앞에 현전하게 한다는 말이다. 이 도를 닦으면 순차적으로 열반을 실현한다. 그래서 '열반을 실현하게 한다.'라고 말씀하셨다."(MA.i.236)

342) "ekāyana(유일한 길)는 ekamagga(유일한 길)를 말한다. 'Magga(길)'는 빤타(pantha), 빠타(patha), 빳자(pajja), 안자사(añjasa) 등 여러 가지 이름이 있는데, 여기서는 아야나(āyana)라는 이름으로 말했다. '유일한 길(ekāyana)'의 의미를 다섯 가지로 설명한다.
(1) '비구들이여, 이 길은 유일한 길이어서'라고 설한 것은 이 길은 오직 한 갈래 길이어서 두 갈래 길로 갈라지지 않았다(na dvedhāpathabhūta).'는 뜻이다.
(2) 혹은 혼자서 가야 하기(ekena ayitabbo) 때문에 '유일한 길(ekāyana)'이다. '혼자서'라는 것은 무리(gaṇa) 짓는 것을 버리고 한거하는 자가 가야 한다는 말이며, '가야 한다(ayitabbo).'라는 것은 '도를 닦아야 한다.'는 말이다. 혹은 그 길을 가기(ayanti) 때문에 '아야나(길)'이다. 윤회에서 열반으로 간다는 뜻이다.
(3) 한 사람의(ekassa) 길이 '유일한 길'이다. '한 사람의'라는 것은 '최고로 수승한 분의'라는 말로, 모든 존재들 가운데 최고로 수승하신 세존이시다. 그러므로 '세존의 [길]'이라는 말이다. 비록 다른 사람들이 이 [길을] 간다 하더라도 이것은 세존의 길이다. 그분께서 일으키셨기 때문이다. 그래서 "바라문이여, 그분 세존께서는 아직 일어나지 않은 도를 일어나게 하셨습니다."(M108/iii.8)라는 말씀이 있다.

(4) 혹은 '간다'고 해서 '길'이다. '가다, 나아가다'라는 뜻이다. 한 곳에 있는 길(ekasmin ayano)이라고 해서 '유일한 길'이다. '오로지 이 법과 율에만 있고, 다른 곳에는 없다.'는 말이다. 그래서 "수밧다여, 참으로 이 법과 율에서 이 성스러운 팔정도[八支聖道]를 얻게 된다."(D16/ii.151)라는 말씀이 있다. 이것은 설법의 방법만 다를 뿐 뜻으로는 같다.
(5) 하나를 향해서 가기 때문에(ekaṁ ayati) '유일한 길'이다. 예비 단계에서는 여러 가지 수행 방법이 있다 하더라도 결국은 하나인 열반으로 간다라는 말이다."(MA.i.229~230)

343) 본 문장의 핵심은 '이 길은 유일한 길이다.'이다. 이것은 빠알리어로 'ekāyano(유일한 길) ayaṁ(이) maggo(길)'이고 여기서 대명사 ayaṁ을 빼면 ekāyano maggo가 된다. 여기서 ekāyana는 eka+ayana로 분석이 되는데 ayana는 √i(*to go*)에서 파생된 중성명사로 '감, 길'을 뜻한다. 이 ayana와 후대 중국에서 대승과 소승으로 옮긴 mahā-yāna나 hina-yāna의 yāna와 혼동하면 안된다. 이 yāna는 √yā(*to go*)에서 파생된 중성명사로 주로 '이동수단, 탈 것' 등을 뜻한다.
그런데 이 ekāyano maggo라는 표현은 본서 「사자후의 긴 경」(M12) §§37~42의 비유들에서도 ekāyanena maggena라고 나타난다. 거기서 역자는 문맥에 따라 이것을 '외길'로 옮겼고 냐나몰리 스님은 '*a path going in one way only*'로 옮겼다. 이를 토대로 하여 냐나몰리 스님은 본경의 ekāyano maggo를 '*the direct path*'로 옮겼는데 여기에 대한 논의는 냐나몰리 스님/보디 스님, 1188쪽 135번 주해를 참조할 것. 그리고 『상윳따 니까야』 제5권 「암바빨리 경」(S47:1) §3의 주해도 참조할 것.

344) '네 가지'라고 한 것은 이보다 많지도 적지도 않은 마음챙김의 길[道]의 숫자를 한정짓는 말이다. satipaṭṭhāna는 sati + paṭṭhāna의 합성어인데, 첫 번째 단어인 sati는 마음챙김을 뜻한다. 주석서에 따르면 두 번째 단어인 paṭṭhāna의 해석에 따라 세 가지로 설명할 수 있다. 첫 번째는 영역(gocaro)의 뜻이고, 두 번째는 확립시켜야 한다(paṭṭhapetabbato)는 뜻이고, 세 번째는 확립하다(upaṭṭhāti)는 뜻으로 sati가 바로 sati-paṭṭhāna라고 설명한다. 주석서를 옮겨보면 다음과 같다.
"첫 번째는 마음챙김의 영역(satigocara)도 satipaṭṭhāna라 하고, 두 번째는 도를 닦는 세 부류의 제자들에 대해서 스승이 적의와 찬사를 초월한 상태(paṭipannesu sāvakesu satthuno paṭighānunaya-vītivattatā)도 satipaṭṭhāna라 하고, 세 번째는 마음챙김(sati)도 satipaṭṭhāna라 한다.
① "비구들이여, 네 가지 마음챙김의 영역의 일어남과 멸함을 설하리라. 그것을 들어라. … 비구들이여, 무엇이 몸의 일어남인가? 음식이 일어나므로 몸이 일어난다."(S.v.184)라는 등에서는 마음챙김의 영역을 satipaṭṭhāna라 한다. "몸은 영역이고, 마음챙김이 아니다. 마음챙김은 영역이면서 마음

챙김이기도 하다."(Ps.ii.232)라는 등에서도 마찬가지다. 이곳에 머물기 때문에 영역(paṭṭhāna)이라는 뜻이다. 무엇이 머무는가? 마음챙김(sati)이다. 마음챙김의 영역이 satipaṭṭhāna이다. 혹은 중요한 장소(padhānaṭṭhāna)라고 해서 paṭṭhāna이다. 마음챙김의 중요한 장소가 satipaṭṭhāna이다.
② "성자가 닦는 세 가지 마음챙김의 확립이 있으니, 성자는 이것을 닦아 스승이 되어서 무리를 지도할 수 있게 된다."(본서 제4권 「여섯 감각장소의 분석 경」 M137/iii.216)라는 구절에는 도를 닦는 세 부류의 제자들에 대해서 스승이 적의와 찬사를 초월한 상태를 satipaṭṭhāna라 한다. 확립시켜야 한다(paṭṭhapetabbato)라고 해서 확립이다. 일으켜야 한다는 뜻이다. 무엇으로 확립시켜야 하는가? 마음챙김으로 확립시켜야 한다. 마음챙김으로 확립시켜야 하기 때문에 satipaṭṭhāna이다.
③ "네 가지 마음챙김을 닦고 많이 [공부] 지으면 일곱 가지 깨달음의 구성요소(七覺支)들을 성취한다."(본서 제4권 「출입식념경」 M118/iii.82)라는 등에서는 마음챙김이 바로 satipaṭṭhāna라고 말했다. 확고하게 머문다(patiṭṭhāti)라고 해서 paṭṭhāna이다. 확립한다(upaṭṭhāti), [대상에] 들어가서, 깊이 들어가서 머문다는 뜻이다. 마음챙김이 바로 satipaṭṭhāna이다. 혹은 [대상을] 기억(saraṇa)한다는 뜻에서 마음챙김이고, 확립한다는 뜻에서 확립이다. 이처럼 마음챙김이 바로 확립이다. 그래서 satipaṭṭhāna이다. 여기서 원하는 것은 이 세 번째 뜻이다.
만약 satipaṭṭhāna가 이런 뜻이라면 왜 원문에서 단수가 아닌 복수를 사용하여 satipaṭṭhānā(마음챙김의 확립들)라고 했는가? 마음챙김이 여러 가지이기 때문이다. 대상이 다르기 때문에 이 마음챙김은 여러 가지이다. 그러면 '이 길은'에서 길(magga)은 왜 단수인가? '길'이라는 뜻에서 하나이기 때문이다. 이 네 가지 마음챙김도 길이라는 뜻에서는 하나이다.
그러면 왜 세존께서는 많지도 적지도 않게 오로지 네 가지 마음챙김의 확립을 설하셨는가?
(1) 제도될 사람들의 이익을 위해서이다. [세존께서는] ① 갈애의 기질을 가진 자 ② 사견의 기질을 가진 자 ③ 사마타를 닦는 자 ④ 위빳사나를 닦는 자 등 제도될 사람들에 대해 둔하고 예리함을 기준으로 두 부류씩 나누셨다.
① 갈애의 기질을 가진 둔한 자에게는 조대(粗大)한 몸(身)을 관찰하는 마음챙김의 확립이, 예리한 자에게는 미세한 느낌(受)을 관찰하는 마음챙김의 확립이 청정에 이르는 길(visuddhi-magga)이라고 설하셨다.
② 사견의 기질을 가진 둔한 자에게는 지나치게 세분되지 않은 마음(心)을 관찰하는 마음챙김의 확립이, 예리한 자에게는 아주 세분된 법(法)을 관찰하는 마음챙김의 확립이 청정에 이르는 길이라고 하셨다.
③ 사마타의 길을 가는 둔한 자에게는 별 어려움 없이 표상을 얻는 첫 번째인 [몸을] 관찰하는 마음챙김의 확립이, 예리한 자에게는 거친 대상에 머무르지 않기 때문에 두 번째인 [느낌을] 관찰하는 마음챙김의 확립이 청정에

3. "무엇이 네 가지인가? 비구들이여, 여기 비구는345) 몸에서346) 몸을 관찰하며[身隨觀]347) 머문다. 세상에 대한348) 욕심과 싫

이르는 길이라고 하셨다.
④ 위빳사나의 길을 가는 자도 둔한 자에게는 지나치게 세분되지 않은 대상인 세 번째인 [마음을] 관찰하는 마음챙김의 확립이, 예리한 자에게는 아주 세분된 대상인 네 번째인 [법을 관찰하는 마음챙김의 확립이 청정에 이르는 길이라고 설하셨다]. 이처럼 많지도 적지도 않게 네 가지만을 설하셨다.
(2) 혹은 깨끗하고[淨] 즐겁고[樂] 항상하고[常] 자아[我]라는 전도된 인식을 제거하기 위해서 [네 가지로 설하셨다]. 몸은 부정(不淨)하다. 그러나 중생들은 그 몸에 대해서 깨끗하다는 전도된 인식으로 헤맨다. 그들에게 그것에 대한 부정함을 보여주어 그 전도된 인식을 버리게 하기 위해서 첫 번째인 몸에 대한 마음챙김의 확립을 설하셨다. 비록 느낌과 마음과 법에 대해 즐겁고 항상하고 자아라고 움켜쥐더라도 느낌은 괴로움이고 마음은 무상하고 법들은 무아이다. 그러나 중생들은 이들에 대해서 즐겁고 항상하고 자아라는 전도된 인식으로 헤맨다. 그들에게 괴로움 등의 상태를 보여줌으로써 그 전도된 인식을 버리게 하기 위해서 나머지 세 가지를 설하셨다.
이와 같이 깨끗하고 즐겁고 항상하고 자아라는 전도된 인식을 제거하기 위해서 많지도 적지도 않게 네 가지만을 설하셨다고 알아야 한다."(MA.i.237~239)

345) "'여기'라는 것은 '이 교법에서'라는 말이다. '비구'라는 것은 도닦음(paṭipatti)을 성취할 사람을 나타내는 술어이다. 물론 신들이나 인간들도 도를 이룰 수 있지만 도를 닦는 데에는 비구의 신분이 가장 수승하다고 보기 때문에 '비구'라고 말씀하신 것이다. 세존의 교계를 받아들임에 있어서 비구들이 최상이니 모든 형태의 교계를 받아들일 그릇이 되기 때문이다. 그러므로 비구가 수승하다고 했다. 마치 '왕이 간다.'라고 말을 하면 다른 수행원들도 함께 포함되듯이, '비구'라는 말에 다른 수행자들도 포함된다. '이 도닦음을 닦는 자는 누구나 비구라고 이름한다.'라는 것은 도닦음을 통해서도 비구의 신분임을 보기 때문에 '비구'라고 말씀하셨다. 도를 닦는 자는 신이든 인간이든 모두 비구라는 명칭을 가지기 때문이다."(MA.i.241)

346) "'몸에서(kāye)'라는 것은 '물질의 몸에서(rūpakāya)'라는 뜻이다. 여기서 물질의 몸(rūpakāya)은 신체의 사지와 머리털, 몸털 등 법들의 집합(samūha)이라는 뜻에서 '까야(kāya, 몸)'라고 한다. 마치 코끼리 떼(hatthi-kāya)나 마차의 무리(rathakāya) 등에서도 [까야라는 단어가 사용되는] 것처럼. 하찮고(kucchita) 몹시 혐오스러운 것들의 장소(āya)이기 때문에 몸(kāya)이라 한다. āya는 일어나는 장소를 말한다. 문자적인 뜻은 다음과 같다. 그곳으로부터 온다(āyanti tato)고 해서 āya이다. 그러면 무엇이 오는가? 하

찮은 머리털 등이다. 이와 같이 하찮은 것들의 출생지이기 때문에 몸이라 한다."(MA.i.241)

347) "'몸에서'라고 말하고 나서 다시 '몸을 관찰하며'라고 몸[이라는 단어]를 취한 것은 (1) [대상이] 섞이지 않도록 확정짓는 것과 (2) 단단한 덩어리를 분해하는 것 등을 보이기 위한 것이라고 알아야 한다.

[첫째, 대상이 섞이지 않도록 확정짓는 것이란] 몸에서 느낌(受)이나 마음(心)이나 법(法)을 관찰하는 것이 아니라 오직 몸만을 관찰한다. 그러므로 몸이라는 대상에서 오직 몸을 관찰하는 형태를 보여주어 [대상이] 섞이지 않도록 확정 짓는 것을 보이셨다.

[둘째, 단단한 덩어리를 분해하는 것이란] 그와 마찬가지로 몸에서 사지나 부분을 떠나 어떤 하나의 법도 관찰하지 않는다. 또한 머리털·몸털 등을 떠나서 여자와 남자로도 관찰하지 않는다. 여기 머리털·몸털 등 사대(四大)와 사대에서 파생된 물질의 덩어리라 불리는 몸에 대해서도 근본물질[四大]과 파생된 물질을 떠나 어떤 하나의 법도 관찰하지 않는다. 오히려 사지나 부분들의 덩어리를 마차의 부품을 관찰하듯이 관찰하고, 머리털과 몸털 등의 덩어리를 도시를 구획별로 관찰하듯이 관찰하고, 파초의 줄기와 잎과 껍질을 분리하듯이, 또한 빈주먹을 펴듯이 오직 근본물질과 파생된 물질의 덩어리를 관찰한다. 이와 같이 여러 가지 형태로 덩어리를 통해서 몸이라 불리는 대상을 보여주어 단단한 덩어리를 분해하는 것을 보이셨다. 앞서 설한 사지나 부분의 덩어리, 머리털과 몸털 등의 덩어리, 근본물질과 파생된 물질의 덩어리를 떠나 몸이라거나 여자라거나 남자라고 할 어떤 법도 없음을 설하셨다. 그러나 중생들은 이렇게 설한 단지 그 덩어리에 그릇된 천착을 한다.

이런 뜻 이외에도 '등'이라는 단어가 다른 뜻도 보여준다.

① 바로 이 몸에서 오로지 몸만을 관찰하고, 다른 어떤 본성도 관찰하지 않는다. 무슨 뜻인가? 마치 물이 아니지만 아지랑이 때문에 물이 있다고 보는 자처럼 그렇게 보지 않는다. 그는 무상하고 괴로움이고 무아이고 부정(不淨)한 이 몸에서 항상하고 즐겁고 자아이고 깨끗하다고 보지 않는다. 몸을 관찰하는 자는 무상하고 괴로움이고 무아이고 부정한 형태의 집합이라고 본다는 뜻이다.

② 혹은 "여기 어떤 이는 땅의 몸을 무상이라고 관찰한다, 물의 몸을 … 불의 몸을 … 바람의 몸을 … 머리털의 몸을 … 몸털의 몸을 … "라고 『무애해도』(Ps.ii.232)에서 설한 바로 이 몸에서 관찰할 때 몸에서 몸을 관찰한다고 그 뜻을 알아야 한다.

③ 혹은 몸에 대해서 '나'라거나 '내 것'이라고 거머쥘 만한 그 어떤 것도 보지 않고 오히려 각각 머리털, 몸털 등 여러 것의 집합이라고 관찰하기 때문에 몸에서 머리털 등의 현상의 집합이라 불리는 몸을 관찰한다고 그 뜻을 알아야 한다.

④ 나아가서 "이 몸에서 무상하다고 관찰하고 항상하다고 관찰하지 않는다."

어하는 마음[349])을 버리고[350]) 근면하고[351]) 분명히 알아차리고 마음챙기면서 머문다. 느낌에서 느낌을 관찰하며[受隨觀][352]) 머문다. 세

는 등의 순서대로 『무애해도』에 전해오는 방법인 무상의 특징에서부터 시작하여 모든 특징들을 가진 집합이라는 몸을 관찰하기 때문에 몸에서 몸을 관찰한다고 그 뜻을 보아야 한다."(MAi.241∼243)

348) "'세상에 대한(loke)'에서 '세상'은 바로 그 몸을 말한다. 왜냐하면 여기서 몸은 무너지고(lujjana), 부서진다(palujjana)는 뜻에서 세상을 의미한다. 그러나 단지 몸에 대해서만 욕심과 싫어하는 마음을 버리는 것이 아니라 느낌 등에 대해서도 반드시 버린다. 그러므로 "취착의 [대상인] 다섯 가지 무더기[五取蘊]들도 또한 세상이다."(Vbh.195 등)라고 『위방가』(分別論)에서 설하셨다."(MA.i.244)

349) "여기서 '욕심(abhijjhā)'은 감각적 욕망을 포함하고, '싫어하는 마음(domanassa)'은 악의를 포함한다. 그러므로 여기서 [다섯 가지] 장애[五蓋]에 포함된 이 두 가지 강한 법을 보여줌으로써 장애 버림을 설하신 것이라고 알아야 한다."(MA.i.244)
'싫어하는 마음(domanassa)'에 대해서는 본서 제4권 「여섯 가지 청정 경」(M112) §15의 주해를 참조할 것.

350) "'버리면서(vineyya)'라는 것은 대체함에 의한 버림이나 혹은 억압에 의한 버림으로 버린다는 말이다."(MAi.243)
"왜냐하면 여기서는 출세간적인 도가 아니라 세간적인 도를 나타내기 때문에 오직 예비 단계에서의 버림을 보이면서 대체함에 의한 버림이나 혹은 억압에 의한 버림으로 버린다고 했다."(MAṬ.i.345)

351) "'근면한 자(ātāpī)'라는 것은 삼계에서 오염원들을 태워버리기(ātapati) 때문에 근면함(ātāpo)이며 이것은 정진의 다른 이름이다. 근면함이 그에게 있기 때문에 '근면한 자'이다."(MA.i.243)

352) "느낌은 세 가지인데 그것은 모두 세간적인 것이다. 마음도 세간적인 것이고, 법도 그와 마찬가지이다. 그러면 어떻게 느낌을 관찰해야 하는가? 즐거운 느낌을 괴로움이라고, 괴로운 느낌을 쇠살이라고, 괴롭지도 즐겁지도 않은 느낌을 무상하다고 관찰해야 한다. 이 모든 느낌들은 '괴로움'이라고 관찰되어야 한다. "느껴진 것은 모두 괴로움에 속한다고 나는 말한다."(S36:11/iv.216)라고 말씀하셨기 때문이다. 느낌은 즐거움과 괴로움의 측면에서도 관찰되어야 한다. "즐거운 느낌은 머무르면 즐거움이요 변하면 괴로움입니다. 괴로운 느낌은 머무르면 괴로움이요 변하면 즐거움입니다. 괴롭지도 즐겁지도 않은 느낌은 지혜가 있으면 즐거움이요 지혜가 없으면 괴로움입니다."(M44/i.303)라고 상세하게 설명되었기 때문이다. 혹은 무상 등 일곱 가

상에 대한 욕심과 싫어하는 마음을 버리고 근면하고 분명히 알아차리고 마음챙기면서 머문다. 마음에서 마음을 관찰하며[心隨觀] 머문다. 세상에 대한 욕심과 싫어하는 마음을 버리고 근면하고 분명히 알아차리고 마음챙기면서 머문다. 법에서 법을 관찰하며[法隨觀] 머문다. 세상에 대한 욕심과 싫어하는 마음을 버리고 근면하고 분명히 알아차리고 마음챙기면서 머문다."353)

1. 몸의 관찰[身隨觀] — (1) 들숨날숨에 대한 마음챙김[出入息念]

4. "비구들이여, 어떻게 비구가 몸에서 몸을 관찰하며 머무는가? 비구들이여, 여기 비구는 숲 속에 가거나 나무 아래에 가거나 빈 집에 가서354) 가부좌를 틀고 상체를 곧추세우고 전면에 마음챙김을

지 수관으로 관찰해야 한다."(MA.i.245~246)
일곱 가지 수관은 무상의 수관, 괴로움의 수관, 무아의 수관, 염오의 수관, 탐욕의 빛바램의 수관, 소멸의 수관, 놓아버림의 수관이다.(MA.i.157) 본서 「원한다면 경」(M6) §3의 주해도 참조할 것.

353) 주석서는 이렇게 한 가지 마음챙김을 네 가지로 설하신 이유를 다음과 같이 설명한다.
"바구니 만드는 숙련공은 거친 돗자리와 섬세한 돗자리와 상자와 바구니와 자루 등의 가재도구들을 만들고자 할 때 큰 대나무 하나를 네 등분으로 자른 다음에 그 각각의 대나무 토막을 다시 쪼개어서 그런 가재도구들을 만든다. 그와 같이 세존께서도 마음챙김의 확립을 가르치시면서 중생들로 하여금 다양한 형태의 수승함을 터득하게 하시려고 하나인 바른 마음챙김(sammā-sati, 正念)을 가지고 먼저 대상에 따라 그것을 네 등분으로 자르셨다. '네 가지 마음챙김이 있나니 무엇이 네 가지인가? 비구들이여, 여기 비구는 몸에서 몸을 관찰하며[身隨觀] 머문다.'라고. 그 다음에 그 각각의 마음챙김의 확립을 취하여 먼저 몸을 분석하시면서 '비구들이여, 어떻게 비구는 몸에서 몸을 관찰하면서 머무는가?'라는 식으로 말씀을 시작하셨다."(MA.i.246~247)

354) "이것은 수행자가 마음챙김의 수행에 적합한 거처를 찾은 것을 보이신 것이다. 비구의 마음은 실로 오랜 세월을 형색 등의 대상들로 산만해져 있어서 명상주제를 챙기는 과정으로 들어가려 하지 않는다. 그러므로 오랜 세월을 형색 등의 대상들이라는 맛난 것을 마시면서 자란 사나운 마음을 길들이고

확립하여355) 앉는다. 그는 마음챙겨 숨을 들이쉬고 마음챙겨 숨을 내쉰다. 길게 들이쉬면서 '길게 들이쉰다.'고 꿰뚫어 알고, 길게 내쉬면서 '길게 내쉰다.'고 꿰뚫어 안다. 짧게 들이쉬면서 '짧게 들이쉰다.' 고 꿰뚫어 알고, 짧게 내쉬면서 '짧게 내쉰다.'고 꿰뚫어 안다. '온몸을 경험하면서 들이쉬리라.'며 공부짓고 '온몸을 경험하면서 내쉬리

자 하면 형색 등의 대상에서 격리시켜 숲이나 나무 아래나 빈방으로 가져가서 마음챙김의 대상인 기둥에 마음챙김의 밧줄로 그 마음을 묶어야 한다. 그러면 그 마음은 이리저리 날뛰더라도 오랫동안 친숙했던 대상을 얻지 못하고 마음챙김의 밧줄을 자르고 도망칠 수도 없을 때 근접삼매와 본삼매를 통해서 그 대상을 의지하여 앉거나 눕는다. 그러므로 옛 스승들은 말씀하셨다.

> '마치 송아지를 길들이는 사람이 기둥에다 묶는 것처럼
> 자기의 마음을 마음챙김으로 대상에 굳건히 묶어야 한다.'

이런 거처가 수행에 적합하다. 그래서 마음챙김의 수행에 적합한 거처를 찾은 것을 보이신 것이라고 했다.
나아가서 이 들숨날숨에 대한 마음챙김의 확립[出入息念處]은 몸의 관찰 가운데서 가장 으뜸가고, 모든 부처님과 벽지불과 성문들이 특별함을 증득하는 가까운 원인이고, 지금·여기에서 행복하게 머무는 가까운 원인이다. 이 들숨날숨에 대한 마음챙김의 확립은 여자나 남자나 코끼리나 말 등의 소리가 시끄러운 마을을 떠나지 않고서는 성취하기가 쉽지 않다. 소리는 禪의 가시이기 때문이다. 그러나 마을이 없는 숲에서는 수행자가 쉽게 이 명상주제를 들어 들숨날숨을 통해 제4선을 일으키고 그 禪을 기초로 삼아 형성된 것들[行]을 명상하고서 가장 높은 과위인 아라한과에 이를 수 있다. 그러므로 그에게 적합한 거처를 보이면서 세존께서 '숲 속에 가거나'라고 시작하셨다."(MA.i.247~248)

355) "'전면에 마음챙김을 확립하여(parimukhaṁ satim upaṭṭhapetvā)'란 명상주제를 향하여 마음챙김을 둔다는 말이다. 혹은 "접두어 pari(둘레에, 원만히)는 철저히 파악한다는 뜻이고, mukhaṁ(입, 얼굴)은 출구의 뜻이며, sati(마음챙김)는 확립한다는 뜻이다. 그러므로 parimukhaṁ satiṁ(철저히 파악하여 출구가 되는 마음챙김)이다."(Ps.i.176)라고 『무애해도』에서 설한 방법에 따라서도 이 뜻을 알아야 한다. 간략히 설하면 '철저히 파악하여 [반대되는 심리현상인 잊어버림으로부터] 출구인 마음챙김을 [공부]짓고'라는 뜻이다."(『청정도론』 VIII.161)
'전면에 마음챙김을 확립하고(parimukhaṁ satim upaṭṭhapetvā)'에 대해서는 본서 「코끼리 발자국 비유의 짧은 경」(M27 §18)의 주해도 참조할 것.

라.'며 공부짓는다. '몸의 작용[身行][356]을 편안히 하면서 들이쉬리라.'며 공부짓고 '몸의 작용을 편안히 하면서 내쉬리라.'며 공부짓는다.[357]

비구들이여, 마치 숙련된 도공이나 도공의 도제가 길게 돌리면서 '길게 돌린다.'고 꿰뚫어 알고 짧게 돌리면서 '짧게 돌린다.'고 꿰뚫어 아는 것처럼, 그와 같이 비구는 길게 들이쉬면서는 '길게 들이쉰다.'고 꿰뚫어 알고, … '몸의 작용을 편안히 하면서 내쉬리라.'며 공부짓는다.

5. "이와 같이 안으로[358] [자기의] 몸에서 몸을 관찰하며[身隨觀] 머문다. 혹은 밖으로[359] [다른 사람의] 몸에서 몸을 관찰하며 머문다. 혹은 안팎으로[360] 몸에서 몸을 관찰하며 머문다. 혹은 몸에서

---

356) 여기서 '몸의 작용[身行]'은 kāya-saṅkhāra를 옮긴 것이다. 본경에 해당하는 주석서는 설명이 없지만 여기서 몸의 작용은 들숨날숨을 말한다. 그래서 본서 제2권 「교리문답의 짧은 경」(M44) §14에서 "도반 위사카여, 들숨과 날숨이 몸의 작용이고, 일으킨 생각[尋]과 지속적 고찰[伺]이 말의 작용이고, 인식[想]과 느낌[受]이 마음의 작용입니다."(M44 §14)라고 담마딘나 비구니는 밝히고 있다.
여기에 대해서는 『상윳따 니까야』 제6권 「하나의 법 경」(S54:1) §5의 주해도 참조할 것.

357) 여기 나타나는 '들숨날숨에 대한 마음챙김[出入息念, ānāpāna-sati]은 본서 제4권 「들숨날숨에 마음챙기는 경」(M118)에 완성된 형태로 나타나고 있으므로 이 경과 이 경에 대한 주해들을 참조하기 바란다. 그리고 이것은 『청정도론』 VIII.145~244에서 자세하게 설명되고 있다.

358) "'이와 같이 안으로(iti ajjhattaṁ vā)'라는 것은 이와 같이 자기의 들숨과 날숨이라는 몸에서 몸을 관찰하며 머무는 것을 말한다."(MA.i.249)

359) "'혹은 밖으로(bahiddhā vā)'라는 것은 다른 사람의 들숨과 날숨이라는 몸에서 몸을 관찰하며 머무는 것을 말한다."(MA.i.249)

360) "'혹은 안팎으로(ajjhatta-bahiddhā vā)'라는 것은 때로는 자기의 들숨과 날숨, 때로는 다른 사람의 들숨과 날숨이라는 몸에서 관찰한다는 것을 말한다. 이것은 친숙해진 명상주제에 틈을 주지 않고 [끊임없이] 안팎으로 거듭해서 움직이는 때를 말한 것이다. 그러나 동시에(ekasmiṁ kāle) 자기의 들

일어나는 요소들[法]을 관찰하며[361] 머문다. 혹은 몸에서 사라지는 요소들을 관찰하며[362] 머문다. 혹은 몸에서 일어나는 요소들과 사라지는 요소들을 관찰하며[363] 머문다. 혹은 '몸이 있구나.'라고 그의 마음챙김이 현전하나니,[364] 그것은 오직 지혜를 증장하게 하고, 오직 마음챙김을 강하게 한다.[365] 이제 그는 [갈애와 견해에] 의지하지 않

숨·날숨과 다른 사람의 들숨·날숨을 관찰할 수는 없다."(MA.i.249)

361) "'혹은 일어나는 요소들[法](samudaya-dhammā)을 관찰하며'라는 것은 마치 대장장이의 자루와 풀무의 튜브와 적절한 노력을 반연(攀緣)하여 바람이 계속해서 움직이듯이, 비구의 육체와 콧구멍과 마음을 반연하여 들숨과 날숨이라는 몸이 계속해서 움직인다. 여기서 몸 등의 요소들[法]을 일어나는 요소(samudaya-dhammā)라 한다. 들숨과 날숨이 일어나게 된 원인인 이런 몸과 콧구멍과 마음을 보면서 '혹은 몸에서 일어나는 요소들을 관찰하며 머문다.'라고 설하셨다."(MA.i.249)

362) "'혹은 사라지는 요소들을 관찰하며'라는 것은 마치 자루를 치워버리거나 풀무의 튜브가 부서지거나 적절한 노력이 없으면 그 바람은 생기지 않듯이, 몸이 무너지고 콧구멍이 부서지거나 마음이 소멸하면 들숨과 날숨이라는 몸은 생기지 않는다. 그러므로 몸 등이 소멸할 때 들숨과 날숨도 소멸한다. 이와 같이 보면서 '혹은 몸에서 사라지는 요소들을 관찰하며 머문다.'라고 설하셨다."(MA.i.249)

363) "'혹은 일어나는 요소들과 사라지는 요소들을 관찰하며'라는 것은 때로는 일어나는 요소들을, 때로는 사라지는 요소들을 관찰한다는 말이다."(MA.i.250)

364) "'몸이 있구나.'라고 그의 마음챙김이 현전한다."는 것은 몸이라는 것만 있을 뿐이고 중생도 없고 인간도 없고 여자도 없고 남자도 없고 자아도 없고 자아에 속하는 것도 없고 나도 없고 내 것도 없고 어느 누구도 없고 누구의 것도 없다.'라고 이렇게 그의 마음챙김이 현전한다(paccupaṭṭhitā)는 말이다."(MA.i.250)

365) '그것은 오직 지혜를 증장하게 하고, 오직 마음챙김을 강하게 한다.'는 것은 yāvadeva ñāṇamattāya patissatimattāya를 옮긴 것이다. 주석서는 이렇게 설명한다.
"여기서 yāvadeva는 목적을 한정하여 확정짓는 말이다. 즉 이렇게 잘 확립된 그 마음챙김은 다른 것을 위해서가 아니다. 오직 지혜의 한도를 위한 것이다. 더 넓고 더 높이 지혜를 키우고, 오직 마음챙김을 강하게 한다. 즉 마음챙김과 분명하게 알아차림[正念·正知]을 증장하게 한다는 말이다."(MA.

고 머문다.[366] 그는 세상에서 아무것도 움켜쥐지 않는다.[367] 비구들이여, 이와 같이 비구는 몸에서 몸을 관찰하며 머문다."

(2) 네 가지 자세[四威儀]

6. "다시[368] 비구들이여, 비구는 갈 때에는 '가고 있다.'고 꿰뚫어 알고,[369] 서 있을 때에는 '서 있다.'고 꿰뚫어 알며, 앉아 있을 때에는 [57] '앉아 있다.'고 꿰뚫어 알고, 누워있을 때에는 '누워있다.'고

---

i.250)

366) "'의지하지 않고 머문다.'는 것은 갈애와 사견에 의지하던 것을 이제 의지하지 않고 머문다는 뜻이다."(MA.i.250)

367) "즉 세상에서 물질이나 느낌이나 인식이나 심리현상들이나 혹은 알음알이를 '이것은 나의 자아라거나 자아에 속하는 것이다.'라고 움켜쥐지 않는다는 말이다."(MA.i.250)

368) "이와 같이 들숨과 날숨을 통해 몸을 관찰하는 법을 설명하고 이제는 자세를 통해 몸을 관찰하는 법을 설명하기 위해 '다시'라고 말씀을 시작하셨다. 물론 개나 자칼도 갈 때 '가고 있다.'라고 안다. 하지만 그런 앎을 두고 말하는 것이 아니다. 그런 앎은 중생이라는 견해를 버리지 못하고, 자아라는 인식을 없애지 못하고, 명상주제를 닦거나 마음챙김의 확립을 수행하지 못하기 때문이다. 그러나 이 비구의 앎은 중생이라는 견해를 버리고, … 마음챙김의 확립도 수행한다.
이 앎은 '누가 가는가? 누구의 감인가? 무엇으로 인해 가는가?'라는 등의 앎과 관련하여 말한 것이다. 서 있는 등에도 이 방법이 적용된다. 그렇다면 '누가 가는가?'라는 것은 중생이라거나 인간이라고 할 어떤 이가 가는 것이 아니다. '누구의 감인가?'라는 것은 중생이라거나 인간이라고 할 어떤 이의 감이 아니다. '무엇으로 인해 가는가?'라는 것은 마음의 작용에서 생긴 바람의 요소의 움직임으로 인해 간다. 그러므로 그는 이와 같이 꿰뚫어 안다. '가리라'고 마음이 일어나면 그것은 바람을 생기게 하고 바람은 암시(viññatti)를 생기게 하여 마음의 작용에서 생긴 바람의 요소의 움직임에 의해서 온몸이 앞으로 움직이면 그것을 '가는 것'이라고 부른다. 서 있는 등의 경우에도 이 방법이 적용된다."(MA.i.251)
암시(viññatti)에 대해서는 『아비담마 길라잡이』 553~554쪽을 참조할 것.

369) "'꿰뚫어 안다(pajānāti).'는 것은 통찰지(paññā)이다. 본성(sabhāva)을 있는 그대로 여러 측면에서 통찰한다(paṭivijjhatī)는 말이다."(MA.i.251)

꿰뚫어 안다. 또 그의 몸이 다른 어떤 자세를 취하고 있든 그 자세대로 꿰뚫어 안다."370)

7. "이와 같이 안으로371) [자기의] 몸에서 몸을 관찰하며[身隨觀] 머문다. … 그는 세상에서 아무것도 움켜쥐지 않는다. 비구들이여, 이와 같이 비구는 몸에서 몸을 관찰하며 머문다."

(3) 분명하게 알아차림[正知]

8. "다시 비구들이여, 비구는 나아갈 때도 돌아올 때도 [자신의 거동을] 분명히 알아차리면서[正知] 행한다.372) 앞을 볼 때도 돌아볼

---

370) "이것은 몸의 자세를 모두 포함하는 표현이다. 즉 어떤 형태로 몸이 머물더라도 그 형태대로 그것을 꿰뚫어 안다는 말이다. 가는 형태에 의해 '서 있다가 간다(ṭhitaṁ gacchati)'라고 꿰뚫어 알고, 서고 앉고 눕는 형태에 의해 '서 있다가 눕는다'라고 꿰뚫어 안다."(MA.i.252)

371) "'안으로'라는 것은 자기의 네 가지 자세를 파악함으로써 몸에서 몸을 관찰하며 머문다는 말이고, '밖으로'라는 것은 다른 사람의 네 가지 자세를 파악함으로써 몸에서 몸을 관찰하며 머문다는 말이고, '안팎으로'라는 것은 때로는 자기의, 때로는 다른 사람의 네 가지 자세를 파악함으로써 몸에서 몸을 관찰하며 머문다는 말이다."(MA.i.252)

372) "'분명히 알아차림[正知]'은 sampajāna를 옮긴 것이다. 복주서에는 이렇게 설명한다. 모든 측면에서 분명하게, 특징과 함께 알아차리는 것이 sampajāna다. 그런 알아차림의 상태가 sampajañña이다. 그렇게 일어난 지혜를 말한다."(MAṬ.i.354)
"'분명히 알아차리면서 행하는 자(sampajānakārī hoti)'란 분명히 알아차리면서 모든 행위를 하는 자, 혹은 오로지 분명히 알아차림을 짓는 자를 말한다. 그는 나아가는 것 등에 대해서 반드시 분명히 알아차리고, 어디서든 분명히 알아차림이 없지 않기 때문이다. 이 분명한 알아차림에는 네 가지가 있다. 그것은 ① 이익이 있음에 대한 분명한 알아차림(sātthaka-sampajañña) ② 적당함에 대한 분명한 알아차림(sappāyasampajañña) ③ 영역에 대한 분명한 알아차림(gocara-sampajañña) ④ 미혹하지 않음의 분명한 알아차림(asammoha-sampajañña)이다."(MA.i.253)
주석서는 이 네 가지를 상세하게 설명하고 있다. 여기에 대해서는 『네 가지 마음챙기는 공부』 136~169쪽을 참조하기 바란다.

때도 분명히 알아차리면서 행한다. 구부릴 때도 펼 때도 분명히 알아차리면서 행한다. 법의(法衣)·발우·의복을 지닐 때도 분명히 알아차리면서 행한다. 먹을 때도 마실 때도 씹을 때도 맛볼 때도 분명히 알아차리면서 행한다. 대소변을 볼 때도 분명히 알아차리면서 행한다. 갈 때도 서 있을 때도 앉아 있을 때도 잠잘 때도 깨어있을 때도 말할 때도 침묵할 때도 분명히 알아차리면서 행한다."

9. "이와 같이 안으로[373] [자기의] 몸에서 몸을 관찰하며[身隨觀] 머문다. … 그는 세상에 대해서 아무것도 움켜쥐지 않는다. 비구들이여, 이와 같이 비구는 몸에서 몸을 관찰하며 머문다."

(4) 32가지 몸의 부위에 대한 관찰

10. "다시 비구들이여,[374] 비구는 이 몸은 발바닥에서부터 위로 그리고 머리털에서부터 아래로 살갗으로 둘러싸여있고 여러 가지 부정(不淨)한 것으로 가득 차 있음을 반조한다. 즉 '이 몸에는 머리털·몸털· 손발톱·이·살갗·살·힘줄·뼈·골수·콩팥·염통·간·근막·지라·허파·창자·장간막·위 속의 음식·똥·쓸개즙·가래·고름·피·땀·굳기름·눈물·[피부의] 기름기·침·콧물·관절활액·오줌 등이 있다.'라고,[375] 비구들이여, 이는 마치 양쪽에

---

373) "'이와 같이 안으로(iti ajjhattaṁ vā)'라는 것은 네 가지 분명한 알아차림을 파악하여 자기의 몸에 대해서나 다른 사람의 몸에 대해서나 때로는 자기의 몸에 대해서 때로는 다른 사람의 몸에 대해서 몸을 관찰하며 머무는 것을 말한다."(MAi.270)

374) "이와 같이 네 가지 분명한 알아차림을 통해 몸에 대한 마음챙김을 설명한 뒤, 이제는 혐오(paṭikūla)를 마음에 잡도리함을 통해 몸에 대한 마음챙김을 설명하기 위해 '다시 비구들이여,'라고 말씀을 시작하셨다."(MAi.270)

375) 여기뿐만 아니라 『디가 니까야』 제2권 「대념처경」(D22), 본서 제4권 「몸

아가리가 있는 가마니에 여러 가지 곡물, 즉 밭벼, 보리, 녹두, 완두, 참깨, 논벼 등이 가득 담겨 있는데 어떤 눈 밝은 사람이 그 자루를 풀고 반조하는 것과 같다. '이것은 밭벼, 이것은 보리, 이것은 녹두, 이것은 완두, 이것은 참깨, 이것은 논벼다.'라고.376) 이와 같이 비구들이여, 비구는 이 몸은 발바닥에서부터 위로 그리고 머리털에서부터 아래로 살갗으로 둘러싸여있고 여러 가지 부정(不淨)한 것으로 가득 차 있음을 반조한다. 즉 '이 몸에는 머리털 · 몸털 · 손발톱 · 이 · 살갗 · 살 · 힘줄 · 뼈 · 골수 · 콩팥 · 염통 · 간 · 근막 · 지라 · 허파 · 창자 · 장간막 · 위 속의 음식 · 똥 · 쓸개즙 · 가래 · 고름 · 피 · 땀 · 굳기름 · 눈물 · [피부의] 기름기 · 침 · 콧물 · 관절활액 · 오줌 등이 있다.'라고."

11. "이와 같이 안으로 [자기의] 몸에서 몸을 관찰하며[身隨觀] 머문다. … 그는 세상에 대해서 아무것도 움켜쥐지 않는다. 비구들이여, 이와 같이 비구는 몸에서 몸을 관찰하며 머문다."

에 대한 마음챙김 경」(M119 §7), 『앙굿따라 니까야』 제4권 「우다이 경」(A6:29), 『상윳따 니까야』 제4권 「바라드와자 경」(S35:127), 제6권 「분석 경」(S51:20) 등의 니까야에는 32가지 부분이 아니고 '뇌(matthaluṅga)'가 빠진 31가지로 나타난다. 『쿳다까 니까야』의 『쿳다까빠타』(Khp.2)에는 똥(karīsa) 다음에 뇌가 들어가서 32가지로 나타나며 『무애해도』(Ps.i.7)에는 맨 마지막에 뇌가 포함되어 32가지로 나타난다. 『청정도론』 VIII.44에는 "뇌를 골수(aṭṭhimiñjā)에 포함시켜 혐오를 마음에 잡도리함으로 32가지 명상주제를 설하셨다."라고 나타난다.

376) "비유를 적용해 보면 다음과 같다. 즉 사대(四大)로 이루어진 몸은 양쪽에 아가리가 있는 자루와 같다. 머리털 등의 32가지 부분은 여러 가지 곡식이 섞여서 자루 안에 들어있는 것과 같다. 수행자는 눈 밝은 사람과 같다. 수행자에게 32가지 몸의 부분들이 분명하게 드러나는 때는 자루를 풀어서 여러 가지 곡물들이 그 사람에게 드러나는 때와 같다."(MA.i.271)

(5) 네 가지 근본물질[四大]의 관찰

12. "다시 비구들이여, 비구는 이 몸을 처해진 대로 놓여진 대로 요소[界]별로 반조한다. '이 몸에는 땅[地]의 요소, 물[水]의 요소, 불[火]의 요소, 바람[風]의 요소가 있다.'라고.377) 비구들이여, [58] 마치 솜씨 좋은 백정이나 그 조수가 소를 잡아서 각을 뜬 다음 큰길 네거리에 이를 벌여놓고 앉아 있는 것과 같다.378) 비구들이여, 이와 같이 비구는 이 몸을 처해진 대로 놓여진 대로 요소[界]별로 반조한다. '이 몸에는 땅의 요소, 물의 요소, 불의 요소, 바람의 요소가 있다.'라고."

13. "이와 같이 안으로 [자기의] 몸에서 몸을 관찰하며[身隨觀] 머문다. … 그는 세상에 대해 아무것도 움켜쥐지 않는다. 비구들이여, 이와 같이 비구는 몸에서 몸을 관찰하며 머문다."

---

377) 네 가지 근본물질[四大, cattaro mahābhūta]에 대한 설명은 『청정도론』 XI.27~117에 상세하게 설명되어 있으니 참조할 것.

378) "비유와 함께 해설을 하면 다음과 같다. 마치 어떤 백정이나 혹은 그의 도제가 소를 잡아 각을 뜬 다음 사방으로 통하는 대로의 중심지라 불리는 큰길 네거리에 부분씩 나누어 놓고 앉아 있을 것이다. 이와 같이 비구가 네 가지 자세[四威儀] 가운데 어떤 하나의 형태로 처해 있고 놓여 있는 이 몸을 그렇게 처해진 대로 놓여진 대로 '이 몸에 땅의 요소가 있고 … 바람의 요소가 있다.'고 반조한다.
무슨 뜻인가? 백정이 소를 키울 때도, 도살장으로 끌고 올 때도, 끌고 와서 묶어둘 때도, 잡을 때도, 잡혀 죽은 것을 볼 때도, 그것을 베어서 부분마다 나누지 않고서는 그에게 '소'라는 인식은 사라지지 않는다. 그러나 뼈로부터 살을 발라내어 앉아있을 때 '소'라는 인식은 사라지고 '고기'라는 인식이 일어난다. 그는 '나는 소를 팔고, 그들은 소를 사가져 간다.'고 생각지 않는다. 오히려 그는 '나는 고기를 팔고, 그들은 고기를 사가져 간다.'고 생각한다. 이와 같이 이 비구가 이전의 재가자이었거나 출가를 하였어도 [명상주제를 들지 않은] 어리석은 범부일 때는 이 몸을 처해진 대로, 놓여진 대로 덩어리를 분해하여 요소별로 따로따로 반조하지 않는 이상 그것에 대해 중생이라거나 사람이라거나 인간이라는 인식이 사라지지 않는다."(MA.i.272)

(6)~(14) 아홉 가지 공동묘지의 관찰

14. "다시 비구들이여, ① 비구는 마치 묘지에 버려진 시체가 죽은 지 하루나 이틀 또는 사흘이 지나 부풀고 검푸르게 되고 문드러지는 것을 보게 될 것이다. 그는 바로 자신의 몸을 그것과 비교해본다.379) '이 몸 또한 그와 같고, 그와 같이 될 것이며, 그에서 벗어나지 못하리라.'라고."

15. "이와 같이 안으로 [자기의] 몸에서 몸을 관찰하며[身隨觀] 머문다. … 그는 세상에 대해 아무것도 움켜쥐지 않는다. 비구들이여, 이와 같이 비구는 몸에서 몸을 관찰하며 머문다."

16. "다시 비구들이여, ② 비구는 마치 묘지에 버려진 시체를 까마귀 떼가 달려들어 마구 쪼아 먹고, 솔개 떼가 쪼아 먹고, 독수리 떼가 쪼아 먹고, 개 떼가 뜯어 먹고, 자칼들이 뜯어 먹고, 별의별 벌레들이 다 달려들어 파먹는 것을 보게 될 것이다. 그는 자신의 몸을 그것과 비교해본다. '이 몸 또한 그와 같고, 그와 같이 될 것이며, 그에서 벗어나지 못하리라.'라고.

17. "이와 같이 안으로 [자기의] 몸에서 몸을 관찰하며[身隨觀] 머문다. … 그는 세상에 대해서 아무것도 움켜쥐지 않는다. 비구들이여, 이와 같이 비구는 몸에서 몸을 관찰하며 머문다."

---

379) "'자신의 몸을 그것과 비교해본다(imameva kāyaṁ upasaṁharati).'는 것은 그 비구가 지혜로 자기의 몸을 저 시체와 비교해본다, 견주어본다라는 말이다. 어떻게? '이 몸 또한 그와 같고, 그와 같이 될 것이며, 그에서 벗어나지 못하리라.'라고 비교해본다. 이 뜻은 다음과 같다. '바람, 온기, 알음알이라는 이 세 가지 현상이 존재하기 때문에 이 몸이 서고 가는 등을 할 수 있다. 이 셋이 없으면 이 몸도 그와 같이 썩어가는 성질을 가졌고, 그와 같이 부풀어 오르는 상태 등으로 무너질 것이고, 이런 부풀어 오르는 상태 등을 벗어나지 못하리라.'라고 비교해본다."(MA.i.273)

18. ~ *24.* "다시 비구들이여, ③ 비구는 마치 묘지에 버려진 시체가 해골이 되어 살과 피가 묻은 채 힘줄에 얽혀 서로 이어져 있는 것을 보게 될 것이다. … ④ 해골이 되어 살은 없고 아직 피는 남아 있는 채로 힘줄에 얽혀 서로 이어져 있는 것을 보게 될 것이다. … ⑤ 해골이 되어 살도 피도 없이 힘줄만 남아 서로 이어져 있는 것을 보게 될 것이다. … ⑥ 백골이 되어 힘줄도 사라지고 뼈들이 흩어져서 여기에는 손뼈, 저기에는 발뼈, 또 저기에는 정강이뼈, 저기에는 넓적다리뼈, 저기에는 엉덩이뼈, 저기에는 등뼈, 저기에는 갈빗대, 저기에는 가슴뼈, 저기에는 팔뼈, 저기에는 어깨뼈, 저기에는 목뼈, 저기에는 턱뼈, 저기에는 치골, 저기에는 두개골 등이 사방에 널려 있는 것을 보게 될 것이다. 그는 자신의 몸을 그것과 비교해본다. '이 몸도 또한 그와 같고, 그와 같이 될 것이며, 그에서 벗어나지 못하리라.'라고

25. "이와 같이 안으로 [자기의] 몸에서 몸을 관찰하며[身隨觀] 머문다. … 그는 세상에 대해서 아무것도 움켜쥐지 않는다. 비구들이여, 이와 같이 비구는 몸에서 몸을 관찰하며 머문다."

26. ~ *30.* "다시 비구들이여, ⑦ 비구는 마치 묘지에 버려진 시체가 백골이 되어 뼈가 하얗게 변하여 조개껍데기 색깔처럼 된 것을 보게 될 것이다. … ⑧ 백골이 되어 단지 뼈 무더기가 되어 있는 것을 보게 될 것이다. … ⑨ 그 백골이 해를 넘기면서 삭아 가루가 된 것을 보게 될 것이다. 그는 [59] 자신의 몸을 그것과 비교해본다. '이 몸도 또한 그와 같고, 그와 같이 될 것이며, 그에서 벗어나지 못하리라.'라고.[380)]

380) 한편 『청정도론』 VI에서는 열 가지 부정관을 설하고 있는데 그 열 가지는 다음과 같다. ① 부푼 것 ② 검푸른 것 ③ 문드러진 것 ④ 끊어진 것 ⑤ 뜯

31. "이와 같이 안으로 [자기의] 몸에서 몸을 관찰하며[身隨觀] 머문다. 혹은 밖으로 [다른 사람의] 몸에서 몸을 관찰하며 머문다. 혹은 안팎으로 몸에서 몸을 관찰하며 머문다. 혹은 몸에서 일어나는 요소들을 관찰하며 머문다. 혹은 몸에서 사라지는 요소들을 관찰하며 머문다. 혹은 몸에서 일어나는 요소들과 사라지는 요소들을 관찰하며 머문다. 혹은 '몸이 있구나.'라고 그의 마음챙김이 잘 확립되나니, 그것은 오직 지혜를 증장하게 하고, 오직 마음챙김을 강하게 한다. 이제 그는 [갈애와 견해에] 의지하지 않고 머문다. 그는 세상에서 아무것도 움켜쥐지 않는다. 비구들이여, 이와 같이 비구는 몸에서 몸을 관찰하며 머문다."381)

2. 느낌의 관찰[受隨觀]

32. "비구들이여, 어떻게 비구가 느낌에서 느낌을 관찰하며[受隨觀] 머무는가?382) 비구들이여, 여기 비구는 즐거운 느낌을 느끼면서

어 먹힌 것 ⑥ 흩어진 것 ⑦ 난도질당하여 뿔뿔이 흩어진 것 ⑧ 피가 흐르는 것 ⑨ 벌레가 버글거리는 것 ⑩ 해골이 된 것이다.

381) "이것으로 들숨날숨(ānāpāna), 자세(iriyāpatha), 네 가지 분명하게 알아차림(catu-sampajañña), 혐오를 마음에 잡도리함(paṭikūla-manasikāra), 네 가지 요소(四界)를 마음에 잡도리함(dhātu-manasikāra), 아홉 가지 공동묘지의 관찰(nava-sivathika)이라는 열네 가지 형태의 몸의 관찰(kāya-anupassanā)이 끝났다. 여기서 들숨날숨과 혐오를 마음에 잡도리함의 두 가지만이 본삼매에 드는 명상주제이다. 하지만 공동묘지의 관찰은 위험함을 관찰함으로써 설해졌기 때문에 나머지 열두 가지는 근접삼매에 드는 명상주제이다."(MA.i.274)

382) "이처럼 세존께서는 물질의 명상주제를 설하신 뒤 이제 정신의 명상주제를 설하시면서 느낌으로 정신적인 명상주제를 설하신다. 왜냐하면 감각접촉이나 마음으로 정신의 명상주제를 설하게 되면 [명상주제가] 분명해지지 않는 것이 마치 암흑과도 같기 때문이다. 그러나 느낌들의 일어남은 아주 분명하기 때문에 느낌으로 설하면 [명상주제가] 분명해지기 때문이다."(MA.i.277)

'즐거운 느낌을 느낀다.'고 꿰뚫어 안다.[383] 괴로운 느낌을 느끼면서 '괴로운 느낌을 느낀다.'고 꿰뚫어 안다. 괴롭지도 즐겁지도 않은 느낌을 느끼면서 '괴롭지도 즐겁지도 않은 느낌을 느낀다.'고 꿰뚫어 안다. 세속적인 즐거운 느낌을[384] 느끼면서 '세속적인 즐거운 느낌을 느낀다.'고 꿰뚫어 안다. 세속을 여윈 즐거운 느낌을[385] … 세속적인 괴로운 느낌을 … 세속을 여윈 괴로운 느낌을 … 세간적인 괴롭지도 즐겁지도 않은 느낌을 … 세속을 여윈 괴롭지도 즐겁지도 않은 느낌을 느끼면서 '세속을 여윈 괴롭지도 즐겁지도 않은 느낌을 느낀다.'고 꿰뚫어 안다.

33. "이와 같이 안으로 [자기의] 느낌에서 느낌을 관찰하며[受隨觀] 머문다. 혹은 밖으로 [다른 사람의] 느낌에서 느낌을 관찰하며 머문다. 혹은 안팎으로 느낌에서 느낌을 관찰하며 머문다. 혹은 느낌에서 일어나는 요소들을 관찰하며 머문다. 혹은 느낌에서 사라지는 요

383) "'즐거운 느낌을 느낀다고 꿰뚫어 안다(sukhaṁ vedanaṁ vediyāmi).'라는 것은 즐거운 느낌을 느끼는 순간에는 괴로운 느낌이 존재하지 않기 때문에 즐거운 느낌을 느끼면서 '즐거운 느낌만을 느낀다.'라고 꿰뚫어 안다. 이전에 존재하던 괴로운 느낌은 지금은 존재하지 않고, 이 즐거운 느낌도 또한 이 이전에는 존재하지 않았다. 그러므로 '느낌이란 참으로 무상하고 견고하지 않고 변하기 마련인 성질이다.'라고 여기서 분명하게 알아차린다.
그래서 세존께서는 말씀하셨다. "악기웻사나여, 즐거운 느낌을 느낄 때는 괴로운 느낌을 느끼지 못하고, 괴롭지도 즐겁지도 않은 느낌을 느끼지도 못하며, 그때는 오직 즐거운 느낌만을 느낀다. 악기웻사나여, 괴로운 느낌을 느낄 때 … 괴롭지도 즐겁지도 않은 느낌을 느낄 때 … 악기웻사나여, 즐거운 느낌도 … 괴로운 느낌도 … 괴롭지도 즐겁지도 않은 느낌도 무상하고 형성된 것이며 조건 따라 생겨난 것이요 부서지기 마련인 것이며, 사라지기 마련인 것이며 빛바래기 마련인 것이며 소멸하기 마련인 것이다."라고."(MA.i.278)

384) "'세속적인 즐거움(sāmisaṁ sukhaṁ)'이란 다섯 가닥의 얽어매는 감각적 욕망에 바탕을 둔 여섯 가지 재가의 기쁜(somanssa) 느낌이다."(MA.i.279)

385) "'세속을 여윈 즐거움(nirāmisā sukhā)'이란 출가 생활에 바탕을 둔 여섯 가지 기쁜 느낌이다."(MA.i.279)

소들을 관찰하며 머문다. 혹은 느낌에서 일어나는 요소들과 사라지는 요소들을 관찰하며 머문다.[386] 혹은 '느낌이 있구나.'라고 그의 마음챙김이 잘 확립되나니, 그것은 오직 지혜를 증장하게 하고, 오직 마음챙김을 강하게 한다. 이제 그는 [갈애와 견해에] 의지하지 않고 머문다. 그는 세상에서 아무것도 움켜쥐지 않는다. 비구들이여, 이와 같이 비구는 느낌에서 느낌을 관찰하며 머문다."

3. 마음의 관찰[心隨觀]

34. "비구들이여, 어떻게 비구가 마음에서 마음을 관찰하며[心隨觀] 머무는가?[387] 비구들이여, 여기 비구는 ① 탐욕이 있는 마음[388]

---

386) "'느낌에서 일어남의 요소들과 사라지는 요소들을 관찰하며 머문다(samudaya-vaya-dhammānupassī vā vedanāsu viharati).'는 것은 '무명이 일어나기 때문에 느낌이 일어난다.'는 등의 다섯 가지의 형태로 느낌들이 일어나고 사라지는 것을 보면서 느낌들에서 일어나는 요소들을 관찰하며 머문다. 혹은 느낌들에서 사라지는 요소들을 관찰하며 머문다. 때로는 느낌들에서 일어나는 요소들을 관찰하며 머무르고 때로는 느낌들에서 사라지는 요소들을 관찰하며 머문다는 말이다.

『무애해도』(Ps.i.50)에서는 느낌이 일어나는 원인을 다음의 다섯 가지 형태로 설하고 있다.

① '무명이 일어나기 때문에 느낌이 일어난다.'라고 조건과 원인의 뜻에서 느낌의 무더기의 일어남을 본다. ② '갈애가 일어나기 때문에 느낌이 일어난다.' … ③ 행위가 일어나기 때문에 느낌이 일어난다. … ④ 감각접촉이 일어나기 때문에 느낌이 일어난다. … ⑤ 생김의 특징을 보면서도 느낌의 무더기가 일어남을 본다. 이와 같이 이 다섯 가지의 특징으로 느낌이 일어나는 원인을 있는 그대로 본다.

① 무명이 소멸하기 때문에 조건과 원인의 뜻에서 느낌의 무더기의 소멸을 본다. … ⑤ 변함의 특징을 보면서도 느낌의 무더기의 소멸을 본다. 이와 같이 이 다섯 가지의 특징으로 느낌의 소멸을 있는 그대로 본다."(DA.i.108~109)

387) 본 문단에서 보듯이 관찰(anuppasanā)의 대상으로서의 마음(citta)은 알음알이(viññāṇa)의 여러 상태와 경지 16가지를 통해서 설명하고 있다. 알음알이 혹은 마음 그 자체는 단지 '대상을 아는 것(ārammaṇaṁ cintet)'(DhsA.63)으로만 정의되기 때문에 어느 특정한 상태의 마음은 단지 그 순간의 마

을 탐욕이 있는 마음이라 꿰뚫어 안다. 탐욕을 여윈 마음을 탐욕이 없는 마음이라 꿰뚫어 안다. ② 성냄이 있는 마음[389]을 성냄이 있는 마음이라 꿰뚫어 안다. 성냄을 여윈 마음[390]을 성냄이 없는 마음이라 꿰뚫어 안다. ③ 어리석음이 있는 마음[391]을 어리석음이 있는 마음이라 꿰뚫어 안다. 어리석음을 여윈 마음[392]을 어리석음이 없는 마음이라 꿰뚫어 안다. ④ 수축한 마음[393]을 수축한 마음이라 꿰뚫

음과 함께 일어나는 탐욕, 성냄, 어리석음(탐·진·치)이나 탐욕 없음, 성냄 없음, 어리석음 없음(불탐·부진·불치)과 같은 심리현상들[行, saṅkhārā] 즉 아비담마에서 분류하는 마음부수들[心所, cetasikā]을 통해서만 결정된다. 그래서 마음의 관찰(citta-anupassanā)을 설하는 본 문단에서도 이러한 정신작용들이 언급되고 있는 것이다.
마음 혹은 알음알이에 대한 설명은 『초기불교 이해』 129~135쪽을 참조할 것.

388) "'탐욕이 있는 마음(sarāga citta)'이란 여덟 가지 탐욕에 뿌리박은 마음이다. '탐욕을 여윈(virāga) 마음'이란 세간적인, 유익하거나 판단할 수 없는[無記] 마음이다. 이것은 법을 명상하는 것이지, 법을 배열하는 것이 아니기 때문에 어떤 구절에도 출세간법은 적용되지 않는다. 네 가지 해로운 마음들(성냄에 뿌리박은 마음 두 가지와 어리석음에 뿌리박은 마음 두 가지)은 앞의 [탐욕이 있는 마음이나] 뒤의 [탐욕을 여윈 마음에] 속하지 않는다." (MA.i.279)

389) "'성냄이 있는(sadosa) 마음'이란 정신적 고통과 함께한 [성냄에 뿌리박은] 두 가지 마음이다."(MA.i.279~280)

390) "'성냄을 여윈(vītadosa) 마음'이란 세간적인 유익하거나 판단할 수 없는[無記] 마음이다."(MA.i.280)

391) "'어리석음이 있는(samoha) 마음'이란 의심과 함께한 마음과 들뜸이 함께한[어리석음에 뿌리박은] 두 가지 마음이다. 어리석음은 모든 해로운 마음들에서 일어나기 때문에 나머지 [해로운 법들도] 여기에 해당된다. 그러므로 이 두 가지에 열두 가지 해로운 마음들이 모두 포함된다."(MA.i.280)

392) "'어리석음을 여윈(vītamoha) 마음'이란 세간적인 유익하거나 판단할 수 없는[無記] 마음이다."(MA.i.280)

393) "'수축한(saṅkhitta) 마음'이란 해태와 혼침에 빠진 마음이다. 이것은 움츠러든 마음이기 때문이다."(MA.i.280)

어 안다. 흩어진 마음[394]을 흩어진 마음이라 꿰뚫어 안다. ⑤ 고귀한 마음[395]을 고귀한 마음이라 꿰뚫어 안다. 고귀하지 않은 마음[396]을 고귀하지 않은 마음이라 꿰뚫어 안다. ⑥ 위가 있는 마음[397]을 위가 있는 마음이라 꿰뚫어 안다. 위가 없는 마음[398]을 위가 없는 마음이라 꿰뚫어 안다. ⑦ 삼매에 든 마음[399]을 삼매에 든 마음이라 꿰뚫어 안다. 삼매에 들지 않은 마음[400]을 삼매에 들지 않은 마음이라 꿰뚫어 안다. ⑧ 해탈한 마음[401]을 해탈한 마음이라 꿰뚫어 안다. 해탈하지 않은 마음[402]을 해탈하지 않은 마음이라 꿰뚫어 안다."

---

394) "'흩어진(vikkhitta) 마음'이란 들뜸과 함께한 마음이다. 이것은 흩어진 마음이기 때문이다."(MA.i.280)

395) "'고귀한(mahaggata) 마음'이란 색계와 무색계의 마음이다."(MA.i.280)

396) "'고귀하지 않은(amahaggata) 마음'이란 욕계의 마음이다."(MA.i.280)

397) "'위가 있는(sauttara) 마음'이란 욕계의 마음이다."(MA.i.280)

398) "'위가 없는(anuttara) 마음'이란 색계와 무색계의 마음이다. 이 색계와 무색계 마음들 중에서도 색계 마음은 아직 위가 남아있는 마음이고, 무색계 마음은 더 이상 위가 없는 마음이다."(MA.i.280)

399) "'삼매에 든(samāhita) 마음'이란 본삼매나 근접삼매에 든 마음이다."(MA.i.280)

400) "'삼매에 들지 않은(asamāhita) 마음'이란 [본삼매와 근접삼매의] 둘에 들지 않은 마음이다."(MA.i.280)

401) "'해탈한(vimutta) 마음'이란 반대를 대체함(tadaṅga)으로 인해 해탈한 마음과 억압(vikkhambhana)으로 인해 해탈한 마음이다."(MA.i.280)

402) "'해탈하지 않은(avimutta) 마음'이란 이런 두 가지 해탈이 없는 것이다. 근절의 해탈, 편안히 가라앉음의 해탈, 벗어남의 해탈은 여기에 해당되지 않는다."(MA.i.280)
『청정도론 복주서』(Pm. 401 = 『청정도론』 XIII.12의 주석)에서는 "반대를 대체함에 의한 해탈은 욕계의 유익한 마음을, 억압에 의한 해탈은 고귀한 마음(즉 색계와 무색계의 마음)을, 근절의 해탈은 도의 마음을, 편안히 가라앉음의 해탈은 과의 마음을, 벗어남의 해탈은 열반을 뜻한다."라고 설명한다. 여기서는 논의의 주제가 오로지 세간적인 마음이기 때문에 처음의 두 가지

35. "이와 같이 안으로[403] [자기의] 마음에서 마음을 관찰하며[心隨觀] 머문다. 혹은 밖으로 [다른 사람의] 마음에서 마음을 관찰하며 머문다. 혹은 안팎으로 마음에서 마음을 관찰하며 머문다. 혹은 마음에서 일어나는 요소들을 관찰하며 머문다. 혹은 마음에서 사라지는 요소들을 관찰하며 머문다. 혹은 마음에서 일어나는 요소들과 사라지는 요소들을 관찰하며 머문다. 혹은 [60] '마음이 있구나.'라고 그의 마음챙김이 잘 확립되나니, 그것은 오직 지혜를 증장하게 하고, 오직 마음챙김을 강하게 한다. 이제 그는 [갈애와 견해에] 의지하지 않고 머문다. 그는 세상에서 아무것도 움켜쥐지 않는다. 비구들이여, 이와 같이 비구는 마음에서 마음을 관찰하며 머문다."

4. 법의 관찰[法隨觀] — (1) 다섯 가지 장애[五蓋]

36. "비구들이여, 어떻게 비구가 법에서 법을 관찰하며[法隨觀] 머무는가?[404] 비구들이여, 여기 비구는 다섯 가지 장애[五蓋][405]의

세간적인 해탈만 해당된다. 어떤 경우에도 출세간의 마음은 '마음에 마음챙기는 공부'에 적용되지 않기 때문이다.

403) "'이와 같이 안으로'라는 것은 이와 같이 탐욕이 있는 마음 등을 파악함으로써 매 순간마다 어떤 마음이 일어나더라도 그것을 주시하면서 자기의 마음에 대해서나 다른 사람의 마음에 대해서나 때로는 자기의 마음에 대해서 때로는 다른 사람의 마음에 대해서 마음을 관찰하며 머무는 것을 말한다." (MA.i.280)

404) "이와 같이 열여섯 가지로 마음을 관찰하는 마음챙김을 설하신 뒤 이제 다섯 가지로 법을 관찰하는 것을 설하시기 위해 '비구들이여, 어떻게'라고 말씀을 시작하셨다.
나아가서 세존께서는 몸의 관찰로 순수한 물질을 파악하는 것을 설하셨고 느낌과 마음의 관찰로 순수한 정신을 파악하는 것을 설하셨다. 이제 물질과 정신이 혼합된 것을 파악하는 것을 설하시기 위해 '비구들이여, 어떻게'라고 말씀을 시작하셨다. 혹은 몸의 관찰로써 물질의 무더기[色蘊]를 파악하는 것을 설하셨고, 느낌의 관찰로써 느낌의 무더기[受蘊]를 파악하는 것을, 마

법에서 법을 관찰하며 머문다. 비구들이여, 어떻게 비구가 다섯 가지 장애의 법에서 법을 관찰하며 머무는가? 비구들이여, 여기 비구는 자기에게 감각적 욕망이 있을 때[406] '내게 감각적 욕망이 있다.'고 꿰뚫어 알고, 감각적 욕망이 없을 때[407] '내게 감각적 욕망이 없다.' 고 꿰뚫어 안다. 비구는 전에 없던 감각적 욕망이 어떻게 해서 일어나는지, 그 원인을 꿰뚫어 알고,[408] 일어난 감각적 욕망이 어떻게 해서 제거되는지, 그 원인을[409] 꿰뚫어 알며, 어떤 [이유로] 제거된 감

음의 관찰로써 알음알이의 무더기[識蘊]를 파악하는 것을 설하셨으며, 이제 인식의 무더기[想蘊]와 심리현상들의 무더기[行蘊]를 파악하는 것을 설하시기 위해서 '비구들이여, 어떻게'라고 말씀을 시작하셨다."(MA.i.280~281)

405) '다섯 가지 장애[五蓋, pañca nīvaraṇa]'와 이에 대한 다섯 가지 비유가 본서 제2권 「앗사뿌라 긴 경」(M39) §14에 나타나고 있으므로 이곳의 본문과 주해들을 참조할 것.

406) "있을 때(santaṁ)라는 것은 끊임없이 꿈틀거리면서 존재하는 것을 말한다."(MA.i.281)

407) "없을 때(asantaṁ)라는 것은 꿈틀거리지 않거나 제거되었기 때문에 존재하지 않는 것을 말한다."(MA.i.281)

408) '전에 없던 감각적 욕망이 어떻게 해서 일어나는지, 그 원인을 꿰뚫어 알고'는 yathā ca anuppannassa kāmacchandassa uppādo hoti tañca pajānāti를 옮긴 것인데, 무슨 이유로 전에 일어나지 않았던 감각적 욕망이 일어나는지, 그 원인을 꿰뚫어 안다는 말이다.
"여기서는 아름다운 표상(subha-nimitta)에 대해 지혜 없이 마음에 잡도리하기[非如理作意] 때문에 감각적 욕망이 일어난다. 아름다운 표상이란, 아름다움 그 자체도 아름다운 표상이고 아름다운 대상도 아름다운 표상이다. '지혜 없이 마음에 잡도리함[非如理作意, ayoniso-manasikāra]'이란 잘못된 방법(anuāya)으로 마음에 잡도리하는 것[作意]이고, 바른 길을 벗어나서(uppatha) 마음에 잡도리하는 것이다. 무상한 것에 대해서 항상하다고, 괴로움에 대해서 즐겁다고, 자아가 없는 것에 대해서 자아라고, 부정한 것에 대해서 아름답다고 마음에 잡도리하는 것이다. 이런 것을 많이 일으키기 때문에 감각적 욕망이 일어난다."(MA.i.281)

409) "부정한 표상(asubha-nimitta)에 대해 지혜롭게 마음에 잡도리하기 때문

각적 욕망이 앞으로 다시 일어나지 않는지, 그것을 꿰뚫어 안다. 자기에게 악의가 있을 때 '내게 악의가 있다.'고 꿰뚫어 알고, 악의가 없을 때 '내게 악의가 없다.'고 꿰뚫어 안다. 비구는 전에 없던 악의가 어떻게 해서 일어나는지, 그 원인을[410] 꿰뚫어 알고, 일어난 악의가 어떻게 해서 제거되는지, 그 원인을[411] 꿰뚫어 알며, 어떻게 해서 제거된 악의가 앞으로 다시 일어나지 않는지, 그것을 꿰뚫어 안다. 자기에게 해태와 혼침이 있을 때 '내게 해태와 혼침이 있다.'고 꿰뚫어 알고, 해태와 혼침이 없을 때 '내게 해태와 혼침이 없다.'고 꿰뚫어 안다. 비구는 전에 없던 해태와 혼침이 어떻게 해서 일어나는지, 그 원인을[412] 꿰뚫어 알고, 일어난 해태와 혼침이 어떻게 해서 제거

에 감각적 욕망이 제거된다. 부정한 표상이란 부정함 그 자체도 부정한 표상이고 부정한 대상도 부정한 표상이다. '지혜롭게 마음에 잡도리함[如理作意]'이란 옳은 방법(upāya)으로 마음에 잡도리하는 것이고, 바른 길(patha)을 따라서 마음에 잡도리하는 것이다. 무상한 것에 대해서 무상하다고, 괴로움에 대해서 괴롭다고, 자아가 없는 것에 대해서 무아라고, 부정한 것에 대해서 부정하다고 마음에 잡도리하는 것이다. 이런 것을 많이 일으키기 때문에 감각적 욕망이 제거된다."(MA.i.281)

410) "적의를 일으키는 표상(paṭigha-nimitta)에 대해 지혜 없이 마음에 잡도리하기 때문에 악의(byāpāda)가 일어난다. 여기서 적의(敵意) 그 자체도 적의를 일으키는 표상이고 적의를 일으키는 대상도 적의를 일으키는 표상이다. 지혜 없이 마음에 잡도리함이란 모든 곳에서 같은 특징을 가진다. 이런 것을 많이 일으키기 때문에 악의가 일어난다."(MA.i.282)

411) "자애(mettā)를 통한 마음의 해탈[慈心解脫]에 대해 지혜롭게 마음에 잡도리할 때 그것은 제거된다. 여기서 '자애'라고 말할 때는 본삼매와 근접삼매가 다 해당되고, '마음의 해탈[心解脫]'이라고 말할 때는 오직 본삼매만 해당된다. 지혜롭게 마음에 잡도리함[如理作意]은 앞서 설한 특징을 가진다. 이런 것을 많이 일으키기 때문에 악의가 제거된다."(MA.i.282)

412) "권태(싫어함, arati) 등에 대해 지혜 없이 마음에 잡도리하기 때문에 해태와 혼침(thina-middha)이 일어난다. 권태는 몸의 게으름을 뜻하고, 하품은 몸의 늘어짐을 뜻하고, 식곤증은 식사 후에 오는 피곤함을 뜻하고, 마음의 가라앉음은 마음의 무기력함을 뜻한다. 이들 권태 등에 대해 지혜 없이 마음

되는지, 그 원인을413) 꿰뚫어 알며, 어떻게 해서 제거된 해태와 혼침이 앞으로 다시 일어나지 않는지, 그 원인을 꿰뚫어 안다. 자기에게 들뜸과 후회가 있을 때 '내게 들뜸과 후회가 있다.'고 꿰뚫어 알고, 들뜸과 후회가 없을 때 '내게 들뜸과 후회가 없다.'고 꿰뚫어 안다. 비구는 전에 없던 들뜸과 후회가 어떻게 해서 일어나는지, 그 원인을414) 꿰뚫어 알고, 일어난 들뜸과 후회가 어떻게 해서 제거되는지, 그 원인을 꿰뚫어 알며, 어떻게 해서 제거된 들뜸과 후회가 앞으로 다시 일어나지 않는지, 그 원인을415) 꿰뚫어 안다. 자기에게 의심이 있을 때 '내게 의심이 있다.'고 꿰뚫어 알고, 의심이 없을 때 '내게 의심이 없다.'고 꿰뚫어 안다. 비구는 전에 없던 의심이 어떻게 해서 일어나는지, 그 원인을416) 꿰뚫어 알고, 일어난 의심이 어떻게 해서 제거되는지, 그 원인을417) 꿰뚫어 알며, 어떻게 해서 제거된 의심이 앞

에 잡도리하기 때문에 해태와 혼침이 일어난다."(MA.i.283)
해태와 혼침에 대해서는 각각 『아비담마 길라잡이』 2장 §4의 해설 12와 13을 참조할 것.

413) "세 가지 정진들에 지혜롭게 마음에 잡도리할 때 해태와 혼침이 제거된다. 세 가지 정진이란 정진을 시작하는 요소(ārambha-dhātu, 發勤界)와 벗어나는 요소(nikkama-dhātu, 出離界)와 분발하는 요소(parakkama-dhātu, 勇猛界)다."(MA.i.283)

414) "마음이 고요하지 못한 것에 대해 지혜 없이 마음에 잡도리하기 때문에 들뜸과 후회(uddhacca-kukkucca)가 일어난다."(MA.i.284)
들뜸과 후회에 대해서는 『아비담마 길라잡이』 2장 §4의 해설 4와 11을 참조할 것.

415) "삼매라고 불리는 마음의 고요함에 대해 지혜롭게 마음에 잡도리할 때 들뜸과 후회가 제거된다."(MA.i.285)

416) "의심스러운 법들에 대해 지혜 없이 마음에 잡도리하기 때문에 의심(vicikicchā)이 일어난다."(MA.i.285)
의심에 대해서는 『아비담마 길라잡이』 2장 §4의 해설 14를 참조할 것

417) "유익한 법[善法] 등에 대해 지혜롭게 마음에 잡도리할 때 의심이 제거된

으로 다시 일어나지 않는지, 그 원인을 꿰뚫어 안다.

37. "이와 같이 안으로 [자기의] 법에서 법을 관찰하며[法隨觀] 머문다. 혹은 밖으로 [다른 사람의] 법에서 법을 관찰하며 머문다. 혹은 안팎으로 법에서 법을 관찰하며 머문다.418) 혹은 법에서 일어나는 요소들을 관찰하며 머문다. 혹은 법에서 사라지는 요소들을 관찰하며 머문다. 혹은 법에서 일어나는 요소들과 사라지는 요소들을 관찰하며 머문다.419) 혹은 '법이 있구나.'라고 그의 마음챙김이 잘 확립되나니, 그것은 오직 지혜를 증장하게 하고, 오직 마음챙김을 강하게 한다. 이제 그는 [갈애와 견해에] 의지하지 않고 머문다. 그는 세상에서 아무것도 움켜쥐지 않는다. 비구들이여, 이와 같이 비구는 다섯 가지 장애의 법에서 법을 관찰하며 머문다."

(2) 취착의 [대상인] 다섯 가지 무더기[五取蘊]

38. "다시 비구들이여, 여기 비구는 취착의 [대상인] 다섯 가지 무더기[五取蘊]420)의 법에서 법을 관찰하며[法隨觀] [61] 머문다. 비구

다."(MA.i.285)

418) "이와 같이 다섯 가지 장애[五蓋]를 파악함으로써 자기의 법들인 [다섯 가지 장애에] 대해서, 다른 사람의 법들인 [다섯 가지 장애에] 대해서, 때로는 자기의 법들인 [다섯 가지 장애에] 대해서 때로는 다른 사람의 법들인 [다섯 가지 장애에] 대해서 다섯 가지 장애들을 관찰하며 머무는 것을 말한다."(MA.i.286)

419) "일어나는 요소들과 사라지는 요소들이란 아름다운 표상이나 부정한 표상 등에 대해 지혜 없이 마음에 잡도리함과 지혜롭게 마음에 잡도리함을 말한다."(MA.i.286)

420) "취착의(upādānassa) 무더기들(khandhā)이 취착의 [대상인] 무더기들(upādānakkhandhā, 取蘊)이다. 즉 취착의 조건인 법들의 더미나 법들의 낟가리라는 의미이다. 이것은 간략하게 설한 것이고, 취착의 [대상인] 무더기[取蘊]에 대한 상세한 설명은 『청정도론』(XIV장)에서 설했다."(MA.i.

들이여, 어떻게 비구가 취착의 [대상인] 다섯 가지 무더기의 법에서 법을 관찰하며 머무는가? 비구들이여, 여기 비구는 '이것이 물질이다.[421] 이것이 물질의 일어남이다.[422] 이것이 물질의 사라짐이다.[423] 이것이 느낌이다. 이것이 느낌의 일어남이다. 이것이 느낌의 사라짐이다. 이것이 인식이다. 이것이 인식의 일어남이다. 이것이 인식의 사라짐이다. 이것이 심리현상들이다. 이것이 심리현상들의 일어남이다. 이것이 심리현상들의 사라짐이다. 이것이 알음알이이다. 이것이 알음알이의 일어남이다. 이것이 알음알이의 사라짐이다.'[424]라고

286~287)
'취착의 [대상인] 다섯 가지 무더기들[五取蘊]'은 pañca upādānakkhandhā를 옮긴 것이다. 왜 이렇게 옮겼는가 하는 이유에 대해서는 『상윳따 니까야』 제3권 「짐 경」(S22:22) §3의 주해를 참조할 것.
그리고 오온이 드러나는 원인에 대해서는 본서 제3권 「보름밤의 긴 경」(M109) §9를 참조할 것.

421) "'이것이 물질이다(iti rūpaṁ).'라는 것은 '이만큼이 물질이고 이것을 넘어서서는 물질이 없다.'라고 고유성질을 통해서 물질을 아는 것을 말한다. 느낌 등에도 이 방법이 적용된다."(MAi.287)

422) "'이것이 물질의 일어남이다(iti rūpassa samudayo).'라는 것은 이와 같이 '무명이 일어남으로써 물질이 있다.'라는 등의 다섯 가지 형태로 물질의 일어남이 있다는 말이다. 느낌 등에도 이 방법이 적용된다."(MA.i.287)

423) "'이것이 물질의 사라짐이다(iti rūpassa atthaṅgamo).'라는 것은 이와 같이 무명이 소멸함으로써 물질이 소멸한다.'라는 등의 다섯 가지 형태로 물질의 사라짐이 있다는 말이다. 이것은 간략하게 설한 것이고, 『청정도론』의 「일어나고 사라짐을 관찰하는 지혜의 해설」(XX장 §93 이하)에서 상세하게 설했다."(MA.i.281)

424) 오온에 대한 이 정형구는 『디가 니까야』 「대념처경」(D22) §14에도 나타나고 있고, 『상윳따 니까야』 제2권 「의지처 경」(S12:23)과 제3권 S22:78; 89; 101에도 나타난다. 그리고 오온의 일어남(samudaya)과 사라짐(atthaṅgama)은 『상윳따 니까야』 제3권 「삼매 경」(S22:5) §3에서는 통시적(通時的, 이시적)인 관점에서 설명되고 있으며, 「취착의 양상 경」(S22:56)과 「일곱 가지 경우 경」(S22:57) 등에서는 공시(共時)적(동시적)인 관점에서 설명되고 있다.

[관찰하며 머문다.]"

39. "이와 같이 안으로 [자기의] 법에서 법을 관찰하며[法隨觀] 머문다. … 그는 세상에 대해 아무것도 움켜쥐지 않는다. 비구들이여, 이와 같이 비구는 취착의 [대상인] 다섯 가지 무더기[五取蘊]의 법에서 법을 관찰하며 머문다."

(3) 여섯 가지 감각장소[六處]

40. "다시 비구들이여, 여기 비구는 여섯 가지 안팎의 감각장소[六內外處]의 법에서[425] 법을 관찰하며[法隨觀] 머문다. 비구들이여, 어떻게 비구가 여섯 가지 안팎의 감각장소의 법에서 법을 관찰하며 머무는가? 비구들이여, 여기 비구는 눈을 꿰뚫어 안다.[426] 형색을 꿰뚫어 안다.[427] 이 둘을 조건으로 일어난 족쇄도 꿰뚫어 안다.[428]

한편 『상윳따 니까야』 제2권 「괴로움 경」(S12:43)에 대한 주석서(SA.ii.74)에서는 일어남은 순간적인 일어남(khaṇika-samudaya)과 조건 따라 일어남(paccaya-samudaya)의 두 가지가 있다고 설명하고 있다. 여기에 대해서는 「괴로움 경」(S12:43) §2의 주해를 참조할 것.

425) "여기서 여섯 가지 안팎의 감각장소[六內外處]의 법에서라는 것은 눈·귀·코·혀·몸·마노라는 이들 여섯 가지 안의 [감각장소]와 형색·소리·냄새·맛·감촉·법이라는 이들 여섯 가지 밖의 [감각장소]를 말한다."(MA.i.287)
'여섯 가지 감각장소[六處/六入, saḷāyatana]'는 『초기불교 이해』 167쪽 이하 '제11장 존재란 무엇인가 —12처[六內外處]' 편을 참조할 것.

426) "눈을 꿰뚫어 안다는 것은 눈의 감성을 역할과 특징을 통해서 있는 그대로 꿰뚫어 안다는 말이다."(*Ibid*)

427) "형색을 꿰뚫어 안다는 것은 [업·마음·온도·음식의] 넷에서 생긴 밖의 물질을 역할과 특징을 통해서 있는 그대로 꿰뚫어 안다는 말이다."(MA.i.287)

428) "이 둘을 조건으로(緣) 일어난 족쇄도 꿰뚫어 안다는 것은 눈과 형색이라는 이 둘을 반연하여 (1) 감각적 욕망의 족쇄 (2) 적의의 족쇄 (3) 자만의 족쇄 (4)

전에 없던 족쇄가 어떻게 해서 일어나는지, 그 원인을 꿰뚫어 알고, 일어난 족쇄가 어떻게 해서 제거되는지, 그 원인을 꿰뚫어 알며,429) 어떻게 해서 제거된 족쇄가 앞으로 다시 일어나지 않는지, 그 원인을 꿰뚫어 안다.430) 귀를 꿰뚫어 안다. 소리를 꿰뚫어 안다. … 코를 꿰

사견의 족쇄 (5) 의심의 족쇄 (6) 계행과 의례의식에 대한 집착의 족쇄 (7) 존재에 대한 욕망의 족쇄 (8) 질투의 족쇄 (9) 인색의 족쇄 (10) 무명의 족쇄라는 열 가지 족쇄가 일어나는데 이것을 역할과 특징을 통해서 있는 그대로 꿰뚫어 안다는 말이다.(여기서 설명하는 열 가지 족쇄는 아비담마의 방법에 따른 것이다. 10가지 족쇄(saṁyojana)에 대한 설명은 본서 「뿌리에 대한 법문 경」(M1) §99의 주해를 참조할 것. 그리고 경에서 설하는 족쇄와 아비담마에서 설하는 족쇄의 차이점에 대해서는 『아비담마 길라잡이』 7장 §§10~11을 참조할 것.)

그러면 어떻게 이것이 일어나는가?

(1) 눈의 문의 영역에 나타난 원하는 대상을 감각적 욕망의 달콤함을 통해서 그것을 맛보고 즐길 때 그에게 감각적 욕망의 족쇄가 일어난다. (2) 원하지 않는 대상을 증오할 때 그에게 적의의 족쇄가 일어난다. (3) '나 말고 다른 누가 이 대상을 분명하게 설명할 수 있단 말인가?'라고 여길 때 그에게 자만의 족쇄가 일어난다. (4) '이 형색은 항상하고 견고하다.'라고 움켜쥘 때 그에게 사견의 족쇄가 일어난다. (5) '이 형색은 중생인가, 아니면 중생의 것인가?'라고 의심할 때 그에게 의심의 족쇄가 일어난다. (6) '미래에도 계행과 의례의식을 받들어 이런 [형색을] 얻을 수가 있기를.' 하면서 계행과 의례의식을 받들 때 그에게 계행과 의례의식에 대한 집착의 족쇄가 일어난다. (7) '이 [원하는 형색은] 수승한 존재에서 쉽게 얻어질 것이다.'라고 [수승한] 존재를 원할 때 그에게 존재에 대한 욕망의 족쇄가 일어난다. (8) '오, 참으로 이 형색을 다른 사람들은 얻지 못하기를.' 하고 시샘할 때 그에게 질투의 족쇄가 일어난다. (9) 자신이 얻은 형색을 남에게 인색하게 굴 때 그에게 인색의 족쇄가 일어난다. (10) 이 모든 것과 함께 생긴 무지함을 통해서 무명의 족쇄가 일어난다."(MA.i.287~288)

429) "제거되지 않았다는 뜻에서 혹은 꿈틀거림으로써 일어난 그 열 가지 족쇄가 어떤 이유로 인해 제거되는지 그 이유를 꿰뚫어 안다는 말이다."(MA.i.288)

430) 반대를 대체함에 의한 버림과 억압에 의한 버림을 통해 이미 버린 열 가지 족쇄가 어떤 이유 때문에 앞으로 다시 일어나지 않는지, 그 이유를 꿰뚫어 안다는 말이다.(MA.i.288)

"그러면 무슨 이유로 미래에 다시 일어나지 않는가? 사견 · 의심 · 계행과 의례의식에 대한 집착 · 질투 · 인색이라는 이 다섯 가지 족쇄는 예류도를 얻

뚫어 안다. 냄새를 꿰뚫어 안다. … 혀를 꿰뚫어 안다. 맛을 꿰뚫어 안다. … 몸을 꿰뚫어 안다. 감촉을 꿰뚫어 안다. … 마노를 꿰뚫어 안다. 법을 꿰뚫어 안다. 이 둘을 조건으로 일어난 족쇄도 꿰뚫어 안다. 전에 없던 족쇄가 어떻게 해서 일어나는지, 그 원인을 꿰뚫어 알고, 일어난 족쇄가 어떻게 해서 제거되는지, 그 원인을 꿰뚫어 알며, 어떻게 해서 제거된 족쇄가 앞으로 다시 일어나지 않는지, 그 원인을 꿰뚫어 안다."

41. "이와 같이 안으로 [자기의] 법에서 법을 관찰하며[法隨觀] 머문다. 혹은 밖으로 [다른 사람의] 법에서 법을 관찰하며 머문다. 혹은 안팎으로 법에서 법을 관찰하며 머문다. 혹은 법에서 일어나는 요소들을 관찰하며 머문다.431) 혹은 법에서 사라지는 요소들을 관찰하며 머문다. 혹은 법에서 일어나는 요소들과 사라지는 요소들을 관찰하며 머문다. 혹은 '법이 있구나.'라고 그의 마음챙김이 잘 확립되나니, 그것은 오직 지혜를 증장하게 하고, 오직 마음챙김을 강하게 한다. 이제 그는 [갈애와 견해에] 의지하지 않고 머문다. 그는 세상에서 아무것도 움켜쥐지 않는다. 비구들이여, 이와 같이 비구는 여섯 가지 안팎의 감각장소[六內外處]의 법에서 법을 관찰하며 머문다."

으면 미래에 다시 일어나지 않는다. 감각적 욕망과 적의의 두 가지 거친 족쇄는 일래도에 의해서, 미세한 것은 불환도에 의해서, 자만과 존재에 대한 욕망과 무명의 세 가지 족쇄는 아라한도에 의해서 미래에 다시 일어나지 않는다."(MA.i.288)

431) "즉 무명이 일어남으로 해서 눈이 일어난다는 등 물질의 감각장소는 물질의 무더기[色蘊]에서, 그리고 정신의 감각장소들 가운데서 마노의 감각장소는 알음알이의 무더기[識蘊]에서, 법(法)의 감각장소는 나머지 무더기들[受蘊·想蘊·行蘊]에서 설한 방법대로 알아야 한다. 여기서는 출세간의 법들을 취해서는 안된다."(MA.i.289)

(4) 일곱 가지 깨달음의 구성요소[七覺支]

42. "다시 비구들이여, 비구는 일곱 가지 깨달음의 구성요소들[七覺支][432]의 법에서 법을 관찰하며 머문다. 비구들이여, 어떻게 비구가 일곱 가지 깨달음의 구성요소들의 법에서 법을 관찰하며 머무는가? 비구들이여, 여기 비구는 자기에게 마음챙김의 깨달음의 구성요소[念覺支][433]가 있을 때 '내게 마음챙김의 깨달음의 구성요소가 있다.'고 꿰뚫어 알고, 마음챙김의 깨달음의 구성요소가 없을 때 [62] '내게 마음챙김의 깨달음의 구성요소가 없다.'고 꿰뚫어 안다. 비구는 전에 없던 마음챙김의 깨달음의 구성요소가 어떻게 해서 일어나는지, 그 원인을 꿰뚫어 알고,[434] 일어난 마음챙김의 깨달음의 구성요

---

432) 본경에 나타나고 있는 일곱 가지 깨달음의 구성요소들[七覺支, satta bojjhaṅga] 각각에 대한 주석서적인 설명은 본서「모든 번뇌 경」(M2) §21의 주해를 참조할 것. 그리고 칠각지의 일곱 가지 구성요소들이 어떻게 점진적으로 개발되는지는 본서 제4권「들숨날숨에 대한 마음챙김 경」(M118) §§29~40에 잘 설명되어 나타나므로 참조하기 바란다.

433) "'마음챙김의 깨달음의 구성요소(satisambojjhaṅga, 念覺支)'라는 것은 마음챙김(sati)이라 부르는 깨달음의 구성요소(sambojjhaṅga)이다. 여기서 위빳사나를 시작한 그때부터 수행자는 깨닫게 되므로 깨달음(sambodhi)이라 한다. 혹은 그는 마음챙김 등의 일곱 가지 법들의 조화(sāmaggi) 때문에 깨닫고 오염원의 졸림에서 깨어나거나 [네 가지] 진리를 통찰한다. 그러므로 그 법의 조화로움(dhammasāmaggi)이 깨달음(sambodhi)이다. 그런 깨달음(sambodhi)의 구성요소(aṅga)라고 해서 '깨달음의 구성요소(sambojjhaṅga, 覺支)'라고 한다. 그래서 마음챙김이라 부르는 깨달음의 구성요소라고 한 것이다. 나머지 깨달음의 구성요소들에 대해서도 이 방법으로 단어의 뜻을 알아야 한다."(MA.i.289)

434) "마음챙김의 깨달음의 구성요소는 이와 같이 일어난다.
"비구들이여, 마음챙김의 깨달음의 구성요소(念覺支)를 확립시키는 법들이 있어 거기에 지혜롭게 마음에 잡도리함을 많이 짓는 것이 아직 일어나지 않은 마음챙김의 깨달음의 구성요소를 일어나게 하는 음식(자양분)이고, 이미 일어난 마음챙김의 깨달음의 구성요소를 늘리고 강하게 만들고 수행을 성취하는 음식이다."(『상윳따 니까야』 제5권「몸 경」(S46:2) §11)

소를 어떻게 닦아서 성취하는지, 그 원인을 꿰뚫어 안다. 자기에게 법을 간택하는 깨달음의 구성요소[擇法覺支]가 있을 때435) … 정진의 깨달음의 구성요소[精進覺支]가 있을 때 … 희열의 깨달음의 구성요소[喜覺支]가 있을 때 … 편안함의 깨달음의 구성요소[輕安覺支]가 있을 때 … 삼매의 깨달음의 구성요소[定覺支]가 있을 때 … 평온의 깨달음의 구성요소[捨覺支]가 있을 때 '내게 평온의 깨달음의 구성요소가 있다.'고 꿰뚫어 알고, 평온의 깨달음의 구성요소가 없을 때 '내게 평온의 깨달음의 구성요소가 없다.'고 꿰뚫어 안다. 비구는 전에 없던 평온의 깨달음의 구성요소가 어떻게 해서 일어나는지, 그 원인을 꿰뚫어 알고, 일어난 평온의 깨달음의 구성요소를 어떻게 닦아서 성취하는지, 그 원인을 꿰뚫어 안다."

43. "이와 같이 안으로 [자기의] 법에서 법을 관찰하며[法隨觀]

여기서 마음챙김 그 자체가 마음챙김의 깨달음의 구성요소를 확립시키는 법이다. 지혜롭게 마음에 잡도리함은 앞서 설명한 특징을 가진다. 거기서 지혜롭게 마음에 잡도리함을 많이 일으키기 때문에 마음챙김의 깨달음의 구성요소가 일어난다.

또한 네 가지 법들이 마음챙김의 깨달음의 구성요소를 일어나게 한다. 즉 마음챙김과 분명한 알아차림[正念·正知], 마음챙김을 잊어버린 자를 멀리함, 마음챙김이 확립된 자를 섬김, 그것을 확신함이다.

매혹적인 중생이나 아름다운 장소 등을 대하여 마음챙기고 분명하게 알아차림을 통해, 매일 일정한 장소에 누군가 밥을 던져주지만 그 장소조차 잊어버리는 까마귀처럼 마음챙김을 잊어버린 사람을 멀리함으로서, 띳사닷따 장로와 아바야 장로처럼 마음챙김이 확립된 사람을 섬김으로서, 서 있거나 앉아 있을 때에도 마음챙김을 일으키기 위해 마음을 향하고 기울이고 기댈 때 마음챙김의 까달음의 구성요소가 일어난다. 이러한 네 가지 조건에 의해 마음챙김의 깨달음의 구성요소가 일어난 자는 아라한도를 성취하여 수행을 완성한다."(MA.i.289~290)

435) 이하 일곱 가지 깨달음의 구성요소[七覺支]에 대한 자세한 설명은 『네 가지 마음챙기는 공부』 238~258쪽을 참조할 것.

머문다. 혹은 밖으로 [다른 사람의] 법에서 법을 관찰하며 머문다. 혹은 안팎으로 법에서 법을 관찰하며 머문다. 혹은 법에서 일어나는 요소들을 관찰하며 머문다. 혹은 법에서 사라지는 요소들을 관찰하며 머문다. 혹은 법에서 일어나는 요소들과 사라지는 요소들을 관찰하며 머문다. 혹은 '법이 있구나.'라고 그의 마음챙김이 잘 확립되나니, 그것은 오직 지혜를 증장하게 하고, 오직 마음챙김을 강하게 한다. 이제 그는 [갈애와 견해에] 의지하지 않고 머문다. 그는 세상에서 아무것도 움켜쥐지 않는다. 비구들이여, 이와 같이 비구는 일곱 가지 깨달음의 구성요소들의 법에서 법을 관찰하며 머문다."

(5) 네 가지 성스러운 진리[四聖諦]

44. "다시 비구들이여, 여기 비구는 네 가지 성스러운 진리[四聖諦]의 법에서 법을 관찰하며[法隨觀] 머문다.436) 비구들이여, 어떻게 비구가 네 가지 성스러운 진리의 법에서 법을 관찰하며 머무는가? 여기 비구는 '이것이 괴로움이다.'라고 있는 그대로 꿰뚫어 안다. '이것이 괴로움의 일어남이다.'라고 있는 그대로 꿰뚫어 안다. '이것이 괴로움의 소멸이다.'라고 있는 그대로 꿰뚫어 안다. '이것이 괴로움의 소멸로 인도하는 도닦음이다.'라고 있는 그대로 꿰뚫어 안다."437)

---

436) Ee와 Se에 의하면 『디가 니까야』 제2권 「대념처경」(D22)과 본경이 다른 부분은 사성제에 관한 이 부분이다. 「대념처경」(D22)에는 사성제에 대한 이 부분이 자세히 나타나고 본경에서는 여기서처럼 간략하게 나타난다.

437) "'이것이 괴로움이다.'라고 있는 그대로 꿰뚫어 안다(idaṁ dukkhanti yathā-bhūtaṁ pajānāti).'는 것은 갈애를 제외하고 삼계의 법들에 대해 '이것은 괴로움이다.'라고 고유성질에 따라서(yathā-sabhāvato) 꿰뚫어 안다. 이 괴로움을 생기게 하고 일어나게 하는 이전의 갈애를 '이것은 괴로움의 일어남이다.'라고 꿰뚫어 알고, 이 둘이 일어나지 않는 열반을 '이것은 괴로움의 소멸이다.'라고 꿰뚫어 알며, 괴로움을 철저하게 알고 일어남을 제거하고 소멸을 실현하는 성스러운 도를 '이것은 괴로움의 소멸로 인도하는 도닦음이

45. "이와 같이 안으로 [자기의] 법에서 법을 관찰하며[法隨觀] 머문다. 혹은 밖으로 [다른 사람의] 법에서 법을 관찰하며 머문다. 혹은 안팎으로 법에서 법을 관찰하며 머문다. 혹은 법에서 일어나는 요소들을 관찰하며 머문다. 혹은 법에서 사라지는 요소들을 관찰하며 머문다. 혹은 법에서 일어나는 요소들과 사라지는 요소들을 관찰하며 머문다. 혹은 '법이 있구나.'라고 그의 마음챙김이 잘 확립되나니, 그것은 오직 지혜를 증장하게 하고, 오직 마음챙김을 강하게 한다. 이제 그는 [갈애와 견해에] 의지하지 않고 머문다. 그는 세상에서 아무것도 움켜쥐지 않는다. 비구들이여, 이와 같이 비구는 네 가지 성스러운 진리의 법에서 법을 따라 관찰하면서 머문다."

결어

46. "비구들이여, 누구든지[438] 이 네 가지 마음챙김의 확립[四念處]을 이와 같이 칠 년을 닦으면 두 가지 결과 중의 하나를 기대할 수 있다. 지금·여기에서 구경의 지혜[439]를 얻거나, 취착의 자취가 남아 있으면[440] 다시는 돌아오지 않는 경지[不還果]를[441] 기대할 수 있

다.'라고 고유성질에 따라서 꿰뚫어 안다는 뜻이다."(MA.i.300)
'네 가지 성스러운 진리[四聖諦, cattari ariya-saccāni]'에 대해서는 『초기불교 이해』 87쪽 이하 '제6장 초기불교의 진리 — 사성제'를 참조할 것.

438) "'누구든지(yo hi koci)'라는 말은 어떤 비구든 비구니든 청신사든 청신녀든 다 포함하는 말이다."(MA.i.301)

439) "'구경의 지혜(aññā)'란 아라한과이다."(MA.i.301)
'구경의 지혜(aññā)'에 대해서는 본서 「뿌리에 대한 법문 경」(M1) §51과 제3권 「수낙캇따 경」(M105) §2의 주해를 참조할 것.

440) "'취착의 자취가 남아 있으면(sati vā upādisese)'이란 취착이 아직 남아있거나 완전히 제거되지 않은 것이다."(MA.i.301~302)
'취착의 자취가 남아 있음'은 upādi-sesa를 옮긴 것이고 有餘로 한역되었

다. 비구들이여, 칠 년까지는 아니더라도[442] [63] 누구든지 이 네 가지 마음챙김의 확립을 이와 같이 육 년을 닦으면 … 오 년을 … 사 년을 … 삼 년을 … 이 년을 … 일 년을 닦으면, 아니 일 년까지는 아니더라도 누구든지 이 네 가지 마음챙김의 확립을 이와 같이 일곱 달을 닦으면 두 가지 결과 중의 하나를 기대할 수 있다. 지금·여기에서 구경의 지혜를 얻거나, 취착의 자취가 남아 있으면 다시는 돌아오지 않는 경지를 기대할 수 있다. 일곱 달까지는 아니더라도 누구든지 여섯 달을 … 다섯 달을 … 넉 달을 … 석 달을 … 두 달을 … 한 달을 … 보름을 닦으면, 아니 보름까지는 아니더라도 누구든지 이 네 가지 마음챙김의 확립을 이와 같이 칠 일을 닦으면 두 가지 결과 중의 하나를 기대할 수 있다. 지금·여기에서 구경의 지혜를 얻거나, 취착의 자취가 남아 있으면 다시는 돌아오지 않는 경지를 기대할 수 있다.

47. "'비구들이여, 이 길은 중생들을 청정하게 하고, 근심과 탄식을 다 건너게 하고, 육체적 고통과 정신적 고통을 사라지게 하고, 옳은 방법을 얻게 하고, 열반을 실현하게 하는 유일한 길이니, 그것은 곧 네 가지 마음챙김의 확립[四念處]이다.'라고 한 것은 이런 이유로 그렇게 말했다."

다. 여기에 대한 자세한 설명은 『상윳따 니까야』 제5권 「해골 경」(S46:57) §4의 주해를 참조할 것. 특히 본서 제3권 「수낙캇따 경」(M105) §19의 주해도 참조할 것.

441) "'다시 돌아오지 않는 경지(anāgāmitā)'란 불환자(不還者)의 상태이다." (MA.i.302)

442) "이와 같이 칠 년으로써 교법이 출구가 됨을 보이신 뒤 다시 그보다도 더 짧은 시간들을 보이시면서 '비구들이여, 칠 년까지는 아니더라도'라는 등을 말씀하셨다."(MA.i.302)

세존께서는 이와 같이 설하셨다. 그 비구들은 흡족한 마음으로 세존의 말씀을 크게 기뻐하였다.

마음챙김의 확립 경(M10)이 끝났다.

제1장 뿌리에 대한 법문 품이 끝났다.

제2장

사자후 품

Sīhanāda-vagga

(M11~20)

사자후[443]의 짧은 경

Cūḷa-sīhanāda Sutta(M11)

1. 이와 같이 나는 들었다. 한때 세존께서는 사왓티에서 제따 숲의 아나타삔디까 원림(급고독원)에 머무셨다. 거기서 세존께서는 "비구들이여."라고 비구들을 부르셨다. "세존이시여."라고 비구들은 세존께 응답했다. 세존께서는 이렇게 말씀하셨다.

443) '사자후(sīhanāda)'는 sīha(사자)-nāda(소리)의 역어이다. 주석서는 "다른 교설에 의해서 깨뜨려지지 않고 자신의 교설을 명쾌하게 밝히는 두려움 없는 소리"(DA.iii.844)로 설명하기도 하고 "뛰어난 소리이며 우둔하지도 않고 포악하지도 않은 사자가 내는 최상(uttama)의 소리"(DA.iii.879)라고 설명하고 있다. 아래 §2의 해당 주해도 참조할 것.
그러므로 사자후(sīha-nāda)라는 제목이 붙은 경은 모두 다른 종교나 다른 사상에서는 존재하지 않으며, 그들이 결코 따를 수 없고 흉내조차 낼 수 없는 부처님과 불교 교단에만 있는 뛰어난 가르침을 뜻한다. 그렇기 때문에 마치 뭇짐승들이 사자후를 듣고 두려워하듯이 부처님의 이러한 사자후를 듣고 외도들은 두려워하고 자취를 감추게 된다.
니까야에는 『디가 니까야』 제1권 「깟사빠 사자후경」(D8), 제3권 「우둠바리까 사자후경」(D25), 「전륜성왕 사자후경」(D26)과 『앙굿따라 니까야』 제4권 「사자후 경」(A6:64) 등이 전해온다.
그리고 왜 부처님의 말씀을 사자후라 하는지에 대해서는 사자의 울음소리를 비유로 들고 계시는 『상윳따 니까야』 제3권 「사자 경」(S22:78)과 『앙굿따라 니까야』 제2권 「사자 경」(A4:33)을 참조할 것.

2 "비구들이여, 오직 여기에만 사문이 있다. 여기에만 두 번째 사문이 있고, 여기에만 세 번째 사문이 있고, 여기에만 네 번째 사문이 있다.444) 다른 [외도들의] 교설445)에는 [64] 사문들이 비어있다.446) 비구들이여, 이렇게 바르게447) 사자후448)를 토하라."

---

444) "'여기에만(idheva)'이란 오로지 이 교법(sāsana)에만 [이런 성스러운 사문들이 있다]는 것을 한정짓는 것이다. 이것은 나머지 두 번째 사문 등에도 적용된다. 이 네 부류의 사문들 중에서 첫 번째 사문은 예류자를, 두 번째 사문은 일래자를, 세 번째 사문은 불환자를, 네 번째 사문은 아라한을 말한다." (MA.ii.4~5)
이 네 부류의 사문이 각각 예류자, 일래자, 불환자, 아라한을 뜻하는 것은 이 넷을 정의하는 정형구를 통해서 『앙굿따라 니까야』 제2권 「사문 경」(A4:239)에 나타나고 있으므로 참조하기 바란다.

445) "'다른 [외도들의] 교설(para-ppavādā)'이란 상견을 주장하는 네 가지 사견 등 『디가 니까야』 제1권 「범망경」(D1)에서 설한 62가지 사견을 가진 외도들의 교설을 말한다. 그들의 교설에는 이 네 가지 과에 서 있는 사문들(phal-aṭṭhaka-samaṇā)이 비었다. 거기에는 없다. 아니 이들 사문만 비어 있는 것이 아니라 네 가지 도에 있는 사문도 없고, 네 가지 도를 얻기 위해 위빳사나를 시작한 자도 없기 때문에 열두 부류의 사문이 비었다."(MA.ii.5)

446) '오직 여기에만 사문이 있다. … 다른 [외도들의] 교설에는 사문들이 텅 비어 있다.'는 이 말씀은 『디가 니까야』 제2권 「대반열반경」(D16) §5.27과 『앙굿따라 니까야』 제2권 「사문 경」(A4:239) §1에도 나타나고 있다.
특히 세존의 임종 직전에 마지막으로 세존의 제자가 된 수밧다 유행승에게 하신 팔정도가 있기 때문에 불교 교단에는 첫 번째부터 네 번째까지의 진정한 사문이 있다고 하신, 「대반열반경」(D16 §5.27)의 이 말씀은 불교 만대의 표준이 되는 대사자후이시다.

447) "'바르게(sammā)'란 것은 원인(hetu)과 더불어, 바른 방법(naya)으로, 이유(kāraṇa)와 함께라는 말이다."(MA.ii.7)

448) "'사자후(sīhanāda)'란 ① 수승한 소리(seṭṭha-nāda)이고 ② 두려움 없는 소리(abhīta-nāda)이고 ③ 논박할 수 없는 소리(appaṭi-nāda)이다.
이런 네 부류의 사문들이 오로지 이 교법에만 있기 때문에 이 소리는 수승한 소리라 하고 최상의 소리(uttama-nāda)라 한다. '이들이 오로지 이 교법에만 있다.'라고 말할 때 다른 사람들로부터 두려움이나 의심을 받지 않기 때문에 두려움 없는 소리이다. 이렇게 말할 때 어느 누구도 일어서서 논박하지

3. "비구들이여, 여기 다른 외도449) 유행승450)들이 '존자들은 무슨 근거451)와 무슨 힘으로 '오직 여기에만 사문이 있다. 여기에만

못하기 때문에 논박할 수 없는 소리이다. 그래서 수승한 소리이고 두려움 없는 소리이고 논박할 수 없는 소리라고 하는 것이다."(MA.ii.7)

449) 외도는 'titthī' 혹은 añña-titthī를 옮긴 것이다. 주석서는 이렇게 설명하고 있다.

"'외도(añña-titthiya)'라는 것은 견해(dassana)도 외관(ākappa)도 처신(kutta)도 행실(ācāra)도 거처(vihāra)도 행동거지(iriyāpatha)도 모두 다른 쪽에 있는 자라고 해서 외도라 한다."(DA.iii.833)

외도로 옮기는 titthiya는 √tṝ(*to cross*)에서 파생된 명사 tittha(Sk. tīrtha, 성소(聖所)의 계단)와 관계가 있다. 문자적으로 titthiya는 이 'tittha에 속하는 자'라는 뜻이다. tittha(Sk. tīrtha)는 인도 바라나시의 강가 강 등의 성스러운 곳[聖所]의 기슭에 있는 계단을 말하며 añña-thittha는 다른 쪽(añña)에 있는 성소의 계단이라는 뜻이고 그래서 añña-titthiya는 다른 쪽 성소의 계단에 속하는 자라는 의미에서 외도를 뜻한다.

450) '유행승(遊行僧)'으로 옮긴 paribbājaka는 pari(*around*)+√vraj(*to proceed, to wander*)에서 파생된 명사이다. 초기불전에서 많이 나타나며 집을 떠나 수행하는 부처님 제자를 제외한 출가자들을 통칭하는 말이다. 그래서 주석서에서는 "재가의 속박을 버리고 출가한 자(gihi-bandhanaṁ pahāya pabbajjūpagata)"(MA.ii.7)라고 설명하고 있다.

여기서 보듯이 니간타와 나체수행자의 무리 등은 유행승이라 표현하지 않고 그들에 해당하는 이름인 니간타와 나체수행자 등으로 각각 부르고 있으며, 그 외 별다른 특징이나 큰 집단을 이루지 않은 일반 출가자들은 유행승이라는 용어로 부르고 있는 듯하다. 『디가 니까야』 제3권 「우둠바리까 사자후 경」(D25)에 의하면 니그로다(Nigrodha) 유행승은 3000명의 무리를 거느리기도 했다.

주석서와 복주서에 의하면 유행승에도 옷을 입는 유행승(channa-paribbājaka)과 옷을 입지 않는 유행승(nagga-paribbājaka)이 있었으며, 옷을 입지 않는 유행승을 나체수행자(acela)라 부른다.(DA.ii.349; DAṬ.i.472, 등) 한편 초기불전에서는 비구들의 출가를 빱밧자(pabbajjā, pra+√vraj, pabbajati)라 표현하여 일반 유행승에 관계된 빠립바자까(paribbājaka, pari+√vraj)라는 용어와 구분하여 사용하고 있다.

451) '근거'로 옮긴 assāsa는 대개 '위안'의 뜻으로 사용되는데, 여기서는 주석서에서 avassaya(버팀, 지주, 보호), patiṭṭha(근거, 토대), upatthambha(도움)의 뜻이라고 설명하고 있어서(MA.ii.7) 이렇게 옮겼다.

두 번째 사문이 있고, 여기에만 세 번째 사문이 있고, 여기에만 네 번째 사문이 있다. 다른 [외도들의] 교설에는 사문들이 비어있다.'라고 말합니까?'라고 묻는 경우가 있을 것이다. 비구들이여, 이렇게 말하는 다른 외도 유행승들에게 다음과 같이 말해야 한다.

'도반들이여, 아시는 분, 보시는 분, 아라한, 정등각자[452])이신 그분 세존께서 우리에게 네 가지 법을 설하셨습니다. 그것을 우리는 스스로 바르게 보기 때문에 '오직 여기에만 사문이 있다. 여기에만 두 번째 사문이 있고, 여기에만 세 번째 사문이 있고, 여기에만 네 번째 사문이 있다. 다른 [외도들의] 교설에는 사문들이 비어있다.'라고 말합

---

452) "'아시는 분, 보시는 분(jānatā passatā)'이라고 했다. 세존께서는 30가지 바라밀을 모두 완성했고, 오염원을 부수고 무상 정등각을 깨달으셨다. 그분 세존께서는 모든 중생들의 성향과 의향(āsaya-anusaya)을 아시는 분이고, 손바닥에 놓인 아말라끼 열매처럼 알아야 할 모든 법들을 보시는 분이시다. 더욱이 숙명통 등으로 아시는 분이고 천안으로 보시는 분이며, 세 가지 명지[三明, te vijjā] 혹은 여섯 가지 신통지[六通, cha abhiññā]으로 아시는 분이고 모든 곳에 걸림 없는 완전한 눈으로 보시는 분이며, 모든 법들을 알 수 있는 통찰지로 아시는 분이고 모든 중생들의 시야를 스쳐갔거나 벽 뒤에 있는 형색들조차도 청정한 육안으로 보시는 분이다.

오염원들의 적들(ari)을 부수었기 때문에(hatattā) '아라한(araha)'이시고, 바르게(sammā) 원만하게(sāmaṁ) 모든 법들(sabbadhamma)을 깨달으셨기 때문에(buddhattā) '정등각자(sammāsambuddha)'이시다. 이와 같이 네 가지 무애해에 의한 네 가지 형태의 힘으로 네 가지 법을 우리에게 설하셨고, 그것을 우리가 스스로 보기 때문에 이렇게 말하는 것이지, 왕권의 도움이나 육체적인 힘으로 그렇게 말하는 것이 아니다."(MA.ii.7~8)

네 가지 무애해(paṭisambhidā)는 ① 뜻(attha)에 대한 무애해[義無碍解] ② 법(dhamma)에 대한 무애해[法無碍解] ③ 언어(nirutti)에 대한 무애해[詞無碍解] ④ 영감(paṭibhāna)에 대한 무애해[辯無碍解]이다.

결과(phala)에 대한 지혜를 '뜻에 대한 무애해'라 하고, 원인(hetu)에 대한 지혜를 '법에 대한 무애해'라 한다. 뜻과 법에 대해서 [정확한] 언어를 구사함에 대한 지혜를 '언어에 대한 무애해'라 하고, 앞의 지혜들을 대상으로 한 지혜 혹은 앞의 세 가지 지혜에 대해 각각의 대상, 역할 등으로 상세하게 아는 것을 '영감에 대한 무애해'라 한다고 『청정도론』(XIV.21~26)은 설명하고 있다.

니다. 무엇이 넷인가요?

도반들이여, 우리는 스승에 대한 깨끗한 믿음453)이 있습니다. 우리는 법에 대한 깨끗한 믿음454)이 있습니다. 우리는 계행을 원만하게 갖추었습니다.455) 우리는 서로를 소중히 여기고 호의를 가진 동료 수행자들456) 즉 재가자와 출가자가 있습니다.

도반들이여, 이것이 아시는 분, 보시는 분, 아라한, 정등각자이신 그분 세존께서 우리에게 설한 네 가지 법입니다. 그것을 우리는 스스로 바르게 보기 때문에 '오직 여기에만 사문이 있다. 여기에만 두 번째 사문이 있고, 여기에만 세 번째 사문이 있고, 여기에만 네 번째 사문이 있다. 다른 [외도들의] 교설에는 사문들이 비어있다.'라고 말합니다.'"

4. "비구들이여, 그러면 여기 다른 외도 유행승들이 말하기를, '도반들이여, 우리도 스승에 대한 깨끗한 믿음이 있습니다. 그것은

---

453) "'스승에 대한 깨끗한 믿음(satthari pasāda)'이란 '이런 [이유로] 그분 세존께서는 바로 아라한[應供]이시며, 완전히 깨달은 분[正等覺]이시며, 명지와 실천을 구족한 분[明行足]이시며, … 세존(世尊)이시다.'라고 부처님의 공덕을 기억하면서 일어난 깨끗한 믿음을 말한다."(MA.ii.8)

454) "'법에 대한 깨끗한 믿음(dhamme pasāda)'이란 '법은 세존에 의해서 잘 설해졌고, 스스로 보아 알 수 있고, … 지자들이 각자 알아야 하는 것이다.'라고 법의 공덕을 기억하면서 일어난 깨끗한 믿음을 말한다."(MA.ii.8)

455) "'계행을 원만하게 갖추었다(sīlesu paripūrakāritā).'는 것은 성인들이 좋아하는 계행(ariya-kanta-sīlāni)을 구족했다는 뜻이다. 성인들이 좋아하는 계행이란 오계(pañca-sīlāni)를 말한다."(MA.ii.8)

456) "'동료 수행자들(sahadhammikā)'이란 비구, 비구니, 식차마나, 사미, 사미니, 청신사, 청신녀의 일곱 부류의 동료수행자들을 말한다."(MA.ii.8)
식차마나(式叉摩那)는 식카마나(sikkhamānā)를 중국에서 음역한 것인데 출가하여 구족계를 받기 전에 2년 동안 여섯 가지 법을 공부하는 기간 중에 있는 여자 수행자를 말한다.(Vin.iv.122 등)

우리의 스승[457]에 대한 것입니다. 우리도 법에 대한 깨끗한 믿음이 있습니다. 그것은 우리의 법에 대한 것입니다. 우리도 계행[458]을 원만하게 갖추었습니다. 그것은 우리의 계행입니다. 우리도 서로를 소중히 여기고 호의를 가진 동료 수행자들 즉 재가자와 출가자가 있습니다. 도반들이여, 이 깨끗한 믿음에 관한 한 그대들과 우리 사이에 무엇이 특별한 점이며 무엇이 차이점이며 무엇이 다른 점입니까?'라고 말하는 경우가 있을 것이다."

5. "비구들이여, 이와 같이 말하는 다른 외도 유행승들에게 이렇게 말해야 한다. '그렇다면 도반들이여, 구경의 경지는 하나입니까, 아니면 구경의 경지는 여럿입니까?'라고. 비구들이여, 바르게 설명하는 외도 유행승들은 이렇게 설명할 것이다. '도반들이여, 구경의 경지는 하나이지 여럿이 아닙니다.'[459]라고. '그렇다면 그 구경의 경지는 탐욕을 가진 자에게 있습니까 아니면 탐욕을 여읜 자에게 있습니

---

457) "여기서는 뿌라나 깟사빠 등의 육사외도를 말한다."(MA.ii.9)
육사외도에 대해서는 『디가 니까야』 제1권 「사문과경」(D2)과 주해들을 참조할 것.

458) "여기서 말하는 '계행(sīla)'이란 숫양을 닮은 행위, 소와 같은 행위, 개와 같은 행위 등이다."(MA.ii.9)

459) "각각의 교파마다 '구경의 경지(niṭṭhā)'를 천명하지 않는 곳이 없다. 바라문들은 범천(梵天, brahma-loka)을 구경의 경지라 하고, 고행자들(mahā-tāpasā)은 광음천(光音天, Ābhassarā)을 구경의 경지라 하고, 유행승들(paribbājakā)은 변정천(遍淨天, Subhakiṇhā)을 구경의 경지라 하고, 아지와까들(ājīvakā, 사명외도, 邪命外道)은 무한한 마음(ananta-mānaso)이라고 상상하는 무상천(無想天, asaññī-bhava)을 구경의 경지라 하고, 이 교법에서는 아라한과가 구경의 경지이다. 이들 모두는 오직 아라한과를 구경의 경지라고 말해야겠지만 사견으로 인해 범천 등을 천명한다(paññapenti). 그러므로 각자 자기의 신념(laddhi)에 따라 오직 하나의 구경의 경지를 천명한다. 세존께서는 그것을 보이시기 위해서 '바르게 설명하는(sammā byākaramānā)'이라고 말씀하셨다."(MA.ii.9~10)

까?'[라고 물으면], 비구들이여, 바르게 설명하는 외도 유행승들은 이렇게 설명할 것이다. '도반들이여, 그 구경의 경지는 탐욕을 여읜 자에게 있지, 탐욕을 가진 자에게 있지 않습니다.'라고.

'그러면 도반들이여, 그 구경의 경지는 성냄을 가진 자에게 있습니까 아니면 성냄을 여읜 자에게 있습니까?'[라고 물으면], 비구들이여, 바르게 설명하는 외도 유행승들은 이렇게 설명할 것이다. '도반들이여, 그 구경의 경지는 성냄을 여읜 자에게 있지, 성냄을 가진 자에게 있지 않습니다.'라고.

'그러면 도반들이여, 그 구경의 경지는 어리석음을 가진 자에게 있습니까 아니면 어리석음을 여읜 자에게 있습니까?'[라고 물으면], 비구들이여, 바르게 설명하는 외도 유행승들은 이렇게 설명할 것이다. '도반들이여, 그 구경의 경지는 어리석음을 여읜 자에게 있지, 어리석음을 가진 자에게 있지 않습니다.'라고.

'그러면 도반들이여, 그 구경의 경지는 갈애를 가진 자에게 있습니까 아니면 갈애를 여읜 자에게 있습니까?'[라고 물으면], [65] 비구들이여, 바르게 설명하는 외도 유행승들은 이렇게 설명할 것이다. '도반들이여, 그 구경의 경지는 갈애를 여읜 자에게 있지, 갈애를 가진 자에게 있지 않습니다.'라고.

'그러면 도반들이여, 그 구경의 경지는 취착을 가진 자에게 있습니까 아니면 취착을 여읜 자에게 있습니까?'[라고 물으면], 비구들이여, 바르게 설명하는 외도 유행승들은 이렇게 설명할 것이다. '도반들이여, 그 구경의 경지는 취착을 여읜 자에게 있지, 취착을 가진 자에게 있지 않습니다.'라고.

'그러면 도반들이여, 그 구경의 경지는 현명한 자에게 있습니까 아니면 현명하지 못한 자에게 있습니까?'[라고 물으면], 비구들이여,

바르게 설명하는 외도 유행승들은 이렇게 설명할 것이다. '도반들이여, 그 구경의 경지는 현명한 자에게 있지, 현명하지 못한 자에게 있지 않습니다.'라고.

'그러면 도반들이여, 그 구경의 경지는 순응하고 저항하는 자[460]에게 있습니까 아니면 순응하지도 저항하지도 않는 자에게 있습니까?'[라고 물으면], 비구들이여, 바르게 설명하는 외도 유행승들은 이렇게 설명할 것이다. '도반들이여, 그 구경의 경지는 순응하지도 저항하지도 않는 자에게 있지, 순응하고 저항하는 자에게 있지 않습니다.'라고.

'그러면 도반들이여, 그 구경의 경지는 사량 분별[461]을 즐기고 사량 분별을 기뻐하는 자에게 있습니까 아니면 사량 분별을 즐기지 않고 사량 분별을 기뻐하지 않는 자에게 있습니까?'[라고 물으면], 비구들이여, 바르게 설명하는 외도 유행승들은 이렇게 설명할 것이다. '도반들이여, 그 구경의 경지는 사량 분별을 즐기지 않고 사량 분별을 기뻐하지 않는 자에게 있지, 사량 분별을 즐기고 사량 분별을 기뻐하는 자에게 있지 않습니다.'라고."

---

460) "'순응하고 저항하는(anuruddha-ppaṭiviruddhassa)'이라는 것은 욕망(rāga)으로 순응하고, 성냄(kodha)으로 저항한다는 말이다."(MA.ii.10)

461) "'사량 분별(papañca)'이란 도취하고 나태한 상태(matta-pamatt-ākāra-bhāva)로 일어난 갈애와 사견과 자만(taṇhā-diṭṭhi-māna)의 다른 이름이다. 여기서는 그러나 갈애와 사견만을 뜻한다. 그 사량 분별을 즐기고 기뻐한다는 말이다."(MA.ii.10)
희론(戱論)이라 한역되기도 한 '사량 분별(papañca)'에 대해서는 본서 제2권 「우빨리 경」(M56) §29의 주해를 참조할 것. 그리고 '사량 분별(papañ-ca)'과 '사량 분별이 함께한 인식의 더미(papañca-saññā-saṅkhā)'에 대해서는 본서 「꿀 덩어리 경」(M18) §8과 §16이하와, 「뿌리에 대한 법문 경」(M1) §3의 '땅을 땅이라 인식하고서는(pathaviṁ pathavito saññatvā)'에 대한 주해를 참조할 것.

6. "비구들이여, 두 가지 견해가 있나니, 존재에 대한 견해와 비존재에 대한 견해이다.462) 비구들이여, 어떤 사문이나 바라문들은 존재에 대한 견해에 집착하고 존재에 대한 견해에 압도되고 존재에 대한 견해에 빠져서,463) 비존재에 대한 견해에 저항한다. 비구들이여, 어떤 사문이나 바라문들은 비존재에 대한 견해에 집착하고 비존재에 대한 견해에 압도되고 비존재에 대한 견해에 빠져서, 존재에 대한 견해에 저항한다."

7. "비구들이여, 어떤 사문이든 바라문이든 이 두 가지 견해의 일어남464)과 사라짐465)과 달콤함466)과 재난과 벗어남467)을 있는

---

462) "'존재에 대한 견해(bhava-diṭṭhi)'는 '이 세상은 영원하다.'는 상견(常見, sassata-diṭṭhi)을 말하고, '비존재에 대한 견해(vibhava-diṭṭhi)'는 단견(斷見, uccheda-diṭṭhi)을 말한다."(MA.ii.10)

463) "존재에 대한 견해에 '집착하고(allīnā)' '압도되고(upagatā)' '빠지는 것(ajjhositā)'은 갈애와 사견(taṇhā-diṭṭhi)을 통해서 그 견해에 집착하고 압도되고 빠진다."(MA.ii.10~11)

464) "'일어남(samudaya)'이란 순간적인 일어남(khaṇika-samudaya)과 조건으로서의 일어남(paccaya-samudaya)이다. 순간적인 일어남이란 견해들의 생성(nibbatti)이고, 조건으로서의 일어남이란 여덟 가지가 있다. 이와 같은 말씀이 있다. "무더기도 견해의 조건이고, 무명도 … 감각접촉도 … 인식도 … 일으킨 생각도 … 지혜 없이 마음에 잡도리함도 … 나쁜 친구도 … 다른 사람의 소리도 견해의 조건이다. 무더기는 일어난다는 뜻에서 견해가 일어나는 원인이고 조건이다. 이와 같이 무더기는 견해가 일어나는 조건이다. 무명도 … 감각접촉도 … 인식도 … 일으킨 생각도 … 지혜 없이 마음에 잡도리함도 … 나쁜 친구도 … 다른 사람의 소리도 일어난다는 뜻에서 견해가 일어나는 원인이고 조건이다. 이와 같이 다른 사람의 소리는 견해가 일어나는 조건이다."(Ps.i.138; MA.ii.11)

465) "'사라짐(atthaṅgama)'도 두 가지이다. 순간적인 사라짐과 조건으로서의 사라짐이다. 순간적인 사라짐이란 '다함, 사그라짐, 부서짐, 파괴, 무상함, 자취를 감춤'을 말한다. 조건으로서의 사라짐이란 예류도를 말한다. 예류도는 모든 사견들을 근절하기 때문이다."(MA.ii.11)

그대로 꿰뚫어 알지 못하는[468] 자들은 탐욕을 가진 자요, 성냄을 가진 자요, 어리석음을 가진 자요, 갈애를 가진 자요, 취착을 가진 자요, 현명하지 못한 자요, 순응하고 저항하는 자요, 사량 분별을 즐기고 사량 분별을 기뻐하는 자들이다. 그들은 태어남과 늙음과 죽음과 근심·탄식·육체적 고통·정신적 고통·절망으로부터 완전히 해탈하지 못하고, 괴로움으로부터 완전히 해탈하지 못한다[469]고 나는 말한다."

8. "비구들이여, 어떤 사문이든 바라문이든 이 두 가지 견해의 일어남과 사라짐과 달콤함과 재난과 벗어남을 있는 그대로 꿰뚫어 아는 자들은 탐욕을 여읜 자요, 성냄을 여읜 자요, 어리석음을 여읜 자요, 갈애를 여읜 자요, 취착을 여읜 자요, 현명한 자요, 순응하지도 저항하지도 않는 자요, 사량 분별을 즐기지 않고 사량 분별을 기뻐하지 않는 자이다. 그들은 태어남과 늙음과 죽음과 근심·탄식·육체

---

466) "'달콤함(assāda)'이란 견해에 뿌리박은 이익(diṭṭhi-mūlaka ānisaṁsa)이다. 그것과 관련하여 다음과 같이 말씀하셨다. "스승이 어떤 견해를 가지면 제자도 그와 같은 견해를 가진다. 그런 견해를 가진 스승을 제자들은 존경하고 존중하고 공경하고 숭배한다. 그로 인해 제자들은 옷과 음식과 거처와 약의 네 가지 필수품을 얻는다. 비구들이여, 이것이 견해로 인한 금생의 이익이다."라고."(MA.ii.11)

467) "'재난(ādīnava)'이란 견해를 움켜쥠에 뿌리박은 재난(diṭṭhi-ggahaṇa-mūlaka upaddava)이고, '벗어남(nissaraṇa)'이란 견해에서 벗어남인 열반을 말한다."(MA.ii.11)

468) "'있는 그대로 알지 못한다(yathābhūtaṁ nappajānanti).'는 것은 이 모든 것들을 본성에 따라(yathā-sabhāvaṁ) 꿰뚫어 알지 못한다는 말이다."(MA.ii.11)

469) "즉 모든 윤회의 괴로움(sakala-vaṭṭa-dukkha)으로부터 완전히 해탈하지 못한다는 말이다. 이것으로 그들에게는 구경의 경지가 없음을 보여주신 것이다."(MA.ii.11~12)

적 고통·정신적 고통·절망으로부터 완전히 해탈하고, 괴로움으로부터 완전히 해탈한다고 나는 말한다."

9. "비구들이여, [66] 네 가지 취착[取]이 있다. 무엇이 넷인가?

감각적 욕망에 대한 취착[欲取], 견해에 대한 취착[見取], 계행과 의례의식에 대한 취착[戒禁取], 자아의 교리에 대한 취착[我語取]이다."470)

10. "비구들이여, 비록 어떤 사문이나 바라문들이 모든 취착을 철저히 안다고 천명하더라도471) 그들은 모든 취착을 철저히 안다고 바르게 천명하지 못한다.472) 감각적 욕망에 대한 취착을 철저히 안

---

470) '네 가지 취착(cattāri upādānāni)'에 대해서는 본서 「바른 견해 경」(M9) §34의 주해를 참조할 것.

471) '모든 취착을 철저히 안다고 천명하더라도'는 sabb-upādāna-pariññā-vādā를 풀어서 옮긴 것이다. 여기서 '철저히 안다고'로 옮긴 pariññā는 pari+√jñā(*to know*)에서 파생된 명사인데 본서와 초기불전연구원의 번역물에서는 통달지로 옮겼다. 그리고 여기서 파생된 동사 parijānāti나 과거분사 pariññāta나 가능태 분사 pariññeyya는 각각 철저하게 알다, 철저히 안, 철저하게 알아야 하는 등으로 옮겼다.(여기에 대해서는 본서 「뿌리에 대한 법문 경」(M1) §1의 마지막 주해 해당부분과 §3의 마지막 주해를 참조할 것.) 그러므로 여기서도 '모든 취착에 대한 통달지를 천명하더라도'로 직역할 수 있지만 더 풀어서 이렇게 옮긴 것이다.

472) "그들이 비록 우리는 '모든 취착을 철저히 알아서(pariñña) 건너뛰었음(samatikkama)을 말하노라.'라고 이렇게 천명하더라도 그들은 모든 취착을 철저히 알아서 건너뛰었음을 바르게 천명하지는 못한다. 어떤 이는 '감각적 욕망에 대한 취착(kām-upādāna)'을 철저히 알아서 건너뛰었다고 천명하고, 어떤 이는 '견해에 대한 취착(diṭṭh-upādāna)'을, 어떤 이는 '계행과 의례의식에 대한 취착(sīlabbat-upādāna)'을 철저히 알아서 건너뛰었다고 천명한다 하더라도, '자아의 교리에 대한 취착(atta-vād-upādāna)'을 철저히 알아서 건너뛰었다고 천명하는 자는 없기 때문이다."(MA.ii.12)
불교 교단을 제외한 인도의 모든 교단은 그것이 영혼(jīva)이든 개아(puggala)든 어떤 식으로든 자아(atta, Sk. ātman)를 천명한다. 그래서 주석서도 이렇게 단언하는 것이다. 이 자아의 교리에 대한 취착을 건너뛰었다고 천명하실 분은 세존을 제외하고는 당시에 아무도 없었다.

다고 천명하더라도 견해에 대한 취착을 철저히 안다고 천명하지 못하고, 계행과 의례의식에 대한 취착을 철저히 안다고 천명하지 못하고, 자아의 교리에 대한 취착을 철저히 안다고 천명하지 못한다. 그것은 무슨 까닭인가?

그들 사문이나 바라문들은 [나머지] 세 가지 경우의 [취착을] 있는 그대로 알지 못하기 때문이다. 그러므로 비록 그들 사문이나 바라문들이 모든 취착을 철저히 안다고 천명하더라도 모든 취착을 철저히 안다고 바르게 천명하지 못한다. 감각적 욕망에 대한 취착을 철저히 안다고 천명하더라도 견해에 대한 취착을 철저히 안다고 천명하지 못하고, 계행과 의례의식에 대한 취착을 철저히 안다고 천명하지 못하고, 자아의 교리에 대한 취착을 철저히 안다고 천명하지 못한다."

11. "비구들이여, 비록 어떤 사문이나 바라문들이 모든 취착을 철저히 안다고 천명하더라도 그들은 모든 취착을 철저히 안다고 바르게 천명하지 못한다. 감각적 욕망에 대한 취착을 철저히 안다고 천명하고 견해에 대한 취착을 철저히 안다고 천명하더라도, 계행과 의례의식에 대한 취착을 철저히 안다고 천명하지 못하고, 자아의 교리에 대한 취착을 철저히 안다고 천명하지 못한다. 그것은 무슨 까닭인가?

그들 사문이나 바라문은 [나머지] 두 가지 경우의 [취착을] 있는 그대로 알지 못하기 때문이다. 그러므로 비록 그 사문이나 바라문들이 모든 취착을 철저히 안다고 천명하더라도 모든 취착을 철저히 안다고 바르게 천명하지 못한다. 감각적 욕망에 대한 취착을 철저히 안다고 천명하고 견해에 대한 취착을 철저히 안다고 천명하더라도, 계행과 의례의식에 대한 취착을 철저히 안다고 천명하지 못하고, 자아의 교리에 대한 취착을 철저히 안다고 천명하지 못한다."

12. "비구들이여, 비록 어떤 사문이나 바라문들이 모든 취착을 철저히 안다고 천명하더라도 그들은 모든 취착을 철저히 안다고 바르게 천명하지 못한다. 감각적 욕망에 대한 취착을 철저히 안다고 천명하고 견해에 대한 취착을 철저히 안다고 천명하고 계행과 의례의식에 대한 취착을 철저히 안다고 천명하더라도, 자아의 교리에 대한 취착을 철저히 안다고 천명하지 못한다. 그것은 무슨 까닭인가?

그들 사문이나 바라문들은 [나머지] 한 가지 경우의 [취착을] 있는 그대로 알지 못하기 때문이다. 그러므로 그 사문이나 바라문들이 이 모든 취착을 철저히 안다고 천명하더라도 모든 취착을 철저히 안다고 바르게 천명하지 못한다. 감각적 욕망에 대한 취착을 철저히 안다고 천명하고 견해에 대한 취착을 철저히 안다고 천명하고 계행과 의례의식에 대한 취착을 철저히 안다고 천명하더라도 자아의 교리에 대한 취착을 철저히 안다고 천명하지 못한다."473)

13. "비구들이여, 참으로 그러한 법과 율474)에서 스승에 대한 깨끗한 믿음을 가진 자는 바른 길을 갔다고 말하지 못하고, 법에 대한 깨끗한 믿음을 가진 자는 바른 길을 갔다고 말하지 못하고, 계행을 원만히 갖춘 자475)는 바른 길을 갔다고 말하지 못하고, 동료 수행자

---

473) "비록 외도들이 모든 취착을 철저히 안다고 천명하더라도 그들은 오로지 감각적 욕망에 대한 취착 등 세 가지 취착을 천명할 뿐 자아의 교리에 대한 취착을 벗어날 수는 없다. 그러므로 계속해서 오직 윤회에 떨어질 뿐이다(vaṭṭasmiṁ yeva patanti)."(MA.ii.13)

474) "'그러한 법과 율(evarūpa dhamma-vinaya)'이란 출리(出離)로 인도하지 못하는 교법(aniyyānika-sāsana)을 말한다."(MA.ii.14)

475) "'계행을 원만히 갖춘 자(sīlesu paripūrakāritā)'라고 하셨다. 출리로 인도하지 못하는 교법에서 숫양을 닮는 계행 등을 원만히 갖추더라도 그것은 윤회로부터 해탈(vaṭṭa-mokkha)인 존재에서 벗어남(bhava-nissaraṇa)을

들 사이에 애정과 호의를 갖춘 자는 바른 길을 갔다고 말하지 못한다. 이것은 무슨 까닭인가? 비구들이여, 그것은 법과 율이 [67] 잘못 설해졌고 잘못 선언되었고 벗어나게 하지 못하고 고요함으로 인도하지 못하고 정등각자에 의해서 선언된 것이 아니기 때문이다."

14. "비구들이여, 여래·아라한·정등각자는 모든 취착을 철저히 안다고 천명하면서 모든 취착을 철저히 안다고 바르게 천명한다. 감각적 욕망에 대한 취착을 철저히 안다고 천명하고[476] 견해에 대한 취착을 철저히 안다고 천명하고 계행과 의례의식에 대한 취착을 철저히 안다고 천명하고 자아의 교리에 대한 취착을 철저히 안다고 천명한다."

15. "비구들이여, 참으로 그러한 법과 율에서[477] 스승에 대한 깨끗한 믿음을 가진 자는 바른 길을 갔다고 말하고, 법에 대한 깨끗한 믿음을 가진 자는 바른 길을 갔다고 말하고, 계행을 원만히 갖춘 자

얻지 못한다. 그러나 [숫양을 닮는 계행 등을] 행하면 축생의 모태(tiracchāna-yoni)에 태어날 것이고, 행하지 않으면 지옥(niraya)에 떨어질 것이다. 그러므로 바른 길을 간 것(samma-ggata)이라고 말하지 못한다."(MA.ii.14)

476) "'감각적 욕망에 대한 취착을 철저히 안다고 천명한다(kāmupādānassa pariññaṁ paññāpeti).'는 것은 아라한도로써 감각적 욕망에 대해 버림의 통달지(pahāna-pariñña) 즉 건너뜀(samatikkama)을 천명한다. 나머지 세 가지의 취착은 예류도로써 천명한다."(MA.ii.16)
버림의 통달지(pahāna-pariñña) 등 세 가지 통달지에 대해서는 본서 「뿌리에 대한 법문 경」(M1) §3의 마지막 주해를 참조할 것. 그리고 세 가지 통달지에 대한 더 상세한 설명은 『청정도론』 XX.3~4와 18~19를 참조할 것.

477) "'그러한 법과 율에서(evarūpe dhammavinaye)'란 출리로 인도하는 교법(niyyānika-sāsana)을 말한다. 이러한 교법에서 스승에 대한 깨끗한 믿음을 가지는 자는 바른 길을 갔다(samma-ggata)고 말한다. 존재의 괴로움에서 벗어남(bhava-dukkha-nissaraṇa)으로 인도하기 때문이다."(MA.ii.16)

는 바른 길을 갔다고 말하고, 동료 수행자들 사이에 애정과 호의를 갖춘 자는 바른 길을 갔다고 말한다. 이것은 무슨 까닭인가?

비구들이여, 그것은 법과 율이 바르게 설해졌고 바르게 선언되었고 벗어나게 하고 고요함으로 인도하고 정등각자에 의해서 선언되었기 때문이다."

16. "비구들이여, 그러면[478] 이들 네 가지 취착은 무엇을 원인으로 하고 무엇을 조건으로 하고 무엇을 근원으로 하고 무엇에서 기원한 것인가? 이들 네 가지 취착은 갈애를 원인으로 하고 갈애를 조건으로 하며 갈애를 근원으로 하고 갈애에서 기원한 것이다.

비구들이여, 그러면 갈애는 무엇을 원인으로 하고 … 무엇에서 기원한 것인가? 갈애는 느낌을 원인으로 하고 …

느낌은 무엇을 원인으로 하고 … 무엇에서 기원한 것인가? 느낌은 감각접촉[觸]을 원인으로 하고 …

감각접촉은 무엇을 원인으로 하고 … 무엇에서 기원한 것인가? 감각접촉은 여섯 감각장소[六入]를 원인으로 하고 …

여섯 감각장소는 무엇을 원인으로 하고 … 무엇에서 기원한 것인가? 여섯 감각장소는 정신·물질[名色]을 원인으로 하고 …

정신·물질은 무엇을 원인으로 하고 …무엇에서 기원한 것인가? 정신·물질은 알음알이[識]를 원인으로 하고 …

알음알이는 무엇을 원인으로 하고 … 무엇에서 기원한 것인가? 알음알이는 의도적 행위들[行]을 원인으로 하고 …

---

478) "외도들이 철저히 안다고 천명하지 못한 그 취착을 이제 세존께서 천명하시는데, 그것의 조건[緣, paccaya]을 보이시며 이렇게 말씀을 시작하셨다. '무엇을 원인으로 하고(kiṁ-nidānā)' 등에서 '원인(nidāna)' 등은 모두 이유를 말씀하신 것(kāraṇa-vevacanāni)이다."(MA.ii.18)

의도적 행위들[行]은 무엇을 원인으로 하고 무엇을 조건으로 하고 무엇을 근원으로 하고 무엇에서 기원한 것인가? 의도적 행위들은 무명을 원인으로 하고 무명을 조건으로 하고 무명을 근원으로 하고 무명에서 기원한 것이다."479)

17. "비구들이여, 비구에게 무명이 제거되고 명지(明知)가 일어날 때480) 무명이 빛바랬고 명지가 일어났기 때문에 그는 더 이상 감각적 욕망에 대한 취착을 움켜쥐지 않을 뿐만 아니라 견해에 대한 취착도 움켜쥐지 않으며, 계행과 의례의식에 대한 취착도 움켜쥐지 않고, 자아의 교리에 대한 취착도 움켜쥐지 않는다.

움켜쥐지 않을 때 번민하지 않고481) 번민하지 않을 때 스스로 열반에 든다.482) '태어남은 다했다. 청정범행은 성취되었다. 할 일을 다

---

479) 이처럼 본경에서는 존재의 괴로움(bhava-dukkha)의 원인이 되는 네 가지 취착[取]을 심도 깊게 설명하신 뒤에 이 취착부터 무명까지의 8지 연기를 설하시는 것으로 결론을 짓고 계신다.

480) "'무명이 제거되고(avijjā pahīnā hoti)'라는 것은 윤회의 뿌리인 무명이 다시는 일어나지 않음인 소멸에 의해 제거된다는 말이고, '명지가 일어난다(vijjā uppannā).'는 것은 아라한도의 명지가 일어난다는 말이다."(MA.ii.18)
그리고 '~ 때'로 옮긴 원문은 yato ca kho인데 '~할 때(yasmin kāle)'라는 뜻이라고 주석서에서 설명하고 있어서(*Ibid*) 이렇게 옮겼다.

481) "'움켜쥐지 않을 때 번민하지 않는다(anupādiyaṁ na paritassati).'는 것은 이와 같이 아무것도 움켜쥐지 않을 때 갈애에 의한 번민으로 번민하지 않는다는 말이다."(MA.ii.18)
"번민(paritassana)이란 혼란스러움과 안절부절못함을 뜻한다. 이것은 네 가지가 있다. 번민에 의한 번민, 갈애에 의한 번민, 사견(邪見)에 의한 번민, 지혜에 의한 번민이다. … 여기서는 갈애에 의한 번민과 사견에 의한 번민을 말한다."(DA.i.111)
"'번민하지 않는다(na paritassati).'는 것은 갈애하지(taṇhāyati) 않고 두려워하지 않는(bhāyati) 것을 뜻한다."(SA.ii.78)

482) "'번민하지 않을 때 스스로 열반에 든다(aparitassaṁ paccattaññeva

해 마쳤다. 다시는 어떤 존재로도 돌아오지 않을 것이다.'라고 안다."

세존께서는 [68] 이와 같이 설하셨다. 그 비구들은 흡족한 마음으로 세존의 말씀을 크게 기뻐하였다.

사자후의 짧은 경(M11)이 끝났다.

---

parinibbāyati).'는 것은 갈애를 일으키지 않을 때 스스로 오염원을 완전히 가라앉혀(kilesa-parinibbāna) 열반에 든다는 말씀이다. 이와 같이 그의 번뇌가 다함(āsava-kkhaya)을 보여주신 뒤, 이젠 그 번뇌가 다한 비구가 반조하는 것(paccavekkhaṇa)을 보여주시기 위해 '태어남은 다했다.' 등으로 말씀하셨다."(MA.ii.18)

사자후의 긴 경

Mahā-sīhanāda Sutta(M12)

1. 이와 같이 나는 들었다. 한때 세존께서는 웨살리[483)]에서 서쪽[484)] 교외의 숲에 머무셨다.

---

483) 웨살리(Vesāli)는 공화국 체제를 유지했던 왓지(Vajji) 족들의 수도였다. 주석서는 "번창하게 되었기 때문에(visālabhāva-upagamanato) 웨살리라 한다."(DA.i.309)고 설명하고 있다. 웨살리와 부처님 교단은 많은 인연이 있었으며 많은 경들이 여기서 설해졌다.
특히 웨살리는 자이나교(니간타)의 창시자인 마하위라(Mahāvīra)의 고향인데, 자이나교의 『깔빠 수뜨라』(Kalpa Sūtra, sect. 122)에 의하면 마하위라는 42하안거 가운데 12안거를 웨살리에서 보냈다고 한다. 본경뿐만 아니라 본서 제2권 「우빨리 경」(M56)과 「아바야 왕자 경」(M58) 등을 통해서 니간타들이 그들의 신도들이 불교로 전향하는 것을 막기 위해서 안간힘을 쓰는 것을 볼 수 있다.
웨살리에는 짜빨라(Cāpāla), 삿땀바까(Sattambaka), 바후뿟따(Bahuputta, 多子), 고따마(Gotama), 사란다다(Sārandada), 우데나(Udena) 등의 많은 탑묘(cetiya)들이 있었으며 주석서에 의하면 이들은 약카(yakkha, 야차)를 섬기는 곳이었다고 한다.(DA.ii.554) 약카는 자이나 문헌에서도 숭배의 대상으로 많이 등장하며 이런 점을 봐도 웨살리는 니간타(자이나) 등을 위시한 고행자, 유행승 등의 사문(沙門, samaṇa) 전통이 강한 곳이었던 것 같다.

484) 여기서 '서쪽'은 apara-pura를 옮긴 것인데 주석서는 "도시(pura)의 뒤쪽(apara) 즉 서쪽(pacchima-disā)이라는 뜻이다."(MA.ii.21)라고 설명하고 있어서 이렇게 옮겼다.

2. 그것은 릿차위[485)]의 후손인 수낙캇따[486)]가 이 법과 율로부

485) 릿차위(Licchavī)는 웨살리를 수도로 한 공화국 체제를 갖춘 왓지(Vajjī)국을 대표하는 종족의 이름이다. 그들은 끄샤뜨리야였으며 세존께서는 그들의 공화국 체제를 승가가 쇠퇴하지 않는 것과 견줄 정도로 칭송하셨다.(「대반열반경」(D16) §1.4~6) 주석서에서는 그들의 이름에 얽힌 신화를 상세히 소개하고 있는데 간략하게 살펴보면 다음과 같다.

와라나시의 왕비가 임신을 하여 산달이 가까워오자 왕에게 알리고는 위자야라는 도시로 갔다. 그곳에서 이른 아침에 출산을 했는데 재스민 꽃을 닮은 살점 덩어리를 낳게 되었다. '다른 왕비들은 금빛의 아들을 낳는데 나는 최고의 왕비가 되어 살점 덩어리를 낳다니!'라고 생각하면서 몰래 통에 담아 강가 강둑에다 내버렸다. 어떤 고행자가 그것을 보고 태아인 줄 알고는 가져다가 잘 보호한 결과 시간이 흐르면서 그것이 둘이 되고 거기서 금빛이 나는 사내아이와 여자아이가 태어났다. 고행자가 그들의 입에 음식물을 넣으면 마치 수정 그릇에 넣는 것처럼 음식이 위(胃)로 들어가는 것이 투명하게 다 보였다고 한다. 이와 같이 그들은 피부가 없었다(닛차위, nicchavi).

혹은 꿰매어 놓아둔 것처럼 그들의 피부가 서로에게 들러붙어 있었다(리나차위, līna-chavi). 이와 같이 그들은 피부가 없었기 때문에 릿차위(Liccha-vi)라고 불렸고, 혹은 피부가 서로에게 들러붙어 있었기 때문에 릿차위라고 불렸다고 한다.

그 고행자가 이 아이들을 양육하면서 마을로 탁발을 갔을 때 어떤 소치기가 그것을 보고, 출가자가 아이를 양육하는 것은 장애가 되니 자기에게 아이를 달라고 하자 좋다고 했다. 나중에 그들은 다른 아이들로부터 따돌림을 당했으며(왓지땁바, vajjitabba) 그래서 사람들은 그들이 16살이 되자 둘을 결혼시켰다고 한다. 이런 이유로 그들의 종족은 왓지(Vajji)라고 불렸으 며 그들은 16쌍의 쌍둥이를 낳아서 후손들이 크게 번창(위살라, visāla)하였다. 그래서 그들의 수도는 웨살리(Vesasli)라 불리게 되었다고 한다.(MA.ii.19~21)

486) 릿차위의 후예 수낙캇따(Sunakkhatta Licchaviputta)는 불교 교단에 출가하였지만 출가의 근본정신인 괴로움으로부터의 해탈에는 관심이 없고 밖으로 드러나는 신통이나 고행 등에만 관심을 보인 인물이다. 그는 자기가 원하는 만큼 세존께서 신통을 보여주시지 않는 데 불만을 품고 환속한 자인데, 『디가 니까야』 제1권 「마할리 경」(D6)과 제3권 「빠띠까 경」(D24)에도 나타나고 있다. 이 두 경에는 그가 품은 불만이 고스란히 나타나 있다. 그리고 본서 제3권 「수낙카따 경」(M105)은 세존께서 그에게 설법하신 경이기도 하다. 이처럼 그는 초기불전에 자주 등장한다.

특히 「빠띠까 경」(D24)은 수낙캇따의 환속을 두고 전개되는 세존과 박가와곳따라는 유행승의 대화로 구성되어 있다. 이 경은 수낙캇따가 환속한 이터 환속한 지 얼마 되지 않았을 때였다. 그는 웨살리의 집회에서 이런 말을 했다.

"사문 고따마는 인간의 법을 초월했고[487] 성자들에게 적합한 지와 견의 특별함[488]이 없다. 사문 고따마는 이론으로 완전 무장하여[489]

유를 ① 세존께서는 신통의 기적을 나투지 않으신다는 것과 ② 세존께서는 세상의 기원을 천명하지 않으신다는 둘을 들고 있다. 물론 이 둘은 「빠띠까 경」(D24)에서 모두 논파되고 있다.

문자적으로 수낙캇따(Sunakkhatta, Sk. Sunakṣetra)는 개(suna)-꼬리(khatta)라는 말이다. 바라문들의 제의서인 『아이뜨레야 브라흐마나』에 포함되어 있는 『아이뜨레야 아란냐까』의 개꼬리(Sunakṣetra) 삼형제 이야기에서 보듯이 인도에는 이런 이름을 많이 사용하였다. 산스끄리뜨 수뜨라 문헌 등에서는 이런 천한 이름을 사용하면 아수라나 악령들이 그를 천히 여겨서 범접하지 않는다고 한다. 귀한 아들은 이렇게 비천한 이름을 붙여 부르는 습관이 인도에도 있고 우리나라에도 있다. 우리나라에도 개동(개똥이)이니 또개 등으로 아이들 이름을 지어서 불렀다.

487) "'인간의 법(manussa-dhamma)'이란 열 가지 유익한 업의 길[十善業道, dasa kusala-kamma-pathā, 본서 M9 §6참조]을 말한다. '인간의 법을 초월했고(uttari manussa-dhammā)'란 이것을 넘어선, 이보다 더 높은 법을 말한다."(MA.ii.21)

488) "'성자들에게 적합한 지와 견의 특별함(alam-ariya-ñāṇa-dassana-vise-sa)'이라고 하였다. 여기서 지와 견(ñāṇa-dassanam)이 바로 '지와 견의 특별함(ñāṇadassanavisesa)'이다. 즉 성인의 상태(ariya-bhāva)라 할 수 있는(samattha) 지와 견(ñāṇa-dassanam)이 '성자들에게 어울리는 지와 견의 특별함(ñāṇa-dassana-visesa)'이다. '지와 견'이란 천안(天眼, dibba-cakkhu)이라고도, 위빳사나라고도, 도라고도, 과라고도, 반조의 지혜(paccavekkhaṇa-ñāṇa)라고도, 일체지(sabbaññuta-ññāṇa)라고도 불리지만, 여기서는 출세간도(lokuttara-magga)를 의미한다. 왜냐하면 그는 그것이 세존께 없다고 주장하고 있기 때문이다."(MA.ii.21~22)

여기에 대해서는 본서 「성스러운 구함 경」(M26) §27의 주해도 참조할 것. 한편 '인간의 법을 초월했고 성자들에게 적합한 지와 견의 특별함(uttari manussadhammā alamariyañāṇadassanavisesa)'이라는 표현은 니까야의 여러 곳에 나타난다. 본서에도 M24 §11, M26 §27, M31 §10, M36 §30, M65 §14, M99 §10, M128 §15 등에 나타나고 있다.

489) '이론으로 완전 무장하여'는 takka-pariyāhataṁ(논리로 두들겨진)을 의역한 것이다. 주석서는 이렇게 설명하고 있다.

법을 설하고, 자기의 영감에 따라 검증된490) 법을 설한다. 그리고 그가 어떤 목적을 위해 어떤 사람에게 법을 설하면,491) 그 법은 그렇게 실천하는 사람을 바르게 괴로움의 멸진492)으로 인도한다."라고.

3. 마침 사리뿟따 존자가 오전에 옷매무새를 가다듬고 발우와 가사를 수하고 웨살리로 탁발을 갔다. 사리뿟따 존자는 릿차위의 후손 수낙캇따가 웨살리의 집회에서 '사문 고따마는 인간의 법을 초월

"'이론으로 완전 무장하여(takka-pariyāhata)'라고 하였다. 이런 말로 그는 스승을 거부하고 있다(paṭibāhati). 그에게 이런 생각이 들었다. '사문 고따마는 스승의 곁에서 위빳사나나 도나 과 등의 어떤 섬세한 법(sukhuma dhammantara)도 얻지 못했다. 하지만 그는 논리로 두들겨져서 추론하여 '이와 같이 될 것이고, 이와 같이 될 것이다.'라고 논리로 두들겨진(takka-pariyāhata) 법을 설한다.'라고."(MA.ii.22)

490) "'검증된(vīmaṁsānucaritaṁ)'이라고 했다. 이것은 스승께서 세간적인 통찰지(lokiya-paññā)를 가졌음을 인정하는 말이다. 사문 고따마는 통찰지를 가진 분이다. 그는 그 통찰지라 불리는 인드라의 벼락과 같은(Inda-vajir-ūpama) 검증을 이리저리 궁굴려서 검증을 거친 법을 설한다는 뜻이다.
'자기의 영감에 따라(sayaṁ paṭibhānaṁ)'라는 것은 스승께서 그 법들에 대해 스스로 체험한 것(paccakkha-bhāva)을 거부하는 말이다."(MA.ii.22)

491) "'어떤 목적을 위해 어떤 사람에게 법을 설하면(yassa ca khvāssa atthā-ya dhammo desito)'이라는 것은 다음과 같다. 탐욕(rāga)을 물리치기 위해 부정(不淨)의 명상주제(asubha-kammaṭṭhāna)를, 성냄(kodha)을 물리치기 위해 자애의 수행(mettā-bhāvanā)을, 어리석음(moha)을 물리치기 위해 다섯 가지 법들(pañca dhammā)을, 일으킨 생각(vitakka)을 물리치기 위해 들숨날숨에 대한 마음챙김(ānāpāna-ssati)을 어떤 사람에게 설한다는 말이다. 그 법은 그 가르침에 따라 실천하는 사람을 괴로움의 소멸(dukkha-kkhaya)로 인도한다는 말이다."(MA.ii.22~23)
"다섯 가지 법이란 무더기[蘊] 등에 대한 익힘·배움·호지함·실천·여리작의(uggahaṇa-savana-dhāraṇa-paricaya-yonisomanasikāra)를 두고 말한 것이다."(MAṬ.ii.15)

492) '괴로움의 멸진'은 dukkha-kkhaya를 옮긴 것이다. 초기불전연구원에서는 nirodha는 소멸로, khaya는 멸진으로 구분해서 옮기고 있다. 소멸로 옮기는 nirodha에 대해서는 『상윳따 니까야』 제3권 「할릿디까니 경」 2(S22:4) §4의 주해를 참조할 것.

했고 성자들에게 적합한 지와 견의 특별함이 없다. 사문 고따마는 이론으로 완전·무장하여 법을 설하고, 자기의 영감에 따라 검증된 법을 설한다. 그리고 어떤 목적을 위해 그에게 법을 설하면, 그 법은 그렇게 실천하는 사람을 바르게 괴로움의 멸진으로 인도한다.'라고 말하는 것을 들었다.

사리뿟따 존자는 웨살리에서 탁발하여 공양을 마치고 탁발에서 돌아와 세존을 뵈러 갔다. 가서는 세존께 절을 올린 뒤 한 곁에 앉았다. 한 곁에 앉아서 사리뿟따 존자는 세존께 이렇게 말씀드렸다.

"세존이시여, 이 법과 율을 떠난 지 얼마 안되는 릿차위의 후손 수나캇따가 있는데, 그가 웨살리의 집회에서 '사문 고따마는 인간의 법을 초월했고 성자들에게 적합한 지와 견의 특별함이 없다. 사문 고따마는 이론으로 완전 무장하여 법을 설하고, 자기의 영감에 따라 검증된 법을 설한다. 그리고 그가 어떤 목적을 위해 어떤 사람에게 법을 설하면, 그 법은 그렇게 실천하는 사람을 바르게 괴로움의 멸진으로 인도한다.'라고 말했습니다."

4. "사리뿟따여, 쓸모없는 인간[493] 수낙캇따가 화가 났고, 화가 나서 그런 말을 했다. 사리뿟따여, '비난해야지.' 하면서 그 쓸모없는 인간 수낙캇따는 오히려 여래를 칭송하는구나. 사리뿟따여, [69] '그가 어떤 목적을 위해 어떤 사람에게 법을 설하면, 그 법은 그렇게 실천하는 사람을 바르게 괴로움의 멸진으로 인도한다.'라고 말한 이것

493) "'쓸모없는 인간(mogha-purisa)'이란 텅 빈 인간(tuccha-purisa)을 말한다. 왜냐하면 이 사람의 금생의 자기 몸(atta-bhava)에서는 도와 과를 강하게 의지함(upanissaya)이 없기 때문에 부처님께서 그를 쓸모없는 인간이라 부르신다. 혹은 도와 과를 강하게 의지함이 있다 하더라도 그 순간에는 도와 과가 없기 때문에 쓸모없는 인간이라 부르신다. 이 둘 가운데 첫 번째가 타당하다."(MA.ii.23~25)

은 여래를 칭송한 것이다."

5. "사리뿟따여, 참으로[494] 이 쓸모없는 인간 수낙캇따는 다음과 같이 나에 대해 법을 추론하는 지혜가[495] 없을 것이다. '[이런 이유로] 그분 세존께서는 아라한[應供]이며, 완전히 깨달은 분[正等覺]이며, 명지와 실천을 구족한 분[明行足]이며, 피안으로 잘 가신 분[善逝]이며, 세간을 잘 알고 계신 분[世間解]이며, 가장 높은 분[無上士]이며, 사람을 잘 길들이는 분[調御丈夫]이며, 하늘과 인간의 스승[天人師]이며, 부처님[佛]이며, 세존(世尊)이다.'라고."

6. "사리뿟따여, 참으로 이 쓸모없는 수낙캇따는 나에 대해 다음과 같이 나에 대해 법을 추론하는 지혜가가 없을 것이다. '그분 세존께서는 여러 가지 신통변화를 얻으셨다. 하나인 채 여럿이 되기도 하고 여럿이 되었다가 하나가 되기도 하며, 나타나기도 하고 사라지

---

494) "이 문단은 수낙캇따에 의해 거부당한 인간을 초월한 법(uttarimanussa-dhamma)이 세존께 있음을 보이신 것이다. '사리뿟따여, 쓸모없는 수낙캇따는 여래에게 인간을 능가하는 법이 없다고 말한다. 그러나 내게는 일체지가 있고, 신통변화의 지혜[神足通]가 있고, 신성한 귀의 요소[天耳界]의 지혜가 있고, 다른 사람의 마음을 아는 지혜[他心通]가 있고, 십력의 지혜가 있고, 네 가지 무애해 등이 있다. 이 모든 것은 오직 인간을 초월하는 법이다.' 라고. 이러한 인간을 능가하는 법들 중에 한 가지라도 아는 능력인 '법을 아는 통찰지(dhammanvaya)'조차도 이 쓸모없는 인간에게 없다는 것을 보이시기 위해 '사리뿟따여, 참으로'라고 말씀을 시작하셨다."(MA.ii.25)

495) '법을 추론하는 지혜'는 dhamm-anvaya를 주석서를 참조하여 의역한 것이다. 주석서는 이렇게 설명하고 있다.
"추론하기(anveti) 때문에 anvaya라고 한다. 안다, 깨닫는다는 말이다. 법(dhamma)을 추론하여 아는 지혜가 dhamm-anvaya이다. 이것은 일체지 등의 각각의 법을 아는 지혜와 통찰지(jānana-paññā)의 다른 이름이다." (MA.ii.25)
한편 『디가 니까야 주석서』도 이 dhammanvaya를 "법을 체득함으로써 생긴 지혜와 함께 일어난 추론지(anumāna-ñāṇa)"(DA.iii.880)라고 설명하고 있다.

기도 하며, 마치 허공에서처럼 벽이나 담이나 산을 아무런 장애 없이 통과하고, 물속에서처럼 땅에서도 떠올랐다 잠겼다 하고, 땅 위에서처럼 물 위에서 빠지지 않고 걸어가고, 날개 달린 새처럼 가부좌한 채 허공을 날아가고, 저 막강하고 위력적인 태양과 달을 손으로 만져 쓰다듬기도 하며, 심지어는 저 멀리 범천의 세상에까지도 몸의 자유자재함을 발한다[神足通].'라고."

7. "사리뿟따여, 참으로 이 쓸모없는 수낙캇따는 다음과 같이 나에 대해 법을 추론하는 지혜가 없을 것이다. '그분 세존께서는 또 인간의 능력을 넘어선 청정하고 신성한 귀의 요소로 천상이나 인간의 소리 둘 다를 멀든 가깝든 간에 다 듣는다[天耳通].'라고."

8. "사리뿟따여, 참으로 이 쓸모없는 수낙캇따는 다음과 같이 나에 대해 법을 추론하는 지혜가 없을 것이다. '그분 세존께서는 당신의 마음으로 다른 중생들과 다른 인간들의 마음을 온전히 파악하여 꿰뚫어 안다. 즉 탐욕이 있는 마음은 탐욕이 있는 마음이라고 꿰뚫어 알고 탐욕을 여읜 마음은 탐욕을 여읜 마음이라고 꿰뚫어 알며, 성냄이 있는 마음은 성냄이 있는 마음이라고 꿰뚫어 알고 성냄을 여읜 마음은 성냄을 여읜 마음이라고 꿰뚫어 알며, 어리석음이 있는 마음은 어리석음이 있는 마음이라고 꿰뚫어 알고 어리석음을 여읜 마음은 어리석음을 여읜 마음이라고 꿰뚫어 알며, 수축한 마음은 수축한 마음이라고 꿰뚫어 알고 흩어진 마음은 흩어진 마음이라고 꿰뚫어 알며, 고귀한 마음은 고귀한 마음이라고 꿰뚫어 알고 고귀하지 않은 마음은 고귀하지 않은 마음이라고 꿰뚫어 알며, 위가 있는 마음은 위가 있는 마음이라고 꿰뚫어 알고 위가 없는 마음은 위가 없는 마음이라고 꿰뚫어 알며, 삼매에 든 마음은 삼매에 든 마음이라고 꿰뚫어 알

고 삼매에 들지 않은 마음은 삼매에 들지 않은 마음이라고 꿰뚫어 알며, 해탈한 마음은 해탈한 마음이라고 꿰뚫어 알고 해탈하지 않은 마음은 해탈하지 않은 마음이라고 꿰뚫어 안다[他心通].'라고."496)

열 가지 여래의 힘[如來十力]

9. "다시 사리뿟따여, 여래는 열 가지 여래의 힘[如來十力]497)이 있다. 그 힘을 구족하여 여래는 대웅(āsabha)의 위치498)를 천명하고

---

496) 이상으로 본경 §§6~8에서는 육신통 가운데 처음의 셋만 나타나고 있다. 나머지 셋은 아래에서 언급되는 여래십력의 여덟 번째부터 열 번째까지(§§17~19)에 포함되어 나타나기 때문에 여기서는 처음의 셋만 언급된 것이다.

497) '열 가지 여래의 힘(tathāgata-balāni)'은 우리에게 여래십력(如來十力)으로 잘 알려져 있다. 주석서는 여래의 힘을 육체적인 힘(kāya-bala)과 지혜의 힘(ñāṇa-bala)의 둘로 나누고 지혜의 힘으로는 본서에 나타나는 십력에 대한 지혜(dasa-bala-ñāṇa, §§9~20), 네 가지 담대함[四無畏]에 대한 지혜(catu-vesārajja-ñāṇa, §§22~27), 여덟 가지 회중[팔회중]에 대해 동요하지 않는 지혜(aṭṭhasu parisāsu akampanañāṇa, §§29~30), 네 부류의 태어남[四生]을 구분하는 지혜(catu-yoni-paricchedaka-ñāṇa, §§32~33), 다섯 가지 태어날 곳[五趣]을 구분하는 지혜(pañca-gati-paricche-daka-ñāṇa, §§35~42) 등을 들고, 나아가서 부처님이 가지신 수천의 지혜를 지혜의 힘이라 한다고 설명한다. 그리고 지혜는 흔들림 없음의 뜻(a-kampiyaṭṭha)과 굳건함의 뜻(upatthambhanaṭṭha)에 의해서 힘(bala)이라 불린다고 주석하고 있다.(MA.ii.26~27)
한편 열 가지 여래의 힘(여래십력)은 본경과 『앙굿따라 니까야』 제6권 「사자 경」(A10:21)과 『위방가』(Vbh.335~344)에서 자세히 설명되고 있다. 그리고 『상윳따 니까야』 제6권 「원인경」(S52:15)부터 「번뇌의 멸진 경」(S52:24)까지의 열 개의 경들은 아누룻다 존자가 자신이 실현한 십력을 각각 하나씩 다루어 모두를 설명하고 있다.
한편 『앙굿따라 니까야』 제4권 「사자후 경」(A6:64)에는 본경의 열 가지 가운데 여섯 가지를 여래의 힘으로 설하고 있으며, 『앙굿따라 니까야』 제3권 「전에 들어보지 못함 경」(A5:11)에는 믿음, 양심, 수치심, 정진, 통찰지의 다섯 가지를 여래의 힘으로 들고 있다.

498) '대웅의 위치'는 āsabha ṭhāna(황소다운 자리)를 옮긴 것이다. 여기서 āsa-bha는 황소를 뜻하는 asabha(usabha, Sk. ṛṣabha)의 2차 곡용으로 '황소 같은, 황소에 속하는'이라는 뜻을 나타내므로 '대장부다운, 영웅다운'이라고

회중에서 사자후를 토하고 수승한 바퀴[梵輪][499]를 굴린다. 무엇이 열 가지인가?"

10. "사리뿟따여, 여기서 ① 여래는 원인을 원인이라고,[500] 원인이 아닌 것을 원인이 아닌 것이라고 있는 그대로 꿰뚫어 안다.[501]

옮길 수 있다. 초기불전에서 황소는 항상 남자다운 남자, 대장부에 비유되고 있다. 그래서 전체를 '대웅의 위치'로 옮겼다.
주석서에서는 다음과 같이 설명한다. "'대웅의 위치(āsabha ṭhāna)'란 수승한(seṭṭha) 자리, 최상(uttama)의 자리이다. 혹은 āsabhā(영웅다운 분들)란 이전의 부처님들(pubbabuddhā)이며 그분들의 자리(ṭhāna)라는 뜻이다."(MA.ii.26)

499) '수승한 바퀴'는 brahma-cakka를 옮긴 것이다. 주석서를 요약하면 다음과 같다.
여기서 brahma는 수승한, 최고의, 특별한의 뜻이고, 바퀴는 법의 바퀴(dhamma-cakka)를 말한다. 이 법의 바퀴는 두 가지이다. 진리를 통찰하는 지혜(paṭivedha-ñāṇa)와 가르침에 대한 지혜(desanā-ñāṇa)이다. 이 중에서 진리를 통찰하는 지혜는 출세간 지혜이고 가르침에 대한 지혜는 세간적인 지혜이다. 이 둘 모두 다른 사람들과 함께하지 않는, 오직 부처님의 마음에만 있는 지혜이다.(MA.ii.27~28)

500) '원인을 원인이라고'는 ṭhānañca ṭhānato(장소를 장소라고)를 주석서를 참조하여 옮긴 것이다. 주석서는 이렇게 설명하고 있다.
"ṭhānañca ṭhānato는 원인을 원인이라고(kāraṇañca kāraṇato)의 뜻이다. 왜냐하면 원인(kāraṇa)이란 그곳에 결과(phala)가 머문다(tiṭṭhati). 즉 결과는 반드시 그 원인을 의지하여 일어나고 생기기 때문에 원인을 ṭhāna라 부른다.
세존께서 여기에 대해 이렇게 말씀하셨다. "어떤 법들이 어떤 다른 법들이 일어나는 데에 원인(hetū)과 조건(paccayā)이 되면 그 법들은 각각 원인(ṭhāna)이라고, 어떤 법들이 어떤 다른 법들이 일어나는 데에 원인이 되지 않고 조건이 되지 않으면(na hetū na paccayā) 그 법들은 각각 원인이 아닌 것(aṭṭhāna)이라고 있는 그대로 꿰뚫어 안다."라고.
그리고 『위방가』(分別論)에서는 "어떤 것이 여래가 원인을 원인이라고(ṭhānañca ṭhānato), 원인이 아닌 것을 원인이 아닌 것이라고 있는 그대로 아는 지혜(yathābhūta ñāṇa)입니까?"(Vbh.335)라는 방법으로 상세하게 설했다."(MA.ii.28)

501) 한편 본서 제4권 「많은 요소 경」(M115) §§12~18에서는 여기서 원인과

사리뿟따여, [70] 여래가 원인을 원인이라고, 원인이 아닌 것을 원인이 아닌 것이라고 있는 그대로 꿰뚫어 아는 이 [지혜도] 여래가 가진 여래의 힘이니, 이런 힘 때문에 여래는 대웅의 위치를 천명하고 회중에서 사자후를 토하고 수승한 바퀴를 굴린다."

11. "다시 사리뿟따여, ② 여래는 과거・미래・현재에 행하는 업502)의 과보를 조건에 따라 원인에 따라503) 있는 그대로 안다.504)

원인 아님으로 옮기고 있는 ṭhāna와 aṭṭhāna가 ṭhāna-aṭṭhāna-kusala([바른] 경우와 바르지 않은 경우에 능숙한 자)로 나타나고 있다. 이 경의 해당부분에는 "[바른] 견해를 구족한 사람이 형성된 것[行]을 영원하다고 간주하는 것은 가능하지 않고 그런 경우란 없다."는 등의 일곱 가지 주제를 들고 있다.

그리고 『디가 니까야』 제3권 「합송경」(D33) §1.9 (12)에도 "[바른] 경우(ṭhāna)에 대한 능숙함과 바르지 못한 경우(aṭhāna)에 대한 능숙함(ṭhānakusalatā ca aṭṭhānakusalatā ca)"이 나타난다. 주석서는 『담마상가니』(法集論, Dhs)를 인용하면서 원인(인)과 조건(연)이 부합하는 것과 감각기능(근)・대상(경)・알음알이(식)가 바르게 적용되는 것을 바른 경우(ṭhāna)라 설명하고 그렇지 않은 것을 바르지 못한 경우(aṭṭhāna)로 설명한다.(DA.iii.980) 예를 들면 눈・형색・눈의 알음알이[眼・色・眼識]는 바른 경우에 속하고 눈・형색・귀의 알음알이는 바르지 못한 경우에 속한다. 이처럼 ṭhāna와 aṭṭhāna는 문맥에 따라 조금 다르게 해석이 되고 있다.

502) '행한 업'이라고 간략하게 옮긴 원문의 구절은 kamma-samādānānaṁ이다. 주석서의 다음 설명을 참조하여 이렇게 옮겼다.
"이것은 받아 지녀서(samādiyitvā) 행한(katānaṁ) 유익하고 해로운 업(kusala-akusala-kammā)을 말한다. 혹은 업(kamma)이 바로 kamma-samādānānaṁ이다."(MA.ii.29)

503) '조건에 따라 원인에 따라'는 ṭhānaso hetuso를 옮긴 것이다. 주석서에서 "ṭhānaso hetuso는 paccayato ceva hetuto ca의 뜻이다. 여기서 태어날 곳(gati)과 재생의 근거(upadhi)와 시간(kāla)과 노력(payoga)은 과보의 조건(paccaya)이고 업은 그것의 원인(hetu)이다."(MA.ii.29)라고 설명하고 있어서 이렇게 옮겼다.

504) 본서 제2권 「견서계경(犬誓戒經)」(M57)과 제4권 「업 분석의 짧은 경」(M135)과 「업 분석의 긴 경」(M136)은 이 두 번째 여래의 힘의 좋은 보기가 된다 하겠다.

여래가 과거 · 미래 · 현재에 행하는 업의 과보를 조건에 따라 원인에 따라 있는 그대로 아는 이 [지혜도] 여래가 가진 여래의 힘이니, 이런 힘 때문에 여래는 대웅의 위치를 천명하고 회중에서 사자후를 토하고 수승한 바퀴를 굴린다."

12. "다시 사리뿟따여, ③ 여래는 모든 태어날 곳[行處]으로 인도하는 길을 있는 그대로 안다.505)

여래가 모든 태어날 곳으로 인도하는 길을 있는 그대로 아는 이것이 또한 여래가 가진 여래의 힘이니, 이런 힘 때문에 여래는 대웅의 위치를 천명하고 회중에서 사자후를 토하고 수승한 바퀴를 굴린다."

13. "다시 사리뿟따여, ④ 여래는 여러 요소[界]와 다양한 요소를 가진 세상을 있는 그대로 안다.506)

여래가 여러 요소와 다양한 요소를 가진 세상을 있는 그대로 아는 이 [지혜도] 여래가 가진 여래의 힘이니, 이런 힘 때문에 여래는 대웅의 위치를 천명하고 회중에서 사자후를 토하고 수승한 바퀴를 굴린다."

---

505) '모든 태어날 곳으로 인도하는 길을 있는 그대로 안다(sabbatthagāminiṁ paṭipadaṁ yathābhūtaṁ pajānāti).'로 표현되는 이 지혜는 아래 §§35~42에서 설명되고 있다.

506) "'여러 가지 요소(aneka-dhātu)'란 눈의 요소 등이나 혹은 감각적 욕망의 요소 등이 여러 가지인 것을 말한다.
'다양한 요소(nānā-dhātu)'란 이런 요소들은 그 특징이 일관성이 없기 때문에(vilakkhaṇatā) 다양한 형태의 요소(nāna-ppakāra-dhātu)이다.
'세상(loka)'이란 무더기[蘊], 감각장소[處], 요소[界]의 세상을 말한다.
'있는 그대로 안다(yathābhūtaṁ pajānāti).'는 것은 각각의 요소들의 본성(sabhāva)을 전도됨이 없이(aviparīta) 통찰한다는 말이다."(MA.ii.29)
요소[界, dhātu]에 대한 부처님의 지혜는 본서 제4권 「많은 요소 경」(M115) §§4~9에서 설명되고 있다.

14. "다시 사리뿟따여, ⑤ 여래는 중생들의 다양한 성향을 있는 그대로 안다.507)

여래가 중생들의 다양한 성향을 있는 그대로 아는 이 [지혜도] 여래가 가진 여래의 힘이니, 이런 힘 때문에 여래는 대웅의 위치를 천명하고 회중에서 사자후를 토하고 수승한 바퀴를 굴린다."

15. "다시 사리뿟따여, ⑥ 여래는 다른 중생들과 다른 인간들의 기능[根]의 수승한 상태와 저열한 상태를 있는 그대로 꿰뚫어 안다.508)

여래가 다른 중생들과 다른 인간들의 기능의 수승한 상태와 저열

---

507) "저열한 성향 등 '다양한 성향(nāna-adhimuttikatā)'을 안다는 말이다. 이것은 아비담마에서 상세하게 설명하고 있다."(MA.ii.29) 여기서 아비담마란 『위방가』(Vbh.339)를 말한다.
여기서 '성향'으로 옮긴 원어는 adhimuttikatā인데 adhimutti(ka)는 주로 확신, 결의, 결심 등으로 옮겨지는 술어이다. 그러나 복주서는 여기서는 ajjhāsayatā(성향, 의향)를 뜻한다고 설명하고 있어서 이렇게 옮겼다.(AAṬ.iii.293) 그리고 복주서는 이렇게 덧붙이고 있다.
"'성향(adhimuttika)'은 의향의 요소(ajjhāsaya-dhātu)나 의향의 고유성질(ajjhāsaya-sabhāva)을 뜻한다. 이것은 저열한 것과 수승한 것이 다르기 때문에 삼장에서는 두 가지로 말씀하셨지만 저열한 성향과 수승한 성향이 서로 다르기 때문에 '다양한 성향(nānādhimuttika-bhāva)'이라고 했다."(*Ibid*)

508) "여기서 '다른 중생들(para-sattā)'이란 노력하는 중생들(padhāna-sattā)을 말하고, '다른 인간들(para-puggalā)'이란 그와 다른 저열한 중생들(hīna-sattā)을 말한다. 혹은 이 두 개의 구문은 제도되어야 할 중생이 두 부류라는 것을 말한다.
'기능의 수승한 상태와 저열한 상태(indriya-paropariyatta)'란 믿음의 기능(saddhā-indriya) 등 기능들의 수승한 상태와 저열한 상태이다. 즉 증장(vuddhi)과 퇴보(hāni)를 말한다."(MA.ii.29~30)
여기서 기능[根, indriya]은 믿음, 정진, 마음챙김, 삼매, 통찰지의 다섯 가지 기능[五根]을 말한다. 다섯 가지 기능에 대해서는 『초기불교 이해』 324쪽 이하와 『상윳따 니까야』 제5권 해제 8. 「기능[根] 상윳따」(S48)와 「기능 상윳따」(S48)에 포함된 경들의 주해들과 『위방가』(Vbh.339 이하)를 참조할 것.

한 상태를 있는 그대로 꿰뚫어 아는 이 [지혜도] 여래가 가진 여래의 힘이니, 이런 힘 때문에 여래는 대웅의 위치를 천명하고 회중에서 사자후를 토하고 수승한 바퀴를 굴린다."

16. "다시 사리뿟따여, ⑦ 여래는 禪과 해탈과 삼매와 증득[等至][509]의 오염원과 깨끗함과 출현을 있는 그대로 안다.[510]

---

509) '증득'으로 옮긴 사마빳띠(samāpatti)는 saṁ(함께)+ā(이리로)+√pad(*to go*)에서 파생된 여성명사로 문자적으로는 '함께 도달함'이며 '증득, 얻음, 획득'의 뜻이다. 특히 여덟 가지 증득[八等至, aṭṭha samāpatti, 초선부터 비상비비상처까지의 삼매]는 본서의 여러 군데에 나타나고 있다.(본서 「지워 없앰 경」(M8) §4이하 등) 그리고 상좌부뿐만 아니라 대승불교에서도 사마빳띠는 구차제멸(九次第滅, anupubba-nirodha)로 표현되는 4선-4처-상수멸의 경지 가운데 하나를 증득한 것을 뜻하는 전문술어이다. 그리고 도와 과의 성취도 증득[等至]으로 부르고 있다. 더 자세한 것은 『아비담마 길라잡이』 4장 §§22~23의 해설과 9장 §§42~44와 해설을 참조할 것.
중국에서는 사마빳띠(samāpatti)를 三摩拔提, 三摩越, 三摩鉢底, 三摩鉢提(삼마발제, 삼마월, 삼마발저, 삼마발제) 등으로 음역하기도 하고, saṁ의 의미를 等으로 살리고, ā(이쪽으로) patti(도달함)의 의미를 至로 살려서 주로 등지(等至)로 옮겼다. 『아비달마 대비바사론』(阿毘達磨大毘婆沙論)에서는 등지(等持)로 많이 옮긴 듯하며, 卽此等持亦名等至(즉차등지역명등지)라고 하여 이 둘을 동의어로 취급하고 있다. 초기불전연구원에서는 한글로는 증득으로 한자로는 주로 等至로 옮기고 있는데 특히 『아비달마 구사론』과 『아비달마 순정리론』에서 현장스님이 等至로 옮기고 있고, 함께 이쪽으로 도달한다는 samāpatti의 문자적인 의미를 중시하여 等持보다는 等至로 옮기고 있다.

510) "'禪(jhāna)'이란 초선 등의 네 가지 禪을, '해탈(vimokkha)'이란 색계禪을 가진 자가 색깔을 본다는 등의 여덟 가지 해탈(본서 제3권 「사꿀루다이 긴 경」(M77) §22와 제4권 「여섯 감각장소의 분석 경」(M137) §26 참조)을, '삼매(samādhi)'는 일으킨 생각과 지속적 고찰이 있는 등의 세 가지 삼매(『상윳따 니까야』 제5권 「일으킨 생각과 지속적 고찰이 있음 경」(S43:3)의 주해 참조)를, '증득(samāpatti)'은 9차제증득(4선-4처-상수멸, 본서 「미끼 경」(M25) §§12~20과 『상윳따 니까야』 제4권 「한적한 곳에 감 경」(S36:11) §5와 『청정도론』 XXIII.29 등 참조)을 말한다.
'오염원(saṅkilesa)'이란 퇴보에 빠진(hāna-bhāgiya) 법이고, '깨끗함(vodāna)'이란 수승함에 동참하는(visesa-bhāgiya) 법이다.
'출현(vuṭṭhāna)'이란 "깨끗함(vodāna)도 출현이고, 이런저런 삼매로부터 여래가 禪과 해탈과 삼매와 증득[等至]의 오염원과 깨끗함과 출현을 있는 그대로 아는 이 [지혜도] 여래가 가진 여래의 힘이니, 이런 힘 때문에 여래는 대웅의 위치를 천명하고 회중에서 사자후를 토하고 수승한 바퀴를 굴린다."

17. "다시 사리뿟따여, ⑧ 여래는 한량없는 전생의 갖가지 삶들을 기억한다. 즉 한 생, 두 생, 세 생, 네 생, 다섯 생, 열 생, 스무 생, 서른 생, 마흔 생, 쉰 생, 백 생, 천 생, 십만 생, 세계가 수축하는 여러 겁, 세계가 팽창하는 여러 겁, 세계가 수축하고 팽창하는 여러 겁을 기억한다. '어느 곳에서 이런 이름을 가졌고, 이런 종족이었고, 이런 용모를 가졌고, 이런 음식을 먹었고, 이런 행복과 고통을 경험했고, 이런 수명의 한계를 가졌고, 그곳에서 죽어 다른 어떤 곳에 다시 태어나 그곳에서는 이런 이름을 가졌고, 이런 종족이었고, 이런 용모를 가졌고, 이런 음식을 먹었고, 이런 행복과 고통을 경험했고, 이런 수명의 한계를 가졌고, 그곳에서 죽어 다시 여기 태어났다.'라고. 이와 같이 한량없는 전생의 갖가지 모습들을 그 특색과 더불어 상세하게 기억해낸다[宿命通].

사리뿟따여, 이처럼 한량없는 전생의 갖가지 모습들을 그 특색과 더불어 상세하게 기억하는 이 [지혜(宿命通)도] 여래가 가진 여래의 힘이니, 이런 힘 때문에 여래는 대웅의 위치를 천명하고 회중에서 사자후를 토하고 수승한 바퀴를 굴린다."

벗어남도 출현이다."(Vbh.343)라고 설한 숙련된 禪과 바왕가(잠재의식)와 불환과나 아라한과의 증득을 말한다. 왜냐하면 각 아래 단계의 숙련된 禪은 바로 위 단계의 선의 가까운 원인이 되기 때문에 '깨끗함도 출현이다.'라고 말했다. 또한 바왕가를 통해 모든 禪으로부터 출정하고, 불환과나 아라한과의 증득을 통해 상수멸로부터 출정하기 때문에 그것과 관련하여 '이런저런 삼매로부터 벗어남도 출현이다.'라고 말했다."(MA.ii.30)

18. “다시 사리뿟따여, ⑨ 여래는 청정하고 인간을 넘어선 신성한 눈[天眼]으로 중생들이 죽고 태어나고, 천박하고 고상하고, 잘생기고 못생기고, 좋은 곳[善處]에 가고 나쁜 곳[惡處]에 가는 것을 보고, 중생들이 지은 바 그 업에 따라 가는 것을 꿰뚫어 안다. ‘이들은 몸으로 못된 짓을 골고루 하고 말로 못된 짓을 골고루 하고 또 마음으로 못된 짓을 골고루 하고, 성자들을 비방하고, 삿된 견해를 지니어 사견업(邪見業)을 지었다. 이들은 몸이 무너져 죽은 뒤 [71] 처참한 곳[苦界], 불행한 곳[惡處], 파멸처, 지옥에 태어났다. 그러나 이들은 몸으로 좋은 일을 골고루 하고 말로 좋은 일을 골고루 하고 마음으로 좋은 일을 골고루 하고 성자들을 비방하지 않고 바른 견해를 지니고 정견업(正見業)을 지었다. 이들은 몸이 무너진 다음 좋은 곳[善處], 천상세계에 태어났다.’라고. 이와 같이 여래는 청정하고 인간을 넘어선 신성한 눈으로 중생들이 죽고 태어나고, 천박하고 고상하고, 잘생기고 못생기고, 좋은 곳[善處]에 가고 나쁜 곳[惡處]에 가는 것을 보고, 중생들이 지은 바 그 업에 따라가는 것을 꿰뚫어 안다[天眼通].

사리뿟따여, 이처럼 여래가 청정하고 인간을 넘어선 신성한 눈으로 중생들이 죽고 태어나고, 천박하고 고상하고, 잘생기고 못생기고, 좋은 곳[善處]에 가고 나쁜 곳[惡處]에 가는 것을 보고, 중생들이 지은 바 그 업에 따라 가는 것을 꿰뚫어 아는 이 [지혜(天眼通)도] 여래가 가진 여래의 힘이니, 이런 힘 때문에 여래는 대웅의 위치를 천명하고 회중에서 사자후를 토하고 수승한 바퀴를 굴린다.”

19. “다시 사리뿟따여, ⑩ 여래는 모든 번뇌가 다하여 아무 번뇌가 없는 마음의 해탈[心解脫]과 통찰지를 통한 해탈[慧解脫]을 바로 지금·여기에서 스스로 최상의 지혜로 알고 실현하고 구족하여 머문다

[漏盡通].

사리뿟따여, 여래가 모든 번뇌가 다하여 아무 번뇌가 없는 마음의 해탈과 통찰지를 통한 해탈을 바로 지금 · 여기에서 스스로 최상의 지혜로 알고 실현하고 구족하여 머무는 이 [지혜(漏盡通)도] 여래가 가진 여래의 힘이니, 이런 힘 때문에 여래는 대웅의 위치를 천명하고 회중에서 사자후를 토하고 수승한 바퀴를 굴린다."

20. "사리뿟따여, 이것이 여래가 가진 열 가지 여래의 힘[如來十力]이니, 이런 힘 때문에 여래는 대웅의 위치를 천명하고 회중에서 사자후를 토하고 수승한 바퀴를 굴린다."

21. "사리뿟따여, 이와 같이 알고 이와 같이 보는 나를 두고 어떤 이가 '사문 고따마는 인간의 법을 초월했고 성자들에게 적합한 지와 견의 특별함이 없다. 사문 고따마는 이론으로 완전 무장하여 법을 설하고, 자기의 영감에 따라 검증된 법을 설한다.'라고 말한다면, 그는 그 말을 철회하지 않고 그 마음을 버리지 않고 그 견해를 놓아버리지 않는 한[511] 마치 누가 그를 데려가서 놓는 것처럼 [반드시] 지옥에 떨어진다.

사리뿟따여, 마치 비구가 계(戒)를 구족하고 삼매[定]를 구족하고 통찰지[慧]를 구족하여 지금 ·여기에서 구경지를 성취하듯이[512] 그

---

511) "'그 말을 철회하지 않고 그 마음을 버리지 않고 그 견해를 놓아버리지 않는 한(taṁ sārīputta vācaṁ appahāya taṁ cittaṁ appahāya taṁ diṭṭhiṁ appaṭinissajjitvā)'이라고 했다. 여기서 다시는 이런 말을 하지 않겠다고 말할 때 이 말을 철회하는 것이고, 다시는 이런 생각을 일으키지 않겠다고 생각할 때 마음을 버리는 것이고, 다시는 이런 견해를 갖지 않겠다고 버릴 때 견해를 놓아버리는 것이다."(MA.ii.32)

512) "계를 구족한다는 것 등은 세간적인 것과 출세간적인 계 · 정 · 혜를 말한다. [팔정도 가운데서] 바른 말과 바른 행위와 바른 생계는 '계를 구족함(sīla-sampanna)'이고, 바른 정진과 바른 마음챙김과 바른 삼매는 '삼매를 구족

와 같이 이것을 성취한다고 나는 말한다. 그 말을 철회하지 않고 그 마음을 버리지 않고 그 견해를 놓아버리지 않는 한 마치 누가 그를 데려가서 놓는 것처럼 그는 [반드시] 지옥에 떨어진다."

네 가지 담대함[四無畏]

22. "사리뿟따여,[513] 여래는 네 가지 담대함[四無畏]이 있나니, 그것을 구족하여 여래는 대웅의 위치를 천명하고 회중에서 사자후를 토하고 수승한 바퀴를 굴린다. 무엇이 넷인가?"

23. "① '그대가 정등각자라고 천명하지만 이러한 법들은 완전히 깨닫지 못했다.'라고 하면서 그 [법]에 관해[514] 어떤 사문이건 바라문이건 신이건 마라[515]건 범천이건 혹은 이 세상 어느 누구도 근거 있는 말로[516] 나를 질책할 이런 표상[517]을 보지 못한다.

함(samādhi-sampanna)'이고, 바른 견해와 바른 사유는 '통찰지를 구족함(paññā-sampanna)'이다.

이와 같이 계 등을 구족한 비구는 금생의 몸(atta-bhāva)에서 아라한과를 얻듯이, [사문 고따마는 인간의 법을 초월했고 성자들에게 적합한 지와 견의 특별함이 없다]는 이런 [잘못된 견해를 가진 자는 반드시 지옥에 떨어진다는] 이와 같은 결과를 가져온다. 마치 도의 다음 순간을 놓치지 않고 곧바로 과가 생기듯이 이 사람도 죽음의 마음의 다음 순간(cuti-anantara)을 놓치지 않고 곧바로 지옥에 재생연결(paṭisandhi)을 가진다는 것을 보이셨다. 부처님의 전 교법 가운데서 이 비유보다 더 엄한 비유로 설하신 것은 없다." (MA.ii.32~33)

513) 이하 본경 §§22~63에서 부처님께서 설하시는 내용들은 부처님이 가지신 지혜의 힘(ñāṇa-bala)이라고 주석서는 표현하고 있다.

514) '그 [법]에 관해'로 옮긴 원문은 'tatra vata(참으로 거기서)'이다. 주석서는 "이러한 법들은 그대가 깨닫지 못했다라고 하면서 보인 그 법들에 대해서라는 말이다."(MA.ii.33)라고 설명하고 있어서 이렇게 옮겼다.

515) 마라(Māra)에 대해서는 본서 제2권 「마라 견책 경」(M50) §2의 주해를 참조할 것.

사리뿟따여, [72] 나는 이런 표상을 보지 못하기 때문에 안은(安隱)을 얻고 무외를 얻고 담대함을 얻어 머문다."

24. "② '그대가 번뇌 다한 자라고 천명하지만 이러한 번뇌는 완전히 멸하지 못했다.'라고 하면서 그것에 관해 어떤 사문이건 바라문이건 신이건 마라건 범천이건 혹은 이 세상 어느 누구도 근거 있는 말로 나를 질책할 이런 표상을 보지 못한다.

사리뿟따여, 나는 이런 표상을 보지 못하기 때문에 안은(安隱)을 얻고 무외를 얻고 담대함을 얻어 머문다."

25. "③ '그대가 설한 장애가 되는 법들518)을 수용하더라도 전혀

---

516) "'근거 있는 말로(sahadhammena)'라는 것은 근거가 있고(sahetunā), 이유가 있는(sakāraṇena) 말로(vacanena)라는 뜻이다. 수낙캇따처럼 헛갈리게 하는(vippalapanta) 말은 표준이 아니다(appamāṇa)."(MA.ii.33)

517) "'이런 표상(nimittam etaṁ)'이란 여기서는 사람도 표상이고, 법도 표상이다. 즉 나를 질책할 사람을 보지 못하고, 어떤 법을 보여주면서 이런 법은 그대가 완전히 깨닫지 못했다고 하면서 나를 질책할 그런 법도 보지 못한다는 말이다."(MA.ii.33)
'표상(nimitta)'의 의미에 대해서는 본서 제3권 「보름밤의 긴 경」(M109) §13의 주해를 참조할 것.

518) "'장애가 되는 법들(antarāyikā dhammā)'이란 장애(antarāya)를 만들기(karonti) 때문에 '장애가 되는(antarāyikā)'이고, '법들'이란 목적을 가지고 의도적으로 범한 일곱 가지 범계의 무더기(āpatti-kkhandhā)를 말한다. 여기서는 그러나 음행을 말한다. 음행을 하는 자는 누구든 의심할 여지없이 도·과를 얻는 것에 장애가 된다."(MA.ii.33)
『담마상가니 주석서』에 의하면 "일곱 가지 범계의 무더기(sattapi āpatti-kkhandhā)는 『비구계목』에 나타나는 ① 바라이죄(波羅夷罪, pārājika) ② 승잔죄(僧殘罪, saṅghādisesa) ③ 조죄(粗罪, thullaccaya) ④ 단타죄(單墮罪, pācittiya) ⑤ 회과죄(悔過罪, pāṭidesanīya) ⑥ 악작죄(惡作罪, dukkaṭa) ⑦ 악어죄(惡語罪, dubbhāsita)의 일곱 가지 범계(satta āpatti)를 말한다."(DhsA.394) 이 일곱 가지에 대한 간단한 설명은 『청정도론』 I.60의 주해를 참조할 것.

장애가 되지 않는다.'라고 하면서 그것에 관해 어떤 사문이건 바라문이건 신이건 마라건 범천이건 혹은 이 세상 어느 누구도 근거 있는 말로 나를 질책할 이런 표상을 보지 못한다.

사리뿟따여, 나는 이런 표상을 보지 못하기 때문에 안은(安隱)을 얻고 무외를 얻고 담대함을 얻어 머문다."

26. "④ '그대가 어떤 목적을 위해 법을 설하더라도519) 그 법은 그렇게 실천하는 사람을 바르게 괴로움의 멸진으로 인도하지 못한다.'라고 하면서 그것에 관해520) 어떤 사문이건 바라문이건 신이건 마라건 범천이건 혹은 이 세상 어느 누구도 근거 있는 말로 나를 질책할 이런 표상을 보지 못한다.

사리뿟따여, 나는 이런 표상을 보지 못하기 때문에 안은(安隱)을 얻고 무외를 얻고 담대함을 얻어 머문다."

27. "사리뿟따여, 이들이 여래의 네 가지 담대함[四無畏]이니, 그 담대함을 구족하여 여래는 대웅의 위치를 천명하고 회중에서 사자후를 토하고 수승한 바퀴를 굴린다."

28. "사리뿟따여, 이와 같이 알고 이와 같이 보는 나를 두고 어떤 이가 '사문 고따마는 인간의 법을 초월했고 성자들에게 적합한 지와 견의 특별함이 없다. 사문 고따마는 이론으로 완전 무장하여 법을 설하고, 자기의 영감에 따라 검증된 법을 설한다.'라고 말한다면, 그는

---

519) "'어떤 목적을 위해(atthāya)'라는 것은 탐욕의 소멸 등 가운데서 어떤 것을 위해라는 말이고, '법을 설한다(dhammo desito).'는 것은 부정(不淨)을 수행함 등의 법(asubha-bhāvanādi-dhamma)을 설한다는 말이다."(MA.ii.33)

520) "'그 [법에] 관해(tatra vata)'라는 것은 괴로움의 멸진으로 인도하지 못하는 법들(aniyyānika-dhammā)에 관해서라는 말이다."(MA.ii.34)

그 말을 철회하지 않고 그 마음을 버리지 않고 그 견해를 놓아버리지 않는 한 마치 누가 그를 데려가서 놓는 것처럼 [반드시] 지옥에 떨어진다."

여덟 가지 회중

29. "사리뿟따여, 이런 여덟 가지 회중521)이 있다. 무엇이 여덟인가? 끄샤뜨리야의 회중, 바라문의 회중, 장자의 회중, 사문의 회중, 사대왕천의 회중, 삼십삼천의 회중, 마라의 회중, 범천의 회중이다. 사리뿟따여, 이것이 여덟 가지 회중이다.

사리뿟따여, 여래는 네 가지 담대함을 구족하여 이들 여덟 가지 회중에 다가가고 안으로 들어간다."

30. "사리뿟따여, 나는 수백의 끄샤뜨리야 회중에 다가가서 그곳에서 전에 그들과 함께 모여서 앉았고, 전에 그들과 함께 대화를 했고, 전에 그들과 함께 토론522)을 했던 것을 기억한다. 그것에 관해 내게 두려움이나 당혹함이 생길 어떤 표상도 나는 보지 못한다. 사리뿟따여, 나는 내게서 이런 표상을 보지 못하기 때문에 안은(安隱)을 얻고 무외를 얻고 담대함을 얻어 머문다.

사리뿟따여, 나는 수백의 바라문의 회중에 … 장자의 회중에 … 사문의 회중에 … 사대왕천의 회중에 … 삼십삼천의 회중에 … 마라의 회중에 … 범천의 회중에 다가가서 그곳에서 전에 그들과 함께 모여서 앉았고, 전에 그들과 함께 대화를 했고, 전에 그들과 함께 토론을

---

521) '여덟 가지 회중[八會衆, aṭṭha parisā]'은 『디가 니까야』 제3권 「합송경」(D33) §3.1 (8)에도 나타난다.

522) "여기서 '토론(sākacchā)'이란 법에 관해 토론하는 것(dhamma-sākaccha)을 말한다."(MA.ii.35)

했던 것을 기억한다. 그것에 관해 내게 두려움이나 당혹함이 생길 어떤 표상도 나는 보지 못한다. 사리뿟따여, 나는 내게서 이런 표상을 보지 못하기 때문에 안은(安隱)을 얻고 무외를 얻고 담대함을 얻어 머문다."

31. "사리뿟따여, [73] 이와 같이 알고 이와 같이 보는 나를 두고 어떤 이가 '사문 고따마는 인간의 법을 초월했고 성자들에게 적합한 지와 견의 특별함이 없다. 사문 고따마는 이론으로 완전 무장하여 법을 설하고, 자기의 영감에 따라 검증된 법을 설한다.'라고 말한다면, 그는 그 말을 철회하지 않고 그 마음을 버리지 않고 그 견해를 놓아버리지 않는 한 마치 누가 그를 데려가서 놓는 것처럼 [반드시] 지옥에 떨어진다."

네 부류의 태어남[四生]

32. "사리뿟따여, 네 부류의 태어남[四生][523]이 있다. 무엇이 넷인가? 난생(卵生), 태생(胎生), 습생(濕生), 화생(化生)이다."

33. "사리뿟따여, 무엇이 난생인가? 사리뿟따여, 알의 껍데기를 깨고 태어나는 중생들을 난생이라 한다.

사리뿟따여, 무엇이 태생인가? 사리뿟따여, 태의 막을 찢고 태어나는 중생들을 태생이라 한다.

사리뿟따여, 무엇이 습생인가? 사리뿟따여, 부패한 생선,[524] 부패

---

523) 여기서 '태어남'은 yoni를 옮긴 것이다. 무더기의 부분(khandha-koṭṭhāsa)도, 원인(kāraṇa)도, 소변이 흐르는 길(요도, passāva-magga)도 yoni라 하지만, 여기서는 무더기의 부분을 말한다고 주석서는 설명하고 있다.(MA.ii.35)

524) "여기서 '부패한 생선(pūti-maccha)' 등은 원하지 않는 것만을 보인 것이

한 시체, 부패한 유제품, 소택지, 오물구덩이에서 태어나는 중생들을 습생이라 한다.

사리뿟따여, 무엇이 화생인가?[525] 사리뿟따여, 신들,[526] 지옥에 태어난 자들, 몇몇 인간들, 몇몇 악처에 태어난 자들을 화생이라 한다.

사리뿟따여, 이들이 네 부류의 태어남이다."

34. "사리뿟따여, 이와 같이 알고 이와 같이 보는 나를 두고 어떤 이가 '사문 고따마는 인간의 법을 초월했고 성자들에게 적합한 지와 견의 특별함이 없다. 사문 고따마는 이론으로 완전 무장하여 법을 설하고, 자기의 영감에 따라 검증된 법을 설한다.'라고 말한다면, 그는 그 말을 철회하지 않고 그 마음을 버리지 않고 그 견해를 놓아버리지 않는 한 마치 누가 그를 데려가서 놓는 것처럼 [반드시] 지옥에 떨어진다."

다섯 가지 태어날 곳[五趣]과 열반

35. "사리뿟따여, 다섯 가지 태어날 곳[五趣][527]이 있다. 무엇이

다. 그러나 정제된 버터기름, 참기름, 꿀이 섞인 음식 등 원하는 것에서도 반드시 [습생의] 중생들이 태어난다."(MA.ii.36)

525) "알에서 태어나는 것이 '난생(卵生, aṇḍajā)'이고, 태에서 태어나는 것이 '태생(胎生, jalābujā)'이고, 습기에서 태어나는 것이 '습생(濕生, saṁsedajā)'인데, 이런 근원들(kāraṇā)이 없이 일어난 것처럼(uppatitvā viya) 태어나는 것(nibbattā abhinibbattā)이 '화생(化生, opapātikā)'이다."(MA.ii.36)

526) "사대왕천(Cātumahārājika)부터 시작해서 그보다 더 높은 곳의 신들은 화생이다. 그러나 땅에 사는 신들(bhūma-devā)은 사생(四生) 모두에 다 속한다."(MA.ii.36)

527) '다섯 가지 태어날 곳[五趣]'은 pañca gati를 옮긴 것이다. 이처럼 지옥・축생・아귀・인간・천상의 다섯을 니까야 안에서 다섯 가지 태어날 곳[五趣, 五度, 五道]으로 부르고 있다.

다섯인가? 지옥, 축생, 아귀, 인간, 신이다."528)

---

528) 불교에서 윤회 혹은 태어날 곳[趣, 度, gati]는 지옥·축생·아귀·아수라·인간·천상에 윤회하는 육도윤회(六道輪廻)로 정착이 되었다. 그런데 니까야에서는 대부분 오도윤회(五道輪廻) 혹은 다섯 가지 태어날 곳[五趣, 五度, pañca gati]으로 나타나고 있다. 대표적인 것이 바로 본경이다. 본경에서는 아수라가 빠진 다섯 가지 태어날 곳[五趣] 즉 지옥·축생·아귀·인간·천신이 나타난다. 그리고 『디가 니까야』 제3권 「합송경」(D33) §2.1에도 이 다섯이 나타나며, 『상윳따 니까야』 제6권 「다섯 가지 태어날 곳의 반복」(S56:102~131)에도 그러하다.

그리고 『앙굿따라 니까야』 제5권 「태어날 곳 경」(A9:68)에도 "비구들이여, 다섯 가지 태어날 곳[五趣, 五度, pañca gati]이 있다. 무엇이 다섯인가? 지옥, 축생의 모태, 아귀계, 인간, 신이다. 비구들이여, 이러한 다섯 가지 태어날 곳이 있다. 비구들이여, 이러한 다섯 가지 태어날 곳을 버리기 위해서는 네 가지 마음챙김의 확립을 닦아야 한다."라고 나타나고 있다.

그리고 『청정도론』을 위시한 주석서 문헌들에서도 다섯 가지 태어날 곳은 여러 곳에서 언급되고 있다.(Vis.VIII.247; SA.i.47 등)

이런 것을 통해서 볼 때 윤회 혹은 태어날 곳[趣, 度, gati]은 오취(五趣, pañca gati) 혹은 오도윤회가 초기불전에서는 더 보편적이었던 것 같다. (이 가운데 지옥, 축생, 아귀, 특히 지옥은 악처(duggati)로 알려졌고(『상윳따 니까야』 제6권 「전륜성왕 경」(S55:1) 등) 인간과 천상 특히 천상은 선처(sugati)로 알려졌다.

니까야에서 육취(六趣, cha gati) 혹은 육도윤회가 정형화되어 나타나는 곳은 없지만 『디가 니까야』 제3권 「합송경」(D33) §3.2에서는 청정범행을 닦기에 적합하지 않은 아홉 곳을 언급하면서 지옥, 축생, 아귀, 아수라, 천상과 네 가지 경우의 인간을 들고 있다. 이렇게 태어날 곳으로 아수라도 아울러 언급하고 있으며, 『상윳따 니까야』 제1권 「삭까 상윳따」(S11) 뿐만 아니라 초기경의 여러 곳에서 아수라가 언급되고 있다. 이처럼 5도에다 아수라를 넣으면 6도가 되는 것이다. 한역 경전들에는 5취, 6취, 5도(度, 道), 6도(度, 道)가 고루 나타난다. 그런데 『화엄경』(특히 60화엄)에는 이 네 단어가 모두 다 쓰이고 있으며, 후대로 올수록 육도로 정착이 되어 육도윤회로 우리에게 익숙하게 된 것이다.

육도윤회는 후대로 올수록 더 보편적으로 불교에서 통용이 된다. 그러면 이 경우에 아수라를 선처로 분류하는가, 아니면 악처로 분류하는가? 상좌부 불교에서는 아수라를 악처로 분류한다. 그래서 '네 가지 처참한 곳[四惡處, catubbidh apāya]'이라는 표현이 주석서 문헌들(DhpA.iv.233; Pm.ii.349 등)에 나타나고 있다. 물론 『아비담마 길라잡이』에서도 당연히 아수라는 악도에 포함되어 설명되고 있다.(아비담마 길라잡이 제5장 §4와 [해설] 참조)

36. "사리뿟따여, ① 나는 지옥과 지옥에 이르는 길과 지옥으로 인도하는 도닦음[529]을 알고, 그 길을 그렇게 가다가 몸이 무너져 죽은 뒤 처참한 곳[苦界], 불행한 곳[惡處], 파멸처,[530] 지옥에 태어나는 것도 안다.

사리뿟따여, ② 나는 축생과 축생에 이르는 길과 축생으로 인도하는 도닦음을 알고, 그 길을 그렇게 가다가 몸이 무너져 죽은 뒤 축생의 모태에 태어나는 것도 안다.

사리뿟따여, ③ 나는 아귀와 아귀에 이르는 길과 아귀로 인도하는 도닦음을 알고, 그 길을 그렇게 가다가 몸이 무너져 죽은 뒤 아귀계에 태어나는 것도 안다.

사리뿟따여, ④ 나는 인간과 인간계에 이르는 길과 인간계로 인도하는 도닦음을 알고, 그 길을 그렇게 가다가 몸이 무너져 죽은 뒤 인간에 태어나는 것도 안다.

사리뿟따여, ⑤ 나는 신과 신의 세계에 이르는 길과 신의 세계로 인도하는 도닦음을 알고, 그 길을 그렇게 가다가 몸이 무너져 죽은 뒤 좋은 곳[善趣], 천상의 세계에 태어나는 것도 안다.

사리뿟따여, ⑥ 나는 열반과 열반에 이르는 길과 열반으로 인도하는 도닦음을 알고,[531] [74] 그 길을 그렇게 가다가 모든 번뇌가 다하

---

529) "'지옥에 이르는 길(niraya-gāmi magga)'과 '지옥으로 인도하는 도닦음(niraya-gāmini paṭipadā)'은 둘 모두 태어날 곳으로 인도하는 업(gati-saṁvattanika kamma)을 말한다."(MA.ii.37)

530) "번영(vaḍḍhi)이라 불리거나 혹은 행복(sukha)이라 불리는 기쁨(aya)에서 벗어났기(apetattā) 때문에 '처참한 곳(apāya)'이라 하고, 고통(dukkha)이 의지하는 곳(paṭisaraṇa)이기 때문에 '불행한 곳(duggati, 惡處, 惡趣)'이라 하고, 나쁜 행위를 저지른 자들이 따로 분리되어(vivasā) 이곳에 떨어지기(nipatanti) 때문에 '파멸처(vinipāta)'라 한다."(MA.ii.37)

531) "'열반(nibbāna)'은 분명 태어날 곳(gati)이 아니다. 그러나 태어날 곳을 벗

여 아무 번뇌가 없는 마음의 해탈[心解脫]과 통찰지를 통한 해탈[慧解脫]을 바로 지금·여기에서 스스로 최상의 지혜로 알고 실현하고 구족하여 머무는[漏盡通] 것도 안다."

37. "사리뿟따여, ① 나는 마음으로 마음을 대하여 어떤 사람을 이와 같이 안다. 이 사람은 그 길을 그렇게 가고 그렇게 행하고 그 길에 들어서서 몸이 무너져 죽은 뒤 처참한 곳[苦界], 불행한 곳[惡處], 파멸처, 지옥에 태어날 것이라는 것을 안다. 그 다음에 나는 인간을 넘어선 신성한 눈[天眼]으로 그가 몸이 무너져 죽은 뒤 처참한 곳, 불행한 곳 파멸처, 지옥에 태어나서 고통스럽고 살을 에는 듯하고 쓰라린 느낌을 느끼는 것을 본다.

사리뿟따여, 마치 불꽃이나 연기도 없이 새빨갛게 달구어진, 한길이 넘는 숯불구덩이가 있는데, 그때 열기에 타고 열기에 지쳐 맥이 빠지고 목이 타고 갈급증을 느끼는 어떤 사람이 외길을 따라[532] 오직 그 숯불구덩이를 향했다면, 안목이 있는 사람이 이를 보고 말할 것이다. '오, 저 사람은 그 길을 그렇게 가고 그렇게 행하고 그 길에 들어서서는 바로 저 숯불구덩이로 갈 것이다.'라고. 그 다음에 그는 그 사람이 그 숯불구덩이에 떨어져서 고통스럽고 살을 에는 듯하고 쓰라린 느낌을 느끼는 것을 보게 될 것이다.

어난(gati-nissaraṇa) 열반도 아신다는 것을 보이기 위해서 말씀하셨다. 그러므로 이 경우에 길(magga)과 도닦음(paṭipadā)은 둘 모두 성스러운 도(ariya-magga = 출세간도(lokuttara-magga)를 뜻함 — DhsA.358 등)를 말한 것이다."(MA.ii.37)

532) 본경 §§37~42의 비유에 나타나는 '외길을 따라'는 ekāyanena magg-ena를 풀어서 옮긴 것이다. 냐나몰리 스님은 '*a path going in one way only*'로 옮겼다. 이것은 본서 「마음챙김의 확립 경」(M10) §2에서 '이 길은 유일한 길이다.'로 옮기고 있는 ekāyano maggo와 같은 표현이다. 여기에 대해서는 본서 「마음챙김의 확립 경」(M10) §2의 주해를 참조할 것.

사리뿟따여, 그와 같이 나는 마음으로 마음을 대하여 어떤 사람을 이와 같이 안다. 이 사람은 그 길을 그렇게 가고 그렇게 행하고 그 길에 들어서서는 몸이 무너져 죽은 뒤 처참한 곳, 불행한 곳, 파멸처, 지옥에 태어날 것이라는 것을 안다. 그 다음에 나는 인간을 넘어선 신성한 눈[天眼]으로 그가 몸이 무너져 죽은 뒤 처참한 곳, 불행한 곳, 파멸처, 지옥에 태어나서 고통스럽고 살을 에는 듯하고 쓰라린 느낌을 느끼는 것을 본다."

38. "사리뿟따여, ② 나는 마음으로 마음을 대하여 어떤 사람을 이와 같이 안다. 이 사람은 그 길을 그렇게 가고 그렇게 행하고 그 길에 들어서서 몸이 무너져 죽은 뒤 축생으로 태어날 것이라는 것을 안다. 그 다음에 나는 인간을 넘어선 신성한 눈으로 그가 몸이 무너져 죽은 뒤 축생의 모태에 태어나서 고통스럽고 살을 에는 듯하고 쓰라린 느낌을 느끼는 것을 본다.

사리뿟따여, 마치 똥으로 가득 찬, 한길이 넘는 똥구덩이가 있는데, 그때 열기에 타고 열기에 지쳐 맥이 빠지고 목이 타고 갈급증을 느끼는 어떤 사람이 [75] 외길을 따라 오직 그 똥구덩이를 향했다면, 안목이 있는 사람이 이를 보고 말할 것이다. '오, 저 사람은 그 길을 그렇게 가고 그렇게 행하고 그 길에 들어서서는 바로 저 똥구덩이로 갈 것이다.'라고. 그 다음에 그는 그 사람이 그 똥구덩이에 떨어져서 고통스럽고 살을 에는 듯하고 쓰라린 느낌을 느끼는 것을 보게 될 것이다.

사리뿟따여, 그와 같이 나는 마음으로 마음을 대하여 어떤 사람을 이와 같이 안다. 이 사람은 그 길을 그렇게 가고 그렇게 행하고 그 길에 들어서서는 몸이 무너져 죽은 뒤 축생으로 태어날 것이라는 것을 안다. 그 다음에 나는 인간을 넘어선 신성한 눈으로 그가 몸이 무너져 죽은 뒤 축생의 모태에 태어나서 고통스럽고 살을 에는 듯하고 쓰라린 느낌을 느끼는 것을 본다."

39. "사리뿟따여, ③ 나는 마음으로 마음을 대하여 어떤 사람을 이와 같이 안다. 이 사람은 그 길을 그렇게 가고 그렇게 행하고 그 길에 들어서서 몸이 무너져 죽은 뒤 아귀계에 태어날 것이라는 것을 안다. 그 다음에 나는 인간을 넘어선 신성한 눈으로 그가 몸이 무너져 죽은 뒤 아귀계에 태어나서 괴로움을 더 많이[533] 느끼는 것을 본다.

사리뿟따여, 마치 잎사귀와 가지가 적어 그림자가 드문드문 있는,[534] 비탈진 곳에 자라는 나무가 있는데, 그때 열기에 타고 열기에 지쳐 맥이 빠지고 목이 타고 갈급증을 느끼는 어떤 사람이 외길을 따라 오직 그 나무를 향했다면, 안목이 있는 사람이 이를 보고 말할 것이다. '오, 저 사람은 그 길을 그렇게 가고 그렇게 행하고 그 길에 들어서서는 바로 저 나무로 갈 것이다.'라고. 그 다음에 그는 그 사람이 그 나무 그늘에 앉거나 누워서 괴로움을 더 많이 느끼는 것을 보게 될 것이다.

사리뿟따여, 그와 같이 나는 마음으로 마음을 대하여 어떤 사람을 이와 같이 안다. 이 사람은 그 길을 그렇게 가고 그렇게 행하고 그 길에 들어서서는 몸이 무너져 죽은 뒤 아귀계에 태어날 것이라는 것을 안다. 그 다음에 나는 인간을 넘어선 신성한 눈으로 그가 몸이 무너

533) "'아귀계(petti-visaya)'에는 반드시 괴로움이 더 많고 즐거움은 적고 가끔씩 경험하기 때문에(kadāci anubhavitabba) 이렇게 말씀하셨다."(MA.ii.38~39)

534) '그림자가 드문드문 있는'은 kavara-cchāya를 옮긴 것이다. 문자적인 의미는 얼룩덜룩한(kavara) 그림자(chāya)이지만 주석서는 virala-cchāya(그림자가 드문드문 있는)의 뜻이라고 설명하고 있어서(MA.ii.38) 이렇게 옮겼다.

져 죽은 뒤 아귀계에 태어나서 괴로움을 더 많이 느끼는 것을 본다."

40. "사리뿟따여, ④ 나는 마음으로 마음을 대하여 어떤 사람을 이와 같이 안다. 이 사람은 그 길을 그렇게 가고 그렇게 행하고 그 길에 들어서서 몸이 무너져 죽은 뒤 인간으로 태어날 것이라는 것을 안다. 그 다음에 나는 인간을 넘어선 신성한 눈으로 그가 몸이 무너져 죽은 뒤 인간 가운데에 태어나서 즐거움을 더 많이[535] 느끼는 것을 본다.

사리뿟따여, 마치 잎사귀와 가지가 많아 짙은 그림자를 드리운, 평지에서 자라는 나무가 있는데, 그때 열기에 타고 열기에 지쳐 맥이 빠지고 목이 타고 갈급증을 느끼는 어떤 사람이 외길을 따라 오직 그 나무를 향했다면, 안목이 있는 사람이 이를 보고 말할 것이다. '오, 저 사람은 그 길을 그렇게 가고 그렇게 행하고 그 길에 들어서서는 바로 저 나무로 갈 것이다.'라고. 그 다음에 그는 그 사람이 그 나무 그늘에 앉거나 누워서 즐거움을 더 많이 느끼는 것을 보게 될 것이다.

사리뿟따여, 그와 같이 나는 마음으로 마음을 대하여 어떤 사람을 이와 같이 안다. 이 사람은 그 길을 그렇게 가고 그렇게 행하고 그 길에 들어서서는 몸이 무너져 죽은 뒤 인간으로 태어날 것이라는 것을 안다. 그 다음에 나는 인간을 넘어선 신성한 눈으로 그가 몸이 무너져 죽은 뒤 인간 가운데에 태어나서 즐거움을 더 많이 느끼는 것을 본다."

41. "사리뿟따여, [76] ⑤ 나는 마음으로 마음을 대하여 어떤 사람을 이와 같이 안다. 이 사람은 그 길을 그렇게 가고 그렇게 행하고

535) "인간 세상에서 끄샤뜨리야 등의 가문에는 즐거운 느낌을 더 많이 느끼기 때문에 이렇게 말씀하셨다."(MA.ii.39)

그 길에 들어서서 몸이 무너져 죽은 뒤 좋은 곳[善趣], 천상 세계에 태어날 것이라는 것을 안다. 그 다음에 나는 인간을 넘어선 신성한 눈으로 그가 몸이 무너져 죽은 뒤 좋은 곳, 천상 세계에 태어나서 오로지 즐거움만을 느끼는 것을 본다.

사리뿟따여, 마치 누각이 있고 안팎이 회반죽으로 잘 칠해졌고 바람막이가 잘 되었으며 빗장이 채워졌고 여닫이 창문이 있는 저택이 있는데, 그곳에 있는 긴 의자에는 긴 양털의 덮개가 펴져있고 꽃무늬가 새겨져있는 흰색의 깔개가 있고 사슴 가죽으로 만든 깔개가 있고 침상에는 천개(天蓋)가 있고 진홍색의 머리 베개와 발 베개가 양쪽에 놓여있는데, 그때 열기에 타고 열기에 지쳐 맥이 빠지고 목이 타고 갈급증을 느끼는 어떤 사람이 외길을 따라 오직 그 저택을 향했다면, 안목이 있는 사람이 이를 보고 말할 것이다. '오, 저 사람은 그 길을 그렇게 가고 그렇게 행하고 그 길에 들어서서는 바로 저 저택으로 갈 것이다.'라고. 그 다음에 그는 그 사람이 그 저택의 누각에서나 침대에서 앉거나 누워서 오로지 즐거움만을 느끼는 것을 보게 될 것이다.

사리뿟따여, 그와 같이 나는 마음으로 마음을 대하여 어떤 사람을 이와 같이 안다. 이 사람은 그 길을 그렇게 가고 그렇게 행하고 그 길에 들어서서는 몸이 무너져 죽은 뒤 좋은 곳, 천상 세계에 태어날 것이라는 것을 안다. 그 다음에 나는 인간을 넘어선 신성한 눈으로 그가 몸이 무너져 죽은 뒤 좋은 곳, 천상 세계에 태어나서 오직 즐거움만을 느끼는 것을 본다."

42. "사리뿟따여, ⑥ 나는 마음으로 마음을 대하여 어떤 사람을 이와 같이 안다. 이 사람은 그 길을 그렇게 가고 그렇게 행하고 그 길에 들어서서 모든 번뇌가 다하여 아무 번뇌가 없는 마음의 해탈[心解脫]과 통찰지를 통한 해탈[慧解脫]을 바로 지금·여기에서 스스로 최

상의 지혜로 알고 실현하고 구족하여 머물 것이라는[漏盡通] 것을 안다. 그 다음에 나는[536] 그가 모든 번뇌를 다하여 아무 번뇌가 없는 마음의 해탈[心解脫]과 통찰지를 통한 해탈[慧解脫]을 바로 지금·여기에서 스스로 최상의 지혜로 알고 실현하고 구족하여 머물면서 오로지 즐거움만을 느끼는 것을[537] 본다.

사리뿟따여, 마치 물이 맑고 상쾌하고 차고 투명하고 아름다운 제방이 있고 쾌적하고 가까이에 짙은 숲이 있는 그런 호수가 있는데 그 때 열기에 타고 열기에 지쳐 맥이 빠지고 목이 타고 갈급증을 느끼는 어떤 사람이 외길을 따라 오직 그 호수를 향했다면, 안목이 있는 사람이 이를 보고 말할 것이다. '오, 저 사람은 그 길을 그렇게 가고 그렇게 행하고 그 길에 들어서서는 바로 저 호수로 갈 것이다.'라고. 그 다음에 그는 그 사람이 그 호수에 들어가서 목욕하고 물을 마시고 모든 근심과 피로와 열병을 가라앉히고 나와서 숲에 앉거나 누워서 [77] 오로지 즐거움만을 느끼는 것을 보게 될 것이다.

사리뿟따여, 그와 같이 나는 마음으로 마음을 대하여 어떤 사람을 이와 같이 안다. 이 사람은 그 길을 그렇게 가고 그렇게 행하고 그 길에 들어서서는 모든 번뇌가 다하여 아무 번뇌가 없는 마음의 해탈[心

---

536) "'번뇌를 다함'의 이 문단에서는 '신성한 눈으로 [본다.](dibbena cakkhuna)'라는 말씀을 하시지 않고 '나는 그를 본다(tam enaṁ passāmi).'라고 하신 것은 [신성한 눈에 대한] 확실함이 없기(niyama-abhāva) 때문이다. 왜냐하면 이 사람을 신성한 눈으로도 볼 것이고, 타심통의 지혜로도 알 것이고, 일체지로도 알 것이기 때문이다."(MA.ii.40)

537) "여기서도 '오로지 즐거운 느낌만(ekanta-sukhā vedanā)을 느낀다.'고 하고, 천상 세계에서도 그렇게 말씀하셨다. 그러나 이것은 표현은 같지만 뜻은 같지 않다. 천상 세계의 즐거움(deva-loka-sukha)은 탐욕으로 인한 열병 등이 있기 때문에 전적으로 오로지 즐거운 느낌만 있는 것은 아니다. 그러나 열반의 즐거움(nibbāna-sukha)은 모든 열병이 다 가라앉았기(sabba-pari-ḷāhānaṁ vūpasama) 때문에 모든 측면으로 오로지 즐거움만 있다." (MA.ii.40)

解脫]과 통찰지를 통한 해탈[慧解脫]을 바로 지금·여기에서 스스로 최상의 지혜로 알고 실현하고 구족하여 머물 것이라는[漏盡通] 것을 안다. 그 다음에 나는 그가 모든 번뇌를 다하여 아무 번뇌가 없는 마음의 해탈[心解脫]과 통찰지를 통한 해탈[慧解脫]을 바로 지금·여기에서 스스로 최상의 지혜로 알고 실현하고 구족하여 머물면서 오로지 즐거움만을 느끼는 것을 본다.

사리뿟따여, 이것이 다섯 가지 태어날 곳[五趣]이다."

43. "사리뿟따여, 이와 같이 알고 이와 같이 보는 나를 두고 어떤 이가 '사문 고따마는 인간의 법을 초월했고 성자들에게 적합한 지와 견의 특별함이 없다. 사문 고따마는 이론으로 완전 무장하여 법을 설하고, 자기의 영감에 따라 검증된 법을 설한다.'라고 말한다면, 그는 그 말을 철회하지 않고 그 마음을 버리지 않고 그 견해를 놓아버리지 않는 한 마치 누가 그를 데려가서 놓는 것처럼 [반드시] 지옥에 떨어진다."

보살의 고행

44. "다시 사리뿟따여,[538] 나는 네 가지를 갖춘 청정범행[539]을

538) "이 숫낙카따는 극도의 고행(dukkara-kārikā)으로 청정(suddhi)해진다는 신조를 갖고 있었다고 한다. 세존께서 그에게 '나는 과거에 고행을 했고, 고행자들 중에 나와 같은 고행자가 없었으며, 고행으로 청정해진다면 오로지 내가 청정해졌을 것이다.'라는 것을 보이시기 위해 이 가르침을 시작하셨다." (MA.ii.41)

539) "'청정범행(brahma-cariya)'이란 보시(dāna)도 청정범행이고, 봉사(veyy-āvacca)도, 학습계목(sikkhā-pada)도, 거룩한 마음가짐(brahma-vihārā)도, 법을 가르침(dhamma-desanā)도, 금욕적인 삶(methuna-virati)도, 자기 부인에게 만족함(sadāra-santosa)도, 포살(uposatha)도, 성스러운 도(ariya-magga)도, 모든 교법(sakala-sāsana)도, 의향(ajjhāsaya)도, 정진(vīriya)도 청정범행이다. 그러나 여기서는 정진(vīriya)을 말한다. 이

실천했음을 기억한다. 참으로 나는 고행하는 자였고 극도로 고행하는 자였다. 참으로 나는 더럽게 살았고 극도로 더럽게 살았다. 참으로 나는 [나쁜 행위를] 혐오하는 자였고 극도로 [나쁜 행위를] 혐오하는 자였다. 참으로 나는 은둔했고 극도로 은둔했었다."540)

45. "사리뿟따여, ① 거기서 나는 이런 고행을 했다.

나는 나체수행자였고, 관습을 거부하며 살았고,541) 손에 [받아] 핥아서 먹고, [음식을 주려고] 오라 하면 가지 않고, [음식을 주려고] 서라 하면 서지 않으며, 가져온 음식을 받지 않고, [내 몫으로] 지칭된 것을 받지 않으며, 초청에 응하지 않고, 그릇에서 떠주는 음식을 받지 않고, 항아리에서 퍼주는 것을 받지 않고, 문지방을 넘어와서 주는 것을 받지 않고, 막대기를 넘어와서 주는 것을 받지 않고, 절굿공이를 넘어와서 주는 것을 받지 않으며, 두 사람이 먹고 있을 때 받지 않고, 임신부에게 받지 않고, 젖먹이는 여자에게 받지 않고, 남자에게 안겨 있는 여자에게 받지 않으며, [보시한다고] 널리 알린 그 음식을 받지 않고,542) 개가 옆에서 보고 있을 때 받지 않고,543) 파리

경은 정진의 청정범행에 관한 것이다. … 과거의 한 생에서 네 가지를 갖춘 고행(dukkara)을 했기 때문에 '네 가지를 갖춘(caturaṅga-samannā-gata)'이라고 말씀하셨다."(MA.ii.41~43)

540) 이하 본경의 §§45~55는 보살의 극심한 고행을 묘사하고 있는데, 본서 제2권 「삿짜까 긴 경」(M36) §§20~30, 본서 「두려움과 공포 경」(M4) §20과 비교해 보기 바란다.

541) "'관습을 거부하며 살았다(muttācāro).'는 것은 세상의 관습을 던져버리고 살았다는 말이다. 즉 용변을 보는 일 등에서 세상의 선남자들이 행하던 관습을 버리고 선 채로 대소변을 보고, 서서 먹고 마신다는 말이다."(MA.ii.43)

542) "기근이 든 때에 나체수행자의 제자들(acelaka-sāvakā)이 나체수행자들을 위해 쌀 등을 모아서 밥을 짓지만 덕망 있는 나체수행자는 그곳에서 음식을 취하지 않았다고 한다."(MA.ii.44)

떼가 날아다닐 때 받지 않고,[544] 생선과 고기를 받지 않고, 곡차, 과일주, 발효주[545]를 마시지 않았다.

나는 한 집만 가서 음식을 받고 한 입의 음식만 먹고,[546] 두 집만 가서 [78]음식을 받고 두 입의 음식만 먹고 … 일곱 집만 가서 음식을 받고 일곱 입의 음식만 먹고, 한 닷띠[547]의 음식만 구걸하고, 두 닷띠의 음식만 구걸하고, … 일곱 닷띠의 음식만 구걸하며, 하루에 한 번만, 이틀에 한 번만 … 이런 식으로 보름에 한 번만 음식을 먹으며 살았다.

그런 나는 채소를 먹고, 수수, 니바라 쌀, 가죽 부스러기,[548] 수초, 왕겨, 뜨물, 깻가루, 풀, 소똥을 먹었으며, 나무뿌리와 열매를 음식으로 하여 살았고, 떨어진 열매를 먹었다.

그런 나는 삼베로 만든 옷을 입고, 마포로 된 거친 옷을 입고, 시체를 싸맨 헝겊으로 만든 옷을 입고, 넝마로 만든 옷을 입고, 나무껍질로 만든 옷을 입고, 영양 가죽을 입고, 영양 가죽으로 만든 외투를 입

---

543) "개가 음식을 얻기 위해서 서 있는 곳에서 개에게 음식을 주지 않고 자기에게 가져온 음식을 받지 않는다는 말이다. 그것은 그 개의 밥에 장애가 되기 때문이다."(MA.ii.44)

544) "나체수행자를 보고 '이 음식을 공양 올려야지.' 하면서 사람들은 부엌으로 [음식을 가지러] 들어간다. 그들이 들어갈 때 냄비 언저리 등에 붙어있던 파리들이 날아올라 떼를 지어 날아다닌다. 그곳에서 주는 음식을 받지 않는다. 무슨 까닭인가? 나 때문에 파리들의 영역이 장애를 받기 때문이다."(MA.ii.44)

545) "'발효주(thusodaka)'란 모든 곡류를 껍질째 만든 것을 말한다."(MA.ii.44)

546) "오직 한 집에만 가서 음식을 얻고는 돌아왔다는 말이다."(MA.ii.44)

547) "'닷띠(datti)'란 두세 입 분량의 공양물을 담을 수 있는 작은 그릇(pāti)을 말한다."(MAṬi.353)

548) '가죽 부스러기'는 daddula-bhakkha를 옮긴 것이다. daddula는 '대장장이가 가죽을 자르고 남은 부스러기'라고 주석서는 설명하고 있다.(MA.ii.45)

고, 꾸사 풀[549]로 만든 옷을 입고, 나무껍질로 만든 외투를 입고, 판자 조각으로 만든 옷을 입고, 인간의 머리털로 만든 담요를 두르고, 동물의 꼬리털로 만든 담요를 두르고, 올빼미 털로 만든 옷을 입었다.

머리털과 수염을 뽑는 수행에 몰두하여 머리털과 수염을 뽑아버렸고, 자리에 앉지 않고 서 있었으며, 쪼그리고 앉는 수행에 몰두하여 쪼그리고 앉았고, 가시로 된 침상에 머물고, 가시로 된 침상에서 잠자며, 저녁까지 하루 세 번 물에 들어가는 수행에 몰두하며 지냈다. 이와 같이 여러 가지 형태로 몸을 괴롭히고 고통을 주는 데 몰두하며 지냈다.

사리뿟따여, 나는 참으로 이런 고행을 했다."

46. "사리뿟따여, ② 거기서 나는 이처럼 더러웠다.

여러 해 된 먼지와 때가 몸에 쌓였다가 벗겨져 떨어졌다. 마치 여러 해 된 띤두까 나무의 그루터기가 쌓여 있다가 벗겨져 떨어지듯이 그와 같이 여러 해 된 먼지와 때가 몸에 쌓였다가 벗겨져 떨어졌다. 사리뿟따여, 그런 나에게 '오, 나는 이 먼지와 때를 손으로 밀어 없애야지. 아니면 다른 사람이 나의 이런 먼지와 때를 손으로 밀어줄지도 모른다.'라는 그런 생각이 없었다.

사리뿟따여, 나는 이처럼 더러웠다."

47. "사리뿟따여, ③ 거기서 나는 [나쁜 행위를] 혐오하였다.[550]

---

549) '꾸사(kusa) 풀'은 다르바(Pāli. dabbhā)라고도 불리는 풀이다. 이 풀은 인도의 제사에서 없어서는 안되는 중요한 풀이다. 우리나라의 억새풀과 비슷한데 아주 억세고 빳빳해서 꺾을 때 조심하지 않으면 손을 베게 된다. 꾸사 풀을 벤다는 뜻으로부터 파생된 용어가 바로 중국에서 선(善)으로 옮긴 꾸살라(kusala, kusa + √la(*to cut*))이며 본서 전체에서는 '유익함'으로 옮기고 있다. 꾸사 풀을 베기 위해서는 조심해야 하고 능숙한 솜씨가 있어야 한다는 의미이다. 그만큼 꾸사 풀은 억세다.

사리뿟따여, 그런 나는 마음챙기며 앞으로 나아갔고 마음챙기며 돌아왔다. 그런 나는 한 방울 물에도 연민을 일으켰다. '내가 땅의 틈새에 있는 저 미물들을 해치지 않기를.'이라고.

사리뿟따여, 이처럼 나는 [나쁜 행위를] 혐오하였다."

48. "사리뿟따여, ④ 거기서 나는 이처럼 은둔하였다.

사리뿟따여, [79] 그런 나는 어떤 숲에 깊이 들어가 머물렀다. 내가 소치기나 가축을 돌보는 자나 풀을 베는 자나 땔감을 줍는 자나 약초를 캐는 자[551]를 보면 숲에서 숲으로, 밀림에서 밀림으로, 골짜기에서 골짜기로, 능선에서 능선으로 피했다.[552] 그것은 무슨 까닭인가? 그들이 나를 보지 못하고 내가 그들을 보지 않기 위해서였다.

사리뿟따여, 마치 숲에 사는 사슴이 인간을 보고 숲에서 숲으로, 밀림에서 밀림으로, 골짜기에서 골짜기로, 능선에서 능선으로 피하듯이 그와 같이 나도 소치기나 가축을 돌보는 자나 풀을 베는 자나 땔감을 줍는 자나 약초를 캐는 자를 보면 숲에서 숲으로, 밀림에서 밀림으로, 골짜기에서 골짜기로, 능선에서 능선으로 피했다. 그것은 무슨 까닭인가? 그들이 나를 보지 못하고 내가 그들을 보지 않기 위

550) "'혐오하는 자(jegucchi)'란 사악함을 혐오하는 성질을 가진 자(pāpa-jigucchana-bhāva)를 말한다."(MA.ii.46)

551) "'약초를 캐는 자(vanakammika)'란 구근(球根) 등의 뿌리를 캐기 위해 숲 속을 헤집고 다니는 사람을 말한다."(MA.ii.46)

552) "이것은 세존 자신(보살)의 아지와까 시절과 관련하여 말씀하신 것이다. 보살은 그 교단의 교리를 알기(pāsaṇḍa-pariggaṇhaṇa) 위해 그곳으로 출가했다고 한다. 아무 이익이 없는 줄을 아셨지만 그 교단을 버리지 않았다. 왜냐하면 보살은 어떤 곳에 입문하시건 그곳에서 떠나지 않는 성품을 지니셨기 때문이다. 그러나 출가하신 뒤에는 아무도 나를 보지 말라고 생각하시면서 그곳을 나와 숲으로 가셨다. 그래서 '그들이 나를 보지 못하고, 내가 그들을 보지 않기 위해서였다.'라고 말씀하시는 것이다."(MA.ii.46)

해서였다.

사리뿟따여, 나는 이처럼 은둔하였다."

49. "사리뿟따여, 그런 나는 외양간에서 소떼들이 떠나고 소치기들이 떠난 뒤 그곳에서 사지를 구부려서[553] 젖을 빠는 어린 송아지들의 똥을 먹었다. 사리뿟따여, 나 자신의 똥과 오줌이 다하지 않는 한, 나는 참으로 나 자신의 똥과 오줌을 먹었다. 사리뿟따여, 이것이 참으로 나의 더러운 음식이었다."

50. "사리뿟따여, 그런 나는 아주 무시무시한 어떤 숲 속에 깊이 들어가서 머물렀다. 사리뿟따여, 거기 그 무시무시한 숲 속에는 큰 무서움이 있었다. 탐욕이 끊어지지 않은 자가 그 숲 속에 들어가면 거의 대부분 무서워서 털이 곤두선다. 사리뿟따여, 나는 추운 겨울 서리가 내리는 시기인 중간 8일 동안[554] 밤에는 노천에서 지냈고, 낮에는 숲 속에서 머물렀다. [무더운] 여름의 마지막 달은 낮에는 노천에서, 밤에는 숲 속에서 머물렀다. 그런 내게 이런 전에 듣지 못한 게송이 저절로 떠올랐다.

'더위와 추위에 시달리면서[555]

---

553) "오직 숲 속에 서서 소치기들이 소떼들을 몰고 떠난 상황을 보고는 두 손과 두 무릎으로 땅바닥을 짚고, 이처럼 사지를 구부리고 다가간다는 말이다." (MA.ii.47)

554) "'중간 8일(antaraṭṭhakā)'이란 마가 달(음력 1월)의 마지막 4일과 팍구나 달(음력 2월)의 처음 4일을 말한다."(MA.ii.48)
빠알리 문헌에 나타나는 12달의 이름은 다음과 같다. 찟따(Citta, Citra, 음3월), 웨사카(Vesākha), 젯타(Jeṭṭha), 아살하(Asāḷha), 사와나(Sāvaṇa), 뽓타빠다(Poṭṭhapāda), 앗사유자(Assayuja, 음9월), 깟띠까(Kattika), 마가시라(Māgasira), 풋사(Phussa, 음12월), 마가(Māgha), 팍구나(Phagguna)이다. 지금 인도를 비롯한 남방에서는 우리의 음력 3월에 해당하는 찟따 달을 한 해의 시작으로 간주한다.

혼자 무시무시한 숲에서
벌거벗은 채 불에 다가가지 않고
성자는 궁구를 거듭하노라.'"556)

51. "사리뿟따여, 나는 송장의 뼈다귀를 베개로 하여 공동묘지에서 잠자리를 만들었다. 소치기들이 내게 다가와서 침을 뱉고 오줌을 누고 오물을 던지고 창살로 귀를 찔렀다. 사리뿟따여, 그러나 나는 그들에게 결코 나쁜 마음을 일으켰다는 것을 기억하지 못한다. 사리뿟따여, 나는 이렇게 평온하게 머물렀다."

52. "사리뿟따여, [80] 어떤 사문이나 바라문들은 '음식에 의해서 청정해진다.'라는 이런 주장과 이런 견해를 가졌다. 그들은 이와 같이 말한다. '대추 먹고 살자.'라고. 그들은 대추를 먹고 대추 가루를 먹고 대추 즙을 마시고 여러 가지 대추로 만든 약을 먹는다. 사리뿟따여, 그러나 나는 오직 한 개의 대추만 먹고 살았음을 기억한다. 사리뿟따여, 그대에게 이런 생각이 들지도 모른다. '그때의 대추는 더 컸을지도 모른다.'라고. 사리뿟따여, 그러나 그렇게 생각해서는 안된다. 그때의 대추도 지금 정도 크기 밖에 되지 않았다.

사리뿟따여, 오직 한 개의 대추를 먹자 나의 몸은 아주 쇠약해졌

---

555) 역자가 저본으로 삼은 Ee의 원문은 so tatto so sīno이다. Se에는 Sotatto sosīno로, Te에는 so tatto so sino로, Be에는 sotatto sosinno ceva으로 나타나고 Be 주석서에도 sotatto sosinno ceva로 나타난다. 여기서 tatta (√tap(*to heat*)의 과거분사)는 뜨거운이란 뜻이고, sinna(√svid(*to be wet*)의 과거분사)는 젖은의 의미이다. 주석서는 다음과 같이 설명한다.
"여름에는 낮에는 태양의 열기로 밤에는 숲의 열기로 많이 뜨거웠고, 겨울에는 밤에는 추위로 낮에는 서리로 젖어 있었다는 말이다."(MA.ii.48)

556) "'궁구를 거듭한다(esanā-pasuta).'는 것은 청정해지기 위하여 몰두한다(suddhi-esanatthāya pasuto payutto)는 말이다."(MA.ii.48)

다. 사리뿟따여, 그렇게 적은 음식 때문에 나의 사지는 마치 아시띠까 넝쿨의 마디나 깔라 풀의 마디와 같았다. 그렇게 적은 음식 때문에 나의 엉덩이는 마치 낙타의 발처럼 되었다. 그렇게 적은 음식 때문에 나의 등뼈는 줄로 엮어둔 구슬처럼 되었다. 그렇게 적은 음식 때문에 나의 갈빗대들은 오래된 집의 서까래가 허물어지고 부서지듯이 허물어지고 부서졌다. 그렇게 적은 음식 때문에 내 동공 안에서 눈동자의 빛은 마치 깊은 우물에서 물빛이 깊고 멀리 들어가 보이듯이 깊고 멀리 들어가 보였다. 그렇게 적은 음식 때문에 나의 머리 가죽은 마치 익지 않은 쓴 호리병박이 바람과 햇빛에 시들듯이 시들었다.

사리뿟따여, 그렇게 적은 음식 때문에 나의 뱃가죽이 등뼈에 달라붙어 내가 뱃가죽을 만져야지 하면 등뼈가 잡혔고, 등뼈를 만져야지 하면 뱃가죽이 잡혔다. 사리뿟따여, 그렇게 적은 음식 때문에 내가 대변이나 소변을 보려고 하면 머리가 땅에 꼬꾸라졌다. 사리뿟따여, 그렇게 적은 음식 때문에 몸을 편안하게 하려고 손으로 사지를 문지르면 뿌리가 썩은 털들이 몸에서 우수수 떨어져나갔다."

53. ~ *55.* "사리뿟따여, 어떤 사문이나 바라문들은 '음식에 의해서 청정해진다.'라는 이런 주장과 이런 견해를 가졌다. 그들은 이와 같이 말한다. '녹두를 먹고 살자.'라고. … '참깨를 먹고 살자.'라고. … '쌀을 먹고 살자.'라고. … [81] … 몸에서 우수수 떨어져나갔다."

56. "사리뿟따여, 나는 참으로 그러한 행위와 그러한 도닦음과 그러한 고행으로도 인간의 법을 초월했고 성자들에게 적합한 지와 견의 특별함을 증득하지 못했다. 그것은 무슨 까닭인가?

그것은 성스러운 통찰지를 증득하지 못했기 때문이다.[557] 성스러운 통찰지를 증득하면 성스러운 해탈로 인도하고, 그렇게 실천하는 자를 바르게 괴로움의 멸진으로 인도한다."

57. "사리뿟따여, 어떤 사문이나 바라문들은 '윤회에 의해서 청정해진다.'558)라는 이런 주장과 이런 견해를 가졌다. 그러나 사리뿟따여, 정거천(淨居天)559)의 신들을 제외하고는 이 기나긴 [생사의] 여정에서 내가 전에 윤회하지 않았던 [82] 그런 윤회란 발견할 수 없다.

---

557) "'성스러운 통찰지를 증득하지 못했기 때문이다(ariyāya paññāya anadhigamā).'라는 것은 위빳사나의 통찰지(vipassanā-paññā)를 증득하지 못한 것을 말하고, 다음의 '성스러운 통찰지를 증득하면(ariyā paññā adhigatā)'에서 성스러운 통찰지는 도의 통찰지(magga-paññā)를 증득한 것을 말한다. 왜냐하면 이런 말씀이 있기 때문이다. "위빳사나의 통찰지를 증득했기 때문에 도의 통찰지를 증득했다. 이와 같이 내가 91겁 동안에는 위빳사나의 통찰지를 증득하지 못했기 때문에 출세간인 도의 통찰지를 증득하지 못했다."라고."(MA.ii.51)

558) "'윤회에 의해서 청정해진다(saṁsārena suddhi).'는 것은 윤회를 많이 거듭한 뒤에, 아래 [§58]의 '재생에 의해서 청정해진다(upapattiyā suddhi).'는 것은 재생을 거듭한 뒤에, [§59의] '주처(住處)에 의해 청정해진다(āvāsena suddhi).'는 것은 여러 곳에 머문 뒤에 청정해진다는 말이다."(MA.ii.51)

559) '정거천(淨居天)'은 Suddhāvāsa를 옮긴 것인데 이것은 suddha(청정함)+vāsa(거주)로 된 합성어이다. 이를 중국에서는 정거(淨居)로 직역하였다. 이 정거천은 번뇌 다한 불환자들만이 태어나는 곳이라고 한다(Suddhāvāsā nāma suddhānaṁ anāgāmikhīṇāsavānaṁ āvāsā — SA.i.75). 정거천은 다섯 가지 하늘, 즉 무번천, 무열천, 선현천, 선견천, 색구경천으로 구성되는데 불환과를 얻은 자들은 여기에 태어나서 다시는 이보다 더 낮은 세상에 태어나지 않고 여기서 열반에 든다고 한다. 자세한 것은 『아비담마 길라잡이』 제5장 §6의 해설을 참조할 것.
『디가 니까야』 제2권 「대전기경」(D14) §3.29과 본경의 이곳에서 말씀하시듯이, 세존께서는 기나긴 생사의 여정에서 당신이 거주해본 적이 없는 곳은 오직 이 정거천뿐이다. 정거천에 태어나면 이 세상에 다시 돌아오는 법이 없고, 바로 그곳에서 열반에 들기 때문이다. 세존께서 정거천에 태어나셨더라면 이 세상에 출현하여 법을 설하지 못하셨을 것이다.
불환자(不還者)의 정형구는 본서 「원한다면 경」(M6) §13을 참조할 것.

사리뿟따여, 정거천의 세상에 윤회했더라면 나는 다시 이 세상에 올 수 없었을 것이다."

58. "사리뿟따여, 어떤 사문이나 바라문들은 '재생(再生)에 의해서 청정해진다.'라는 이런 주장과 이런 견해를 가졌다. 그러나 사리뿟따여, 정거천의 신들을 제외하고는 이 기나긴 [생사의] 여정에서 내가 전에 재생하지 않았던 그런 재생이란 발견할 수 없다. 사리뿟따여, 정거천의 세상에 재생했더라면 나는 이 세상에 다시 올 수 없었을 것이다."

59. "사리뿟따여, 어떤 사문이나 바라문들은 '머무는 곳[住處]에 의해서 청정해진다.'라는 이런 주장과 이런 견해를 가졌다. 그러나 사리뿟따여, 정거천의 신들을 제외하고는 이 기나긴 [생사의] 여정에서 내가 전에 머무르지 않았던 그런 주처란 발견할 수 없다. 사리뿟따여, 정거천의 세상에 머물렀더라면 나는 이 세상에 다시 올 수 없었을 것이다."[560]

60. "사리뿟따여, 어떤 사문이나 바라문들은 '제사[561]에 의해서 청정해진다.'라는 이런 주장과 이런 견해를 가졌다. 그러나 사리뿟따여, 이 기나긴 [생사의] 여정에서 내가 전에 관정식을 거행한 끄샤뜨리야 왕이었거나 대갓집 바라문이 되어서 지내지 않은 그런 제사는 발견할 수 없다."

---

560) 주석서는 여기 §§57~59의 세 군데에서 각각 윤회(saṁsāra)와 재생(upapatti)과 주처(āvāsa)로 말씀하신 것은 오온을 두고 말씀하신 것이라고 설명하고 있다.(MA.ii.51)

561) '제사(yañña)'에 대해서는 『디가 니까야』 제1권 「꾸따단따 경」(D5) §1의 주해를 참조할 것.

61. "사리뿟따여, 어떤 사문이나 바라문들은 '불을 섬김으로써 청정해진다.'라는 이런 주장과 이런 견해를 가졌다. 그러나 사리뿟따여, 이 기나긴 [생사의] 여정에서 내가 전에 관정식을 거행한 끄샤뜨리야 왕이었거나 대갓집 바라문이 되어서 섬기지 않은 그런 불은 발견할 수 없다."

62. "사리뿟따여, 어떤 사문이나 바라문들은 '훌륭한 인간이 나이가 어리고 젊고 머리가 검고 축복받은 젊음을 구족한 초년기까지는 통찰지에 의한 총명함이 있다. 그러나 훌륭한 인간이 나이 들어 늙고 노후하고 긴 여정을 보내고 노쇠하여 여든이나 아흔이나 백 살에 이르면 그 통찰지에 의한 총명함은 없어진다.'라는 이런 주장과 이런 견해를 가졌다. 사리뿟따여, 그러나 그렇게 생각해서는 안된다. 나는 이처럼 나이 들어 늙고 노후하고 긴 여정을 보내고 노쇠하여 내 나이 여든이 되었다.

사리뿟따여, 여기 백 년의 수명을 가져 백 년을 살 수 있고 최상의 마음챙김과 보존과 암송과 최상의 통찰지에 의한 총명함[562]을 갖춘 네 명의 제자들이 내게 있다 하자. 사리뿟따여, 마치 훌륭한 궁수가 훈련을 통해서 능숙하고 숙련되어 가벼운 화살로 힘들이지 않고 야자나무의 그늘을 가로질러 신속하게 쏘는 것처럼, 그들이 그와 같은 비범한 [83] 마음챙김과 보존과 암송과 최상의 통찰지에 의한 총명함을 갖추어 내게 네 가지 마음챙김의 확립[四念處]을 질문하면 질문하

---

562) "'최상의 마음챙김(paramā sati)'이란 백 개의 구절과 천 개의 구절을 말하더라도 그것을 모두 습득하는 능력을 말하고, '보존(gati)'이란 그것을 보유하고 묶어두는 능력을 말하고, '암송(dhiti)'이란 그렇게 보유하고 묶어둔 것을 암송할 수 있는 능력을 말하고, '통찰지에 의한 총명함(paññā-veyyatti)'이란 결과와 원인을 볼 수 있는 능력을 말한다."(MA.ii.51~52)

는 족족 나는 그들에게 죄다 설명할 것이다.

내가 설명하면 그들은 그것을 잘 호지하여 다시 보충적인 질문을 하지 않을 것이고, 먹고 마시고 씹고 맛볼 때와 대소변을 볼 때와 졸음과 피로를 풀기 위해 쉴 때를 제외하고는 계속해서 질문을 할 것이다. 사리뿟따여, 그러나 여래의 설법은 다함이 없을 것이고, 여래의 법에 대한 문장과 표현은 다함이 없을 것이고, 질문에 대한 여래의 대답은 다함이 없을 것이다. 그러는 동안 백 년의 수명을 가져 백 년을 살 수 있는 네 명의 내 제자들은 백 년의 수명이 다하여 죽을 것이다. 사리뿟따여, 만약 나를 침상으로 옮겨놓더라도563) 여래의 통찰지에 의한 총명함은 변하지 않을 것이다."

63. "사리뿟따여, 누군가가 말하기를 '어리석음의 본성을 초월한 분이 세상에 출현하셨으니, 그것은 많은 사람의 이익을 위하고 많은 사람의 행복을 위하고 세상을 연민하고 신과 인간의 이상과 이익과 행복을 위한 것이다.'라고 어떤 사람에 대해 바르게 말한다면, 그것은 바로 나를 두고 그렇게 말할 때 바르게 말하는 것이다."

64. 그때 나가사말라 존자564)가 세존의 뒤에서 세존께 부채질을

---

563) "이것은 부처님의 힘(Buddha-bala)을 드러내기 위해 상상으로 말한 것이다. 참으로 열 가지 힘[十力, dasa-bala]을 침상에 얹어두고 마을과 성읍과 수도를 보호하는 때는 없다. 세존들께서는 이가 부러지는 상황 등을 겪지 않고 황금빛 피부가 변하지 않은 채 다섯 번째 수명의 부분에서 신과 인간들이 좋아하고 마음에 들어 하는 때에 열반에 들기 때문이다."(MA.ii.53)
"80세 때 이후를 다섯 번째 수명의 부분이라 한다(āsītikavassato paraṁ pañcamo āyukoṭṭhāso.)."(MAṬ.ii.36)

564) "나가사말라(Nāgasamāla)는 장로(thera)의 이름이다. 부처님이 성도하신 뒤 처음 20년의 중간에 우빠와나(Upavāna), 나기따(Nāgita), 메기야(Meghiya) 장로처럼 이 분도 세존의 시자였다."(MA.ii.53)
주석서 문헌에 의하면 세존의 시자 소임을 본 분은 모두 여덟 분이었다. 성도하신 뒤 처음 20년 동안은 나가사말라(Nāgasamala), 나기따(Nāgita),

해드리고 있었다. 그는 세존께 이렇게 말씀드렸다.

"경이롭습니다, 세존이시여. 놀랍습니다, 세존이시여. 이 법문을 듣고 저는 온몸에 털이 곤두섰습니다. 세존이시여, 이 법문의 이름은 무엇이라 할까요?"

"나가사말라여, 그렇다면 이 법문을 '온몸에 털이 곤두서는 법문'565)이라고 호지하라."

세존께서는 이와 같이 설하셨다. 나가사말라 존자는 흡족해진 마음으로 세존의 말씀을 크게 기뻐하였다.

사자후의 긴 경(M12)이 끝났다.

우빠와나(Upavāṇa), 수낙캇따(Suna-kkhatta), 사미라 불린 쭌다(Cunda samaṇuddesa), 사가따(Sāgata), 메기야(Meghiya)가 소임을 보았고, (AAṬ.iii.247~248) 성도 후 21년째 되던 해부터 반열반(般涅槃)하시기까지 대략 25년간은 아난다 존자가 시자 소임을 맡았다.

565) '온몸에 털이 곤두서는 법문'은 lomahaṁsana-pariyāya를 옮긴 것이다. 『밀린다빤하』(Mil.396)에서도 본경을 이 이름으로 언급하고 있다.

괴로움의 무더기의 긴 경

Mahā-dukkhakkhandha Sutta(M13)

1. 이와 같이 나는 들었다. 한때 세존께서는 사왓티에서 제따 숲의 아나타삔디까 원림(급고독원)에 머무셨다.

2. 그때 많은566) 비구들이 오전에 옷매무새를 가다듬고 발우와 가사를 수하고 [84] 사왓티로 탁발을 나섰다. 그때 그 비구들에게 이런 생각이 들었다.

"지금 사왓티로 탁발을 가기에는 너무 이르다. 그러니 외도 유행승들의 원림(園林)에 가보는 것이 좋겠다."

그래서 그 비구들은 다른 외도 유행승들의 원림에 갔다. 가서는 그 외도 유행승들과 함께 환담을 나누었다. 유쾌하고 기억할만한 이야기로 서로 담소를 하고서 한 곁에 앉았다. 한 곁에 앉은 비구들에게 외도 유행승들은 이렇게 말했다.

---

566) "'많은(sambahulā)'이란 율의 방법(vinaya-pariyāya)에 따르면 세 사람을 '많다(sambahulā)'라고 하고, 그보다 많은 것을 '승가(saṅgha)'라고 한다. 경의 방법(suttanta-pariyāya)에 따르면 세 사람은 세 사람이라 하고, 그보다 많은 것을 '많다'고 한다. 여기서는 경의 방법에 따라 알아야 한다." (MA.ii.54)

3. "도반들이여, 사문 고따마가 감각적 욕망을 철저히 안다[567]고 천명하지만 우리도 감각적 욕망을 철저히 안다고 천명합니다. 도반들이여, 사문 고따마가 물질을 철저히 안다고 천명하지만 우리도 물질을 철저히 안다고 천명합니다. 도반들이여, 사문 고따마가 느낌을 철저히 안다고 천명하지만 우리도 느낌을 철저히 안다고 천명합니다.[568]

도반들이여, 여기 사문 고따마의 가르침과 우리들의 가르침 사이에, 그리고 사문 고따마의 교훈과 우리들의 교훈 사이에, 무엇이 특별한 점이며 무엇이 차이점이며 무엇이 다른 점입니까?"

4. 그러자 그 비구들은 그 외도 유행승들의 말을 인정하지도 못하고 공박하지도 못했다.[569] 인정하지도 못하고 공박하지도 못한 채 '세존께 가서 이 말의 뜻을 정확히 알아보리라.'라고 생각하면서 자리에서 일어나 돌아왔다.

---

567) "'철저히 안다(pariññaṁ).'는 것은 여기서는 버림(pahāna)과 극복함(sam-atikkama)을 말한다."(MA.ii.54)

568) "자기들의 교리를 아는 외도들은 초선(paṭhama-jjhāna)을 말하면서 감각적 욕망을 철저히 안다고, 무색계(arūpa-bhava)를 말하면서 물질을 철저히 안다고, 무상유정(asañña-bhava)을 말하면서 느낌을 철저히 안다고 한다. 그러나 그들은 이것이 초선이고, 이것이 무색계이고, 이것이 무상유정이라고 알지 못한다. 그들은 천명할 능력이 없으면서도 그냥 '천명한다(paññā-peti).'라고 말할 뿐이다.
그러나 여래는 불환도로써 감각적 욕망을 철저히 안다고 천명하시고, 아라한도로써 물질과 느낌을 철저히 안다고 천명하신다. 그들은 이렇게 크게 특별한 점(adhippāya)이 있음에도 무엇이 특별한 점이냐고 묻는다."(MA.ii.54~55)

569) "'인정하지도 못하고 공박하지도 못했다(neva abhinandiṁsu nappaṭikko-siṁsu).'는 것은 그것은 그와 같다고 찬성하지도 못하고, 그것은 그와 같지 않다고 부정하지도 못했다는 말이다."(MA.ii.55)

5. 그때 그 비구들은 사왓티에서 탁발을 하여 공양을 마치고 탁발에서 돌아와 세존께 다가갔다. 가서는 세존께 절을 올리고 한 곁에 앉았다. 한 곁에 앉아서 그 비구들은 세존께 이렇게 말씀드렸다.

"세존이시여, 저희들은 오전에 옷매무새를 가다듬고 발우와 가사를 수하고 사왓티로 탁발을 나섰습니다. 그때 저희들에게 이런 생각이 들었습니다.

"지금 사왓티로 탁발을 가기에는 너무 이르다. 그러니 외도 유행승들의 원림(園林)에 가보는 것이 좋겠다."

그래서 저희들은 다른 외도 유행승들의 원림으로 갔습니다. 가서는 그 외도 유행승들과 함께 환담을 나누고, 유쾌하고 기억할만한 이야기로 서로 담소를 하고서 한 곁에 앉았습니다. 한 곁에 앉은 저희들에게 외도 유행승들은 이렇게 말했습니다.

"도반들이여, 사문 고따마가 감각적 욕망을 철저히 안다고 천명하지만 우리도 감각적 욕망을 철저히 안다고 천명합니다. 도반들이여, 사문 고따마가 물질을 철저히 안다고 천명하지만 우리도 물질을 철저히 안다고 천명합니다. 도반들이여, 사문 고따마가 느낌을 철저히 안다고 천명하지만 우리도 느낌을 철저히 안다고 천명합니다.

도반들이여, 여기 사문 고따마의 가르침과 우리들의 가르침 사이에, 그리고 사문 고따마의 교훈과 우리들의 교훈 사이에, 무엇이 특별한 점이며 무엇이 차이점이며 무엇이 다른 점입니까?"

세존이시여, 그러자 저희들은 그 다른 외도 유행승들의 말을 인정하지도 못하고 공박하지도 못했습니다. 인정하지도 못하고 공박하지도 못한 채 '세존께 가서 이 말의 뜻을 정확히 알아보리라.'라고 생각하면서 자리에서 일어나 돌아왔습니다."

6. "비구들이여, [85] 그렇게 말하는 외도 유행승들에게는 이렇게 말해야 한다.

'도반들이여, 그러면 무엇이 감각적 욕망의 달콤함이며 무엇이 재난이며 무엇이 벗어남입니까? 무엇이 물질의 달콤함이며 무엇이 재난이며 무엇이 벗어남입니까? 무엇이 느낌의 달콤함이며 무엇이 재난이며 무엇이 벗어남입니까?'

비구들이여, 그렇게 질문받으면 외도 유행승들은 설명하지 못할 것이며 더 곤혹스러워할 것이다. 그것은 무슨 까닭인가? 비구들이여, 그것은 그들의 영역이 아니기 때문이다. 비구들이여, 나는 신을 포함하고 마라를 포함하고 범천을 포함한 세상과 사문·바라문들을 포함하고 신과 사람을 포함한 무리들 가운데에서 이 질문을 해설하여 마음을 흡족하게 할 자는 여래나 여래의 제자나 혹은 이 교법에서 들은 자가 아니고는 그 누구도 보지 못한다."

감각적 욕망

7. "비구들이여, 무엇이 감각적 욕망의 달콤함인가?

비구들이여, 다섯 가닥의 얽어매는 감각적 욕망570)이 있다. 무엇이 다섯인가?

원하고 좋아하고 마음에 들고 사랑스럽고 감각적 욕망을 짝하고 매혹적인, 눈으로 인식되는 형색들이 있다. … 귀로 인식되는 소리들

570) "'얽어매는 감각적 욕망(kāma-guṇa)'이란 탐낸다(kāmayitabba)는 뜻에서 kāma이고, 얽맨다(bandhana)는 뜻에서 guṇa이다."(MA.ii.55)
그간 초기불전연구원에서 번역 출간한 책들에서는 pañca-kāma-guṇa를 모두 '다섯 가닥의 감각적 욕망'으로 옮겼다. 그러나 본서에서는 이를 '다섯 가닥의 얽어매는 감각적 욕망'으로 통일해서 옮기고 있는데 그 이유는 실의 가닥을 뜻하는 guṇa를 본 주석서에서 [실로] 얽어맴(bandhana)으로 설명하고 있기 때문이다.

이 있다. … 코로 인식되는 냄새들이 있다. … 혀로 인식되는 맛들이 있다. 원하고 좋아하고 마음에 들고 사랑스럽고 감각적 욕망을 짝하고 매혹적인, 몸으로 인식되는 감촉들[觸]이 있다.

비구들이여, 이것이 다섯 가닥의 얽어매는 감각적 욕망이다.

비구들이여, 이 다섯 가닥의 얽어매는 감각적 욕망을 조건하여 즐거움과 기쁨이 생겨나는데, 이것이 감각적 욕망의 달콤함이다."

8. "비구들이여, 무엇이 감각적 욕망의 재난인가?

비구들이여, 여기 좋은 가문의 아들[善男子]은 기술로써 생계를 유지한다. 즉 셈하기, 계산, 회계, 농사, 장사, 목축, 궁술, 왕의 시종, 그 외의 다른 기술 등의 기술로써 생계를 유지한다. 그렇게 함으로써 그는 추위로 고통받고, 더위로 고통받고, 파리·모기·바람·햇빛·파충류와 닿아서 상처를 입기도 하고 배고픔과 목마름으로 죽음도 감수한다.

비구들이여, 이것이 목전에서 볼 수 있는 감각적 욕망의 재난이니, 괴로움의 무더기는 감각적 욕망이 그 원인이며, 감각적 욕망이 근원이며, 감각적 욕망이 기반이니, 이것은 감각적 욕망을 [86] 원인으로 하여 일어난다."

9. "비구들이여, 만일 그 좋은 가문의 아들이 부지런히 일하고 애를 쓰고 노력해도 재물을 얻지 못하면 그는 근심하고 상심하고 슬퍼하고 가슴을 치고 울부짖고 광란한다.571) '나의 부지런함은 헛된

---

571) "'근심한다(socati)'는 것은 마음에서 일어난 강한 슬픔(balava-soka)으로 근심하는 것이고, '상심한다(kilamati)'는 것은 몸에서 일어난 고통(dukkha)으로 괴로워하는 것이고, '슬퍼한다(paridevati)'는 것은 말로써 탄식하는 것이다. '광란한다(sammoham āpajjati)'는 것은 마치 인식을 잃어버린 것(visaññi)처럼 미쳐버리는 것(sammūḷha)이다."(MA.ii.57)

것이었고, 나의 노력은 아무런 결과도 가져오지 못했다.'라고.

비구들이여, 이것이 목전에서 볼 수 있는 감각적 욕망의 재난이니 … 이것은 감각적 욕망을 원인으로 하여 일어난다."

10. "비구들이여, 만일 그 좋은 가문의 아들이 부지런히 일하고 애를 쓰고 노력해서 재물을 얻으면 그는 그 재산을 지키기 위해서 괴로움과 정신적 고통을 경험한다. '어떻게 하면 내 재물을 왕이 가져가지 않을까, 도둑이 훔쳐가지 않을까, 불이 태워버리지 않을까, 물이 씻어 가버리지 않을까, 미운 놈이 상속받지 않을까?'라고. 이처럼 지키고 보호하더라도 그의 재물을 왕이 가져가고 도둑이 훔쳐가고 불이 태워버리고 물이 씻어가 버리고 미운 놈이 상속받게 된다. 그러면 그는 근심하고 상심하고 슬퍼하고 가슴을 치고 울부짖고 광란한다. '내 것이 다 없어졌다.'라고.

비구들이여, 이것이 목전에서 볼 수 있는 감각적 욕망의 재난이니 … 이것은 감각적 욕망을 원인으로 하여 일어난다."

11. "감각적 욕망을 원인으로 감각적 욕망을 근원으로 감각적 욕망을 기반으로,572) 단지 감각적 욕망이라는 원인 때문에 왕들도 왕들과 싸우고, 무사들도 무사들과 싸우고, 바라문들도 바라문들과 싸우고, 장자들도 장자들과 싸우고, 어머니도 아들과 싸우고, 아들도

---

572) 여기서 '원인', '근원', '기반'은 각각 hetu, nidāna, adhikaraṇa를 옮긴 것이다. "'감각적 욕망을 원인으로(kāma-hetu)'는 감각적 욕망이 조건(paccaya)이라는 뜻에서, '감각적 욕망을 근원으로(kāma-nidāna)'는 감각적 욕망이 뿌리(mūla)라는 뜻에서, '감각적 욕망을 기반으로(kāma-adhikaraṇa)'는 감각적 욕망이 이유(kāraṇa)라는 뜻에서 말씀하신 것이다. '단지 감각적 욕망이라는 원인 때문에(kāmānam eva hetu)'라는 것은 확정적인 표현(niyama-vacana)인데 감각적 욕망을 조건으로 하여(kāma-paccaya) 일어나는 것일 뿐이라는 말씀이다."(MA.ii.57)

어머니와 싸우고, 아버지도 아들과 싸우고, 아들도 아버지와 싸우고, 형제도 형제와 싸우고, 형제도 자매와 싸우고, 자매도 형제와 싸우고, 친구도 친구와 싸운다. 그들은 다투고 논쟁하고 싸우면서 서로 두 주먹으로 때리기도 하고 흙덩이를 던지기도 하고 막대기로 치기도 하고 칼로 찌르기도 하여 거기서 죽거나 죽음에 버금가는 고통을 당한다.

비구들이여, 이것이 목전에서 볼 수 있는 감각적 욕망의 재난이니 … 이것은 감각적 욕망을 원인으로 하여 일어난다."

12. "감각적 욕망을 원인으로 감각적 욕망을 근원으로 감각적 욕망을 기반으로, 단지 감각적 욕망이라는 원인 때문에 칼과 방패를 들고 활과 화살통을 차고 화살과 창이 날아다니고 칼이 번쩍임에도 불구하고 양쪽에 진을 치고 있는 전장에 돌진한다. 그들은 거기서 화살에 맞고 창에 찔리고 칼에 목이 베여 죽거나 죽음에 버금가는 고통을 당한다.

비구들이여, 이것이 목전에서 볼 수 있는 감각적 욕망의 재난이니 … 이것은 감각적 욕망을 원인으로 하여 일어난다."

13. "감각적 욕망을 원인으로 감각적 욕망을 근원으로 감각적 욕망을 기반으로, 단지 감각적 욕망이라는 원인 때문에 칼과 방패를 들고 활과 화살통을 차고 화살과 창이 날아다니고 [87] 칼이 번쩍임에도 불구하고 미끄러운 성채로 올라간다.[573] 그들은 거기서 화살에 맞고 창에 찔리고 끓는 물에 튀겨지고 무거운 무게에 짓눌리고 칼에 목이 베여 죽거나 죽음에 버금가는 고통을 당한다.

비구들이여, 이것이 목전에서 볼 수 있는 감각적 욕망의 재난이니

573) "그런데 아래서 쇠꼬챙이와 나무로 만든 꼬챙이에 찔리고 있으면서도 성채가 미끄러워 올라갈 수 없는 것도 재난이다."(MA.ii.58)

… 이것은 감각적 욕망을 원인으로 하여 일어난다."

14. "감각적 욕망을 원인으로[574] 감각적 욕망을 근원으로 감각적 욕망을 기반으로, 단지 감각적 욕망이라는 원인 때문에 집을 부수고, 훔치고, 빼앗고,[575] 노상강도질을 하고, 강간을 한다. 왕들은 그런 자를 붙잡아서 여러 가지 고문을 한다. 즉 채찍으로 때리기도 하고, 매질을 하기도 하고, 곤장으로 치기도 하고, 손을 자르기도 하고, 발을 자르기도 하고, 손발을 다 자르기도 하며, 귀를 자르기도 하고, 코를 자르기도 하고, 귀와 코를 다 자르기도 하며, 죽 끓이는 솥에 넣기도 하고, 머리를 소라의 색깔처럼 만들기도 하고,[576] 라후의 아가리[577]로 만들기도 하고, 온몸을 기름 적신 천으로 싸서 불을 붙이고, 손을 기름 적신 천으로 싸서 마치 등불처럼 태우고, 에라까왓띠까[578]를 행하기도 하고, 피부를 벗겨 옷으로 입힌 것처럼 하기도 하

---

574) 본 문단은 본서 제4권 「어리석은 자와 현명한 자 경」(M129) §4와 같은 내용을 담고 있다.

575) "여기서 '빼앗는다(ekāgārika)'는 것은 많은 사람의 목숨을 볼모로 재물을 빼앗아 가는 것을 말한다."(MA.ii.58)

576) '머리를 소라의 색깔처럼 만들기도 하고'는 saṅkhamuṇḍakampi karonti를 옮긴 것이다. 여기서 문자적으로 saṅkha는 소라고둥을, muṇḍika는 까까머리를 뜻한다. 주석서는 이렇게 설명한다.
"이것은 '상카문디까(saṅkha-muṇḍika)'라고 불리는 고문이다. 이것은 윗입술과 양쪽 귀와 머리털의 매듭 부분까지 피부를 벗기고 모든 머리털을 하나로 매듭을 지어 막대기로 흔들어 모두 뽑는다. 머리털과 함께 피부도 위로 벗겨낸다. 그 뒤에 머리를 거친 모래로 문질러 씻어서 소라의 색깔처럼 만드는 그런 모진 형벌이다."(MA.ii.58)

577) "'라후의 아가리(rāhu-mukha)'라 불리는 고문인데, 대못으로 입을 벌리고 입속에다 불을 태우는 그런 형벌이다."(MA.ii.58~59)

578) "'에라까왓띠까(eraka-vattika 문자적으로는 에라까 풀로 만든 끈으로 된 것이라는 뜻임)'는 아래로 목부터 시작하여 피부를 벗겨서 발목을 넘어뜨리고는 그 뒤에 그를 끈으로 묶어 끌고 오면, 그가 자기의 피부 위를 걷다가 넘

고, 양처럼 만들기도 하고,[579] 갈고리로 [피부와] 살과 [근육]을 떼어내기도 하고, 동전처럼 만들기도 하고,[580] 상처에 독한 액체를 바르기도 하고,[581] 쇠꼬챙이로 비틀기도 하고,[582] 짚더미처럼 둘러싸기도 하며,[583] 뜨거운 기름을 끼얹기도 하고, 개에 물리도록 하고, 산 채로 쇠꼬챙이에 찔리게 하고, 칼로 목을 벤다. 그들은 거기서 죽기도 하고 죽음에 버금가는 괴로움을 당한다.

비구들이여, 이것이 목전에서 볼 수 있는 감각적 욕망의 재난이니 … 이것은 감각적 욕망을 원인으로 하여 일어난다."

15. "감각적 욕망을 원인으로 감각적 욕망을 근원으로 감각적 욕망을 기반으로, 단지 감각적 욕망이라는 원인 때문에 몸으로 나쁜

어지는 그런 형벌이다."(MA.ii.59)

579) "이것은 '에네야까(eṇeyyaka, 문자적으로는 양으로 된 것이라는 뜻임)'라고 불리는 고문인데, 두 팔꿈치와 두 무릎에 쐐기를 채워서 쇠꼬챙이로 치면 그는 네 개의 쇠꼬챙이에 의해 땅에 박히게 되고, 그 뒤에 그를 에워싸고는 불을 붙이는 그런 형벌이다."(MA.ii.59)

580) "이것은 '까하빠나까(kahāpaṇaka, 문자적으로는 동전으로 된 것이라는 뜻임)'라고 불리는 고문인데, 온몸을 예리한 칼로 위에서부터 동전 크기만큼씩 도려내는 형벌이다."(MA.ii.59)

581) "이것은 '카라빠띳치까(khārā-paṭicchaka, 독한 액체로 바르기)'라고 불리는 고문인데, 몸의 군데군데에 흉기로 찌르고는 솔로 가성알칼리(khāra)를 바른다. 피부와 살과 근육을 흠뻑 적셔서 일련의 뼈만 남게 만드는 그런 형벌이다."(MA.ii.59)

582) "이것은 '빨리가빠리왓띠까(paligha-parivattika, 쇠꼬챙이로 비틀기)'라고 불리는 고문인데, 한쪽으로 눕혀놓고 귓구멍을 쇠꼬챙이(aya-sūla)로 뚫어 땅에다 고정시킨 뒤 그의 발을 잡고 빙빙 돌리는 그런 형벌이다."(MA.ii.59)

583) "이것은 '빨랄라삐타까(palāla-pīṭhaka, 짚더미로 둘러쌈)'라고 불리는 고문인데, 능란하게 고문하는 사람이 외피를 벗겨내고 맷돌에다 뼈를 갈아서 머리털을 잡고 던져버리면 살 더미만 남게 된다. 그때 그를 머리털로 싸서 짚더미(palāla-vaṭṭi)처럼 둘러싸는 그런 형벌이다."(MA.ii.59)

행위를 하고 말로 나쁜 행위를 하고 마음으로 나쁜 행위를 한다. 몸으로 나쁜 행위를 하고 말로 나쁜 행위를 하고 마음으로 나쁜 행위를 하고는 몸이 무너져 죽은 뒤 처참한 곳, 불행한 곳, 파멸처, 지옥에 태어난다.

비구들이여, 이것은 내생에 다가올 감각적 욕망의 재난이니,584) 괴로움의 무더기는 감각적 욕망이 그 원인이며, 감각적 욕망이 근원이며, 감각적 욕망이 기반이니, 이것은 감각적 욕망을 원인으로 하여 일어난다."

16. "비구들이여, 무엇이 감각적 욕망에서 벗어남인가?

비구들이여, 감각적 욕망에 대한 열망과 욕망을 제어함과 열망과 욕망을 버림585)이 감각적 욕망에서 벗어남이다."

17. "비구들이여, 어떤 사문이건 바라문이건 이와 같이 감각적 욕망의 달콤함을 달콤함으로, 재난을 재난으로, 벗어남을 벗어남으로, 있는 그대로 알지 못하면서 그들 스스로 감각적 욕망을 철저히 알거나 혹은 다른 사람이 그 도닦음을 따라 행하면 감각적 욕망을 철저히 알 수 있도록 그렇게 가르치는 것은 불가능하다.

비구들이여, 그러나 어떤 사문이건 바라문이건 [88] 이와 같이 감

---

584) 앞 문단에서는 목전에서 볼 수 있는 감각적 욕망의 재난(kāmānaṁ ādīnava)을 설하셨고, 여기서는 감각적 욕망을 원인으로 몸과 말과 마음으로 나쁜 행위를 하여 악처에 떨어지는 것은 내생에 다가올(samparāyika) 감각적 욕망의 재난이라고 설명하신다.

585) "'열망과 욕망을 제어함(chanda-rāga-vinaya)과 열망과 욕망을 버림(chanda-rāga-ppahāna)'은 열반을 말한다. 열반에 이르면 감각적 욕망에 대한 열망과 욕망이 제어되고 제거되기 때문이다. 그러므로 열반을 '열망과 욕망을 제어함과 열망과 욕망을 버림'이라 말했다."(MA.ii.60)
이것은 불환자를 포함하는 것으로 볼 수 있다. 왜냐하면 불환도가 일어나는 순간 감각적 욕망에 대한 열망과 욕망은 끊어지기 때문이다.

각적 욕망의 달콤함을 달콤함으로, 재난을 재난으로, 벗어남을 벗어남으로, 있는 그대로 알면 그들 스스로 감각적 욕망을 철저히 알거나 혹은 다른 사람이 그 도닦음을 따라 행하면 감각적 욕망을 철저히 알 수 있도록 그렇게 가르치는 것은 가능하다."

물질[色]

18. "비구들이여, 무엇이 물질[色]의 달콤함인가?

비구들이여, 예를 들면 끄샤뜨리야의 소녀나 바라문의 소녀나 장자의 소녀가 있어 15세나 16세의 나이로 너무 크지도 너무 작지도 않고, 너무 마르지도 너무 살찌지도 않고, 너무 검지도 너무 희지도 않다면, 참으로 그 소녀의 매력과 아름다움은 절정에 이를 것이다."

"그러합니다, 세존이시여."

"비구들이여, 참으로 매력적이고 아름다운 것을 반연하여 즐거움과 행복이 있나니 이것이 물질의 달콤함이다."

19. "비구들이여, 무엇이 물질의 재난인가?

비구들이여, 여기 바로 그 소녀가 나중에 여든이나 아흔이나 백 살이 되어 늙어서 서까래처럼 굽고, 꼬부랑하게 되고, 지팡이에 의지하고, 덜덜 떨면서 걷고, 병들고, 젊음은 가버리고, 이가 부서지고, 머리털은 백발이 되고, 머리털이 빠지고, 대머리가 되고, 주름살이 늘고, 사지에 검버섯이 생기는 것을 보게 될 것이다. 비구들이여, 이를 어떻게 생각하는가? 이전의 그녀의 매력과 아름다움은 사라지고 재난이 드러난 것이 아닌가?"

"그렇습니다, 세존이시여."

"비구들이여, 이것이 물질의 재난이다."

20. "다시 비구들이여, 바로 그 소녀가 병들어 고통받고 중병이 들어 자기의 똥오줌에 주저앉거나 드러눕고, 다른 사람들의 도움으로 일어서고 앉게 되는 것을 보게 될 것이다. 비구들이여, 이를 어떻게 생각하는가? 이전의 그녀의 매력과 아름다움은 사라지고 재난이 드러난 것이 아닌가?"

"그렇습니다, 세존이시여."

"비구들이여, 이것이 물질의 재난이다."

21. "다시 비구들이여,586) 바로 그 소녀의 시체가 묘지에 버려져, 죽은 지 하루나 이틀 또는 사흘이 지나 부풀고 검푸르게 되고 문드러지는 것을 보게 될 것이다. 비구들이여, [89] 이를 어떻게 생각하는가? 이전의 그녀의 매력과 아름다움은 사라지고 재난이 드러난 것이 아닌가?"

"그렇습니다, 세존이시여."

"비구들이여, 이것이 물질의 재난이다."

22. "다시 비구들이여, 바로 그 소녀의 시체가 묘지에 버려져 까마귀 떼가 달려들어 마구 쪼아 먹고, 솔개 떼가 쪼아 먹고, 독수리 떼가 쪼아 먹고, 개 떼가 뜯어 먹고, 자칼들이 뜯어 먹고, 별의별 벌레들이 다 달려들어 파먹는 것을 보게 될 것이다. 비구들이여, 이를 어떻게 생각하는가? 이전의 그녀의 매력과 아름다움은 사라지고 재난이 드러난 것이 아닌가?"

"그렇습니다, 세존이시여."

"비구들이여, 이것이 물질의 재난이다."

---

586) 이하 본경 §§21~29까지의 아홉 가지는 본서 「마음챙김의 확립 경」(M10) §§14~30에서 아홉 가지 공동묘지의 관찰의 명상주제로 나타나고 있다.

23. ~ 26. "다시 비구들이여, 바로 그 소녀의 시체가 묘지에 버려져 해골이 되어 살과 피가 묻은 채 힘줄에 얽혀 서로 이어져 있는 것을 … 해골이 되어 살은 없고 아직 피는 남아 있는 채로 힘줄에 얽혀 서로 이어져 있는 것을 … 해골이 되어 살도 피도 없이 힘줄만 남아 서로 이어져 있는 것을 … 백골이 되어 힘줄도 사라지고 뼈들이 흩어져서 여기에는 손뼈, 저기에는 발뼈, 또 저기에는 정강이뼈, 저기에는 넓적다리뼈, 저기에는 엉덩이뼈, 저기에는 등뼈, 저기에는 갈빗대, 저기에는 가슴뼈, 저기에는 팔뼈, 저기에는 어깨뼈, 저기에는 목뼈, 저기에는 턱뼈, 저기에는 치골, 저기에는 두개골 등이 사방에 널려있는 것을 보게 될 것이다. 비구들이여, 이를 어떻게 생각하는가? 이전의 그녀의 매력과 아름다움은 사라지고 재난이 드러난 것이 아닌가?"

"그렇습니다, 세존이시여."

"비구들이여, 이것이 물질의 재난이다."

27. ~ 29. "다시 비구들이여, 바로 그 소녀의 시체가 묘지에 버려져 백골이 되어 뼈가 하얗게 변하여 조개껍데기 색깔처럼 된 것을 … 백골이 되어 단지 뼈 무더기가 되어 있는 것을 … 그 백골이 해를 넘기면서 삭아 가루가 된 것을 보게 될 것이다. 비구들이여, 이를 어떻게 생각하는가? 이전의 그녀의 매력과 아름다움은 사라지고 재난이 드러난 것이 아닌가?"

"그렇습니다, 세존이시여."

"비구들이여, 이것이 물질의 재난이다."

30. "비구들이여, 무엇이 물질에서 벗어남인가?

비구들이여, 물질에 대한 열망과 욕망을 제어함과 열망과 욕망을 버림이 물질에서 벗어남이다."

31. "비구들이여, 어떤 사문이건 바라문이건 이와 같이 물질의 달콤함을 달콤함으로, 재난을 재난으로, 벗어남을 벗어남으로, 있는 그대로 알지 못하면서 그들 스스로 물질을 철저히 알거나 혹은 다른 사람이 그 도닦음을 따라 행하면 물질을 철저히 알 수 있도록 그렇게 가르치는 것은 불가능하다.

비구들이여, 그러나 어떤 사문이건 바라문들이건 이와 같이 물질의 달콤함을 달콤함으로, 재난을 재난으로, 벗어남을 벗어남으로, 있는 그대로 알면 그들 스스로 물질을 철저히 알거나 혹은 다른 사람이 그 도닦음을 따라 행하면 물질을 철저히 알 수 있도록 그렇게 가르치는 것은 가능하다."

느낌[受]

32. "비구들이여, 무엇이 느낌의 달콤함인가?

비구들이여, 여기 비구는 감각적 욕망들을 완전히 떨쳐버리고 해로운 법[不善法]들을 떨쳐버린 뒤, 일으킨 생각[尋]과 지속적 고찰[伺]이 있고, 떨쳐버렸음에서 생긴 희열[喜]과 행복[樂]이 있는 초선(初禪)을 구족하여 머문다. 비구들이여, 그 비구가 감각적 욕망들을 완전히 떨쳐버리고 해로운 법들을 떨쳐버린 뒤, 일으킨 생각과 지속적 고찰이 있고, 떨쳐버렸음에서 생긴 희열과 행복이 있는 초선에 들어 머물 때, 자기를 괴롭히려는 생각도 하지 않고[587] 다른 사람을 괴롭히려

587) '자기를 괴롭히려는 생각도 하지 않고'는 neva atta-vyābādhāyapi ceteti (자신의 악의를 생각하지 않는다)를 옮긴 것이다. vyābādha/byābādha라는 단어는 대부분 '악의, 적의, 분노'등으로 번역되었다. 그러나 여기서는 주석서에서 "자기를 괴롭히려는 생각을 하지 않는다(attano pi dukkhatthāya na ceteti)."(MA.ii.60) 설명하고 있어서 이렇게 옮겼다.

는 생각도 하지 않고 둘 다를 괴롭히려는 생각도 하지 않는다. 그때 [90] 그는 오로지 괴로움에서 벗어난[588] 느낌을 느낀다. 비구들이여, 느낌 중에서 최고인 괴로움에서 벗어난 느낌을 느낌의 달콤함이라고 나는 말한다."

33. ~ *35.* "비구들이여, 여기 비구는 일으킨 생각과 지속적 고찰을 가라앉혔기 때문에 자기 내면의 것이고, 확신이 있으며, 마음의 단일한 상태이고, 일으킨 생각과 지속적 고찰은 없고, 삼매에서 생긴 희열과 행복이 있는 제2선(二禪)을 구족하여 머문다. … 제3선(三禪)을 … 제4선(四禪)을 구족하여 머문다. 비구들이여, 그 비구가 행복도 버리고 괴로움도 버리고, 아울러 그 이전에 이미 기쁨과 슬픔을 소멸하였으므로 괴롭지도 즐겁지도 않으며, 평온으로 인해 마음챙김의 청정함이 있는[捨念淸淨] 제4선을 구족하여 머물 때, 자기를 괴롭히려는 생각을 하지 않고 다른 사람을 괴롭히려는 생각도 하지 않고 둘 다를 괴롭히려는 생각을 하지 않는다. 그때 그는 오로지 괴로움에서 벗어난 느낌을 느낀다. 비구들이여, 느낌 중에서 최고인 괴로움에서 벗어난 느낌을 느낌의 달콤함이라고 나는 말한다."

36. "비구들이여, 무엇이 느낌의 재난인가?

비구들이여, 느낌은 무상하고 괴로움이고 그 본성이 변하기 때문에, 이런 [무상의] 형태 등이 느낌의 재난이다."

37. "비구들이여, 무엇이 느낌에서 벗어남인가?

느낌에 대한 열망과 욕망을 제어함과 열망과 욕망을 버림이 느낌

---

588) '괴로움에서 벗어난'의 원문은 avyābajjhaṁ yeva인데 주석서에서 "괴로움 없음(niddukkhaṁ eva)의 뜻이다."(MA.ii.61)라고 설명하고 있어서 이렇게 옮겼다.

에서 벗어남이다."

38. "비구들이여, 어떤 사문이건 바라문이건 이와 같이 느낌의 달콤함을 달콤함으로, 재난을 재난으로, 벗어남을 벗어남으로, 있는 그대로 알지 못하면서 그들 스스로 느낌을 철저히 알거나 혹은 다른 사람이 그 도닦음을 따라 행하면 느낌을 철저히 알 수 있도록 그렇게 가르치는 것은 불가능하다.

비구들이여, 그러나 어떤 사문이건 바라문들이건 이와 같이 느낌의 달콤함을 달콤함으로, 재난을 재난으로, 벗어남을 벗어남으로, 있는 그대로 알면 그들 스스로 느낌을 철저히 알거나 혹은 다른 사람이 그 도닦음을 따라 행하면 느낌을 철저히 알 수 있도록 그렇게 가르치는 것은 가능하다."

세존께서는 이와 같이 설하셨다. 그 비구들은 흡족한 마음으로 세존의 말씀을 크게 기뻐하였다.

괴로움의 무더기의 긴 경(M13)이 끝났다.

괴로움의 무더기의 짧은 경

Cūḷa-dukkhakkhandha Sutta(M14)

1. 이와 같이 나는 들었다. [91] 한때 세존께서는 삭까[589]에서 까삘라왓투[590]의 니그로다 원림[591]에 머무셨다.

589) '삭까'는 Sakkā(복수로 나타남)를 옮긴 것이며, 부처님이 태어나신 나라의 이름이다. 이 단어는 나라 이름임과 동시에 족성(族姓)이어서 우리에게 석가족(釋迦族)으로 알려진 종족과 관련되어 있다. 『디가 니까야』 제1권 「암밧타 경」(D3) §1.16에 나타나듯이 삭까 혹은 사꺄(사꺄족, 석가족)의 이름은 사까(sāka) 나무에서 유래되었다. 초기불전에는 석가족이나 삭까에 대해서 Sakyā, Sakkā, Sākiyā의 세 가지 표현이 나타난다. 이 가운데 삭까(Sakkā)는 주로 나라이름이나 지명으로 쓰이고, 사꺄(Sakyā)는 삭까 지역에 살고 있는 사람들이라는 의미로 사용된다. 초기불전연구원에서는 여기서처럼 지명일 때는 주로 '삭까'로, 사람일 때는 문맥에 따라 '사꺄'나 '사꺄족'이나 '석가족'이나 '삭까 사람' 등으로 옮기고 있다. 이처럼 빠알리 경 원본에 표기되어 있는 대로 '삭까'와 '사꺄'를 혼용하여 옮기고 있음을 밝힌다. 삭까(Sakka)와 사꺄(Sakya) 등에 대한 논의는 『상윳따 니까야』 제3권 「걸식 경」(S22:80) §1의 주해를 참조할 것.

590) 까삘라왓투(Kapilavatthu)는 부처님의 고향이자 히말라야 가까운 곳에 있는 사꺄족(석가족)의 수도이며 까삘라 선인(仙人)의 충고로 옥까까 왕의 왕자들이 터를 닦은 도시이다. 그래서 까삘라왓투라고 이름 지었다.(DA.i.259) 부처님 당시에는 부처님의 부친인 숫도다나를 왕으로 한 공화국이었다.

591) "니그로다(Nigrodha)라는 이름을 가진 삭까족 사람이 지은 원림이다. 그의 친척들이 모이는 시기에 세존께서 까삘라왓투에 오시자 자기의 원림에 승원

2\. 어느 때 삭까 사람 마하나마[592]가 세존께 다가갔다. 가서는 세존께 절을 올리고 한 곁에 앉았다. 한 곁에 앉아서 삭까 사람 마하나마는 세존께 이렇게 말씀드렸다.

"세존이시여, 오랜 세월을[593] 세존께서는 '탐욕은 마음의 오염원이다. 성냄은 마음의 오염원이다. 어리석음은 마음의 오염원이다.'라고 가르침을 설하신 것을 저는 잘 알고 있습니다. 세존이시여, 저도 세존께서 설하신 가르침을 이와 같이 '탐욕은 마음의 오염원이다. 성냄은 마음의 오염원이다. 어리석음은 마음의 오염원이다.'라고 잘 알고 있습니다. 그러나 때로는 탐욕이 제 마음을 사로잡고, 성냄이 제 마음을 사로잡고, 어리석음이 제 마음을 사로잡아 버립니다. 세존이시여, 그런 제게 이런 생각이 듭니다. '어떤 법이 내 안에서 제거되지 않아 때로는 탐욕이 내 마음을 사로잡고, 성냄이 내 마음을 사로잡고, 어리석음이 내 마음을 사로잡아 버리는가?'라고."[594]

을 지어 세존께 기증했고, 세존께서 그곳에 머무셨다는 말이다."(MA.ii.61)

592) "마하나마(Mahānāma)는 아누룻다 장로와는 형제지간이고, 세존의 작은아버지의 아들이다. 세존의 부친인 숫도다나(Suddhodana)와 숙꼬다나(Sukk-odana), 삭꼬다나(Sakkodana), 도또다나(Dhotodana), 아미또다나(Ami-todana)는 다섯 명의 형제이고, 아미따(Amintā)라는 이름의 왕비는 그들의 누이였는데, 띳사 장로가 그녀의 아들이다.
세존과 난다 장로는 숫도다나의 아들이고, 마하나마와 아누룻다는 숙꼬다나의 아들이고, 아난다 장로는 아미또다나의 아들이다. 아난다는 세존의 손아래(kaniṭṭha) [사촌 동생]이고, 마하나마는 손위의(mahallaka-tara) [사촌 형으로] 일래과를 얻은 성스러운 제자였다."(MA.ii.61)
『앙굿따라 니까야』 「하나의 모음」 (A1:14:6~5)에서는 그를 맛난 공양을 승가에 올린 자들 가운데 제일이라고 언급하셨을 정도로 정성을 다하여 세존을 모시고 승가를 후원했다.

593) "일래과를 증득한때부터 오랜 세월을(dīgha-rattaṁ) 안다는 것을 보여주신다."(MA.ii.61)

594) "이 왕은 일래도에 의해 탐욕과 어리석음이 남김없이 제거된다는 인식을 가

3. "마하나마여, [92] 그대에게는 바로 그 법이 그대 안에서 제거되지 않아595) 때로는 탐욕이 그대 마음을 사로잡고, 성냄이 그대 마음을 사로잡고, 어리석음이 그대 마음을 사로잡아 버린다. 참으로 그 법이 그대 안에서 제거되면 그대는 더 이상 재가에 머물지 않고 감각적 욕망을 즐기지 않을 것이다. 마하나마여, 그러나 바로 그 법이 그대 안에서 제거되지 않아 그대는 아직 재가에 머물러 있고 감각적 욕망을 즐기는 것이다."

4. "마하나마여, 만약 성스러운 제자가 '감각적 욕망이란 달콤함은 적고 많은 괴로움과 많은 절망596)을 주는 것이어서 거기에는

지고 있었다고 한다. 자기에게는 그것이 다 제거된 줄 알았다. 그래서 아직 제거되지 않은 것을 가지고 제거된 것도 나중에 다시 일어난다는 인식을 가지고 있었다.

그런데 성스러운 제자에게도 이와 같은 의심이 일어날 수 있는가? 그렇다. 일어날 수 있다. 무슨 까닭인가? 개념에 대한 지혜가 부족(paññattiyā akovida)하기 때문이다. '이 오염원은 어떤 특정한 도에 의해 부서진다.'라는 이러한 개념에 대한 지혜가 부족한 성스러운 제자에게 이와 같은 생각이 들 수 있다.

그렇다면 그는 반조(paccavekkhaṇā)를 안 하는가? 반조한다. 그러나 그 반조가 모든 것에 원만(paripuṇṇā)하지는 않다. 어떤 이는 버려진 오염원(pahīna-kilesa)만을 반조하고, 어떤 이들은 아직 남아있는 오염원(avasiṭṭha-kilesa)만을 반조하고, 어떤 이들은 도(magga)만을 반조하고, 어떤 이들은 과(phala)만을 만조하고, 어떤 이들은 열반만을 반조한다. 이러한 다섯 가지 반조 가운데서 하나나 혹은 둘은 얻지 못할 수가 있다. 이와 같이 반조가 원만하지 않은 자에게 도에 의해 부서지는 오염원들의 개념에 대한 지혜가 부족하기 때문에 이와 같은 생각이 일어날 수 있다."(MA.ii.62)

595) "여기서 '제거되지 않아(appahīna)'란 것은 탐욕과 성냄과 어리석음이 그대의 상속(相續, santāna)에서 제거되지 않았는데 그대는 그것을 버렸다는 인식을 갖고 있다는 것(pahīna-saññī)을 보여주신다."(MA.ii.62)

596) "'달콤함은 적다(app-assādā)'는 것은 즐거움이 아주 제한되어 있음(paritta-sukhā)을 뜻하고, '많은 괴로움과 많은 절망(bahu-dukkhā bahu-upāyā-sā)'은 현생과 내생의 괴로움과 현생과 내생의 절망을 말한다."(MA.ii.62)

재난이 더 많다.'라고 있는 그대로 바르게 통찰지로써 잘 본다[597] 하더라도, 그가[598] 감각적 욕망을 멀리 여의고 해로운 법들도 멀리 여읜 희열과 행복[599]에 도달하지 않고, 그보다도 더 평화로운 다른 것[600]에 도달하지 않는 한, 그는 결코 감각적 욕망의 굴레에서 벗어난 자라 할 수 없다.[601]

마하나마여, 그러나 성스러운 제자가 '감각적 욕망이란 달콤함은 적고 많은 괴로움과 많은 절망을 주는 것이어서 거기에는 재난이 더 많다.'라고 있는 그대로 바르게 통찰지로써 잘 보고, 또 그가 감각적 욕망을 멀리 여의고 해로운 법들도 멀리 여읜 희열과 행복에 도달하고 그보다도 더 평화로운 다른 것에 도달할 때, 그때 그는 감각적 욕

---

597) "'있는 그대로 바르게 통찰지로써 잘 본다(yathābhūtaṁ sammappaññāya sudiṭṭhaṁ hoti).'라고 하셨다. 여기서 '있는 그대로(yathā-bhūtaṁ)'라는 것은 그 본성에 따라서(yathā-sabhāvaṁ)라는 말이다. '바르게(sammā)'라는 것은 바른 방법이나 근거로(sammā nayena kāraṇena)라는 말이고, '통찰지(paññā)'는 위빳사나의 통찰지(vipassanā-paññā)이다. 이렇게 잘 본다(suṭṭhu diṭṭhaṁ)는 말이다."(MA.ii.62)

598) "아래 두 가지 도에 의해 감각적 욕망의 재난을 본 성스러운 제자를 말한다." (MA.ii.63)

599) "여기서 '희열과 행복(pīti-sukha)'이란 희열이 있는 두 가지 禪, 즉 초선과 제2선을 말한다."(MA.ii.63)

600) "'그보다 더 평화로운 다른 것(aññaṁ vā tato santataraṁ)'이란 아래 두 가지 禪보다 더 고요한 두 가지 높은 禪(즉 제3선과 제4선)과 두 가지 도(즉 불환도와 아라한도)를 말한다."(MA.ii.63)

601) "성스러운 제자가 두 가지 도(즉 예류도와 일래도)를 통찰하여 머물더라도 높은 禪이나 도를 증득하지 못했기 때문에 그를 감각적 욕망에서 벗어난 자라 할 수 없다. 무슨 까닭인가? 네 가지 禪에 의한 억압에 의한 버림(vikkhambhana-ppahāna)이 없고, 두 가지 도에 의한 근절에 의한 버림(sam-uccheda-ppahāna)이 없기 때문이다."(MA.ii.63)
억압에 의한 버림 등의 세 가지 버림(pahāna)은 『청정도론』 XXII.110~123에 자세히 설명되어 있으므로 참조하기 바란다.

망의 굴레에서 벗어난 자라 한다."

5. "마하나마여, 나도 역시 전에 바른 깨달음을 성취하지 못한 아직 보살이었을 적에 '감각적 욕망이란 달콤함은 적고 많은 괴로움과 많은 절망을 주는 것이어서 거기에는 재난이 더 많다.'라고 있는 그대로 바르게 통찰지로써 잘 보았다. 그러나 내가 감각적 욕망을 멀리 여의고 해로운 법들도 멀리 여읜 희열과 행복에 도달하지 않고, 그보다도 더 평화로운 다른 것에 도달하지 않는 한, 나는 결코 감각적 욕망의 굴레에서 벗어난 자라 할 수 없다고 인정했다. 마하나마여, 그러나 나는 '감각적 욕망이란 달콤함은 적고 많은 괴로움과 많은 절망을 주고 거기에는 재난이 더 많다.'라고 있는 그대로 바르게 통찰지로써 잘 보았고, 또 내가 감각적 욕망을 멀리 여의고 해로운 법들도 멀리 여읜 희열과 행복에 도달했고, 그보다도 더 평화로운 다른 것에 도달했을 때, 나는 감각적 욕망의 굴레에서 벗어난 자라고 인정했다."

6. ~ *14.* "마하나마여, 무엇이 감각적 욕망의 달콤함인가?

마하나마여, 여기 다섯 가닥의 얽어매는 감각적 욕망이 있다. 무엇이 다섯인가?

원하고 좋아하고 마음에 들고 사랑스럽고 감각적 욕망을 짝하고 매혹적인, 눈으로 인식되는 형색들이 있다. … 귀로 인식되는 소리들이 있다. … 코로 인식되는 냄새들이 있다. … 혀로 인식되는 맛들이 있다. 원하고 좋아하고 마음에 들고 사랑스럽고 감각적 욕망을 짝하고 매혹적인, 몸으로 인식되는 감촉들이 있다.

마하나마여, 이것이 다섯 가닥의 얽어매는 감각적 욕망이다.

마하나마여, 이 다섯 가닥의 얽어매는 감각적 욕망을 조건하여 즐거움과 기쁨이 생겨나는데, 이것이 감각적 욕망의 달콤함이다.

마하나마여, 무엇이 감각적 욕망의 재난인가?

… <이하 '비구들이여' 대신에 '마하나마여'가 나타나는 것만 다르고 나머지는 위 「괴로움의 무더기의 긴 경」(M13) §§7~15와 꼭 같다.> …

마하나마여, 이것은 내생에 다가올 감각적 욕망의 재난이니, 괴로움의 무더기는 감각적 욕망이 그 원인이며, 감각적 욕망이 근원이며, 감각적 욕망이 기반이니, 이것은 감각적 욕망을 원인으로 하여 일어난다."

15. "마하나마여, 한때 내가 라자가하 독수리봉 산에 머물렀다. 그때 많은 니간타들602)이 이시길리 산허리의 검은 바위에서 자리에 앉지 않고 똑바로 서서 있으면서 격렬하고 고통스럽고 혹독하고 쓰디쓴 느낌을 경험하고 있었다."

---

602) '니간타(Nigaṇṭha, Sk. nirgrantha)'는 nis(*out*)+√granth(*to bind*)에서 파생된 명사로 문자 그대로 '묶임 혹은 집착으로부터 풀려난 자'라는 뜻이다. 니간타 나따뿟따의 제자들을 통칭하여 니간타들이라 한다. 본서 제2권 「우빨리 경」(M56) §12와 『디가 니까야』 「사문과경」(D2) §28 등에서 그들은 네 가지 단속으로 단속하는 자(cātu-yāma-saṁvara)들이라고 요약되는데 이런 제어를 통해서 묶임(gaṇṭha, 간타)으로부터 풀려나기 때문에 니간타(묶임이 없는 자)라고 불린다.
"네 가지 단속으로 단속함이란 첫째, 생명을 죽이지 않고, 죽이도록 하지 않고, 죽이는 것에 동의하지 않는 것, 둘째 도둑질 하지 않고, 도둑질 하게 하지 않고, 도둑질 하는 것에 동의하지 않는 것, 셋째 거짓말 하지 않고, 거짓말 하게 하지 않고, 거짓말 하는 것에 동의하지 않는 것, 넷째 다섯 가닥의 얽어매는 감각적 욕망을 원하지 않고, 원하게 하지 않고, 원하는 것에 동의하지 않는 것이다."(MA.iii.58)
본서 제2권 「우빨리 경」(M56) §12와 『디가 니까야』 제2권 「사문과경」(D2) §29에 의하면 그들은 모든 찬물을 거부하고, 모든 악을 금하는 것에 전념하고, 모든 악을 금하여 모든 악을 제거하고, 모든 악을 금하는 것이 몸에 베어 있었다고 한다.

16. "마하나마여, 그때 나는 해거름에 [낮 동안의] 홀로 앉음에서 일어나 이시길리 산허리의 검은 바위로 다가갔다. 가서는 그 니간타들에게 이렇게 말했다.

"니간타들이여, 무엇 때문에 자리에 앉지 않고 똑바로 서서 있으면서 격렬하고 고통스럽고 혹독하고 쓰디쓴 느낌을 경험하고 있습니까?""

17. "마하나마여, 이와 같이 말했을 때 그 니간타들은 내게 이렇게 말했다.

"도반이시여, 니간타 나따뿟따603)는 모든 것을 아는 자요 모든 것을 보는 자입니다. 그는 완전한 지와 견을 이렇게 선언합니다.604)

---

603) 니간타 나따뿟따(Nigaṇṭha Nātaputta)는 자이나의 교주인 마하위라(Mahā-vīra, 大雄)를 뜻한다. 초기경에 나타나는 니간타의 가르침에 대한 언급이 현존하는 자이나교의 가르침과 같다는 점에서 같은 인물임이 분명하다. 그는 와르다마나(Vardhamāna)라고도 알려졌으며 나따(Nāta)는 웨살리에 사는 종족의 이름이라 하고, 『숫따니빠따 주석서』(SnA.ii.423)에서는 그의 아버지 이름이라고 한다. 자이나교의 설명에 따르면 그의 아버지는 싯다르타(Siddhartha)이고 끄샤뜨리야 계급이며 어머니는 뜨리샬라라고 한다.(Barua, 372 이하)

경들(본경; M79; M101; A3:74 등)을 통해서 사람들이 그를 두고 지와 견(知見, ñāṇa-dassana)을 가진 자로 인정하고 있었음을 알 수 있으며 이는 자이나 경들에서도 한결같이 강조하고 있다.

육사외도 가운데서 불교 문헌에 가장 많이 나타나는 자들이 니간타들이다. 그의 제자들인 닝까 나따뿟따 천신(Niṅka Nātaputta, S2:30/i.66), 디가 따빳시(Dīgha Tapassī, M56/i.373), 아시반다까뿟따(Asibandhakaputta, S42:6/iv.317), 아바야 왕자(Abhaya-rājakumāra, M58/i.392), 시하(Sīha, A8:12/iv.180) 등이 부처님과 만나서 대화하는 일화가 경에 나타나며, 특히 그의 신도인 우빨리 장자(Upāli gahapati)가 부처님의 신도가 된 것은 잘 알려져 있다.(M56/i.373)

본서 제2권 「우빨리 경」(M56)과 제3권 「데와다하 경」(M101) 등에서도 니간타의 가르침이 언급되고 비판되고 있다.

604) '모든 것을 아는 자요 모든 것을 보는 자입니다. 그는 완전한 지와 견을 선언

'가거나 서거나 자거나 깨거나 간에 내게는 [93] 지와 견이 항상 한결같이 현전한다.'605)

그분께서는 다시 이렇게 말씀하십니다.

'니간타들이여, 전생에 악업 지은 것이 있으면 그것을 고통스러운 고행으로 풀어내라.606) 그리고 지금 · 여기에서 몸으로 단속하고 말

합니다.'는 sabbaññū sabbadassāvī aparisesaṁ ñāṇadassanaṁ paṭijānāti를 옮긴 것이다. 여기서 '아는 자(-ññū)'와 '지(知, ñāṇa)'는 동사 jānāti(√jñā, *to know*)의 명사요, '보는 자(dassāvī)'와 '견(見, dassana)'은 동사 passati(√dṛś, *to see*)의 명사이다. 이처럼 '알다 - 보다' 즉 jānāti-passati의 구문은 니간타들 즉 자이나교에서도 중요한 구문으로 쓰이고 있다. 실제로 현존하는 자이나교의 경들에서도 이 jānāti-passati 구문은 많이 나타나고 있으며, 아지와까(Ajīvaka, 사명외도, 邪命外道)들도 이 구문을 사용한 것으로 자이나교의 경에 언급되고 있다.

흥미로운 점은 베다 문헌이나 육파철학의 소의경전들 등 인도의 정통파 문헌에서는 이 jānāti … passati 구문은 나타나지 않고 대신에 바라문교의 제의서나 고층 우빠니샤드에서는 'evam veda(이렇게 안다)'로 안다는 개념을 √vid(*to know*)를 써서 표현하고 있으며 이것은 아주 일찍부터 베다(Veda, 리그베다 등)라는 전문술어로 정착이 되었다. 초기 자이나 문헌에 의하면 자이나교나 아지와까 등의 사문 계통에서는 이 jānāti … passati 구문을 자주 사용하는 것으로 나타나는데 이는 사문 전통에서는 그만큼 지견(知見)이나 자기 스스로가 알고 보는 수행을 통한 체득을 중시했기 때문일 것이다. 그리고 같은 사문 계열의 전통에 속하는 불교에서도 자연스럽게 이를 채용하여 지견(ñāṇa-dassana)이나 해탈지견(解脫知見, vimutti-ñāṇa-dassana) 등의 불교 특유의 술어로 정착이 된 것이다.

605) 이 정형구는 본서 즉 『맛지마 니까야』에 주로 나타난다. 본경과 본서 제3권 「왓차곳따 삼명 경」(M71) §6, 「산다까 경」(M76) §21, 「사꿀루다이 짧은 경」(M79) §6, 「깐나깟탈라 경」(M90) §5, 「데와다하 경」(M101) §10에 나타나며, 『앙굿따라 니까야』 제1권 「니간타 경」(A3:74) §1과 제5권 「바라문 경」(A9:38) §2에도 나타나고 있다. 이 가운데 본경의 이곳과 M14 §17과 M79 §6과 M101 §10과 A3:74와 A9:38는 니간타 나따뿟따에 관계된 것이다.

606) '고행으로 풀어내라.'는 dukkara-kārikāya nijjaretha를 옮긴 것이다. 여기서 '풀어내다'를 뜻하는 동사 nijjareti의 형용사인 nijjiṇṇa는 본 문단에도 나타나며, 명사 nijjarā(nis+√jṝ, *to grow old, to decay*)는 『앙굿따라 니까야』 제1권 「니간타 경」(A3:74) §1에서도 니간타의 가르침으로 나타나는

로 단속하고 마음으로 단속하면 미래에 악업을 짓지 않는다. 이와 같이 오래된 업들은 고행으로 끝을 내고 새로운 업들은 짓지 않음으로써 미래에 더 이상 결과를 주지 않게 한다. 미래에 더 이상 결과를 주지 않음으로써 업이 다한다. 업이 다하므로 괴로움이 다한다. 괴로움이 다하므로 느낌도 다한다. 느낌이 다하므로 모든 괴로움으로부터 풀려나게 될 것이다.'607)

데, 아래 주해에서 인용하고 있는 자이나교의 7가지 교리에도 포함되는 중요한 술어이다.

607) 니간타들의 이런 주장은 본서 제3권 「데와다하 경」(M101)과 『앙굿따라 니까야』 제1권 「니간타 경」(A3:74) §1에도 나타난다. 특히 「니간타 경」(A3:74)에 나타나는 [오염원들을] 부숨(풀려남, nijjarā, Sk. nirjarā, 본경에서는 nijjiṇṇa로 과거분사로 나타남, 본 주해의 뒷부분 참조)은 자이나 교학에서 중요한 위치를 차지한다.

자이나교의 공의파(空衣派, Digambara)와 백의파(白衣派, Śvetāmbara)에서 다 같이 경전으로 인정하는 유일한 문헌이며 그만큼 중요하게 취급하는 땃뜨와아르타아디가마 수뜨라(Tattvārthādhigāma-sūtra)에 의하면 자이나교의 교리는 다음의 7가지 명제로 함축된다. ① jīva(지와, 영혼) ② ajīva(아지와, 비영혼=물질) ③ āsrava(아스라와, 영혼이 물질로 흘러듦) ④ bandha(반다, 영혼이 거기에 묶임) ⑤ saṁvara(삼와라, 제어 — 영혼이 물질에 속박되는 것을 제어하는 것으로 그 방법으로는 고행을 중시함) ⑥ nirjarā(니르자라, 풀려남 — 영혼이 물질의 속박에서 풀려남) ⑦ mokṣa(목샤, 해탈)가 그것이다. 즉 지와가 아지와(물질계)에 흘러들어 윤회하는데 어떻게 이 지와를 아지와로부터 분리하여 홀로 우뚝 존재하게[獨尊, kevala, 께왈라] 할 것인가 하는 것이 자이나 수행과 교리의 중심체계이며 그러한 독존과 해탈을 실현하는 가장 중요한 방법론이 ⑤ 제어와 ⑥ 풀려남(nirjarā,)이다.

한편 본경 여기에 나타나는 '모든 괴로움으로부터 풀려나게 될 것이다.'는 sabbaṁ dukkhaṁ nijjiṇṇaṁ bhavissati를 옮긴 것이다. 여기서 주목할 단어는 nijjiṇṇa(Sk. nirjīrṇa)인데 이것은 위 ⑥의 풀려남 혹은 부숨을 뜻하는 nirjarā(Pāli. nijjarā, nis+√jṝ(*to become old*))의 과거분사이다. 그러므로 이 단어는 속박에서 풀려남과 오염원을 부숨을 뜻하는 ⑥의 nirjarā와 같은 의미로 볼 수밖에 없다.

중요한 것은 불교에서는 불교적 방법으로 진정한 풀려남(nirjarā, nirjīṇa)을 설명하고 있다는 점이다. 여기에 대해서는 본서 제3권 「데와다하 경」(M101) §2의 주해와 §23이하를 참조하고, 『앙굿따라 니까야』 제1권 「니

우리는 그것을 좋아하고 인정하고 마음으로 기뻐합니다.""

18. "마하나마여, 이와 같이 말했을 때 나는 그 니간타들에게 이렇게 말했다.

"그런데, 도반 니간타들이여, 그대들은 '우리는 전생에 존재했었다.'라거나 '존재하지 않았었다.'라고 알기는 합니까?"

"그렇지 않습니다, 도반이시여."

"도반 니간타들이여, 그러면 그대들은 '우리는 전생에 악업을 지었다.'라거나 '짓지 않았다.'라고 알기는 합니까?"

"그렇지 않습니다, 도반이시여."

"도반 니간타들이여, 그러면 그대들은 '우리는 이러이러한 악업을 지었다.'라고 알기는 합니까?"

"그렇지 않습니다, 도반이시여."

"도반들이여, 그러면 그대들은 '이만큼의 괴로움은 소멸되었고, 이만큼의 괴로움은 소멸되어야 하고, 이만큼의 괴로움이 소멸되면 모든 괴로움이 다 소멸될 것이다.'라고 알기는 합니까?"

"그렇지 않습니다, 도반이시여."

"도반 니간타들이여, 그러면 그대들은 지금·여기에서 해로운 법들을 버린 것과 유익한 법들을 성취한 것을 알기는 합니까?"608)

"그렇지 않습니다, 도반이시여."

19. "도반 니간타들이여, 이처럼 그대들은 참으로 '우리는 전생에 존재했었다.'라거나 '존재하지 않았었다.'라고 알지 못합니다. 그

간타 경」(A3:74) §2 이하도 참조할 것.

608) "이것은 해로운 법[不善法]들을 버리고 유익한 법[善法]들을 닦아서 청정함에 이른 니간타가 그대들의 교법에 있는가라고 물으시는 것이다."(MA.ii.64)

대들은 '우리는 전생에 악업을 지었다.'라거나 '짓지 않았다.'라고 알지 못합니다. 그대들은 '우리는 이러이러한 악업을 지었다.'라고 알지 못합니다. 그대들은 '이만큼의 괴로움은 소멸되었고, 이만큼의 괴로움은 소멸되어야 하고, 이만큼의 괴로움이 소멸되면 모든 괴로움이 다 소멸될 것이다.'라고 알지 못합니다.

도반 니간타들이여, 그렇다면 세상에서 잔혹하고 손에 피를 묻히고 흉악한 업609)을 지은 자들이 나중에 인간에 태어나서 니간타로 출가한 것이 되고 맙니다."

20. "도반 고따마시여, 행복으로 행복은 얻어지지 않습니다. 괴로움으로 행복은 얻어집니다. 행복으로 [94] 행복이 얻어지는 것이라면 세니야 빔비사라 마가다 왕610)은 행복을 얻었을 것입니다. 세니

---

609) "'흉악한 업(kurūra-kammantā)'이란 냉혹한 업으로 어머니와 아버지와 법다운 사문이나 바라문 등에 대해 지은 죄를 말한다."(MA.ii.64)

610) 세니야 빔비사라 마가다 왕(rājā Māgadha Seniya Bimbisāra)은 부처님 당시에 마가다의 왕이었다. 주석서는 "많은 군대(senā)를 가졌다고 해서 '세니야'라 한다. '빔비'는 황금(suvaṇṇa)이다. 그러므로 뛰어난(sāra) 황금과 같은 색깔(vaṇṇa)을 가졌기 때문에 '빔비사라'라고 한다."(DA.i.280)라고 그의 이름을 설명하고 있다. 본서 제3권 「외투 경」(M88) 등과 『상윳따 니까야』 「꼬살라 상윳따」(S3) 등에서 많이 나타나는 빠세나디 꼬살라 왕처럼 마가다의 빔비사라 왕도 부처님께 대한 믿음이 아주 돈독하였다.
그는 15살에 왕위에 올라서 52년 간을 왕위에 있었다고 한다. 부처님은 빔비사라 왕보다 5살이 위였다고 하며(Mhv.ii.25.; Dpv.iii.50) 빠세나디 꼬살라 왕은 부처님과 동갑이었다.(본서 제3권 「법탑 경」(M89) §19 참조) 『숫따니빠따』 「빱바자 경」(Pabbajā Sutta, Sn.72 {405} 이하)에서 세존이 아직 깨달음을 증득하시기 전에 그와 나누는 대화가 나타난다. 주석서(SnA.ii.386)에 의하면 빔비사라 왕은 세존께서 깨달음을 얻으면 제일 먼저 라자가하를 방문해 주시기를 청하였고 세존께서는 실제로 그렇게 하셨다고 한다.
그래서 세존께서 머물도록 지은 최초의 절이 우리에게 죽림정사로 알려진 웰루와나(Veḷuvana)이다. 이렇게 빔비사라는 세존이 깨달음을 증득하신 때부터 그가 아들 아자따삿뚜에게 시해될 때까지 37년 간을 부처님의 든든한 후원자가 되어, 불교가 인도 중원에 정착하는 데 큰 기여를 한 왕이다.

야 빔비사라 마가다 왕은 고따마 존자보다 더 행복하게 사니까요."

"참으로 니간타 존자들은 '도반 고따마시여, 행복으로 행복은 얻어지지 않습니다. 괴로움으로 행복은 얻어집니다. 행복으로 행복이 얻어지는 것이라면 세니야 빔비사라 마가다 왕은 행복을 얻었을 것입니다. 세니야 빔비사라 마가다 왕은 고따마 존자보다 더 행복하게 사니까요.'라고 성급하고 숙고하지 않고 말을 했습니다.

오히려 그대들은 반드시 내게 '세니야 빔비사라 마가다 왕과 고따마 존자 가운데 누가 더 행복하게 삽니까?'라고 이렇게 물어야 합니다."

"고따마 존자시여, 참으로 우리가 '도반 고따마시여, 행복으로 행복은 얻어지지 않습니다. 괴로움으로 행복은 얻어집니다. 행복으로 행복이 얻어지는 것이라면 세니야 빔비사라 마가다 왕은 행복을 얻었을 것입니다. 세니야 빔비사라 마가다 왕은 고따마 존자보다 더 행복하게 사니까요.'라고 성급하고 숙고하지 않고 말을 했다고 칩시다. 그건 그렇다 치고 이제 우리는 고따마 존자께 묻습니다. 세니야 빔비사라 마가다 왕과 고따마 존자 가운데 누가 더 행복하게 삽니까?"

21. "그렇다면 도반 니간타들이여, 내가 도리어 그대들에게 물어보겠습니다. 편한 대로 대답해 보십시오. 도반 니간타들이여, 이를 어떻게 생각합니까? 세니야 빔비사라 마가다 왕은 몸을 움직이지 않고 말을 하지 않고 이레 동안 전일한 행복을 경험하면서611) 지낼 수 있겠습니까?"

"그렇지 않습니다, 도반이시여."

"도반 니간타들이여, 이를 어떻게 생각합니까? 세니야 빔비사라

---

611) "'전일한 행복을 경험하면서(ekantasukhaṁ paṭisaṁvedī)'라는 것은 끊어짐이 없는 행복(nirantara-sukha)을 경험하는 것을 말한다."(MA.ii.65)

마가다 왕은 몸을 움직이지 않고 말을 하지 않고 엿세 동안 … 닷세 동안 … 나흘 동안 … 사흘 동안 … 이틀 동안 … 하루를 전일한 행복을 경험하면서 지낼 수 있겠습니까?"

"그렇지 않습니다, 도반이시여."

22. "그러나 도반 니간타들이여, 나는 몸을 움직이지 않고 말을 하지 않고 하루를 전일한 행복을 경험하면서 지낼 수 있습니다.612) 도반 니간타들이여, 나는 몸을 움직이지 않고 말을 하지 않고 이틀 동안 … 사흘 동안 … 나흘 동안 …닷세 동안 … 엿세 동안 … 이레 동안 전일한 행복을 경험하면서 지낼 수 있습니다. 도반 니간타들이여, 이렇다면 세니야 빔비사라 마가다 왕과 나 둘 중에서 누가 더 행복하게 산다고 생각합니까?"

"그렇다면 [95] 고따마 존자께서 세니야 빔비사라 마가다 왕보다 더 행복합니다."

세존께서는 이와 같이 설하셨다. 삭까 사람 마하나마는 흡족한 마음으로 세존의 말씀을 크게 기뻐하였다.

괴로움의 무더기의 짧은 경(M14)이 끝났다.

---

612) "이것은 세존 자신이 체득하신 [아라한]과의 증득에 의한 행복(phala-samā-patti-sukha)을 보이시면서 말씀하신 것이다."(MA.ii.65)

추론 경

Anumāna Sutta(M15)

1. 이와 같이 나는 들었다. 한때 마하목갈라나 존자는 박가[613]에서 숨수마라기리(악어산)의 베사깔라 숲에 있는 녹야원에 머물렀다. 거기서 마하목갈라나 존자는 "비구들이여."라고 비구들을 불렀다. "도반이시여."라고 비구들은 마하목갈라나 존자에게 응답했다. 마하목갈라나 존자는 이렇게 말했다.

2. "도반들이여, 비록 비구가 '존자들께서는 제게 말씀해 주십시오.[614] 저는 존자들의 훈계를 받아야 합니다.'라고 간청하더라도

---

613) 박가(Bhagga)는 종족 이름이면서 나라 이름이기도 하다. 이 나라는 꼬삼비에 예속되어 있었던 듯하며 왓지(Vajji) 공화국의 일원이었을 것이라는 설도 있다.(DPPN) 그래서 인도 중원의 16국에는 포함되지 않는다. 박가는 웨살리와 사왓티 사이에 놓여있었고 수도는 숨수마라기리(Suṁsumāra-giri, 악어산)였으며 그곳에 있는 숲이 베사깔라 숲(Bhesakalā-vana)이다. 세존께서는 이곳에서 8번째 안거를 보내셨다고 한다.
박가(Bhagga)의 숨수마라기리(Suṁsumāra-giri, 악어산)에 살고 있었던 잘 알려진 신도로는 나꿀라삐따(nakulapitā, 나꿀라의 아버지)와 나꿀라마따(Nakulamātā, 나꿀라의 어머니)가 있다.

614) "'말씀해 주십시오(vadantu).'라는 것은 교계나 훈계의(ovāda-anusāsana) 말씀을 해달라는 뜻이다."(MA.ii.66)

그가 훈도하기 어려운 사람이고 그가 훈도하기 어려운 자질들을 지니고 있고 인욕하지 못하고 교계를 공경하여 받아들이지 못하면, 동료 수행자들은 그에게 가르침을 베풀어서는 안된다고 생각하고, 교계해서는 안된다고 생각하고, 그 사람에게 신뢰를 가져서는 안된다고 생각합니다."

3. "도반들이여, 무엇이 훈도하기 어려운 자질들입니까?

(1) 도반들이여, 여기 비구가 나쁜 바람[願]을 가지고 나쁜 바람에 지배되면,615) 이것이 훈도하기 어려운 자질입니다.

(2) 다시 도반들이여, 여기 비구가 자기를 칭찬하고 남을 비방하면, …

(3) 다시 도반들이여, 여기 비구가 분노하고 분노에 지배되면, …

(4) 다시 도반들이여, 여기 비구가 분노하고 분노를 원인으로 적개심을 품으면, …

(5) 다시 도반들이여, 여기 비구가 분노하고 분노를 원인으로 고집을 부리면, …

(6) 다시 도반들이여, 여기 비구가 분노하고 분노에 찬 말을 내뱉으면, …

(7) 다시 도반들이여, 여기 비구가 책망을 듣고는 그 책망하는 자에게 대항하면,616) …

(8) 다시 도반들이여, 여기 비구가 책망을 듣고는 그 책망하는 자에게 언짢아하면, …

(9) 다시 [96] 도반들이여, 여기 비구가 책망을 듣고는 그 책망하는

---

615) '나쁜 바람[願, pāpiccha]'의 보기로는 본서 「흠 없음 경」(M5) §§10~29를 들 수 있다.

616) "'대항하다(paṭippharati).'라는 것은 저항하는 적이 된다는 말이다."(MA.ii.66)

자에게 말대꾸하면,617) …

(10) 다시 도반들이여, 여기 비구가 책망을 듣고는 그 책망을 다른 것으로 발뺌하고618) 주제를 바꿔버리고619) 분노하고 성내고 불만을 드러내면, …

(11) 다시 도반들이여, 여기 비구가 책망을 듣고 자기의 행위에 대해 설명할 수 없으면,620) …

(12) 다시 도반들이여, 여기 비구가 모욕하고 얕보면, …

(13) 다시 도반들이여, 여기 비구가 질투하고 인색하면, …

(14) 다시 도반들이여, 여기 비구가 속이고 사기 치면, …

(15) 다시 도반들이여, 여기 비구가 완고하고 거만하면, …

(16) 다시 도반들이여, 여기 비구가 자기 견해를 고수하고 굳게 거머

---

617) "'말대꾸하다(paccāropeti).'라는 것은 그대도 이러이러한 죄를 범했으니 우선 그대부터 참회하라고 말대꾸하는 것이다."(MA.ii.66)

618) "'다른 것으로 발뺌한다(aññena aññaṁ paṭicarati).'는 것은 다른 이유를 들이대거나 말을 걸면서 그 이유나 말을 막아버리는 것이다. '그대는 죄를 범했습니다.'라고 말하면 '무엇이 죄입니까? 무엇을 범합니까? 무엇에 대해 범합니까?'라고 말하는 것이다."(MA.ii.66)

619) "'주제를 바꾼다(bahiddhā kathaṁ apanāmeti).'는 것은 '그대는 이러이러한 죄를 범했습니다.'라고 추궁을 받으면 '나는 빠딸리뿟따로 갈 것입니다.'라고 대답하고, 다시 '우리는 지금 빠딸리뿟따에 가는 것을 묻지 않고, 죄를 범한 것에 대해 묻고 있습니다.'라고 말하면 '나는 라자가하로 갈 것입니다.'라는 식으로 이야기의 주제를 밖으로 돌려버리는 것이다."(MA.ii.66)

620) "'자기의 행위에 대해 설명할 수 없으면(apadāne na sampāyati)'이라고 했다. 여기서 [자기의 행위로 옮긴] apadāna는 attano cariyā(자기의 행위)를 말한다. '설명할 수 없다(na sampāyati)'는 것은 "도반이여, 그대는 어디에 삽니까? 누구를 의지하여 머뭅니까? '이 사람이 죄를 범한 것을 내가 보았다.'라고 그대가 말하는데, 그대는 그때 무엇을 했습니까? 이 사람은 무엇을 했습니까? 그대는 어디에 있었습니까? 이 사람은 어디에 있었습니까?"라는 식으로 자기의 행위에 대해 질문을 하면 그것을 받아들여 말할 수가 없다는 뜻이다."(MA.ii.66)

쥐어 그것을 쉽게 놓아버리지 못하면, 이것이 훈도하기 어려운 자질입니다.[621]

도반들이여, 이것을 훈도하기 어려운 자질들이라 합니다."

4. "도반들이여, 비록 비구가 '존자들께서는 제게 말씀해 주십시오. 저는 존자들의 훈계를 받아야 합니다.'라고 간청하지 않더라도 그가 훈도하기 쉬운 사람이고 훈도하기 쉬운 자질들을 지니고 있고 인욕하고 교계를 공경하여 받아들이면, 동료 수행자들은 그에게 가르침을 베풀어야 한다고 생각하고, 교계해야 한다고 생각하고, 그 사람에게 신뢰를 가져야 한다고 생각합니다."

5. "도반들이여, 무엇이 훈도하기 쉬운 자질들입니까?

(1) 도반들이여, 여기 비구가 나쁜 바람을 가지지 않고 나쁜 바람에 지배되지 않으면, 이것이 훈도하기 쉬운 자질입니다.

(2) 다시 도반들이여, 여기 비구가 자기를 칭찬하지 않고 남을 비방하지 않으면, …

(3) 다시 도반들이여, 여기 비구가 분노하지 않고 분노에 지배되지 않으면, …

(4) 다시 도반들이여, 여기 비구가 분노하지 않고 분노를 원인으로 적개심을 품지 않으면, …

(5) 다시 도반들이여, 여기 비구가 분노하지 않고 분노를 원인으로 고집을 부리지 않으면, …

(6) 다시 도반들이여, 여기 비구가 분노하지 않고 분노에 찬 말을

---

621) '자기 견해를 고수하고 굳게 거머쥐어 그것을 쉽게 놓아버리지 못하는 것(sandiṭṭhi-parāmāsī hoti ādhāna-gāhī duppaṭinissaggī)'은 본서 「지워 없앰 경」(M8) §12에 나타나는 44가지 지워 없앰의 실천 가운데 44번째에 해당한다. 그곳의 주해도 참조할 것.

내뱉지 않으면, …

(7) 다시 도반들이여, 여기 비구가 책망을 듣고는 그 책망하는 자에게 대항하지 않으면, …

(8) 다시 도반들이여, 여기 비구가 책망을 듣고는 그 책망하는 자에게 언짢아하지 않으면, … [97]

(9) 다시 도반들이여, 여기 비구가 책망을 듣고는 그 책망하는 자에게 말대꾸하지 않으면, …

(10) 다시 도반들이여, 여기 비구가 책망을 듣고는 그 책망을 다른 것으로 발뺌하지 않고 주제를 바꿔버리지 않고 분노하지 않고 성내지 않고 불만을 드러내지 않으면, …

(11) 다시 도반들이여, 여기 비구가 책망을 듣고 자기의 행위에 대해 설명할 수 있으면, …

(12) 다시 도반들이여, 여기 비구가 모욕하지 않고 얕보지 않으면, …

(13) 다시 도반들이여, 여기 비구가 질투하지 않고 인색하지 않으면, …

(14) 다시 도반들이여, 여기 비구가 속이지 않고 사기 치지 않으면, …

(15) 다시 도반들이여, 여기 비구가 완고하지 않고 거만하지 않으면, …

(16) 다시 도반들이여, 여기 비구가 자기 견해를 고수하지 않고 굳게 거머쥐지 않아 그것을 쉽게 놓아버리면, 이것이 훈도하기 쉬운 자질입니다.

도반들이여, 이것을 훈도하기 쉬운 자질들이라 합니다."

6. "도반들이여, 여기서 비구는 스스로 자신을 이와 같이 추론해 보아야 합니다.622)

---

622) "'여기서(tatra)'라는 것은 이 열여섯 가지 법들에 대해서라는 말이고, '추론해 보아야 한다(anuminitabbaṁ).'는 것은 견주어 보아야 한다(tuletabbo), 비교해 보아야 한다(tīretabbo)는 말이다."(MA.ii.67)

(1) '나쁜 바람을 가지고 나쁜 바람에 지배된 사람은 내게 소중하지 않고 호감을 주지 않는다. 만일 내가 나쁜 바람을 가지고 나쁜 바람에 지배되면 나도 역시 다른 사람들에게 소중하지 않고 호감을 주지 않을 것이다.'

도반들이여, 이렇게 아는 비구는 '나는 나쁜 바람을 가지지 않고 나쁜 바람에 지배되지 않으리라.'라고 마음을 내어야[發心] 합니다.

(2) '자기를 칭찬하고 다른 사람을 비방하는 사람은 내게 소중하지 않고 호감을 주지 않는다. 만일 내가 나를 칭찬하고 다른 사람을 비방하면 나도 역시 다른 사람들에게 소중하지 않고 호감을 주지 않을 것이다.'

도반들이여, 이렇게 아는 비구는 '나는 나를 칭찬하지 않고 다른 사람을 비방하지 않으리라.'라고 마음을 내어야 합니다.

(3) '분노하고 분노에 지배된 사람은 … [98]

(4) '분노하고 분노를 원인으로 적개심을 품은 사람은 …

(5) '분노하고 분노를 원인으로 고집을 부리는 사람은 …

(6) '분노하고 분노에 찬 말을 내뱉는 사람은 …

(7) '책망을 듣고는 그 책망하는 자에게 대항하는 사람은 …

(8) '책망을 듣고는 그 책망하는 자에게 언짢아하는 사람은 …

(9) '책망을 듣고는 그 책망하는 자에게 말대꾸하는 사람은 …

(10) '책망을 듣고는 그 책망을 다른 것으로 발뺌하고 주제를 바꿔버리고 분노하고 성내고 불만을 드러내는 사람은 …

(11) '책망을 듣고 자기의 행위에 대해 설명할 수 없는 사람은 …

(12) '모욕하고 얕보는 사람은 …

(13) '질투하고 인색한 사람은 …

(14) '속이고 사기 치는 사람은 …

⒂ '완고하고 거만한 사람은 …

⒃ '자기 견해를 고수하고 굳게 거머쥐어 그것을 쉽게 놓아버리지 못하는 사람은 내게 소중하지 않고 호감을 주지 않는다. 만일 내가 내 견해를 고수하고 굳게 거머쥐어 그것을 쉽게 놓아버리지 못하면 나도 역시 다른 사람들에게 소중하지 않고 호감을 주지 않을 것이다.'

도반들이여, 이렇게 아는 비구는 '자기 견해를 고수하지 않고 굳게 거머쥐지 않아 그것을 쉽게 놓아버리리라.'라고 마음을 내어야 합니다."

7. "도반들이여, 여기서 비구는 스스로 자신을 이와 같이 반조해 보아야 합니다.

⑴ '나는 참으로 나쁜 바람을 가지고 나쁜 바람에 지배되어있지 않는가?'

도반들이여, 만일 비구가 자신을 반조할 때 '나는 나쁜 바람을 가지고 나쁜 바람에 지배되어있다.'라고 알게 되면 그 비구는 그런 나쁘고 해로운 법들을 버리기 위해 정진해야 합니다. 도반들이여, 그러나 만일 비구가 자신을 반조할 때 '나는 나쁜 바람을 가지지 않고 나쁜 바람에 지배되어있지 않다.'라고 알게 되면 그 비구는 밤낮으로 유익한 법들에 대해 공부지으면서 희열과 환희로 머물 것입니다.

⑵ '나는 참으로 나를 칭찬하고 다른 사람을 비방하지 않는가?'

도반들이여, 만일 비구가 자신을 반조할 때 '나는 나를 칭찬하고 다른 사람을 비방한다.'라고 알게 되면 그 비구는 그런 나쁘고 해로운 법들을 버리기 위해 정진해야 합니다. 도반들이여, 그러나 만일
[99] 비구가 자신을 반조할 때 '나는 나를 칭찬하지 않고 다른 사람을 비방하지 않는다.'라고 알게 되면 그 비구는 밤낮으로 유익한 법들에 대해 공부지으면서 희열과 환희로 머물 것입니다.

(3) '나는 참으로 분노하고 분노에 지배되어있지 않는가?' …

(4) '나는 참으로 분노하고 분노를 원인으로 적개심을 품지 않는가?' …

(5) '나는 참으로 분노하고 분노를 원인으로 고집을 부리지 않는가?' …

(6) '나는 참으로 분노하고 분노에 찬 말을 내뱉지 않는가?' …

(7) '나는 참으로 책망을 듣고는 그 책망하는 자에게 대항하지 않는가?' …

(8) '나는 참으로 책망을 듣고는 그 책망하는 자에게 언짢아하지 않는가?' …

(9) '나는 참으로 책망을 듣고는 그 책망하는 자에게 말대꾸하지 않는가?' …

(10) '나는 참으로 책망을 듣고는 그 책망을 다른 것으로 발뺌하고 주제를 바꿔버리고 분노하고 성내고 불만을 드러내지 않는가?' …

(11) '나는 참으로 책망을 듣고 나의 행위에 대해 설명하지 못하는 것은 아닌가?' …

(12) '나는 참으로 모욕하고 얕보지 않는가?' …

(13) '나는 참으로 질투하고 인색하지 않은가?' …

(14) '나는 참으로 속이고 사기 치지 않는가?' …

(15) '나는 참으로 완고하고 거만하지 않은가?' …

(16) '나는 참으로 내 견해를 고수하고 굳게 거머쥐어 그것을 쉽게 놓아버리지 못하고 있지 않은가?'

도반들이여, 만일 비구가 자신을 반조할 때 '나는 내 견해를 고수하고 굳게 거머쥐어 그것을 쉽게 놓아버리지 못하고 있다.'라고 알게 되면 그 비구는 [100] 그런 나쁘고 해로운 법들을 버리기 위해 정진해야 합니다. 도반들이여, 그러나 만일 비구가 자신을 반조할 때 '나는 내 견해를 고수하지 않고 굳게 거머쥐지 않아 그것을 쉽게 놓아버린다.'라고 알게 되면 그 비구는 밤낮으로 유익한 법들에 대해 공부지으면서 희열과 환희로 머물 것입니다.

8 "도반들이여, 만일 비구가 자신을 반조할 때 자신 안에서 그런 나쁘고 해로운 법들이 모두 다 제거되지 않은 것을 보게 되면 그 비구는 그런 나쁘고 해로운 법들을 제거하기 위해서 정진해야 합니다. 도반들이여, 그러나 만일 비구가 자신을 반조할 때 자신 안에서 그런 나쁘고 해로운 법들이 모두 다 제거된 것을 보게 되면[623] 그 비구는 밤낮으로 유익한 법들에 대해 공부지으면서 희열과 환희로 머물 것입니다.[624]

---

623) "'이런 나쁘고 해로운 법들이 모두 다 제거된 것을 보게 되면(sabbepime pāpake akusale dhamme pahīne attani samanupassati)'이라고 했다. 여기서는 모든 종류의 버림(sabba-ppahāna)을 다 말한 것이다. 어떻게? ① '어떤 해로운 법들은 출가자에게 어울리지 않는다.'라고 숙고한 경우 숙고함에 의한 버림(paṭisaṅkhāna-ppahāna)을 말한 것이다. ② 계행을 기초로 삼아 까시나로 준비를 지어 여덟 가지 증득을 일으킨 경우 억압에 의한 버림(vikkhambhana-ppahāna)을 말한 것이다. ③ 증득을 기초로 바른 위빳사나를 증장시킨 경우 반대를 대체함에 의한 버림(tadaṅga-ppahāna)을 말한 것이다. ④ 위빳사나를 증장시켜 도를 닦은 경우 근절에 의한 버림(samuccheda-ppahāna)을 말한 것이다. ⑤ 과가 일어날 때에는 편안함에 의한 버림(paṭippassaddhi-ppahāna)을 말한 것이다. ⑥ 열반에 이를 때에는 벗어남에 의한 버림(nissaraṇa-ppahāna)을 말한 것이다. 이와 같이 이 경에서는 모든 종류의 버림을 다 말한 것이다."(MA.ii.67)

624) "옛 스님들은 이 경을 『비구 빠띠목카』(Bhikkhu-pātimokkha, 비구계목)라고 불렀다. 이것을 하루에 세 번씩 반조해야 한다(paccavekkhitabba). 이러한 해로운 법들이 내 안에 있는지 없는지 반조해야 한다. 만약 있는 것을 보게 되면 버리기 위해 노력해야 한다(pahānāya vāyamitabba). 만약 발견되지 않으면 출가를 잘했다고 기뻐해야 한다(attamanena bhavitabba). 하루에 세 번씩 할 수 없으면 두 번이라도 반조해야 하고, 두 번이라도 할 수 없으면 반드시 한 번은 반조해야 한다."(MA.ii.67)

도반들이여, 예를 들면 마치 장식을 좋아하는 어리고 젊은 여자나 남자가 깨끗하고 밝은 거울이나 물 대야의 맑은 물에 비친 자기 얼굴 모습을 살펴보면서 만일 거기서 기미나 여드름을 발견하면 그 기미나 여드름을 제거하기 위해 애를 쓰고, 거기서 기미나 여드름을 찾을 수 없으면 '이것은 내게 이득이야, 이렇게 깨끗하다니.'라고 기뻐합니다.

도반들이여, 그와 같이 만일 비구가 자신을 반조할 때 자신 안에서 그런 나쁘고 해로운 법들이 모두 다 제거되지 않은 것을 보게 되면 그 비구는 그런 나쁘고 해로운 법들을 제거하기 위해서 정진해야 합니다. 도반들이여, 그러나 만일 비구가 자신을 반조할 때 자신 안에서 그런 나쁘고 해로운 법들이 모두 다 제거된 것을 보게 되면 그 비구는 밤낮으로 유익한 법들에 대해 공부지으면서 희열과 환희로 머물 것입니다."

마하목갈라나 존자는 이와 같이 설했다. 그 비구들은 흡족한 마음으로 마하목갈라나 존자의 설법을 크게 기뻐했다.

추론 경(M15)이 끝났다.

마음의 삭막함 경

Cetokhila Sutta(M16)

1. 이와 같이 나는 들었다. [101] 한때 세존께서는 사왓티에서 제따 숲의 아나타삔디까 원림(급고독원)에 머무셨다. 거기서 세존께서는 "비구들이여."라고 비구들을 부르셨다. "세존이시여."라고 비구들은 세존께 응답했다. 세존께서는 이렇게 말씀하셨다.

2. "비구들이여, 어떤 비구라도 그에게 다섯 가지 마음의 삭막함[心穢][625]이 제거되지 않고 다섯 가지 마음의 속박이 끊어지지 않으면 '그가 이 법과 율에서 향상과 증장과 충만함[626]을 성취하게 될

---

625) "'마음의 삭막함[心穢, 심예, ceto-khila]'이란 마음의 뻣뻣한 상태(tha-ddha-bhāvā), 쓰레기 같은 상태(kacavara-bhāvā), 나무 막대기 같은 상태(khāṇuka-bhāvā)를 뜻하고, '마음의 속박(cetaso vinibandhā)'이란 마음을 묶어서 주먹처럼 움켜쥐기 때문에 마음의 속박이라 한다."(MA.ii.68)
한편 이 '다섯 가지 마음의 삭막함'은 『디가 니까야』 제3권 「합송경」(D33) §2.1, 『앙굿따라 니까야』 제3권 「삭막함 경」(A5:205), 제5권 「마음의 삭막함 경」(A9:71), 제6권 「삭막함 경」(A10:14) 등에도 나타나고 있고 『상윳따 니까야』 3권 「찬나 경」(S22:90) §8에서는 아난다 존자가 전에 세존의 마부였던 찬나 존자가 다섯 번째 마음의 삭막함을 이제 부수었다고 칭송하는 구절이 나타난다.

626) "'향상(vuḍḍhi)과 증장(virūḷhi)과 충만함(vepulla)'이란 계행(sīla)을 통해

것이다.'라는 것은 불가능하다."

3. "무엇이 제거되지 않은 다섯 가지 마음의 삭막함인가?

여기 비구는 스승에 대해 회의하고[627] 의심하고 확신을 가지지 못하고 신뢰하지 못한다. 스승에 대해 회의하고 의심하고 확신을 가지지 못하고 신뢰하지 못하는 그 비구의 마음은 근면과 전념과 인욕과 노력[628]으로 기울지 못한다. 그의 마음이 근면과 전념과 인욕과 노력으로 기울지 못하는 이것이 그에게 제거되지 않은 첫 번째 마음의 삭막함이다."

4. "다시 비구들이여, 비구는 법[629]에 대해 회의하고 의심하고

향상하고, 도(magga)를 통해 증장하고, 열반(nibbāna)으로 충만함이다. 혹은 계행과 삼매를 통해 향상하고, 위빳사나와 도를 통해 증장하고, 과와 열반으로 충만함을 말한다."(MA.ii.68)

627) "'스승에 대해 회의하고(satthari kaṅkhati)'라는 것은 스승의 몸(sarīra)이나 스승의 덕(guṇa)에 대해 회의하는 것이다. 스승의 몸에 대해 회의할 때는 서른두 가지 특상이 스승의 몸에 있는지(dvattiṁsa-vara-lakkhaṇa-ppaṭimaṇḍita)에 대해 회의한다. 덕에 대해 회의할 때에는 과거와 미래와 현재를 알 수 있는 일체지(sabbaññuta-ñāṇa)가 있는지에 대해 회의한다."(MA.ii.68)

628) 여기서 '근면'과 '전념'과 '인욕'과 '노력'은 각각 ātappa, anuyoga, sātacca, padhāna를 옮긴 것이다.

629) "여기서 '법(dhamma)'이라는 것은 세존의 교학(가르침)으로서의 법(pariyatti-dhamma)과 통찰로서의 법(paṭivedha-dhammā)을 말한다. 교학으로서의 법에 회의할 때는 '부처님의 가르침인 삼장은 팔만사천의 법문을 담고 있다고 말하는데, 과연 그것이 존재하는가?'에 대해 회의한다(vicikicchati). 통찰로서의 법에 회의할 때는 '위빳사나를 통해 도가 생기고, 도를 통해 과가 생기고, 모든 형성력을 놓아버림(sabba-saṅkhāra-paṭinissagga)이 열반이라고 말하는데, 과연 그것이 있는가? 없는가?'라고 회의한다."(MA.ii.68)
상좌부에서는 가르침 혹은 법(dhamma)을 교학(빠리얏띠, pariyatti, 배움), 수행(빠띠빳띠, paṭipatti, 도닦음), 통찰(빠띠웨다, paṭivedha, 꿰뚫음)의

확신을 가지지 못하고 신뢰하지 못한다. … 이것이 그에게 제거되지 않은 두 번째 마음의 삭막함이다."

5. "다시 비구들이여, 비구는 승가에 대해 회의하고[630] 의심하고 확신을 가지지 못하고 신뢰하지 못한다. … 이것이 그에게 제거되지 않은 세 번째 마음의 삭막함이다."

6. "다시 비구들이여, 비구는 공부지음[631]에 대해 회의하고 의심하고 확신을 가지지 못하고 신뢰하지 못한다. … 이것이 그에게 제거되지 않은 네 번째 마음의 삭막함이다."

7. "다시 비구들이여, 비구는 동료 수행자들에게 화내고 마음으로 기뻐하지 않고 마음에 불쾌함과 삭막함이 생긴다. 비구들이여, 동료 수행자들에게 화내고 마음으로 기뻐하지 않고 마음에 불쾌함과 삭막함이 생기는 그 비구의 마음은 근면과 전념과 인욕과 노력으로 기울지 못한다. 그의 마음이 근면과 전념과 인욕과 노력으로 기울지 못하는 이것이 그에게 제거되지 않은 다섯 번째 마음의 삭막함이다.

이것이 제거되지 않은 다섯 가지 마음의 삭막함이다."

세 가지 측면으로 설명한다. 여기에 대해서는 『아비담마 길라잡이』 제1장 §1의 [해설] 2를 참조할 것.

630) "'승가에 회의한다(saṅghe kaṅkhati).'는 것은 잘 도를 닦는(suppaṭipanna) 등으로 네 가지 도에 머물고 네 가지 과에 머무는 여덟 부류의 성스러운 인간들(aṭṭha puggalā)의 집단인(samūha-bhūta) 승가가 참으로 존재하는지에 대해 회의하는 것이다."(MA.ii.68)

631) "'공부지음(sikkhā)'이란 높은 계를 공부지음[增上戒學, adhisīla-sikkhā]과 높은 마음을 공부지음[增上心學, adhicitta-sikkhā]과 높은 통찰지를 공부지음[增上慧學, adhipaññā-sikkhā]이다."(MA.ii.68～69)
니까야 즉 초기불전에서부터 이 셋을 세 가지 공부지음[三學, ti sikkhā]이라 부르고 있다.(『앙굿따라 니까야』 제1권 「왓지의 후예 경」(A3:83) §1 참조)

8. "무엇이 끊어지지 않은 다섯 가지 마음의 속박인가?

비구들이여, 여기 비구는 감각적 욕망에 대해 탐욕을 여의지 못하고 열의를 여의지 못하고 애정을 여의지 못하고 갈증을 여의지 못하고 열병을 여의지 못하고 갈애632)를 여의지 못한다. 비구들이여, 감각적 욕망에 대해 탐욕을 여의지 못하고 열의를 여의지 못하고 애정을 여의지 못하고 갈증을 여의지 못하고 열병을 여의지 못하고 갈애를 여의지 못하는 그 비구의 마음은 근면과 전념과 인욕과 노력으로 기울지 못한다. 그의 마음이 근면과 전념과 인욕과 노력으로 기울지 못하는 이것이 그에게서 끊어지지 않은 첫 번째 마음의 속박이다."

9. "다시 비구들이여, 여기 비구는 몸633)에 대해 탐욕을 여의지 못하고 … 이것이 그에게서 끊어지지 않은 두 번째 마음의 속박이다."

10. "다시 [102] 비구들이여, 여기 비구는 물질에 대해 탐욕을 여의지 못하고 … 이것이 그에게서 끊어지지 않은 세 번째 마음의 속박이다."

11. "다시 비구들이여, 비구는 원하는 대로 배불리 먹은 뒤 잠자는 즐거움, 기대는 즐거움, 꾸벅꾸벅 조는 즐거움에 빠져 머문다. 비구들이여, 원하는 대로 배불리 먹고서 자는 즐거움, 기대는 즐거움, 꾸벅꾸벅 조는 즐거움에 빠져 머무는 그 비구의 마음은 근면과 전념과 인욕과 노력으로 기울지 못한다. 그의 마음이 근면과 전념과 인욕과 노력으로 기울지 못하는 이것이 그에게서 끊어지지 않은 네 번째

---

632) 여기서 '탐욕'과 '열의'와 '애정'과 '갈증'과 '열병'과 '갈애'는 각각 rāga, chan-da, pema, pipāsa, pariḷāha, taṇhā를 옮긴 것이다.

633) "'몸(kāya)'은 자기의 몸을 말하고, '물질(rūpa)'은 밖의 물질을 말한다." (MA.ii.69)

마음의 속박이다."

12. "다시 비구들이여, 비구는 다른 천신의 무리를 갈구하여 청정범행을 닦는다. '이러한 계행이나 서원이나 고행이나 금욕적인 삶으로 나는 [높은] 천신이나 [낮은] 천신이 되리라.'라고. 비구들이여, '이러한 계나 서원이나 고행이나 금욕적인 삶으로 나는 [높은] 천신이나 [낮은] 천신이 되리라.'라고 천신의 무리를 갈구하여 청정범행을 닦는 그 비구의 마음은 근면과 전념과 인욕과 노력으로 기울지 못한다. 그의 마음이 근면과 전념과 인욕과 노력으로 기울지 못하는 이것이 그에게서 끊어지지 않은 다섯 번째 마음의 속박이다.

이것이 제거되지 않은 다섯 가지 마음의 속박이다."

13. "비구들이여, 어떤 비구라도 그에게 다섯 가지 마음의 삭막함이 제거되지 않고 다섯 가지 마음의 속박이 끊어지지 않으면 '그가 이 법과 율에서 향상과 증장과 충만함을 성취하게 될 것이다.'라는 것은 불가능하다."

14. "비구들이여, 어떤 비구라도 그에게 다섯 가지 마음의 삭막함이 제거되고 다섯 가지 마음의 속박이 끊어지면 '그가 이 법과 율에서 향상과 증장과 충만함을 성취하게 될 것이다.'라는 것은 가능하다."

15. "무엇이 제거된 다섯 가지 마음의 삭막함인가?

여기 비구는 스승에 대해 회의하지 않고 의심하지 않고 확신을 가지고 신뢰한다. 스승에 대해 회의하지 않고 의심하지 않고 확신을 가지고 신뢰하는 그 비구의 마음은 근면과 전념과 인욕과 노력으로 기운다. 그의 마음이 근면과 전념과 인욕과 노력으로 기우는 이것이 그에게서 제거된 첫 번째 마음의 삭막함이다."

16. "다시 비구들이여, 비구는 법에 대해 회의하지 않고 의심하지 않고 확신을 가지고 신뢰한다. … 이것이 그에게서 제거된 두 번째 마음의 삭막함이다."

17. "다시 비구들이여, 비구는 승가에 대해 회의하지 않고 의심하지 않고 확신을 가지고 신뢰한다. … 이것이 그에게서 제거된 세 번째 마음의 삭막함이다."

18. "다시 비구들이여, 비구는 공부지음에 대해 회의하지 않고 의심하지 않고 확신을 가지고 신뢰한다. 공부지음에 대해 회의하지 않고 의심하지 않고 확신을 가지고 신뢰하는 그 비구의 마음은 근면과 전념과 인욕과 노력으로 기운다. 그의 마음이 근면과 전념과 인욕과 노력으로 기우는 이것이 그에게서 제거된 네 번째 마음의 삭막함이다."

19. "다시 비구들이여, 비구는 동료 수행자들에게 화내지 않고 마음으로 기뻐하고 마음에 불쾌함과 삭막함이 생기지 않는다. 비구들이여, 동료 수행자들에게 화내지 않고 마음으로 기뻐하고 마음으로 불쾌하게 여기지 않고 삭막함이 생기지 않는 그 비구의 마음은 근면과 전념과 인욕과 노력으로 기운다. 그의 [103] 마음이 근면과 전념과 인욕과 노력으로 기우는 이것이 그에게서 제거된 다섯 번째 마음의 삭막함이다.

이것이 제거된 다섯 가지 마음의 삭막함이다."

20. "무엇이 끊어진 다섯 가지 마음의 속박인가?

비구들이여, 여기 비구는 감각적 욕망에 대해 탐욕을 여의고 열의를 여의고 애정을 여의고 갈증을 여의고 열병을 여의고 갈애를 여윈다. 비구들이여, 감각적 욕망에 대해 탐욕을 여의고 열의를 여의고 애정을 여의고 갈증을 여의고 열병을 여의고 갈애를 여윈 그 비구의 마음은 근면과 전념과 인욕과 노력으로 기운다. 그의 마음이 근면과 전념과 인욕과 노력으로 기우는 이것이 그에게서 끊어진 첫 번째 마음의 속박이다."

21. "다시 비구들이여, 여기 비구는 몸에 대해 탐욕을 여의고 … 이것이 그에게서 끊어진 두 번째 마음의 속박이다."

22. "다시 비구들이여, 여기 비구는 물질에 대해 탐욕을 여의고 … 이것이 그에게서 끊어진 세 번째 마음의 속박이다."

23. "다시 비구들이여, 비구는 원하는 대로 배불리 먹지 않고 자는 즐거움, 기대는 즐거움, 꾸벅꾸벅 조는 즐거움에 빠지지 않고 머문다. 비구들이여, 원하는 대로 배불리 먹지 않고 자는 즐거움, 기대는 즐거움, 꾸벅꾸벅 조는 즐거움에 빠지지 않고 머무는 그 비구의 마음은 근면과 전념과 인욕과 노력으로 기운다. 그의 마음이 근면과 전념과 인욕과 노력으로 기우는 이것이 그에게서 끊어진 네 번째 마음의 속박이다."

24. "다시 비구들이여, 비구는 다른 천신의 무리를 갈구하여 청정범행을 닦지 않는다. '이러한 계행이나 서원이나 고행이나 금욕적인 삶으로 나는 [높은] 천신이나 [낮은] 천신이 되리라.'라고. 비구들이여, '이러한 계나 서원이나 고행이나 금욕적인 삶으로 나는 [높은] 천신이나 [낮은] 천신이 되리라.'라고 천신의 무리를 갈구하여 청정범행을 닦지 않는 그 비구의 마음은 근면과 전념과 인욕과 노력으로 기운다. 그의 마음이 근면과 전념과 인욕과 노력으로 기우는 이것이

그에게서 끊어진 다섯 번째 마음의 속박이다.

이것이 끊어진 다섯 가지 마음의 속박이다."

25. "비구들이여, 어떤 비구라도 그에게 다섯 가지 마음의 삭막함이 제거되고 다섯 가지 마음의 속박이 끊어지면 '그가 이 법과 율에서 향상과 증장과 충만함을 성취하게 될 것이다.'라는 것은 가능하다."

26. "그는 열의를 [주로 한] 삼매와 정근인 의도적 행위를 갖춘 성취수단[如意足][634]을 닦는다. 정진을 [주로 한] 삼매와 정근인 의도적 행위를 갖춘 성취수단을 닦는다. 마음을 [주로 한] 삼매와 정근인 의도적 행위를 갖춘 성취수단을 닦는다. 검증을 [주로 한] 삼매와 정근인 의도적 행위를 갖춘 성취수단을 닦는다. 그리고 분발[635]이 다섯 번째이다."[636]

---

634) "'성취수단[如意足, iddhipādā]' 가운데서 '열의를 주로 한 삼매(chanda-samādhi)'란 열의를 의지하여 생긴 삼매라는 말이고, '정근인 의도적 행위(padhāna-saṅkhāra)'란 정근이라고 하는 의도적 행위라는 말이다. 이 법들을 가진 성취의 기초(iddhiyā pāda) 혹은 성취가 되는 토대(iddhibhūta pāda)를 성취수단이라 한다. 나머지 경우에도 이 방법이 적용된다. 여기서는 간략하게 설명하였다. 상세한 것은 「성취수단의 위방가」(Vbh. 216 이하)에 나타나고 『청정도론』(XII.52~53; XXII.36)에서도 설명되어 있다. 이와 같이 이 네 가지 성취수단으로써 억압에 의한 버림(vikkhambhana-ppahāna)을 설하셨다."(MA.ii.69)

즉 네 가지 성취수단[四如意足], 혹은 신통의 기초란 네 가지 삼매와 정근 혹은 노력이라고 부르는 의도적 행위를 말하는데, 그 네 가지 삼매란 열의(chanda), 정진(vīriya), 마음(citta), 검증(vīmaṁsā) 가운데 어떤 것에 중점을 두고 삼매가 생긴 것인가에 따라 네 가지가 된다.

네 가지 성취수단은 『상윳따 니까야』 「성취수단 상윳따」(S51)의 주제이다. 성취수단에 대한 설명은 『상윳따 니까야』 제6권 해제 §3의 설명과 『초기불교 이해』 제21장(317쪽 이하)을 참조하기 바란다.

635) "'분발(ussoḷhi)'이란 모든 곳에 쏟아야 할 정진(vīriya)을 말한다."(MA.ii.69)

636) '그리고 분발이 다섯 번째이다.'라는 이 구절은 네 가지 성취수단[[四如意

27. "비구들이여, 이와 같이 분발을 포함한 열다섯 가지 조건637)을 구족한 비구는 꿰뚫을 [104] 수 있고 깨달을 수 있고 위없는 유가안은638)을 성취할 수 있다.

비구들이여, 예를 들면 닭이 여덟 개나 열 개나 열두 개의 계란을 바르게 품고 바르게 온기를 주고 바르게 냄새를 느끼게 하면 그 닭에게 '이 병아리들이 발톱 끝이나 부리로 계란 껍질을 잘 부순 뒤 안전하게 뚫고 나오기를.' 하는 바람이 일어나지 않더라도 병아리들이 발톱 끝이나 부리로 계란 껍질을 잘 부순 뒤 안전하게 뚫고 나올 수 있듯이,639) 비구들이여, 분발을 포함한 열다섯 가지 조건을 구족한 비구는 꿰뚫을 수 있고 깨달을 수 있고 위없는 유가안은을 성취할 수 있다."

세존께서는 이와 같이 설하셨다. 그 비구들은 흡족한 마음으로 세존의 말씀을 크게 기뻐하였다.

마음의 삭막함 경(M16)이 끝났다.

足]의 정형구에는 포함되지 않는 것이다. 본경에서는 다섯이라는 숫자에 맞추기 위해서 이 문장을 넣은 것일 뿐이다.

637) "'분발을 포함한 열다섯 가지 조건(ussoḷhī-paṇṇarasaṅga-samannāgata)'이란 다섯 가지 마음의 삭막함을 버림(ceto-khila-ppahānāni)과 다섯 가지 속박을 버림(vinibandha-ppahānāni)과 네 가지 성취 수단(iddhipādā)과 분발(ussoḷhi)을 말한다."(MA.ii.69)

638) '유가안은(瑜伽安隱, yogakkhema)'에 대해서는 본서 「뿌리에 대한 법문 경」(M1) §27의 주해를 참조할 것.

639) 이 비유는 본서 제2권 「유학(有學) 경」(M53) §§19~22에서 도에 든 유학과 세 가지 명지[三明, tevijjā, 숙명통, 천안통, 누진통]를 증득하는 비유로 나타나고 있다. 그리고 『상윳따 니까야』 제3권 「까뀌자루 경」(S22:101) §5에도 나타나고 있다.

밀림 경

Vanapattha Sutta(M17)

1. 이와 같이 나는 들었다. 한때 세존께서는 사왓티에서 제따 숲의 아나타삔디까 원림(급고독원)에 머무셨다. 거기서 세존께서는 "비구들이여."라고 비구들을 부르셨다. "세존이시여."라고 비구들은 세존께 응답했다. 세존께서는 이렇게 말씀하셨다.

2. "비구들이여, 밀림에 대한 법문을 설하리니 그것을 들어라. 듣고 마음에 잘 새겨라. 나는 설할 것이다."

"그렇게 하겠습니다, 세존이시여."라고 그 비구들은 세존께 응답했다.

세존께서는 이렇게 말씀하셨다.

3. "비구들이여, 여기 비구가 어떤 밀림을 의지하여 머문다.[640] 그가 그 밀림을 의지하여 머물 때 아직 확립되지 않은 마음챙김이 확

---

640) 본경 §§3~26 등의 말씀은 다음의 넷으로 요약할 수 있다.
① 항상이 없고 필수품 얻기가 어렵다. — 떠나야 함(§3, §7 등)
② 항상이 없지만 필수품 얻기가 쉽다. — 떠나야 함(§4, §8 등)
③ 항상이 있지만 필수품 얻기가 어렵다. — 머물러야 함(§5, §9 등)
④ 항상이 있고 필수품 얻기도 쉽다. — 머물러야 함(§6, §10 등)

립되지 않고[641] 아직 삼매에 들지 못한 마음이 삼매에 들지 못하며 아직 멸절되지 못한 번뇌가 멸절되지 않고 아직 얻지 못한 위없는 유가안은을 얻지 못하고, 또 출가자가 얻어야 할 삶의 필수품인 의복·음식·거처·병구완을 위한 약품이 어렵사리 공급되면, 그 비구는 [105] 이렇게 숙고해야 한다.

'나는 이 밀림을 의지하여 머문다. 내가 이 밀림을 의지하여 머물 때 아직 확립되지 않은 마음챙김이 확립되지 않고 아직 삼매에 들지 못한 마음이 삼매에 들지 못하며 아직 멸절되지 못한 번뇌가 멸절되지 않고 아직 얻지 못한 위없는 유가안은을 얻지 못한다. 그리고 출가자가 얻어야 할 삶의 필수품인 의복·음식·거처·병구완을 위한 약품이 어렵사리 공급된다.'

비구들이여, 그러면 그 비구는 그날 밤이나 그날 낮에 그 밀림으로부터 떠나야 하고, 더 이상 그곳에 머물러서는 안된다."

4. "비구들이여, 여기 비구가 어떤 밀림을 의지하여 머문다. 그가 그 밀림을 의지하여 머물 때 아직 확립되지 않은 마음챙김이 확립되지 않고 아직 삼매에 들지 못한 마음이 삼매에 들지 못하며 아직 멸절되지 못한 번뇌가 멸절되지 않고 아직 얻지 못한 위없는 유가안은을 얻지 못하지만, 출가자가 얻어야 할 삶의 필수품인 의복·음식·거처·병구완을 위한 약품은 어렵지 않게 공급되면, 그 비구는 이렇게 숙고해야 한다.

'나는 이 밀림을 의지하여 머문다. 내가 이 밀림을 의지하여 머물 때 아직 확립되지 않은 마음챙김이 확립되지 않고 아직 삼매에 들지 못한 마음이 삼매에 들지 못하며 아직 멸절되지 못한 번뇌가 멸절되

---

641) "이전에 확립되지 않은 마음챙김이 이 밀림을 의지하여 머물 때에도 확립되지 않는다는 말이다."(MA.ii.72)

지 않고 아직 얻지 못한 위없는 유가안은을 얻지 못하지만, 출가자가 얻어야 할 삶의 필수품인 의복·음식·거처·병구완을 위한 약품은 어렵지 않게 공급된다.

그러나 나는 의복을 위해 집을 나와 출가하지 않았다. 나는 음식을 위해 집을 나와 출가하지 않았다. 나는 거처를 위해 집을 나와 출가하지 않았다. 나는 병구완을 위한 약품을 위해 출가하지 않았다. 그러나 내가 이 밀림을 의지하여 머물 때 아직 확립되지 않은 마음챙김이 확립되지 않고 아직 삼매에 들지 못한 마음이 삼매에 들지 못하며 아직 멸절되지 못한 번뇌가 멸절되지 않고 아직 얻지 못한 위없는 유가안은을 얻지 못했다.'

비구들이여, 그 비구는 그렇게 숙고하여[642] 그 밀림으로부터 떠나야 하고, 더 이상 그곳에 머물러서는 안된다."

5. "비구들이여, 여기 비구가 어떤 밀림을 의지하여 머문다. 그가 그 밀림을 의지하여 머물 때 아직 확립되지 않은 마음챙김이 확립되고 아직 삼매에 들지 못한 마음이 삼매에 들며 아직 멸절되지 못한 번뇌가 멸절되고 아직 얻지 못한 위없는 유가안은을 얻지만, 출가자가 얻어야 할 삶의 필수품인 의복·음식·거처·병구완을 위한 약품이 어렵사리 공급되면, 그 비구는 이렇게 숙고해야 한다.

'나는 [106] 이 밀림을 의지하여 머문다. 내가 이 밀림을 의지하여 머물 때 아직 확립되지 않은 마음챙김이 확립되고 아직 삼매에 들지 못한 마음이 삼매에 들며 아직 멸절되지 못한 번뇌가 멸절되고 아직 얻지 못한 위없는 유가안은을 얻지만, 출가자가 얻어야 할 삶의 필수품인 의복·음식·거처·병구완을 위한 약품은 어렵사리 공급된다.

---

642) "'그렇게 숙고하여(saṅkhāpi)'라는 것은 사문의 법(samaṇa-dhamma)에 있어 결실이 없음(anipphajjana-bhāva)을 알고서라는 말이다."(MA.ii.72)

그러나 나는 의복을 위해 집을 나와 출가하지 않았다. 나는 음식을 위해 집을 나와 출가하지 않았다. 나는 거처를 위해 집을 나와 출가하지 않았다. 나는 병구완을 위한 약품을 위해 출가하지 않았다. 그러나 내가 이 밀림을 의지하여 머물 때 아직 확립되지 않은 마음챙김이 확립되고 아직 삼매에 들지 못한 마음이 삼매에 들며 아직 멸절되지 못한 번뇌가 멸절되고 아직 얻지 못한 위없는 유가안은을 얻었다.'

비구들이여, 그 비구는 그렇게 숙고하여[643] 그 밀림에 머물러야 하고, 그곳을 떠나서는 안된다."

6. "비구들이여, 여기 비구가 어떤 밀림을 의지하여 머문다. 그가 그 밀림을 의지하여 머물 때 아직 확립되지 않은 마음챙김이 확립되고 아직 삼매에 들지 못한 마음이 삼매에 들며 아직 멸절되지 못한 번뇌가 멸절되고 아직 얻지 못한 위없는 유가안은을 얻고, 또 출가자가 얻어야 할 삶의 필수품인 의복·음식·거처·병구완을 위한 약품도 어렵지 않게 공급되면, 그 비구는 이렇게 숙고해야 한다.

'나는 이 밀림을 의지하여 머문다. 내가 이 밀림을 의지하여 머물 때 아직 확립되지 않은 마음챙김이 확립되고 아직 삼매에 들지 못한 마음이 삼매에 들며 아직 멸절되지 못한 번뇌가 멸절되고 아직 얻지 못한 위없는 유가안은을 얻고, 또 출가자가 얻어야 할 삶의 필수품인 의복·음식·거처·병구완을 위한 약품도 어렵지 않게 공급된다.'

비구들이여, 그 비구는 목숨이 붙어있는 한 그 밀림에서 머물러야 하고, 떠나서는 안된다."

7. ~ 10. "비구들이여,[644] 여기 비구가 어떤 마을을 의지하여

---

643) "여기서 '그렇게 숙고하여(saṅkhāpi)'라는 것은 사문의 법에 있어 결실이 있음(nipphajjana-bhāva)을 알고서라는 말이다."(MA.ii.72)

머문다. 그가 그 마을을 의지하여 머물 때 …"

11. ~ *14.* "비구들이여, 여기 비구가 어떤 성읍을 의지하여 머문다. 그가 그 성읍을 의지하여 머물 때 …"

15. ~ *18.* "비구들이여, 여기 비구가 어떤 도시를 의지하여 머문다. 그가 그 도시를 의지하여 머물 때 …"

19. ~ *22.* "비구들이여, 여기 비구가 어떤 나라를 의지하여 머문다. 그가 그 나라를 의지하여 머물 때 …"

23. "비구들이여, 여기 비구가 어떤 사람을 의지하여 머문다. 그가 그 사람을 의지하여 머물 때 아직 [107] 확립되지 않은 마음챙김이 확립되지 않고 … 또 출가자가 얻어야 할 삶의 필수품인 의복 · 음식 · 거처 · 병구완을 위한 약품이 어렵사리 공급되면, … 그 비구는 그렇게 숙고하여 그날 밤이나 그날 낮에 그 사람에게 동의를 구할 필요 없이 떠나야 하고, 그 사람을 따라서는 안된다." <§3과 같음>

24. "비구들이여, 여기 비구가 어떤 사람을 의지하여 머문다. 그가 그 사람을 의지하여 머물 때 아직 확립되지 않은 마음챙김이 확립되지 않고 … 그러나 출가자가 얻어야 할 삶의 필수품인 의복 · 음식 · 거처 · 병구완을 위한 약품은 어렵지 않게 공급되면, … 그러나 나는 의복을 위해 집을 나와 출가하지 않았다. … 그 비구는 그렇게 숙고하여 그 사람에게 동의를 구한 뒤 떠나야 하고,645) 그 사람을 따

644) 위 §3에서 정리한 형식이 §§7~22에도 적용된다.

645) 역자가 저본으로 삼은 Ee에는 'anāpucchā pakkamitabbaṁ(동의를 구할 필요도 없이)'으로 나타나지만 Be에는 'āpucchā pakkamitabbaṁ'으로 나와 있고, 문맥상도 이것이 적절하여 후자를 따라 옮겼다. 냐나몰리 스님도 역자처럼 후자를 따라 옮겼다.(냐나몰리스님/보디 스님, 200쪽 참조)

라서는 안된다." <§4와 같음>

25. "비구들이여, 여기 비구가 어떤 사람을 의지하여 머문다. 그가 그 사람을 의지하여 머물 때 아직 확립되지 않은 마음챙김이 확립되고 … 그러나 출가자가 얻어야 할 삶의 필수품인 의복·음식·거처·병구완을 위한 약품이 어렵사리 공급되면, … 그러나 나는 의복을 위해 집을 나와 출가하지 않았다. … 그 비구는 그렇게 숙고하여 그 사람을 따라야 하고, 그 사람을 떠나서는 안된다." <§5와 같음>

26. "비구들이여, 여기 비구가 어떤 사람을 의지하여 머문다. 그가 그 사람을 의지하여 머물 때 아직 확립되지 않은 마음챙김이 확립되고 … 출가자가 얻어야 할 삶의 필수품인 의복·음식·거처·병구완을 위한 약품이 어렵지 않게 공급되면, … [108] … 그 비구는 그렇게 숙고하여 목숨이 붙어있는 한 그 사람을 따라야 하고, 비록 내치더라도 그 사람을 떠나서는 안된다." <§6과 같음>

세존께서는 이와 같이 설하셨다. 그 비구들은 흡족한 마음으로 세존의 말씀을 크게 기뻐하였다.

밀림 경(M17)이 끝났다.

꿀 덩어리 경

Madhupiṇḍika Sutta(M18)

1. 이와 같이 나는 들었다. 한때 세존께서는 삭까에서 까삘라왓투의 니그로다 원림에 머무셨다.

2. 그때 세존께서는 오전에 옷매무새를 가다듬고 발우와 가사를 수하시고 까삘라왓투로 탁발을 가셨다. 까삘라왓투에서 탁발하여 공양을 마치고 탁발에서 돌아와 낮 동안의 머무심을 위해서[646] 큰 숲[大林][647]으로 가셨다. 큰 숲에 들어가셔서는 어린 벨루와 나무 아

---

646) "'낮 동안의 머무심을 위해서(divā-vihārāya)'란 낮 동안의 홀로 앉음을 위해서(divā paṭisallāna-tthāya)라는 말이다."(MA.ii.73)
경에는 '홀로 앉음(paṭisallāna)'이라는 표현(본서 「지워 없앰 경」(M8) §2 등)과 '낮 동안의 머묾(divā-vihāra)'이라는 표현(본서 「역마차 교대 경」(M24) §6 등)이 자주 나타나는데 주석서는 이처럼 이 둘을 동의어로 설명하고 있다. 초기불전연구원에서는 이 둘을 '홀로 앉음'과 '낮 동안의 머묾'으로 직역하고 있다.

647) "까삘라왓투에 있는 '큰 숲[大林, Mahāvana]'은 히말라야 산과 연결되어 자연적으로 우거져있는 숲이다. 이것은 웨살리에 있는 반은 자연적이고 반은 인공적인 큰 숲[大林]과는 다르다."(MA.ii.73)
초기불전에는 몇 군데 큰 숲[大林, Mahāvana]이 나타난다. 여기 까삘라왓투의 큰 숲(본경, D20 등)과 웨살리의 큰 숲(D6, M35; M36 M71; M105 등)과 네란자라(Nerañjarā) 강 언덕의 큰 숲(DhA.i.86) 등이다.

래 낮 동안을 머물기 위해 앉으셨다.

3. 삭까 사람 단다빠니648)도 산책을 나와서 이리저리 포행하며 다니다가 큰 숲으로 갔다. 큰 숲에 들어가서 어린 벨루와 나무 아래 계신 세존께 다가갔다. 가서는 세존과 함께 환담을 나누었다. 유쾌하고 기억할만한 이야기로 서로 담소를 하고서 지팡이를 짚고 한 곁에 섰다. 한 곁에 서서 삭까 사람 단다빠니는 세존께 이렇게 여쭈었다.

"사문께서는 무엇을 설하시는 분이며 무엇을 말씀하시는 분입니까?"649)

4. "도반이여, 나는 신을 포함하고 마라를 포함하고 범천을 포함한 세상과 사문・바라문들을 포함하고 신과 사람을 포함한 무리들 가운데에서, 그 누구와도 논쟁하지 않고 머무는650) 그런 가르침을 설합니다. 그리고 감각적 욕망651)에서 벗어나 머물고 의심이 없고

---

648) "단다빠니(Daṇḍapāṇi)는 삭까족 사람의 이름으로 '손(pāṇi)에 지팡이(daṇḍa)를 든 자'라는 뜻이다. 그는 늙어 허약해서 손에 지팡이를 든 것이 아니고, 어릴 적 초년에 지팡이에 대한 생각으로 황금 지팡이(suvaṇṇa-daṇḍa)를 들고 다녔기 때문에 단다빠니라는 이름이 붙었다고 한다."(MA.ii.73)

649) "'무엇을 설하시는 분(kim-vādi)이며 무엇을 말씀하시는 분(kim-akkhāyi)입니까?'라는 것은 어떤 견해를 가졌으며(kim-diṭṭhika) 무엇을 말씀하시는지(kiṁ katheti)를 여쭙는 말이다."(MA.ii.73)

650) "'그 누구와도 논쟁하지 않고 머무는(na kenaci loke viggayha tiṭṭhati)'이라고 하셨다. 여래는 세상과 더불어 다투지 않지만(na vivadati) 세상은 여래와 더불어 다툰다. 여래가 '세상은 무상하다.'라고 말하면 무상하지 않다고 말하고, '괴로움이다, 무아이다, 부정하다.'라고 설하면 즐거움이라고, 자아가 있다고, 깨끗하다고 말하면서 다툰다. 그러므로 이런 말씀이 있다. "비구들이여, 나는 세상과 다투지 않는다. 세상이 나와 다툰다."(『상윳따 니까야』 제3권 「꽃 경」(S22:94/iii.138) §3) 그와 마찬가지로 "법을 말하는 자는 세상의 누구와도 다투지 않는다."(*Ibid*)라고."(MA.ii.74)
'그 누구와도 논쟁하지 않는다.'는 것이 '무엇을 설하시는 분이냐.'는 단다빠니의 공격적인 질문에 대한 세존의 첫 번째 대답이다.

후회를 잘랐고 이런저런 존재[諸有]652)에서 갈애가 사라진 그 바라문

---

651) "'감각적 욕망(kāma)'이란 대상으로써의 감각적 욕망(vatthu-kāma)과 오염원으로써의 감각적 욕망(kilesa-kāma)을 말한다."(MA.ii.74)

여기서 보듯이 '감각적 욕망'은 초기불전에서 많이 나타나는 kāma를 한글로 정착시킨 것이다. 영어권에서는 거의 대부분 이 kāma를 *sense-desire, sensual desire, sensual pleasure*(PED, NMD, 『청정도론』 참조) 등으로 감각(*sense*)과 연결된 욕망 혹은 욕락 혹은 쾌락으로 설명하고 있다. 실제로 kāma는 니까야의 도처에서 눈·귀·코·혀·몸의 다섯 가지 감각기관과 연결된 욕망(쾌락)의 문맥에서 pañca kāma-guṇa(다섯 가닥의 감각적 욕망)로 나타나고 있다.(본서 M13 §7 등 참조) 그리고 중국에서는 대부분 이 kāma를 欲이나 欲樂 등으로 옮겼다. 이런 문맥 때문에 초기불전연구원에서는 대부분의 경우에 '감각적 욕망'으로 정착을 시키고 있다.

그리고 이 kāma는 빠알리 문헌과 불교산스끄리뜨 문헌 도처에서 kāma-avacāra로 쓰여서 욕계(欲界)를 지칭하는 술어로도 많이 쓰이고 있다. 우리가 사는 이 욕계세상(지옥, 축생, 아귀, 아수라, 인간, 욕계천상)은 감각적인 것을 특징으로 하는 세계이기 때문이다.

한편 이 kāma는 오계의 세 번째인 불사음계(不邪淫戒)의 항목에 삿된 음행(kāmesu micchācāra)으로 정형화되어 나타나듯이 성적인 것(*sexual*)을 뜻하는 문맥에서도 많이 나타난다.(특히 본서 제4권 M141 §27의 주해 참조) 이 경우는 성욕이나 음욕이나 애욕을 뜻한다 할 수 있다. 그리고 이것은 힌두 문헌 가운데 성(性)에 대한 기술을 담고 있는 대표적인 것으로 꼽히는 『까마수뜨라』(Kāma-sūtra)의 표제어인 까마의 의미와도 같다.

초기불전연구원에서는 까마의 역어로 '감각적 욕망'과 '감각적 쾌락'과 '욕락(慾樂)'이라는 술어로 좁히다가 최종적으로 감각적 욕망으로 정착시켰다. 물론 문맥에 따라 감각적 쾌락으로 옮긴 경우도 적지 않다. '쾌락'이라는 단어를 조심한 이유는 한문 快樂이 자칫 느낌[受]으로 오해될 수 있다고 판단하였기 때문이다. 즉 樂이 sukha-vedanā(樂受, 즐거운 느낌)로 오해될 가능성이 높기 때문이다. 결론적으로 말해서 이 감각적 욕망(kāma)은 탐욕(lobha)의 하나로서 감각적이거나 향락적이거나 관능적인 것을 나타내지만 느낌[受]은 아니다.

문제는 한글의 '욕망'이란 단어에는 바람을 뜻하는 望자가 들어가기 때문에 욕망은 향락이나 욕락을 '바라는 것'을 뜻하게 된다는 점이다. 그러나 이 욕망이라는 한글은 욕락을 바라는 의미만이 있는 것이 아니라 탐욕, 욕락, 쾌락 그 자체를 뜻하는 의미로도 충분히 쓸 수 있다고 생각한다.

그리고 초기불전의 몇 곳에 나타나는 까마딴하(kāma-taṇhā, 欲愛, 본서 M9 §16과 §38의 주해 참조)를 초기불전연구원에서는 '감각적 욕망에 대한 갈애'로 정착시키는데 이것도 감각적인 것 혹은 감각적 쾌락에 대한 갈애로 이해하면 되겠다.

에게는[653] 어떻게 해서 인식들[654]이 더 이상 잠복하지 못하는지 그 이유를 말합니다."[655]

5. 이렇게 말씀하시자 삭까 사람 단다빠니는 머리를 흔들고 [109] 혀를 축 늘어뜨리고 이마를 찌푸려 세 줄의 주름살을 짓고는 지팡이를 짚고 떠나버렸다.[656]

6. 그러자 세존께서 해거름에 [낮 동안의] 홀로 앉음에서 일어나셔서 니그로다 원림으로 가셨다. 가셔서는 마련해 드린 자리에 앉으셨다. 자리에 앉으신 세존께서는 비구들을 부르셨다.

"비구들이여, 여기 나는 오전에 옷매무새를 가다듬고 발우와 가사

---

652) "'이런저런 존재[諸有, bhavābhava]'란 계속해서 받는 존재(punappuna-bbhava) 혹은 저열하거나 수승한(hīna-paṇīta) 존재를 말한다. 수승한 존재, 향상에 이른 비존재(vuddhi-ppatta abhava)라는 말이 있기 때문이다." (MA.ii.74)

653) "'그 바라문(taṁ brāhmaṇaṁ)'이란 번뇌 다한 바라문(khīṇāsava-brāhmaṇa)으로 [부처님을 말한다.]"(MA.ii.74)

654) "여기서 '인식들(saññā)'이란 오염원의 인식(kilesa-saññā)을 말한다. 혹은 오직 오염원을 여기서는 인식(산냐)이라는 이름으로 말했다. 그러므로 어떻게 해서 감각적 욕망에서 벗어나 머물고 의심이 없고 후회를 잘랐고 이런저런 존재[諸有]에서 갈애가 사라진 그 바라문에게 인식들이 더 이상 잠복하지 못하는지 그 이유를 내가 설하리라는 뜻이다. 이렇게 해서 세존께서는 자신의 번뇌가 다한 상태(khīṇāsava-bhāva)를 드러내신다."(MA.ii.74)

655) '무엇을 설하시는 분(kim-vādi)'입니까 하는 단다빠니의 질문에 대한 두 번째 대답으로 부처님께서는 세존을 포함한 아라한들에게는 오염원이 잠복해 있지 않다고 말씀하신다. 세존께서는 이것을 본경 §8에서 좀 더 자세하게 설명하시고, 다시 본경 §§16~19에서 마하깟짜나 존자가 좀 더 해설해 내고 이것을 부처님께서 인정하시는 것(§21)이 본경의 전체 구조이다.

656) 이것은 좌절이나 자기 마음대로 되지 않을 때 기분이 몹시 상했음을 나타내는 표시이다. 『상윳따 니까야』 제1권 「많음 경」(S4:21) §5에서 마라(Māra)도 비구들에게 이렇게 하고 있다.

를 수하고 까삘라왓투로 탁발을 갔다. 까삘라왓투에서 탁발하여 공양을 마치고 탁발에서 돌아와 낮 동안을 머물기 위해 큰 숲으로 갔다. 큰 숲에 들어가서는 어린 벨루와 나무 아래 낮 동안의 머묾을 위해 앉았다.

그때 삭까 사람 단다빠니도 산책을 나와서 이리저리 포행하며 다니다가 큰 숲으로 왔다. 큰 숲에 들어와서 어린 벨루와 나무 아래 앉아있는 나에게 다가왔다. 와서는 나와 함께 환담을 나누었다. 유쾌하고 기억할만한 이야기로 서로 담소를 하고서 지팡이를 짚고 한 곁에 섰다. 한 곁에 서서 삭까 사람 단다빠니는 나에게 이렇게 물었다.

'사문께서는 무엇을 설하시는 분이며 무엇을 말씀하시는 분입니까?'

비구들이여, 이렇게 물었을 때 나는 삭까 사람 단다빠니에게 이렇게 말했다.

'도반이여, 나는 신을 포함하고 마라를 포함하고 범천을 포함한 세상과 사문 · 바라문들을 포함하고 신과 사람을 포함한 무리들 가운데에서, 그 누구와도 논쟁하지 않고 머무는 그런 가르침을 설합니다. 그리고 감각적 욕망에서 벗어나 머물고 의심이 없고 후회를 잘랐고 이런저런 존재에서 갈애가 사라진 그 바라문에게는 어떻게 해서 인식들이 더 이상 잠복하지 못하는지 그 이유를 말합니다.'

이렇게 말하자 삭까 사람 단다빠니는 머리를 흔들고 혀를 축 늘어뜨리고 이마를 찌푸려 세 줄의 주름살을 짓고는 지팡이를 짚고 떠나버렸다."

7. 이렇게 말씀하시자 어떤 비구가 세존께 이렇게 여쭈었다.

"세존이시여, 세존께서는 무슨 가르침을 설하시기에 그것으로 신을 포함하고 마라를 포함하고 범천을 포함한 세상과 사문 · 바라문들을 포함하고 신과 사람을 포함한 무리들 가운데에서, 그 누구와도 논쟁하지 않고 머물게 됩니까? 세존이시여, 그리고 감각적 욕망에서 벗어나 머물고 의심이 없고 후회를 잘랐고 이런저런 존재에서 갈애가 사라진 그 바라문에게는 어떻게 해서 인식들이 더 이상 잠복하지 못합니까?"

8. "비구여, 어떤 것을 원인으로 사람에게 사량 분별이 함께한 인식의 더미[657]가 일어나는데, 그것에 대해 즐거움과 환영과 집착이 없으면[658] 그것이 바로 탐욕의 잠재성향[659]들의 끝이요, 적의의 잠

---

657) "'사량 분별이 함께한 인식의 더미(papañca-saññā-saṅkhā)'이라고 하셨다. 여기서 saṅkhā는 '더미(koṭṭhāsa)'를 뜻하고, papañca-saññā는 갈애와 자만과 사견에 의한 사량 분별이 함께한 인식(taṇhā-māna-diṭṭhi-papañca-sampayuttā saññā)의 뜻이다. 혹은 인식이라는 이름으로 오직 사량 분별을 말했다. 그러므로 사량 분별의 더미(papañca-koṭṭhāsa)가 여기서 뜻하는 것이다."(MA.ii.75)
'사량 분별(papañca)'과 '사량 분별이 함께한 인식의 더미(papañca-saññā-saṅkhā)'에 대해서는 본경 §16이하와, 본서 「뿌리에 대한 법문 경」(M1) §3의 '땅을 땅이라 인식하고서는(pathaviṁ pathavito saññatvā)'에 대한 주해와 본서 제2권 「우빨리 경」(M56) §29의 주해를 참조할 것. 그리고 냐나몰리 스님/보디 스님, 1203쪽 229번 주해도 참조할 것.

658) "'즐김과 환영과 집착이 없으면(natthi abhinanditabbaṁ abhivaditabbaṁ ajjhositabbaṁ)'이라고 하셨다. 열두 가지 감각장소[十二處, dvādas-āyata-na]라 불리는 이유(kāraṇa)가 있을 때 사량 분별의 부분(papañca-koṭ-ṭhāsa)이 일어난다. 거기서 어떤 하나의 감각장소에 대해서라도 즐거움과 환영과 집착이 없다는 말이다. 여기서 즐기고(abhinanditabbaṁ) 환영한다(abhivaditabbaṁ)는 것은 '이것은 나다. 이것은 내 것이다.'라고(ahaṁ mamanti) 즐기고, 환영한다는 말이다."(MA.ii.75)

659) '잠재성향'은 anusaya를 옮긴 것이다. 이 단어는 anu(~를 따라서, ~의 아래) + √śī(*to lie*)에서 파생된 남성명사이다. 문자적인 뜻을 살려 잠재성향으로 옮겼다. 『청정도론』은 다음과 같이 설명한다.
"이들은 고질적(thāma-gata)이기 때문에 잠재성향이라고 한다. 왜냐하면 이들은 반복해서 감각적 욕망 등이 일어날 원인의 상태로 잠재해 있기 때문이다."(『청정도론』 XXII.60)
본경에 나타나는 일곱 가지 잠재성향은 『디가 니까야』 제3권 「합송경」(D33) §2.3(12)에도 나타난다.

재성향들의 끝이요, 견해의 잠재성향들의 [110] 끝이요, 의심의 잠재성향들의 끝이요, 교만의 잠재성향들의 끝이요, 존재[有]의 탐욕에 대한 잠재성향들의 끝이요, 무명의 잠재성향들의 끝이요, 그것은 몽둥이를 들고 무기를 들고 싸우고 말다툼하고 논쟁하고 상호비방하고 중상모략하고 거짓말하는 것의 끝이니 여기서[660] 이런 나쁘고 해로운 법들이 남김없이 소멸한다."[661]

9. 세존께서는 이와 같이 말씀하셨다. 이렇게 말씀하신 뒤 선서

본경에 나타나는 탐욕의 잠재성향, 적의의 잠재성향, 견해의 잠재성향, 의심의 잠재성향, 교만의 잠재성향, 존재[有]의 탐욕에 대한 잠재성향, 무명의 잠재성향은 차례대로 rāganusaya, paṭighānusaya, diṭṭhānusaya, vicikicch-ānusaya, mānānusaya, bhavarāgānusaya, avijjānusaya를 옮긴 것이다. 잠재성향에 대해서는 『아비담마 길라잡이』 제7장 §9의 [해설]을 참조할 것.

660) "'여기서(ettha)'란 열두 가지 감각장소[十二處]를 말한다. 왜냐하면 오염원들(kilesā)은 일어날 때에도 열두 가지 감각장소를 의지하여 일어나고, 소멸할 때에도 반드시 이 열두 가지 감각장소에서 소멸한다. 이와 같이 반드시 일어난 그곳에서 소멸한다. 이 뜻은 일어남의 진리에 대한 질문(samudaya-sacca-pañha, D22 §20)으로 드러내어야 한다.
"이 갈애는 어디서 일어나면서 일어나고, 어디서 소멸하면서 소멸하는가?" 라고 말하고 나서 "세상에서 즐겁고 기분 좋은 것이 있으면, 거기서 그 갈애가 일어나면서 일어나고, 소멸하면서 소멸한다. 그러면 세상에서 무엇이 즐겁고 기분 좋은 것인가? 눈은 세상에서 즐겁고 기분 좋은 것이다."(『디가니까야』 제2권 「염처경」(D22 §20/ii.308)라는 방법으로 오로지 열두 가지 감각장소에서 그것의 일어남(uppatti)과 소멸(nirodha)을 설했다. 그와 같이 이런 나쁘고 해로운 법들도 감각장소에서 소멸한다고 알아야 한다."(MA.ii.75~76)

661) "즐거움(abhinandana) 등이 없는 것이 바로 탐욕의 잠재성향 등의 끝(rāga-anusayādīnaṁ anta)이라고 말했다. 여기서 이 탐욕의 잠재성향 등의 끝이라는 이름을 얻은 열반에 들면 나쁘고 해로운 법들이 남김없이 소멸한다. 그곳에 없는 것을 소멸됨(niruddha)이라 한다. 이 뜻은 소멸의 진리의 질문(nirodha-pañha)으로 드러내어야 한다. 이와 같이 말씀하셨다. "두 번째 禪을 증득한 자에게 일으킨 생각과 지속적인 사유가 가라앉고, 말의 의도적 행위(vacī-saṅkhārā)가 편안해진다(paṭippassaddhā)."(Ps.i.99)라고."(MA.ii.76)

께서는 자리에서 일어나 거처로 들어가셨다.

10. 그러자 세존께서 들어가신 지 오래지 않아 그 비구들에게 이런 [의논이] 생겼다.

"도반들이여, 세존께서는 우리에게 '비구여, 어떤 것을 원인으로 사람에게 사량 분별이 함께한 인식의 더미가 일어나는데, 그것에 대해 즐거움과 환영과 집착이 없으면 그것이 바로 탐욕의 잠재성향들의 끝이요, 적의의 잠재성향들의 끝이요, 견해의 잠재성향들의 끝이요, 의심의 잠재성향들의 끝이요, 교만의 잠재성향들의 끝이요, 존재[有]의 탐욕에 대한 잠재성향들의 끝이요, 무명의 잠재성향들의 끝이요, 그것은 몽둥이를 들고 무기를 들고 싸우고 말다툼하고 논쟁하고 상호비방하고 중상모략하고 거짓말하는 것의 끝이니 여기서 이런 나쁘고 해로운 법들이 남김없이 소멸한다.'라고 간략하게 요약만 설하시고 상세하게 그 뜻을 분석해주시지 않고 자리에서 일어나 거처로 들어가셨습니다. 세존께서 이처럼 간략하게 요약만 설하시고 상세하게 그 뜻을 분석해주시지 않은 것에 대해 누가 참으로 그 뜻을 상세하게 분석해줄 수 있겠습니까?"

그러자 그 비구들에게 이런 생각이 떠올랐다.

"마하깟짜나 존자[662)]는 스승께서 칭찬하셨고, 지혜로운 동료 수

---

662) 마하깟짜나(Mahā-Kaccāna) 혹은 마하깟짜야나(Mahā-Kacāyana, 니까야에는 두 가지 표현이 다 나타남. 대가전연(大迦旃延, 摩訶迦旃延) 혹은 가전연(迦旃延)으로 한역되었음.) 존자는 아완띠(Avanti, 아래 주해 참조)의 수도인 웃제니(Ujjeni, 지금 인도 맛댜쁘라데쉬의 우자인 지방)의 짠다빳조따(Caṇḍappajjota) 왕의 궁중제관의 아들로 태어났으며 바라문 가문 출신이다. 깟짜나는 그의 족성이다. 그는 베다에 능통했으며 그의 부친이 죽은 뒤 대를 이어 궁중제관이 되었다. 그는 짠다빳조따 왕의 명으로 일곱 명의 친구들과 함께 부처님을 웃제니로 초대하기 위해서 부처님께 갔다가 설법을 듣고 무애해를 갖춘 아라한이 되어 출가하였다.(AA.i.206)
『앙굿따라 니까야』「하나의 모음」(A1:14:1-10)에는 마하깟짜나 존자가

행자들이 존중합니다. 세존께서 간략하게 요약만 설하시고 상세하게 그 뜻을 분석해주지 않으신 것에 대해 마하깟짜나 존자가 참으로 상세하게 그 뜻을 분석해줄 수 있을 것입니다. 이제 우리는 마하깟짜나 존자에게 다가가서 이 뜻을 질문합시다."

11. 그때 그 비구들은 마하깟짜나 존자에게 다가갔다. 가서는 마하깟짜나 존자와 함께 환담을 나누었다. 유쾌하고 기억할 만한 이야기로 서로 담소를 하고서 한 곁에 앉았다. 한 곁에 앉은 비구들은 마하깟짜나 존자에게 이렇게 말했다.

"도반 마하깟짜나여, 세존께서는 우리에게 '비구여, 어떤 것을 원인으로 사람에게 사량 분별이 함께한 인식의 더미가 일어나는데, 그것에 대해 즐거움과 환영과 집착이 없으면 그것이 바로 탐욕의 잠재성향들의 끝이요, 적의의 잠재성향들의 끝이요, 견해의 잠재성향들의 끝이요, 의심의 잠재성향들의 끝이요, 교만의 잠재성향들의 끝이요, 존재의 탐욕에 대한 잠재성향들의 끝이요, 무명의 잠재성향들의 끝이요, 그것은 몽둥이를 들고 무기를 들고 싸우고 말다툼하고 논쟁하고 상호비방하고 중상모략하고 거짓말하는 것의 끝이니 여기서 이

"간략하게 설한 것에 대해 상세하게 그 뜻을 설명하는 자들 가운데서 으뜸"이라고 언급되고 있다. 주석서는 이 보기로 바로 본경과 「마하깟짜나 존자와 지복한 하룻밤 경」(M133)과 「도피안 경」(Pārāyana Sutta)을 들고 있다.(AA.i.209) 이 가운데 특히 본경은 멋진 보기가 된다. 그리고 본서 제4권 「마하깟짜나 존자와 지복한 하룻밤 경」(M133)과 「요약의 분석 경」(M138)에서도 마하깟짜나 존자는 본경과 같은 방법으로 부처님이 요약해서 말씀하신 것을 상세하게 분석하고 있다.

나아가서 『상윳따 니까야』 제3권 「할릿디까니 경」 1/2(S22:3～4)와 제4권 「할릿디까니 경」(S35:130)과 「로힛짜 경」(S35:132) 등도 이러한 그의 재능을 잘 드러내고 있다. 북방에서도 깟짜나(가전연) 존자는 논의제일(論議第一)로 꼽힌다. 같은 형식의 경으로는 『상윳따 니까야』 제4권 「세상의 끝에 도달함 경」(S35:116)과 『앙굿따라 니까야』 제6권 「비법 경」 3(A10:115) 등을 들 수 있다. 이 두 경에서는 세존께서 요약해서 말씀하신 것을 아난다 존자가 상세하게 분석하고 있다.

런 나쁘고 해로운 법들이 남김없이 소멸한다.'라고 간략하게 요약만 설하시고 상세하게 그 뜻을 분석해주시지 않고 자리에서 일어나 거처로 들어가셨습니다. 세존께서 이처럼 간략하게 요약만 설하시고 상세하게 그 뜻을 분석해주시지 않았는데, 누가 참으로 그 뜻을 상세하게 분석해줄 수 있겠습니까?

그러자 다시 우리들에게 이런 생각이 떠올랐습니다.

'마하깟짜나 존자는 스승께서 칭찬하셨고, 지혜로운 동료 수행자들이 존중합니다. 세존께서 [111] 간략하게 요약만 설하시고 상세하게 그 뜻을 분석해주지 않으신 것에 대해 마하깟짜나 존자가 참으로 상세하게 그 뜻을 분석해줄 수 있을 것입니다. 이제 우리는 마하깟짜나 존자에게 다가가서 이 뜻을 질문합시다.'

그러니 마하깟짜나 존자는 우리에게 분석해주십시오."

12. [마하깟짜나 존자는 말했다.]

"도반들이여, 예를 들면 심재(心材)가 필요하고 심재를 찾는 사람이 심재를 찾아 이리저리 다니다가, 심재를 가지고 튼튼하게 서 있는 큰 나무의 뿌리와 줄기를 지나쳐서 잔가지와 잎사귀에서 심재를 찾아야겠다고 생각하는 것과 같습니다. 지금 도반들에게도 이런 일이 벌어졌습니다. 스승께서 면전에 계셨음에도 불구하고 그분 세존을 제쳐놓고 제게 그 뜻을 물어야겠다고 생각하고 있습니다.

도반들이여, 참으로 그분 세존께서는 알아야 할 것을 아시고, 보아야 할 것을 보시는 분이며,663) 우리의 눈이 되시고, 지혜가 되시고,

---

663) '알아야 할 것을 아시고, 보아야 할 것을 보시는 분이며'의 원문은 jānaṁ jānāti passaṁ passati이다. 주석서는 이렇게 설명하고 있다.
"세존께서는 오직 알아야 할 것을 아시고(jānitabbameva jānāti), 오직 보아야 할 것을 보신다(passitabbameva passati). 세존께서는 어떤 사람이 전도된 것(viparīta)을 취하여 알지 못하고, 보면서도 보지 못하는 것과는

법이 되시고, 으뜸이 되시며,[664] [사성제를] 말씀하는 분이시고, [오래 진리를 꿰뚫으시면서] 선언하는 분이시고, 뜻을 밝히는 분이시고, 불사를 주는 분이시며, 법의 주인이시며, 여래이십니다. 그러므로 그대들은 그때 바로 세존께 그 뜻을 여쭈었어야 했습니다. 그때가 바른 시기였습니다. 그래서 세존께서 그대들에게 설명해주신 대로 잘 호지했어야 했습니다."

13. "도반 깟짜나여, 그렇습니다. 참으로 그분 세존께서는 알아야 할 것을 아시고, 보아야 할 것을 보시는 분이며, 우리의 눈이 되시고, 지혜가 되시고, 법이 되시고, 으뜸이 되시며, [사성제를] 말씀하는 분이시고, [오래 진리를 꿰뚫으시면서] 선언하는 분이시고, 뜻을 밝히는 분이시고, 불사를 주는 분이시며, 법의 주인이시며, 여래이십니다. 그러므로 우리는 그때 바로 세존께 그 뜻을 여쭈었어야 했습니다. 그때가 바른 시기였습니다. 그래서 세존께서 우리들에게 설명해주신 대로 잘 호지했어야 했습니다.

그렇지만 마하깟짜나 존자는 스승께서 칭찬하셨고, 지혜로운 동료 수행자들이 존중합니다. 세존께서 간략하게 요약만 설하시고 상세하게 그 뜻을 분석해주지 않으신 것에 대해 마하깟짜나 존자는 참으로

다르다. 세존께서는 알면서 반드시 아시고, 보면서 반드시 보신다."(MA.ii.76)

664) "'눈이 되시고(cakkhu-bhūta)'라는 것은 봄에 대한 지도자(dassana-pari-ṇāyaka)라는 뜻에서 눈이 된다는 말이다. '지혜가 되시고(ñāṇa-bhūta)'라는 것은 사물을 드러내신다는 뜻에서 지혜가 된다는 말이다.
'법이 되시고(dhamma-bhūta)'라는 것은 본성이 전도되지 않았다는 뜻(aviparīta-sabhāv-aṭṭha)에서 교학(가르침)으로서의 법을 펴시고(pari-yatti-dhamma-ppavattana) 가슴으로 생각하신 뒤 말로 법을 설하시기(nicchārita-dhamma) 때문에 법이 된다는 말이다. '으뜸이 되신다(brahma-bhūta).'에서 [으뜸으로 옮긴] brahma는 으뜸가는(saṭṭha)의 뜻으로 사용되었다."(MA.ii.76)

상세하게 그 뜻을 분석해줄 수 있을 것입니다. 그러니 마하깟짜나 존자는 귀찮다 여기지 마시고 우리에게 분석해주십시오."

14. "도반들이여, 그렇다면 이제 그것을 들으십시오. 듣고 마음에 잘 새기십시오. 나는 설할 것입니다."

"그렇게 하겠습니다, 도반이시여."라고 그 비구들은 마하깟짜나 존자에게 응답했다.

마하깟짜나 존자는 이렇게 말했다.

15. "도반들이여, 세존께서 저희에게 '비구여, 어떤 것을 원인으로 사람에게 사량 분별이 함께한 인식이 일어나는데, 그것에 대해 즐거움과 환영과 집착이 없으면 그것이 바로 탐욕의 잠재성향들의 끝이요, … 여기서 이런 나쁘고 해로운 법들이 남김없이 소멸한다.'라고 간략하게 요약만 설하시고 상세하게 그 뜻을 분석해주시지 않고 자리에서 일어나 거처로 들어가셨습니다. 세존께서 이처럼 간략하게 요약만 설하시고 상세하게 분석해주시지 않은 그 뜻을 나는 이와 같이 상세하게 압니다."

16. "도반들이여, 눈과 형색을 조건으로 눈의 알음알이가 일어납니다. 이 셋의 화합이 감각접촉[觸]입니다. 감각접촉을 조건으로 느낌[受]이 있습니다. 느낀 것을 인식하고665) [112] 인식한 것을 생각하고 생각한 것을 사량 분별666)하고 사량 분별한 것을 원인으로 하여 과

---

665) 본서 제2권 「교리문답의 긴 경」(M43) §9에서 '느낌(vedanā)'과 '인식(saññā)'은 분리할 수 없는 것이라고 사리뿟따 존자는 설명하고 있다. 사리뿟따 존자는 말한다.
"도반이여, 그런데 느낌과 인식과 알음알이라 하는 이 법들은 결합되어 있지, 분리되어 있지 않습니다. 그리고 이 법들을 잘 분리하여 차이점을 드러내는 것은 가능하지 않습니다. 도반이여, 느끼는 그것을 인식하고, 인식하는 그것을 분별해서 압니다."

거와 현재와 미래의 눈으로 알아지는 형색들에 대해 사량 분별이 함께한 인식의 더미가 사람에게 일어납니다.667)

도반들이여, 귀와 소리를 조건으로 귀의 알음알이가 일어납니다. …

도반들이여, 코와 냄새를 조건으로 코의 알음알이가 일어납니다. …

도반들이여, 혀와 맛을 조건으로 혀의 알음알이가 일어납니다. …

도반들이여, 몸과 감촉을 조건으로 몸의 알음알이가 일어납니다. …

도반들이여, 마노와 법을 조건으로 마노의 알음알이[意識]가 일어납니다.668) 이 셋의 화합이 감각접촉[觸]입니다. 감각접촉을 조건으

---

666) '사량 분별(papañca)'에 대해서는 본서 「뿌리에 대한 법문 경」(M1) §3의 '땅을 땅이라 인식하고서는(pathaviṁ pathavito saññatvā)'에 대한 주해와 본서 제2권 「우빨리 경」(M56) §29의 주해를 참조할 것.

667) "토대가 되는(nissaya-bhāva) 눈의 감성(cakkhu-pasāda)과 대상이 되는 [업·마음·온도·음식의] 넷에서 생긴 밖의 물질을 반연하여(paṭicca) 안식(眼識)이 일어난다. 이 셋이 화합하여 감각접촉[觸, phassa]이 일어난다. 그 감각접촉을 조건으로 함께 생긴 조건[俱生緣, sahajāta-paccaya] 등에 의해 감각접촉을 조건한 느낌[受, vedanā]이 일어난다. 그 느낌이 느낀 바로 그 대상을 인식[想, saññā]이 인식한다(sañjānāti). 인식이 인식한 바로 그 대상을 생각[尋, vitakka]이 생각한다(vitakketi). 생각이 생각한 바로 그 대상을 사량 분별(papañca)이 사량 분별한다(papañceti).

'원인으로 하여(tato-nidāna)'라는 것은 이러한 눈과 밖의 물질 등을 원인(kāraṇ)으로 하여라는 뜻이다. 이러한 원인을 통달하지 못한(apariññāta-kāraṇa) '사람에게 사량 분별이 함께한 인식의 더미가 일어난다(papañca-saññā-saṅkhā samudācaranti).'

여기서 감각접촉과 느낌과 인식은 안식과 함께 생기고[俱生緣], 생각(vitakka)은 안식을 틈 없이 뒤따름[無間緣] 등을 가진, 생각이 함께한 마음에서 보아야 한다. 사량 분별의 부분(papañca-saṅkhā)은 속행(javana)과 함께 생긴다[俱生緣]. 만약 그렇다면 무슨 이유로 과거와 미래의 물질들을 언급했는가? 거기서 일어나기 때문이다. 눈의 문을 통한 사량 분별이 눈과 현재의 밖의 물질과 감각접촉과 느낌과 인식과 생각을 조건으로 일어나듯이, 눈으로 알아지는 과거와 미래의 밖의 물질에서도 사량 분별이 일어난다는 것을 보여주기 위해서 언급했다."(MA.ii.77)

여기 나타나는 함께 생긴 조건[俱生緣] 등의 조건은 『아비담마 길라잡이』 제8장 §11 이하와 §20을, 속행(javana)은 제3장 §8의 [해설] 등을 참조할 것.

로 느낌이 있습니다. 느낀 것을 인식하고 인식한 것을 생각하고 생각한 것을 사량 분별하고 사량 분별한 것을 원인으로 과거와 현재와 미래의 마음으로 알아지는 법들에 대해 사량 분별이 함께한 인식의 더미가 사람에게 일어납니다."669)

17. "도반들이여, 눈이 있고 형색이 있고 눈의 알음알이가 있을 때 감각접촉[觸]이라는 개념을 설명한다670)는 것은 가능합니다. 감각접촉이라는 개념이 있을 때 느낌이라는 개념을 설명한다는 것은 가능합니다. 느낌이라는 개념이 있을 때 인식이라는 개념을 설명한다는 것은 가능합니다. 인식이라는 개념이 있을 때 일으킨 생각[尋]

---

668) "여기서 '마노[意, mano]'란 잠재의식(bhavaṅga-citta)을 말하고, 법은 삼계의 법인 대상(tebhūmaka-dhamm-ārammaṇa)을 말한다. 마노의 알음알이[意識]는 전향(āvajjana)이나 혹은 속행(javana)을 말한다. 전향을 취할 때에는 감각접촉과 느낌과 인식과 생각은 전향과 함께 생기고, 사량 분별은 속행과 함께 생긴다. 속행을 취할 때에는 전향과 함께한 잠재의식을 마음이라 하고, 그 다음에 감각접촉 등 모든 법들이 반드시 속행과 함께 생긴다. 마음의 문에서는 과거 등으로 분류되는 모든 대상들이 있기 때문에 과거, 미래, 현재라고 말했다."(MA.ii.77)
전향과 속행에 대해서는 『아비담마 길라잡이』 제3장 §8의 [해설] 등을 참조할 것.

669) 인간의 정신활동을 6근 - 6경 - 6식 - 6촉 - 6수 - 6상 - 6심 - 6사량 분별 - 6사량 분별이 함께한 인식의 더미라는 9지 연기로 해체해서 설명하는 마하깟짜나 존자의 이러한 상세한 분석은 역시 마하깟짜나 존자의 상세한 분석을 담고 있는 본서 제4권 「마하깟짜나 존자와 지복한 하룻밤 경」(M133)과 궤를 같이한다 하겠다. 이 경의 §§12~18은 세존께서 읊으신 '지복한 하룻밤(bhadd -eka-ratta)'이라는 게송에 대한 마하깟짜나 존자의 상세한 분석을 담고 있는데 여기서도 존자는 존재를 6근-6경-6식-6탐-6희로 해체해서 설명하면서 이런 과정으로 인간은 과거를 돌아보고 미래를 바라고 현재의 현상들에 정복당한다고 설파하고 있다.

670) "'감각접촉[觸]이라는 개념을 설명한다(phassa-paññattiṁ paññāpessati).'는 것은 '감각접촉이라는 한 법이 일어났다.'라고 이렇게 '감각접촉이라는 개념(phassa-paññatti)'을 천명한다, 보인다는 말이다."(MA.ii.77)

이라는 개념을 설명한다는 것은 가능합니다. 일으킨 생각이라는 개념이 있을 때 사량 분별이 함께한 인식의 더미의 일어남이라는 개념을 설명한다는 것은 가능합니다.671)

도반들이여, 귀가 있고 소리가 있고 귀의 알음알이가 있을 때 …

도반들이여, 코가 있고 냄새가 있고 코의 알음알이가 있을 때 …

도반들이여, 혀가 있고 맛이 있고 혀의 알음알이가 있을 때 …

도반들이여, 몸이 있고 감촉이 있고 몸의 알음알이가 있을 때 …

도반들이여, 마노가 있고 법이 있고 마노의 알음알이가 있을 때 감각접촉[觸]이라는 개념을 설명한다는 것은 가능합니다. 감각접촉이라는 개념이 있을 때 느낌이라는 개념을 설명한다는 것은 가능합니다. 느낌이라는 개념이 있을 때 인식이라는 개념을 설명한다는 것은 가능합니다. 인식이라는 개념이 있을 때 일으킨 생각[尋]이라는 개념을 설명한다는 것은 가능합니다. 일으킨 생각이라는 개념이 있을 때 사량 분별이 함께한 인식의 더미의 일어남이라는 개념을 설명한다는 것은 가능합니다."

18. "도반들이여, 눈이 없고 형색이 없고 눈의 알음알이가 없을 때 감각접촉이라는 개념을 설명한다는 것은 불가능합니다. 감각접촉이라는 개념이 없을 때 느낌이라는 개념을 설명한다는 것은 불가능합니다. 느낌이라는 개념이 없을 때 인식이라는 개념을 설명한다는 것은 불가능합니다. 인식이라는 개념이 없을 때 일으킨 생각이라는 개념을 설명한다는 것은 불가능합니다. 일으킨 생각이라는 개념이 없을 때 사량 분별이 함께한 인식의 더미의 일어남이라는 개념을 설

671) 위 §16에서는 6근 - 6경 - 6식 - 6촉 - 6수 - 6상 - 6심 - 6사량 분별 - 6사량 분별이 함께한 인식의 더미의 9지 연기로 해체해서 설명하였는데 여기서는 6근 - 6경 - 6식 - 6촉 - 6수 - 6상 - 6심 - 6사량 분별이 함께한 인식의 더미로 6사량 분별이 없이 8지 연기로 해체해서 설명하고 있다.

명한다는 것은 불가능합니다.

도반들이여, 귀가 없고 소리가 없고 귀의 알음알이가 없을 때 …

도반들이여, 코가 없고 냄새가 없고 코의 알음알이가 없을 때 …

도반들이여, 혀가 없고 맛이 없고 혀의 알음알이가 없을 때 …

도반들이여, 몸이 없고 감촉이 없고 몸의 알음알이가 없을 때 …

도반들이여, 마노가 없고 법이 없고 마노의 알음알이가 없을 때 감각접촉이라는 개념을 설명한다는 것은 불가능합니다. 감각접촉이라는 개념이 없을 때 느낌이라는 개념을 설명한다는 것은 불가능합니다. 느낌이라는 개념이 없을 때 인식이라는 개념을 설명한다는 것은 불가능합니다. 인식이라는 개념이 없을 때 일으킨 생각이라는 개념을 설명한다는 것은 불가능합니다. 일으킨 생각이라는 개념이 없을 때 사량 분별이 함께한 인식의 더미의 일어남이라는 개념을 설명한다는 것은 불가능합니다."

19. "도반들이여, 세존께서 저희에게 [113] '비구여, 어떤 것을 원인으로 사람에게 사량 분별이 함께한 인식이 일어나는데, 그것에 대해 즐거움과 환영과 집착이 없으면 그것이 바로 탐욕의 잠재성향들의 끝이요, 적의의 잠재성향들의 끝이요, 견해의 잠재성향들의 끝이요, 의심의 잠재성향들의 끝이요, 교만의 잠재성향들의 끝이요, 존재의 탐욕에 대한 잠재성향들의 끝이요, 무명의 잠재성향들의 끝이요, 그것은 몽둥이를 들고 무기를 들고 싸우고 말다툼하고 논쟁하고 상호비방하고 중상모략하고 거짓말하는 것의 끝이니 여기서 이런 나쁘고 해로운 법들이 남김없이 소멸한다.'라고 간략하게 요약만 설하시고 상세하게 그 뜻을 분석해주시지 않고 자리에서 일어나 거처로 들어가셨습니다. 세존께서 이처럼 간략하게 요약만 설하시고 상세하게 분석해주시지 않은 그 뜻을 나는 이와 같이 상세하게 압니다. 그런데

그대 도반들이 원한다면 직접 세존을 찾아뵙고 이 뜻을 다시 여쭈어보십시오. 그래서 세존께서 설명해주시는 그대로 호지하십시오."

20. 그러자 그 비구들은 마하깟짜나 존자의 설법을 크게 기뻐하고 감사드리면서 자리에서 일어나 세존을 뵈러 갔다. 가서는 세존께 절을 올리고 한 곁에 앉았다. 한 곁에 앉아서 그 비구들은 세존께 이렇게 말씀드렸다.

"세존이시여, 세존께서는 저희들에게 '비구여, 어떤 것을 원인으로 사람에게 사량 분별이 함께한 인식이 일어나는데, 그것에 대해 즐거움과 환영과 집착이 없으면 그것이 바로 탐욕의 잠재성향들의 끝이요, … 무명의 잠재성향들의 끝이요, 그것은 몽둥이를 들고 무기를 들고 싸우고 말다툼하고 논쟁하고 상호비방하고 중상모략하고 거짓말하는 것의 끝이니 여기서 이런 나쁘고 해로운 법들이 남김없이 소멸한다.'라고 간략하게 요약만 설하시고 상세하게 그 뜻을 분석해주시지 않고 자리에서 일어나 거처로 들어가셨습니다. 세존께서 이처럼 간략하게 요약만 설하시고 상세하게 그 뜻을 분석해주시지 않았는데, 누가 참으로 그 뜻을 상세하게 분석해줄 수 있겠습니까?

그러자 다시 저희들에게 이런 생각이 떠올랐습니다.

"마하깟짜나 존자는 스승께서 칭찬하셨고, 지혜로운 동료 수행자들이 존중합니다. 세존께서 이처럼 간략하게 요약만 설하시고 상세하게 그 뜻을 분석해주지 않으신 것에 대해 마하깟짜나 존자가 참으로 상세하게 그 뜻을 분석해줄 수 있을 것입니다. 이제 우리는 마하깟짜나 존자에게 다가가서 이 뜻을 질문합시다."

그때 저희들은 마하깟짜나 존자에게 다가갔습니다. 가서는 마하깟짜나 존자에게 이 뜻을 다시 물어보았습니다. 그런 [114] 저희들에게 마하깟짜나 존자는 이런 방식과 이런 단어들과 이런 문구들로서 뜻을 분석해주었습니다."

21. "비구들이여, 마하깟짜나는 현인이다. 비구들이여, 마하깟짜나는 큰 통찰지를 가졌다. 만일 그대들이 나에게 이 뜻을 물었더라도 나도 그와 같이 설명했을 것이다. 이것이 바로 그 뜻이니 그대로 잘 호지하라."

22. 이렇게 말씀하셨을 때 아난다 존자가 세존께 말씀드렸다.

"세존이시여, 마치 배가 고파 지친 사람이 꿀 덩어리를 얻어서 어느 부분이라도 먹으면 달콤하고 황홀한 맛을 얻게 되는 것처럼,672) 그와 같이 성품이 현명한 비구가 이 법문의 뜻을 어느 부분이라도 통찰지로 자세히 살펴보면 기쁨을 얻고 청정한 믿음을 얻게 될 것입니다. 세존이시여, 이 법문의 이름은 무엇이라 할까요?"

"아난다여, 그렇다면 여기서 이 법문을 꿀 덩어리 법문이라고 호지하라."

세존께서는 이렇게 말씀하셨다. 아난다 존자는 마음이 흡족해져서 세존의 말씀을 크게 기뻐하였다.

꿀 덩어리 경(M18)이 끝났다.

---

672) "정제된 버터, 사탕수수, 꿀, 설탕 등에 대해서 '이것은 이 부분은 맛이 약하고, 이 부분은 맛이 강하다.'라고 말하지 않는다. 어디에나 동일한 맛이다." (MA.ii.78)
이 비유는 『앙굿따라 니까야』 제3권 「까라나빨리 경」(A5:194) §1에서도 "존자여, 예를 들면 배가 고파 지친 사람이 꿀 덩어리를 얻게 되면 어디를 맛보더라도 달콤하고 황홀한 맛을 얻는 것과 같습니다. 그와 같이 그분 고따마 존자의 법을 듣는 자는 그것이 어떤 것이든, 즉 경(經)이든 … 문답[方等]이든, 그것으로 마음이 흡족하게 되고 청정한 믿음을 얻게 됩니다."라고 나타나고 있다.

두 가지 사유 경

Dvedhāvitakka Sutta(M19)

1. 이와 같이 나는 들었다. 한때 세존께서는 사왓티에서 제따 숲의 아나타삔디까 원림(급고독원)에 머무셨다. 거기서 세존께서는 "비구들이여."라고 비구들을 부르셨다. "세존이시여."라고 비구들은 세존께 응답했다. 세존께서는 이렇게 말씀하셨다.

2. "비구들이여, 내가 전에 바른 깨달음을 성취하지 못한 아직 보살이었을 적에 이런 생각이 들었다. '나는 사유673)를 둘로 나누어

---

673) 본경에서 '사유'는 vitakka를 옮긴 것이다. 일반적으로 사유는 팔정도의 두 번째 구성요소인 sammā-saṅkappa(바른 사유, 正思惟)로 많이 나타나는 saṅkappa를 옮긴 것이다. 그리고 본경의 vitakka는 주로 초선의 정형구에서 vitakka-vicāra의 문맥에서 나타나며 이 경우에 vitakka는 '일으킨 생각'으로 vicāra는 '지속적 고찰'로 옮겼다. 그러므로 본경에서도 이 vitakka를 '일으킨 생각'이나 '생각'으로 옮기는 것이 타당할 것이다.
그런데 본경에 나타나는 vitakka는 두 가지로 나뉘어져 언급되는데, 첫 번째는 감각적 욕망(kāma)과 악의(byāpāda)와 해코지(vihiṁsā)와 관련된 것이고 두 번째는 출리(nekkhamma), 악의 없음(abyāpāda), 해코지 않음(avihiṁsā)과 관련된 것이다. 그런데 이 출리, 악의 없음, 해코지 않음은 바로 팔정도의 정사유(正思惟, 바른 사유, sammā-saṅkappa)의 내용으로 나타난다. 그래서 본경에서의 vitakka는 팔정도에서 [정]사유로 옮기는 saṅkappa와 동의어가 된다. 그래서 여기서는 vitakka를 '사유'로 옮겼다.

머물리라.'라고. 비구들이여, 그런 나는 감각적 욕망과 관련된 사유와 악의와 관련된 사유와 해코지와 관련된 사유를 하나의 부분으로 만들었다.[674] 출리(出離)와 관련된 사유와 악의 없음과 관련된 사유와 해코지 않음과 관련된 사유를 또 하나의 부분으로 만들었다."[675]

3. "비구들이여, 그런 내가 이와 같이 방일하지 않고 열심히, 스스로 독려하며 머물 때에 [115] 감각적 욕망과 관련된 사유가 일어났다. 그런 나는 이와 같이 꿰뚫어 알았다.

'내게 이 감각적 욕망과 관련된 사유가 일어났다. 이것은 참으로 나 자신을 고통에 빠트리고,[676] 다른 사람을 고통에 빠트리고, 둘 다

---

674) '감각적 욕망과 관련된 사유'는 kāma-vitakka(감각적 욕망의 사유)인데 주석서에서 kāmapaṭisaṁyutta vitakka(감각적 욕망과 관련된 사유)라고 설명하고 있어서(MA.ii.79) 이렇게 옮겼다. 나머지의 경우에도 마찬가지이다.
"'하나의 부분으로 만들었다(ekaṁ bhāgam akāsiṁ).'는 것은 안의 것이건, 밖의 것이건, 거친 것이건, 미세한 것이건, 이 모든 사유는 오직 해로움에 속한다(akusala-pakkhiko yeva)고 생각하면서 비록 세 가지이지만 감각적 욕망과 악의와 해코지와 관련된 사유(kāma-byāpāda-vihiṁsā-vitakka)를 하나의 부분(eka koṭṭhāsa)으로 만들었다는 말이다."(MA.ii.79)

675) 여기서 '출리와 관련된 사유'도 nekkhamma-vitakka(출리의 사유)인데 주석서에서 "감각적 욕망으로부터 벗어난 출리와 관련된 사유(kāmehi nissa-ṭo nekkhamma-paṭisaṁyutto vitakko)"(MA.ii.79)라고 설명하고 있어서 이렇게 옮겼다.
"'출리와 관련된 사유'는 초선까지 작용한다. '악의 없음과 관련된 사유(abyāpāda-vitakka)'는 자애 수행의 예비단계(mettā-pubbabhāga)부터 시작하여 초선까지 작용한다. '해코지 않음과 관련된 사유(avihiṁsā-vitakka)'는 연민 수행의 예비단계(karuṇā-pubbabhāga)부터 시작하여 초선까지 작용한다. '또 하나의 부분으로 만들었다(dutiyaṁ bhāgam akā-siṁ).'는 것은 이 모든 것은 오직 유익함에 속한다고 생각하면서 두 번째 부분(dutiya koṭṭhāsa)으로 만들었다는 말이다. 이것은 보살이 사유를 제지할 때(vitakka-niggahaṇa-kāla)를 말한 것이다."(MA.ii.79)
거듭 말하지만 이 셋은 팔정도의 바른 사유[正思惟, sammā-saṅkappa]의 내용에 해당하는 구성요소이다.

676) '나 자신을 고통에 빠트리고'로 옮긴 원문은 atta-byābādhāya pi(자신을

를 고통에 빠트린다. 이것은 통찰지를 소멸시키고[677] 곤혹스럽게 하고 열반에 이바지하지 못한다.'

비구들이여, '이것은 참으로 나 자신을 고통에 빠트린다.'라고 숙고했을 때 그것은 사라졌다. '이것은 참으로 다른 사람을 고통에 빠트린다.'라고 숙고했을 때 그것은 사라졌다. '이것은 둘 다를 고통에 빠트린다.'라고 숙고했을 때 그것은 사라졌다. '이것은 통찰지를 소멸시키고 곤혹스럽게 하고 열반에 이바지하지 못한다.'라고 숙고했을 때 그것은 사라졌다. 비구들이여, 그런 나는 감각적 욕망과 관련된 사유가 일어날 때마다 반드시 그것을 버렸고 제거했고 없앴다."

4. ~ *5.* "비구들이여, 그런 내가 이와 같이 방일하지 않고 열심히, 스스로 독려하며 머물 때에 악의와 관련된 사유[678]가 일어났다. … 해코지와 관련된 사유[679]가 일어났다. 그런 나는 이와 같이 꿰뚫

해치는)인데 주석서에서 atta-dukkhāya pi(자신을 고통에 빠트리는)'의 뜻이라고 설명하고 있어서(MA.ii.81) 이렇게 옮겼다. 본서 제3권 「깐나깟탈라 경」(M90) §13의 주해도 참조할 것.

"그렇다면 마하살(mahā-satta)에게도 둘 다를 고통에 빠트리는 그런 사유가 일어나는가? 일어나지 않는다. 그러나 철저하게 알지 못함에 머무는 자(apariññāyaṁ ṭhita)의 사유는 둘 다를 고통에 빠트리기 때문에 이러한 세 가지 이름을 얻는다. 그러므로 이렇게 말씀하셨다."(MA.ii.81)

677) "'통찰지를 소멸시키고(paññā-nirodhika)'란 일어나지 않은 세간적인 통찰지와 출세간적인 통찰지를 일어나지 못하게 한다는 말이다. 감각적 욕망과 관련된 사유가 일어나면 이것은 세간적인 통찰지가 여덟 가지 증득[八等至, aṭṭha-samāpatti, 초선부터 비상비비상처까지]과 다섯 가지 신통지[五神通, pañca-abhiññā, 신족통, 천이통, 타심통, 숙명통, 천안통]로 일어나더라도 이것을 끊어버리고 던져버리기 때문에 통찰지를 소멸시키는 것이다." (MA.ii.81)

678) "'악의와 관련된 사유(byāpāda-vitakka)'란 보살에게는 다른 사람에게 고통을 주는 것과 관련된 사유가 마음에 일어나지 않는다. 그러나 비가 너무 많이 오거나 너무 많이 덥거나 너무 많이 추운 것에 관해서는 마음에 변화가 온다. 그것과 관련하여 악의와 관련된 사유라 했다."(MA.ii.81)

어 알았다.

'내게 이 해코지와 관련된 사유가 일어났다. 이것은 참으로 나 자신을 고통에 빠트리고, 다른 사람을 고통에 빠트리고, 둘 다를 고통에 빠트린다. 이것은 통찰지를 소멸시키고 곤혹스럽게 하고 열반에 이바지하지 못한다.'

비구들이여, '이것은 참으로 나 자신을 고통에 빠트린다.'라고 숙고했을 때 그것은 사라졌다. '이것은 참으로 다른 사람을 고통에 빠트린다.'라고 숙고했을 때 그것은 사라졌다. '이것은 둘 다를 고통에 빠트린다.'라고 숙고했을 때 그것은 사라졌다. '이것은 통찰지를 소멸시키고 곤혹스럽게 하고 열반에 이바지하지 못한다.'라고 숙고했을 때 그것은 사라졌다. 비구들이여, 그런 나는 해코지와 관련된 사유가 일어날 때마다 반드시 그것을 버렸고 제거했고 없앴다."

6. "비구들이여, 비구가 어떤 것에 대해 사유를 거듭해서 일으키고 고찰을 거듭하다보면 그대로 마음의 성향이 된다.680) 비구들이여, 만일 비구가 감각적 욕망과 관련된 사유를 거듭해서 일으키고 고찰을 거듭하다보면 출리와 관련된 사유가 없어져 버리고 감각적 욕

---

679) "'해코지와 관련된 사유(vihiṁsā-vitakka)'란 마하살(mahā-satta)에게는 다른 사람에게 고통을 일으키는 것과 관련된 사유가 일어나지 않는다. 그러나 마음이 안정되지 못한 상태, 여러 갈래의 상태가 있는데 그것을 취하여 해코지의 사유를 만든다. 초막의 문에 앉아서 호랑이와 사자 등의 숲 속 짐승들이 돼지 등 작은 동물들을 해치는 것을 본다. 그때 보살은 '이 평화로운(akuto-bhaya) 숲 속에 이런 동물들의 적들이 나타나는구나. 강자들이 약자들을 잡아먹고, 약한 자들을 먹으면서 생을 영위하다니.'라고 연민심(kā-ruñña)을 일으킨다. 그것과 관련하여 해코지와 관련된 사유를 일으킨다고 했다."(MA.ii.81)

680) "감각적 욕망과 관련된 사유 등에서 어떤 것을 사유하고 어떤 사유를 일으키면, 그 상태에 따라 감각적 욕망과 관련된 사유 등으로 그에게 마음의 성향이 된다는 말씀이다."(MA.ii.81～82)

망과 관련된 사유를 거듭하여 그의 마음은 감각적 욕망과 관련된 사유로 기울어진다. 악의와 관련된 사유를 거듭해서 일으키고 고찰을 거듭하다보면 악의 없음과 관련된 사유가 없어져버리고 악의와 관련된 사유를 거듭하여 그의 마음은 악의와 관련된 사유로 기울어진다. 해코지와 관련된 사유를 거듭해서 일으키고 고찰을 거듭하다보면 해코지 않음과 관련된 사유가 없어져버리고 해코지와 관련된 사유를 거듭하여 그의 마음은 해코지와 관련된 사유로 기울어진다."

7. "비구들이여, 예를 들면 우기철의 마지막 달인 가을에 곡식이 여물어 풍성해지면 소치는 사람이 소떼를 보호하는 것과 같다. 그는 소떼를 여기저기서 회초리로 때리고 제지하고 묶고 잘 단속해야 한다. 그것은 무슨 까닭인가? 비구들이여, 그 소치는 사람은 그 때문에 매를 맞거나 구속되거나 몰수를 당하거나 비난을 받기 때문이다. 비구들이여, 그와 같이 나는 해로운 법[不善法]들의 재난과 비천함과 더러움을 보았고 유익한 법[善法]들의 출리와 공덕과 깨끗함을 보았다."

8. "비구들이여, [116] 그런 내가 이와 같이 방일하지 않고 열심히, 스스로 독려하며 머물 때에 출리와 관련된 사유가 일어났다. 그런 나는 이와 같이 꿰뚫어 알았다.

'내게 이런 출리와 관련된 사유가 일어났다. 이것은 참으로 나 자신을 고통에 빠트리지 않고, 다른 사람을 고통에 빠트리지 않고, 둘 다를 고통에 빠트리지 않는다. 이것은 통찰지를 증장시키고 곤혹스럽게 하지 않고 열반에 이바지한다.'

비구들이여, 나는 온 밤을 그것을 거듭 생각하고 거듭 고찰해도 그로 인해 어떤 두려움도 보지 못했다. 비구들이여, 나는 온 낮을 그것을 거듭 생각하고 거듭 고찰해도 그로 인해 어떤 두려움도 보지 못했다. 비구들이여, 나는 낮과 밤을 온통 그것을 거듭 생각하고 거듭 고찰해도 그로 인해 어떤 두려움도 보지 못했다.

그러나 '내가 너무 오래 생각하고 고찰하면 몸이 피로할 것이고, 몸이 피로하면 마음이 혼란스러울 것이고,681) 마음이 혼란스러우면 삼매에서 멀어질 것이다.'라고 [꿰뚫어 알았다]. 비구들이여, 그런 나는 안으로 마음을 확고하게 하고 가라앉히고 통일하여 삼매에 들었다. 그것은 무슨 까닭인가? 나의 마음이 들뜨지 않게 하기 위해서였다."

9. ~ *10.* "비구들이여, 그런 내가 이와 같이 방일하지 않고 열심히, 스스로 독려하며 머물 때에 악의 없음과 관련된 사유가 일어났다. … 비구들이여, 그런 내가 이와 같이 방일하지 않고 열심히, 스스로 독려하며 머물 때에 해코지 않음과 관련된 사유가 일어났다. 그런 나는 이와 같이 꿰뚫어 알았다.

'내게 이런 해코지 않음과 관련된 사유가 일어났다. 이것은 참으로 나 자신을 고통에 빠트리지 않고, 다른 사람을 고통에 빠트리지 않고, 둘 다를 고통에 빠트리지 않는다. 이것은 통찰지를 증장시키고 곤혹스럽게 하지 않고 열반에 이바지한다.'

비구들이여, 나는 온 밤을 그것을 거듭 생각하고 거듭 고찰해도 그로 인해 어떤 두려움도 보지 못했다. 비구들이여, 나는 온 낮을 그것을 거듭 생각하고 거듭 고찰해도 그로 인해 어떤 두려움도 보지 못했다. 비구들이여, 나는 낮과 밤을 온통 그것을 거듭 생각하고 거듭 고찰해도 그로 인해 어떤 두려움도 보지 못했다.

그러나 '내가 너무 오래 생각하고 고찰하면 몸이 피로할 것이고,

---

681) "'혼란스러울 것이다(ūhaññeyya).'라는 것은 마음이 들뜨게 될 것이고(ugghātīyittha) 들뜸(uddhacca)이 생긴다는 말이다."(MA.ii.83)

몸이 피로하면 마음이 혼란스러울 것이고, 마음이 혼란스러우면 삼매에서 멀어질 것이다.'라고 [꿰뚫어 알았다]. 비구들이여, 그런 나는 안으로 마음을 확고하게 하고 가라앉히고 통일하여 삼매에 들었다. 그것은 무슨 까닭인가? 나의 마음이 들뜨지 않게 하기 위해서였다."

11. "비구들이여, 비구가 어떤 것에 대해 사유를 거듭해서 일으키고 고찰을 거듭하다보면 그대로 마음의 성향이 된다. 비구들이여, 만일 비구가 출리와 관련된 사유를 거듭해서 일으키고 고찰을 거듭하다보면 감각적 욕망과 관련된 사유가 없어져 버리고 출리와 관련된 사유를 거듭하여 그의 마음은 출리와 관련된 사유로 기울어진다. 악의 없음과 관련된 사유를 거듭해서 일으키고 고찰을 거듭하다보면 악의와 관련된 사유가 없어져버리고 악의 없음과 관련된 사유를 거듭하여 그의 마음은 악의 없음과 관련된 사유로 기울어진다. 해코지 않음과 관련된 사유를 거듭해서 일으키고 고찰을 거듭하다보면 해코지와 관련된 사유가 없어져버리고 해코지 않음과 관련된 사유를 거듭하여 그의 마음은 해코지 않음과 관련된 사유로 기울어진다."

12. "비구들이여, 예를 들면 더운 여름의 마지막 달에 모든 곡식들을 마을 안으로 다 거둬들였을 때 소치는 [117] 사람이 소떼를 보호한다고 하자. 그는 나무 아래로 가거나 노지에 가서 '여기 소떼가 있구나.'라고 마음챙김만 잘하면 된다.682) 비구들이여, 그와 같이 '이런 마음의 현상들[法]이 있구나.'라고 나는 마음챙김만 하면 되었다.683)

---

682) "'마음챙김만 잘하면 된다(sati-karaṇīyam eva hoti).'는 것은 오로지 마음챙김을 일으키는 것만(sati-uppādana-matta) 하면 되고 여기저기를 쫓아가서 밧줄로 때리는 등의 행동을 할 필요가 없다는 말이다."(MA.ii.84)

683) 본문의 '마음의 현상들[法]'은 dhammā를 풀어서 옮긴 것이다.
"여기서 "이런 마음의 현상들[法]이 있구나.'라고 마음챙김만 하면 되었다

13. "비구들이여, 내게는 불굴의 정진이 생겼고, 마음챙김이 확립되어 잊어버림이 없었고, 몸이 경안하여 교란하지 않았고, 마음이 집중되어 일념이 되었다."

14. ~ *24.* "비구들이여, 그런 나는 감각적 욕망을 완전히 떨쳐버리고 해로운 법[不善法]들을 떨쳐버린 뒤 일으킨 생각[尋]과 지속적 고찰[伺]이 있고, 떨쳐버렸음에서 생긴 희열[喜]과 행복[樂]이 있는 초선(初禪)을 구족하여 머물렀다. … 제2선(二禪)을 … 제3선(三禪)을 … 제4선(四禪)을 구족하여 머물렀다.

그런 나는 이와 같이 마음이 집중되고, 청정하고, 깨끗하고, 흠이 없고, 오염원이 사라지고, 부드럽고, 활발발하고, 안정되고, 흔들림이 없는 상태에 이르렀을 때 전생을 기억하는 지혜[宿命通]로 마음을 향하게 했다. … 중생들의 죽음과 다시 태어남을 [아는] 지혜[天眼通]로 마음을 향하게 했다. … 모든 번뇌를 소멸하는 지혜[漏盡通]로 마음을 향하게 했다. … 비구들이여, 이것이 내가 밤의 삼경(三更)에 증득한 세 번째 명지(明知)이다. 마치 방일하지 않고 열심히, 스스로 독려하며 머무는 자에게 무명이 제거되고 명지가 일어나고 어둠이 제거되

(satikaraṇīyameva ahosi ete dhammāti).'는 것은 '사맛타와 위빳사나의 법들이 있구나.'라고 마음챙김을 일으키는 것만 하면 되었다는 말이다. 이것은 보살의 사맛타와 위빳사나가 굳건해진 시기(thāma-jāta-kāla)를 말한 것이다. 그때 보살이 본삼매의 증득(samāpattiṁ appana)에 들기 위해 앉아있을 때에는 여덟 가지 증득이 한 번의 전향에 의해 나타났고, 위빳사나를 확립하여 앉아있을 때에는 일곱 가지 수관(七隨觀, satta anupassanā)이 한 번의 꿰뚫음으로 실현되었다고 한다."(MA.ii.84)

일곱 가지 수관(隨觀, 관찰)은 무상의 수관(anicca-anu-passanā), 괴로움의 수관(dukkha-anupassanā), 무아의 수관(anatta-anupassanā), 염오의 수관(nibbida-anupassanā), 이욕의 수관(virāga-anupassanā), 소멸의 수관(nirodha-anupassanā), 놓아버림의 수관(paṭinissagga-anupassanā)이다.(MA.i.157) 본서 「원한다면 경」(M6) §3의 주해도 참조할 것.

고 광명이 일어나듯이, 내게도 무명이 제거되고 명지가 일어났고 어둠이 제거되고 광명이 일어났다."684)

25. "비구들이여, 예를 들면 깊은 숲 속에 큰 호수가 있는데, 그 부근에 큰 사슴의 무리가 산다고 하자. 그들의 이로움을 바라지 않고 복리를 바라지 않고 안전을 바라지 않는 어떤 사람이 나타나서 그 평화롭고 안전하고 기쁨을 주는 길을 막아버리고 나쁜 길을 열어 그들을 유인하기 위한 미끼를 놓아두고685) 꼭두각시를 설치하면, 큰 사슴의 무리는 나중에 재난과 참화에 처하고 점점 줄게 될 것이다.

비구들이여, 그러나 그들의 이로움을 바라고 복리를 바라고 안전을 바라는 어떤 사람이 나타나서 그 평화롭고 안전하고 기쁨을 주는 길을 열고 나쁜 길을 막아버리며 그들을 유인하기 위한 미끼를 없애고 꼭두각시를 제거해버리면, 큰 사슴의 무리는 나중에 번창하고 증가하여 아주 많아질 것이다."

26. "비구들이여, 내가 이 비유를 설한 것은 뜻을 전달하기 위해서이다. 그 [118] 뜻은 이러하다.

비구들이여, 깊은 숲 속의 큰 호수는 감각적 욕망들을 두고 한 말이다. 비구들이여, 큰 사슴의 무리는 중생들을 두고 한 말이다. 비구들이여, 그들의 이로움을 바라지 않고 복리를 바라지 않고 안전을 바라지 않는 어떤 사람이란 마라686)를 두고 한 말이다. 비구들이여, 나

---

684) 이상 본경 §§14~24는 본서 「두려움과 공포 경」(M4) §§23~33과 같다.

685) "'미끼를 놓아두고(odaheyya okacaraṁ)'라는 것은 그들의 영역(oka)에서 움직이는 것처럼(caramānaṁ viya) 그렇게 영양(羚羊, dīpaka-miga)을 한쪽에 놓아둔다는 말이다."(MA.ii.85)

686) 마라(Māra)에 대해서는 본서 제2권 「마라 견책 경」(M50) §2의 주해를 참조할 것.

쁜 길이란 여덟 가지 그릇된 길을 두고 한 말이니 즉 그릇된 견해, 그릇된 사유, 그릇된 말, 그릇된 행위, 그릇된 생계, 그릇된 정진, 그릇된 마음챙김, 그릇된 삼매이다. 비구들이여, 유인하기 위한 미끼란 향락과 탐욕을 두고 한 말이다. 비구들이여, 꼭두각시란 무명을 두고 한 말이다.

비구들이여, 그들의 이로움을 바라고 복리를 바라고 안전을 바라는 어떤 사람이란 여래·아라한·정등각자를 두고 한 말이다. 비구들이여, 평화롭고 안전하고 기쁨을 주는 길은 성스러운 팔정도[八支聖道]를 두고 한 말이니 즉 바른 견해, 바른 사유, 바른 말, 바른 행위, 바른 생계, 바른 정진, 바른 마음챙김, 바른 삼매이다. 비구들이여, 이와 같이 나는 평화롭고 안전하고 기쁨을 주는 길을 열었고 나쁜 길을 막아버렸고 미끼를 없앴고 꼭두각시를 제거했다."

27. "비구들이여, 항상 제자들의 이익을 기원하며 제자들을 연민하는 스승이 마땅히 해야 할 바를 나는 연민으로 했다. 비구들이여, 여기 나무 밑이 있다. 여기 빈집이 있다. 참선을 하라. 비구들이여, 방일하지 마라. 나중에 후회하지 마라. 이것이 그대들에게 주는 나의 간곡한 당부이다."

세존께서는 이와 같이 설하셨다. 그 비구들은 흡족한 마음으로 세존의 말씀을 크게 기뻐했다.

두 가지 사유 경(M19)이 끝났다.

사유를 가라앉힘687) 경

Vitakkasaṇṭhāna Sutta(M20)

1. 이와 같이 나는 들었다. 한때 세존께서는 사왓티에서 제따 숲의 아나타삔디까 원림(급고독원)에 머무셨다. 거기서 세존께서는 "비구들이여."라고 비구들을 부르셨다. "세존이시여."라고 비구들은 세존께 [119] 응답했다. 세존께서는 이렇게 말씀하셨다.

2. "비구들이여, 높은 마음[增上心]688)에 몰두하는 비구는 다섯

---

687) 여기서 '가라앉힘'은 saṇṭhāna를 옮긴 것이다. 일반적으로 saṇṭhāna는 모습이나 모양의 뜻이나 장소의 뜻으로 쓰인다. PED 등의 사전에도 주로 이런 뜻만 나타난다. 그러나 여기서는 주석서에서 "여기서 가라앉는다(santiṭṭhati etthā)고 해서 saṇṭhāna라 한다."(MA.ii.92, 본경 §6의 주해)라고 동사 santiṭṭhati의 기본의미를 가지고 saṇṭhāna를 설명하고 있다. 그래서 santiṭṭhati(saṁ+√sthā, *to stand*)라는 동사의 기본의미인 '정지하다, 정체하다, 고착되다, 달라붙다'는 등의 의미를 살리고 문맥을 고려해서 saṇṭhāna를 '가라앉힘'으로 풀어서 옮겼다. 냐나몰리 스님은 본문(§6 등)에서는 *stilling*으로 옮겼고 제목에서는 *removal*로 옮겼다.

688) "열 가지 유익한 업의 길[十善業道, dasa-kusala-kamma-patha]로 나타난 마음은 그냥 마음[心, citta]이라 하고, 위빳사나의 기초가 되는 여덟 가지 증득의 마음(vipassanā-pādaka-aṭṭha-samāpatti-citta, 초선부터 비상비비상처까지의 마음)은 십선업도의 마음보다 높기(adhika) 때문에 '높은 마음[增上心, adhicitta]'이라 한다."(MA.ii.87)

가지 표상을 때때로 마음에 잡도리해야 한다. 무엇이 다섯인가?"

3. "① 비구들이여, 여기 비구가 어떤 표상을 의존하고 어떤 표상을 마음에 잡도리할 때 탐욕과도 관련되고 성냄과도 관련되고 어리석음과도 관련된, 나쁘고 해로운 사유들[689]이 일어나면 그 비구는 그 표상과는 다른 유익함과 관련된 표상을 마음에 잡도리해야 한다.[690] 그가 그 표상과는 다른 유익함과 관련된 표상을 마음에 잡도

---

689) "'탐욕과 관련된 사유(vitakkā chand-ūpasaṁhitā)'란 열의가 함께하고(chanda-sahagatā) 탐욕과 관련된(rāga-sampayuttā) 사유를 말한다. 여기서 이 세 가지 사유들의 영역(khetta)과 대상(ārammaṇa)을 알아야 한다. 그중에서 '탐욕과 관련된 사유'의 경우 여덟 가지 탐욕이 함께한(lobha-sahagata-cittāni) 마음들이 영역이고, '성냄과 관련된 [사유](dos-ūpasañhitā)'의 경우 두 가지 성냄이 함께한(domanassa-sahagatāni) 마음들이 영역이고, '어리석음과 관련된 [사유](moh-ūpasañhitā)'의 경우 모든 열두 가지 해로운 마음들(akusala-cittāni)이 영역이다. 의심과 들뜸과 함께한두 가지 마음들(vicikicchā-uddhacca-sampayutta-cittāni)은 그 영역이 각 개인에게 속하는 것(pāṭipuggalika = patipacceka puggala — MAṬ.ii.190)이다. 모든 사유들은 중생들(sattā)과 형성된 것들(saṅkhārā)을 대상으로 한다."(MA.ii.87~88)
열두 가지 해로운 마음들에 대해서는 『아비담마 길라잡이』 제1장 §§4~7을 참조할 것.

690) "'그 표상과는 다른 유익함과 관련된 표상을 마음에 잡도리해야 한다(tamhā nimittā aññaṁ nimittaṁ manasikātabbaṁ kusalūpasaṁhitaṁ).'고 하셨다. 여기서 '다른 표상(añña nimitta)'이란 탐욕과 관련된 사유들이 중생을 향해 일어날 때에는(M10 §10처럼) 부정(不淨)의 수행(asubha-bhāvanā)이 다른 표상이고, 형성된 것들을 향해 일어날 때에는 무상을 마음에 잡도리하는 것(anicca-manasikāra)이 다른 표상이다. 성냄과 관련된 사유들이 중생을 향해 일어날 때에는 자애의 수행(mettā-bhāvanā)이 다른 표상이고, 형성된 것들을 향해 일어날 때에는(M10 §12처럼) 사대(四大, 界)를 마음에 잡도리하는 것(dhātu-manasikār)이 다른 표상이다. 어리석음과 관련된 사유들이 어떤 것을 향해서건 일어날 때에는 다섯 가지 법을 의지하는 것(upanissaya)이 다른 표상이다."(MA.ii.88~89)
주석서에 의하면 여기서 다섯 가지 법이란 스승을 섬기는 것, 가르침을 배우는 것, 의미를 묻는 것, 때때로 법문을 듣는 것, 원인과 원인이 아닌 것을 판별하는 지혜이다.(MA.ii.89)

리할 때 탐욕과도 관련되고 성냄과도 관련되고 어리석음과도 관련된, 나쁘고 해로운 사유들이 제거되고 사라진다. 그런 것들이 제거되기 때문에 마음이 안으로 안정되고 고요해지고 전일해져 삼매에 든다.

비구들이여, 예를 들면 숙련된 목수나 목수의 도제가 예리한 쐐기로 거친 쐐기를 제거하고 빼내고 없애는 것과 같다.

비구들이여, 그와 같이 여기 비구가 어떤 표상을 의존하고 어떤 표상을 마음에 잡도리할 때 탐욕과도 관련되고 성냄과도 관련되고 어리석음과도 관련된, 나쁘고 해로운 사유들이 일어나면 그 비구는 그 표상과는 다른 유익함과 관련된 표상을 마음에 잡도리해야 한다. 그가 그 표상과는 다른 유익함과 관련된 표상을 마음에 잡도리할 때 탐욕과도 관련되고 성냄과도 관련되고 어리석음과도 관련된, 나쁘고 해로운 사유들이 제거되고 사라진다. 그런 것들이 제거되기 때문에 마음이 안으로 안정되고 고요해지고 전일해져 삼매에 든다."

4. "② 비구들이여, 그가 그 표상과는 다른 유익함과 관련된 표상을 마음에 잡도리하더라도 탐욕과도 관련되고 성냄과도 관련되고 어리석음과도 관련된, 나쁘고 해로운 사유들이 일어나면, 그 비구는 그 사유들의 위험을 면밀히 관찰해야 한다. '이런 이유로 이 사유들은 해롭고, 이런 이유로 이 사유들은 비난받을 만하고, 이런 이유로 이 사유들은 괴로움의 과보를 가져온다.'라고.[691] 비구들이여, 그가 그런 사유들의 위험을 면밀히 관찰할 때 탐욕과도 관련되고 성냄과도 관련되고 어리석음과도 관련된, 나쁘고 해로운 사유들이 제거되고 사라진다. 그런 것들이 제거되기 때문에 마음이 안으로 안정되고 고요해지고 전일해져 삼매에 든다.

691) 이런 사유에 대한 구체적인 보기로는 본서 「두 가지 사유 경」(M19) §§3~5에 나타나는 보살의 사유를 들 수 있다.

비구들이여, 예를 들면 장식을 좋아하는 어리고 젊은 여자나 남자에게 뱀의 사체나 개의 사체나 인간의 시체를 목에 [120] 걸어주면 전율을 느끼고 혐오스러워하고 넌더리를 내는 것과 같다.

비구들이여, 그와 같이 그가 그 표상과는 다른 유익함과 관련된 표상을 마음에 잡도리하더라도 탐욕과도 관련되고 성냄과도 관련되고 어리석음과도 관련된, 나쁘고 해로운 사유들이 일어나면, 그 비구는 그 사유들의 위험을 면밀히 관찰해야 한다. '이런 이유로 이 사유들은 해롭고, 이런 이유로 이 사유들은 비난받을 만하고, 이런 이유로 이 사유들은 괴로움의 과보를 가져온다.'라고. … 삼매에 든다."

5. "③ 비구들이여, 그가 그 사유들의 위험을 면밀히 관찰하더라도 탐욕과도 관련되고 성냄과도 관련되고 어리석음과도 관련된, 나쁘고 해로운 사유들이 일어나면, 그 비구는 그 사유들을 마음챙기지 말아야 하고 마음에 잡도리하지 말아야 한다. 비구들이여, 그가 그 사유들을 마음챙기지 않고 마음에 잡도리하지 않을 때 탐욕과도 관련되고 성냄과도 관련되고 어리석음과도 관련된, 나쁘고 해로운 사유들이 제거되고 사라진다. 그런 것들이 제거되기 때문에 마음이 안으로 안정되고 고요해지고 전일해져 삼매에 든다.

비구들이여, 예를 들면 눈을 가진 사람이 시야에 들어온 형색을 보지 않으려고 하면 눈을 감거나 다른 것을 쳐다보는 것과 같다.

비구들이여, 그와 같이 그 사유들의 위험을 면밀히 관찰하더라도 탐욕과도 관련되고 성냄과도 관련되고 어리석음과도 관련된, 나쁘고 해로운 사유들이 일어나면, 그 비구는 그 사유들을 마음챙기지 말아야 하고 마음에 잡도리하지 말아야 한다. … 삼매에 든다."

6. "④ 비구들이여, 그가 그 사유들을 마음챙기지 않고 마음에

잡도리하지 않더라도 탐욕과도 관련되고 성냄과도 관련되고 어리석음과도 관련된, 나쁘고 해로운 사유들이 일어나면, 그 비구는 그 사유들의 원인을 가라앉힘을 마음에 잡도리해야 한다.692) 비구들이여, 그가 그 사유들의 원인을 가라앉힘을 마음에 잡도리할 때 탐욕과도 관련되고 성냄과도 관련되고 어리석음과도 관련된, 나쁘고 해로운 사유들이 제거되고 사라진다. 그런 것들이 제거되기 때문에 마음이 안으로 안정되고 고요해지고 전일해져 삼매에 든다.

비구들이여, 예를 들면 어떤 사람이 급히 가다가 '왜 내가 급히 가지? 나는 천천히 가야지.' 하면서 천천히 간다. '왜 내가 천천히 가지? 나는 서야지.' 하면서 선다. '왜 내가 서 있지? 나는 앉아야지.' 하면서 앉는다. '왜 내가 앉아있지? 나는 누워야지.' 하면서 눕는다. 비구들이여, 이렇게 하여 그 사람이 각각의 거친 자세를 가라앉혀 미세한 자세를 취하는 것과 같다.

비구들이여, 그와 같이 그 사유들을 마음챙기지 않고 마음에 잡도

---

692) '그 사유들의 원인을 가라앉힘을 마음에 잡도리해야 한다.'는 vitakkānaṁ vitakka-saṅkhāra-saṇṭhānaṁ manasikātabbaṁ을 옮긴 것이다. 여기서 '원인'은 중국에서 行으로 정착시킨 saṅkhāra를 주석서의 설명을 참조하여 옮긴 것이다. 주석서는 이렇게 설명하고 있다.
"'형성한다(saṅkharoti)'고 해서 상카라(saṅkhāra, 行)이다. 여기서는 조건(paccaya), 이유(kāraṇa), 뿌리(mūla)를 뜻한다. 여기서 가라앉는다(santiṭṭhati etthā)고 해서 '가라앉힘(saṇṭhāna)'이라 한다. '사유들의 원인을 가라앉힘을 마음에 잡도리해야 한다.'고 하셨다. 즉 '이 사유는 무엇을 원인(hetu)으로, 무엇을 조건(paccaya)으로, 무슨 이유(kāraṇa)로 일어났는가?'라고 사유들의 뿌리(mūla)와 뿌리의 뿌리(mūla-mūla)를 마음에 잡도리해야 한다는 말이다."(MA.ii.92)
복주서는 이렇게 부연해서 설명한다.
"사유를 형성한다(saṅkharoti)고 해서 사유의 원인(vitakka-saṅkhāra)이라 하는데, 사유의 조건(vitakka-paccaya)을 말한다. 이것은 아름다운 표상 등에서 아름답다는 등으로 지혜롭지 않게 마음에 잡도리 하는 것을 말한다. 그러한 사유의 원인이 여기서 가라앉기 때문에 '사유들의 원인을 가라앉힘(vitakka-saṅkhāra-saṇṭhāna)'이라 한다."(MAṬ.ii.76)

리하지 않더라도 탐욕과도 관련되고 성냄과도 관련되고 어리석음과도 관련된, 나쁘고 해로운 사유들이 일어나면, 그 비구는 그 사유들의 원인을 가라앉힘을 마음에 잡도리해야 한다. … 삼매에 든다."

7. "⑤ 비구들이여, 그가 그 사유들의 원인을 가라앉힘을 마음에 잡도리하더라도 탐욕과도 관련되고 성냄과도 관련되고 어리석음과도 관련된, 나쁘고 해로운 사유들이 일어나면, 그 비구는 이를 악물고 혀를 입천장에 굳게 대고 마음으로 마음을[693] 제지하고 압박하고 짓밟아버려야 한다. 비구들이여, [121] 그가 이를 악물고 혀를 입천장에 굳게 대고 마음으로 마음을 제지하고 압박하고 짓밟아버릴 때 탐욕과도 관련되고 성냄과도 관련되고 어리석음과도 관련된, 나쁘고 해로운 사유들이 제거되고 사라진다. 그런 것들이 제거되기 때문에 마음이 안으로 안정되고 고요해지고 전일해져 삼매에 든다.

비구들이여, 예를 들면 힘센 사람이 힘이 약한 사람을 머리나 목덜미나 어깨를 잡아서 제지하고 압박하고 짓밟아버리는 것과 같다.

비구들이여, 이와 같이 그 사람은 그 사유들의 원인을 가라앉힘을 마음에 잡도리하더라도 탐욕과도 관련되고 성냄과도 관련되고 어리석음과도 관련된, 나쁘고 해로운 사유들이 일어나면, 그 비구는 이를 악물고 혀를 입천장에 굳게 대고 마음으로 마음을 제지하고 압박하고 짓밟아버려야 한다. … 삼매에 든다."

8. "① 비구들이여, 비구가 어떤 표상을 의존하고 어떤 표상을 마음에 잡도리할 때 탐욕과도 관련되고 성냄과도 관련되고 어리석음과도 관련된, 나쁘고 해로운 사유들이 일어나면 그가 그 표상과는 다

---

693) "'마음으로 마음을(cetasā cittaṁ)'이란 유익한 마음(kusala-citta)으로 해로운 마음(akusala-citta)을 제지해야 한다(abhiniggaṇhitabba)는 말이다."(MA.ii.93)

른 유익함과 관련된 표상을 마음에 잡도리할 때 탐욕과도 관련되고 성냄과도 관련되고 어리석음과도 관련된, 나쁘고 해로운 사유들이 제거되고 사라진다. 그런 것들이 제거되기 때문에 마음이 안으로 안정되고 고요해지고 전일해져 삼매에 든다.

② 그 사유들의 위험을 면밀히 관찰할 때 탐욕과도 관련되고 성냄과도 관련되고 어리석음과도 관련된, 나쁘고 해로운 사유들이 제거되고 사라진다. 그런 것들이 제거되기 때문에 마음이 안으로 안정되고 고요해지고 전일해져 삼매에 든다.

③ 그 사유들을 마음챙기지 않고 마음에 잡도리하지 않을 때 탐욕과도 관련되고 성냄과도 관련되고 어리석음과도 관련된, 나쁘고 해로운 사유들이 제거되고 사라진다. 그런 것들이 제거되기 때문에 마음이 안으로 안정되고 고요해지고 전일해져 삼매에 든다.

④ 그 사유들의 원인을 가라앉힘을 마음에 잡도리할 때 탐욕과도 관련되고 성냄과도 관련되고 어리석음과도 관련된, 나쁘고 해로운 사유들이 제거되고 사라진다. 그런 것들이 제거되기 때문에 마음이 안으로 안정되고 고요해지고 전일해져 삼매에 든다.

⑤ 그가 이를 악물고 혀를 입천장에 굳게 대고 마음으로 마음을 제지하고 압박하고 짓밟아버릴 때 탐욕과도 관련되고 성냄과도 관련되고 어리석음과도 관련된, 나쁘고 해로운 사유들이 제거되고 사라진다. 그런 것들이 제거되기 때문에 마음이 안으로 안정되고 고요해지고 전일해져 [122] 삼매에 든다.

비구들이여, 이를 일러 사유의 행로에 대해 자유자재한 비구라 하나니, 그가 원하는 사유는 사유할 것이고 그가 원하지 않는 사유는 사유하지 않을 것이다.[694] 그는 갈애를 끊었고, 족쇄를 풀었고, 자만

694) "'사유의 행로에 대해 자유자재하다(vasī vitakka-pariyāya-pathesu).'는

을 바르게 꿰뚫었고, 마침내 괴로움을 끝내었다."695)

세존께서는 이와 같이 설하셨다. 그 비구들은 흡족한 마음으로 세존의 말씀을 크게 기뻐했다.

사유를 가라앉힘 경(M20)이 끝났다.

제2장 사자후 품이 끝났다.

것은 사유의 행로들(vitakka-cāra-pathā)에 대해 능숙하고(ciṇṇa-vasī), 숙련된 자(paguṇa-vasī)라는 뜻이다. 이 사람은 이전에는 그가 원하는 사유를 사유하지 못했고, 그가 원하지 않는 사유를 사유했다. 그러나 지금은 자유자재를 얻었기 때문에(vasī-bhūtattā) '그가 원하는 사유는 사유할 것이고, 원하지 않는 사유는 사유하지 않을 것이다(yaṁ vitakkaṁ ākaṅkhissati taṁ vitakkaṁ vitakkessati, yaṁ vitakkaṁ nākaṅkhissati na taṁ vitakkaṁ vitakkessati).'"(MA.ii.94)

695) 즉 아라한이 되었다는 말이다. 본서 「모든 번뇌 경」(M2)도 이렇게 끝맺음을 하고 있다. 그곳 §22의 주해도 참조할 것.

제3장

비유 품

Opamma-vagga

(M21~30)

톱의 비유 경

Kakacūpama Sutta(M21)

1. 이와 같이 나는 들었다. 한때 세존께서는 사왓티에서 제따 숲의 아나타삔디까 원림(급고독원)에 머무셨다.

2. 그때 몰리야팍구나 존자696)는 비구니들과 과하게697) 어울려서 지냈다. 그렇게 어울리면서 몰리야팍구나 존자가 비구니들과 가까이 지낼 때 만일 어떤 비구가 몰리야팍구나 존자의 면전에서 그 비구니들을 비난하면 몰리야팍구나 존자는 화를 내고 언짢은 마음으로 언쟁을 벌였다. 그런데 만일 어떤 비구가 비구니들의 면전에서 몰리야팍구나 존자를 비난하면 그 비구니들은 화를 내고 언짢은 마음

696) 몰리야팍구나 존자(āyasmā Moḷiya-phagguna)는 재가자였을 때(gihi-kāle) 큰 상투(moḷi)를 틀고 있었다. 그래서 몰리야팍구나라는 이름을 갖게 되었으며, 출가하고서도 이 이름으로 불리게 되었다고 한다.(MA.ii.95; SA.ii.30) 『상윳따 니까야』 제2권 「몰리야팍구나 경」(S12:12)에 해당하는 주석서에 의하면 그는 삿된 견해에 빠진 자(diṭṭhi-gatika)로 언급이 되고 있다.(SA.ii.29) 『상윳따 니까야』 제2권 「깔라라 경」(S12:32) §3에 의하면 그는 환속하여 재가자가 되었다.

697) "'과하게(ativelaṁ)'라는 것은 경계(velā)를 넘어서서(atikkamitvā)라는 뜻이다. 경계에는 시간의 경계(kāla-velā)와 영역의 경계(sīma-velā)와 계의 경계(sīla-velā)의 세 가지가 있다."(MA.ii.95)

으로 언쟁을 벌였다. 이와 같이 어울리면서 몰리야팍구나 존자는 비구니들과 가까이 지냈다.

3. 그러자 어떤 비구가 세존께 다가갔다. 가서는 세존께 절을 올리고 한 곁에 앉았다. 한 곁에 앉아서 그 비구는 세존께 이와 같이 말씀드렸다.

"세존이시여, 몰리야팍구나 존자는 비구니들과 과하게 어울려 지냅니다. 그렇게 어울리면서 몰리야팍구나 존자가 비구니들과 가까이 지낼 때 만일 어떤 비구가 몰리야팍구나 존자의 면전에서 그 비구니들을 비난하면 몰리야팍구나 존자는 화를 내고 언짢은 마음으로 언쟁을 벌입니다. 그런데 만일 어떤 비구가 비구니들의 면전에서 몰리야팍구나 존자를 비난하면 그 비구니들은 화를 내고 언짢은 마음으로 언쟁을 벌입니다. 이와 같이 어울리면서 몰리야팍구나 존자는 비구니들과 가까이 지냅니다."

4. 그러자 세존께서는 다른 비구를 부르셨다.

"오라, 비구여. [123] 그대는 내 말이라 전하고 몰리야팍구나 비구를 불러오라. '도반 몰리야팍구나여, 스승께서 그대를 부르십니다.'라고."

"그러겠습니다, 세존이시여."라고 그 비구는 세존께 대답하고 몰리야팍구나 존자를 만나러 갔다. 가서는 몰리야팍구나 존자에게 이렇게 말했다.

5. "도반 몰리야팍구나여, 스승께서 그대를 부르십니다."

"도반이여, 잘 알겠습니다."라고 몰리야팍구나 존자는 그 비구에게 대답하고 세존을 뵈러 갔다. 가서는 세존께 절을 올리고 한 곁에 앉았다. 한 곁에 앉은 몰리야팍구나 존자에게 세존께서는 이렇게 말씀하셨다.

"팍구나여, 그대는 비구니들과 과하게 어울려서 지내고, 그렇게 어울리면서 그대가 비구니들과 가까이 지낼 때 만일 어떤 비구가 그대의 면전에서 그 비구니들을 비난하면 그대는 화를 내고 언짢은 마음으로 언쟁을 벌이고, 만일 어떤 비구가 비구니들의 면전에서 그대를 비난하면 그 비구니들은 화를 내고 언짢은 마음으로 언쟁을 벌이고, 이와 같이 어울리면서 그대가 비구니들과 가까이 지낸다고 하는 것이 사실인가?"

"그렇습니다, 세존이시여."

"팍구나여, 참으로 그대는 좋은 가문의 아들로서 믿음으로 집을 떠나 출가했는가?"

"그렇습니다, 세존이시여."

6. "팍구나여, 좋은 가문의 아들로서 믿음으로 집을 떠나 출가한 그대가 비구니들과 과하게 어울려서 지내는 것은 바람직하지 않다. 팍구나여, 그러므로 그대 면전에서 어떠한 사람이 비구니들을 비난하더라도 그대는 세속적인 의욕698)이나 세속적인 사유를 제거해야 한다. 팍구나여, 그럴 때는 이와 같이 공부지어야 한다.

'내 마음은 그것에 영향을 받지 않으리라. 악담을 내뱉지 않으리라. 이로움과 함께 연민을 가지고 머물리라. 자애로운 마음을 가지며 증오를 품지 않으리라.'라고 공부지어야 한다.

팍구나여, 이와 같이 그대는 공부지어야 한다.

팍구나여, 그러므로 어떠한 사람이 그대 면전에서 그 비구니들을 손으로 때리고 흙덩이를 던지고 몽둥이로 때리고 칼을 내리치더라도

---

698) "'세속적인(gehisitā)'이란 다섯 가지 얽어매는 감각적 욕망에 의지한 것(pañca-kāma-guṇa-nissitā)을 말하고, '의욕(chanda)'은 갈애의 의욕(taṇhā-chandā)과 적의의 의욕(paṭigha-chandā)을 포함한다."(MA.ii.96)

그대는 세속적인 의욕이나 세속적인 사유를 제거해야 한다. 팍구나여, 그럴 때는 … 이와 같이 그대는 공부지어야 한다.

팍구나여, 그러므로 어느 누가 그대 면전에서 비구니들을 비난하더라도 그대는 세속적인 의욕이나 세속적인 사유를 제거해야 한다. 팍구나여, 그럴 때는 … 이와 같이 그대는 공부지어야 한다.

팍구나여, 그러므로 어느 누가 그대를 손으로 때리고 흙덩이를 던지고 몽둥이로 때리고 칼을 내리치더라도 그대는 [124] 세속적인 의욕이나 세속적인 사유를 제거해야 한다. 팍구나여, 그럴 때는 이와 같이 공부지어야 한다.

'내 마음은 그것에 영향을 받지 않으리라. 악담을 내뱉지 않으리라. 이로움과 함께 연민을 가지고 머물리라. 자애로운 마음을 가지며 증오를 품지 않으리라.'

팍구나여, 이와 같이 그대는 공부지어야 한다."

7. 그리고 세존께서는 비구들에게 말씀하셨다.

"비구들이여, 어느 때 비구들이 내 마음을 흡족하게 했다. 비구들이여, 거기서 나는 비구들에게 설했다.

'비구들이여, 나는 한 자리에서만 먹는다. 비구들이여, 내가 한 자리에서만 먹을 때 병이 없고 고통이 없고 가볍고 생기 있고 편안하게 머무는 것을 인식한다. 오라, 비구들이여. 그대들도 한 자리에서만 먹도록 하라. 그대들도 한 자리에서만 먹을 때 병이 없고 고통이 없고 가볍고 생기 있고 편안하게 머무는 것을 인식할 것이다.'699)

비구들이여, 나는 그 비구들에게 더 이상 교계를 할 필요가 없었다. 비구들이여, 나는 다만 그 비구들에게 마음챙김을 일으키도록

---

699) 이 구절은 본서 제2권 「밧달리 경」(M.65) §2와 「끼따기리 경」(M.70) §2에도 나타나고 있다.

했다.700)

비구들이여, 예를 들면 평탄한 사거리 대로에 혈통 좋은 말이 끄는 마차에 잘 길들여진 말이 매어있고 채찍이 준비되어 있으면 말을 잘 다루는 능숙한 마부가 올라타 왼손으로 고삐를 잡고 오른손으로는 채찍을 쥐고서 그가 원하는 곳이 어디건 그곳으로 가기도 하고 되돌아오기도 하는 것처럼, 나는 그 비구들에게 더 이상 교계를 할 필요가 없었다. 비구들이여, 나는 다만 그 비구들에게 마음챙김을 일으키도록 했다."

8. "비구들이여, 그러므로 그대들도 해로움을 제거하고 유익한 법들에 전념하라. 그렇게 하여 그대들도 이 법과 율에서 향상하고 증장하고 충만함을 성취하라.

비구들이여, 예를 들면 마을이나 성읍에서 멀지 않은 곳에 큰 살라 숲이 피마자들로 뒤덮여 있을 때, 그 숲의 이익을 바라고 복리를 바라고 유가안은을 바라는 어떤 사람이 나타나면, 그는 수액을 빼앗아 가는 굽은 살라 나무 가지들을 잘라 밖으로 끌어내고 숲 속을 아주 깨끗이 하여 곧고 잘 자란 살라 나무 가지들을 잘 돌볼 것이다. 비구들이여, 그와 같이 하여 나중에 그 살라 숲은 자라고 증장하고 충만하게 될 것이다.

비구들이여, 그와 같이 그대들도 해로움을 제거하고 유익한 법들에 전념하라. 그렇게 하여 [125] 그대들도 이 법과 율에서 향상하고 증장하고 충만함을 성취하라."

---

700) "'마음챙김을 일으키도록 했다(satuppāda-karaṇīya).'는 것은 계속해서 가르침을 베풀 필요가 없었고, 오로지 이것은 해야 하고, 이것은 하지 말아야 한다고 마음챙김을 일으키도록 하는 것만 했다는 말이다. 이것은 그들이 해야 할 일은 하고, 버려야 할 것은 버리도록 그만큼만 했다는 뜻이다."(MA.ii.97)

9. "비구들이여, 예전에 이 사왓티에 웨데히까[701]라고 부르는 장자의 아내가 있었다. 비구들이여, 장자의 아내 웨데히까에게는 이러한 좋은 명성이 퍼져있었다. '장자의 아내 웨데히까는 친절하다. 장자의 아내 웨데히까는 겸손하다. 장자의 아내 웨데히까는 차분하다.'라고. 비구들이여, 그런데 장자의 아내 웨데히까에게는 깔리라는 하녀가 있었는데 영리하고 재치있고 일솜씨가 뛰어났다. 비구들이여, 그때 하녀 깔리에게 이런 생각이 들었다.

---

701) "웨데히까(Vedehikā)란 위데하 지방에 거주하는 사람(Videha-raṭṭha-vāsika)의 딸(dhītā)이라는 말이다."(MA.ii.98)
위데하(Videhā)는 인도 중원의 16국 가운데 하나요 웨살리를 수도로 하는 왓지(Vajjī)를 구성하는 부족 가운데 하나이다. 다른 한 부족은 릿차위(Licchavī)이다. 부처님 당시에는 릿차위가 강성하여(MA.i.394) 『앙굿따라 니까야』 제3권 「릿차위 청년 경」(A5:58)에서 보듯이 초기경에서 릿차위(Licchavī)와 왓지는 동일시되다시피 하고 있다.
왓지(Vajjī)는 웨살리(Vesāli)를 수도로 하였으며 공화국 체제를 유지한 강성한 국가였다. 강가(Gaṅgā) 강을 경계로 하여 남쪽으로는 강대국 마가다가 있었다. 왓지국은 몇몇 부족들로 이루어졌다고 하는데 그 가운데서 릿차위와 위데하(Videha)가 강성하였다고 하며, 브르하다란냐까 우빠니샤드에 의하면 바라문 전통에서 성군으로 칭송받는 자나까(Janaka) 왕이 위데하의 왕이었다.
한편 초기불전에서 아자따삿뚜 왕도 웨데히뿟따(Vedehiputta, 문자적으로는 위데하의 아들이란 뜻임)라 불리는데 주석서에는 그가 웨데히뿟따(위데하의 여인의 아들)라고 불린다고 해서 그의 어머니가 위데하 출신이라고 봐서는 안 된다고 말한다. 그의 어머니는 꼬살라 왕의 딸이라고 밝히고 있다. 웨데히는 현자(paṇḍita-adhivacana)와 동의어라고 설명한다.(DA.i.139)
그리고 『상윳따 니까야』 제2권 「처소 경」(S16:10)에서 아난다 존자도 웨데하무니(vedeha-muni, 문자적으로는 위데하의 성자라는 뜻)라 불린다. 그러나 여기서도 웨데하는 위데하 부족과는 관계가 없다. 그래서 주석서는 이렇게 설명한다.
"'웨데하무니(vedeha-muni)'란 현명한 성자(paṇḍita-muni)라는 말이다. 현자(paṇḍita)는 지혜(ñāṇa)라 불리는 배움으로 노력한다(vedena īhati) 즉 모든 해야 할 바를 행한다(sabba-kiccāni karoti)고 해서 웨데하(vedeha)라 부르기 때문이다. 그리고 웨데하이고 성자이기 때문에 웨데하무니(vedeha-muni)라 한다."(SA.ii.175)

"우리 마님께는 이런 좋은 명성이 퍼져있다. '장자의 아내 웨데히까는 친절하다. 장자의 아내 웨데히까는 겸손하다. 장자의 아내 웨데히까는 차분하다.'라고. 그런데 우리 마님은 정말 안으로 화가 없는 것일까, 아니면 안으로는 실제로 화가 있지만 드러내지 않을 뿐인가, 아니면 우리 마님은 화가 없는 것이 아니라 실제로는 화가 있지만 내 일솜씨가 뛰어나니까 드러내지 않을 뿐인가? 나는 마님을 시험해 보리라.'"

비구들이여, 어느 때 하녀 깔리는 낮이 다 되어서야 일어났다.702) 비구들이여, 그러자 장자의 아내 웨데히까는 하녀 깔리에게 이렇게 말했다.

"얘 깔리야."

"왜 그러세요, 마님?"

"이렇게 낮이 다 되어서야 일어나다니 어디 불편한 데라도 있느냐?"

"마님, 아무 일도 아니에요."

"이 못된 것아, 벌건 낮에 일어나서는 아무 일도 아니라니?"

이렇게 말하면서 화내고 언짢은 마음으로 쏘아보았다.

비구들이여, 그러자 하녀 깔리에게 이런 생각이 들었다.

"우리 마님은 안으로는 실제로 화가 있지만 드러내지 않았을 뿐, 화가 없는 것이 아니다. 내 일솜씨가 뛰어나니까 실제로 안에 있는 화를 드러내지 않을 뿐, 없는 것이 아니다. 나는 마님을 더 시험해 보리라."

비구들이여, 그러자 하녀 깔리는 더 늦은 한낮에 일어났다. 비구들이여, 그러자 장자의 아내 웨데히까는 하녀 깔리에게 이렇게 말했다.

"얘, 깔리야."

"왜 그러세요, 마님."

---

702) "소젖을 짜는 일 등 이른 아침에 해야 할 바를 하지 않고 해가 뜬 뒤에 일어났다는 말이다."(MA.ii.99)

"이렇게 한낮이 다 되어서야 일어나다니 어디 불편한 데라도 있느냐?"

"마님, 아무 일도 아니에요."

"이 못된 것아, 벌건 한낮에 일어나서는 아무 일도 아니라니?"

이렇게 말하면서 화내고 언짢은 마음으로 불쾌한 말을 내뱉었다.

비구들이여, 그러자 하녀 깔리에게 이런 생각이 들었다.

"우리 마님은 안으로는 실제로 화가 있지만 드러내지 않았을 뿐, 화가 없는 것이 아니다. 내 일솜씨가 뛰어나니까 실제로 안에 있는 화를 드러내지 않을 뿐, 없는 것이 아니다. 나는 마님을 더 시험해 보리라."

비구들이여, 그러자 하녀 깔리는 더 늦은 대낮에 일어났다. 비구들이여, 그러자 장자의 아내 웨데히까는 하녀 깔리에게 이렇게 말했다.

"얘, 깔리야." [126]

"왜 그러세요, 마님."

"이렇게 대낮이 다 되어서야 일어나다니 어디 불편한 데라도 있느냐?"

"마님, 아무 일도 아니에요."

"이 못된 것아, 벌건 대낮에 일어나서는 아무 일도 아니라니?"

이렇게 말하면서 화내고 언짢은 마음으로 빗장을 집어 머리를 쳐서 깔라의 머리가 터졌다.

비구들이여, 그러자 하녀 깔리는 머리가 터진 채 피를 흘리며 이웃들에게 한탄을 하고 다녔다.

"사모님들, 친절한 분이 한 짓을 보세요. 겸손한 분이 한 짓을 보세요. 차분한 분이 한 짓을 보세요. 어떻게 하나뿐인 하녀가 낮이 다 되어 일어났다고 화내고 언짢은 마음으로 빗장을 거는 못을 집어 머리를 쳐서 머리가 깨지게 할 수 있습니까."

비구들이여, 그러자 장자의 아내 웨데히까에게 얼마 지나지 않아서 이런 오명이 퍼졌다. '장자의 아내 웨데히까는 흉악하다. 장자의 아내 웨데히까는 겸손하지 않다. 장자의 아내 웨데히까는 차분하지 않다.'라고."

10. "비구들이여, 이와 같이 여기 어떤 비구는 기분 나쁜 말을 맞닥뜨리지 않는 한 매우 친절하고 매우 겸손하고 매우 차분하다. 비구들이여, 그러나 비구가 기분 나쁜 말을 맞닥뜨렸을 때 참으로 그가 친절한지 알 수 있고 겸손한지 알 수 있고 차분한지 알 수 있다. 비구들이여, 의복, 음식, 거처, 병구완을 위한 약품을 얻는 것으로 친절하고 친절한 성품을 드러내는[703] 그런 비구를 나는 친절한 비구라고 부르지 않는다. 그것은 무슨 까닭인가?

비구들이여, 그 비구는 의복, 음식, 거처, 병구완을 위한 약품을 얻지 못하면[704] 친절하지 않고 친절한 성품을 드러내지 않기 때문이다. 비구들이여, 그러나 비구가 법을 존중하고 법을 중하게 여기고 법을 공경하여 친절하고 친절한 성품을 드러내면 나는 그를 일러 친절하다고 한다.

비구들이여, 그러므로 여기서 그대들은 '우리는 오직 법을 존중하고 오직 법을 중하게 여기고 오직 법을 공경하여 친절하게 되고 친절한 성품을 드러내리라.'라고 공부지어야 한다."

---

703) "즉 그가 의복 등 4종 필수품(paccaya)을 얻을 때에는 발 닦는 것을 시중드는 일과 등을 닦는 것을 시중드는 일 등을 한 번만 말을 해도 행할 정도로 '친절하고 친절한 성품을 드러낸다(suvaco hoti sovacassataṁ āpajjati).'는 말이다."(MA.ii.99)

704) "4종 필수품을 이전에 얻은 것처럼 그렇게 얻지 못하는 경우를 말한다." (MA.ii.99)

11. "비구들이여, 다섯 가지 말의 길이 있나니 이것으로 다른 사람들은 그대에게 말할 것이다. ① 적절한때에 말하거나 혹은 적절치 않은 때에 말하고 ② 사실 대로 말하거나 사실이 아닌 것을 말하고 ③ 부드럽게 말하거나 혹은 거칠게 말하고 ④ 원인에 근거하여 말하거나 혹은 원인과 무관하게 말하고 ⑤ 자애로운 마음을 가지고 말하거나 혹은 안으로 증오를 품고 말할 것이다.

비구들이여, 다른 사람들이 그대에게 말할 때에는 적절한때에 말하거나 혹은 적절치 않은 때에 말할 것이다. 비구들이여, 다른 사람들이 그대에게 말할 때에는 사실 대로 말하거나 사실이 아닌 것을 말할 것이다. 비구들이여, 다른 사람들이 그대에게 말할 때에는 부드럽게 말하거나 혹은 거칠게 말할 것이다. 비구들이여, 다른 사람들이 그대에게 말할 때에는 원인에 근거하여 말하거나 혹은 [127] 원인과 무관하게 말할 것이다. 비구들이여, 다른 사람들이 그대에게 말할 때에는 자애로운 마음을 가지고 말하거나 혹은 안으로 증오를 품고 말할 것이다.

비구들이여, 여기서 그대들은 이와 같이 공부지어야 한다.

'내 마음은 그것에 영향을 받지 않으리라. 악담을 내뱉지 않으리라. 이로움과 함께 연민을 가지고 머물리라. 자애로운 마음을 가지고 증오를 품지 않으리라. 나는 그 사람에 대해 자애가 함께한 마음으로 가득 채우고 머물리라. 그리고 그 사람을 [자애의 마음을 내는] 대상으로 삼아 모든 세상705)을 풍만하고, 광대하고, 무량하고, 원한 없고, 악의

---

705) '그 사람을 [자애의 마음을 내는] 대상으로 삼아 모든 세상'은 tadārammaṇañ ca sabbāvantaṁ lokaṁ(원문을 직역하면 '그 사람을 대상으로 한 온 세상'이 됨)을 주석서의 설명을 따라 의역한 것이다. 주석서에는 다음과 같이 설명하고 있다.
"어떻게 그 사람을 [자애의 마음을 내는] 대상으로 삼아 모든 중생 세상을

없는, 자애가 함께한 마음으로 가득 채우고 머물리라.'라고 그대들은 이와 같이 공부지어야 한다."

12. "비구들이여, 예를 들면 어떤 사람이 괭이와 바구니를 가지고 와서 말하기를 '나는 이 대지를 땅 없이 만들리라.'라고 한다. 그는 여기저기를 파고 여기저기를 파헤치고 여기저기에 침을 뱉고 여기저기에 소변을 보면서 '땅 없이 되어라, 땅 없이 되어라.'라고 한다. 비구들이여, 이를 어떻게 생각하는가? 그 사람은 이 대지를 땅 없이 만들 수 있겠는가?"

"그렇지 않습니다, 세존이시여."

"그것은 무슨 까닭인가?"

"세존이시여, 이 대지는 깊고 무량하여 땅 없이 만들 수 없기 때문입니다. 그리하여 그 사람은 틀림없이 지치고 파멸에 이를 것입니다."

13. "비구들이여, 그와 같이 다섯 가지 말의 길이 있나니 이것으로 다른 사람들은 그대에게 말을 할 것이다. ① 적절한때에 말하거나 혹은 적절치 않은 때에 말하고 … <§11과 동일함.> …

비구들이여, 여기서 그대들은 이와 같이 공부지어야 한다.

'내 마음은 그것에 영향을 받지 않으리라. 악담을 내뱉지 않으리라. 이로움과 함께 연민을 가지고 머물리라. 자애로운 마음을 가지고 증오를 품지 않으리라. 나는 그 사람에 대해 자애가 함께한 마음으로 가득 채우고 머물리라. 그리고 그 사람을 [자애의 마음을 내는] 대상으로 삼아 모든 세상을 풍만하고, 광대하고, 무량하고, 원한 없고, 악의

자애가 함께한 마음으로 가득 채우고 머무는가? 처음에는 다섯 가지 말의 길에서 취한 어떤 사람을 대상으로 자애의 마음(metta-citta)을 계발하고, 그 다음에 그 자애의 마음을 나머지 모든 세상 모든 중생들을 대상으로 계발한다."(MA.ii.100)

없는, 자애가 함께한 마음으로 가득 채우고 머물리라.'라고 그대들은 이와 같이 공부지어야 한다."

14. "비구들이여, 예를 들면 사람이 라크 염료나 심황 가루나 쪽빛 염료나 진홍색 물감을 가지고 와서 말하기를 '나는 이 허공에다 형색을 그리리라, 형색을 나타내리라.'라고 한다 하자. 비구들이여, 이를 어떻게 생각하는가? 그 사람은 이 허공에다 형색을 그리고 형색을 나타낼 수 있겠는가?"

"그렇지 않습니다, 세존이시여."

"그것은 무슨 까닭인가?"

"세존이시여, 이 허공은 무형이고 볼 수가 없어 거기에 형색을 그릴 수도 없고 형색을 나타낼 수도 없기 때문입니다. 그리하여 [128] 그 사람은 틀림없이 지치고 파멸에 이를 것입니다."

15. "비구들이여, 그와 같이 다섯 가지 말의 길이 있나니 이것으로 다른 사람들은 그대에게 말을 할 것이다. ① 적절한때에 말하거나 혹은 적절치 않은 때에 말하고 … <§11과 동일함.> …

비구들이여, 여기서 그대들은 이와 같이 공부지어야 한다.

'내 마음은 그것에 영향을 받지 않으리라. 악담을 내뱉지 않으리라. 이로움과 함께 연민을 가지고 머물리라. 자애로운 마음을 가지고 증오를 품지 않으리라. 나는 그 사람에 대해 자애가 함께한 마음으로 가득 채우고 머물리라. 그리고 그 사람을 [자애의 마음을 내는] 대상으로 삼아 모든 세상을 풍만하고, 광대하고, 무량하고, 원한 없고, 악의 없는, 자애가 함께한 마음으로 가득 채우고 머물리라.'라고 그대들은 이와 같이 공부지어야 한다."

16. "비구들이여, 예를 들면 사람이 활활 타는 횃불을 가지고 와서 말하기를 '나는 이 활활 타는 횃불을 가지고 강가 강을 데워서 완전히 태워버릴 것이다.'라고 한다 하자. 비구들이여, 이를 어떻게 생각하는가? 그 사람은 활활 타는 횃불을 가지고 강가 강을 데워서 완전히 태워버릴 수 있겠는가?"

"그렇지 않습니다, 세존이시여."

"그것은 무슨 까닭인가?"

"세존이시여, 강가 강은 깊고 무량하여 활활 타는 횃불로 데워서 완전히 태워버릴 수 없기 때문입니다. 그리하여 그 사람은 틀림없이 지치고 파멸에 이를 것입니다."

17. "비구들이여, 그와 같이 다섯 가지 말의 길이 있나니 이것으로 다른 사람들은 그대에게 말을 할 것이다. ① 적절한때에 하거나 혹은 적절치 않은 때에 말하고 … <§11과 동일함.> …

비구들이여, 여기서 그대들은 이와 같이 공부지어야 한다.

'내 마음은 그것에 영향을 받지 않으리라. 악담을 내뱉지 않으리라. 이로움과 함께 연민을 가지고 머물리라. 자애로운 마음을 가지며 증오를 품지 않으리라. 나는 그 사람에 대해 자애가 함께한 마음으로 가득 채우고 머물리라. 그리고 그 사람을 [자애의 마음을 내는] 대상으로 삼아 모든 세상을 풍만하고, 광대하고, 무량하고, 원한 없고, 악의 없는, 자애가 함께한 마음으로 가득 채우고 머물리라.'라고 그대들은 이와 같이 공부지어야 한다."

18. "비구들이여, 예를 들면 문질러졌고 잘 문질러졌고 아주 잘 문질러졌고 부드럽고 비단 같고 와삭대는 소리가 제거되었고 덜거덕대는 소리가 제거된, 고양이 가죽으로 만든 자루가 있는데, 어떤 사

람이 막대기나 사금파리를 가지고 와서 말하기를 '내가 이 문질러졌고 잘 문질러졌고 아주 잘 문질러졌고 부드럽고 비단 같고 와삭대는 소리가 제거되었고 덜거덕대는 소리가 제거된, 고양이 가죽으로 만든 자루를 막대기나 사금파리로 와삭대는 소리나 덜거덕대는 소리를 내겠다.'라고 한다 하자. 비구들이여, 이를 어떻게 생각하는가? 그 사람은 이 문질러졌고 잘 문질러졌고 아주 잘 문질러졌고 부드럽고 비단 같고 와삭대는 소리가 제거되었고 덜거덕대는 소리가 제거된, 고양이 가죽으로 만든 자루를 막대기나 사금파리로 와삭대는 소리나 덜거덕대는 소리를 낼 수 있겠는가?"

"그렇지 않습니다, 세존이시여."

"그것은 무슨 까닭인가?"

"세존이시여, 이 고양이 가죽으로 만든 자루는 문질러졌고 잘 문질러졌고 아주 잘 문질러졌고 부드럽고 비단 같고 와삭대는 소리가 제거되었고 덜거덕대는 소리가 제거되어 막대기나 사금파리로 와삭대는 소리를 낼 수 없고 덜거덕대는 소리를 낼 수 없기 때문입니다. 그리하여 그 사람은 틀림없이 지치고 파멸에 이를 것입니다."

19. "비구들이여, 그와 같이 다섯 가지 말의 길이 있나니 이것으로 다른 사람들은 그대에게 말을 할 것이다. ① 적절한때에 말하거나 혹은 [129] 적절치 않은 때에 말하고 … <§11과 동일함.> …

비구들이여, 여기서 그대들은 이와 같이 공부지어야 한다.

'내 마음은 그것에 영향을 받지 않으리라. 악담을 내뱉지 않으리라. 이로움과 함께 연민을 가지고 머물리라. 자애로운 마음을 가지고 증오를 품지 않으리라. 나는 그 사람에 대해 자애가 함께한 마음으로 가득 채우고 머물리라. 그리고 그 사람을 [자애의 마음을 내는] 대상으로 삼아 모든 세상을 풍만하고, 광대하고, 무량하고, 원한 없고, 악의

없는, 자애가 함께한 마음으로 가득 채우고 머물리라.'라고 그대들은 이와 같이 공부지어야 한다."

20. "비구들이여, 만일 양쪽에 날이 달린 톱으로 도둑이나 첩자가 사지를 마디마다 잘라낸다 하더라도 그들에 대해 마음을 더럽힌다면 그는 나의 가르침을 따르는 자가 아니다.706) 비구들이여, 여기서 그대들은 이와 같이 공부지어야 한다.

'내 마음은 그것에 영향을 받지 않으리라. 악담을 내뱉지 않으리라. 이로움과 함께 연민을 가지고 머물리라. 자애로운 마음을 가지고 증오를 품지 않으리라. 나는 그 사람에 대해 자애가 함께한 마음으로 가득 채우고 머물리라. 그리고 그 사람을 [자애의 마음을 내는] 대상으로 삼아 모든 세상을 풍만하고, 광대하고, 무량하고, 원한 없고, 악의 없는, 자애가 함께한 마음으로 가득 채우고 머물리라.'라고 그대들은 이와 같이 공부지어야 한다."

21. "비구들이여, 그대들이 이 톱의 비유를 통한 교훈을 매 순간마다 마음에 잡도리한다면 사소하건 중대하건707) 그대들이 감내하지 못할 말이 있겠는가?"708)

---

706) "비구건 비구니건 마음으로 화를 내고 톱으로 절단하는 것을 참지 못한다면, 그 참지 못하는 행위 때문에 그는 더 이상 나의 '가르침을 따르는 자(ovāda-kara)'가 아니다. 그러나 그가 죄를 범한 것(āpatti)은 아니다."(MA.ii.102) 이 구절은 본서 「코끼리 발자국 비유의 긴 경」(M28) §9에도 나타나고 있다.

707) "'사소하건 중대하건(aṇuṁ vā thūlaṁ vā)'이란 비난받아 마땅한 작은 것(appa-sāvajja)이거나 비난받아 마땅한 큰 것(mahā-sāvajja)이란 말이다. '그렇지 않습니다(no hetaṁ).'라는 것은 감내하지 못할(anadhivāsetabba) 말의 길(vacana-patha)을 보지 못한다는 말이다."(MA.ii.102)

708) 이 표현은 본서 제3권 「사마가마 경」(M104) §22에도 나타난다.

"그렇지 않습니다, 세존이시여."

"비구들이여, 그러므로 이 톱의 비유를 통한 교훈을 매 순간마다 마음에 잡도리하라. 그대들에게 이것은 긴 세월을 이로움과 행복이 될 것이다."

세존께서는 이와 같이 설하셨다. 그 비구들은 흡족한 마음으로 세존의 말씀을 크게 기뻐했다.

톱의 비유 경(M21)이 끝났다.

뱀의 비유 경

Alagaddūpama Sutta(M22)

법문의 배경

1. 이와 같이 나는 들었다. [130] 한때 세존께서는 사왓티에서 제따 숲의 아나타삔디까 원림(급고독원)에 머무셨다.

2. 그때에 전에 독수리 사냥꾼이었던 아릿타라는 비구709)에게 이런 아주 나쁜 견해[惡見]가 생겼다.

"내가 세존께서 설하신 법을 알기로는, 장애가 되는 법들이라고

---

709) '전에 독수리 사냥꾼이었던 아릿타라는 비구'는 Ariṭṭha nāma bhikkhu gaddhabādhipubba를 옮긴 것이다. 『율장』에 의하면 아릿타(Ariṭṭha) 비구는 승가로부터 분리하는 거죄갈마(擧罪羯磨, ukkhepanīya-kamma, 거죄갈마에 대해서는 『초기불교 교단과 계율』 130~134를 참조할 것.)를 받아서 승단으로부터 축출된 전력이 있는 사람으로 나타난다.(Vin.iii.25~8) 『율장 주석서』는 그를 교법(Sāsana)의 적(paccatthika)이라고 언급하고 있다.(VinA.iv.874)
한편 『상윳따 니까야』 제6권 「아릿타 경」(S54:6)에는 부처님께서 들숨날숨에 대한 마음챙김에 대해서 아릿타 존자(āyasmā Ariṭṭha)에게 설법을 하신다. 본경과 『율장』에 나타나는 아릿타라는 비구(Ariṭṭha nāma bhikkhu)가 이 「아릿타 경」(S54:6)의 아릿타 존자(āyasmā Ariṭṭha)와 동일인인지는 알 수 없다. DPPN은 동일인이라고는 하지 않지만 같이 언급하고 있다.

설하신 것을 수용해도 아무런 장애가 되지 않는다."[710]+

3. 많은 비구들이 전에 독수리 사냥꾼이었던 아릿타라는 비구에게 '내가 세존께서 설하신 법을 알기로는, 장애가 되는 법들이라고 설하신 것을 수용해도 아무런 장애가 되지 않는다.'라는 이런 아주 나쁜 견해가 생겼다고 들었다. 그러자 그 비구들은 전에 독수리 사냥꾼이었던 아릿타 비구를 만나러 갔다. 가서는 전에 독수리 사냥꾼이었던 아릿타 비구에게 이렇게 말했다.

"도반 아릿타여, 그대에게 '내가 세존께서 설하신 법을 알기로는, 장애가 되는 법들이라고 설하신 것을 수용해도 아무런 장애가 되지 않는다.'라는 이런 아주 나쁜 견해가 생겼다는 것이 사실입니까?"

"그렇습니다, 도반들이여. 내가 세존께서 설하신 법을 알기로는, 장애가 되는 법들이라고 설하신 것을 수용해도 아무런 장애가 되지 않습니다."

그러자 그 비구들은 전에 독수리 사냥꾼이었던 아릿타 비구에게 이러한 아주 나쁜 견해를 멀리 여의게 하려고 질문하고 반문하고 추궁했다.

"도반 아릿타여, 그렇게 말하지 마십시오. 세존을 비방하지 마십시오. 세존을 비방하는 것은 옳지 않습니다. 세존께서는 그렇게 말씀하

---

710) 이것은 네 가지 담대함[四無畏, catu-vesārajja] 가운데 세 번째(본서 「사자후의 긴 경」(M12) §25 참조)와 정반대가 되는 주장이다.
주석서에 의하면 그는 외딴 처소에서 한거하는 중에 비구가 여인과 성관계를 가져도 아무런 잘못이 아니다(methuna-dhamme doso natthi)고 생각하였고 이것을 첫 번째 바라이 죄(paṭhama-pārājika)의 항목으로 하여 막아서는 안된다고 주장하였다고 한다.(MA.ii.103) 물론 본 문단에 나타난 그의 주장에서 이러한 것은 언급되지 않지만 아래 §3에서 비구들이 감각적 욕망에 관계된 비유를 들고 있는 것으로 볼 때 주석서의 이런 설명은 신빙성이 있다고 여겨진다.

지 않으셨습니다. 도반 아릿타여, 세존께서는 여러 가지 방편으로 장애가 되는 법들을 설하셨고, 그것을 수용하면 반드시 장애가 된다고 하셨습니다. 감각적 욕망은 달콤함이 적고 많은 괴로움과 많은 절망을 주고 거기에는 재난이 도사리고 있다고 세존께서는 말씀하셨습니다.

더 나아가서 세존께서는 뼈다귀의 비유로 감각적 욕망은 많은 괴로움과 많은 절망을 주고 거기에는 재난이 더 많다고 말씀하셨습니다. 더 나아가서 세존께서는 고깃덩이의 비유로 … 건초 횃불의 비유로 … 숯불 구덩이의 비유로 … 꿈의 비유로 … 빌린 물건의 비유로 … 과일이 열린 나무의 비유로 … 도살장의 비유로 … 칼과 쇠살의 비유로 … 뱀 머리의 비유로 감각적 욕망은 많은 괴로움과 많은 절망을 주고 거기에는 재난이 더 많다고 말씀하셨습니다."711)

이와 같이 전에 독수리 사냥꾼이었던 아릿타 비구는 그 비구들과

---

711) 여기에 나타나는 뼈다귀의 비유 등 이 열 가지 비유는 『앙굿따라 니까야』 제3권 「무사 경」 2(A5:76) §§10~11에도 나타나고 있다. 여기 나타나는 열 가지 비유의 원어를 ()안에 넣어서 적어보면 다음과 같다.
'뼈다귀의 비유(aṭṭhikaṅkalūpamā), 고깃덩이의 비유(maṁsapesūpamā), 건초 횃불의 비유(tiṇukkūpamā), 숯불 구덩이의 비유(aṅgārakāsūpamā), 꿈의 비유(supinakūpamā), 빌린 물건의 비유(yācitakūpamā), 과일이 열린 나무의 비유(rukkhaphalūpamā), 도살장(혹은 칼과 도마)의 비유(asisūn-ūpamā), 칼과 쇠살의 비유(sattisūlūpamā), 뱀 머리의 비유(sappasir-ūpamā)'이다.
한편 이 가운데 첫 번째인 뼈다귀의 비유부터 일곱 번째인 과일이 열린 나무의 비유까지의 일곱 가지 비유는 본서 제2권 「뽀딸리야 경」(M54)에 비유의 내용이 나타나는데, 이 일곱 가지는 각각 그 경의 §15부터 §21의 일곱 문단에 배대가 된다. 비유의 내용은 이 경의 해당 부분을 참조하기 바란다.
그리고 두 번째인 고깃덩이의 비유(maṁsapes-ūpamā)는 『앙굿따라 니까야』 제4권 「아라까 경」(A7:70) §2에도 나타난다. 한편 여덟 번째인 도살장(혹은 칼과 도마)의 비유(asisūnūpamā)는 본서 「개미집 경」(M23) §4의 ⑬에 나타나고, 아홉 번째인 칼과 쇠살의 비유(sattisūlūpamā)는 『상윳따 니까야』 제1권 「알라위까 경」(S5:1) {521}에, 마지막인 뱀 머리의 비유(sappasirūpamā)는 『청정도론』 XVIII.281에 나타난다.

더불어 질문하고 반문하고 추궁했지만 그 나쁜 견해를 완강하게 고수하고 고집하여 주장했다.

"내가 세존께서 설하신 법을 알기로는, 장애가 되는 법들이라고 설하신 것을 수용해도 아무런 장애가 되지 않습니다."

4. 그 비구들이 전에 독수리 사냥꾼이었던 아릿타 비구에게 [131] 그 나쁜 견해를 멀리 여의게 할 수 없자 세존을 찾아갔다. 가서는 세존께 절을 올리고 한 곁에 앉았다. 한 곁에 앉아서 그 비구들은 세존께 이렇게 말씀드렸다.

"세존이시여, 전에 독수리 사냥꾼이었던 아릿타라는 비구에게 '내가 세존께서 설하신 법을 알기로는, 장애가 되는 법들이라고 설하신 것을 수용해도 아무런 장애가 되지 않는다.'라는 이런 아주 나쁜 견해가 생겼습니다.

세존이시여, 저희들은 전에 독수리 사냥꾼이었던 아릿타라는 비구에게 '내가 세존께서 설하신 법을 알기로는, 장애가 되는 법들이라고 설하신 것을 수용해도 아무런 장애가 되지 않는다.'라는 이런 아주 나쁜 견해가 생겼다고 들었습니다. 세존이시여, 그러자 저희들은 전에 독수리 사냥꾼이었던 아릿타 비구를 만나러 갔습니다. 가서는 전에 독수리 사냥꾼이었던 아릿타 비구에게 이렇게 말했습니다.

"도반 아릿타여, 그대에게 '내가 세존께서 설하신 법을 알기로는, 장애가 되는 법들이라고 설하신 것을 수용해도 아무런 장애가 되지 않는다.'라는 이런 아주 나쁜 견해가 생겼다는 것이 사실입니까?"

세존이시여, 그러자 전에 독수리 사냥꾼이었던 아릿타 비구는 저희들에게 이렇게 대답했습니다. '그렇습니다. 도반들이여, 내가 세존께서 설하신 법을 알기로는, 장애가 되는 법들이라고 설하신 것을 수용해도 아무런 장애가 되지 않습니다.'

세존이시여, 그러자 저희들은 전에 독수리 사냥꾼이었던 아릿타 비구에게 이러한 아주 나쁜 견해를 멀리 여의게 하려고 질문하고 반문하고 추궁했습니다.

"도반 아릿타여, 그렇게 말하지 마십시오. 세존을 비방하지 마십시오. 세존을 비방하는 것은 옳지 않습니다. 세존께서는 그렇게 말씀하지 않으셨습니다. 도반 아릿타여, 세존께서는 여러 가지 방편으로 장애가 되는 법들을 설하셨고, 그것을 수용하면 반드시 장애가 된다고 하셨습니다. 감각적 욕망은 달콤함이 적고 많은 괴로움과 많은 절망을 주고 거기에는 재난이 도사리고 있다고 세존께서는 말씀하셨습니다.

더 나아가서 세존께서는 뼈다귀의 비유로 … 뱀 머리의 비유로 감각적 욕망은 많은 괴로움과 많은 절망을 주고 거기에는 재난이 더 많다고 말씀하셨습니다."

세존이시여, 이와 같이 전에 독수리 사냥꾼이었던 아릿타 비구를 저희들이 계속해서 질문하고 반문하고 추궁했지만 그는 '내가 세존께서 설하신 법을 알기로는, 장애가 되는 법들이라고 설하신 것을 수용해도 아무런 장애가 되지 않는다.'라는 그 나쁜 견해를 완강하게 고수하고 고집하여 주장했습니다.

세존이시여, 저희들은 전에 독수리 사냥꾼이었던 아릿타 비구에게 그 나쁜 견해를 멀리 여의게 할 수가 없어 이 사실을 세존께 말씀드리는 것입니다."

5. 그러자 세존께서는 다른 비구를 부르셨다.

"오라, 비구여. 그대는 내 말이라 전하고 전에 독수리 사냥꾼이었던 아릿타 비구를 불러오라. '도반 아릿타여, 스승께서 그대를 부르십니다.'라고."

"그러겠습니다, [132] 세존이시여."라고 그 비구는 세존께 대답하고 전에 독수리 사냥꾼이었던 아릿타 비구를 만나러 갔다. 가서는 전에 독수리 사냥꾼이었던 아릿타 비구에게 이렇게 말했다.

"도반 아릿타여, 스승께서 그대를 부르십니다."

"도반이여, 잘 알겠습니다."라고 전에 독수리 사냥꾼이었던 아릿타 비구는 그 비구에게 대답하고 세존을 뵈러 갔다. 가서는 세존께 절을 올리고 한 곁에 앉았다. 한 곁에 앉자 전에 독수리 사냥꾼이었던 아릿타 비구에게 세존께서는 이렇게 말씀하셨다.

"아릿타여, 그대에게 '내가 세존께서 설하신 법을 알기로는, 장애가 되는 법들이라고 설하신 것을 수용해도 아무런 장애가 되지 않는다.'라는 이런 아주 나쁜 견해가 생겼다는 것이 사실인가?"

"그렇습니다, 세존이시여. 제가 세존께서 설하신 법을 알기로는, 장애가 되는 법들이라고 설하신 것을 수용해도 아무런 장애가 되지 않습니다."

6. "쓸모없는 자여, 도대체 내가 누구에게 그런 법을 설했다고 그대는 이해하고 있는가? 쓸모없는 자여, 참으로 나는 여러 가지 방편으로 장애가 되는 법들을 설했고, 그것을 수용하면 반드시 장애가 된다고 하지 않았던가? 나는 감각적 욕망은 달콤함이 적고 많은 괴로움과 많은 절망을 주고 거기에는 재난이 도사리고 있다고 말했다.

더 나아가서 나는 뼈다귀의 비유로 감각적 욕망은 많은 괴로움과 많은 절망을 주고 거기에는 재난이 더 많다고 말했다. 더 나아가서 나는 고깃덩이의 비유로 … 건초횃불의 비유로 … 숯불구덩이의 비유로 … 꿈의 비유로 … 빌린 물건의 비유로 … 과일이 열린 나무의 비유로 … 도살장의 비유로 … 쇠살의 비유로 … 뱀 머리의 비유로 감각적 욕망은 많은 괴로움과 많은 절망을 주고 거기에는 재난이 더 많다고 말했다.

쓸모없는 자여, 그러나 그대는 그대 스스로 잘못 파악하여 우리를 비난하고 자신을 망치고 많은 허물을 쌓는구나. 쓸모없는 자여, 그것은 그대를 긴 세월 불이익과 고통으로 인도할 것이다."712)

7. 그러자 세존께서는 비구들을 부르셨다.

"비구들이여, 이를 어떻게 생각하는가? 전에 독수리 사냥꾼이었던 이 아릿타 비구가 이 법과 율에서 조금이라도 [지혜의] 열기가 있다713) 고 생각하는가?"

"세존이시여, 어찌 그러하겠습니까? 전혀 그렇지 않습니다, 세존이시여."

이렇게 말했을 때 전에 독수리 사냥꾼이었던 아릿타 비구는 말없이 의기소침하여 어깨를 늘어뜨리고 고개를 숙이고 우울한 표정으로 아무런 대답을 못하고 앉아있었다. 세존께서는 전에 독수리 사냥꾼이었던 아릿타 비구가 말없이 의기소침하여 어깨를 늘어뜨리고 고개를 숙이고 우울한 표정으로 아무런 대답을 못하는 것을 아시고 그에게 이렇게 말씀하셨다.

---

712) 아릿타 비구의 일화 가운데 앞부분은 『율장』에서 두 번 언급되고 있다. 『율장』 Vin.ii.25에서는 승가가 아릿타 비구가 그의 삿된 견해를 버리지 않자 [계를 범하고는 그것을 고치려고 하지 않는 자를] 승가로부터 분리하는 갈마[擧罪羯磨, ukkhepanīya-kamma]를 하였다. 그리고 Vin.iv.133~134에서는 그가 계속적으로 그의 삿된 견해를 버리기를 거부하자 그것을 단타죄(單墮罪, pācittiya)로 선포하였다.

713) '[지혜의] 열기가 있는'은 usmī-kata(열기가 만들어진)인데 주석서에서 지혜의 열기(ñāṇ-usmā)라고 설명하고 있어서 이렇게 옮겼다. 주석서는 이렇게 설명하고 있다.
"마치 큰 불무더기가 꺼지더라도 반딧불 정도의 불씨는 남아있어 그것으로 다시 큰 불무더기를 얻을 수 있듯이, 이 사람에게 조금이라도 지혜의 열기(ñāṇ-usmā)가 있어 그것을 의지하여 정진할 때 도과를 얻을 수 있겠는가? 그렇지 않습니다, 세존이시여, 이러한 견해를 거머쥐고 있는 자(evaṁ-laddhika)에게 어떻게 그와 같은 지혜의 열기가 있겠습니까?"(MA.ii.104)

"쓸모없는 자여, 그대는 그대 자신의 아주 나쁜 견해를 이제 인정하게 될 것이다. 이제 나는 비구들에게 물어보겠다."

8. 세존께서는 비구들을 부르셨다.

"비구들이여, [133] 그대들도 내가 설한 법에 대해 전에 독수리 사냥꾼이었던 이 아릿타 비구가 자기 스스로 잘못 파악하여 우리를 비난하고 자신을 망치고 많은 허물을 쌓는 것처럼 그렇게 이해하고 있는가?"

"그렇지 않습니다, 세존이시여. 세존께서는 여러 가지 방편으로 장애가 되는 법들을 설하셨고, 그것을 수용하면 반드시 장애가 된다고 하셨습니다. 감각적 욕망은 달콤함이 적고 많은 괴로움과 많은 절망을 주고 거기에는 재난이 도사리고 있다고 세존께서는 말씀하셨습니다.

더 나아가서 세존께서는 뼈다귀의 비유로 … 뱀 머리의 비유로 감각적 욕망은 많은 괴로움과 많은 절망을 주고 거기에는 재난이 더 많다고 말씀하셨습니다."

"장하구나, 비구들이여. 장하게도 그대들은 내가 설한 법을 이렇게 이해하고 있구나. 비구들이여, 참으로 나는 여러 가지 방편으로 장애가 되는 법들을 설했고, 그것을 수용하면 반드시 장애가 된다고 말했다. 나는 감각적 욕망은 달콤함이 적고 많은 괴로움과 많은 절망을 주고 거기에는 재난이 도사리고 있다고 말했다.

더 나아가서 나는 뼈다귀의 비유로 … 뱀 머리의 비유로 감각적 욕망은 많은 괴로움과 많은 절망을 주고 거기에는 재난이 더 많다고 말했다. 그러나 전에 독수리 사냥꾼이었던 아릿타 비구는 자신이 스스로 잘못 파악하여 우리를 비난하고 자신을 망치고 많은 허물을 쌓는구나. 그것은 그 쓸모없는 인간을 긴 세월 불이익과 고통으로 인도할 것이다."

9. "비구들이여, 참으로 '그가 감각적 욕망 없이 감각적 욕망의 인식 없이 감각적 욕망에 대한 일으킨 생각 없이 감각적 욕망에 탐닉할 것이다.'라는 것은 근거가 없다."714)

뱀의 비유

10. "비구들이여, 여기 어떤 미혹한 자들이 경·응송·수기·게송·감흥어·여시어·본생담·미증유법·문답715)과 같은 법을 배

714) "어떠한 비구라도 장애가 되는(antarāyā) 법들을 수용해도 장애가 되지 않는다는 이러한 견해를 거머쥐고 있는 자(evaṁ-laddhika)가 오염원으로서의 감각적 욕망(kilesa-kāma)과, 오염원으로서의 감각적 욕망과 관련된 인식과 일으킨 생각(saññā-vitakkā) 없이, 이 법들을 버리고, 이 법들이 없이, 대상으로서의 감각적 욕망(vatthu-kāma)에 탐닉하고 성행위(methuna-samācāra)에 빠진다는 것은 근거가 없다는 말씀이다."(MA.ii.105)

715) 여기에 나타나는 아홉 가지는 '아홉 가지 구성요소를 가진 스승의 교법[九分教, navaṅga-satthu-sāsana]'으로 불린다. 이 구분교에 대한 『디가 니까야 주석서』의 설명을 옮겨보면 다음과 같다.(『디가 니까야』 제3권 585~586쪽에서 발췌하였음)
① 경(經, sutta): [율장의] 두 가지 위방가(『비구 위방가』와 『비구니 위방가』)와 [소부의] 『의석』(Niddesa)과 [율장의] 칸다까(健度 = 『마하왁가』(대품)와 『쭐라왁가』(소품))와 『빠리와라』(補遺)와 [소부의] 『숫따니빠따』의 「길상경」 「보경」 「날라까 경」 「뚜왓따까 경」과 그 외에 경이라 이름하는 다른 여러 여래의 말씀이 바로 경(經, sutta)이라고 알아야 한다.
② 응송(應頌, geyya): 게송과 함께하는 경이 바로 응송(應頌, geyya)이라고 알아야 한다. 특히 『상윳따 니까야』의 「사가타 품」(Sagātha-vagga)전체가 여기에 해당된다. 「사가타 품」은 『상윳따 니까야』의 첫째 권에 해당되는 품이다. 이 품에는 「천신 상응」(S1)부터 「삭까 상응」(S11)까지 모두 11개의 상응이 포함되어 있는데 산문과 운문이 함께 섞여 있다. 그래서 이 품은 모두 응송에 해당된다고 설명하고 있다.
③ 수기(授記, 상세한 설명, 記別, veyyākaraṇa): 전체 『논장』과 게송이 없는 경과 그 외에 다른 여덟 가지 구성요소에 포함되지 않는 부처님 말씀이 바로 상세한 설명(記別, 授記, veyyākaraṇa)이라고 알아야 한다.
④ 게송(偈頌, gāthā): 『법구경』과 『장로게』와 『장로니게』와 『숫따니빠따』에서 경이라는 이름이 없는 순수한 게송이 바로 게송(偈頌, gāthā)이

우지만 그 법을 배워 통찰지로 그 법의 뜻을 자세히 살펴보지 않는다. 그 법의 뜻을 통찰지로 자세히 살피지 않을 때 그들에게 그 법들은 확립되지 못한다.716) 그들은 오직 다른 이들을 논박하고 논쟁에서 이기기 위해 법을 배우므로717) 법을 배우는 그 궁극의 의미를 체

라고 알아야 한다.
⑤ 감흥어(感興語, udāna): 기쁨에서 생긴 지혜로 충만한 게송과 관련된 82가지 경들이 바로 감흥어(感興語, udāna)라고 알아야 한다.
⑥ 여시어(如是語, itivuttaka): "세존께서는 이렇게 말씀하셨다."라는 등의 방법으로 전개되는 110가지 경들이 바로 여시어(如是語, iti-vuttaka)라고 알아야 한다.
⑦ 본생담(本生譚, jātaka): 「아빤나까 본생담」 등 550개의 본생담이 바로 본생담(本生譚, jātaka)이라고 알아야 한다.
⑧ 미증유법(未曾有法, abbhūtadhamma): "비구들이여, 아난다에게는 네 가지 놀랍고 경이로운 법이 있다. 무엇이 넷인가?"(D16/ii.145)라는 등의 방법으로 전개되는 모든 놀랍고 경이로운 법과 관련된 경들이 바로 미증유법(未曾有法, abbhūta-dhamma)이라고 알아야 한다.
⑨ 문답(方等, vedalla): 「교리문답의 짧은 경」(M44), 「교리문답의 긴 경」(M43), 「바른 견해 경」(M9), 「제석문경」(D21), 「상카라 분석경」, 「대보름경」(M109), 등 모든 신성한 지혜와 만족과 여러 가지 이익됨이 질문된 경들이 바로 문답(方等, vedalla)이라고 알아야 한다.
한편 북방 소전에는 대부분 12분교로 나타나는데 이 아홉에다 비유(譬喩), 인연(因緣), 본사(本事)를 더한 것이다.

716) "원문의 anupaparikkhataṁ(자세히 살피지 않음)은 anupaparikkhatānaṁ으로 읽어서 ['그들'을 수식하는 소유격의 복수형으로 해석해야 한다]. '확립되지 못한다(na nijjhānaṁ khamanti).'는 것은 na upaṭṭhahanti(확립되지 못한다.), na āpāthaṁ āgacchanti(그 영역에 들지 못한다.)는 뜻이다. 즉 이 부분에서 계, 정, 혜, 도, 과, 윤회(vaṭṭa), 윤회에서 벗어남(vivaṭṭa)을 설했다고 이렇게 아는 것은 불가능하다는 말씀이다."(MA.ii.106)

717) '다른 이들을 논박하고 논쟁에서 이기기 위해'는 upārambh-ānisaṁsā(논박하는 이점)과 itivāda-ppamokkh-ānisaṁsā(논쟁에서 벗어나는 이점)을 풀어서 옮긴 것이다. 주석서는 이렇게 설명한다.
"다른 이들의 교리에 결점(dosa)을 제기하는 이점 때문에 교리를 배우고, 다른 이들이 자기의 교설(vāda)에 대해 결점을 제기하면 이러이러한 방식으로 그 결점에서 벗어날 것(pamokkha)이라는 이유 때문에 교설을 배운다는 말이다."(MA.ii.106~107)

득하지 못한다.[718] 그들이 잘못 파악한 그 법들은 그들을 긴 세월 불이익과 고통으로 인도할 것이다. 그것은 무슨 까닭인가? 비구들이여, 법을 잘못 파악했기 때문이다.

비구들이여, 예를 들면 땅꾼이 뱀을 원하고 뱀을 탐색하고 뱀을 찾아다니다가 큰 뱀을 보았다 하자. 그 사람이 그 뱀의 몸통이나 꼬리를 잡는다면 그 뱀은 되돌아서 그 사람의 손이나 팔이나 몸의 다른 부분을 물어버릴 것이다. 그 때문에 [134] 그 사람은 죽음에 이르기도 하고 죽음에 버금가는 고통을 당할 것이다. 그것은 무슨 까닭인가? 비구들이여, 뱀을 잘못 잡았기 때문이다.

비구들이여, 그와 같이 여기 어떤 미혹한 자들이 경·응송·수기·게송·감흥어·여시어·본생담·미증유법·문답과 같은 법을 배우지만 그 법을 배워 통찰지로써 그 법들의 뜻을 자세히 살펴보지 않는다. 그 법의 뜻을 통찰지로 자세히 살피지 않을 때 그들에게 그 법들은 확립지 못한다. 그들은 오직 다른 이들을 논박하고 자기 교리를 주장하기 위해 법을 배우므로 법을 배우는 그 궁극의 의미를 체득하지 못한다. 그들이 잘못 파악한 그 법들은 그들을 긴 세월 불이익과 고통으로 인도할 것이다. 그것은 무슨 까닭인가? 비구들이여, 법을 잘못 파악했기 때문이다."

11. "비구들이여, 여기 어떤 좋은 가문의 아들[善男子]들이 경·응송·수기·게송·감흥어·여시어·본생담·미증유법·문답과 같은 법을 배운다. 그들은 그 법을 배워 통찰지로써 그 법들의 뜻을 자

718) "선남자들이 법을 배우는 것은 도(magga)와 과(phala)를 얻기 위함인데, 법을 잘못 파악한 자들은 그 도와 과를 체득하지 못한다는 말이다."(MA.ii.107)
이처럼 주석서는 '궁극의 의미(attha)'를 도와 과로 설명하고 있다.

세히 살펴본다. 그 법의 뜻을 통찰지로 자세히 살필 때 그들에게 그 법들은 확립된다. 그들은 오직 다른 이들을 논박하고 자기 교리를 주장하기 위해 법을 배우지 않으므로 법을 배우는 그 궁극의 의미를 체득한다. 그들이 잘 파악한 그 법들은 그들을 긴 세월 이익과 행복으로 인도할 것이다. 그것은 무슨 까닭인가? 비구들이여, 법을 잘 파악했기 때문이다.

비구들이여, 예를 들면 땅꾼이 뱀을 원하고 뱀을 탐색하고 뱀을 찾아다니다가 큰 뱀을 보았다 하자. 그 사람이 그 뱀을 염소발 모양의 막대기로 잘 누르고 그런 다음 그 뱀의 머리를 잘 붙잡는다고 하자. 비구들이여, 그러면 그 뱀이 비록 그 사람의 손이나 팔이나 몸의 다른 부분을 몸통으로 휘감겠지만 그러나 그 때문에 그 사람이 결코 죽음에 이르지 않고 죽음에 버금가는 고통을 당하지도 않을 것이다. 그것은 무슨 까닭인가? 비구들이여, 뱀을 잘 붙잡았기 때문이다.

비구들이여, 그와 같이 여기 어떤 좋은 가문의 아들들이 경·응송·수기·게송·감흥어·여시어·본생담·미증유법·문답과 같은 법을 배운다. 그들은 그 법을 배워 통찰지로써 그 법들의 뜻을 자세히 살펴본다. 그 법의 뜻을 통찰지로 자세히 살필 때 그들에게 그 법들은 확립된다. 그들은 오직 다른 이들을 논박하고 자기 교리를 주장하기 위해 법을 배우지 않으므로 법을 배우는 그 궁극의 의미를 체득한다. 그들이 잘 파악한 그 법들은 그들을 긴 세월 이익과 행복으로 인도할 것이다. 그것은 무슨 까닭인가? 비구들이여, 법을 잘 파악했기 때문이다."

12. "비구들이여, 그러므로 그대들이 내 가르침의 뜻을 잘 이해하거든 그대로 잘 호지하라. 그러나 내 가르침의 뜻을 이해하지 못하거든 나에게 다시 묻거나 현명한 비구들에게 물어보아라."

뗏목의 비유

13. "비구들이여, 그대들에게 뗏목에 비유하여 법을 설하리니, 그것은 건너기 위함이지 움켜쥐기 위함이 아니다.719) 그것을 들어라. 듣고 마음에 잘 새겨라. 나는 설할 것이다."

"그러겠습니다, 세존이시여."라고 비구들은 세존께 응답했다. 세존께서는 이렇게 말씀하셨다.

"비구들이여, 예를 들면 사람이 길을 가다가 큰 강을 보았다 하자. 이 언덕은 위험하고 두렵지만720) 저 언덕은 안온하고 두려움이 없다. 그러나 저 언덕으로 건너기 위한 배도 다리도 없다. 그는 [135] 생각한다.

'이 강은 참으로 크다. 이 언덕은 위험하고 두렵지만 저 언덕은 안온하고 두려움이 없다. 그러나 저 언덕으로 건너기 위한 배도 다리도 없다. 참으로 나는 풀과 잔가지와 큰 가지와 풀잎을 함께 모아서 뗏목을 엮어서 그 뗏목에 의지하여 손과 발로 노력하여 안전하게 저 언덕으로 건너가리라.'

그리하여 그 사람은 풀과 잔가지와 큰 가지와 풀잎을 함께 모아서 뗏목을 엮어서 그 뗏목에 의지하여 손과 발로 노력하여 안전하게 저 언덕으로 건너갈 것이다. 강을 건너 저 언덕에 도달한 사람에게 이런 생각이 일어날 것이다.

'이 뗏목은 나에게 많은 것을 해주었다. 이 뗏목에 의지하여 손과

---

719) 이 문장은 본서 제2권 「갈애 멸진의 긴 경」(M38) §14에서 "법은 건너기 위한 것이지 움켜쥐기 위한 것이 아니라고 뗏목에 비유해서 설한 것"이라고 나타나기도 한다.

720) "'위험한(sāsaṅka)'이란 것은 도둑들이 머무는 곳이 보이고, 서 있는 곳, 앉아 있는 곳, 누워 있는 곳이 보이는 것이고, '두려운(sappaṭibhaya)'이란 것은 그곳에서 도둑들에 의해 사람들이 죽는 것이 보이는 것이다."(MA.ii.109)

발로 노력하여 안전하게 저 언덕으로 건너왔다. 참으로 나는 이 뗏목을 머리에 이거나 어깨에 메고 내가 갈 곳으로 가야겠다.'

비구들이여, 이를 어떻게 생각하는가? 그 사람이 그렇게 해야 그 뗏목에 대해서 할 바를 다 한 것인가?"

"그렇지 않습니다, 세존이시여."

"비구들이여, 그러면 어떻게 해야 그 사람이 그 뗏목에 대해서 할 바를 다 하겠는가?

비구들이여, 여기 저 언덕에 도달한 사람에게 이런 생각이 들 것이다.

'이 뗏목은 나에게 많은 것을 해주었다. 이 뗏목에 의지하여 손과 발로 노력하여 안전하게 저 언덕에 건너왔다. 참으로 나는 이 뗏목을 땅에 내려놓거나 물에 띄워놓고 내가 갈 곳으로 가리라.'

비구들이여, 이렇게 하는 자가 참으로 그 뗏목에 대해서 할 바를 다 하는 것이다. 비구들이여, 이와 같이 그대들에게 뗏목에 비유하여 법을 설했나니, 그것은 건너기 위함이지 움켜쥐기 위함이 아니다."

14. "비구들이여, 뗏목에 비유하여 그대들에게 설한 법을[721] 이해하는 자들은 법들도 버려야 하거늘[722] 하물며 법이 아닌 것들이야

---

721) 또 다른 뗏목의 비유는 『상윳따 니까야』 제4권 「독사 경」(S35:238) §§7∼9에 나타나고 이 비유에 대한 설명은 그곳 §§16∼21에 나타난다. 이 경 §19에서 부처님께서는 뗏목을 팔정도에 비유한 것이라고 말씀하신다.

722) "'법들도 버려야 하거늘(dhammāpi pahātabbā)'에서 법들이란 사마타와 위빳사나를 말한다. 세존께서는 사마타와 위빳사나에 대해서도 그 열정과 욕망(chanda-rāga)을 버려야 한다고 말씀하셨기 때문이다. 그러면 어디에서 사마타에 대한 열정과 욕망을 버리라고 말씀하셨는가?
"우다이여, 여기 비구는 … 초선(初禪)을 … 제2선을 … 제3선을 … 제4선을 … 공무변처를 … 식무변처를 … 무소유처를 … 비상비비상처를 구족하여 머문다. 우다이여, 그러나 이것도 충분치 못하다고 나는 말한다. 버려야 한다고 나는 말한다. 넘어서야 한다고 나는 말한다."(본서 제2권 「메추라기

말해서 무엇하리."723)

비유 경」(M66) §§26~33)
그러면 어디에서 위빳사나에 대한 열정과 욕망을 버리라고 하셨는가?
"비구들이여, 만일 그대들이 이와 같이 청정하고 이와 같이 깨끗한 견해를 집착하고 즐기고 재산으로 여기고 내 것으로 여긴다면, 법은 건너기 위한 것이지 움켜쥐기 위한 것이 아니라고 뗏목에 비유해서 설한 것을 이해했다고 할 수 있겠는가?"(본서 제2권「갈애 멸진의 긴 경」(M38) §14)
그러나 여기서는 둘 모두에 대한 열정과 욕망을 버리라고 하시면서 '법들도 버려야 하거늘 하물며 법이 아닌 것들이야 말해서 무엇하리(dhammāpi vo pahātabbā pageva adhammā).'라고 하신 것이다. 이 뜻은 다음과 같다.
비구들이여, 나는 이와 같이 고요하고 수승한(santa-ppaṇītā) 사마타와 위빳사나의 법들에 대해서도 욕망과 탐욕을 버릴 것을 말한다. 그런데 하물며 천하고 비열하고 사악하고 성행위에 빠지게 하는 비법(asaddhamma)에 대해서야 말해 무엇하겠는가? 이런 것에 대해 미혹하여 결점이 없다는 인식을 갖고 있는(niddosa-saññī) 아릿타는 다섯 가지 얽어매는 감각적 욕망에 대한 욕망과 탐욕이 장애가 되지 않는다고 말한다. 아릿타처럼 그대들은 나의 교법(sāsana)에 진흙(kalala)이나 쓰레기(kacavara)를 던지지 말라고 세존께서 이 교계(ovāda)로 아릿타를 꾸짖으셨다."(MA.ii.109)
여기서 주목할 점은 주석서는 법에 대한 열정과 욕망을 버리라고 해석하고 있지 법 자체를 버리라는 것으로 해석하지 않는다는 점이다. 이처럼 '법들도 버려야 한다.'는 부처님의 이 말씀은 도덕적 허무주의를 조장하기 위한 것도 아니고, 깨달은 사람은 선과 악을 초월했다는 것을 강조하시기 위한 것은 더군다나 아니다. 여기에 대해서는 번뇌가 멸한 비구 즉 아라한은 살생, 도둑질, 음행, 거짓말, 쌓아두고 즐기기라는 다섯 가지를 범할 수 없다고 말씀하시는 본서「산다까 경」(M76) §51을 참조하기 바란다. 초기불교에 관한한 무애도인의 막행막식(莫行莫食) 따위는 그 어디에도 발붙일 틈이 없다.

723) "뗏목에 비유하여 그대들에게 설한 법을 이해하는 자들은 법들도 버려야 하거늘 하물며 법이 아닌 것들이야 말해서 무엇하리."는 kullūpamaṁ dhammaṁ desitaṁ, ājānantehi dhammāpi vo pahātabbā pageva adhammā를 옮긴 것이다.
그런데 이 구문은 대한불교조계종의 소의경전인『금강경』제6품 正信希有分에 "법문이란 뗏목과 같은 것이라고 깊게 아는 자들은 법들도 반드시 버려야 하거늘 하물며 법이 아닌 것임에랴(kolopamaṁ dharma-paryāyam ājānadbhir dharmā eva prahātavyāḥ prāg eva adharmā, 知我說法如筏喩者 法尙應捨 何況非法)."로 나타나고 있다.
금강경과 본경의 두 문장을 비교해 보면,『금강경』에서는 '다르마 빠리야야(dharma-paryāya)' 즉 '부처님의 법문'으로 표현되어 나타나고 본경에서는 '담맘 데시땀(dhammaṁ desitaṁ)'즉 '설해진 법'이라고 표현된 것만 다

여섯 가지 견해의 토대

15\. "비구들이여, 여섯 가지 견해의 토대[724]가 있다. 무엇이 그 여섯인가?

비구들이여, 여기 배우지 못한 범부는 성자들을 친견하지 못하고 성스러운 법에 능숙하지 못하고 성스러운 법에 인도되지 못하고, 바른 사람들을 친견하지 못하고 바른 사람들의 법에 능숙하지 못하고 바른 사람들의 법에 인도되지 않아서 ① 물질을 두고 '이것은 내 것이다. 이것은 나다. 이것은 나의 자아다.'라고 여긴다.[725] ② 느낌을 두고 '이것은 내 것이다. 이것은 나다. 이것은 나의 자아다.'라고 여긴다. ③ 인식을 두고 '이것은 내 것이다. 이것은 나다. 이것은 나의 자아다.'라고 여긴다. ④ 심리현상들[行]을 두고 '이것은 내 것이다. 이것은 나다. 이것은 나의 자아다.'라고 여긴다. ⑤ 보고, 듣고, 생각하고, 알고, 얻고, 탐구하고, 마음으로 고찰한 것을 두고 '이것은 내 것이다. 이것은 나다. 이것은 나의 자아다.'라고 여긴다. ⑥ '이것이 세

르고 나머지는 같은 단어들이 나타나고 있다.

724) "'견해의 토대(diṭṭhi-ṭṭhāna)라고 하셨다. 여기서 견해(diṭṭhi)도 견해의 토대이고, 견해의 대상(diṭṭhiyā ārammaṇa)도 견해의 토대이고, 견해의 조건(diṭṭhiyā paccaya)도 견해의 토대이다."(MA.ii.110)

725) "물질에 대해 '이것은 내 것이다(etaṁ mama).'라는 것은 갈애에 의한 움켜쥠(taṇhā-ggāha)이고, '이것은 나다(eso'hamasmi).'라는 것은 자만에 의한 움켜쥠(māna-ggāha)이고, '이것은 나의 자아다(eso me atta).'라는 것은 견해에 의한 움켜쥠(diṭṭhi-ggāha)이다. 이와 같이 물질의 대상들(rūp-ārammaṇā)에 대해 갈애와 자만과 견해를 설하셨다. 느낌 등에 대해서도 같은 방법이 적용된다."(MA.ii.110)
물론 '이것은 내 것이다. 이것은 나다. 이것은 나의 자아다.'라는 이러한 관념은 허황된 생각[空想, maññanā, M1 §3의 주해들 참조]과 사량 분별(papañca, M1 §3과 M18)의 뒤에 엄청나게 똬리를 틀고 있는 윤회의 동력인임이 분명하다.

계요, 이것이 자아다.[726] 나는 죽은 뒤에도 항상할 것이고 견고하고 영원하고 변하지 아니하여 [136] 영원토록 여여하게 머물 것이다.'라는 견해가 있어 그것을 두고 '이것은 내 것이다. 이것은 나다. 이것은 나의 자아다.'라고 여긴다."

16. "비구들이여, 잘 배운 성스러운 제자는 성자들을 친견하고 성스러운 법에 능숙하고 성스러운 법에 인도되고, 바른 사람들을 친견하고 바른 사람들의 법에 능숙하고 바른 사람들의 법에 인도되어서 ① 물질을 두고 '이것은 내 것이 아니다. 이것은 내가 아니다. 이것은 나의 자아가 아니다.'라고 여긴다.[727] ② 느낌을 두고 '이것은 내 것이 아니다. 이것은 내가 아니다. 이것은 나의 자아가 아니다.'라고 여긴다. ③ 인식을 두고 '이것은 내 것이 아니다. 이것은 내가 아니다. 이것은 나의 자아가 아니다.'라고 여긴다. ④ 심리현상들[行]을 두고 '이것은 내 것이 아니다. 이것은 내가 아니다. 이것은 나의 자아가 아니다.'라고 여긴다. ⑤ 보고, 듣고, 생각하고, 알고, 얻고, 탐구하고, 마음으로 고찰한 것을 두고 '이것은 내 것이 아니다. 이것은 내가 아니다. 이것은 나의 자아가 아니다.'라고 여긴다. ⑥ '이것이 세계요,

---

726) 냐나몰리 스님/보디 스님, 1209쪽 259의 주해에 의하면 냐나뽀니까 스님은 여기서 '세계(loka)'는 상캬(Sāṅkhya) 철학에서 우주의 동력인(pradhāna, Pāli. padhāna)으로 설하는 쁘라끄르띠(prakṛti, 自然)를 의미하고, '자아(atta)'는 나고 죽음이 없는 참사람인 뿌루샤(puruṣa, 原人)를 뜻하는 것으로 주장한다고 한다.

727) "밝은 쪽(sukka-pakkha)에 물질을 두고 '이것은 내 것이 아니다(n'etaṁ mama).'라는 것은 물질에 대해 갈애와 자만과 견해에 의한 움켜쥠을 버린 것(paṭikkhittā)이다. '여긴다(samanupassati)'는 것은 본다, 관찰한다는 뜻으로 갈애에 기인한 것, 자만에 기인한 것, 사견에 기인한 것, 지혜(ñāṇa)에 기인한 것의 네 가지가 있다. 이 네 가지 중에서 앞의 세 가지는 어두운 쪽(kaṇha-pakkha)에 있고, 지혜에 기인한 것은 밝은 쪽에 있다고 알아야 한다."(MA.ii.111)

이것이 자아다. 나는 죽은 뒤에도 항상할 것이고 견고하고 영원하고 변하지 아니하여 영원토록 여여하게 머물 것이다.'라는 견해가 있어 그것을 두고 '이것은 내 것이 아니다. 이것은 내가 아니다. 이것은 나의 자아가 아니다.'라고 여긴다."

17. "그는 이와 같이 관찰하기 때문에 존재하지 않는 것에 대해 번민하지 않는다."[728]

번민

18. 이와 같이 설하셨을 때 어떤 비구가 세존께 여쭈었다.

"세존이시여, 밖으로 존재하지 않는 것에 대해[729] 번민[730]하는 경우가 있습니까?"

"그러하다, 비구여."

세존께서는 말씀하셨다.

"비구여, 여기 어떤 자에게 이런 생각이 들 것이다. '오, 내게 그것이 있었는데, 더 이상 내게 없다. 내가 그것을 가지면 얼마나 좋을까. 그러나 나는 얻지 못하는구나!'라고. 그는 근심하고 상심하고 슬퍼하고 가슴을 치고 울부짖고 광란한다. 비구여, 이와 같이 밖으로 존재하지 않는 것에 대해 번민한다."

---

728) "'존재하지 않는 것에 대해 번민하지 않는다(asati na paritassati).'는 것은 존재하지 않는 것에 대해 두려움에 의한 번민(bhaya-paritassanā)이나 혹은 갈애에 의한 번민으로 번민하지 않는다는 말이다."(MA.ii.111)
여기에 대해서는 본서 「사자후의 짧은 경」(M11) §17의 주해도 참조할 것.

729) 주석서는 '밖으로 존재하지 않는 것(bahiddhā asati)'이란 밖의 필수품(parikkhāra)이 왕이나 도둑이나 물이나 불에 의해 파괴되는 것(vināsa)을 뜻한다고 설명하고 있다.(MA.ii.111)

730) '번민(paritassana)'에 대해서는 본서 「사자후의 짧은 경」(M11) §17의 주해도 참조할 것.

19. "세존이시여, 밖으로 존재하지 않는 것에 대해 번민하지 않는 경우가 있습니까?"

"그러하다, 비구여."

세존께서는 말씀하셨다.

"비구여, 여기 어떤 자에게는 이런 생각이 들지 않을 것이다. '오, 내게 그것이 있었는데, 더 이상 내게 없다. 내가 그것을 가지면 얼마나 좋을까. 그러나 나는 얻지 못하는구나!'라고. 그는 근심하지 않고 상심하지 않고 슬퍼하지 않고 가슴을 치지 않고 울부짖지 않고 광란하지 않는다. 비구여, 이와 같이 밖으로 존재하지 않는 것에 대해 안달복달하지 않는다."

20. "세존이시여, 안으로 존재하지 않는 것에 대해 번민하는 경우가 있습니까?"

"그러하다, 비구여."

세존께서는 말씀하셨다.

"비구여, 여기 어떤 자에게 '이것이 세계요, 이것이 자아다. 나는 죽은 뒤에도 항상할 것이고 견고하고 영원하고 변하지 아니하여 영원토록 여여하게 머물 것이다.'라는 견해가 있다. 그는 여래나 여래의 제자가 모든 견해의 토대, 결심, 편견, 고집, 잠재성향들을 근절시키고, 모든 형성된 것들[行]을 가라앉히고[止], 모든 재생의 근거를 놓아버리고[放棄], 갈애를 멸진하고, 탐욕을 빛바래고[離慾], 소멸하고[滅], 열반을 증득하기 위해 법을 설하는 것을 듣는다. 그러면 [137] 그에게 이런 생각이 든다. '나는 단멸해버리겠구나. 참으로 나는 파멸해버리겠구나. 참으로 나는 더 이상 존재하지 않게 되겠구나.'라고. 그는 근심하고 상심하고 슬퍼하고 가슴을 치고 울부짖고 광란한다.

비구여, 이와 같이 안으로 존재하지 않는 것에 대해 번민한다."

21. "세존이시여, 안으로 존재하지 않는 것에 대해 번민하지 않는 경우가 있습니까?"

"그러하다, 비구여."

세존께서는 말씀하셨다.

"비구여, 여기 어떤 자에게 '이것이 세계요, 이것이 자아다. 나는 죽은 뒤에도 항상할 것이고 견고하고 영원하고 변하지 아니하여 영원토록 여여하게 머물 것이다.'라는 견해가 없다. 그는 여래나 여래의 제자가 모든 견해의 토대, 결심, 편견, 고집, 잠재성향들을 근절시키고, 모든 형성된 것들을 가라앉히고,731) 모든 재생의 근거를 놓아버리고, 갈애를 멸진하고, 탐욕을 빛바래고, 소멸인 열반을 위해 법을 설하는 것을 듣는다. 그러나 그에게 '나는 단멸해버리겠구나. 참으로 나는 파멸해버리겠구나. 참으로 나는 더 이상 존재하지 않게 되겠구나.'라는 생각이 들지 않는다. 그는 근심하지 않고 상심하지 않고 슬퍼하지 않고 가슴을 치지 않고 울부짖지 않고 광란하지 않는다. 비구여, 이와 같이 안으로 존재하지 않는 것에 대해 번민하지

---

731) "'모든 형성된 것들[有爲]을 가라앉히고(sabba-saṅkhāra-samathāya)'라고 하셨다. 열반을 얻으면 모든 형성된 것들[有爲]의 흔들림(iñjitāni), 모든 형성된 것들의 동요(calanāni), 모든 형성된 것들의 움직임(vipphanditāni)이 가라앉고(sammanti) 고요해진다(vūpasammanti). 그러므로 열반을 모든 형성된 것들[有爲]이 가라앉은 것 [즉 무위(無爲)]라 한다.
그 열반을 얻으면 무더기라는 재생의 근거(khandh-ūpadhi), 오염원이라는 재생의 근거(kiles-ūpadhi), 업형성력이라는 재생의 근거(abhisaṅkhār-ūpadhi), 다섯 가지 얽어매는 감각적 욕망이라는 재생의 근거(pañca-kāma-guṇ-ūpadhi) 등 이러한 재생의 근거들이 내버려지고, 갈애가 소멸되고, 탐욕이 빛바래고, 소멸한다. 그래서 '모든 형성된 것들을 가라앉히고, 모든 재생의 근거를 놓아버리고, 갈애를 멸진하고, 탐욕을 빛바래고, 소멸함(sabb-ūpadhi-paṭinissaggo taṇhā-kkhayo virāgo nirodho).'이라고 하셨다."(MA.ii.112)

않는다."

무상과 무아

22. "비구들이여, 그대들은 소유물이 항상하고 견고하고 영원하고 변하지 아니하여 영원토록 여여하게 머물게 된다면 그 소유물을 거머쥘지도 모른다. 비구들이여, 그런데 그대들은 항상하고 견고하고 영원하고 변하지 아니하여 영원토록 여여하게 머물게 되는 그런 소유물을 본 적이 있는가?"

"그렇지 않습니다, 세존이시여."

"장하구나, 비구들이여. 나도 역시 항상하고 견고하고 영원하고 변하지 아니하여 영원토록 여여하게 머물게 되는 그런 소유물을 본 적이 없다."

23. "비구들이여, 그대들은 자아에 대한 교리[732]를 취착할 때 근심·탄식·육체적 고통·정신적 고통·절망이 생기지 않는다면 그런 자아에 대한 교리를 취착할지도 모른다. 비구들이여, 그런데 그대들은 자아에 대한 교리를 취착할 때 근심·탄식·육체적 고통·정신적 고통·절망이 생기지 않는 그런 자아에 대한 교리에 취착함을 본 적이 있는가?"

"그렇지 않습니다, 세존이시여."

"장하구나, 비구들이여. 나도 자아에 대한 교리를 취착할 때 근심·탄식·육체적 고통·정신적 고통·절망이 생기지 않는 그런 자

---

732) 여기서 '자아에 대한 교리'는 atta-vāda를 직역한 것이다. 주석서는 20가지로 구성된 유신견(vīsati-vatthuka sakkāya-diṭṭhi)이 바로 자아에 대한 교리라고 설명하고 있다.(MA.ii.112)
20가지 유신견([불변하는] 존재 더미가 있다는 견해)은 본서 제2권 「교리문답의 짧은 경」(M44) §7에 나열되어 나타나고 있으므로 참조할 것.

아에 대한 교리에 취착함을 본 적이 없다."

24. "비구들이여, 그대들은 그 견해를 의지할 때733) 근심 · 탄식 · 육체적 고통 · 정신적 고통 · 절망이 생기지 않는다면 그런 견해를 의지할지도 모른다. 비구들이여, 그런데 그대들은 그 견해를 의지할 때 근심 · 탄식 · 육체적 고통 · 정신적 고통 · 절망이 생기지 않는 그런 견해에 의지함을 본 적이 있는가?"

"그렇지 않습니다, 세존이시여."

"장하구나, 비구들이여. 나도 그 견해를 의지할 때 [138] 근심 · 탄식 · 육체적 고통 · 정신적 고통 · 절망이 생기지 않는 그런 견해에 의지함을 본 적이 없다."

25. "비구들이여, 자아가 있다면 나의 자아에 속하는 것도 있겠는가?"

"그렇습니다, 세존이시여."

"비구들이여, 자아에 속하는 것이 있다면 나의 자아도 있겠는가?"

"그렇습니다. 세존이시시여."

"비구들이여, 그러나 자아도 자아에 속하는 것도 진실로 사실로 얻을 수가 없을 때에, '이것이 세계요, 이것이 자아다. 나는 죽은 뒤에도 항상할 것이고 견고하고 영원하고 변하지 아니하여 영원토록 여여하게 머물 것이다.'라는 견해의 토대는 전적으로 완전히 어리석

---

733) '견해에 의지함'은 diṭṭhinissaya를 옮긴 것이다. 주석서는 『디가 니까야』 제1권 「범망경」(D1)에 나타나는 62가지 견해가 바로 견해에 의지하는 것이라고 설명하고 있다.
"20가지 [불변하는] 존재 더미가 있다는 견해[有身見, sakkāya-diṭṭhi]를 자아에 대한 교리를 취착함(attavād-upādāna)으로 설명하신 뒤에, 이제 유신견에서 생겨나는 62가지 견해(dvāsaṭṭhi diṭṭhī)를 여기서 '견해에 의지함'이라고 말씀하신다."(MA.ii.112)

은 법이 아니겠는가?"

"어찌 그렇지 않겠습니까? 세존이시여, 그것은 전적으로 완전히 어리석은 법입니다."

26. "비구들이여, 이를 어떻게 생각하는가? 물질은 항상한가, 무상한가?"

"무상합니다, 세존이시여."

"무상한 것은 괴로움인가, 즐거움인가?"

"괴로움입니다, 세존이시여."

"무상하고 괴로움이고 변하기 마련인 것을 두고 '이것은 내 것이다. 이것은 나다. 이것은 나의 자아다.'라고 보는 것이 타당하겠는가?"

"그렇지 않습니다, 세존이시여."

비구들이여, 이를 어떻게 생각하는가? 느낌은 … 인식은 … 심리현상들[行]은 … 알음알이는 항상한가, 무상한가?"

"무상합니다, 세존이시여."

"무상한 것은 괴로움인가, 즐거움인가?"

"괴로움입니다, 세존이시여."

"무상하고 괴로움이고 변하기 마련인 것을 두고 '이것은 내 것이다. 이것은 나다. 이것은 나의 자아다.'라고 보는 것이 타당하겠는가?"

"그렇지 않습니다, 세존이시여."

27. "비구들이여, 그러므로 물질이라고 하는 것은 그 어떤 것이든, 그것이 과거의 것이든 미래의 것이든 현재의 것이든, 안의 것이든 밖의 것이든, 거칠든 [139] 섬세하든, 저열하든 수승하든, 멀리 있건 가까이 있건, 그 모든 물질에 대해 '이것은 내 것이 아니다. 이것은 내가 아니다. 이것은 나의 자아가 아니다.'라고 이와 같이 이것을

있는 그대로 바른 통찰지로써 보아야 한다.

느낌이라고 하는 것은 그 어떤 것이든, … 인식이라고 하는 것은 그 어떤 것이든, … 심리현상들이라고 하는 것은 그 어떤 것이든, … 알음알이라고 하는 것은 그 어떤 것이든, 그것이 과거의 것이든 미래의 것이든 현재의 것이든, 안의 것이든 밖의 것이든, 거칠든 섬세하든, 저열하든 수승하든, 멀리 있건 가까이 있건, 그 모든 알음알이에 대해 '이것은 내 것이 아니다. 이것은 내가 아니다. 이것은 나의 자아가 아니다.'라고 이와 같이 이것을 있는 그대로 바른 통찰지로써 보아야 한다."

28. "비구들이여, 이와 같이 보면서 잘 배운 성스러운 제자는 물질에도 염오하고[734] 느낌에도 염오하고 인식에도 염오하고 심리현상들에도 염오하고 알음알이에도 염오한다."

29. "염오하면서 탐욕이 빛바랜다. 탐욕이 빛바래므로 해탈한다. 해탈할 때 해탈했다는 지혜가 생긴다.[735] '태어남은 다했다. 청정범

---

734) '염오하다.'로 옮긴 원어는 nibbindati인데 이것의 명사형인 nibbidā는 여러 곳에서 '염오'로 번역되는 술어이다.
주석서는 "여기서 nibbidā는 [도의] 출현으로 인도하는 위빳사나(vuṭṭhāna-gāminī vipassanā)를 말한다."(MA.ii.114)라고 설명하고 있다. 한편 『상윳따 니까야 주석서』 등 다른 주석서에서는 다음과 같이 염오를 설명한다.
"'염오(nibbidā)'란 염오의 지혜(nibbidā-ñāṇa)를 말하는데, 이것으로 강한 위빳사나(balava-vipassanā)를 드러내고 있다. 여기서 강한 위빳사나란 [10가지 위빳사나의 지혜 가운데] ④ 공포의 지혜(bhayat-ūpaṭṭhāne ñāṇa) ⑤ 위험을 관찰하는 지혜(ādīnava-anupassane ñāṇa) ⑦ 해탈하기를 원하는 지혜(muñcitukamyatā-ñāṇa) ⑨ 상카라[行]에 대한 평온의 지혜(saṅkhār-upekkhā-ñāṇa)의 네 가지 지혜와 동의어이다."(SA.ii.53, 『상윳따 니까야』 제2권 「의지처 경」(S12:23) §4에 대한 주석)

735) "'탐욕이 빛바랜다(virāga).'는 것은 도(magga)를 말하고, 탐욕의 빛바램인 도를 통해서 '해탈한다(vimuccati)'는 것은 과(phala)를 말한 것이다. '해탈할 때 해탈했다는 지혜가 생긴다(vimuttasmiṁ vimuttamiti ñāṇaṁ

행은 성취되었다. 할 일을 다 해 마쳤다. 다시는 어떤 존재로도 돌아오지 않을 것이다.'라고 꿰뚫어 안다."736)

---

hoti).'는 것은 반조(paccavekkhaṇā)를 말한 것이다."(MA.ii.115)

736) 본경 §§26~29에 나타나는 ① 오온으로 해체해서 보기 ② 무상·고·무아 ③ 염오 ④ 이욕 ⑤ 해탈 ⑥ 구경해탈지의 정형구는 니까야의 도처에서 강조되고 있는 해탈·열반을 실현하는 여섯 단계의 과정이다. 여섯 단계의 과정에 대해서는 『초기불교 이해』 54~55, 58, 137, 139이하, 174이하, 177이하, 191~192, 209쪽 등을 참조하고, 『상윳따 니까야』 제4권 해제 §3과 제3권 해제 §3을 중심으로도 살펴볼 것을 권한다.
이처럼 본경을 위시하여 본서 제3권 「보름밤의 긴 경」(M109) §§15~18과 제4권 「라훌라를 교계한 짧은 경」(M147) §§3~10 과 같은 본서의 경들과, 나아가서 『상윳따 니까야』 「무더기 상윳따」(S22)와 「육처 상윳따」(S35) 등에 포함되어 있는 경들 가운데 수백 개의 경들은 오온의 무상·고·무아를 통찰하여 오온에 대한 염오-이욕-해탈-구경해탈지를 설하는 전형적인 경들이다. 특히 세존의 두 번째 설법이요 이 설법을 듣고 오비구가 아라한이 된 『상윳따 니까야』 제3권 「무아의 특징 경」(S22:59)도 바로 이 여섯 단계의 정형구로 이루어져있다. 부처님의 최초의 제자들이요 최초의 아라한들인 오비구도 바로 이 가르침을 통해서 해탈·열반을 실현한 것이다.

『상윳따 니까야』 제2권 「눈[眼] 경」(S18:1) §5의 주해 등에서도 누차 밝혔지만 여기서 염오-이욕-해탈-구경해탈지는 차례대로 강한 위빳사나-도-과-반조를 뜻한다. 『상윳따 니까야』 제3권 「무상 경」(S22:12) §3에서 인용했던 주석서들을 여기서 다시 옮겨본다.
"'염오(nibbidā)'란 염오의 지혜(nibbidā-ñāṇa)를 말하는데 이것으로 강한 위빳사나(balava-vipassanā)를 드러내고 있다."(SA.ii.53 = 「의지처 경」(S12:23) §4의 주해)
"'탐욕의 빛바램(이욕, virāga)'이란 도(magga, 즉 예류도, 일래도, 불환도, 아라한도)이다. '탐욕이 빛바래므로 해탈한다(virāgā vimuccati).'는 것은 탐욕의 빛바램이라는 도에 의해서 해탈한다는 과(phala)를 설하신 것이다. '해탈하면 해탈했다는 지혜가 있다(vimuttasmiṁ vimuttamiti ñāṇaṁ hoti).'는 것은 여기서 반조(paccavekkhaṇā)를 설하신 것이다."(MA.ii.115 = 본경 §29에 대한 주석)
다른 주석서를 인용하자면 다음과 같다.
"여기서 '여실지견(如實知見, yathābhūta-ñāṇadassana)'은 정신과 물질을 한정하는 지혜(nāmarūpa-pariccheda-ñāṇa)로부터 시작하는 얕은 위빳사나(taruṇa-vipassanā)이다. '염오(nibbidā)'는 강한 위빳사나

30. "비구들이여, 이 비구를 일러 빗장을 밀어제친 자, 도랑을 가득 채운 자, 기둥을 뽑아버린 자, 걸쇠를 푼 자라고도 하고, 깃발을 거두었고 짐을 내려놓았고 족쇄에서 벗어난 성자라고도 한다."

31. "비구들이여, 어떻게 비구가 빗장을 밀어제친 자가 되는가?

비구들이여, 여기 비구가 무명을 제거하고,737) 그 뿌리를 자르고, 줄기만 남은 야자수처럼 만들고, 멸절시켜, 미래에 다시는 일어나지 않게끔 한다.738) 비구들이여, 이렇게 비구가 빗장을 밀어제친 자가 된다."

32. "비구들이여, 어떻게 비구가 도랑을 가득 채운 자가 되는가?

비구들이여, 여기 비구가 다시 태어남을 가져다주는 태어남의 형

(balava-vipassanā)이고 '탐욕의 빛바램(virāga)'은 도이다. '해탈과 [해탈]지견(vimutti-ñāṇadassana)'은 과의 해탈(phala-vimutti)과 반조의 지혜(paccavekkhaṇa-ñāṇa)를 뜻한다."(AA.iii.228)

한편 『상윳따 니까야』 제3권 「과거 · 미래 · 현재 경」 1(S22:9) 등 「무더기 상윳따」(S22)의 여러 곳에서는 오온의 무상 · 고 · 무아를 통찰하여 염오-이욕-소멸의 실현을 설하고 있다. 여기서도 당연히 염오는 강한 위빳사나요, 이욕은 도요, 소멸은 아라한과라고 주석서들은 밝히고 있다. 『상윳따 니까야』 제2권 「설법자[法師] 경」(S12:16) §5의 주해와 「연기 경」(S12:1) §4의 주해와 「의지처 경」(S12:23) §4의 주해들을 참조할 것.

737) "'빗장을 밀어제친 자(ukkhitta-paligha)'라고 하셨다. 무명은 윤회의 뿌리(vaṭṭa-mūlikā)이다. 이것을 밀어제치기가 힘들다는 뜻(durukkhipanaṭṭha)에서 빗장(ukkhitta)이라고 부르고, 그가 이것을 밀어제쳤기 때문에 빗장을 밀어제친 자라 한다."(MA.ii.115)

738) 이 아라한에 대한 비유는 『상윳따 니까야』 제2권 「큰 나무 경」 1(S12:55) §4에서 어떤 사람이 나무를 잘라서 완전히 없애버리는 비유로 자세히 나타난다. 이 비유에 대한 주석서의 설명은 본서 제4권 「요소의 분석 경」(M140) §28의 주해를 참조할 것.

성력[739]을 제거하고, 그 뿌리를 자르고, 줄기만 남은 야자수처럼 만들고, 멸절시켜, 미래에 다시는 일어나지 않게끔 한다. 비구들이여, 이렇게 비구가 도랑을 가득 채운 자가 된다."

33. "비구들이여, 어떻게 비구가 기둥을 뽑아버린 자가 되는가?

비구들이여, 여기 비구가 갈애를 제거하고,[740] 그 뿌리를 자르고, 줄기만 남은 야자수처럼 만들고, 멸절시켜, 미래에 다시는 일어나지 않게끔 한다. 비구들이여, 이렇게 비구가 기둥을 뽑아버린 자가 된다."

34. "비구들이여, 어떻게 비구가 걸쇠를 푼 자가 되는가?

비구들이여, 여기 비구가 다섯 가지 낮은 단계의 족쇄들을 제거하고,[741] 그 뿌리를 자르고, 줄기만 남은 야자수처럼 만들고, 멸절시켜, 미래에 다시는 일어나지 않게끔 한다. 비구들이여, 이렇게 비구가 걸

---

739) 여기서 '태어남의 형성력'은 jāti-saṅkhāra를 옮긴 것이다. 주석서는 이것을 '업형성력(kamma-abhisaṅkhāra)'이라고 설명하고 있다. 주석서의 설명을 살펴보자.
"'태어남의 형성력(jāti-saṅkhāra)'은 태어남이라고도 하고 윤회라고도 하는(jāyana-vasena ceva saṁsaraṇa-vasena ca evaṁ laddha-nāmānaṁ), 다시 태어날 무더기들의 조건(punabbhava-khandhānaṁ paccayo)이 되는 업형성력(kamma-abhisaṅkhāra)을 말한다."(MA.ii.115)

740) "'기둥을 뽑아버린 자(abbhūḷhesika)'라고 하셨다. 윤회의 뿌리인 갈애(vaṭṭa-mūlikā taṇhā)는 깊이 들어가 있다는 뜻에서 기둥(esikā)이라 부른다. 그가 그것을 뽑아버리고 끌어내고 끊어버렸기 때문에 기둥을 뽑아버린 자라고 한다."(MA.ii.116)

741) "'걸쇠를 푼 자(niraggaḷa)'라고 하셨다. 다섯 가지 낮은 단계의 족쇄들(pañc-orambhāgiyāni saññojanāni)은 욕계에 재생하는 조건들이다. 이들은 성문의 걸쇠처럼 마음을 닫고 머물기 때문에 걸쇠(aggaḷa)라 부른다. 그가 그들을 던져버리고 부수었기 때문에 걸쇠를 푼 자라고 한다."(MA.ii.116)
다섯 가지 낮은 단계의 족쇄를 비롯한 10가지 족쇄saṁyojana)에 대한 설명은 본서 「뿌리에 대한 법문 경」(M1) §99의 주해를 참조할 것.

쇠를 푼 자가 된다."

35. "비구들이여, 어떻게 비구가 '깃발을 거두었고 짐을 내려놓았고 족쇄에서 벗어난 성자가[742] 되는가?

비구들이여, 여기 비구가 나라는 자만[743]을 제거하고, 그 뿌리를 자르고, 줄기만 [140] 남은 야자수처럼 만들고, 멸절시켜, 미래에 다시는 일어나지 않게끔 한다. 비구들이여, 이렇게 비구가 '깃발을 거두었고 짐을 내려놓았고 족쇄에서 벗어난 성자가 된다."

---

742) "'성자(ariya)'란 오염원이 없는(nikkilesa) 청정한 자(parisuddha)를 말한다.
'깃발을 거두었다(panna-ddhaja).'는 것은 자만의 깃발이 떨어졌다(patita-māna-ddhaja)는 말이다.
'짐을 내려놓았다(panna-bhāra).'는 것은 무더기의 짐과 오염원의 짐과 업형성력의 짐과 다섯 가지 얽어매는 감각적 욕망의 짐이 그에게서 떨어져 나갔고 내려앉았기(pannā orohitā) 때문에 짐을 내려놓았다는 말이다. 특히 여기서는 자만의 짐(māna-bhāra)을 내려놓았기 때문에 짐을 내려놓았다고 한다.
'[속박에서] 벗어났다(visaṁyutta).'는 것은 네 가지 속박(yoga)과 모든 오염원(sabba-kilesa)에서 벗어난 것이다. 그러나 여기서는 자만이라는 속박(māna-saṁyoga)에서 벗어났기 때문에 '벗어났다.'는 말이다."(MA.ii.116)
네 가지 속박은 감각적 욕망의 속박(kāma-yoga), 존재의 속박(bhava-yoga), 사견의 속박(diṭṭhi-yoga), 무명의 속박(avijjā-yoga)이다. 주석서는 속박을 다음과 같이 설명한다.
"윤회에 속박시킨다(yojenti)고 해서 속박이라 한다.(=DhsA.49) 여기서 다섯 가닥의 얽어매는 감각적 욕망으로 된 것이 '감각적 욕망의 속박(kāma-yoga)'이다. 색계와 무색계의 존재에 대한 욕탐이 '존재의 속박(bhava-yoga)'이니 禪을 갈구하는 것(jhāna-nikanti)이다. 영원하다는 견해[常見, sassata-diṭṭhi]와 함께하는 욕망과 62가지 견해가 '견해의 속박(diṭṭhi-yoga)'이다. 사성제를 알지 못하는 것이 '무명의 속박(avijjā-yoga)'이다." (AA.iii.13)

743) "'나라는 자만(asmi-māna)'이란 물질에 대해 '나다.'라는 자만과 느낌, 인식, 심리현상들, 알음알이에 대해 '나다.'라는 자만(asmīti māno)을 말한다."(MA.ii.116)

36. "비구들이여, 이와 같이 마음이 해탈한 비구를 인드라나 브라흐마나 빧라자빠띠를 포함한 신들이 찾으려고 해도 '여래의 알음알이[744]는 이것에 의지해 있다.'라고 파악할 수가 없다. 그것은 무슨 까닭인가? 비구들이여, '여래를 지금・여기에서 알 수 없기 때문이다.'라고 나는 말한다."[745]

---

744) "'여래의 알음알이(tathāgatassa viññāṇa)'에서 [여래로 옮긴] 따타가따(tathāgata)는 일반적으로는 세존을 지칭하지만 여기서는 중생(satta), 여래(tathāgata), 번뇌 다한 최상의 인간(uttama-puggala khīṇāsava)을 뜻하기도 한다."(MA.ii.117)
비슷한 주석서의 설명이 『상윳따 니까야 주석서』에도 나타난다. 이 주석서는 『상윳따 니까야』 제2권 「야마까 경」(S22:85) §§11~14에 나타나는 "(1) 그대는 물질(등의 오온)을 여래라고 관찰합니까? (2) 그대는 물질 안(오온 안에)에 여래가 있다고 관찰합니까? (3) 그대는 여래는 물질(오온)과 다르다고 관찰합니까? (4) 그대는 물질과 느낌과 인식과 심리현상들과 알음알이가 [모두 합해진 것이] 여래라고 관찰합니까? (5) 그대는 물질도 아니요 느낌도 아니요 인식도 아니요 심리현상들도 아니요 알음알이도 아닌 것이 여래라고 관찰합니까?"라는 구절에 나타나는 여래를 중생이라고 해석하고 있다. 「야마까 경」(S22:85) §§11~14와 14의 주해를 참조할 것.

745) '여래'는 tathāgata를 옮긴 것인데 이것은 잘 알려진 대로 세존을 지칭하는 술어이다. 그러나 여기서는 본문과 위 주해의 주석서 인용에서 보듯이 더 넓은 의미로 해석해서 번뇌 다한 아라한에게도 적용시키고 있다. 주석서는 여래와 아라한의 두 가지를 통해서 본문을 설명한다.
"'알 수가 없다(ananuvijja).'는 것은 ① 알려지지가 않는다(asaṁvijjamāna), 혹은 ② 알 수가 없다(avindeyya)는 뜻이다. tathāgata를 중생으로 취할 때에는 알려지지가 않는다는 뜻이 적합하고, 번뇌 다한 자로 취할 때에는 알 수가 없다는 뜻이 적합하다.
① 이 중에서 첫 번째 뜻은 다음과 같다.
'비구들이여, 나는 지금 현재 살아있는 번뇌 다한 이도 여래, 중생, 인간이라고 말하지 않는다. 그런데 재생연결식이 없고 완전히 소멸한 번뇌 다한 자를 어찌 중생이라고, 인간이라고 말하겠는가? 여래는 추적할 수가 없다(ananu-vijja). 궁극적인 뜻(paramattha)에서 중생이라고 이름할 자는 없기 때문이다. 없음에도 불구하고 '이것에 의지하여 알음알이가 있다.'라고 찾아보지만 어떻게 찾겠는가?'
② 두 번째 뜻은 다음과 같다.
'비구들이여, 나는 번뇌 다한 자가 지금 현재 살아있더라도 그의 알음알이를

여래에 대한 잘못된 비난

37. "비구들이여, 이렇게 설하고 이렇게 선언하는 나를 두고 어떤 사문·바라문들은 근거 없이 헛되이 거짓으로 사실과는 다르게 비난한다. '사문 고따마는 [중생들을] 망하게 하고, 또한 [엄연히] 존재하고 있는 중생의 단멸과 파멸과 허무를 선언한다.'라고.

비구들이여, 나를 두고 그 사문·바라문들이 근거 없이 헛되이 거짓으로 사실과는 다르게 비난하여 '사문 고따마는 [중생들을] 망하게 하고, 또한 [엄연히] 존재하고 있는 중생의 단멸과 파멸과 허무를 선언한다.'라고 하는데, 나는 그렇게 하지도 않고 그렇게 설하지도 않는다."746)

38. 비구들이여, 예나 지금이나 나는 괴로움을 천명하고 괴로움의 소멸을 천명한다.747) 비구들이여, 만일 이것에 대해 다른 이들

인드라 등이 추적할 수 없다고 말한다. 왜냐하면 인드라나 브라흐마나 빠자빠띠를 포함한 신들은 번뇌 다한 이의 위빳사나의 마음이나 도의 마음이나 과의 마음을 찾으려고 해도 '이 대상을 의지해서(ārammaṇaṁ nissāya) 있다.'라고 알 수가 없다. 그런데 그들이 어떻게 재생연결식이 없고(appaṭi-sandhika) 완전히 소멸한 자(parinibbuta)를 알겠는가?'"(MA.ii.117)

746) "'그렇게 하지도 않고 그렇게 설하지도 않는다(yathā vāhaṁ na, yathā cāhaṁ na vadāmi).'는 것은 사문·바라문들이 근거 없이 헛되이 '사문 고따마는 중생들을 망하게 하고(venayika), 또한 [엄연히] 존재하고 있는(santa) 중생들의 단멸(uccheda)과 파멸(vināsa)을 선언한다(paññāpeti).'라고 하는데, 나는 중생들을 망하게 하지도 않고, 또 살아있는 중생들의 단멸과 파멸을 선언하지 않는다는 말이다."(MA.ii.118)

747) "'예나(pubbe ca)'라는 것은 아직 법을 설하지 않고 대보리좌(mahā-bodhi-maṇḍa)에 머물 때에나[라는 말이고] '지금이나(etarahi ca)'라는 것은 법을 설하는(dhamma-desanā) 지금이나라는 뜻이다. 이 말은 아직 법륜(dhammacakka)을 굴리지 않고(appavattetvā) 보리좌(bodhi-maṇḍa)에 머물 때에도, 법륜을 굴리기 시작하여 법을 설할 때에도, 오직 사제(四諦,

이[748] 여래를 헐뜯고 비난하고 비방하더라도 여래는 성가셔하거나 낙담하거나 마음으로 싫어하지 않는다. 비구들이여, 만일 이것에 대해 다른 이들이 여래를 존경하고 존중하고 공경하고 숭배하더라도 여래는 기뻐하지 않고 즐거워하지 않고 마음으로 득의만면하지 않는다.

비구들이여, 만일 이것에 대해 다른 이들이 여래를 존경하고 존중하고 공경하고 숭배하면, 여래는 '단지 전에 철저히 안 [오온]을 두고 거기에 대해 그들이 이러한 존경을 행하는 것이다.'라고[749] 여길 뿐

---

catu-sacca)를 천명한다는 말씀이다. 여기 '괴로움(dukkha)'을 언급함으로써 그것의 뿌리가 되는(mūla-bhūta) 일어남(samudaya)도 알아야 하고, '소멸(nirodha)'을 언급함으로써 그것을 성취케 하는(taṁ-sampāpaka) 도(magga)도 언급되었다고 알아야 한다."(MA.ii.118)

이 말씀은 『상윳따 니까야』 제2권 「깟짜나곳따 경」(S12:15) §5에도 나타난다. 거기서 이 가르침은 무아와 직결되어 있다. 세존께서는 이렇게 말씀하신다.

"그러나 [바른 견해를 가진 성스러운 제자는], 마음이 머무는 곳이요 천착하는 곳이요 잠재하는 곳인 그러한 집착과 취착을 '나의 자아'라고 가까이하지 않고 취착하지 않고 고수하지 않는다. 그는 '단지 괴로움이 일어날 뿐이고, 단지 괴로움이 소멸할 뿐이다.'라는 데 대해서 의문을 가지지 않고 의심하지 않는다."(S12:15 §5)

이 말씀은 『상윳따 니까야』 제3권 「아누라다 경」(S22:86) §16에도 나타난다. 이곳에서의 의미에 대해서는 이 경 §16의 주해를 참조할 것.

748) "'이것에 대해(tatra)'란 것은 사성제를 천명한 것(catu-sacca-ppakāsana)에 대해서란 말이고, '다른 이들(pare)'이란 그 사성제를 알 수도(ājānituṁ), 통찰할 수도(paṭivijjhituṁ) 없는 사람들을 말한다."(MA.ii.118)

749) '전에 철저히 안 [오온]'은 pubbe pariññātaṁ을 옮긴 것이다. 주석서에서 "'전에 철저히 안 것(pubbe pariññātaṁ)'은 이전에 보리좌에서 세 가지 통달지(ti pariññā)로 철저하게 안(pariññāta) 다섯 가지 무더기(khandha-pañcaka)를 말한다."(MA.ii.118)라고 설명하고 있어 이렇게 옮겼다. 그 뜻은 다음과 같다.

"비록 다른 이들이 존경하고(sakkaronti) 존중하고 공경하고 숭배하더라도 여래는 이러한 존경(sakkāra) 등이 나를 향해 행해진다거나 내가 이것을 향수한다(anubhavāmi)고 여기지 않으신다. 전에 철저하게 안 다섯 가지 무더기(pubbe pariññāta-kkhandha-pañcaka)에게 이러한 존경이 행해지고, 바

이다."

39. "비구들이여, 그러므로 만일 다른 이들이 그대들을 헐뜯고 비난하고 비방하더라도 그대들은 성가셔하거나 낙담하거나 마음으로 싫어하지 마라. 비구들이여, 그러므로 만일 다른 이들이 그대들을 존경하고 존중하고 공경하고 숭배하더라도 그대들은 기뻐하지 말고 즐거워하지 말고 마음으로 득의만면하지 마라.

비구들이여, 그러므로 만일 이것에 대해 다른 이들이 그대들을 존경하고 존중하고 공경하고 숭배하면, 그대들도 '단지 전에 철저히 안 [오온]을 두고 거기에 대해 그들이 이러한 존경을 행하는 것이다.'라고 여기라."

그대들 것이 아님

40. "비구들이여, 그러므로 그대들의 것이 아닌 것을 버려야 한다. 그대들이 그것을 버리면 오랜 세월 이익과 행복이 있을 것이다.750) 비구들이여, 그러면 무엇이 그대들의 것이 아닌가?

비구들이여, 물질은 그대들의 것이 아니다. 그것을 버려라. 그대들이 그것을 버리면 오랜 세월 이익과 행복이 있을 것이다. 비구들이

로 그 다섯 가지 무더기가 이런 존경을 향수한다고 여기실 뿐이다."(MA.ii.118)

750) 이 문장은 『상윳따 니까야』 「그대들의 것이 아님 경」 1(S22:33) §3과 제4권 「그대들 것이 아님 경」 1(S35:101) §3 등에도 나타나는데 '오랜 세월(dīgha-rattaṁ)'이 없이 "이익과 행복이 있을 것이다."로 되어있다. 거기서도 이 문장 각각은 오온과 육내외처에 대한 가르침에서 나타난다. 주석서는 이렇게 설명한다.
"자기의 것이 아닌 것에 대해 욕망과 탐욕(chanda-rāga)을 버리는 것은 오랜 세월 이익과 행복을 가져오기 때문에 '그대들의 것이 아닌 것은 버려야 한다(yaṁ na tumhākaṁ taṁ pajahatha)'고 말씀하신 것이다."(MA.ii.119)

여, 느낌은 그대들의 것이 아니다. 그것을 [141] 버려라. 그대들이 그것을 버리면 오랜 세월 이익과 행복이 있을 것이다. 비구들이여, 인식은 그대들의 것이 아니다. 그것을 버려라. 그대들이 그것을 버리면 오랜 세월 이익과 행복이 있을 것이다. 비구들이여, 심리현상들은 그대들의 것이 아니다. 그것을 버려라. 그대들이 그것을 버리면 오랜 세월 이익과 행복이 있을 것이다. 비구들이여, 알음알이는 그대들의 것이 아니다. 그것을 버려라. 그대들이 그것을 버리면 오랜 세월 이익과 행복이 있을 것이다."

41. "비구들이여, 이를 어떻게 생각하는가? 이 제따 숲에서 어떤 사람이 풀이나 나무토막이나 나뭇가지나 나뭇잎을 가져가거나 태우거나 그것으로 그가 하고 싶은 대로 한다면, 그대들은 이 사람이 우리를 가져간다든지 태운다든지 우리를 가지고 그가 하고 싶은 대로 한다든지 하는 생각을 하겠는가?"

"그렇지 않습니다, 세존이시여. 무슨 까닭인가 하면, 그것은 저 자신도 아니고, 제게 속한 것도 아니기 때문입니다."751)

"비구들이여, 그와 같이 그대들의 것이 아닌 것은 버려야 한다.752) 그대들이 그것을 버리면 오랜 세월 이익과 행복이 있을 것이다. 비구

---

751) "'그것은 저 자신도 아니고(na hi no etaṁ attā vā)'라는 것은 '이런 풀이나 나무토막이나 나뭇가지나 나뭇잎은 저 자신(attā)이 아닐 뿐만 아니라 그것은 저의 물질도 아니고, … 알음알이도 아닙니다.'라는 말이다. '제게 속한 것(attaniya)'이라 것은 나의 옷 등의 필수품(parikkhāra)을 말하는데 그런 것도 아니라는 뜻이다."(MA.ii.119)

752) "'그대들의 것이 아닌 것은 버려야 한다(na tumhākaṁ taṁ pajahatha).'라고 하셨다. 여기서 세존께서는 다섯 가지 무더기(오온, khandha-pañcaka)는 그들의 것이 아님을 보이시면서 버릴 것을 말씀하셨다. 그러나 오온은 부수어버릴 수도(uppāṭetvā), 끊어낼 수도(luñcitvā) 없다. 다만 그것에 대한 욕망과 탐욕을 제거함(chanda-rāga-vinaya)으로써 그것을 버려야 한다는 말씀이시다."(MA.ii.119)

들이여, 그러면 무엇이 그대들의 것이 아닌가?

비구들이여, 물질은 그대들의 것이 아니다. 그것을 버려라. 그대들이 그것을 버리면 오랜 세월 이익과 행복이 있을 것이다. 비구들이여, 느낌은 … 인식은 … 심리현상들은 … 알음알이는 그대들의 것이 아니다. 그것을 버려라. 그대들이 그것을 버리면 오랜 세월 이익과 행복이 있을 것이다."

잘 설해진 법

42. "비구들이여, 이와 같이 내가 잘 설한 법은 분명하고 열려있고 명확하고 군더더기가 없다.753) 비구들이여, 이와 같이 내가 분명하고 열려있고 명확하고 군더더기가 없이 잘 설한 법에서, 아라한이고 번뇌가 다했고 삶을 완성했고 할 바를 다 했고 짐을 내려놓았고 참된 이상을 실현했고 존재의 족쇄를 부수었고 바른 구경의 지혜754)로 해탈한 비구들의 윤회란 알려지지 않는다.[阿羅漢]"755)

---

753) "'군더더기 없이(chinna-pilotika)'라고 하셨다. 여기서 '군더더기(pilotikā)'란 찢어지고 헐어서 여기저기 꿰매어 붙인 낡은(jiṇṇa) 헝겊 조각(vattha)을 말한다. 이런 헝겊 조각이 없이 여덟 완척이나 아홉 완척의 새 옷을 입고 있는 자를 군더더기가 없는 자(chinna-pilotiko)라 한다. 이 법도 그와 같이 찢어지고 헐어서 여기저기 꿰매어 붙인 낡은 헝겊 조각과 같은(chinna-bhinna-sibbita-gaṇṭhikata-bhāva) 위선과 속임(kohañña) 등이 없다는 말이다.
또한 쓰레기(kacavara)를 군더더기라 부른다. 이 교법(sāsana)에 쓰레기 사문(samaṇa-kacavara)은 머물 수 없기 때문이다. 이와 같이 쓰레기 사문이 끊어졌기 때문에 이 법을 군더더기가 없다고 하셨다.(MA.ii.119)

754) '바른 구경의 지혜(sammad-aññā)'에 대해서는 본서 제1권 「뿌리에 대한 법문 경」(M1) §51과 제3권 「수낙캇따 경」(M105) §2의 주해를 참조할 것.

755) "'윤회란 알려지지 않는다(vaṭṭam tesaṁ natthi paññāpanāya).'라고 하셨다. 그들의 윤회는 알려지지 않은 상태(apaññatti-bhāva)에 이르렀다. 더 이상의 생은 알려지지 않는다(nippaññattika jāta). 이런 번뇌 다한 위대한 자(mahā-khīṇāsava)는 이와 같이 잘 설해진 교법(svākkhāta sāsana)

43. "비구들이여, 이와 같이 내가 잘 설한 법은 분명하고 열려있고 명확하고 군더더기가 없다. 비구들이여, 이와 같이 내가 분명하고 열려있고 명확하고 군더더기가 없이 잘 설한 법에서, 다섯 가지 낮은 단계의 족쇄를 제거한 비구들은 모두 [정거천에] 화생하여 그곳에서 완전한 열반에 들어 그 세계에서 다시는 돌아오는 법이 없다.[不還者]"

44. "비구들이여, 이와 같이 내가 잘 설한 법은 분명하고 열려있고 명확하고 군더더기가 없다. 비구들이여, 이와 같이 내가 분명하고 열려있고 명확하고 군더더기가 없이 잘 설한 법에서, 세 가지 족쇄를 제거하고 탐욕과 성냄과 어리석음이 엷어진 비구들은 모두 한 번만 돌아올 자[一來]들이어서 한 번만 이 세상에 돌아와서 괴로움을 끝낼 것이다.[一來者]"

45. "비구들이여, 이와 같이 내가 잘 설한 법은 분명하고 열려있고 명확하고 군더더기가 없다. 비구들이여, 이와 같이 내가 분명하고 열려있고 명확하고 군더더기가 없이 잘 설한 법에서, 세 가지 족쇄를 제거한 비구들은 모두 흐름에 든 자[預流]들이어서 [악취에] 떨어지는 법이 없고 [142] [해탈이] 확실하며 바른 깨달음으로 나아간다.[預流者]"

46. "비구들이여, 이와 같이 내가 잘 설한 법은 분명하고 열려있고 명확하고 군더더기가 없다. 비구들이여, 이와 같이 내가 분명하고 열려있고 명확하고 군더더기가 없이 잘 설한 법에서, 법을 따르고 믿음을 따르는756) 비구들은 모두 바른 깨달음으로 나아간다."

속에서만 나타난다. 번뇌 다한 자처럼 불환자 등도 그와 같다."(MA.ii.120)

756) "'법을 따르는 자들(dhamma-anusārino)'과 '믿음을 따르는 자들(saddha-anusārino)'의 두 부류는 예류도에 머무는 자들(sotāpatti-maggaṭṭhā)이다.

47. "비구들이여, 이와 같이 내가 잘 설한 법은 분명하고 열려있고 명확하고 군더더기가 없다. 비구들이여, 이와 같이 내가 분명하고 열려있고 명확하고 군더더기가 없이 잘 설한 법에서, 내게 믿음이 깊고 나를 좋아하는757) 그들 모두는 천상으로 향한다."

세존께서는 이와 같이 설하셨다. 그 비구들은 흡족한 마음으로 세존의 말씀을 크게 기뻐했다.

뱀의 비유 경(M22)이 끝났다.

통찰지의 기능[慧根, paññindriya)이 뛰어나고, 통찰지를 앞세워 성스러운 도를 닦는 자를 '법을 따르는 자(dhamma-anusārī)'라 부른다. 예류과를 실현하기 위해 도닦는(paṭipanna) 인간을 법을 따르는 자라 하고, 예류과에 머무는 자를 견해를 얻은 자(diṭṭhi-ppatta)라 한다.
믿음의 기능[信根, saddhindriya]이 뛰어나고, 믿음을 앞세워 성스러운 도를 닦는 자를 '믿음을 따르는 자(saddhānusārī)'라 부른다. 예류과를 실현하기 위해 도닦는 인간을 믿음을 따르는 자라 하고, 예류과에 머무는 자를 믿음으로 해탈한 자(saddhā-vimutti)라 한다."(MA.ii.120)
그리고 일곱 부류의 인간들(satta puggalā)은 본서 제2권 「끼따기리 경」(M70) §§14~21에 자세히 설명되어 나타나므로 참조하기 바란다. 한편 『인시설론 주석서』(PugA.194~195)에 나타나는 '일곱 부류의 인간들(satta puggalā)'은 본서 제2권 「밧달리 경」(M65) §11의 주해에서 소개하고 있으므로 참조할 것.

757) "'내게 믿음이 깊고 나를 좋아하는(mayi saddhāmattaṁ pemamattaṁ)'이라고 하셨다. 성스러운 도는 아직 없지만 여래에 대한 믿음(saddhā)과 사랑(pema)을 가지고 위빳사나를 닦는 자들(vipassaka-puggalā)을 말한다. 위빳사나를 닦는 비구가 위빳사나를 확립하여 앉을 때 십력을 가진 여래에 대해 믿음과 사랑이 생긴다. 그 믿음과 사랑의 힘에 의해 마치 '천상(sagga)'에 머무는 것처럼 여겨진다. 옛적의 장로들은 이런 비구를 작은 예류자(cūḷa-sotāpanna)라고 하였다."(MA.ii.120)
작은 예류자는 『청정도론』 XIX.27에도 언급되고 있다.

개미집 경

Vammika Sutta(M23)

1. 이와 같이 나는 들었다. 한때 세존께서는 사왓티에서 제따 숲의 아나타삔디까 원림(급고독원)에 머무셨다. 그때 꾸마라깟사빠758)

758) "꾸마라깟사빠(Kumārakassapa)는 그의 이름이다. 어릴 적에 출가했기 때문에 세존께서 '깟사빠를 불러오라, 이 과일이나 혹은 먹거리를 깟사빠에게 줘라.'라고 말씀하실 때 '어떤 깟사빠를 말씀하십니까?' '어린(kumāra) 깟사빠를 말한다.'라고 이름을 붙인 때부터 시작하여 커서도 꾸마라깟사빠라고 불렸다. 또한 꼬살라의 왕인 빠세나디의 양자였기 때문에(posāvanika-putta-ttā) 그를 꾸마라깟사빠라고 인식했다."(MA.ii.121)
주석서에 의하면 꾸마라깟사빠 존자(āyasmā Kumārakassapa)의 어머니는 라자가하 출신이라고 한다. 그녀는 출가하고자 하였으나 부모가 허락하지 않았다. 결혼한 뒤에 남편의 동의를 받아 비구니가 되어 사왓티에 머물렀다. 출가하고 보니 그녀는 임신을 하고 있었고 그래서 승가에서 큰 문제가 되었다. 세존께서는 우빨리 존자에게 사태 해결을 위임하셨고 상세한 조사 끝에 그녀는 결백한 것으로 판명되었으며 우빨리 존자는 세존으로부터 큰 칭찬을 들었다고 한다. 아이가 태어나자 빠세나디 왕이 깟사빠라는 이름을 지어 아이를 키웠으며 일곱 살에 출가하였다고 한다.(DA.iii.808)
아무튼 그는 어린 애(kumāra)였을 때 승가에 들어왔고 왕이 키웠기 때문에(kumāra는 왕자 즉 rājakumāra라는 뜻도 됨) 꾸마라깟사빠라는 이름을 가졌다. 세존께서는 그를 다양한 설법을 하는 자(cittakathika)들 가운데 최상이라고 칭송하셨다고 한다.(*Ibid*) 주석서는 본경을 통해서 존자가 아라한이 되었다고 밝히고 있다.(MA.ii.134)
『법구경 주석서』에 의하면 그의 어머니는 그에 대한 애정 때문에 12년간 존자는 장님들의 숲[759]에 머물렀다. 그때 밤이 아주 깊어갈 즈음 어떤 천신이 아름다운 모습으로 장님들의 숲을 온통 환하게 밝히면서 꾸마라깟사빠 존자에게 다가와 한 곁에 섰다. 한 곁에 서서 그 천신은 꾸마라깟사빠 존자에게 이렇게 말했다.

2. "비구여, 비구여, 이 개미집은 밤에는 연기를 내뿜고 낮에는 불타오릅니다. 그때 바라문이 이와 같이 말했습니다. '현자[760]여, 칼을 가지고 파십시오.' 현자가 칼을 가지고 파다가 빗장을 보았습니다. '빗장입니다, 존자시여.'

바라문은 이어서 말했습니다. '현자여, 빗장을 버리고 칼을 가지고 계속 파십시오.'[761] 현자가 칼을 가지고 파다가 두꺼비를 보았습니

을 울었다고 한다. 어느 날 그녀는 길에서 존자를 만나자 그를 향해서 달려가서 그의 앞에서 넘어졌는데 자식에 대한 큰 애정 때문에 가슴에서 젖이 나와 그녀의 가사를 적셨다고 한다. 깟사빠 존자는 그녀의 이러한 전일(全一)한 애정이 도를 증득할 인연이 됨을 알고 그녀를 심하게 나무랐다고 한다. 아들로부터 크게 경책을 받은 그녀는 바로 그날에 아라한이 되었다고 한다. (DhpA.iii.147.)

759) '장님들의 숲'은 Andha-vana를 옮긴 것인데 사왓티 남쪽에 있는 숲의 이름이다. 많은 비구와 비구니들이 거주하였다고 하며 특히 한거(閑居)에 몰두하는 자들(paviveka-kāmā)이 거주하기에 좋은 숲으로 알려졌다. 깟사빠 부처님 시대에 깟사빠 부처님의 탑(cetiya)을 조성하기 위해서 야소다라(Yasodhara)라는 법을 암송하는(dhamma-bhāṇaka) 성스러운 사람(ariya-puggala)이 재물을 가지고 이 숲으로 갔다고 한다. 거기에는 500명의 도적들이 있었는데 그들은 야소다라의 눈을 손상시켜버렸다. [그 업의 과보로] 그들도 장님이 되어 이곳에 살았기 때문에(nivutthattā) 그때부터 이곳을 장님들의 숲이라 불렀다고 한다.(SA.i.189)
이 숲은 사왓티에서 남쪽으로 약 3km 떨어진 곳에 있다. 적지 않은 경들이 여기서 설해졌는데 그 가운데서도 본서 제4권 「라훌라를 교계한 짧은 경」(M 147)이 잘 알려져 있다. 라훌라 존자는 이 가르침을 듣고 깨달음을 얻었다. 그리고 몇몇 『율장』의 계목들도 여기서 제정되었다고 한다.

760) '현자(paṇḍita)'에 대한 정의는 본서 제4권 「차례대로 경」(M111) §2의 주해를 참조할 것.

다. '두꺼비입니다, 존자시여.'

바라문은 이와 같이 말했습니다. '현자여, 두꺼비를 버리고 칼을 가지고 계속 파십시오.' 현자가 칼을 가지고 파다가 두 갈래 길을 보았습니다. '두 갈래 길입니다, 존자시여.'

바라문은 이와 같이 말했습니다. '현자여, 두 갈래 길을 버리고 칼을 가지고 계속 파십시오.' 현자가 칼을 가지고 파다가 체를 보았습니다. '체입니다, 존자시여.'

바라문은 이와 같이 말했습니다. '현자여, [143] 체를 버리고 칼을 가지고 계속 파십시오.' 현자가 칼을 가지고 파다가 거북이를 보았습니다. '거북이입니다, 존자시여.'

바라문은 이와 같이 말했습니다. '현자여, 거북이를 버리고 칼을 가지고 계속 파십시오.' 현자가 칼을 가지고 파다가 칼과 도마762)를 보았습니다. '칼과 도마입니다, 존자시여.'

바라문은 이와 같이 말했습니다. '현자여, 칼과 도마를 버리고 칼을 가지고 계속 파십시오.' 현자가 칼을 가지고 파다가 고깃덩이를 보았습니다. '고깃덩이입니다, 존자시여.'

바라문은 이와 같이 말했습니다. '현자여, 고깃덩이를 버리고 칼을 가지고 계속 파십시오.' 현자가 칼을 가지고 파다가 용을 보았습니다. '용입니다, 존자시여.'

바라문은 이와 같이 말했습니다. '현자여, 용은 그대로 두십시오.

---

761) "'빗장을 버리고 칼을 가지고 계속 파십시오(ukkhipa laṅgiṁ abhikkhana satthaṁ ādāya).'라는 것은 이 빗장(laṅgi)이 '밤에 연기를 내뿜고 낮에 불타는 것(rattiṁ dhūmāyati divā pajjalati)'이 아니니, 그것을 버리고 더 깊이 파라는 말이다. 이것은 모든 구절에도 이와 같이 적용된다."(MA.ii.128)

762) '칼과 도마'는 asi-sūnā를 옮긴 것인데, 본서 「뱀의 비유 경」(M22) §3에서는 도살장으로도 옮겼다. 여기에 대해서는 아래 §4 ⑬의 해당 주해를 참조할 것.

용을 해치지 마십시오. 용에게 예배하십시오.'라고.

비구여, 그대는 이 문제를 가지고 세존께 다가가서 여쭈어보십시오. 그래서 세존께서 해설해주시는 대로 그대로 잘 호지하십시오. 나는 신을 포함하고 마라를 포함하고 범천을 포함한 세상과 사문·바라문들을 포함하고 신과 사람을 포함한 무리들 가운데서 이 질문을 해설하여 마음을 흡족하게 해주실 분은 여래나 여래의 제자나 혹은 그에게 들은 자가 아니고는 그 누구도 보지 못합니다."

이와 같이 그 천신은 말했다. 이렇게 말하고는 그곳에서 자취를 감추었다.

3. 그러자 꾸마라깟사빠 존자는 그 밤이 지나자 세존을 뵈러 갔다. 가서는 세존께 절을 올리고 한 곁에 앉았다. 한 곁에 앉아서 꾸마라깟사빠 존자는 세존께 이와 같이 여쭈었다.

"세존이시여, 간밤에 밤이 아주 깊어갈 즈음 어떤 천신이 아름다운 모습으로 장님들의 숲을 온통 환하게 밝히면서 제게 다가와 한 곁에 섰습니다. 한 곁에 서서 그 천신은 제게 이렇게 말했습니다.

"비구여, 비구여, 이 개미집은 밤에는 연기를 내뿜고 낮에는 불타오릅니다. 그때 바라문이 이와 같이 말했습니다. '현자여, 칼을 가지고 파십시오.' 현자가 칼을 가지고 파다가 빗장을 보았습니다. '빗장입니다, 존자시여.' 바라문은 이어서 말했습니다. '현자여, 빗장을 버리고 … 혹은 그에게 들은 자가 아니고는 그 누구도 보지 못합니다."

세존이시여, 이와 같이 그 천신은 말했습니다. 이렇게 말하고는 그곳에서 자취를 감추었습니다.

세존이시여, 그런데 개미집은 무엇이며, 밤에 연기를 내뿜는 것은 무엇이며, 낮에 불타오르는 것은 무엇입니까? 바라문은 누구이고, 현자는 누구입니까? 칼은 무엇이고, 파는 것은 무엇이고, 빗장은 무엇이고, 두꺼비는 무엇이고, 두 갈래 길은 무엇이고, 체는 무엇이고, 거북이는 무엇이고, 칼과 도마는 무엇이고, 고깃덩이는 무엇이고, 용은 무엇입니까?"

4. "비구여, [144] ① 개미집이란 바로 이 사대(四大)로 이루어진 몸을 두고 한 말이다. 그것은 부모에서 생겨났고 밥과 시큼한 죽으로 적집되었고 무상하고 파괴되고 분쇄되고 해체되고 분해되기 마련이다.

비구여, ② 낮에 행한 것에 대해 밤에 사유하고 고찰하는 것이 밤에 연기를 내뿜는 것이다.763)

비구여, ③ 밤에 사유하고 고찰한 것을 낮에 몸과 말과 마음으로 행위에 적용시키는 것이 낮에 불타오르는 것이다.

비구여, ④ 바라문은 모든 번뇌를 제거하고 바르고 원만하게 깨달으신 여래를 두고 한 말이다.764)

비구여, ⑤ 현자는 유학인 비구를 두고 한 말이다.

비구여, ⑥ 칼765)이란 성스러운 통찰지를 두고 한 말이다.

---

763) "'연기를 내뿜는 것(dhūmāyanā)'에서 연기(dhūma)라는 단어는 '분노(kodha), 갈애(taṇhā), 사유(vitakka), 다섯 가닥의 얽어매는 감각적 욕망(pañca kāmaguṇa)' 등에 적용되지만 여기서는 사유를 뜻한다."(MA.ii.130)

764) "여래는 중생들의 법들(sattannaṁ dhammā)에서 멀리 떨어져 있기 때문에(bāhitattā) '바라문(brāhmaṇa)'이라 부른다. 이와 같은 말씀이 있다. "어떤 법들에서 멀리 떨어져 있는가? 탐욕에서 멀리 떨어져 있고, 성냄, 어리석음, 자만, 유신견, 의심, 계행과 의례의식에 대한 취착에서 멀리 떨어져 있다. 이러한 중생들의 법들에서 멀리 떨어져 있기 때문에 바라문이라 한다."(Nd1.86~87; 『앙굿따라 니까야』 제4권 「사문 등 경」(A7:82) 참조)라고."(MA.ii.130)

765) "'칼(sattha)'은 세간적인 통찰지와 출세간적인 통찰지(lokiya-lokuttarā paññā)를 두고 한 말이지, 무기인 칼(āvudha-sattha)을 두고 한 말이 아

비구여, ⑦ 파는 것은 정진을 두고 한 말이다.

비구여, ⑧ 빗장이란 무명을 두고 한 말이다.[766] '빗장을 밀어제쳐라 무명을 제거하라. 현자여, 칼을 가지고 파라.'는 것이 그 질문의 뜻이다.

비구여, ⑨ 두꺼비는 분노에 따른 절망을 두고 한 말이다. '두꺼비를 버려라 분노에 따른 절망을 버려라. 현자여, 칼을 가지고 파라.'는 것이 그 질문의 뜻이다.

비구여, ⑩ 두 갈래의 길[767]은 의심을 두고 한 말이다. '두 갈래의 길을 버려라 의심을 제거하라. 현자여, 칼을 가지고 파라.'는 것이 그 질문의 뜻이다.

비구여, ⑪ 체는 다섯 가지 장애들을 두고 한 말이다.[768] 감각적

니다."(MA.ii.131)

766) "왜 세존께서는 무명(avijjā)을 '빗장(laṅgi)'이라고 하셨는가? 도시의 성문을 닫고 빗장을 채우면 사람들의 출입이 중단된다. 그리하여 도시 안에 있던 사람들은 그대로 안에 머물고, 밖에 있던 사람들은 그대로 밖에 머물게 되듯이, 지혜의 입(ñāṇa-mukha)에 무명의 빗장을 채우면 열반을 성취케 하는 지혜의 출현이 끊어져버린다. 그러므로 무명을 빗장이라 했다."(MA.ii.131)

767) 여기서 '두 갈래의 길'은 dvidhā-patha를 옮긴 것이다. 냐나몰리 스님은 이것을 '*the fork*, 쇠스랑 혹은 포크'라고 옮기고 있는데 PED 등에는 두 갈래의 길로만 설명하고 있다. 주석서에서도 두 갈래 길로 설명하고 있어서 역자는 두 갈래의 길로 옮긴다. 주석서의 설명은 다음과 같다.
"마치 재물과 재산을 가지고(sadhana sabhoga) 황무지를 가던 사람이 두 갈래로 갈라지는 길(dvedhā-patha)에 이르러 이 길을 가야 할지, 저 길을 가야 할지 결정을 짓지 못하고 머물다가 도둑들(corā)에게 붙잡혀 파멸에 이르듯이, 근본 명상주제(mūla-kammaṭṭhāna)를 들고 앉은 비구가 부처님 등에 대해 '의심(vicikicchā)'이 일어나면 명상주제를 증장시킬 수가 없다. 그러면 오염원의 마라(kilesa-māra) 등 모든 마라들이 그를 붙잡아 파멸(anayabyasana)로 인도한다. 그러므로 세존께서 의심은 두 갈래의 길(dvidhā-patha)을 두고 한 말이라고 하셨다."(MA.ii.132~133)

768) "'체(caṅkavāra)'에다 물을 부으면 한 항아리든, 두 항아리든, 백 항아리든 모두 흐르고 한 움큼의 물도 남지 않는다. 그와 같이 장애(nīvaraṇa)를 가진

욕망, 악의, 해태와 혼침, 들뜸과 후회, 의심의 장애이다. '체를 버려라 다섯 가지 장애들을 제거하라. 현자여, 칼을 가지고 파라.'는 것이 그 질문의 뜻이다.

비구여, ⑫ 거북이는 취착의 [대상인] 다섯 가지 무더기[五取蘊]를 두고 한 말이다.769) 즉 취착의 [대상인] 물질의 무더기[色取蘊], 취착의 [대상인] 느낌의 무더기[受取蘊], 취착의 [대상인] 인식의 무더기[想取蘊], 취착의 [대상인] 심리현상들의 무더기[行取蘊], 취착의 [대상인] 알음알이의 무더기[識取蘊]이다. '거북이를 버려라, 취착의 [대상인] 다섯 가지 무더기들을 제거하라. 현자여, 칼을 가지고 파라.'는 것이 그 질문의 뜻이다.

비구여, ⑬ 칼과 도마는 다섯 가닥의 얽어매는 감각적 욕망을 두고 한 말이다.770) 원하고 좋아하고 마음에 들고 사랑스럽고 감각적 욕

사람 사이에서는 유익한 법[善法, kusala-dhamma]이 머물지 못한다. 그러므로 세존께서 체는 '다섯 가지 장애들[五蓋, pañca nīvaraṇāni]'을 두고 한 말이라고 하셨다."(MA.ii.133)

769) "'거북이(kumma)'는 네 발과 머리의 다섯 가지 부분을 가졌다. 그와 마찬가지로 다섯 가지 무더기(오온)가 모든 형성된 법들[有爲法, saṅkhatā dhammā]을 다 포함한다. 그러므로 세존께서 거북이는 '취착의 [대상인] 다섯 가지 무더기[五取蘊, pañc-upādāna-kkhandhā]'를 두고 한 말이라고 하셨다."(MA.ii.133)

770) '칼과 도마'는 asi-sūnā를 옮긴 것인데, 본서 「뱀의 비유 경」(M22) §3에서는 도살장으로 옮겼다. 본경에 해당하는 주석서에서 "asi-sūnā는 고기를 자르는(maṁsa-cchedaka) 칼(asi)과 자르는 받침대(adhikuṭṭana)를 말한다."(MA.ii.128)라고 설명하고 있어서 이렇게 옮겼다. 일반적으로 sūnā 혹은 sūnā-ghara는 도살장을 뜻한다.(PED) 계속해서 주석서는 이렇게 설명한다.
"마치 도마(sūnā) 위에 고기를 놓고 칼로 자르듯이, 이와 같이 감각적 욕망을 따르는 중생들은 대상으로서의 감각적 욕망(vatthu-kāma)에 놓여 오염원으로서의 감각적 욕망(kilesa-kāma)에 의해 절단된다. 그러므로 세존께서 칼과 도마는 '다섯 가닥의 얽어매는 감각적 욕망(pañca kāma-guṇa)'을 두고 한 말이라고 하셨다."(MA.ii.133)

망을 짝하고 매혹적인, 눈으로 인식되는 형색들이다. … 귀로 인식되는 소리들이다. … 코로 인식되는 냄새들이다. … 혀로 인식되는 맛들이다. 원하고 좋아하고 마음에 들고 사랑스럽고 감각적 욕망을 짝하고 [145] 매혹적인, 몸으로 인식되는 감촉들이다. '칼과 도마를 버려라, 다섯 가닥의 얽어매는 감각적 욕망을 제거하라. 현자여, 칼을 가지고 파라.'는 것이 그 질문의 뜻이다.

비구여, ⑭ 고깃덩이는 향락과 탐욕을 두고 한 말이다.771) '고깃덩이를 버려라, 향락과 탐욕을 제거하라. 현자여, 칼을 가지고 파라.'는 것이 그 질문의 뜻이다.

비구여, ⑮ 용은 번뇌 다한 비구를 두고 한 말이다. '용은 그대로 두어라, 용을 해치지 마라. 용에게 예배하라.'772)는 것이 그 질문의

---

771) "여기 이 '고깃덩이(maṁsa-pesi)'는 많은 사람들이 좋아한다. 끄샤뜨리야 등 인간들도 그것을 좋아하고, 까마귀 등 동물들도 그것을 좋아한다. 이 중생들은 무명에 도취되어 향락과 탐욕에 다가가서 윤회를 좋아한다. 혹은 마치 고깃덩이를 두는 곳마다 거기에 잘 들러붙어 있듯이, 이러한 중생들도 '향락과 탐욕(nandi-rāga)'에 묶여 윤회에 들어붙어 있다. 괴로움을 경험해도 후회하지 않는다. 이와 같이 향락과 탐욕은 고깃덩이와 비슷하다. 그러므로 세존께서는 고깃덩이는 향락과 탐욕을 두고 한 말이라고 하셨다."(MA.ii.133~134)

한편 고깃덩이를 감각적 욕망에 비유하는 것은 본서 제2권 「뽀딸리야 경」(M54) §16에도 나타난다.

772) 어떤 뜻에서 번뇌 다한 자(khīṇāsava)를 '용(nāga)'이라 하는지는 본서 「흠 없음 경」(M5) §33에서 이미 밝혔으므로 그곳의 해당부분과 주해를 참조할 것.

"'용에게 예배하라(namo karohi nāgassa).'는 것은 번뇌 다한 부처님이라는 용께 "깨달으신(buddha) 세존께서는 깨달음을 위해 법을 설하신다. 제어되신(danta) 세존께서는 제어를 위해 법을 설하신다. 고요하신(santa) 세존께서는 고요함을 위해 법을 설하신다. 건너신(tiṇṇa) 세존께서는 건너게 하기 위해 법을 설하신다. 구경열반을 성취하신(parinibbuta) 세존께서는 구경열반(parinibbāna)을 위해 법을 설하신다."(본서 제2권 「삿짜까 짧은 경」(M35) §26; 『디가 니까야』 제3권 「우둠바리까 사자후경」(D25) §21) 라고 이와 같이 공경(namakkāra)해야 한다. 이것이 그 뜻이다."(MA.ii.134)

뜻이다."[773]

세존께서는 이와 같이 설하셨다. 꾸마라깟사빠 존자는 흡족한 마음으로 세존의 말씀을 크게 기뻐했다.[774]

개미집 경(M23)이 끝났다.

773) "'이것이 그것의 뜻이다(ayam etassa attho).'라는 것은 '이것이 그 질문(pañha)의 뜻이다.'는 말이다."(MA.ii.134)

774) "이 경은 존자의 명상주제(kamma-ṭṭhāna)가 되었다. 존자는 이 경을 명상주제로 삼아 위빳사나를 증장시켜 아라한과(arahatta)를 얻었다."(MA.ii.134)

역마차 교대 경

Rathavinīta Sutta(M24)

1. 이와 같이 나는 들었다. 한때 세존께서는 라자가하[775]에서 대나무 숲[776]의 다람쥐 보호구역에 머무셨다.

2. 그때 [세존의] 고향에 머물던[777] 많은 비구들이 [세존의] 고향에서 안거를 마치고 세존을 뵈러 갔다. 가서는 세존께 절을 올리고 한 곁에 앉았다. 한 곁에 앉은 비구들에게 세존께서는 이렇게 말씀하셨다.

---

775) '왕(rāja)의 집(gaha)'으로 직역되며 그래서 중국에서 왕서성(王舍城)으로 옮긴 라자가하(Rājagaha)는 부처님 시대에 인도 중원의 16국 가운데서 꼬살라(Kosala)와 더불어 가장 강성했던 나라인 마가다(Magadha)의 수도였다. 빔비사라(Bimbisāra) 왕과 그의 아들 아자따삿뚜(Ajātasattu)가 부처님 재세 시에 이곳의 왕위에 있었다. 중국에서 왕사성(王舍城)으로 옮겨져서 우리에게도 익숙한 지명이며, 지금도 전세계 불교도들의 순례 행렬이 끊이지 않고 있다.

776) 대나무 숲(Veḷuvana)은 라자가하의 빔비사라 왕이 부처님을 위해서 불교 최초의 사원인 죽림정사(竹林精舍)를 지은 바로 그 대나무 숲이다.

777) '고향에 머물던'은 jāti-bhuumikā를 옮긴 것인데 주석서에서 "jāti-bhūmi-vāsino(고향에 머물던)"(MA.ii.135)로 설명하고 있어서 이렇게 옮겼다. "여기서 '고향(jāti-bhūmi)'이란 일체제지인 그분 보살께서 태어나신 사꺄 지역(Sākiya-janapada)의 까삘라왓투(Kapilavatthu)를 말한다."(*Ibid*)

"비구들이여, [내] 고향에서는 [내] 고향에 머무는 동료 수행자 비구들 가운데서 누가 이와 같이 존경을 받는가?

'자신이 욕심이 없고 비구들에게 욕심 없음에 관해 이야기해주고, 자신이 만족하고[778] 비구들에게 만족함에 관해 이야기해주고, 자신이 한거를 하고[779] 비구들에게 한거에 관해 이야기해주고, 자신이 교제하지 않고[780] 비구들에게 교제하지 않는 것에 관해 이야기해주

---

778) "'만족하고(santuṭṭha)'라는 것은 얻은 필수품(paccaya)이 좋건 좋지 않건, 어떤 것에도 만족한다는 말이다. 이 만족은 열두 가지가 있다. 먼저 옷에 대해서는 얻은 그대로 만족하고(yathā-lābha-santosa), 힘에 부합하는 것에 만족하고(yathā-bala-santosa), 적당함에 따라 만족하는(yatha-sāruppa-santosa) 세 가지 만족이 있다. 이와 같이 음식과 거처와 약품의 나머지 필수품에도 적용되므로 만족에 열두 가지가 있게 된다."(MA.ii.129)

779) "'한거를 하고(pavivitta)'라는 것은 세 종류의 한거(ti pavivekā)를 하는 것을 말한다. 세 종류의 한거란 몸의 한거(kāya-paviveka), 마음의 한거(citta-paviveka), 재생의 근거의 한거(upadhi-paviveka)를 말한다. 이 중에서 "혼자 가고, 혼자 서고, 혼자 눕고, 혼자 자고, 혼자 마을로 탁발을 가고, 혼자 나오고, 혼자 경행대에서 경행하고, 혼자 움직이고, 혼자 머문다." (Nd.i.26)라는 이것을 몸의 한거라 한다. 여덟 가지 증득[等至, 초선부터 비상비비상처까지]을 마음의 한거라 한다. 열반을 재생의 근거의 한거라 한다."(MA.ii.143)

780) "'교제를 하지 않는다(asaṁsaṭṭha).'는 것은 다섯 종류의 교제(pañcavidha saṁsagga)를 삼간다는 말이다. 그것은 듣는 교제(savana-saṁsag-ga), 보는 교제(dassana-saṁsagga), 한담하는 교제(samullapana-saṁsagga), 함께 먹는 교제(sambhoga-saṁsagga), 몸에 닿는 교제(kāya-saṁsagga)이다.

이 중에서 듣는 교제란 '여기 비구가 어떤 마을이나 성읍에 예쁘고 아름답고 참하고 지극히 고운 피부색을 가진 여자나 동녀가 있다는 소리를 듣는다. 그것을 듣고는 그만 마음이 가라앉고 풀이 죽고 청정범행을 유지할 수가 없고 배움에 허약함을 드러내어 속가로 돌아간다.'라고 이렇게 다른 사람들로부터 아름다운 형색에 관해 듣거나 혹은 자기 스스로 웃고 얘기하고 노래하는 소리를 듣고는 귀의 알음알이의 인식 과정(sota-viññāṇa-vīthi)에서 일어난 탐욕(rāga)을 말한다.

여기 어떤 비구는 그것을 듣는 것이 아니라 자기가 직접 예쁘고 아름답고 참하고 지극히 고운 피부색을 가진 여자나 동녀를 본다. 보고는 그만 마음이

고, 자신이 열심히 정진하고 비구들에게 정진에 관해 이야기해주고, 자신이 계를 구족하고[781] 비구들에게 계의 구족에 관해 이야기해주고, 자신이 삼매를 구족하고 비구들에게 삼매의 구족에 관해 이야기해주고, 자신이 통찰지를 구족하고 비구들에게 통찰지의 구족에 관해 이야기해주고, 자신이 해탈을 구족하고 비구들에게 해탈의 구족에 관해 이야기해주고, 자신이 해탈지견을 구족하고 비구들에게 해탈지견의 구족에 관해 이야기해주고, 동료 수행자들을 훈도하고[782] 알게 하고 보게 하고 격려하고 분발하게 하고 [146] 기쁘게 하는 자이다.'라고."

가라앉고 풀이 죽고 청정범행을 유지할 수가 없고 배움에 허약함을 드러내어 속가로 돌아간다. 이처럼 이런 아름다운 형색을 보고는 눈의 알음알이의 인식 과정에서 일어난 탐욕을 일컬어 보는 교제라 한다.
서로 대화를 하다가 일어난 탐욕은 한담하는 교제라 한다. 비구가 비구니의 것을 가지거나 혹은 비구니가 비구의 것을 가지고 함께 먹으면서 일어난 탐욕을 함께 먹는 교제라 한다. 손을 잡는 등의 행동으로 일어난 탐욕을 몸의 교제라 한다."(MA.ii.143~145)

781) "'계를 구족함(sīla-sampanna)'에서 '계(sīla)'는 네 가지 청정한 계(catupārisuddhi-sīla)를 말한다. '삼매(samādhi)'는 위빳사나의 기초가 되는 여덟 가지 증득을, '통찰지(paññā)'는 세간적인 통찰지와 출세간적인 통찰지를, '해탈(vimutti)'은 성스러운 과를, '해탈지견(vimutti-ñāṇa-dassana)'은 열아홉 가지 반조의 지혜(paccavekkhaṇa-ñāṇa)를 말한다."(MA.ii.147)
네 가지 청정한 계란 계목(戒目)의 단속에 관한 계, 감각기능[根]의 단속에 관한 계, 생계의 청정에 관한 계, 필수품에 관한 계이다. 자세한 것은 『아비담마 길라잡이』 제9장 §28의 [해설]과 『청정도론』 I.42 이하를 참조할 것.
열아홉 가지 반조의 지혜란 아래 세 부류의 성자들(예류자, 일래자, 불환자)은 각각 다섯 가지를 반조한다. 즉 ① 도를 반조하고 ② 과를 반조하고 ③ 버린 오염원들을 반조하고 ④ 남아있는 오염원들을 반조하고 ⑤ 열반을 반조한다. 마지막 아라한은 남아있는 오염원들이 없기 때문에 네 가지만 반조하여, 모두 열아홉 가지 반조의 지혜가 있다. 자세한 것은 『청정도론』 XXII.19 이하를 참조할 것.

782) "'훈도하는 자(ovādaka)'라는 것은 지금 언급된 열 가지 대화의 주제를 통해 훈도하는 자라는 말이다."(MA.ii.147)

"존자시여, 뿐나 만따니뿟따 존자[783]가 참으로 [세존의] 고향에서 그곳에 머무는 동료 수행자 비구들 가운데서 이와 같이 존경을 받습니다.

'자신이 욕심이 적고 비구들에게 욕심 적음에 관해 이야기해주고, … 기쁘게 하는 자이다.'라고."

3. 그때 사리뿟따 존자가 세존 가까이에 앉아 있었다. 사리뿟따 존자에게 이런 생각이 들었다.

---

783) 뿐나 만따니뿟따 존자(āyasamā Puṇṇa Mantāṇiputta, Sk. Pūrṇa Maitrāyaṇīputa, 부루나 미다라니자, 富樓那 彌多羅尼子) 혹은 만따니의 아들 뿐나 존자는 우리에게 설법제일 부루나(富樓那) 존자로 알려진 분이다. 그는 까삘라왓투에서 가까운 도나왓투(Donavatthu)의 바라문 가문에서 태어났다. 그의 어머니 만따니는 안냐꼰단냐 존자(āyasmā Aññakoṇḍañña, 『상윳따 니까야』 제1권 「꼰단냐 경」(S8:9) §2의 주해 참조)의 여동생이었다. 꼰단냐 존자가 아라한이 된 후 그를 출가시켰다. 그는 까삘라왓투에서 머물면서 수행하여 아라한이 되었다. 그는 그의 동향 사람 500명을 출가하게 하여 열 가지 설법의 기본(dasa kathāvatthūni)을 가르쳤다 하며 그들은 모두 아라한이 되었다고 한다.(AA.i.199~204)

그는 세존을 뵙기 위해서 사왓티로 왔으며 사리뿟따 존자가 그의 명성을 듣고 그를 시험한 것이 바로 이 「역마차 교대 경」(M24)이다. 이 경에서 그는 부처님 가르침을 일곱 가지 청정[七淸淨]으로 요약 설명하여 사리뿟따 존자의 감탄을 자아내게 하였으며 이것은 『청정도론』 등에서 상좌부 수행의 핵심으로 정착이 되었다.(칠청정은 『아비담마 길라잡이』 9장 §22 이하를 참조할 것.) 이런 이유 등으로 세존께서는 『앙굿따라 니까야』 「하나의 모음」(A1:14:1-9)에서 그를 "법을 설하는 자(dhamma-kathika)들 가운데서 으뜸"이라고 칭찬하시는 것이다.

그런데 본서 제4권 「뿐나를 교계한 경」(M145) = 『상윳따 니까야』 제4권 「뿐나 경」(S35:88))에 나타나는 뿐나 존자는 뿐나 만따니뿟따 존자와는 다른 사람이다. 그는 수나빠란따(Sunāparanta, 지금의 마하라쉬뜨라 주)의 숩빠라까(Sup-pāraka, 뭄바이 근처라고 함)에서 장자의 아들로 태어났으며 사업차 사왓티에 왔다가 부처님의 가르침을 듣고 출가하였다. 「뿐나를 교계한 경」(M145)에는 그가 세존의 허락을 받고 고향인 수나빠란따로 전법을 떠나는 것이 묘사되어 있다. 그는 수나빠란따 지방에서 크게 전법활동을 하다가 순교하였다. 북방불교에서는 이 뿐나 존자를 설법제일로 여기는 듯하다.

'뿐나 만따니뿟따 존자는 이득이 생겼구나. 뿐나 만따니뿟따 존자는 큰 이득784)이 생겼구나. 지자인 동료 수행자들이 스승님 앞에서 열 가지 대화의 주제를 놓고 하나씩 조목조목785) 그를 칭송하고 스승님께서는 그것을 크게 기뻐하시는구나.786) 내가 언제 어디서든 뿐나 만따니뿟따 존자를 만나 허심탄회하게 어떤 대화를 한번 나누어 보리라.'

4. 그 후 세존께서는 라자가하에 원하는 만큼 머무시고 사왓티를 향하여 유행을 떠나셨다. 차례로 유행을 하시어 사왓티에 도착하셨다. 세존께서는 그곳 사왓티에서 제따 숲의 아나타삔디까 원림(급

---

784) "'큰 이득(suladdha-lābhā)'이라 했다. 다른 곳에서 '이득(lābhā)'은 인간으로 태어난 것과 출가를 한 것 등의 공덕을 얻은 것(manussatta-bhāva-pabbajj-ādi-guṇa-lābhā)을 말한다. 그러나 여기서는 뿐나 존자가 스승님의 앞에서 이러한 칭찬(vaṇṇa)을 들은 것을 뜻한다. … 이처럼 지자들에 의한 칭찬(viññūhi vaṇṇabhāsana)이 하나의 이득(lābha)이고, 동료수행자들(sabrahmacārī)에 의한 것도 하나의 이득이고, 스승님 앞(satthu sammukhā)에서 한 것도 하나의 이득이고, '하나씩 조목조목(anumassa anumassa)' 한 것도 하나의 이득이고, '스승께서 기뻐하신 것(satthārā abbhanumodana)'도 하나의 이득이다. 이와 같이 이러한 다섯 가지 이득을 두고 '큰 이득'이라 했다."(MA.ii.148)

785) '[열 가지 대화의 주제를 놓고] 하나씩 조목조목'은 Ee:anumāssa anumāssa(Be:anumassa anumassa)를 풀어서 옮긴 것이다. 주석서는 "열 가지 대화의 주제에 들어가고 들어가서(dasa kathā-vatthūni anupavisitvā anupavisitvā)"(MA.ii.148)라고 설명하고 있어서 이렇게 풀어서 옮겼다. 주석서는 anumassa(anu+√mṛś, *to touch*)를 anupavisitvā(들어가서, anu+pra+√viś, *to enter*)로 해석하고 있다.
"뿐나 만따니뿟따는 참으로 '자신이 욕심이 없고 비구들에게 욕심 없음에 관해 이야기해주고, 자신이 만족하고 비구들에게 만족함에 관해 이야기해준다.'라고 [본경 여기에 나타나는] 이 열 가지 대화의 주제에 대해 하나씩 조목조목 그를 칭송한다는 말이다."(MA.ii.148)

786) "스승님께서도 그 칭찬에 대해 '이렇게 이 비구가 욕심이 없고, 이 비구가 만족하는구나.'라고 크게 기뻐하셨다는 말이다."(MA.ii.148)

고독원)에 머무셨다.

5. 뿐나 만따니뿟따 존자는 세존께서 사왓티에 도착하셔서 사왓티에서 제따 숲의 아나타삔디까 원림(급고독원)에 머무신다고 들었다. 그때 뿐나 만따니뿟따 존자는 거처를 정돈하고 가사와 발우를 수하고 사왓티로 유행을 떠났다. 차례로 유행하여 사왓티에서 제따 숲의 아나타삔디까 원림(급고독원)으로 세존을 뵈러 갔다. 가서는 세존께 절을 올리고 한 곁에 앉았다. 한 곁에 앉은 뿐나 만따니뿟따를 세존께서는 법문으로 가르치시고 격려하시고 분발하게 하시고 기쁘게 하셨다.

그때 뿐나 만따니뿟따 존자는 세존의 법문으로 가르침을 받고 격려를 받고 분발하고 기뻐하며 세존의 말씀을 좋아하고 감사드리면서 자리에서 일어나 세존께 절을 올리고 오른쪽으로 돌아 [경의를 표한] 뒤 낮 동안을 머물기 위해 장님들의 숲787)으로 갔다.

6. 그때 어떤 비구가 사리뿟따 존자를 찾아가서 사리뿟따 존자에게 이렇게 고했다.

"도반 사리뿟따여, 그대가 거듭해서 칭송하던 뿐나 만따니뿟따라는 비구가 있지 않습니까? 그분이 [147] 세존의 법문으로 가르침을 받고 격려를 받고 분발하고 기뻐하며 세존의 말씀을 좋아하고 감사드리면서 자리에서 일어나 세존께 절을 올리고 오른쪽으로 돌아 [경의를 표한] 뒤 낮 동안의 머묾을 위해서 장님들의 숲으로 갔습니다."

7. 그러자 사리뿟따 존자는 급히 좌구를 챙겨서 뿐나 만따니뿟따 존자의 머리를 보면서 그를 뒤따라갔다. 그러자 뿐나 만따니뿟따

787) '장님들의 숲(Andha-vana)'에 대해서는 본서 제4권 「라훌라를 교계한 짧은 경」(M147) §2의 주해를 참조할 것.

존자는 장님들의 숲으로 들어가서 낮 동안을 머물기 위해 어떤 나무 아래 앉았다. 사리뿟따 존자 역시 장님들의 숲으로 들어가서 낮 동안을 머물기 위해 어떤 나무 아래 앉았다.

8. 그러자 사리뿟따 존자는 해거름에 [낮 동안의] 홀로 앉음에서 일어나 뿐나 만따니뿟따 존자를 만나러 갔다. 가서는 뿐나 만따니뿟따 존자와 함께 환담을 나누었다. 유쾌하고 기억할만한 이야기로 서로 담소를 나눈 뒤 한 곁에 앉았다. 한 곁에 앉아서 사리뿟따 존자는 뿐나 만따니뿟따 존자에게 이렇게 말했다.

9. "도반이여, 그대는 세존의 문하에서 청정범행을 닦으십니까?"

"그러합니다, 도반이여."

"도반이여, 그러면 ① 계행의 청정을 위해 세존의 문하에서 청정범행을 닦으십니까?"

"그렇지 않습니다, 도반이여."

"도반이여, 그러면 ② 마음의 청정을 위해 세존의 문하에서 청정범행을 닦으십니까?"

"그렇지 않습니다, 도반이여."

"도반이여, 그러면 ③ 견의 청정을 위해 세존의 문하에서 청정범행을 닦으십니까?"

"그렇지 않습니다, 도반이여."

"도반이여, 그러면 ④ 의심을 극복함에 의한 청정을 위해 세존의 문하에서 청정범행을 닦으십니까?"

"그렇지 않습니다, 도반이여."

"도반이여, 그러면 ⑤ 도와 도 아님에 대한 지견에 의한 청정[道非道知見淸淨]을 위해 세존의 문하에서 청정범행을 닦으십니까?"

"그렇지 않습니다, 도반이여."

"도반이여, 그러면 ⑥ 도닦음에 대한 지견에 의한 청정[行道知見淸淨]을 위해 세존의 문하에서 청정범행을 닦으십니까?"

"그렇지 않습니다, 도반이여."

"도반이여, 그러면 ⑦ 지견에 의한 청정[知見淸淨]을 위해 세존의 문하에서 청정범행을 닦으십니까?"

"그렇지 않습니다, 도반이여."788)

---

788) 본경에서 논의되고 있는 이 일곱 가지는 주석서 문헌들에서 '일곱 가지 청정[七淸淨, satta visuddhi]'으로 정착이 되었다. 그리고 이 일곱 가지 청정은 『디가 니까야』 제3권 「십상경」(D34) §2.2에도 나타나는데, 「십상경」(D34)에서는 이 일곱 가지에다 두 가지 청정, 즉 통찰지에 의한 청정(paññā-visuddhi)과 해탈에 의한 청정(vimutti-visuddhi)을 더하여 '아홉 가지 청정의 주요한 원인이 되는 구성요소(nava pārisuddhi-padhāniy-aṅgāni)'로 나타나고 있다. 이 일곱 가지만으로는 다른 니까야에 나타나지 않는다. 그러나 이 칠청정은 이미 부처님 당시의 승가에서 정착되었음에 분명하다. 그래서 두 존자들은 본경에서 자연스럽게 이것을 거론하고 여기에 대해서 담론하는 것일 것이다.

칠청정은 계·정·혜 삼학의 초점에 맞추어 부처님 가르침을 체계적으로 설명하는 『청정도론』의 중요한 발판이 되고 있다. 『청정도론』 I~II는 계행의 청정에 해당되고, III~XIII는 마음의 청정에, XIV~XVIII는 견의 청정에, XIX는 의심을 극복함에 의한 청정에, XX는 도와 도 아님에 대한 지견에 의한 청정에, XXI는 도닦음에 대한 지견에 의한 청정에, XXII~XXIII는 지견에 의한 청정에 해당된다. 간단하게 이 일곱 가지 청정을 설명하면 다음과 같다.

① 계행의 청정(sīla-visuddhi)이란 계목(戒目)의 단속에 관한 계, 감각기능[根]의 단속에 관한 계, 생계의 청정에 관한 계, 필수품에 관한 계의 네 가지 청정한 계를 훼손하지 않고 잘 지니는 것이다.

② 마음의 청정(citta-visuddhi)이란 다섯 가지 장애를 극복하여 근접삼매와 본삼매를 증득하는 것이다.

③ 견의 청정(diṭṭhi-visuddhi)이란 존재를 구성하는 다섯 가지 무더기의 고유성질을 파악하는 통찰지이다.

④ 의심을 극복함에 의한 청정(kaṅkhā-vitaraṇa-visuddhi)은 정신·물질에 대한 조건을 파악하여 삼세에 대한 의심을 극복하여 확립된 지혜이다.

⑤ 도와 도 아님에 대한 지와 견에 의한 청정(maggāmagga-ñāṇadassana-visuddhi)은 위빳사나를 닦을 때 일어난 광명 등의 경계는 도가 아니라고,

10. "도반이여, 내가 '도반이여, 그러면 계행의 청정을 위해서 세존의 문하에서 청정범행을 닦으십니까?'라고 물으면 그대는 '그렇지 않습니다, 도반이여.'라고 대답합니다.

'도반이여, 그러면 마음의 청정을 위해 … 견의 청정을 위해 … 의심을 극복함에 의한 청정을 위해 … 도와 도 아님에 대한 지견에 의한 청정을 위해 … 도닦음에 대한 지견에 의한 청정을 위해 … 지견에 의한 청정을 위해 세존의 문하에서 청정범행을 닦으십니까?'라고 물어도 그대는 '그렇지 않습니다, 도반이여.'라고 대답합니다.

도반이여, 그대는 그러면 무엇을 위해 세존의 [148] 문하에서 청정범행을 닦습니까?"

"도반이여, 취착 없는 완전한 열반을 위해[789] 세존의 문하에서 청

무상·고·무아로 통찰하는 것은 도라고 정확하게 알아 확립된 지혜이다.
⑥ 도닦음에 대한 지와 견에 의한 청정(paṭipadā-ñāṇadassana-visuddhi)은 일어나고 사라짐을 관찰하는 지혜(udayabbaya-anupassanā-ñāṇa)에서부터 진리에 수순하는 지혜(sacca-anulomika-ñāṇa)까지 이 아홉 가지 지혜이다.
⑦ 지견에 의한 청정(ñāṇadassana-visuddhi)은 네 가지 출세간도를 말한다.
이 일곱 가지 청정은 『아비담마 길라잡이』 제9장 §§28~34에서 일목요연하게 설명되어 있으니 참조하기 바란다.

789) "'취착 없는 완전한 열반(anupādā-parinibbāna)'이란 더 이상의 조건이 없는 완전한 열반(appaccaya-parinibbāna)을 말한다. 취착(upādāna)은 두 종류가 있다. 거머쥐는 취착(gahaṇ-ūpādāna)과 조건의 취착(paccay-ūpādāna)이다.
거머쥐는 취착이란 감각적 욕망의 취착 등 네 가지(본서 「바른 견해 경」(M9) §34와 주해 참조)를 말하고, 조건의 취착이란 '무명을 조건하여 의도적 행위들이 있다.'라고 말하는 [12연기의] 조건을 말한다.
이 중에서 거머쥐는 취착을 말하는 스승들은 '취착 없는 완전한 열반'이란 네 가지 취착 가운데서 어떤 취착에 의해 어떠한 법도 취착하지 않고 일어난 아라한과(catūsu upādānesu aññatarenāpi kañci dhammaṁ aggahetvā pavattaṁ arahattaphalaṁ)를 취착 없는 완전한 열반이라 말한다. 왜냐하면 그것은 취착과 관련되어 어떠한 법도 취착하지 않고, 또 오염원들이 완전

정범행을 닦습니다."

11. "도반이여, 그러면 계행의 청정이 취착 없는 완전한 열반입니까?"

"그렇지 않습니다, 도반이여."

"도반이여, 그러면 마음의 청정이 … 견의 청정이 … 의심을 극복함에 의한 청정이 … 도와 도 아님에 대한 지견에 의한 청정이 … 도 닦음에 대한 지견에 의한 청정이 … 지견에 의한 청정이 취착 없는 완전한 열반입니까?"

"그렇지 않습니다, 도반이여."

12. "'도반이여, 그러면 계행의 청정이 취착 없는 완전한 열반입니까?'라고 물으면 그대는 '그렇지 않습니다, 도반이여.'라고 대답합니다.

'도반이여, 그러면 마음의 청정이 … 견의 청정이 … 의심을 극복함에 의한 청정이 … 도와 도 아님에 대한 지견에 의한 청정이 … 도 닦음에 대한 지견에 의한 청정이 … 지견에 의한 청정이 취착 없는 완전한 열반입니까?'라고 물으면 그대는 '그렇지 않습니다, 도반이여.'라고 대답합니다.

히 소멸한 끝에 생기기 때문에 완전한 열반이라 부른다.
반면에 조건의 취착을 말하는 스승들은 '취착 없는 완전한 열반'이란 더 이상 조건이 없는 완전한 열반, 조건으로 인해 일어나지 않고 만들어지지 않은 불사의 요소만이(paccayavasena anuppannaṁ asaṅkhataṁ amatadhātum eva) 취착 없는 완전한 열반이라고 말한다. 이것은 끝이고, 이것은 결말이고, 이것은 완성이다. 왜냐하면 취착 없는 완전한 열반을 얻은 자가 청정범행을 닦는 것은 절정에 이르렀다고 하기 때문이다. 그래서 장로는 취착 없는 완전한 열반이라고 말했다."(MA.ii.156)
니까야에서 취착은 크게 이러한 두 가지 문맥에서 나타나기 때문에 주석서는 취착 없는 완전한 열반도 이 두 가지 문맥에서 이처럼 살펴보고 있다.

도반이여, 그러면 이 말의 뜻을 어떻게 이해해야 합니까?"

13. "도반이여, 만일 세존께서 계행의 청정을 취착 없는 완전한 열반이라고 천명하셨다면, 취착이 있는 것도 취착 없는 완전한 열반이라고 천명하신 것이 되고 맙니다.

도반이여, 만일 마음의 청정을 … 견의 청정을 … 의심을 극복함에 의한 청정을 … 도와 도 아님에 대한 지견에 의한 청정을 … 도닦음에 대한 지견에 의한 청정을 … 지견에 의한 청정을 세존께서 취착 없는 완전한 열반이라고 천명하셨다면 취착이 있는 것도 취착이 없는 완전한 열반이라고 천명하신 것이 되고 맙니다.

도반이여, 그러나 만일 이 법들이 없이도 취착 없는 완전한 열반을 성취한다고 한다면, 범부도 완전한 열반을 성취할 것입니다. 도반이여, 범부는 이런 법들이 없기 때문입니다."

14. "도반이여, 이것에 관해 이제 그대에게 비유를 하나 들겠습니다. 여기 이 비유로 어떤 지혜로운 사람들은 이 말의 뜻을 잘 이해할 것입니다.

도반이여, 예를 들면 사왓티에 살고 있는 빠세나디 꼬살라 왕에게 [149] 사께따[790]에 어떤 긴급한 용무가 있다고 합시다. 이제 그를 위해 사왓티와 사께따 사이에 일곱 대의 역마차가 준비되어 있습니다. 이제 빠세나디 꼬살라 왕은 사왓티를 나오면서 내전의 문에 있는 첫 번째 역마차에 올라탑니다. 첫 번째 역마차로 이제 두 번째 역마차가 있는 곳에 도착하여 첫 번째 역마차를 보내고 두 번째 역마차에

---

790) 사께따(Sāketa)는 꼬살라(Kosala)에 있는 도시였다. 『디가 니까야』 제2권 「대반열반경」(D16) §5.17에서는 당시 가장 번창했던 6대 도시(짬빠, 라자가하, 사왓티, 사께따, 꼬삼비, 바라나시) 가운데 하나로 언급되고 있다.

올라탑니다.

두 번째 역마차로 이제 세 번째 역마차가 있는 곳에 도착하여 … 세 번째 역마차로 이제 네 번째 역마차가 있는 곳에 도착하여 … 네 번째 역마차로 이제 다섯 번째 역마차가 있는 곳에 도착하여… 다섯 번째 역마차로 이제 여섯 번째 역마차가 있는 곳에 도착하여 … 여섯 번째 역마차로 이제 일곱 번째 역마차가 있는 곳에 도착하여 여섯 번째 역마차를 보내고 일곱 번째 역마차에 올라탑니다.

그는 그 일곱 번째 역마차로 사께따의 내전의 대문에 당도합니다. 내전의 대문에 당도한 그에게 그의 친구와 동료들과 일가친척들은 이렇게 물을 것입니다.

'대왕이시여, 대왕께서는 이 역마차로써 사께따의 내전의 문에 당도하셨습니까?'

도반이여, 그러면 빠세나디 꼬살라 왕은 어떻게 설명을 해야 바르게 설명하는 것입니까?"

"도반이여, 이와 같이 설명을 해야만 빠세나디 꼬살라 왕은 바르게 설명을 하는 것입니다.

'내가 사왓티에 있을 때 사께따에 긴급한 용무가 생겼소. 이제 그런 나를 위해 사왓티와 사께따 사이에 일곱 대의 역마차가 준비되었소. 나는 사왓티를 나오면서 내전의 문에 있는 첫 번째 역마차에 올라탔소. 첫 번째 역마차로 이제 두 번째 역마차가 있는 곳에 도착하여 첫 번째 역마차를 보내고 두 번째 역마차에 올라탔소.

두 번째 역마차로 이제 세 번째 역마차가 있는 곳에 도착하여 … 세 번째 역마차로 이제 네 번째 역마차가 있는 곳에 도착하여 … 네 번째 역마차로 이제 다섯 번째 역마차가 있는 곳에 도착하여… 다섯 번째 역마차로 이제 여섯 번째 역마차가 있는 곳에 도착하여 … 여섯 번째 역마차로 이제 일곱 번째 역마차가 있는 곳에 도착하여 여섯 번째 역마차를 보내고 일곱 번째 역마차에 올라탔소. 그 일곱 번째 역마차로써 사께따의 내전의 문에 당도했소.'

이와 같이 설명을 해야 빠세나디 꼬살라 왕은 바르게 설명을 한 것입니다."

15. "도반이여, 그와 같이 계행의 청정은 마음의 청정을 위한 것입니다. 마음의 청정은 견의 청정을 위한 것입니다. 견의 청정은 의심을 극복함에 의한 청정을 위한 것입니다. 의심을 극복함에 의한 청정은 [150] 도와 도 아님에 대한 지견에 의한 청정을 위한 것입니다. 도와 도 아님에 대한 지견에 의한 청정은 도닦음에 대한 지견에 의한 청정을 위한 것입니다. 도닦음에 대한 지견에 의한 청정은 지견에 의한 청정을 위한 것입니다. 지견에 의한 청정은 취착 없는 완전한 열반을 위한 것입니다. 도반이여, 이 취착 없는 완전한 열반을 위해 세존의 문하에서 청정범행을 닦는 것입니다."

16. 이렇게 말하자 사리뿟따 존자는 뿐나 만따니뿟따 존자에게 이와 같이 물었다.

"존자의 성함은 무엇입니까. 동료 수행자들이 존자를 어떻게 부릅니까?"

"도반이여, 내 이름은 뿐나입니다. 동료 수행자들은 저를 만따니뿟따라고 부릅니다."

"경이롭습니다, 도반이시여. 놀랍습니다, 도반이시여. 이처럼 스승님의 가르침을 잘 이해하는 잘 배운 제자인 뿐나 만따니뿟따 존자께서는 심오하고 심오한 문제를 하나씩 조목조목 잘 설명해 주셨습니다.

동료 수행자들에게는 이득이 생겼습니다. 뿐나 만따니뿟따 존자를 만날 수 있고 공경할 수 있는 기회를 얻은 동료 수행자들에게는 큰 축복입니다. 만약 동료 수행자들이 머리에 방석을 얹고 뿐나 만따니뿟따 존자를 머리에 이고 다녀서라도 만날 수 있고 공경할 수 있는 기회를 얻는다면 그들에게는 이득이고 그들에게는 큰 축복일 것입니다. 제게도 이득이 생겼습니다. 뿐나 만따니뿟따 존자와 같은 분을 만날 수 있고 공경할 수 있는 기회를 얻은 제게도 큰 축복입니다."

17. 이렇게 말하자 뿐나 만따니뿟따 존자도 사리뿟따 존자에게 이렇게 물었다.

"존자의 성함은 무엇입니까. 동료 수행자들이 존자를 어떻게 부릅니까?"

"도반이여, 내 이름은 우빠띳사입니다. 동료 수행자들은 저를 사리뿟따라고 부릅니다."

"참으로 스승과 같은 제자와 이야기하면서도 저는 사리뿟따 존자인 줄을 몰랐습니다. 만일 참으로 제가 사리뿟따 존자이신줄 알았더라면 이와 같이 많은 말을 하지 않았을 것입니다.

경이롭습니다, 도반이시여. 놀랍습니다, 도반이시여. 이처럼 스승님의 가르침을 잘 이해하는 잘 배운 제자인 사리뿟따 존자께서 심오하고 심오한 문제를 하나씩 조목조목 잘 질문해 주셨습니다.

동료 수행자들에게는 이득이 생겼습니다. 사리뿟따 존자를 만날 수 있고 공경할 수 있는 기회를 얻은 동료 수행자들에게는 큰 축복입니다. 만약 동료 수행자들이 머리에 방석을 얹고 사리뿟따 존자를 머리에 이고 다님에 의해서라도 만날 수 있고 공경할 수 있는 기회를 얻는다면 그들에게는 [151] 이득이고 그들에게는 큰 축복일 것입니다. 제게도 이득이 생겼습니다. 사리뿟따 존자와 같은 분을 만날 수 있고 공경할 수 있는 기회를 얻은 제게도 큰 축복입니다."

이렇게 그들 두 큰 용들은 서로가 서로의 좋은 말[金言]을 기뻐했다.

역마차 교대 경(M24)이 끝났다.

미끼 경

Nivāpa Sutta(M25)

1. 이와 같이 나는 들었다. 한때 세존께서는 사왓티에서 제따 숲의 아나타삔디까 원림(급고독원)에 머무셨다. 거기서 세존께서는 "비구들이여."라고 비구들을 부르셨다. "세존이시여."라고 비구들은 세존께 응답했다. 세존께서는 이렇게 말씀하셨다.

2. "비구들이여, 사슴 사냥꾼은 사슴의 무리에게 미끼를 놓으면서 '내가 놓은 이 미끼를 사슴의 무리들이 먹고 오래 살고 늠름하게 오래오래 번창하라.'라고 하지 않는다. 비구들이여, 사슴 사냥꾼은 사슴의 무리에게 미끼를 놓으면서 '내가 이 미끼를 놓으면 사슴의 무리들이 잠입해 들어와서 넋을 놓고 이것을 먹을 것이다. 그들은 이곳에 잠입하여 넋을 놓고 이것을 먹고서는 취해버릴 것이다. 취하면 방일할 것이고, 방일하면 이 미끼를 놓은 곳에서 내가 원하는 대로 할 수 있을 것이다.'라고 생각할 것이다."

3. "비구들이여, 그곳에서 첫 번째 사슴의 무리들은 사슴 사냥꾼이 미끼를 놓아둔 곳에 잠입해 들어와서 넋을 놓고 그것을 먹어버

렸다. 그들은 그곳에 잠입하여 넋을 놓고 그것을 먹고서는 취해버렸다. 취해서는 방일했으며, 방일할 때 사슴 사냥꾼이 그 미끼를 놓은 곳에서 그가 원하는 대로 할 수 있게 되었다.

이렇게 하여 그 첫 번째 사슴의 무리는 사슴 사냥꾼의 지배와 힘에서 벗어나지 못했다."

4. "비구들이여, 그곳에서 두 번째 사슴의 무리들은 이와 같이 곰곰이 생각했다.

"첫 번째 사슴의 무리들이 사슴 사냥꾼이 미끼를 놓아둔 곳에 잠입해 들어가서 넋을 놓고 그것을 먹었다. 그들은 그곳에 잠입하여 넋을 놓고 그것을 먹고서는 취해버렸다. 취해서는 방일했으며, 방일할 때 [152] 사슴 사냥꾼이 그 미끼를 놓아 둔 곳에서 그가 원하는 대로 할 수 있게 되었다. 이렇게 하여 그 첫 번째 사슴의 무리는 사슴 사냥꾼의 지배와 힘에서 벗어나지 못했다. 이제 우리들은 모든 종류의 미끼 음식을 금해야겠다. 두려움을 수반하는 음식을 금하고 숲 속 깊이 들어가서 머물러야겠다."

그들은 모든 종류의 미끼 음식을 금했다. 두려움을 수반하는 음식을 금하고 숲 속 깊이 들어가서 머물렀다. 그런데 여름의 마지막 달에 풀과 물이 다 말라버리자 몸이 극도로 쇠약해졌다. 그들의 몸이 극도로 쇠약해지자 힘과 기력이 쇠진해갔다. 힘과 기력이 쇠진해지자 그 사슴 사냥꾼이 놓아둔 미끼로 되돌아갔다. 그들은 그곳에 잠입해 들어가 넋을 놓고 음식을 먹었다. 그들은 그곳에 잠입하여 넋을 놓고 먹고서는 취해버렸다. 취해서는 방일했으며, 방일할 때 사슴 사냥꾼이 그 미끼를 놓아둔 곳에서 그가 원하는 대로 할 수 있게 되었다.

비구들이여, 이렇게 하여 두 번째 사슴의 무리도 사슴 사냥꾼의 지배와 힘에서 벗어나지 못했다."

5. "비구들이여, 그곳에서 세 번째 사슴의 무리들은 이와 같이 곰곰이 생각했다.

"첫 번째 사슴의 무리들이 사슴 사냥꾼이 놓아둔 미끼에 잠입해 들어가서 넋을 놓고 그것을 먹었다. 그들은 그곳에 잠입하여 넋을 놓고 그것을 먹고서는 취해버렸다. 취해서는 방일했고, 방일할 때 사슴 사냥꾼이 그 미끼를 놓아 둔 곳에서 그가 원하는 대로 할 수 있게 되었다. 이렇게 하여 그 첫 번째 사슴의 무리는 사슴 사냥꾼의 지배와 힘에서 벗어나지 못했다.

그곳에서 두 번째 사슴의 무리들이 이와 같이 곰곰이 생각했다. '첫 번째 사슴의 무리들이 사슴 사냥꾼이 놓아둔 미끼에 … 이렇게 하여 그 첫 번째 사슴의 무리는 사슴 사냥꾼의 지배와 힘에서 벗어나지 못했다. 이제 우리들은 모든 종류의 미끼 음식을 금해야겠다. 두려움을 수반하는 음식을 금하고 숲 속 깊이 들어가서 머물러야겠다.' 라고.

그들은 모든 종류의 미끼 음식을 금했다. 두려움을 수반하는 음식을 금하고 숲 속 깊이 들어가서 머물렀다. 그런데 여름의 마지막 달에 풀과 물이 다 말라버리자 몸이 극도로 쇠약해졌다. 그들의 몸이 극도로 쇠약해지자 힘과 기력이 쇠진해갔다. 힘과 기력이 쇠진해지자 그 사슴 사냥꾼이 놓아둔 미끼로 되돌아갔다. 그들은 그곳에서 잠입해 들어가 넋을 놓고 음식을 먹었다. 그들은 그곳에 잠입하여 넋을 놓고 그것을 먹고서는 취해버렸다. 취해서는 방일했으며, 방일할 때 사슴 사냥꾼이 그 미끼를 놓아 둔 곳에서 그가 원하는 대로 할 수 있게 되었다. 이렇게 하여 두 번째 사슴의 무리도 사슴 사냥꾼의 지배와 힘에서 벗어나지 못했다.'라고.

이제 우리는 사슴 사냥꾼이 놓아둔 미끼에 의지해서 거처를 정해야겠다.[791] 그곳에서 [153] 거처를 정하여 사슴 사냥꾼이 놓아둔 미끼에 잠입해 들어가지도 않고 넋을 놓지도 않고 음식을 먹어야겠다. 잠입하지 않고 넋을 놓지도 않고 음식을 먹으면 취하지 않는다. 취하지 않으면 방일하지 않게 되고, 방일하지 않으면 사슴 사냥꾼이 그 미끼를 놓은 곳에서 그가 원하는 대로 할 수 없게 될 것이다."

그들은 그 사슴 사냥꾼이 놓아둔 미끼에 의지하여 거처를 정했다.[792] 그리하여 사슴 사냥꾼이 놓아둔 미끼에 잠입해 들어가지 않고 넋을 놓지 않고 음식을 먹었다. 잠입하지 않고 넋을 놓지 않고 음식을 먹어 취하지 않았다. 취하지 않았으므로 방일하지 않았고 방일하지 않았으므로 사슴 사냥꾼이 그 미끼를 놓아둔 곳에서 그가 원하는 대로 할 수 없게 되었다.

비구들이여, 그곳에서 사슴 사냥꾼과 사슴 사냥꾼의 일행들에게 이런 생각이 들었다.

"이 세 번째 사슴의 무리는 참으로 교활하고 기만적이다. 이 세 번째 사슴의 무리는 신통을 부리는 약카들이다.[793] 놓아둔 이 미끼를 먹는데도 우리는 그들이 오는 곳도 가는 곳도 알지 못한다. 이제 우

---

791) "'미끼에 의지해서 거처를 정해야겠다(nevāpikassa upanissāya āsayaṁ kappeyyāma).'는 것은 안으로 잠입해 들어가서 먹는 것은 두려움(bhaya) 그 자체이고, 밖에서 가서 먹는 것도 또한 두려움 그 자체이다. 그러니 미끼를 놓아둔 곳의 부근 한 편에(ekam ante) 거처를 정해야겠다고 생각했다는 말이다."(MA.ii.161)

792) "사냥꾼(luddaka)도 방일할 때(pamāda-kāla)가 있다. 우리도 덤불 속이나 울타리 밑에 누워 있다가 이들이 세수를 하거나 밥을 먹기 위해서 나갈 때에 미끼(nevāpika)가 있는 곳에 잠입하여 빨리 먹고 마신 뒤 우리의 거처로 돌아오리라고 생각하면서 미끼 근처에 있는 덤불 속 등에다 거처를 정했다."(MA.ii.161)

793) 여기서 '약카(yakkha)'는 para-janā(다른 사람들)를 옮긴 것인데, 주석서에서 "여기서 parajanā는 약카(yakkha)이고, 이들은 사슴이 아니다(na migajātā)."(MA.ii.161)라고 설명하고 있어서 약카로 의역을 하였다.

리는 우리가 놓아둔 미끼를 큰 그물망으로 사방으로 완전히 둘러싸야겠다. 그러면 아마 우리는 세 번째 사슴 무리의 거처를 볼 수 있을 것이고 그래서 그들을 잡을 수 있을 것이다."

그래서 그들은 그들이 놓아둔 미끼를 큰 그물망으로 사방으로 완전히 둘러쌌다. 비구들이여, 그래서 사슴 사냥꾼과 사슴 사냥꾼의 일행들은 세 번째 사슴 무리의 거처를 보았고 그곳에서 그들을 잡았다.

비구들이여, 이렇게 하여 세 번째 사슴 무리도 사슴 사냥꾼의 지배와 힘에서 벗어나지 못했다."

6. "비구들이여, 그곳에서 네 번째 사슴의 무리들은 이와 같이 곰곰이 생각했다.

"첫 번째 사슴의 무리들이 사슴 사냥꾼이 놓아둔 미끼에 잠입해 들어가서 넋을 놓고 그것을 먹었다. … 이렇게 하여 그 첫 번째 사슴의 무리는 사슴 사냥꾼의 지배와 힘에서 벗어나지 못했다.

그곳에서 두 번째 사슴의 무리들이 이와 같이 곰곰이 생각했다. '첫 번째 사슴의 무리들이 사슴 사냥꾼이 놓아둔 미끼에 … 이렇게 하여 그 첫 번째 사슴의 무리는 사슴 사냥꾼의 지배와 힘에서 벗어나지 못했다. 이제 우리들은 모든 곳에서 미끼로 놓아둔 음식을 금해야겠다. 두려움을 수반하는 음식을 금하고 숲 속 깊이 들어가서 머물러야겠다.'라고. 그들은 모든 종류의 미끼 음식을 금했다. 두려움을 수반하는 음식을 금하고 숲 속 깊이 들어가서 머물렀다. 그런데 여름의 마지막 달에 풀과 물이 다 말라버리자 몸이 극도로 쇠약해졌다. … 이렇게 하여 두 번째 사슴의 무리도 사슴 사냥꾼의 지배와 힘에서 벗어나지 못했다.'라고.

그곳에서 세 번째 사슴의 무리들이 이와 같이 곰곰이 생각했다. '첫 번째 [154] 사슴의 무리들이 사슴 사냥꾼이 놓아 둔 미끼에 … 그곳에서 두 번째 사슴의 무리들이 … 이렇게 하여 두 번째 사슴의 무리도 사슴 사냥꾼의 지배와 힘에서 벗어나지 못했다. 이제 우리는 사슴 사냥꾼이 놓아 둔 미끼에 의지하여 거처를 정해야겠다. 그곳에서 거처를 정하고서 사슴 사냥꾼이 놓아둔 미끼에 잠입해 들어가지도 않고 넋을 놓지도 않고 음식을 먹어야겠다. … 그들은 그들이 놓아둔 미끼를 큰 그물망으로 사방으로 완전히 둘러쌌다. 비구들이여, 그래서 사슴 사냥꾼과 사슴 사냥꾼의 일행들은 세 번째 사슴 무리의 거처를 보았고 그곳에서 그들을 잡았다. 비구들이여, 이렇게 하여 세 번째 사슴 무리도 사슴 사냥꾼의 지배와 힘에서 벗어나지 못했다.'라고.

이제 우리는 사슴 사냥꾼이나 사슴 사냥꾼의 일행들이 갈 수 없는 곳에 거처를 정해야겠다. 그곳에 거처를 정하면 사슴 사냥꾼이 놓아둔 미끼에 잠입해 들어가지 않고 넋을 놓지 않고 그 음식을 먹을 수 있을 것이다. 잠입하지 않고 넋을 놓지 않고 음식을 먹으면 취하지 않는다. 취하지 않으면 방일하지 않고, 방일하지 않으면 사슴 사냥꾼이 그 미끼를 놓은 곳에서 그가 원하는 대로 할 수 없게 될 것이다."

그들은 사슴 사냥꾼이나 사슴 사냥꾼의 일행들이 갈 수 없는 곳에 거처를 정했다. 그곳에서 거처를 정한 뒤 사슴 사냥꾼이 놓아둔 미끼에 잠입해 들어가지 않고 넋을 놓지 않고 음식을 먹었다. 잠입하지 않고 넋을 놓지 않고 음식을 먹어 취하지 않았다. 취하지 않았으므로 방일하지 않았고 방일하지 않았으므로 [155] 사슴 사냥꾼이 그 미끼를 놓은 곳에서 그가 원하는 대로 할 수 없게 되었다.

비구들이여, 그곳에서 사슴 사냥꾼과 사슴 사냥꾼의 일행들에게 이런 생각이 들었다.

"이 네 번째 사슴의 무리는 참으로 교활하고 기만적이다. 이 네 번째 사슴의 무리는 신통을 부리는 약카들이다. 놓아둔 이 미끼를 먹는

데도 우리는 그들이 오는 곳도 가는 곳도 알지 못한다. 이제 우리는 우리가 놓아둔 미끼를 큰 그물망으로 사방으로 완전히 둘러싸야겠다. 그러면 아마 우리는 네 번째 사슴 무리의 거처를 볼 수 있을 것이고 그래서 그들을 잡을 수 있을 것이다."

그래서 그들은 그들이 놓아둔 미끼를 큰 그물망으로 사방으로 완전히 둘러쌌다. 비구들이여, 그러나 사슴 사냥꾼과 사슴 사냥꾼의 일행들은 네 번째 사슴 무리의 거처를 보지 못했다. 그래서 그들을 잡지 못했다.

비구들이여, 그곳에서 사슴 사냥꾼과 사슴 사냥꾼의 일행들에게 이런 생각이 들었다.

"만일 우리가 네 번째 사슴 무리를 위협하면 위협을 받은 그들은 다른 사슴들을 경계시킬 것이고,[794] 경계를 받은 그들은 또 다른 사슴들을 경계시킬 것이다. 그러면 놓여 있는 이 미끼를 모든 사슴 무리들이 버리고 떠날 것이다. 그러니 이제 우리는 네 번째 사슴 무리를 무관심으로 대하자."[795]

비구들이여, 사슴 사냥꾼과 사슴 사냥꾼의 일행들은 네 번째 사슴 무리를 무관심으로 대했다. 비구들이여, 이렇게 하여 네 번째 사슴 무리는 사슴 사냥꾼의 지배와 힘에서 벗어났다."

7. "비구들이여, 이 비유는 뜻을 알게 하기 위해서 내가 만든 것이다. 이것이 여기서 그 뜻이다.

---

794) "'다른 사슴들을 경계시킬 것이고(aññe ghaṭṭessanti)'라는 것은 그곳에서 멀리 있는 다른 사슴들을 경계시킬 것이고, 또 그들은 그보다 더 멀리 있는 다른 사슴들을 경계시킨다는 말이다."(MA.ii.161~162)

795) "'무관심으로 대하자(ajjhupekkheyyāma).'라고 했다. '이렇게 함으로써 그들은 이 미끼를 버리고 떠나게 될 것이다. 그러므로 이 사슴들을 잡는 것에 종사하지 말고 무관심으로 대하자.'라는 말이다."(MA.ii.162)

비구들이여, 미끼란 다섯 가닥의 얽어매는 감각적 욕망을 두고 한 말이다. 비구들이여, 사슴 사냥꾼은 사악한 [마라][796]를 두고 한 말이다. 사슴 사냥꾼의 일행들이란 마라[797]의 일행들을 두고 한 말이다. 비구들이여, 사슴의 무리는 사문 · 바라문들을 두고 한 말이다."

8. "비구들이여, 여기서 첫 번째 사문 · 바라문들은 마라가 놓아 둔 미끼와 세속적인 음식에 다가가서 넋을 놓고 그 음식을 먹었다. 그들은 [156] 그곳에 다가가서 넋을 놓고 먹고서는 취해버렸다. 취해서는 방일했고, 방일할 때 마라가 그 미끼와 세속적인 음식을 놓은 곳에서 그가 원하는 대로 할 수 있게 되었다. 비구들이여, 이렇게 하여 그 첫 번째 사문 · 바라문들은 마라의 지배와 힘에서 벗어나지 못했다.

비구들이여, 그들 첫 번째 사슴 무리는 바로 이 첫 번째 사문 · 바라문들과 같다고 나는 말한다."

9. "비구들이여, 그곳에서 두 번째 사문 · 바라문들은 이와 같이 곰곰이 생각했다.

"여기서 첫 번째 사문 · 바라문들이 마라가 놓아 둔 미끼와 세속적인 음식에 다가가서 넋을 놓고 그 음식을 먹었다. 그들은 그곳에 다가가서 넋을 놓고 먹고서는 취해버렸다. 취해서는 방일했고, 방일할

---

796) 여기서 '사악한 [마라]'는 Pāpiman(빠삐만)을 옮긴 것이다. 빠삐만은 마라의 다른 이름이다. 주석서는 이렇게 설명한다.
"[남들을] 사악함에 빠져들게 하고, 혹은 스스로 사악함에 빠져든다고 해서 (pāpe niyojeti, sayaṁ vā pāpe niyutto) '빠삐만(pāpiman, 사악한 자)'이라 한다. 그는 깐하(Kaṇha, 검은 자), 지배자(Adhipati), 자재천(Vasavatti), 끝장내는 자(안따까, Antaka), 나무찌(Namuci), 방일함의 친척(pamatta-bhandu)이라는 다른 많은 이름들도 가지고 있다. 그러나 여기서는 [마라와 빠삐만이라는] 단지 두 가지 이름만을 들고 있다."(SA.i.169)

797) 마라(Māra)에 대해서는 본서 제2권 「마라 견책 경」(M50) §2의 주해를 참조할 것.

때 마라가 그 미끼와 세속적인 음식을 놓은 곳에서 그가 원하는 대로 할 수 있게 되었다. 이렇게 하여 그 첫 번째 사문・바라문들은 마라의 지배와 힘에서 벗어나지 못했다.

이제 우리들은 모든 종류의 미끼 음식과 세속적인 음식을 금해야겠다. 두려움을 수반하는 음식을 금하고 숲 속 깊이 들어가서 머물러야겠다."

그들은 모든 종류의 미끼 음식과 세속적인 음식을 금했다. 두려움을 수반하는 음식을 금하고 숲 속 깊이 들어가서 머물렀다. 그들은 그곳에서 채소를 먹었고, 수수, 니바라 쌀, 가죽 부스러기, 수초, 등겨, 뜨물, 깻가루, 풀, 소똥을 먹었으며, 야생의 풀뿌리와 열매를 음식으로 해서 살았고, 떨어진 열매를 먹었다. 그런데 여름의 마지막 달에 풀과 물이 다 말라버리자 몸이 극도로 쇠약해졌다. 그들의 몸이 극도로 쇠약해지자 힘과 기력이 쇠진해졌다. 힘과 기력이 쇠진해지자 의지를 버렸다.798) 의지를 버리고는 그 마라가 놓아둔 미끼와 세속적인 음식으로 되돌아갔다.

그들은 그곳에 다가가 넋을 놓고 음식을 먹었다. 그들은 그곳에 다가가 넋을 놓고 먹고서는 취해버렸다. 취해서는 방일했고, 방일할 때 마라가 그 미끼와 세속적 음식을 놓아둔 곳에서 그가 원하는 대로 할 수 있게 되었다. 비구들이여, 이렇게 하여 두 번째 사문・바라문들도 마라의 지배와 힘에서 벗어나지 못했다.

비구들이여, [157] 그들 두 번째 사슴 무리는 바로 이 두 번째 사문・바라문들과 같다고 나는 말한다."799)

---

798) '의지를 버렸다.'는 것은 ceto-vimutti parihāyi를 옮긴 것이다. 'ceto-vimutti'는 여러 곳에서 마음의 해탈[心解脫]로 번역되었지만, 여기서는 "'숲에 머물리라.'라고 일어난 의지(ajjhāsaya)를 말한다."(MA.ii.162)라고 설명하고 있는 주석서를 참조해서 의지로 옮겼다.

10. "비구들이여, 그곳에서 세 번째 사문 · 바라문들은 이와 같이 곰곰이 생각했다.

"첫 번째 사문 · 바라문들이 마라가 놓아둔 미끼와 세속적 음식에 … 그 첫 번째 사문 · 바라문들은 마라의 지배와 힘에서 벗어나지 못했다. 그곳에서 두 번째 사문 · 바라문들이 이와 같이 곰곰이 생각했다. '첫 번째 사문 · 바라문들이 마라가 놓아둔 미끼와 세속적 음식에 … 그 첫 번째 사문 · 바라문들은 마라의 지배와 힘에서 벗어나지 못했다. 이제 우리들은 모든 종류의 미끼 음식과 세속적인 음식을 금해야겠다. … 힘과 기력이 쇠진해지자 그 마라가 놓아둔 미끼와 세속적인 음식으로 되돌아갔다. 그들은 그곳에 다가가 넋을 놓고 음식을 먹었다. 그들은 그곳에 다가가 넋을 놓고 먹고서는 취해버렸다. 취해서는 방일했고, 방일할 때 마라가 그 미끼와 세속적 음식을 놓아둔 곳에서 그가 원하는 대로 할 수 있게 되었다. 비구들이여, 이렇게 하여 두 번째 사문 · 바라문들도 마라의 지배와 힘에서 벗어나지 못했다.' 라고.

이제 우리는 마라가 놓아둔 미끼와 세속적인 음식에 의지하여 거처를 정해야겠다. 그곳에서 거처를 정한 뒤 마라가 놓아둔 미끼와 세속적인 음식에 다가가지 않고 넋을 놓지 않고 그 음식을 먹어야겠다. 다가가지 않고 넋을 놓지 않고 음식을 먹으면 취하지 않는다. 취하지 않으면 방일하지 않게 되고, 방일하지 않으면 마라가 그 미끼와 세속

---

799) "이것은 여법하게 출가한 바라문(brāhmaṇa-dhammika-pabbajjā)의 비유(upamā)이다. 이런 바라문들은 48년 간 소년과 같은 청정범행(komāra-brahmacariya)을 실천하고는 윤회가 끝나버릴까 하는 두려움(vaṭṭ-upaccheda-bhaya)으로 인해 상속자(paveṇi)를 두어야겠다고 생각하면서 재물을 찾고 아내를 데려와 재가에 살면서 아들 한 명을 낳는다. '아들을 얻었다고 해서 윤회는 끝나지 않는다. 나는 상속자를 두었다.'라고 생각하면서 다시 집을 나와 출가하거나 혹은 그렇게 평생 산다."(MA.ii.162)

적인 음식을 놓은 곳에서 그가 원하는 대로 할 수 없게 될 것이다."

그들은 이런 견해를 가진 자들이었다. 즉 '세상은 영원하다.'라거나, '세상은 영원하지 않다.'라거나, '세상은 유한하다.'라거나, '세상은 무한하다.'라거나, '생명이 바로 몸이다.'라거나, '생명과 몸은 다른 것이다.'라거나, '여래는 사후에도 존재한다.'라거나, '여래는 사후에 존재하지 않는다.'라거나 '여래는 사후에 존재하기도 하고 존재하지 않기도 한다.'라거나, '여래는 사후에 존재하는 것도 아니고 존재하지 않는 것도 아니다.'[800]라는 견해를 가졌다. 비구들이여, [158] 이렇게 하여 그들 세 번째 사문·바라문들도 마라의 지배와 힘에서 벗어나지 못했다.

비구들이여, 그들 세 번째 사슴 무리는 바로 이 세 번째 사문·바라문들과 같다고 나는 말한다."[801]

11. "비구들이여, 그곳에서 네 번째 사문·바라문들은 이와 같이 곰곰이 생각했다.

---

800) 이상의 열 가지는 전통적으로 '설명하지 않음[無記, avyākata]'으로 불리었으며 이것은 십사무기(十事無記)로 우리에게 알려져 있다. 이 열 가지는 모두 청정범행과는 관계가 없으며 괴로움의 소멸에 아무런 도움이 되지 않는 것으로 부처님께서 설명하시기를 거부하셨다. 이 십사무기는 본서 제2권 「말룽꺄 짧은 경」(M63)과 제3권 「왓차곳따 불 경」(M72)의 기본 주제이기도 하고, 『상윳따 니까야』의 제44주제(S44) 「설명하지 않음[無記] 상윳따」(Avyākata-saṁyutta)에 포함된 열 개의 경들(S44:1~S44:10)의 기본 주제이기도 하다. 십사무기에 대해서는 본서 제2권 「말룽꺄 짧은 경」(M63) §2의 주해들을 참조할 것.

801) "이런 사문·바라문들은 마을과 성읍과 도시로 들어가 동산과 정원이 있는 곳에다 원림(ārāma)을 짓고 마을의 젊은이들에게 코끼리 타기와 말 타기와 수레 만드는 기술(hatthi-assa-ratha-sippa) 등 여러 기술(sippa)들을 가르쳐서 마치 세 번째 사슴 무리들이 그물망(vākara-jāla)에 걸리듯이, 사악한 마라의 견해의 그물(diṭṭhi-jāla)에 걸려들어 마라가 하고 싶은 대로 하게 되었다."(MA.ii.162~163)

"첫 번째 사문 · 바라문들이 마라가 놓아둔 미끼와 세속적 음식에 … 이렇게 하여 그 첫 번째 사문 · 바라문들은 마라의 지배와 힘에서 벗어나지 못했다.

그곳에서 두 번째 사문 · 바라문들이 이와 같이 곰곰이 생각했다. '첫 번째 사문 · 바라문들이 마라가 놓아둔 미끼와 세속적 음식에 … 이렇게 하여 그 첫 번째 사문 · 바라문들은 마라의 지배와 힘에서 벗어나지 못했다. 이제 우리들은 모든 종류의 미끼 음식과 세속적인 음식을 금해야겠다. … 이렇게 하여 두 번째 사문 · 바라문들도 마라의 지배와 힘에서 벗어나지 못했다.

그곳에서 세 번째 사문 · 바라문들이 이와 같이 곰곰이 생각했다. '첫 번째 사문 · 바라문들이 마라가 놓아둔 미끼와 세속적 음식에 … 이렇게 하여 두 번째 사문 · 바라문들도 마라의 지배와 힘에서 벗어나지 못했다.' 이제 우리는 마라가 놓아둔 미끼와 세속적인 음식에 의지하여 거처를 정해야겠다. … 그들은 이런 견해를 가진 자들이었다. '세상은 영원하다.'라거나, … '여래는 사후에 존재하는 것도 아니고 존재하지 않는 것도 아니다.'라는 견해를 가졌다. 이렇게 하여 그들 세 번째 사문 · 바라문들도 마라의 지배와 힘에서 벗어나지 못했다.

이제 우리는 마라와 마라의 일행들이 갈 수 없는 곳에 거처를 정해야겠다. 그곳에 거처를 정하면 마라가 놓아둔 미끼와 세속적인 음식에 다가가지 않고 넋을 놓지 않고 그 음식을 먹을 수 있을 것이다. 다가가지 않고 넋을 놓지 않고 음식을 먹으면 취하지 않는다. 취하지 않으면 방일하지 않게 되고, 방일하지 않으면 마라가 그 미끼와 세속적인 음식을 놓은 곳에서 그가 원하는 대로 할 수 없게 될 것이다."

그들은 마라나 마라의 일행들이 갈 수 없는 곳에 거처를 정했다. 그곳에서 거처를 정한 뒤 마라가 놓아둔 미끼와 세속적인 음식에 다가가지 않고 넋을 놓지 않고 음식을 먹었다. 다가가지 않고 넋을 놓지 않고 음식을 먹어 취하지 않았다. 취하지 않았으므로 방일하지 않았고 방일하지 않을 때 마라가 그 미끼와 세속적인 음식을 놓은 곳에서 그가 원하는 대로 할 수 없게 되었다. 비구들이여, [159] 이와 같이 네 번째 사문 · 바라문들은 마라의 지배와 힘에서 벗어났다.

그들 네 번째 사슴 무리는 바로 이 네 번째 사문 · 바라문들과 같다고 나는 말한다."802)

12. "비구들이여, 그러면 어느 곳이 마라와 마라의 일행들이 갈 수 없는 곳인가?

비구들이여, 여기 비구는 감각적 욕망들을 완전히 떨쳐버리고 해로운 법들을 떨쳐버린 뒤, 일으킨 생각과 지속적 고찰이 있고, 떨쳐버렸음에서 생긴 희열과 행복이 있는 초선(初禪)을 구족하여 머문다.

비구들이여, 이 비구를 일러 '마라를 눈멀게 했고,803) 마라의 눈을 발판이 없도록 그렇게 빼버려804) 그 사악한 [마라]가 볼 수 없는 곳으로 갔다.'라고805) 한다."

---

802) "이것은 이 교단(sāsana)에 대한 비유에 해당된다."(MA.ii.163)

803) "'마라를 눈멀게 했다(andhamakāsi māraṁ).'는 것은 마라의 눈을 찢은 것이 아니다. 위빳사나의 기초가 되는 禪(vipassanā-pādaka-jjhāna)을 닦는 비구를 두고, '그의 마음은 이 대상을 의지해 있다.'라고 마라는 볼 수가 없다. 그것을 일러 마라를 눈멀게 했다고 하는 것이다."(MA.ii.163)

804) "'마라의 눈을 발판이 없도록 그렇게 빼버려(apadaṁ vadhitvā māra-cakkhuṁ)'라는 것은 마치 마라의 눈이 발판이 없고(apada), 발판을 잃었고(nippada), 기반이 없고(appatiṭṭha), 대상이 없도록(nirārammaṇa) 그렇게 마라의 눈을 빼버렸다는 말이다."(MA.ii.163)

805) "마라는 자신의 육안(maṁsa-cakkhu)으로 위빳사나의 기초가 되는 禪을 성취한 비구의 지혜의 몸을 볼 수가 없다."(MA.ii.163)

13. "비구들이여, 다시 비구는 일으킨 생각[尋]과 지속적 고찰[伺]을 가라앉혔기 때문에 [더 이상 존재하지 않고], 자기 내면의 것이고, 확신이 있으며, 마음의 단일한 상태이고, 일으킨 생각과 지속적 고찰은 없고, 삼매에서 생긴 희열과 행복이 있는 제2선(二禪)을 구족하여 머문다.

비구들이여, 이 비구를 일러 '마라를 눈멀게 했고, 마라의 눈을 발판이 없도록 그렇게 빼버려 그 사악한 [마라]가 볼 수 없는 곳으로 갔다.'라고 한다."

14. "비구들이여, 다시 비구는 희열이 빛바랬기 때문에 평온하게 머물고, 마음챙기고 알아차리며[正念·正知] 몸으로 행복을 경험한다. [이 禪 때문에] 성자들이 그를 두고 '평온하고 마음챙기며 행복하게 머문다.'고 묘사하는 제3선(三禪)을 구족하여 머문다.

비구들이여, 이 비구를 일러 '마라를 눈멀게 했고, 마라의 눈을 발판이 없도록 그렇게 빼버려 그 사악한 [마라]가 볼 수 없는 곳으로 갔다.'라고 한다."

15. "비구들이여, 다시 비구는 행복도 버리고 괴로움도 버리고, 아울러 그 이전에 이미 기쁨과 슬픔을 소멸하였으므로 괴롭지도 즐겁지도 않으며, 평온으로 인해 마음챙김이 청정한[捨念清淨] 제4선(四禪)을 구족하여 머문다.806)

---

806) 이상 §12부터 §15까지에는 네 가지 禪의 정형구가 나타나고 있다.
여기 나타나는 네 가지 禪을 설명하면서 주석서 문헌에서는 다섯 가지 禪의 구성요소(pañca jhān-aṅga)라는 표현을 즐겨 쓰고 있다. 여기서 다섯 가지는 일으킨 생각[尋, vitakka], 지속적 고찰[伺, vicāra], 희열[喜, pīti], 행복[樂, sukha], 심일경성(心一境性, 마음이 한 끝에 집중됨, cittassa ekaggatā = 집중 = 定)이며, 한문으로는 심·사·희·락·정(尋·伺·喜·樂·定)이다. 전통적으로 이 네 가지 禪은 심·사·희·락·정이라는

비구들이여, 이 비구를 일러 '마라를 눈멀게 했고, 마라의 눈을 발판이 없도록 그렇게 빼버려 그 사악한 [마라]가 볼 수 없는 곳으로 갔다.'라고 한다."

16. "비구들이여, 다시 비구는 물질[色]에 대한 인식을 완전히 초월하고 부딪힘의 인식[807]을 소멸하고 갖가지 인식을 마음에 잡도리하지 않기 때문에 '무한한 허공'이라고 하면서 공무변처(空無邊處)를 구족하여 머문다.

비구들이여, 이 비구를 일러 '마라를 눈멀게 했고, 마라의 눈을 발판이 없도록 그렇게 빼버려 그 사악한 [마라]가 볼 수 없는 곳으로 갔다.'라고 한다."

17. "비구들이여, 다시 비구는 공무변처를 완전히 초월하여 '무한한 알음알이[識]'라고 하면서 식무변처(識無邊處)를 구족하여 머문다.

비구들이여, 이 비구를 일러 '마라를 눈멀게 했고, 마라의 눈을 발판이 없도록 그렇게 빼버려 그 사악한 [마라]가 볼 수 없는 곳으로

이러한 다섯 가지 심리현상들 혹은 마음부수법[心所法]들에다 평온[捨, upekkhā]의 심리현상을 더하여 여섯 가지를 가지고 설명하고 있다.

본경에 나타나는 네 가지 禪의 정형구에서 보듯이 네 가지 선 가운데 초선은 심·사·희·락·정의 다섯 가지 심리현상들을 특징으로 하고 있고, 제2선은 이 가운데 심과 사가 가라앉고 희·락·정이 두드러진 상태이며, 제3선은 다시 희가 가라앉아 낙(樂)과 정(定)만이 있는 상태이고, 제4선은 낙도 가라앉고 대신에 사(捨, 평온)가 확립되어 사와 정만이 드러나는 상태이다. (여기에 대해서는 『아비담마 길라잡이』 1장 §18의 [해설], 특히 151쪽의 도표를 참조할 것.)

한편 본경에 나타나는 네 가지 禪의 정형구는 『위방가』(Vbh.244~261)와 『청정도론』 제4장(특히 초선의 정형구는 §79 이하, 제2선의 정형구는 §139 이하, 제3선의 정형구는 §153 이하, 제4선의 정형구는 §183 이하)에 상세하게 설명되어 있으므로 참조할 것.

807) '부딪힘의 인식(paṭigha-saññā)'에 대해서는 본서 「지워 없앰 경」(M8) §8의 주해를 참조할 것.

갔다.'라고 한다."

18. "비구들이여, 다시 비구는 식무변처를 완전히 초월하여 [160] '아무것도 없다.'라고 하면서 무소유처(無所有處)를 구족하여 머문다.

비구들이여, 이 비구를 일러 '마라를 눈멀게 했고, 마라의 눈을 발판이 없도록 그렇게 빼버려 그 사악한 [마라]가 볼 수 없는 곳으로 갔다.'라고 한다."

19. "비구들이여, 다시 비구는 무소유처를 완전히 초월하여 비상비비상처(非想非非想處)를 구족하여 머문다.

비구들이여, 이 비구를 일러 '마라를 눈멀게 했고, 마라의 눈을 발판이 없도록 그렇게 빼버려 그 사악한 [마라]가 볼 수 없는 곳으로 갔다.'라고 한다."

20. "비구들이여, 다시 비구는 비상비비상처를 완전히 초월하여 상수멸(想受滅)808)을 구족하여 머문다. 그리고 그의 통찰지로 [진리를] 보아서809) 번뇌를 남김없이 소멸한다.

---

808) '상수멸(想受滅, saññā-vedayita-nirodha, 인식과 느낌의 소멸)'에 대해서는 본서 제2권 「교리문답의 긴 경」(M43) §23의 주해를 참조할 것. 그리고 본서 「교리문답의 짧은 경」(M44) §16이하에도 잘 논의되고 있다. 상수멸 혹은 멸진정에 대한 여러 논의는 『청정도론』 제23장 §9 이하에 상세하게 설명되어 있으니 참조할 것.

809) "'그의 통찰지로 [진리를] 보아서(paññāya cassa disvā)'라는 것은 도의 통찰지(magga-paññā)로써 네 가지 성스러운 진리(cattāri ariyasaccāni)를 보아서 네 가지 번뇌(cattāro āsavā)를 소멸했다는 말이다."(MA.ii.163) 이 정형구는 본서 M25 §20, M26 §42, M30 §21, 제4권 M111 §19, M113 §29에도 나타난다.
한편 본서 M31 §18, M59 §18, M66 §34, M77 §22, M137 §26에도 상수멸의 정형구가 나타나는데 이들 경에서는 "다시 비구는 비상비비상처를 완전히 초월하여 상수멸(想受滅)을 구족하여 머문다."로만 나타나고 "그리고 그의 통찰지로 [진리를] 보아서 번뇌를 남김없이 소멸한다."라는 이 구문은 비구들이여, 이 비구를 일러 '마라를 눈멀게 했고, 마라의 눈을 발판이 없도록 그렇게 빼버려 그 사악한 [마라]가 볼 수 없는 곳으로 갔고, 세상에 대한 집착을 초월했다.'라고 한다."

세존께서는 이와 같이 설하셨다. 그 비구들은 흡족한 마음으로 세존의 말씀을 크게 기뻐했다.

미끼 경(M25)이 끝났다.

나타나지 않는다.
삼매수행 혹은 사마타수행을 통한 초선부터 비상비비상처까지 즉 4禪-4처의 증득은 일시적인 해탈(samaya-vimokkha)이라서 깨달음이 아니다.(여기에 대해서는 본서 제2권 「앗타까나가라 경」(M52) §4의 마지막 주해를 참조할 것. 그리고 본서 제3권 「공(空)에 대한 긴 경」(M122) §4, 제1권 「심재 비유의 긴 경」(M29) §6의 주해, 『상윳따 니까야』 제1권 「고디까 경」(S4:23) §2와 이에 대한 주해를 참조할 것.) 그러나 이런 증득은 위빠사나를 위한 기초(padaka)가 된다. 이를 바탕으로 온 · 처 · 계 · 제 · 연으로 대표되는 법에 대한 통찰, 즉 위빠사나 수행을 하여 불환과나 아라한과를 성취하여야만 상수멸에 들 수 있다. 그래서 이 상수멸의 정형구에 이처럼 "그리고 그의 통찰지로 [진리를] 보아서 번뇌를 남김없이 소멸한다."라는 말씀이 나타나는 것이다.
『청정도론』도 "일체의 범부와 예류자와 일래자는 이것을 증득하지 못하고, 마른 위빳사나만 수행한 불환자와 아라한도 이것을 증득하지 못한다. [4禪-4처의] 여덟 가지 증득을 얻은 불환자와 번뇌 다한 자(아라한)들은 이것에 도달한다."(Vis.XXIII.23)라고 설명하고 있다.

성스러운 구함 경[聖求經]810)

Ariyapariyesanā Sutta(M26)

1. 이와 같이 나는 들었다. 한때 세존께서는 사왓티에서 제따 숲의 아나타삔디까 원림(급고독원)에 머무셨다.

2. 그때 세존께서는 오전에 옷매무새를 가다듬고 발우와 가사를 수하시고 사왓티로 탁발을 가셨다. 그때 많은 비구들이 아난다 존자를 만나러 갔다. 만나러 가서는 아난다 존자에게 이와 같이 말했다.

"도반 아난다여, 우리가 세존의 면전에서 설법을 들은 지가 오래 되었습니다. 도반 아난다여, 우리는 세존의 면전에서 설법을 들을 수 있으면 참 좋겠습니다."811)

---

810) Ee와 Se에는 본경의 제목이 Ariyapariyesanā Sutta(성스러운 구함 경)로 나타나고 Be와 Be 주석서에는 본경 §32에 나타나는 '올가미 더미(pāsa-rāsi)'를 경제목으로 채택하여 Pāsarāsi Sutta(올가미 더미 경)으로 나타난다. 역자는 Ee와 Se를 따랐다.

811) "이들 오백 명의 비구들은 지방에 살던 사람으로 십력(十力)을 가진 분(dasa-bala)을 뵈리라고 하면서 사왓티로 왔다. 거기서 그들은 스승님의 모습을 뵙기는 했지만 법문을 듣지는 못했다. 하지만 그들은 스승님을 존경하는 마음 때문에 '스승님이시여, 저희들에게 법문을 설해주십시오.'라고 말을 할 수 없었다. 부처님들은 존경받는 분들(garū)이시기 때문이다. 사자와 사슴 왕처럼 혼자 다니셨고, 발정 난 코끼리처럼, 목을 치켜세운 독사처럼, 불

"도반들이여, 그렇다면 람마까 바라문[812]의 아쉬람으로 가십시오. 그러면 세존의 면전에서 설법을 들을 수 있을 겁니다."[813]

"그러겠습니다, 도반이여."라고 그 비구들은 아난다 존자에게 대답했다.

3. 그때 세존께서는 사왓티에서 탁발하여 공양을 마치시고 탁발에서 돌아와 아난다 존자를 부르셨다.

"아난다여, 동쪽 원림[東園林][814]의 녹자모 강당[815]으로 가서 낮

무더기처럼 접근할 수가 없었기 때문이다. 이와 같이 접근할 수 없는 스승님을 그 비구들이 직접 찾아가 청할 수 없어 아난다 존자에게 청을 한 것이다."(MA.ii.163~164)

812) 람마까 바라문(Rammaka brāhmaṇa)은 본서에만 나타나는 듯하며 주석서는 그에 대한 아무 설명을 하지 않는다. 한편 람마까(rammaka, Sk.ramya-ka)는 찟따(Citta, Citra, 음3월) 달의 다른 이름으로도 쓰인다.

813) "왜 아난다 장로는 그 비구들을 람마까 바라문의 아쉬람(Rammakassa brāhmaṇassa assama)으로 가라고 했는가? 십력을 가진 분의 활동이 장로에게 분명히 드러났기 때문(pākaṭa-kiriyatā)이다. 장로는 '오늘 스승님께서는 제따 숲에서 머무시고는 동쪽 원림에 낮 동안을 머무실 것이다. 오늘 동쪽 원림에 머무시고 제따 숲에서 낮 동안을 머무실 것이다. 오늘은 혼자서 탁발을 가실 것이다. 오늘은 비구 대중과 함께 가실 것이다. 이때쯤 마을에서 나오실 것이다.'라고. 그렇다면 그가 타심통(ceto-pariya-ñāṇa)을 가졌는가? 그렇지는 않다. 추측(anumāna-buddhi)하여 알고 실천해 온 행위(kata-kiriya)로 안다."(MA.ii.164)

814) 동쪽 원림[東園林, Pubbārāma]은 사왓티의 동쪽 대문 밖에 있는 원림이다. 세존께서는 사왓티의 제따 숲 아나타삔디까 원림(급고독원)에 머무시면서 낮 동안에는 이 동원림에서 지내셨다고 한다.(DhpA.i.413; MA.i.369) 바로 이곳에 위사카(Visākhā)가 세존과 승단을 위해서 본경의 녹자모 강당(Migāramātu-pāsāda)을 건립하였다.

815) 녹자모 강당(Migāramātu-pāsāda)은 위사카(Visakhā)가 지은 강당이다. 그녀는 상인이었던 그녀의 남편 미가라에 의해 어머니의 대접을 받았기 때문에 미가라마따(Migāramātu, 녹자모, 鹿子母)라고 불렸다. 그 일화는 다음과 같다.
위사카의 남편 미가라는 처음에는 니간타(Nigaṇṭha)를 따르던 신도였는데,

동안을 머물자."

"그러겠습니다. 세존이시여."라고 아난다 존자는 세존께 대답했다. 그러자 세존께서는 아난다 존자와 함께 동쪽 원림[東園林]의 녹자모 대강당으로 가서 낮 동안을 머무셨다. 그때 세존께서는 해거름에 [낮 동안의] 홀로 앉음에서 일어나셔서[816] 아난다 존자를 부르셨다.

"아난다여, 동 꼿타까[817]로 목욕을 가자."

나중에 그의 아내 위사카의 설득으로 휘장 뒤에서나마 부처님의 설법을 듣고 예류과를 얻었다고 한다. 그래서 그의 아내에게 너무도 감사하여 '당신은 오늘부터 나의 어머니요.'라고 했다고 한다. 그래서 그녀는 위사카라는 이름보다 미가라의 어머니(미가라마따, 鹿子母)로 더 알려지게 되었다고 한다. (MA.ii.296; DhpA.i.387; AA.i.220)

816) "'해거름에 [낮 동안의] 홀로 앉음에서 일어나셔서(sāyaṇhasamayaṁ paṭi-sallānā vuṭṭhito)'라고 하였다. 그 강당에는 제자들의 방 큰 것 두 개 사이에 세존의 방이 있었다. 장로가 문을 열고 방안을 치우고 먼지와 쓰레기를 버리고 침상과 의자를 정리하여 스승님께 알렸다. 스승님께서 방에 들어가셔서 마음챙기고 알아차리시면서 사자처럼(sīhaseyya) 오른쪽 옆구리로 누워 피로를 가라앉힌 뒤 일어나서 과의 증득(phala-samāpatti)에 들어 앉으셨다가 해거름에 그 증득에서 나오셨다. 그것과 관련하여 말한 것이다." (MA.ii.165~166)

817) "동 꼿타까(Pubbakoṭṭhaka)는 동쪽에 있는 꼿타까였다. 사왓티에 있는 원림은 어떤 때에는 크고 어떤 때에는 작았는데, 위빳시 부처님 당시에는 일 요자나의 크기였고, 시키 부처님 당시에는 세 가우따의 크기였고, 깟사빠 부처님 당시에는 스무 우사바의 크기였다고 한다. 이 동 꼿타까는 원림의 크기가 스무 우사바였던 깟사빠 부처님 당시 동문에 꼿타까라고 있던 것이다. 그것이 지금은 동 꼿타까로 나타났다.
깟사빠 부처님 당시 아찌라와띠라는 강이 도시를 에워싸고 흘러 동 꼿타까에 이르자 물길에 의해 무너져 큰 호수가 되었다. 그것은 제방도 있었고 서서히 깊어갔다. 그곳에는 각각의 목욕 장소가 있었는데 하나는 왕을 위한 것이고, 하나는 시민들을 위한 것이고, 하나는 비구 상가를 위한 것이고, 또 하나는 부처님을 위한 것이었다."(MA.ii.166)
요자나(yojana)는 중국에서 유순(兪旬, 踰旬)으로 음역을 하였는데 √yuj(*to yoke*)에서 파생된 중성명사이다. 어원이 암시하듯이 이것은 [소에] 멍에를 얹어서(yoke) 쉬지 않고 한 번에 갈 수 있는 거리인데 1 요자나는 대략 7마일 즉 11km 정도의 거리라고 한다.(PED)

"그러겠습니다, 세존이시여."라고 아난다 존자는 세존께 대답했다. 그리하여 [161] 부처님께서는 아난다 존자와 더불어 동 꼿타까로 목욕을 가셨다. 동 꼿타까에서 목욕을 하고 나와 가사 하나만을 입고 몸을 말리고 계셨다. 그때 아난 존자는 세존께 이렇게 말씀드렸다.

"세존이시여, 이 근처에 람마까 바라문의 아쉬람이 있습니다. 세존이시여, 람마까 바라문의 아쉬람은 상쾌한 곳입니다. 세존이시여, 람마까 바라문의 아쉬람은 편안합니다. 세존이시여, 세존께서 자비를 베푸시어 람마까 바라문의 아쉬람을 방문해주시면 좋겠습니다."

세존께서는 침묵으로 승낙하셨다.

4. 그러자 세존께서는 람마까 바라문의 아쉬람으로 가셨다. 그때 비구들은 람마까 바라문의 아쉬람에서 법담을 나누며 모여 있었다. 그러자 세존께서는 문밖에 서서 그 이야기가 끝나는 것을 기다리고 계셨다. 그때 세존께서는 이야기가 끝난 것을 아시고 '어흠' 하고 헛기침을 하시며 문을 가볍게 두드리셨다. 그 비구들은 세존께 문을 열어드렸다. 세존께서는 람마까 바라문의 아쉬람에 들어가셔서 마련해 드린 자리에 앉으셨다. 자리에 앉으신 세존께서는 비구들에게 말씀하셨다.

"비구들이여, 무슨 이야기를 하기 위해 지금 여기에 모였는가? 그리고 그대들이 하다 만 이야기는 무엇인가?"

"세존이시여, 세존에 대한 이야기를 하던 중에 세존께서 오셨습니다."

"장하구나, 비구들이여. 비구들이여, 이처럼 법담을 나누기 위해 모여 있다니, 믿음으로 집을 나와 출가한 그대 좋은 가문의 아들들에

그리고 1가우따(gāvuta)는 4분의1 요자나의 거리이고 1우사바(usabha)는 대략 200피트 즉 60m 정도의 거리라 한다.

게 참으로 어울리는 일이구나. 비구들이여, 그대들이 함께 모이면 오직 두 가지 할 일이 있나니, 법담을 나누거나 성스러운 침묵을 지키는 것이다."

두 가지 구함

5. "비구들이여, 두 가지 구함이 있나니 성스럽지 못한 구함과 성스러운 구함이 그것이다.

비구들이여, 그러면 무엇이 성스럽지 못한 구함인가?

비구들이여, 여기 어떤 사람은 자신이 태어나기 마련이면서 또한 태어나기 마련인 것을 구하고, 자신이 늙기 마련이면서 [162] 늙기 마련인 것을 구하고, 자신이 병들기 마련이면서 병들기 마련인 것을 구하고, 자신이 죽기 마련이면서 죽기 마련인 것을 구하고, 자신이 슬퍼하기 마련이면서 슬퍼하기 마련인 것을 구하고, 자신이 오염되기 마련이면서 오염되기 마련인 것을 구한다."

6. "비구들이여, 그러면 무엇을 태어나기 마련인 것이라고 하는가?

비구들이여, 아들과 아내가 태어나기 마련인 것이다. 하인과 하녀가 태어나기 마련인 것이다. 염소와 양이 태어나기 마련인 것이다. 닭과 돼지가 태어나기 마련인 것이다. 코끼리와 소와 수말과 암말이 태어나기 마련인 것이다. 금과 은이 태어나기 마련인 것이다. 비구들이여, 이런 재생의 근거[818]들이 태어나기 마련인 것이다.[819] 여기에

---

818) '재생의 근거(upadhi)'에 대해서는 본서 제2권 「메추라기 비유 경」(M66) §14의 주해를 참조할 것.

819) "이런 다섯 가닥의 얽어매는 감각적 욕망인 재생의 근거(upadhi)들이 '태어나기 마련인 것(jāti-dhammā)'이라는 말씀이다."(MA.ii.170)

묶이고 홀리고 집착하여 자신이 태어나기 마련이면서 또한 태어나기 마련인 것을 구한다."

7. "비구들이여, 그러면 무엇을 늙기 마련인 것이라고 하는가? 비구들이여, 아들과 아내가 늙기 마련인 것이다. 하인과 하녀가 … 염소와 양이 … 닭과 돼지가 … 코끼리와 소와 수말과 암말이 … 금과 은이 늙기 마련인 것이다. 비구들이여, 이런 재생의 근거들이 늙기 마련인 것이다. 여기에 묶이고 홀리고 집착하여 자신이 늙기 마련이면서 늙기 마련인 것을 구한다."

8. "비구들이여, 그러면 무엇을 병들기 마련인 것이라고 하는가? 비구들이여, 아들과 아내가 병들기 마련인 것이다. 하인과 하녀가 … 염소와 양이 … 닭과 돼지가 … 코끼리와 소와 수말과 암말이 병들기 마련인 것이다.[820] 비구들이여, 이런 재생의 근거들이 병들기 마련인 것이다. 여기에 묶이고 홀리고 집착하여 자신이 병들기 마련이면서 병들기 마련인 것을 구한다."

9. "비구들이여, 그러면 무엇을 죽기 마련인 것이라고 하는가? 비구들이여, 아들과 아내가 죽기 마련인 것이다. 하인과 하녀가 … 염소와 양이 … 닭과 돼지가 … 코끼리와 소와 수말과 암말이 죽기 마련인 것이다. 비구들이여, 이런 재생의 근거들이 죽기 마련인 것이다. 여기에 묶이고 홀리고 집착하여 자신이 죽기 마련이면서 죽기 마련인 것을 구한다."

---

820) "'병들기 마련인 것(byādhi-dhamma)'의 목록에서 금과 은(jāta-rūpa)은 제외되었다. 왜냐하면 이 금은은 두통 등의 병듦이 없고, 중생들에게서처럼 죽음이라 부르는 사망도 없고 슬픔도 일어나지 않기 때문이다. 그러나 철(aya) 등의 오염원(saṅkilesa)에 오염되기 때문에 아래 '오염되기 마련인 것(saṅkilesa-dhamma)'의 목록에는 포함되었다."(MA.ii.170)

10. "비구들이여, 그러면 무엇을 슬퍼하기 마련인 것이라고 하는가?

비구들이여, 아들과 아내가 슬퍼하기 마련인 것이다. 하인과 하녀가 … 염소와 양이 … 닭과 돼지가 … 코끼리와 소와 수말과 암말이 슬퍼하기 마련인 것이다. 비구들이여, 이런 재생의 근거들이 슬퍼하기 마련인 것이다. 여기에 묶이고 홀리고 집착하여 자신이 슬퍼하기 마련이면서 슬퍼하기 마련인 것을 구한다."

11. "비구들이여, 그러면 무엇을 오염되기 마련인 것이라고 하는가?

비구들이여, 아들과 아내가 오염되기 마련인 것이다. 하인과 하녀가 오염되기 마련인 것이다. 염소와 양이 오염되기 마련인 것이다. 닭과 돼지가 오염되기 마련인 것이다. 코끼리와 소와 수말과 암말이 오염되기 마련인 것이다. 금과 은이 오염되기 마련인 것이다. 비구들이여, 이런 재생의 근거들이 오염되기 마련인 것이다. 여기에 묶이고 홀리고 집착하여 자신이 오염되기 마련이면서 오염되기 마련인 것을 구한다."

12. "비구들이여, 그러면 무엇이 성스러운 구함인가?

비구들이여, 여기 어떤 사람은 자신이 태어나기 마련이지만 태어나기 마련인 것에서 재난을 알아 [163] 태어남이 없는 위없는 유가안은인 열반을 구하고, 자신이 늙기 마련이지만 늙기 마련인 것에서 재난을 알아 늙음이 없는 위없는 유가안은인 열반을 구하고, 자신이 병들기 마련이지만 병들기 마련인 것에서 재난을 알아 병이 없는 위없는 유가안은인 열반을 구하고, 자신이 죽기 마련이지만 죽기 마련인 것에서 재난을 알아 죽음이 없는 위없는 유가안은인 열반을 구하고,

자신이 슬퍼하기 마련이지만 슬퍼하기 마련인 것에서 재난을 알아 슬픔이 없는 위없는 유가안은인 열반을 구하고, 자신이 오염되기 마련이지만 오염되기 마련인 것에서 재난을 알아 오염이 없는 위없는 유가안은인 열반을 구한다."

깨달음의 추구

13. "비구들이여, 나도 역시 깨닫기 전, 아직 정등각을 성취하지 못한 보살이었을 때 내 자신이 태어나기 마련이면서 태어나기 마련인 것을 구했다. 내 자신이 늙기 마련이면서 … 내 자신이 병들기 마련이면서 … 내 자신이 죽기 마련이면서 … 내 자신이 슬퍼하기 마련이면서 … 내 자신이 오염되기 마련이면서 오염되기 마련인 것을 구했다.

비구들이여, 그런 내게 이런 생각이 들었다.

'나는 왜 내 자신이 태어나기 마련이면서 태어나기 마련인 것을 구하고 … 나는 왜 내 자신이 늙기 마련이면서 … 나는 왜 내 자신이 병들기 마련이면서 … 나는 왜 내 자신이 죽기 마련이면서 … 나는 왜 내 자신이 슬퍼하기 마련이면서 … 나는 왜 자신이 오염되기 마련이면서 오염되기 마련인 것을 구하는가? 참으로 나는 내 자신이 태어나기 마련이면서 태어나기 마련인 것에서 재난을 알아 태어남이 없는 위없는 유가안은인 열반을 구하고, 내 자신이 늙기 마련이면서 … 내 자신이 병들기 마련이면서 … 내 자신이 죽기 마련이면서 … 내 자신이 슬퍼하기 마련이면서 … 내 자신이 오염되기 마련이면서 오염되기 마련인 것에서 재난을 알아 오염이 없는 위없는 유가안은인 열반을 구하리라.'"

14. “비구들이여, 그런 나는 나중에 아직은 연소하고 젊고 머리가 검고 축복받은 젊음을 구족한 초년기에 부모님이 원치 않아 눈물을 흘리며 통곡하심에도 불구하고 삭발을 하고 가사를 입고 집을 떠나 출가했다.”

15. “그런 나는 이와 같이 출가하여 유익한 것[善]을 구하고 위없는 평화로운 경지를 찾아 알라라 깔라마[821]를 만나러 갔다. 가서는 알라라 깔라마에게 이렇게 말했다.

“알라라 깔라마시여, 이 법과 율에서 청정범행을 닦고자 합니다.”

비구들이여, 이렇게 말하자 알라라 깔라마는 내게 이렇게 말했다.

“존자는 머무십시오. 이 법은 이 법에 대해 지혜가 있는 사람이라면[822] [164] 오래지 않아 자기 스승과 동등한 것을 스스로 최상의 지

---

821) 본경에서 보듯이 알라라 깔라마(Āḷāra Kālāma)는 세존께서 출가하여 사문이 되신 뒤에 만난 첫 번째 스승이다. 알라라 깔라마는 세존께 무소유처의 경지를 가르쳤다. 세존께서는 즉시에 이 경지를 터득하셨지만 이것이 “바른 깨달음으로, 열반으로 인도하지 못한다. 그것은 단지 무소유처에 다시 태어나게 할 뿐이다.”(본경 §15-4)라고 이 법에 만족하지 않고 떠나셨다. 본경 §22에 의하면 세존께서는 깨달음을 증득하신 뒤에 첫 번째 설법을 할 상대로 알라라 깔라마를 떠올리지만 천신들이 알라라 깔라마가 칠 일 전에 임종했다고 알려준다.
알라라 깔라마에 대한 언급은 부처님의 성도과정을 담고 있는 본경과 본서 제2권 「삿짜까 긴 경」(M36) 등을 제외하고는 의외로 초기불전에 거의 나타나지 않는다. 『디가 니까야』 제2권 「대반열반경」(D16) §§4.26~4.34에 알라라 깔라마의 제자인 뿍꾸사 말라뿟따의 일화가 나타나고 있으며 이것은 『청정도론』 X.19에서 언급되고 있다. 그리고 『앙굿따라 니까야』 제1권 「바란두 경」(A3:124)에는 보살(세존)이 알라라 깔라마 문하에서 수행할 때에 그 아쉬람에 같이 있었다고 하는(AA.ii.375) 바란두까 깔라마가 언급되고 있는 정도이다.

822) ‘[이 법에 대해] 지혜가 있는 사람이라면’은 yattha viññū puriso(지혜로운 사람이라면)를 옮긴 것이다. 주석서에서 이것을 “이 법에 대해 지혜가 있는 사람이라면(yasmin dhamme paṇḍito puriso)”(MA.ii.171)라고 설명하

혜로 알고 실현하고 증득하여 머물 수 있는 그런 법입니다."

비구들이여, 그런 나는 오래지 않아 즉시에 그 법을 증득했다. 비구들이여, 그런 나는 입술을 두드리자마자 말하자마자[823] 지혜로운 말과 확신에 찬 말[824]을 했다. 그래서 나는 '나는 알고 본다.'라고 선언했고 다른 사람들도 그렇게 말했다.

비구들이여, 그런 내게 이런 생각이 들었다.

"알라라 깔라마는 단순히 믿음만으로[825] '나는 이 법을 스스로 최상의 지혜로 알고 실현하고 증득하여 머문다.'라고 선언하는 것이 아니라, 참으로 알라라 깔라마는 이 법을 알고 보면서 머문다."

비구들이여, 그러자 나는 알라라 깔라마를 만나러 가서 이렇게 말했다.

"깔라마 존자시여, 어떻게 이 법을 스스로 최상의 지혜로 알고 실현하고 증득하여 머문다고 선언하십니까?"

비구들이여, 이렇게 말하자 알라라 깔라마는 무소유처에 대해 설명해주었다.[826]

고 있어서 주석서대로 옮겼다.

823) "'입술을 두드리자마자(oṭṭha-pahata-mattena)'라는 것은 스승이 그에게 말해준 것에 응하기 위해 입술을 움직이자마자라는 뜻이고, '말하자마자(lapita-lāpana-mattena)'라는 것은 스승이 그에게 말해준 것을 그대로 따라 하자말라는 말이다."(MA.ii.171)

824) "'지혜로운 말(ñāṇa-vāda)'이란 '나는 안다.'라고 하는 말이고, '확신에 찬 말(thera-vāda)'이란 '나 장로가 여기 있노라.'라고 확신에 차서 하는 말(thira-bhāva-vāda)이다."(MA.ii.171)

825) "'단순히 믿음만으로(kevalaṁ saddhāmattakena)'라는 것은 통찰지로써 실현하지 않고 단순히 청정한 믿음만(suddha saddhā-mattaka)으로 그렇게 주장하는 것이 아닐 것이라고 생각하는 말이다."(MA.ii.171)

826) "무소유처를 마지막으로 하는(ākiñcaññāyatana-pariyosānā) 일곱 가지 증득(satta samāpatti)을 나에게 알려주었다는 말이다."(MA.ii.171)

비구들이여, 그런 내게 이런 생각이 들었다.

"알라라 깔라마에게만 믿음827)이 있는 것이 아니라 나에게도 믿음이 있다. 알라라 깔라마에게만 정진이 있는 것이 아니라 나에게도 정진이 있다. 알라라 깔라마에게만 마음챙김이 있는 것이 아니라 나에게도 마음챙김이 있다. 알라라 깔라마에게만 삼매가 있는 것이 아니라 나에게도 삼매가 있다. 알라라 깔라마에게만 통찰지가 있는 것이 아니라 나에게도 통찰지가 있다. 참으로 나는 알라라 깔라마가 스스로 최상의 지혜로 알고 실현하고 증득하여 머문다고 선언하는 그 법을 실현하기 위해 정진하리라."

비구들이여, 그런 나는 오래지 않아 즉시에 그 법을 스스로 최상의 지혜로 알고 실현하고 증득하여 머물렀다. 비구들이여, 그러자 나는 알라라 깔라마를 만나러 갔다. 가서는 알라라 깔라마에게 이렇게 말했다.

"깔라마 존자시여, 당신은 이렇게 '나는 이 법을 스스로 최상의 지혜로 알고 실현하고 증득했다.'라고 선언하십니까?"

"존자여, 나는 이렇게 이 법을 스스로 최상의 지혜로 알고 실현하고 증득했다고 선언합니다."

"깔라마 존자시여, 나도 이렇게 이 법을 스스로 최상의 지혜로 알

이 무소유처는 네 가지 무색계 증득 가운데 세 번째로, 세간적인 것이지 출세간적인 것이 아니기 때문에 열반으로 인도하는 것은 아니다.

827) "이 믿음 등 다섯 가지는 일곱 가지 증득을 얻기 위한 믿음 등이다."(MA.ii.171)
이 다섯 가지는 니까야에서 다섯 가지 기능[五根, pañca indriya]과 다섯 가지 힘[五力, pañca bala]으로 불리며 37보리분법에 포함되어 있다. 다섯 가지 기능에 대해서는 『초기불교 이해』 324쪽 이하와 『상윳따 니까야』 제5권 해제 8. 「기능[根] 상윳따」(S48)와 「기능 상윳따」(S48)에 포함된 경들의 주해들을 참조하기 바란다.

고 실현하고 증득했다고 선언합니다."

"존자여, 존자와 같은 분이 우리의 동료 수행자가 되는 것은 참으로 우리에게 이득이고 큰 축복입니다. 이처럼 내가 스스로 최상의 지혜로 알고 실현하고 증득하여 선언한 그 법을 존자도 스스로 최상의 지혜로 알고 실현하고 증득하여 머뭅니다. 그리고 [165] 존자가 스스로 최상의 지혜로 알고 실현하고 증득하여 머무는 법을 나도 스스로 최상의 지혜로 알고 실현하고 증득하여 선언합니다.

이처럼 내가 아는 그 법을 존자가 알고, 존자가 아는 그 법을 내가 압니다. 이와 같이 나처럼 존자도 그렇고 존자처럼 나도 그러합니다. 오십시오, 존자여. 우리 둘이 함께 머물면서 이 무리를 지도해나갑시다."

비구들이여, 이와 같이 나의 스승이었던 알라라 깔라마는 제자인 나를 자신과 동등한 위치에 놓고 나를 크게 공경했다. 비구들이여, 그런 내게 이런 생각이 들었다.

"이 법은 염오로 인도하지 못하고, 탐욕의 빛바램으로 인도하지 못하고, 소멸로 인도하지 못하고, 고요함으로 인도하지 못하고, 최상의 지혜로 인도하지 못하고, 바른 깨달음으로 인도하지 못하고, 열반으로 인도하지 못한다.[828] 그것은 단지 무소유처에 다시 태어나게 할 뿐이다."[829]

---

828) 여기서 '염오', '탐욕의 빛바램', '소멸', '고요함', '최상의 지혜', '바른 깨달음', '열반'의 일곱 가지는 각각 nibbidā, virāga, nirodha, upasama, abhiññā, sambodha, nibbāna를 옮긴 것이다. 주석서는 이렇게 설명한다.
"염오(nibbidā) 등의 이 일곱 가지 증득의 법(satta-samāpatti-dhammā)이 윤회(vaṭṭa)에 대해 염오 등으로 인도하지도 못하고, 네 가지 도에 대한 바른 깨달음(catu-magga-sambodha)으로, 열반을 실현하는 것으로 인도하지도 못한다는 말이다."(MA.ii.172)

829) "'그것은 단지 무소유처에 다시 태어나게 할 뿐이다(yāvadeva ākiñcaññ-

비구들이여, 그런 나는 그 법에 만족하지 않고 그 법을 염오하면서 떠나갔다."830)

16. "비구들이여, 그런 나는 유익한 것[善]을 구하고 위없는 평화로운 경지를 찾아 웃다까 라마뿟따831)를 만나러 갔다. 가서는 웃다까 라마뿟따에게 이렇게 말했다.

āyatanūpapattiyā).'라는 것은 60,000겁의 수명을 가진 무소유처에 태어나는 한 그만큼만 살고 그 이상은 살 수 없다. 그 기간이 다하면 그곳에서 죽어 더 낮은 세계로 돌아온다. 그가 이르는 그곳은 태어남과 늙음과 죽음[生老死, jātijarāmaraṇa]에서 벗어나지 못하고(aparimutta) 염라대왕의 덫에 갇혀 있는 것(maccu-pāsa-parikkhitta)이다."(MA.ii.172)

830) "그때부터 마하살(mahāsatta)은, 마치 배고픈 사람이 맛있는 음식을 얻어 극진한 대접과 함께 먹고 나서 담즙(pitta)이나 점액(semha)으로 [생긴 병 때문에] 토하고 난 뒤에는 또 다시 한 덩이의 음식을 먹으리라는 마음이 일어나지 않듯이, 이런 일곱 가지의 증득을 불굴의 정진(ussāha)으로 얻었지만 그 증득들에서 이런 다시 돌아옴(punar-āvattika) 등의 재난(ādīnava)을 보자 또 다시 이 법으로 전향하고, 증득하고, 머물고, 출정하고, 반조하리라는(āvajjissāmi vā samāpajjissāmi vā adhiṭṭhahissāmi vā vuṭṭhahi-ssāmi vā paccavekkhissāmi vā) 마음이 일어나지 않았다."(MA.ii.172)

831) 본경과 본서 제1권 「성스러운 구함 경」(M26)에서 보듯이 웃다까 라마뿟따(Uddaka Rāmaputta)는 세존께서 처음 출가하여 찾았던 두 스승 가운데 두 번째 사람이었으며 그는 세존께 비상비비상처를 가르쳤다.
『상윳따 니까야』 제4권 「웃다까 경」(S35:103)에서 세존께서는 "웃다까 라마뿟따는 지혜의 달인이 아니면서도 '나는 지혜의 달인이다.'라고 말하고, 일체승자가 아니면서도 '나는 일체승자다.'라고 말하고, 종기의 뿌리를 파내지 못했으면서도 '나의 종기의 뿌리는 파내어졌다.'라고 말한다."라고 비판하신 뒤에 이 말의 참다운 의미를 불교식으로 설명하고 계신다. 그리고 『앙굿따라 니까야』 제2권 「왓사까라 경」(A4:187)에서도 라마뿟따가 언급되는데 주석서(AA.iii.164)와 DPPN은 이 라마뿟따가 웃다까 라마뿟따라고 언급하고 있다. 이외에는 웃다까 라마뿟따는 초기불전에서 잘 언급되고 있지 않다.
문자적으로 라마뿟다(Rāmaputta)는 라마(Rāma)의 아들(putta)이라는 뜻이다. 아래에서 보듯이 그의 부친인 라마는 비상비비상처의 경지를 가르쳤다. 그는 부친으로부터 비상비비상처에 대한 가르침을 들었지만 그 경지는 증득하지 못한 것으로 여겨진다. 아래 주해를 참조할 것.

"웃다까 라마뿟따시여, 이 법과 율에서 청정범행을 닦고자 합니다."

비구들이여, 이렇게 말하자 웃다까 라마뿟따는 나에게 이렇게 말했다.

"존자는 머무십시오. 이 법은 이 법에 대해 지혜가 있는 사람이라면 오래지 않아 자기 스승과 동등한 것을 스스로 최상의 지혜로 알고 실현하고 증득하여 머물 수 있는 그런 법입니다."

비구들이여, 그런 나는 오래지 않아 즉시에 그 법을 증득했다. 비구들이여, 그런 나는 입술을 두드리자마자 말하자마자 지혜로운 말과 확신에 찬 말을 했다. 그래서 나는 '나는 알고 본다.'라고 선언했고 다른 사람들도 그렇게 말했다.

비구들이여, 그런 내게 이런 생각이 들었다.

"라마는 단순히 믿음만으로 '나는 이 법을 스스로 최상의 지혜로 알고 실현하고 증득하여 머문다.'라고 선언하는 것이 아니라, 참으로 라마는 이 법을 알고 보면서 머문다."

비구들이여, 그러자 나는 웃다까 라마뿟따를 만나러 가서 이렇게 말했다.

"라마뿟따 존자시여, 어떻게 이 법을 스스로 최상의 지혜로 알고 실현하고 증득하여 머문다고 선언하십니까?"

비구들이여, 이렇게 말하자 웃다까 라마뿟따는 비상비비상처에 대해 설명해주었다.

비구들이여, 그런 내게 이런 생각이 들었다.

"라마에게만 믿음이 있는 것이 아니라 나에게도 믿음이 있다. 라마에게만 정진이 있는 것이 아니라 나에게도 정진이 있다. 라마에게만 마음챙김이 있는 것이 아니라 나에게도 마음챙김이 있다. 라마에게만 삼매가 있는 것이 아니라 나에게도 삼매가 있다. 라마에게만 통찰지가 있는 것이 아니라 나에게도 통찰지가 있다. 참으로 나는 라마가 스스로 최상의 지혜로 알고 실현하고 증득하여 머문다고 선언하는 그 법을 실현하기 위해 정진하리라."

비구들이여, 그런 나는 오래지 않아 즉시에 그 법을 스스로 최상의 지혜로 알고 실현하고 증득하여 머물렀다. 비구들이여, 그러자 나는 웃다까 라마뿟따를 만나러 갔다. 가서는 웃다까 라마뿟따에게 이렇게 말했다.

"존자시여, 라마는 이렇게 '나는 이 법을 스스로 최상의 지혜로 알고 실현하고 증득했다.'라고 선언하셨습니까?"

"존자여, 라마는 이렇게 이 법을 스스로 최상의 지혜로 알고 실현하고 증득했다고 선언하셨습니다."

"라마뿟따 존자시여, 나도 이렇게 이 법을 스스로 최상의 지혜로 알고 실현하고 증득하여 머뭅니다."

"존자여, 존자와 같은 분이 우리의 동료 수행자가 되는 것은 참으로 우리에게 이득이고 큰 축복입니다. 이처럼 라마가 스스로 최상의 지혜로 알고 실현하고 증득하여 선언한 그 법을 존자도 스스로 최상의 지혜로 알고 실현하고 증득하여 머뭅니다. 그리고 존자가 스스로 최상의 지혜로 알고 실현하고 증득하여 머무는 그 법을 라마도 스스로 최상의 지혜로 알고 실현하고 증득하였다고 선언했습니다.

이처럼 라마가 알았던 그 법을 존자가 알고, 존자가 아는 그 법을 라마가 알았습니다. 이와 같이 라마처럼 존자도 그렇고 존자처럼 라마도 그러했습니다. 오십시오, 존자여. 그대가 이 무리를 지도해주십시오."[832)]

---

832) 보살과 웃다까 라마뿟따의 이 대화에서 보듯이 라마뿟따의 부친인 라마(Rāma)는 비상비비상처의 경지를 증득하였다. 라마뿟따는 부친이 천명한 비상비비상처의 경지를 가르치고는 있었지만 그 경지는 증득하지 못했다.

비구들이여, 이와 같이 나의 동료였던 웃다까 라마뿟따는 나를 스승의 위치에 올려놓고 나를 크게 공경했다. 비구들이여, 그런 내게 이런 생각이 들었다.

"이 법은 염오로 인도하지 못하고, 탐욕의 빛바램으로 인도하지 못하고, 소멸로 인도하지 못하고, 고요함으로 인도하지 못하고, 최상의 지혜로 인도하지 못하고, 바른 깨달음으로 인도하지 못하고, 열반으로 인도하지 못한다. 그것은 단지 비상비비상처에 다시 태어나게 할 뿐이다."

비구들이여, 그런 나는 그 법에 만족하지 않고 그 법을 염오하면서 떠나갔다."

17. "비구들이여, 그런 나는 유익한 것[善]을 구하고 위없는 평화로운 경지를 찾아 마가다 지방에서 차례로 유행하다가 우루웰라의 장군촌833)에 이르렀다. 그곳에서 [167] 아름다운 땅과 매력적인 숲과 유유히 흐르는 깨끗한 강과 아름다운 강기슭과 근처에 탁발할 수 있는 마을을 보았다. 비구들이여, 그런 내게 이런 생각이 들었다.

"땅은 풍요롭고 숲은 상쾌하다. 유유히 흐르는 강은 맑고, 강기슭은 아름답다. 근처에는 탁발할 수 있는 마을이 있다. 참으로 이곳은

그래서 비상비비상처의 경지를 체득한 보살을 자신의 스승의 위치(ācariya-ṭṭhāna)에 올려놓았으며 보살은 그를 자신의 동료(sabrahmacāri)라고 언급하고 있다.

833) "'장군촌(Senānigama)은 장군의 마을(senāya nigama)이라는 뜻이다. 처음 겁이 생길 때에 그곳에 장군이 살았던 이유로 그 마을을 장군촌이라고 불렀다고 한다. 혹은 세나니(Senāni)는 수자따의 아버지이고, 그의 마을(gama)이라는 뜻이다."(MA.ii.173)
주석서는 이처럼 Senānigama를 Sena-nigama로도 끊어 읽고 Senāni-gama로도 끊어 읽어서 두 가지로 뜻을 설명하고 있다. 전자는 장군(sena)촌(성읍, nigama)이라는 뜻이 되고, 후자는 수자따 아버지의 이름인 세나니(Senāni)의 마을(gama)이라는 뜻이 된다.

용맹정진을 원하는 좋은 가문의 아들[善男子]들이 용맹정진하기에 적합한 곳이다."

깨달음

18. "비구들이여, 그런 나는 자신이 태어나기 마련이면서 태어나기 마련인 것에서 재난을 알아 태어남이 없는 위없는 유가안은인 열반을 구하여 태어남이 없는 위없는 유가안은인 열반을 증득했다.

자신이 늙기 마련이면서 늙기 마련인 것에서 재난을 알아 늙음이 없는 위없는 유가안은인 열반을 구하여 늙음이 없는 위없는 유가안은인 열반을 증득했다.

자신이 병들기 마련이면서 병들기 마련인 것에서 재난을 알아 병이 없는 위없는 유가안은인 열반을 구하여 병이 없는 위없는 유가안은인 열반을 증득했다.

자신이 죽기 마련이면서 죽기 마련인 것에서 재난을 알아 죽음이 없는 위없는 유가안은인 열반을 구하여 죽음이 없는 위없는 유가안은인 열반을 증득했다.

자신이 슬퍼하기 마련이면서 슬퍼하기 마련인 것에서 재난을 알아 슬픔이 없는 위없는 유가안은인 열반을 구하여 슬픔이 없는 위없는 유가안은인 열반을 증득했다.

자신이 오염되기 마련이면서 오염되기 마련인 것에서 재난을 알아 오염이 없는 위없는 유가안은인 열반을 구하여 오염이 없는 위없는 유가안은인 열반을 증득했다. 내게는 지와 견이 생겼다.834) '나의 해

---

834) "'지와 견이 생겼다(ñāṇañca pana me dassanaṁ udapādi).'는 것은 모든 법들을 볼 수 있는 능력(sabba-dhamma-dassana-samattha)과 일체지(sabbaññuta-ññāṇa)가 생겼다는 말이다."(MA.ii.174)
"'나의 해탈은 확고부동하다. … 지와 견이 생겼다.'는 것은 반조의 지혜

탈은 확고부동하다.835) 이것이 나의 마지막 태어남이다. 더 이상 다시 태어남[再生]은 없다.'라고."

19. "비구들이여, 그런 내게 이런 생각이 들었다.836)

(paccavekkha-ṇañāṇa)이다."(AA.ii.348; DA.i.220)
"'나의 해탈은 확고부동하다. … 지와 견이 생겼다."를 역자는 부동해탈지견(不動解脫知見, akuppa-vimutti-ñāṇa-dassana)이라는 술어로 정착시킨다. 부동해탈지견과 구경해탈지(究竟解脫知)와 해탈지견(解脫知見)의 비교에 대해서는 『상윳따 니까야』 제2권 「깨닫기 전 경」(S14:31)의 마지막 주해를 참조할 것.
'확고부동한 마음의 해탈(akuppā ceto-vimutti)'에 대해서는 본서 「심재 비유의 긴 경」(M29) §7의 주해를 참조할 것.

835) "'나의 해탈은 확고부동하다(akuppā me vimutti).'는 것은 아라한과의 해탈이 흔들리지 않기(akuppatā) 때문에 확고부동하고, 또한 흔들리지 않는 대상(akupp-ārammaṇatā) 때문에 확고부동하다. 왜냐하면 이 해탈은 탐욕 등에 의해 흔들리지 않고, 흔들리지 않는 열반을 대상으로 삼기 때문에 확고부동하다는 말이다."(MA.ii.174)

836) 이하 본경의 §§19~21과 거의 같은 내용이 『율장』(Vin.i.4~7)과 『상윳따 니까야』 제1권 「권청(勸請) 경」(S6:1) 전체와 『디가 니까야』 제2권 「대전기경」(D14) §§3.1~3.7에도 나타나고 있다. 주석서는 이 일화는 깨달음을 이루신 뒤 8번째 칠 일(aṭṭhama sattāha)에 염소치기의 니그로다 나무(ajapāla-nigrodha) 아래에서 있었던 것이라 적고 있다.(SA.i.195) 수자따(Sujātā)가 고행을 그만두신 세존께 우유죽을 공양올린 곳이 바로 이 염소치기의 니그로다 나무 아래였다고 한다.(J.i.16, 69)
한편 주석서(MA.ii.181~186)는 세존께서 깨달음을 증득하신 뒤 초전법륜을 결심하시기 전의 7×7=49일 동안에 하셨던 일을 자세하게 적고 있다. 그것을 간단하게 정리하면 다음과 같다.
① 세존께서는 깔라 용왕의 거처가 있는(Kālanāgarājassa bhavana) 만제리까(Mañjerika, ApA.77)라는 숲에서 깨달으셨는데 첫 번째 칠 일은 깨달은 바로 그 장소에서 가부좌한 하나의 자세로 좌정하고 계셨다.
② 두 번째 칠 일은 깨달음을 증득하신 바로 그 자리와 그 나무[菩提樹, bodhi-rukkha]를 눈을 깜빡이지 않고 쳐다보면서 보내셨다.
③ 세 번째 칠 일은 그곳 가까이에서 동쪽에서 서쪽으로 길게 포행을 하시면서 보내셨다.
④ 네 번째 칠 일은 신들에게 『논장』(論藏, Abhidhamma-piṭaka)을 자세하게 설하셨다.

'내가 증득한 이 법은 심오하여 보기 어렵고 깨닫기 어렵고 고요하고 수승하고 사유의 영역을 넘어섰고 미묘하여 오로지 현자들만이 알아볼 수 있을 것이다.[837] 그러나 사람들은 집착을 좋아하고[838] 집

---

⑤ 다섯 번째 칠 일은 보리수 아래로부터 염소치기의 니그로다 나무로 가셔서 아비담마에 대한 조직적인 도(naya-magga)를 명상하셨다.
⑥ 여섯 번째 칠 일은 무짤린다(Mucalinda) 나무아래서 머무셨다.
⑦ 일곱 번째 칠 일은 왕의 처소(Rājāyatana)라 불리는 나무아래서 머무셨다.
이렇게 칠 일을 보내신 뒤에 여덟 번째 칠 일에는 다시 염소치기의 니그로다 나무 아래로 가셔서 본경의 이 부분과 『상윳따 니까야』 제1권 「권청(勸請) 경」 (S6: 1)에 나타나는 전법을 주저하는 사유를 하셨고, 사함빠띠 범천은 세존께서 이 세상에 법을 설해주시기를 간청하게 된다.

837) "'내가 증득한 이 법(adhigato kho myāyaṁ dhammo)'이란 통찰한 사성제의 법(catu-sacca-dhammo)을 말한다.
'심오하다(gambhīra).'는 것은 밝게 드러난 상태와 반대되는 말이다.
'보기 어렵다(duddasa).'는 것은 심오하기 때문에 보기 어렵다, 쉽게 볼 수 없다는 말이다.
'깨닫기 어렵다(duranubodha).'는 것은 보기 어렵기 때문에 깨닫기 어렵다, 쉽게 깨달을 수 없다는 말이다.
'고요하다(santa).'는 것은 가라앉았다(nibbuta)는 말이고, '수승하다(paṇīta).'는 것은 괴로움이 미치지 못한다는 말인데, 이 둘은 오직 출세간(lokuttara)과 관련하여 말한 것이다.
'사유의 영역을 넘어섰다(atakkāvacara).'는 것은 사유로써는 들어갈 수 없고(takkena avacaritabbo ogāhitabbo na hoti) 오직 지혜(ñāṇa)로써만 들어갈 수 있다는 말이다.
'미묘하다(nipuṇa).'는 것은 미세하다는 말이고, '현자만이 알아볼 수 있다(paṇḍita-vedanīya).'는 것은 바른 도닦음(sammā-paṭipada)으로 수행한 현자들만이 이해할 수 있다는 말이다."(MA.ii.174)

838) "'집착을 좋아하고(ālaya-ratā)'에서 집착은 ālaya를 옮긴 것이다. 중생들은 다섯 가지 얽어매는 감각적 욕망에 집착하기(allīyanti) 때문에 다섯 가지 얽어매는 감각적 욕망을 '집착(ālaya)'이라 부르고, 108가지의 갈애(taṇhā)에 집착하기 때문에 '집착'이라 부른다. 그 집착과 함께 좋아하기 때문에 집착을 좋아하고라고 하셨다."(MA.ii.174)
108가지 갈애에 대해서는 『상윳따 니까야』 제2권 「분석 경」 (S12:2) §8의 주해를 참조할 것.

착을 기뻐하고 집착을 즐긴다. 집착을 좋아하고 집착을 기뻐하고 집착을 즐기는 사람들이 이런 경지, 즉 '이것에게 조건이 됨'인 연기[839]를 보기는 어려울 것이다. 또한 모든 형성된 것들의 가라앉음,[840] 모든 재생의 근거[841]를 완전히 놓아버림, 갈애의 멸진, 탐욕의 빛바램, 소멸,[842] 열반[843]을 보기도 어려울 것이다. 설혹 [168] 내가 법을 가

839) '이것에게 조건이 됨[此緣性, idappaccayatā]'과 '연기(緣起, paṭiccasam-uppāda)'는 동일한 뜻을 가진 다른 표현이다. 연기란 조건 짓는 법들(paccaya-dhammā)을 말한다. 즉 '태어남을 조건하여 늙음·죽음이 있다.'라는 연기의 구문에서는 '태어남'이 바로 연기이고, 조건 짓는 법이고, 이것에게(imesaṁ) 조건이 됨(paccayā)이다. 즉 늙음·죽음에게 태어남은 조건이 됨이다. 대신 여기서 늙음·죽음은 조건 따라 생긴 법(paṭicca-samuppanna-dhamma)이라 부르지 연기라고 부르지 않는다. 상세한 설명은 『청정도론』 제17장 통찰지의 토양을 참조할 것.

840) "이 이하의 표현들은 모두 열반을 지칭한다. 열반에 이르러서는 모든 형성된 것들의 동요(vipphanditāni)가 가라앉고(sammanti) 고요해지기(vūpa-sammanti) 때문에 열반을 '모든 형성된 것들의 가라앉음(sabba-saṅ-khāra-samatha)'이라 부른다."(SA.ii.175)

841) "'재생의 근거(upadhi)'라 했다. 여기에 괴로움이 놓이기 때문에 우빠디(upadhi, 재생의 근거)라고 한다. 즉 무더기(蘊) 등을 말한다."(DAṬ.ii.76)

842) "'소멸(nirodha)'이라고 하셨다. 모든 재생의 근거들이 완전히 놓아졌고, 모든 갈애들이 멸진되었고, 모든 오염원에 대한 탐욕(kilesa-rāgā)이 빛바랬고, 모든 괴로움이 소멸되었다. 그래서 '모든 재생의 근거를 완전히 놓아버림, 갈애의 멸진, 탐욕의 빛바램, 소멸'(sabbūpadhipaṭinissaggo taṇhā-kkhayo virāgo nirodho)이라고 하셨다."(SA.ii.175)

843) '열반'의 범어는 nibbāna(Sk. nirvāna)인데 이것은 접두어 nis와 vāna로 분해가 된다. 일반적으로 nibbāna는 nis+√vā(*to blow*, 혹은 √vṛ, *to cover*)에서 파생된 과거분사로 이해한다. 특히 열반(Sk. nirvāna)의 언급은 인도의 대문법가 빠니니(Pāṇini)의 문법서인 『아슈따다이』(Aṣṭadhya-yī) VII.ii.20에도 "nirvāṇo 'vāte"로 나타나는데 풀이하면 "nis를 접두어로 가진 동사 √vā(*to blow*)가 바람(vāta)을 뜻하는 단어를 주어로 가지지 않을 때 그것의 과거분사형은 nirvāṇa이다."로 해석된다. 이처럼 빠니니도 열반을 과거분사로 설명했다.
그런데 본경에 해당하는 주석서는 nibbāna에 대한 다른 어원을 내어놓는다. 즉 nibbāna(Sk. nirvāna)는 접두어 nis와 vāna로 분해가 된다. 주석서는

르친다 하더라도 저들이 내 말을 이해하지 못한다면 그것은 나를 피로하게 만들 뿐이고, 나를 성가시게 할 뿐이다.'

그때 나에게 이전에 들어보지 못한 게송이 즉흥적으로 떠올랐다.

> '내가 어렵게 증득한 법을844)
> 과연 설할 필요가 있을까?
> 탐욕과 성냄으로 가득한 자들이
> 이 법을 깨닫기란 실로 어렵다.
> 흐름을 거스르고845) 미묘하고 심오하고
> 보기 어렵고 미세하여
> 어둠의 무더기에 덮여 있고
> 탐욕에 물든 자들은 보지 못한다.'846)

여기서 vāna를 숲을 뜻하는 vana의 곡용형으로 간주하여 숲으로 뒤덮인 곳(즉 밀림, *jungle*)을 뜻하며(PED) 주석서에서는 이것을 갈애의 밀림이라는 의미로 사용하고 있다. 그래서 주석서는 nibbāna(열반)을 다음과 같이 설명하고 있다.

"갈애(taṇhā)는 각각의 존재로써 다른 존재를(bhavena bhavaṁ) 얽히게 하거나 혹은 결과와 함께 업(kamma)을 엮기 때문에(vinati saṁsibbati) vāna(갈애, 밀림)라고 부른다. 이런 와나에서 벗어남(vānato nikkhantaṁ)이 nibbāna(열반)이다."(MA.ii.175)

"결과와 함께 업을 엮는다는 것은 갈애를 가진 자는 미래에 다시 태어난다는 뜻이다."(DAṬ.ii.77)

844) '어렵게 증득한(kicchena adhigataṁ)'이라고 하셨다. 주석서에 따르면 부처님들께는 도닦음이 어려운 것(dukkhā paṭipadā)은 아니었다. 왜냐하면 부처님들은 네 가지 도를 쉽게 얻으셨기 때문이다. 그러나 바라밀을 완성하실 때에(pāramī-pūraṇa-kāle) 탐욕과 성냄과 어리석음에 휩싸인 자들이 보살이 얻은 것을 요구할 때 머리를 베고 목에 피를 뽑고 눈을 뽑고 아들과 부인을 주면서 얻은 도와 관련해서 '내가 어렵게 증득한 법'이라고 말씀하신 것이라고 한다.(MA.ii.175)

845) "'흐름을 거스르고(paṭisota-gāmiṁ)'란 영원함 등의 흐름을 거스르는 무상·고·무아·부정(anicca, dukkha, anattā, asubha)의 이런 네 가지 진리의 법(catu-sacca-dhamma)을 두고 말씀하신 것이다."(MA.ii.176)

비구들이여, 이와 같이 숙고할 때 내 마음은 법을 설하기보다는 무관심[847]으로 기울었다."

20. "비구들이여, 그때 사함빠띠 범천[848]은 그의 마음으로 내 마음의 일으킨 생각을 알고서 이런 생각을 했다.

'여래 · 아라한 · 정등각자께서 법을 설하기보다는 무관심으로 마음을 기울이신다면 세상은 망할 것이고, 세상은 파멸할 것이다.'

---

846) "'어둠의 무더기(tamo-khandha)'란 무명의 더미(avijjā-rāsi)를 말하고, '탐욕에 물들었다(rāgarattā).'는 것은 감각적 욕망의 탐욕(kāma-rāga)과 존재의 탐욕(bhava-rāga)과 사견의 탐욕(diṭṭhi-rāga)에 물들었다(rattā)는 말이다."(MA.ii.176)

847) "'무관심(appossukkatā)'이란 관심이 없음(nirussukka-bhāva)이니 가르치고자 하지 않음(adesetu-kāmatā)을 뜻한다."(MA.ii.176; SA.i.197)
그러면 왜 이와 같은 마음을 내셨을까? 주석서를 요약하면 다음과 같다. 일체지(sabbaññutā)를 얻고서 중생들의 오염원이 두꺼움(kilesa-gahanatā)과 법의 심오함(gambhīratā)을 반조해 보셨기(paccavekkhanta) 때문이다. 그리고 자신이 무관심으로 기울면 범천이 권청할 것이라는 것을 아셨기 때문이기도 하다. 중생들은 범천을 높이 평가하기 때문에 범천이 권청을 하면 중생들은 법을 듣고자 하는 마음이 조금씩 일어날 것이기 때문이다."(MA.ii.176~177; SA.i.197~198)

848) "사함빠띠 범천(brahmā Sahampati)은 옛날 깟사빠 세존의 교단에서 사하까(Sahaka)라는 이름의 장로였다. 그가 초선을 증득하여 초선의 세계(paṭhama-jjhāna-bhūmi, 초선천)에 겁의 수명을 가진 대범천으로 태어났다. 그곳에서 그를 사함빠띠 범천이라고 불렀는데, 이렇게 해서 그는 사함빠띠 범천이라 불리었다."(MA.ii.177)
사함빠띠 범천(brahmā Sahampati)은 본경에서 보듯이 이 세상에 불교가 시작되는 데 극적인 역할을 하고 있다. 여기서 보듯이 법의 바퀴를 굴릴 것을 간청하는 자도 사함빠띠 범천이고 세존이 입멸하시자 맨 처음 게송을 읊은 자도 그다.(『상윳따 니까야』 제1권 「반열반 경」(S6:15) {608} 등) 그가 어떻게 막강한 신이 되었는가는 『상윳따 니까야』 제5권 「사함빠띠 범천 경」(S48:57) §5를 참조할 것.
그 외에도 『상윳따 니까야』에만 해도 사함빠띠 범천은 S6:2; 3; 10; 12; 13; S11:17; S22:80; S47:18, 43에 나타나고 있다.

비구들이여, 그러자 사함빠띠 범천은 마치 힘센 사람이 구부린 팔을 펴고 편 팔을 구부리듯이 그렇게 재빨리 범천의 세상에서 사라져 내 앞에 나타났다. 비구들이여, 그때 사함빠띠 범천은 한쪽 어깨가 드러나게 윗옷을 입고 나를 향해 합장하고 이렇게 말했다.

"세존이시여, 세존께서는 법을 설하소서. 선서께서는 법을 설하소서. 눈에 먼지가 적게 낀 중생들이 있습니다. 그들은 법을 듣지 않으면 타락할 것입니다. 그 법을 이해할만한 자들이 있을 것입니다."

비구들이여, 사함빠띠 범천은 이렇게 말했다. 이렇게 말하고 다시 다음과 같이 말했다.

"때 묻은 자들이 궁리해낸[849] 청정치 못한 법이
전에 마가다에 나타났습니다.
불사의 문[850]을 여소서.
때 없는 분이 깨달으신 법을 듣게 하소서.

마치 바위산 꼭대기에 서면
주변의 사람들을 두루 볼 수 있듯이
현자시여, 모든 것을 볼 수 있는 눈을 가진 분이시여
그와 같이 법으로 충만한 궁전에 올라
슬픔을 제거한 분께서는
슬픔에 빠져있고 태어남과 늙음에 압도된

---

849) "'때 묻은 자들이 궁리해 낸(samalehi cintito)'이란 때가 있는 육사외도들(cha satthārā)이 궁리해 낸 것을 말한다."(MA.ii.178)

850) "'불사의 문(amatassa dvāra)'이란 열반으로 향하는 문인 성스러운 도(ariya-magga)를 말한다. 탐욕 등의 때가 없는 정등각자께서 깨달으신 그 사성제의 법을 이 중생들로 하여금 듣게 해달라고 세존께 간청하는(yācati) 것이다."(MA.ii.178)

저들을 굽어 살피시오소서.

일어서소서. [169] 영웅이시여, 전쟁에서 승리하신 분이시여
대상의 지도자시여, 빚 없는 분이시여, 세상에 유행하소서.
세존께서는 법을 설하소서.
법을 이해할만한 자들이 있을 것입니다."[851]

21. "비구들이여, 그러자 나는 범천의 간청을 충분히 알고 중생에 대한 연민으로 부처의 눈[佛眼]으로 세상을 두루 살펴보았다. 비구들이여, 나는 부처의 눈으로 세상을 두루 살펴보면서 중생들 가운데는 [눈에] 때가 엷게 낀 사람도 있고 두텁게 낀 사람도 있고, 기능이 예리한 사람도 있고[852] 둔한 사람도 있고, 자질이 선량한 사람도 있고 나쁜 사람도 있고, 가르치기 쉬운 사람도 있고 어려운 사람도 있으며, 어떤 사람들은 저 세상과 비난에 대해 두려움을 보며 지내는 것도 보았다.

예를 들면 어떤 청련이나 홍련이나 백련은 물속에서 생겨나 물속에서 성장하고 물에 잠겨 그 속에서만 자란다. 어떤 청련이나 홍련이나 백련은 물속에서 생겨나 물속에서 자라서 물의 표면까지 나온다. 어떤 청련이나 홍련이나 백련은 물속에서 생겨나 물속에서 성장하여 물 위로 올라와 당당하게 서서 물에 젖지 않는다.

비구들이여, 그와 같이 나는 부처의 눈으로 세상을 두루 살펴보면

---

851) §20의 이 마지막 게송은 『상윳따 니까야』 제1권 「권청 경」(S6:1) {560}과 「부처님을 찬양함 경」(S11:17) {919}와 같다.

852) "'기능이 예리한(tikkh-indriya)'이란 것은 믿음, 정진 등 다섯 가지 기능[五根, pañc-indriya]이 예리한 것을 말하고, '자질이 선량하다(svākāra).'는 것은 믿음, 정진 등의 자질이 아름다운 것(sundarā)을 말한다."(MA.ii.181)

서 중생들 가운데는 [눈에] 때가 엷게 낀 사람도 있고 두텁게 낀 사람도 있고, 기능이 예리한 사람도 있고 둔한 사람도 있고, 자질이 선량한 사람도 있고 나쁜 사람도 있고, 가르치기 쉬운 사람도 있고 어려운 사람도 있으며, 어떤 사람들은 저 세상과 비난에 대해서 두려움을 보며 지내는 것도 보았다.

비구들이여, 그때 나는 사함빠띠 범천에게 게송으로 대답했다.

> "그들에게 감로의 문은 열렸다.
> 귀를 가진 자, 자신의 믿음을 보여라.853)
> 범천이여, 이 미묘하고 숭고한 법을
> 피로해질 뿐이라는 생각에854)
> 사람들에게 설하지 않았다."

비구들이여, 그러자 사함빠띠 범천은 '나는 세존께서 법을 설하시도록 기회를 제공했다.'라고 [생각하면서] 내게 절을 올리고 오른쪽으로 돌아 [경의를 표한] 뒤 그곳에서 사라졌다."

22. "비구들이여, 그런 내게 이런 생각이 들었다.

'누구에게 제일 먼저 법을 설해야 할까? 누가 이 법을 빨리 이해할 수 있을까?'

비구들이여, 그런 내게 이런 생각이 들었다.

---

853) "'믿음을 보여라(pamuñcantu saddhaṁ).'는 것은 불사(不死, amata)라고 불리는 열반의 문인 성스러운 도를 설했으니 이제 모든 사람들은 자기 자신의 믿음(attano saddhā)을 보내라(pamuñcantu), 펴 보여라(vissajjentu)는 말씀이다."(MA.ii.181)

854) "'피로해질 뿐이라는 생각 때문에(vihiṁsa-saññī)'라고 하셨다. 이것은 '내 몸과 입이 피로해질 뿐이라는 생각 때문에 설하지 않았다. 그러나 이제 모든 사람들이 믿음의 그릇(saddhā-bhājana)을 가지고 오라. 그들의 사유(saṅkappa)를 충족시켜 주리라.'는 말씀이다."(MA.ii.181)

'알라라 깔라마는 지자이시고 슬기롭고 현명하며 오랫동안 [눈에] 때가 엷게 낀 분이다. 나는 [170] 알라라 깔라마에게 제일 먼저 법을 설하리라. 그는 이 법을 빨리 이해할 것이다.'

비구들이여, 그러자 천신들이 내게 와서 이렇게 말했다.

"세존이시여, 알라라 깔라마는 칠 일 전에 임종했습니다."

그러자 내게도 '알라라 깔라마는 칠 일 전에 임종을 했다.'라는 지와 견이 일어났다.855) 비구들이여, 그런 내게 이런 생각이 들었다.

'알라라 깔라마는 크게 잃었구나!856) 그가 이 법을 들었더라면 즉시 이해했을 것이다.'"

23. "비구들이여, 그런 내게 이런 생각이 들었다.

'누구에게 제일 먼저 법을 설해야 할까? 누가 이 법을 빨리 이해할 수 있을까?'

비구들이여, 그런 내게 이런 생각이 들었다.

'웃다까 라마뿟따는 지자이시고 슬기롭고 현명하며 오랫동안 [눈에] 때가 엷게 낀 분이다. 나는 웃다까 라마뿟따에게 제일 먼저 법을 설하리라. 그는 이 법을 빨리 이해할 것이다.'

비구들이여, 그러자 천신들이 내게 와서 이렇게 말했다.

'세존이시여, 웃다까 라마뿟따는 지난밤에 임종했습니다.'

그러자 내게도 '웃다까 라마뿟따는 지난밤에 임종을 했다.'라는 지와 견이 일어났다. 비구들이여, 그런 내게 이런 생각이 들었다.

---

855) "세존께서는 천신들이 소식을 알려주어 알고 계셨지만 스스로 일체지로 살펴보아 칠 일 전에 여기서 임종하여 무소유처에 태어난 것을 보셨다. 그것을 두고 '지와 견이 일어났다(ñāṇañca pana me dassanaṁ udapādi).'라고 한다."(MA.ii.186)

856) "칠 일만 더 살아있었더라면 얻어야 할 도와 과를 얻을 수 있었을 텐데 칠 일 전에 임종함으로써 그가 잃은 것이 크다는 것이다."(MA.ii.186)

'웃다까 라마뿟따는 크게 잃었구나! 그가 이 법을 들었더라면 즉시 이해했을 것이다.'"

24. "비구들이여, 그런 내게 이런 생각이 들었다.

'누구에게 제일 먼저 법을 설해야 할까? 누가 이 법을 빨리 이해할 수 있을까?'

비구들이여, 그런 내게 이런 생각이 들었다.

'내가 용맹정진을 할 때 오비구(五比丘)857)가 나를 시봉하면서 내게 많은 도움을 주었다. 나는 그 오비구에게 제일 먼저 법을 설하리라. 그들은 이 법을 즉시 이해할 것이다.'

비구들이여, 그때 이런 생각이 들었다.

'지금 오비구는 어디에 머물고 있을까?'

비구들이여, 나는 인간의 능력을 넘어선 청정한 하늘눈[天眼]으로 오비구가 바라나시에서 이시빠따나의 녹야원858)에 머물고 있는 것

---

857) '오비구(五比丘)'는 pañcavaggiyā bhikkhū를 옮긴 것이다. 직역하면 다섯 명의 무리에 속하는 비구들이다. 경에 나타나는 오비구는 예외 없이 이곳 녹야원에서 부처님의 첫 출가제자가 된 꼰단냐 등의 다섯 비구들을 말한다. 그러므로 이 술어는 불특정한 다섯 명의 비구를 뜻하는 명사가 아니라 꼰단냐 존자를 위시한 특정한 다섯 비구를 뜻하는 고유명사이다. 그래서 '오비구(五比丘)'로 옮겼으며 본서 전체에서 문맥에 따라서 '다섯 비구'로 풀어서 옮기기도 하였다.
오비구의 이름은 꼰단냐(Koṇḍañña, 혹은 안냐 꼰단냐, Aññā-Koṇḍañña, 『상윳따 니까야』 제1권 「꼰단냐 경」(S8:9)에 나타남), 밧디야(Bhaddiya), 왑빠(Vappa), 마하나마(Mahānāma, 『상윳따 니까야』 제4권 「족쇄 경」(S41:1) §4의 주해 참조), 앗사지(Assaji, 본서 제2권 「삿짜까 짧은 경」(M35) §3의 주해 참조)이다.
오비구는 부처님의 처음 설법(『상윳따 니까야』 제6권 「초전법륜 경」(S56:11)을 듣고 이때 이미 유학(sekha)이 되어 있었으며(『율장』(Vin.i.10~12)), 부처님이 이 세상에서 하신 두 번째 설법인 『상윳따 니까야』 제3권 「무아의 특징 경」(S22:59, 「무아상경」(無我相經))을 듣고 아라한과를 증득하였다고 『율장』 『대품』(Vin.i.13~14)과 무아의 특징 경의 마지막에 나타나고 있다.

을 보았다.”

법을 설하심

25. “비구들이여, 나는 우루웰라에서 흡족하게 머물고는 바라나시로 유행을 떠났다. 비구들이여, 아지와까 [유행승]인 우빠까859)가 가야와 보리좌의 중간쯤에서860) 길 가는 나를 보고 이렇게 말했다.

“도반이여, 그대의 감관은 밝습니다. 피부색은 청정하고 빛이 납니다. 도반이여, 그대는 어느 분께로 출가했습니까? 그대의 스승은 누구십니까? 그대는 어느 분의 가르침을 따르고 [171] 있습니까?”

비구들이여, 이렇게 말했을 때 나는 아지와까 [유행승]인 우빠까에게 게송으로 대답했다.

“나는 일체승자요, 일체지자이며
어떤 것에도 물들지 않고
일체를 버리고 갈애가 다하여 해탈했고
스스로 최상의 지혜로 알았으니
누구를 스승이라 부르겠는가?861)

---

858) 바라나시(Bārāṇasi)와 이시빠따나(Isipatana)와 녹야원(Migadāya)에 대해서는 본서 제4권 「진리의 분석 경」(M141) §1의 주해를 참조할 것.

859) 아지와까 [유행승]인 우빠까(Upaka ājīvaka)는 본경에만 나타난다. 이 우빠까는 『앙굿따라 니까야』 제2권 「우빠까 경」(A4:188)에 나타나고 있는 우빠까 만디까뿟따(Upaka Maṇḍikāputta) 혹은 만디까의 아들 우빠까와는 다른 사람이다. 이 사람은 데와닷따(Devadatta)의 추종자였다고 한다. (AA.iii.166)

860) “가야와 보리좌(Bodhi-maṇḍa)의 사이인 세 가우따 거리 이내의 장소를 말한다. 보리좌에서 가야까지는 세 가우따의 거리이고, 바라나시까지는 열여덟 요자나의 거리였다.”(MA.ii.188)
1요자나(yojana)는 약 11킬로미터의 거리이고 1가우따(gāvuta)는 4분의 1 요자나의 거리이다.

나에게는 스승도 없고 유사한 이도 없으며
지상에도 천상에도 나와 견줄 이 없네.
나는 세상에서 아라한이고 위없는 스승이며
유일한 정등각자이고 [모든 번뇌가] 꺼졌고
적멸을 이루었다네.862)

나는 까시의 성으로 가서 법의 바퀴[法輪]를 굴리리라.
어두운 이 세상에 불사(不死)의 북을 울릴 것이다."

"도반이여, 그대가 선언한 바와 같이 그대는 무한한 승리자가 되기에 적합합니다."

---

861) "'일체승자(sabbābhibhū)'라는 것은 욕계, 색계, 무색계의 삼계의 법을 극복했다는 것이고, '일체지자(sabbavidū)'라는 것은 삼계의 법과 출세간계의 법을 다 알았다는 말이다.
'어떤 것에도 물들지 않는다(sabbesu dhammesu anupalitto).'는 것은 삼계의 법들에 대해 오염원에 의해 물들지 않는다는 뜻이고, '일체를 버렸다(sabbaṁ jaho).'는 것은 모든 삼계의 법들을 버렸다는 것이고, '갈애가 다하여 해탈했다(taṇhākkhaye vimutto).'는 것은 갈애가 다한 열반을 대상으로 하여 해탈했다 말이다.
'스스로 최상의 지혜로 알았다(sayaṁ abhiññāyā).'는 것은 사계(四界, 욕계・색계・무색계・출세간)의 법(catu-bhūmaka-dhamma)을 오직 스스로 다 알았다는 말이고, '누구를 스승이라 부르겠는가?(kam uddiseyya)'라는 것은 다른 누구를, '이 사람이 나의 스승이다.'라고 부르겠는가라는 말이다."(MA.ii.189)

862) "'나에게 스승이 없다(na me ācariyo atthi).'라는 것은 출세간법에 관한 한 나에게 스승이 없다는 말이고, '나와 견줄 이가 없다(sadiso me na vijjati).'라는 것은 나와 대응할 이가 없다는 말이다.
'정등각자(sammāsambuddha)'란 바른 원인으로 바른 방법으로(sahetunā nayena) 네 가지 진리를 스스로 깨달은 자(sayaṁ buddho)를 말하고, '[모든 번뇌가] 꺼졌다(sīti-bhūta).'는 것은 모든 오염원의 불길이 꺼짐(sabba-kiles-aggi-nibbāpana)으로써 꺼진 것이고, '적멸을 이루었다(nibbuta).'는 것은 오염원들(kilesā)이 적멸했다는 말이다."(MA.ii.189)

"번뇌 다한 나 같은 사람들이야말로
진정한 승리자이니
우빠까여, 일체의 악한 법을 정복했기에
나는 승리자이다."

비구들이여, 이렇게 말하자 그 아지와까 [유행승]인 우빠까는 "도반이여, 그렇게 되길 바랍니다."라고 말하고서 머리를 흔들면서 다른 길로 떠났다."

26. "비구들이여, 그때 나는 차례대로 유행을 하여 바라나시 이시빠따나의 녹야원에 있는 오비구를 찾아갔다. 비구들이여, 오비구는 멀리서 내가 오는 것을 보았다. 보고는 서로 합의했다.

"도반들이여, 저기 사문 고따마가 오고 있습니다. 그는 호사스러운 생활을 하고 용맹정진을 포기하고 사치스러운 생활에 젖어있습니다.[863] 그가 오면 아무런 인사도 하지 말고, 일어서지도 말고, 그의 발우와 가사를 받아주지도 맙시다. 그러나 만일 그가 원한다면 앉을 수는 있도록 자리는 마련해줍시다."

비구들이여, 그러나 내가 점점 가까이 다가가자 오비구는 그들 스스로의 합의를 지킬 수 없었다. 한 사람은 마중 나와 발우와 가사를 받아 들었고, 다른 사람은 자리를 마련하고, 또 다른 사람은 발 씻을 물을 가져왔다. 그러나 그들은 나의 이름을 부르고 "도반이여."라고 말을 걸었다."

27. "비구들이여, 나는 오비구에게 이렇게 말했다.

"비구들이여, 여래(如來)를 이름으로 불러서도 안되고 '도반이여.'

---

863) "'호사스러운 생활(bāhullika)'과 '사치스러운 생활(āvatta bāhullāyā)'이란 옷 등이 많고 사치스러운 것을 말한다."(MA.ii.191)

라고 불러서도 안된다. 비구들이여, 여래는 아라한[공양받아 마땅한 사람, 應供]이고, 바르게 [172] 완전한 깨달음을 성취한 사람[正等覺者]이다. 비구들이여, 귀를 기울여라. 불사(不死)는 성취되었다. 내 이제 그대들에게 가르쳐주리라. 그대들에게 법을 설하리라. 내가 가르친 대로 따라 실천하면, 그대들은 오래지 않아 좋은 가문의 아들들이 바르게 집을 떠나 출가하는 목적인 그 위없는 청정범행의 완성을 지금·여기에서 최상의 지혜로 알고 실현하고 구족하여 머물 것이다."

비구들이여, 이렇게 말하자 오비구는 내게 이렇게 말했다.

"도반 고따마여, 그런 행동과 그런 도닦음과 그런 난행고행으로도 인간의 법을 초월했고 성자들에게 적합한 지와 견의 특별함864)이 성취되지 않았습니다. 그대는 이제 호사스러운 생활을 하고 용맹정진을 포기하고 사치스러운 생활에 젖어있습니다. 그런 그대가 어떻게 인간의 법을 초월했고 성자들에게 적합한 지와 견의 특별함을 증득하겠습니까?"

비구들이여, 오비구가 이와 같이 말했을 때 나는 그들에게 이렇게 대답했다.

"비구들이여, 여래는 호사스러운 생활을 하지도 용맹정진을 포기하지도 사치스러운 생활에 젖지도 않았다. 비구들이여, 여래는 아라한이고, 바르게 완전한 깨달음을 성취한 사람이다. 비구들이여, 귀를 기울여라. 불사는 성취되었다. 내 이제 그대들에게 가르쳐주리라. 그대들에게 법을 설하리라. 내가 가르친 대로 따라 실천하면, 그대들은

---

864) "성자들에게 적합한 지와 견의 특별함(alam-ariya-ñāṇa-dassana-visesa)'이란 성자들에게 적합하거나(yutta) 성자가 되기에 충분한 지와 견이라 불리는 특별함(visesa)이다. 신성한 눈[天眼]의 지혜, 위빳사나의 지혜, 도의 지혜, 과의 지혜, 반조의 지혜가 지와 견의 동의어이다."(AA.i.58)
본서 「사자후의 긴 경」(M12) §2의 주해도 참조할 것.

오래지 않아 좋은 가문의 아들들이 바르게 집을 떠나 출가하는 목적인 그 위없는 청정범행의 완성을 지금·여기에서 최상의 지혜로 알고 실현하고 구족하여 머물 것이다."

비구들이여, 두 번째에도 오비구는 내게 이렇게 말했다.

"도반 고따마여, 그런 행동과 그런 도닦음과 그런 난행고행으로도 … 인간의 법을 초월했고 성자들에게 적합한 지와 견의 특별함을 증득하겠습니까?"

비구들이여, 그때에도 나는 오비구에게 대답했다.

"비구들이여, 여래는 호사스러운 생활을 하지도 … 구족하여 머물 것이다."

비구들이여, 세 번째에도 오비구는 내게 이렇게 말했다.

"도반 고따마여, 그런 행동과 그런 도닦음과 그런 난행고행으로도 … 인간의 법을 초월했고 성자들에게 적합한 지와 견의 특별함을 증득하겠습니까?"

비구들이여, 그때에도 나는 오비구에게 대답했다.

"비구들이여, 여래는 호사스러운 생활을 하지도 … 구족하여 머물 것이다.""

28. "비구들이여, 오비구가 이와 같이 말했을 때 나는 그들에게 이렇게 대답했다.

"비구들이여, 그대들은 이전에 내가 이렇게 말하는 것을 본 적이 있는가?"

"없습니다, 존자시여."865)

---

865) 이제까지는 '고따마'라는 이름과 '도반이여(āvuso)'라는 호칭으로 불렀는데 지금은 윗사람을 대하는 호칭인 '존자시여(bhante)'라고 바뀌었다. 그들이 부처님이 깨달은 분이라는 것을 인정하는 대목이다.

"비구들이여, 여래는 호사스러운 생활을 하지도 용맹정진을 포기하지도 사치스러운 생활에 젖지도 않았다. 비구들이여, 여래는 아라한이고, 바르게 완전한 깨달음을 성취한 사람이다. 비구들이여, 귀를 기울여라. 불사는 성취되었다. 내 이제 그대들에게 가르쳐주리라. 그대들에게 법을 설하리라. 내가 가르친 대로 따라 실천하면, 그대들은 오래지 않아 좋은 가문의 아들들이 바르게 집을 떠나 출가하는 목적인 그 위없는 청정범행의 완성을 지금・여기에서 최상의 지혜로 알고 실현하고 [173] 구족하여 머물 것이다.""

29. "비구들이여, 드디어 나는 오비구를 확신시킬 수가 있었다.866) 비구들이여, 두 비구를 가르치는 동안 세 비구가 탁발을 나갔다. 세 비구가 탁발하여 가져오면 우리 여섯 명이 연명을 했다. 비구들이여, 세 비구를 가르치는 동안 두 비구가 탁발을 나갔다. 두 비구가 탁발하여 가져오면 우리 여섯 명이 연명을 했다."867)

---

866) "즉 다섯 명의 비구들에게 내가 깨달은 사람이라는 것을 알게 할 수가 있었다는 말이다. 그리고는 꼰단냐(Koṇḍañña) 장로를 증인(kāya-sakkhi)으로 하여 사성제에 대한 「초전법륜 경」(Dhammacakkappavattana-sutta, S56:11)을 설하셨다. 설법이 끝났을 때 장로는 많은 범천과 함께 예류과를 증득했다."(MA.ii.192)
이처럼 최초의 설법에서 세존께서는 중도인 팔정도를 천명하고 사성제를 드러내신 뒤 닷새 뒤에는 『상윳따 니까야』 제3권에 「무아의 특징 경」(Anattalakkhaṇa-sutta, S22:59)으로 포함되어 있는 오온무아에 대한 가르침을 다시 설하셔서 오비구는 모두 아라한이 되었다. 이런 일화는 『율장』 『대품』(Mahāvagga, Vin.i.7~14)에 전승되어 온다.

867) "이 문단은 첫째 날부터 시작하여 그 비구들을 가르치기 위해 마을로 탁발도 가지 않은 것을 보이시기 위해 말씀하신 것이다. 그 비구들에게 명상주제(kamma-ṭṭhāna)에 대해서 일어난 때를 제거해주시기 위해서(uppanna-mala-visodhan-attha) 세존께서는 항상 원림 내에 머무셨다. 그들은 명상주제에 대해 때가 일어날 때마다 세존께 다가가서 여쭈었고, 세존께서도 그들이 앉아있는 곳에 가셔서 때를 제거해 주셨다.
이와 같이 세존께서 공양도 거르시면서(nīhaṭa-bhatta) 그들을 가르치실 때

30. "비구들이여, 오비구는 나에게 이런 교훈을 받고 이런 가르침을 받아 자신들이 태어나기 마련이면서 태어나기 마련인 것에서 재난을 알아 태어남이 없는 위없는 유가안은인 열반을 구하여 태어남이 없는 위없는 유가안은인 열반을 증득했다.

자신들이 늙기 마련이면서 … 자신들이 병들기 마련이면서 … 자신들이 죽기 마련이면서 … 자신들이 슬퍼하기 마련이면서 … 자신들이 오염되기 마련이면서 오염되기 마련인 것에서 재난을 알아 오염이 없는 위없는 유가안은인 열반을 구하여 오염이 없는 위없는 유가안은인 열반을 증득했다.868)

그들에게 지와 견이 생겼다. '우리의 해탈은 확고부동하다. 이것이 마지막 태어남이다. 더 이상 다시 태어남[再生]은 없다.'라고."

감각적 욕망

31. "비구들이여, 다섯 가닥의 얽어매는 감각적 욕망이 있다. 무엇이 다섯인가?

원하고 좋아하고 마음에 들고 사랑스럽고 감각적 욕망을 짝하고 매혹적인, 눈으로 인식되는 형색들이 있다. … 귀로 인식되는 소리들

왑빠(Vappa) 장로는 첫째 날에 예류자가 되었고, 밧디야(Bhaddiya) 장로는 둘째 날에, 마하나마(Mahānāma) 장로는 셋째 날에, 앗사지(Assaji) 장로는 넷째 날에 예류자가 되었다. 그러자 세존께서는 다섯째 날에 그들을 모두 한곳에 모아놓고 「무아의 특징 경」[無我相經, S22:59]을 설하셨고, 그 경이 끝났을 때 그들은 모두 아라한과를 얻었다."(MA.ii.192)

868) 『율장』 『대품』에 의하면 오비구는 부처님의 처음 설법인 『상윳따 니까야』 제6권 「초전법륜 경」(S56:11)을 듣고 유학(sekha)이 되었으며(Vin.i.10~12) 부처님의 두 번째 설법인 「무아의 특징 경」(S22:59)을 듣고 아라한과를 증득하였다고 한다.(Vin.i.13~14) 그리고 「무아의 특징 경」의 마지막에도 이렇게 나타나고 있다.

이 있다. … 코로 인식되는 냄새들이 있다. … 혀로 인식되는 맛들이 있다. 원하고 좋아하고 마음에 들고 사랑스럽고 감각적 욕망을 짝하고 매혹적인, 몸으로 인식되는 감촉들이 있다.

비구들이여, 이것이 다섯 가닥의 얽어매는 감각적 욕망이다."

32. "비구들이여, 어떤 사문이나 바라문이든지 간에 이들 다섯 가닥의 얽어매는 감각적 욕망에 묶이고 홀리고 푹 빠져서 재난을 보지 못하고 벗어남에 대한 통찰지가 없이[869] 그것을 즐기면, '그들은 불행을 만났고 재난을 얻었고 사악한 [마라][870]의 손아귀에 들어갔다.'라고 알아야 한다.

비구들이여, 예를 들면 숲 속의 사슴이 묶인 채 올가미 더미 위에 누워있다면, '그는 불행을 만났고 재난을 얻었고 사악한 [마라]의 손아귀에 들어갔다. 사냥꾼이 오더라도 그가 가고 싶은 곳으로 달려갈 수 없을 것이다.'라고 여겨지는 것과 같다.

비구들이여, 그와 같이 어떤 사문이나 바라문이든지 간에 이들 다섯 가닥의 얽어매는 감각적 욕망에 묶이고 홀리고 푹 빠져서 재난을 보지 못하고 벗어남에 대한 통찰지가 없이 그것을 즐기는 자들은 '불행을 만났고 재난을 얻었고 사악한 [마라]의 손아귀에 들어갔다.'라고 알아야 한다."

33. "비구들이여, 어떤 사문이나 바라문이든지 간에 이들 다섯

---

869) "'벗어남에 대한 통찰지가 없다(anissaraṇa-paññā).'는 것에서 벗어남은 반조의 지혜(paccavekkhaṇa-ñāṇa)를 말한다. 그 반조의 지혜가 없다는 말이다."(MA.ii.193)
반조의 지혜에 대해서는 본서 「역마차 교대 경」(M24) §2의 주해를 참조할 것.

870) '사악한 [마라]'에 대해서는 본서 「미끼 경」(M25) §7의 주해를 참조할 것.

가닥의 얽어매는 감각적 욕망에 묶이지 않고 홀리지 않고 푹 빠지지 않아서 재난을 보고 벗어남에 대한 [174] 통찰지를 갖추어서 수용하면, '그들은 불행을 만나지 않았고, 재난을 얻지 않았고, 사악한 [마라]의 손아귀에 들지 않았다.'라고 알아야 한다.871)

비구들이여, 예를 들면 숲 속의 사슴이 묶이지 않은 채 올가미 더미 위에 앉아만 있다면 '그는 불행을 만나지 않았고 재난을 얻지 않았고 사냥꾼의 손아귀에 들지 않았다. 사냥꾼이 오더라도 그가 가고 싶은 곳으로 달려갈 수 있을 것이다.'라고 여겨지는 것과 같다.

비구들이여, 그와 같이 어떤 사문이나 바라문이든지 간에 이들 다섯 가닥의 얽어매는 감각적 욕망에 묶이지 않고 홀리지 않고 푹 빠지지 않아서 재난을 보고 벗어남에 대한 통찰지를 갖추어 수용하면, '그들은 불행을 만나지 않았고 재난을 얻지 않았고 사악한 [마라]의 손아귀에 들지 않았다.'라고 알아야 한다."

34. "비구들이여, 예를 들면 숲 속 사슴이 숲의 밀림에서 다닐 때 두려움 없이 가고 두려움 없이 서고 두려움 없이 앉고 두려움 없이 잠을 자는 것과 같다. 그것은 무슨 까닭인가? 사냥꾼의 영역을 벗어났기 때문이다.

비구들이여, 그와 같이 비구는 감각적 욕망들을 완전히 떨쳐버리고 해로운 법들을 떨쳐버린 뒤, 일으킨 생각과 지속적 고찰이 있고, 떨쳐버렸음에서 생긴 희열과 행복이 있는 초선(初禪)을 구족하여 머문다.

비구들이여, 이 비구를 일러 '마라를 눈멀게 했고, 마라의 눈을 발

---

871) 이것은 출가생활에 필요한 네 가지 필수품(catu-paccaya)을 바르게 수용하는 것(paribhoga)을 말한다. 여기에 대해서는 본서 「모든 번뇌 경」(M2) §§13~16에 설명되고 있는 '수용함으로써 없애야 할 번뇌들' 편을 참조할 것.

판이 없도록 그렇게 빼버려 그 사악한 [마라]가 볼 수 없는 곳으로 갔다.'라고 한다."

35. "비구들이여, 다시 비구는 일으킨 생각[尋]과 지속적 고찰[伺]을 가라앉혔기 때문에 [더 이상 존재하지 않고], 자기 내면의 것이고, 확신이 있으며, 마음의 단일한 상태이고, 일으킨 생각과 지속적 고찰은 없고, 삼매에서 생긴 희열과 행복이 있는 제2선(二禪)을 구족하여 머문다.

비구들이여, 이 비구를 일러 '마라를 눈멀게 했고, 마라의 눈을 발판이 없도록 그렇게 빼버려 그 사악한 [마라]가 볼 수 없는 곳으로 갔다.'라고 한다."

36. "비구들이여, 다시 비구는 희열이 빛바랬기 때문에 평온하게 머물고, 마음챙기고 알아차리며[正念·正知] 몸으로 행복을 경험한다. [이 禪 때문에] 성자들이 그를 두고 '평온하고 마음챙기며 행복하게 머문다.'고 묘사하는 제3선(三禪)을 구족하여 머문다.

비구들이여, 이 비구를 일러 '마라를 눈멀게 했고, 마라의 눈을 발판이 없도록 그렇게 빼버려 그 사악한 [마라]가 볼 수 없는 곳으로 갔다.'라고 한다."

37. "비구들이여, 다시 비구는 행복도 버리고 괴로움도 버리고, 아울러 그 이전에 이미 기쁨과 슬픔을 소멸하였으므로 괴롭지도 즐겁지도 않으며, 평온으로 인해 마음챙김이 청정한[捨念淸淨] 제4선(四禪)을 구족하여 머문다.

비구들이여, 이 비구를 일러 '마라를 눈멀게 했고, 마라의 눈을 발판이 없도록 그렇게 빼버려 그 사악한 [마라]가 볼 수 없는 곳으로 갔다.'라고 한다."

38. "비구들이여, 다시 비구는 물질[色]에 대한 인식을 완전히 초월하고 부딪힘의 인식을 소멸하고 갖가지 인식을 마음에 잡도리하지 않기 때문에 '무한한 허공'이라고 하면서 공무변처(空無邊處)를 구족하여 머문다.

비구들이여, 이 비구를 일러 '마라를 눈멀게 했고, 마라의 눈을 발판이 없도록 그렇게 빼버려 그 사악한 [마라]가 볼 수 없는 곳으로 갔다.'라고 한다."

39. "비구들이여, 다시 비구는 공무변처를 완전히 초월하여 '무한한 알음알이[識]'라고 하면서 식무변처(識無邊處)를 구족하여 머문다.

비구들이여, 이 비구를 일러 '마라를 눈멀게 했고, 마라의 눈을 발판이 없도록 그렇게 빼버려 그 사악한 [마라]가 볼 수 없는 곳으로 갔다.'라고 한다."

40. "비구들이여, 다시 비구는 식무변처를 완전히 초월하여 '아무것도 없다.'라고 하면서 무소유처(無所有處)를 구족하여 머문다.

비구들이여, 이 비구를 일러 '마라를 눈멀게 했고, 마라의 눈을 발판이 없도록 그렇게 빼버려 그 사악한 [마라]가 볼 수 없는 곳으로 갔다.'라고 한다."

41. "비구들이여, 다시 비구는 무소유처를 완전히 초월하여 [175] 비상비비상처(非想非非想處)를 구족하여 머문다.

비구들이여, 이 비구를 일러 '마라를 눈멀게 했고, 마라의 눈을 발판이 없도록 그렇게 빼버려 그 사악한 [마라]가 볼 수 없는 곳으로 갔다.'라고 한다."

42. "비구들이여, 다시 비구는 비상비비상처를 완전히 초월하여 상수멸(想受滅)을 구족하여 머문다. 그리고 그의 통찰지로 [진리를] 보아서 번뇌를 남김없이 소멸한다.

비구들이여, 이 비구를 일러 '마라를 눈멀게 했고, 마라의 눈을 발판이 없도록 그렇게 빼버려 그 사악한 [마라]가 볼 수 없는 곳으로 갔고, 세상에 대한 집착을 초월했다.'라고 한다."

세존께서는 이와 같이 설하셨다. 그 비구들은 흡족한 마음으로 세존의 말씀을 크게 기뻐했다.

성스러운 구함 경(M26)이 끝났다.

코끼리 발자국 비유의 짧은 경

Cūḷa-hatthipadopama Sutta(M27)

1. 이와 같이 나는 들었다.[872] 한때 세존께서는 사왓티에서 제따 숲의 아나타삔디까 원림(급고독원)에 머무셨다.

2. 그때 자눗소니 바라문[873]은 한낮에 백마가 끄는 온통 흰색으로 장엄한 백마차[874]를 타고 사와티를 나가고 있었다. 바라문 자

---

872) 스리랑카의 연대기인 『마하왐사』(Mahāvaṁsa, 大史)와 『사사나왐사』(Sāsanavaṁsa, 교단의 역사)에 따르면 본경은 아소까 대왕의 아들이요 스리랑카에 최초로 불교를 전한 마힌다(Mahinda) 존자가 스리랑카에 도착하여 처음 설한 경이라고 한다.(Mhv.xiv.22; Sv(Sāsanavaṁsa) 21) 여기 인용해 보면 다음과 같다.
"대왕의 아들이요 큰 지혜를 가진 [마힌다] 장로께서는
현자라고 안 뒤 「코끼리 발자국 비유의 짧은 경」을 설하셨다."
(Mhv.xiv.22)

873) 자눗소니 바라문(Jānussoṇi brāhmaṇa)에 대해서는 본서 「두려움과 공포 경」(M4) §2의 주해를 참조할 것.

874) "'흰 말이 끄는 온통 흰색으로 장엄한 마차(sabbasetena vaḷabhīrathena)'라는 것은 "참으로 그것은 흰 장신구를 단 흰 말에 흰 멍에를 얹었으며, 흰 장식을 한 흰 수레에, 흰 고삐에, 흰 몰이막대에, 흰 일산에, 흰 터번에, 흰 옷에, 흰 신발을 신고 있었으며, 흰 부채로 부채질을 받고 있었다."(『상윳따니까야』 제5권 「바라문 경」(S45:4/v.4))라고 설한 온통 흰 네 마리의 말이

눗소니는 삘로띠까 유행승이 멀리서 오는 것을 보았다. 삘로띠까 유행승을 보고 이렇게 말했다.

"왓차야나[875] 존자는 이런 한낮에 어디를 다녀오는 길입니까?"

"존자여, 나는 사문 고따마께 다녀오는 길입니다."

"왓차야나 존자는 어떻게 생각하십니까? 사문 고따마는 통찰지가 탁월하십니까? 그는 지자이십니까?"

"존자여, 내가 누구라고, 내가 어찌 감히 사문 고따마의 통찰지가 탁월한지를 알겠습니까? 그분과 동등한 자라야 그분의 통찰지가 탁월한지를 알 것입니다."

"참으로 왓차야나 존자는 사문 고따마를 크게 칭송하시는군요."

"존자여, 내가 누구라고, 내가 어찌 감히 사문 고따마를 칭송한다는 말입니까? 고따마 존자는 신과 인간 가운데서 최상이라고 칭송이 자자합니다."

"왓차야나 존자는 어떤 이익을 보기에 사문 고따마에 이렇게 깊은 신뢰를 갖고 있습니까?"

3. "존자여, 예를 들면 능숙한 코끼리 사냥꾼이 코끼리가 사는 숲에 들어가서 그 코끼리 숲에서 길이도 길고 [176] 폭도 넓은, 큰 코끼리 발자국을 보았다고 합시다. 그는 '참으로 큰 코끼리로구나.'라는 결론을 내릴 것입니다. 그와 같이 나는 사문 고따마에게서 네 가지 족적[876]을 보았기 때문에 '세존은 정등각자이시고, 법은 세존에 의

매어져 있는 마차를 말한다."(MA.ii.194)

875) "왓차야나(Vacchāyana)는 삘로띠까 유행승(Pilotika paribbājaka)의 부족 이름이다. 그는 젊은 유행승이었고 초년기에는 황금색 피부를 가졌으며 부처님을 시봉하고는 했다. 이른 아침에 여래와 큰 장로들을 시봉한 뒤 제따와나를 나와 도시로 들어오고 있었는데, 자눗소니 바라문이 그가 멀리서 오고 있는 것을 보았던 것이다."(MA.ii.195)

해 잘 설해졌고, 세존의 제자들의 승가는 잘 도를 닦는다.'라는 결론에 도달했습니다. 무엇이 넷인가요?"

4. "존자여, 여기서 나는 학식 있고 영리하고 다른 자들과의 논쟁에 뛰어나고 머리카락조차 꿰찌르는 명사수와 같은 어떤 끄샤뜨리야들을 본 적이 있는데, 그들은 자신들의 통찰지로 다른 이들의 견해들을 단번에 논파하면서 돌아다닙니다.877) 존자여, 그들은 사문 고따마가 어떤 마을이나 성읍을 방문할 것이라는 소문을 들으면 그들은 질문을 미리 준비합니다.

'우리는 사문 고따마에게 가서 이런 질문을 할 것이다. 이와 같이 우리의 질문을 받으면 그는 이와 같이 설명할 것이고, 그러면 우리는 이와 같이 논파할 것이다. 다시 이와 같이 우리의 질문을 받으면 그는 이와 같이 설명할 것이고, 그러면 우리는 또 이와 같이 논파할 것이다.'

그들은 사문 고따마가 어떤 마을이나 성읍에 도착했다는 소문을 들으면 사문 고따마를 만나러 갑니다. 사문 고따마는 그들에게 법을 설하여 가르치고 격려하고 분발하게 하고 기쁘게 합니다. 그들은 사문 고따마의 설법으로 가르침을 받고 격려를 받고 분발하고 기뻐서 사문 고따마에게 아무런 질문을 할 수가 없는데 어떻게 논파할 수 있겠습니까? 오히려 그들은 사문 고따마의 제자가 됩니다. 존자여, 나는 사문 고따마에게서 이런 첫 번째 족적을 보았을 때 이런 결론에

---

876) "'네 가지 족적(cattāri padāni)'이란 네 가지 지혜의 족적(ñāṇa-padāni), 지혜의 발자국(ñāṇa-valañjāni)을 말한다."(MA.ii.197)

877) "'단번에 논파하면서 돌아다닙니다(bhindantā maññe caranti).'라는 것은 명사수(vāla-vedhi)가 아주 사소한 머리카락조차도 꿰찌르듯이, 다른 사람의 견해가 아무리 정교해도 자신의 통찰지로 논파하면서 돌아다닌다는 말이다."(MA.ii.197)

도달했습니다. '세존은 정등각자이시고, 법은 세존에 의해 잘 설해졌고, 세존의 제자들의 승가는 잘 도를 닦는다.'라고."

5. "존자여, 여기서 나는 학식 있고 영리하고 다른 자들과의 논쟁에 뛰어나고 머리카락조차 꿰찌르는 명사수와 같은 어떤 바라문들을 본 적이 있는데, 그들은 자신들의 통찰지로 다른 이들의 견해들을 단번에 논파하면서 돌아다닙니다. 존자여, 그들은 … 사문 고따마의 제자가 됩니다. 존자여, 나는 사문 고따마에게서 이런 두 번째 족적을 보았을 때 이런 결론에 도달했습니다. '세존은 정등각자이시고, 법은 세존에 의해 잘 설해졌고, 세존의 제자들의 승가는 잘 도를 닦는다.'라고."

6. "존자여, 여기서 나는 학식 있고 영리하고 다른 자들과의 논쟁에 뛰어나고 머리카락조차 꿰찌르는 명사수와 같은 어떤 장자들을 본 적이 있는데, 그들은 자신들의 통찰지로 다른 이들의 견해들을 단번에 논파하면서 돌아다닙니다. 존자여, 그들은 [177] … 사문 고따마의 제자가 됩니다. 존자여, 나는 사문 고따마에게서 이런 세 번째 족적을 보았을 때 이런 결론에 도달했습니다. '세존은 정등각자이시고, 법은 세존에 의해 잘 설해졌고, 세존의 제자들의 승가는 잘 도를 닦는다.'라고."

7. "여기서 나는 학식 있고 영리하고 다른 자들과의 논쟁에 뛰어나고 머리카락조차 꿰찌르는 명사수와 같은 어떤 사문들을 본 적이 있는데, 그들은 자신들의 통찰지로 다른 이들의 견해들을 단번에 논파하면서 돌아다닙니다. 존자여, 그들은 사문 고따마가 어떤 마을이나 성읍을 방문할 것이라는 소문을 들으면 그들은 질문을 미리 준비합니다.

'우리는 사문 고따마에게 가서 이런 질문을 할 것이다. 이와 같이 우리의 질문을 받으면 그는 이와 같이 설명할 것이고, 그러면 우리는 이와 같이 논파할 것이다. 다시 이와 같이 우리의 질문을 받으면 그는 이와 같이 설명할 것이고, 그러면 우리는 또 이와 같이 논파할 것이다.'

그들은 사문 고따마가 어떤 마을이나 성읍에 도착했다는 소문을 들으면 사문 고따마를 만나러 갑니다. 사문 고따마는 그들에게 법을 설하여 가르치고 격려하고 분발하게 하고 기쁘게 합니다. 그들은 사문 고따마의 설법으로 가르침을 받고 격려를 받고 분발하고 기뻐서 사문 고따마에게 아무런 질문을 할 수가 없는데 어떻게 논파할 수 있겠습니까?

오히려 그들은 사문 고따마에게 자신들의 출가를 허락해줄 것을 청하고, 사문 고따마는 그들에게 출가를 허락합니다. 그들은 그곳에서 출가하여 혼자 은둔하여 방일하지 않고 열심히, 스스로 독려하며 지냅니다. 오래지 않아 좋은 가문의 아들들이 집에서 나와 출가하는 목적인 그 위없는 청정범행의 완성을 지금·여기에서 스스로 최상의 지혜로 알고 실현하고 구족하여 머뭅니다. 그들은 이렇게 말합니다.

'참으로 우리는 거의 망할 뻔했다.[878] 우리는 거의 망할 뻔했다. 우리는 이전에 사문이 아니면서 사문이라고 선언했고, 바라문이 아니면서 바라문이라고 선언했고, 아라한이 아니면서 아라한이라고 선언했다. 이제 우리는 참으로 사문이고, 참으로 바라문이고, 참으로 아라한이다.'[879]

---

878) 그리고 '망할 뻔했다.'로 옮긴 동사 anassāma는 기본형 nasāti(√nas, *to perish*, 멸망하다, 잃어버리다)의 불확정 과거(*Aorist*) 1인칭 복수형이다. 문맥에 따라서 이렇게 옮겼다. 본서 제3권 「사꿀루다이 짧은 경」(M79) §26에서는 '망했다.'로 옮겼다.

존자여, 나는 사문 고따마에게서 이런 네 번째 족적을 보았을 때 이런 결론에 도달했습니다. '세존은 정등각자이시고, 법은 세존에 의해 잘 설해졌고, 세존의 제자들의 승가는 잘 도를 닦는다.'라고.

존자여, 이와 같이 나는 사문 고따마에게서 네 가지 족적을 보았을 때 이런 결론에 도달했습니다. '세존은 정등각자이시고, 법은 세존에 의해 잘 설해졌고, 세존의 제자들의 승가는 잘 도를 닦는다.'라고."

8. 이와 같이 말하자 자눗소니 바라문은 백마가 끄는 온통 흰색으로 장엄한 백마차에서 내려 한쪽 어깨를 드러나게 윗옷을 입고 세존을 향해 합장한 채 세 번 감흥어를 읊었다.

"그분 세존, 공양받아 마땅한 분, 바르게 깨달으신 분께 귀의합니다.
그분 세존, 공양받아 마땅한 분, 바르게 깨달으신 분께 귀의합니다.
그분 세존, 공양받아 마땅한 분, 바르게 깨달으신 분께 귀의합니다.
참으로 언제 어디서든 [178] 그분 사문 고따마 존자께 가서 어떤 대화라도 나눌 수 있기를 바랍니다."

9. 그러자 자눗소니 바라문은 세존을 뵈러 갔다. 세존을 뵙고 세존과 함께 환담을 나누었다. 유쾌하고 기억할만한 이야기로 서로 담소를 하고서 한 곁에 앉았다. 한 곁에 앉아서 자눗소니 바라문은 삘로띠까 유행승과 함께 나누었던 대화를 모두 세존께 말씀드렸다. 그와 같이 말씀드리자 세존께서는 자눗소니 바라문에게 이렇게 말씀하셨다.

"바라문이여, 이것으로는 아직 코끼리 발자국에 비유한 가르침880)

---

879) '오히려 그들은 …'부터 여기까지는 본서 제3권 「법탑 경」(M89) §17에도 나타나고 있다.

880) '코끼리 발자국에 비유한 가르침'은 hatthi-pad-opama(코끼리 발자국 비유)를 옮긴 것이다. 이 문구에는 '가르침(dhamma)'이란 단어가 나타나지

이 상세하게 설명된 것이 아닙니다. 바라문이여, 이제 나는 이 코끼리 발자국에 비유한 가르침을 상세하게 설하리니 그것을 듣고 마음에 잘 잡도리하십시오. 이제 설할 것입니다."

"세존이시여, 그렇게 하겠습니다."라고 자눗소니 바라문은 세존께 대답했다.

10. 세존께서는 이렇게 말씀하셨다.

"바라문이여, 예를 들면 코끼리 사냥꾼이 코끼리가 사는 숲에 들어가서 그 코끼리 숲에서 길이도 길고 폭도 넓은, 큰 코끼리 발자국을 보았다고 합시다. 그가 능숙한 코끼리 사냥꾼이면 '참으로 큰 코끼리로구나.'라는 결론을 내리지 않을 것입니다. 그것은 무슨 까닭인가요? 바라문이여, 코끼리 숲에는 큰 발을 가진 난쟁이 암 코끼리들[881]이 있는데 이것은 그들의 발자국일 수도 있기 때문입니다.

그는 그것을 계속 따라갑니다. 따라가다가 코끼리 숲에서 길이도 길고 폭도 넓은, 큰 코끼리 발자국과 위쪽이 마찰된 어떤 흔적[882]을 봅니다. 그가 능숙한 코끼리 사냥꾼이면 '참으로 큰 코끼리로구나.'라는 결론을 내리지 않을 것입니다. 그것은 무슨 까닭인가요? 바라문이여, 코끼리 숲에는 큰 발에 돌출된 이를 가진 큰 암 코끼리들이 있는데 이것은 그들의 발자국일 수도 있기 때문입니다.

않지만 주석서에서 이 합성어를 "코끼리 발자국에 비유되는 것이 그의 가르침이기 때문에 코끼리 발자국 비유라 한다(hatthipadaṁ upamā assa dhammassāti hatthipadopamo.)."(MA.ii.198)라고 설명하고 있어서 이렇게 옮겼다.

881) "'난쟁이 암 코끼리들(vāmanikā nāma hatthiniyo)'이란 길이도 길지 않고 배가 큰 난쟁이 암 코끼리들을 말한다."(MA.ii.198)

882) "'위쪽이 마찰된 어떤 흔적(uccā nisevita)'이란 그 키가 일곱 완척 혹은 여덟 완척이나 되는 무화과나무 등의 수간에다 비벼댄 흔적을 말한다."(MA.ii.198)

그는 그것을 계속 따라갑니다. 따라가다가 코끼리 숲에서 길이도 길고 폭도 넓은, 큰 코끼리 발자국과 위쪽이 마찰되고 상아에 의해 부러뜨려진 어떤 흔적883)을 봅니다. 그가 능숙한 코끼리 사냥꾼이면 '참으로 큰 코끼리로구나.'라는 결론을 내리지 않을 것입니다. 그것은 무슨 까닭인가요? 바라문이여, 코끼리 숲에는 큰 발에 큰 상아를 가진 큰 암 코끼리들이 있는데 이것은 그들의 발자국일 수도 있기 때문입니다.

그는 그것을 계속 따라갑니다. 따라가다가 코끼리 숲에서 길이도 길고 폭도 넓은, 큰 코끼리 발자국과 위쪽이 마찰되고 상아에 의해 부러지고 가지가 꺾여 있는 것을 보고, 또 그 코끼리가 나무 아래에 있거나 노지에 있거나 걷거나 서 있거나 앉아있거나 누워있는 것을 봅니다. 그제야 그는 '참으로 큰 코끼리로구나.'라는 결론을 내릴 것입니다."

11. "바라문이여, [179] 그와 같이884) 여기 여래가 이 세상에 출현합니다.885) 그는 아라한[應供]이며, 완전히 깨달은 분[正等覺]이며,

---

883) "'상아에 의해 부러뜨려진 어떤 흔적(dantehi ārañjitāni)'이란 마치 나무의 수간을 도끼로 찍은 듯이 상아로 부러뜨려진 부분을 말한다."(MA.ii.199)

884) 이하 본경의 §§11~18은 『디가 니까야』 제1권 「사문과경」(D2)의 §§40~74와 같은 내용을 담고 있다. 단 「사문과경」에 자세하게 나타나는 중간 길이의 계(majjhima-sīla, §§46~55)와 긴 길이의 계(mahā-sīla, §§56~62)와 다섯 가지 장애에 대한 비유부분(§§69~74)은 본경에는 나타나지 않는다.
그리고 이하 본경의 §§11~26은 본서 제2권 「깐다라까 경」(M51) §§12~27과 같은 내용을 담고 있다. 그리고 §22의 4선의 구족까지는 본서 제2권 「갈애 멸진의 긴 경」(M38) §§31~40과 같은 내용을 담고 있다.

885) "'세상에 출현한다(loke uppajjati).'에서 세상은 세 가지가 있다. 그것은 [눈에] 보이는 세상[器世間, okāsa-loka], 중생 세상[衆生世間, satta-loka], 형성된 세상(saṅkhāra-loka, 오취온, 북방 『대지도론』(大智度論)

명지와 실천을 구족한 분[明行足]이며, 피안으로 잘 가신 분[善逝]이며, 세간을 잘 알고 계신 분[世間解]이며, 가장 높은 분[無上士]이며, 사람을 잘 길들이는 분[調御丈夫]이며, 하늘과 인간의 스승[天人師]이며, 부처님[佛]이며, 세존(世尊)입니다. 그는 신을 포함하고 마라를 포함하고 범천을 포함한 이 세상을 스스로 최상의 지혜로 알고 실현하여 드러냅니다. 그는 시작도 훌륭하고 중간도 훌륭하고 끝도 훌륭하며 의미와 표현을 구족했고 더할 나위 없이 완벽하고 지극히 청정한 법을 설하고, 범행(梵行)을 드러냅니다."886)

의 오중세간(五衆世間)에 해당함)이 있는데 여기서는 중생 세상을 말한다. 중생 세상에 태어나시더라도 세존은 천상이나 범천에 태어나지 않고, 오직 인간 세상(manussa-loka)에 태어나신다. 인간 세상에서도 다른 세계(cakka-vāḷa)가 아닌 이 세계(지구)에 태어나신다. 여기서도 모든 곳이 아니라, 길이가 삼백 요자나이고, 폭이 이백오십 요자나이고, 둘레가 구백 요자나인 이 (지구)의 중앙에 위치한 나라[中國, majjha]에 태어나신다. 여래뿐만 아니라 벽지불, 상수제자, 80명의 큰 제자, 부처님의 어머니, 부처님의 아버지, 전륜성왕, 정수를 얻은 바라문과 장자들도 오직 이곳에 태어난다."(MA.ii.200)

886) '그는 시작도 훌륭하고 중간도 훌륭하고 끝도 훌륭하며 의미와 표현을 구족했고 더할 나위 없이 완벽하고 지극히 청정한 법을 설하고, 범행(梵行)을 드러냅니다.'로 옮긴 이 마지막 문단은 'so dhammaṁ deseti ādikalyāṇaṁ majjhekalyāṇaṁ pariyosānakalyāṇaṁ sātthaṁ sabyañjanaṁ kevalaparipuṇṇaṁ parisuddhaṁ brahmacariyaṁ pakāseti'를 옮긴 것인데, 여러 경에서 자주 나타나는 내용이다. 주석서는 다음과 같이 설명한다.

"'더할 나위 없이 완벽하고(kevala-paripuṇṇaṁ)'는 모든 교법(sakala-adhivacana)이 모자람도 더함도 없이(anūna-adhika-vacana) 완전하다, 어떤 가르침도 완전하지 않은 것이 없다는 말이다. '지극히 청정한(pari-suddhaṁ)'은 오점이 없다(nirupakkilesa)는 말이다. 이 법을 설하여 이득과 명성을 얻으리라는 생각으로 설하는 자의 가르침은 청정하지 못한 것(aparisuddhā desanā)이 된다. 그러나 세존께서는 세속적인 이익에는 관심이 없고 자애 수행(mettā-bhāvanā)을 통한 온화한 성품(mudu-hadaya)으로 오로지 그들을 도우려는 마음으로 법을 설하시기 때문에 지극히 청정한 법(parisuddha dhamma)을 설하신다고 한다.
'범행(梵行)을 드러낸다(brahmacariyaṁ pakāseti).'에서 청정한 범행은 삼학에 포함되는 모든 교법(sikkhattaya-saṅgaha sakala-sāsana)을 말한

12. "이런 법을 장자나 장자의 아들이나 다른 가문에 태어난 자가 듣습니다. 그는 이 법을 듣고 여래에게 믿음을 가집니다. 그는 이런 믿음을 구족하여 이렇게 숙고합니다. '재가의 삶이란 번잡하고 때가 낀 길이지만 출가의 삶은 열린 허공과 같다. 재가에 살면서 더할 나위 없이 완벽하고 지극히 청정한 소라고둥처럼 빛나는 청정범행을 실천하기란 쉽지 않다. 그러니 나는 이제 머리와 수염을 깎고 물들인 옷을 입고 집을 떠나 출가하리라.'라고. 그는 나중에 재산이 적건 많건 간에 모두 다 버리고, 일가친척도 적든 많든 간에 다 버리고, 머리와 수염을 깎고, 물들인 옷을 입고 집을 떠나 출가합니다."

13. "그는 이와 같이 출가하여 비구들의 학습계목을 받아 지녀 그것과 더불어 생활합니다.

다. 그러므로 그가 법을 설하여 시작도 훌륭하고 중간도 훌륭하고 끝도 훌륭하고 의미와 표현을 구족하고 더할 나위 없이 완벽하고 지극히 청정하게 법을 설하면서 또한 삼학에 포함되는 모든 교법인 청정범행을 드러낸다는 뜻으로 이해해야 한다."(MA.ii.203~204)

이 문장에는 두 개의 동사와 여러 개의 목적어가 나타나는데, 그중에서 맨 마지막 목적어인 청정범행(brahma-cariya)을 제외한 모든 목적어는 처음에 나타나는 법(dhamma)을 수식하는 형용사로서 '설하다(deseti)'라는 동사에 걸리고, 마지막 목적어인 청정범행은 '드러내다(pakāseti)'라는 동사와 관련된다고 주석서는 설명하고 있다.

그러나 『디가 니까야』 제3권 「십상경」(D34)과 『앙굿따라 니까야』 제1권 「거꾸로 놓은 항아리 경」(A3:30) 등 여러 곳에서는 'ye te dhammā ādikalyāṇā majjhekalyāṇā pariyosānakalyāṇā sātthā savyañjanā kevalaparipuṇṇaṁ parisuddhaṁ brahmacariyaṁ abhivadanti'라고 문법적으로 다르게 나타나는데, 여기서는 'ādikalyāṇā majjhekalyāṇā pariyosānakalyāṇā sātthaṁsabyañjanā(시작도 훌륭하고 중간도 훌륭하고 끝도 훌륭하게 [법을 설하고], 의미와 표현을 구족하여 법을 설하여)'는 법(dhamma)을 수식하는 형용사인 주어로, 'kevala-paripuṇṇaṁ parisuddhaṁ(더할 나위 없이 완벽하고 지극히 청정한)'은 청정범행(brahma-cariya)을 수식하는 형용사인 목적어로 나타난다. 「거꾸로 놓은 항아리 경」(A3:30)에서 역자는 이렇게 이해하여 옮겼다.

그는 생명을 죽이는 것을 버리고 생명을 죽이는 것을 멀리 여의고, 몽둥이를 내려놓고 칼을 내려놓고, 양심적이고 동정심이 있으며 모든 생명의 이익을 위하여 연민하며 머뭅니다. 그는 주지 않은 것을 가지는 것을 버리고 주지 않은 것을 가지는 것을 멀리 여의고, 준 것만을 받고 준 것만을 받으려고 하며 스스로 훔치지 않아 자신을 깨끗하게 하여 머뭅니다. 그는 금욕적이지 못한 삶을 버리고 청정범행을 닦으며, 도덕적이고 성행위의 저속함을 멀리 여읩니다.

그는 거짓말을 버리고 거짓말을 멀리 여의고, 진실을 말하며 진실에 부합하고 굳건하고 믿음직하여 세상을 속이지 않습니다. 그는 중상모략하는 말을 버리고 중상모략하는 말을 멀리 여의고, 여기서 듣고 이들을 이간하려고 저기서 말하지 않고 저기서 듣고 저들을 이간하려고 여기서 말하지 않습니다. 오히려 그는 이와 같이 이간된 자들을 합치고 우정을 장려하며 화합을 좋아하고 화합을 기뻐하고 화합을 즐기며 화합하게 하는 말을 합니다. 그는 욕설을 버리고 욕설을 멀리 여의고, 유순하고 귀에 즐겁고 사랑스럽고 가슴에 와 닿고 예의 바르고 많은 사람들이 좋아하고 많은 [180] 사람들의 마음에 드는 그런 말을 합니다. 그는 잡담을 버리고 잡담을 멀리 여의고, 적절한 시기에 말하고, 사실을 말하고, 유익한 말을 하고, 법을 말하고, 율을 말하며, 가슴에 담아둘 만한 말을 하고, 이치에 맞고, 절제가 있으며, 유익한 말을 적절한 시기에 합니다.

그는 씨앗류와 초목류를 손상시키는 것을 멀리 여읩니다. 하루 한 끼만 먹습니다. 그는 밤에 [먹는 것을] 여의고 때 아닌 때에 먹는 것을 멀리 여읩니다. 춤, 노래, 연주, 연극을 관람하는 것을 멀리 여읩니다. 화환을 두르고 향과 화장품을 바르고 장신구로 꾸미는 것을 멀리 여읩니다. 높고 큰 침상을 멀리 여읩니다.

금과 은을 받는 것을 멀리 여읩니다. [요리하지 않은] 날곡식을 받는 것을 멀리 여읩니다. 생고기를 받는 것을 멀리 여읩니다. 여자나 동녀를 받는 것을 멀리 여읩니다. 하인과 하녀를 받는 것을 멀리 여읩니다. 염소와 양을 받는 것을 멀리 여읩니다. 닭과 돼지를 받는 것을 멀리 여읩니다. 코끼리, 소, 말, 암말을 받는 것을 멀리 여읩니다. 농토나 토지를 받는 것을 멀리 여읩니다.

심부름꾼이나 전령으로 가는 것을 멀리 여읩니다. 사고파는 것을 멀리 여읩니다. 저울을 속이고 금속을 속이고 치수를 속이는 것을 멀리 여읩니다. 악용하고 속이고 횡령하고 사기하는 것을 멀리 여읩니다. 상해, 살해, 포박, 약탈, 노략질, 폭력을 멀리 여읩니다."

14. "그는 몸을 보호할 정도의 옷과 위장을 지탱할 정도의 음식으로 만족합니다.[887] 그는 어디를 가더라도 그의 자구를 몸에 지니고 갑니다. 예를 들면 새가 어디를 날아가더라도 자기 양 날개를 짐으로 하여 날아가는 것과 같습니다. 그와 같이 비구는 몸을 보호할 정도의 옷과 위장을 지탱할 정도의 음식으로 만족합니다. 어디를 가더라도 그의 자구를 몸에 지니고 갑니다. 그는 이러한 성스러운 계의 조목[戒蘊]을 구족하여 안으로 비난받을 일이 없는 행복을 경험합니다."

15. "그는 눈으로 형색을 봄에 그 표상[全體相]을 취하지 않으며,

---

887) "'그는 만족한다(santuṭṭho hoti).'는 것은 본서 「역마차 교대 경」(M24) §2의 주해에서 설한 네 가지 필수품(catu paccayā)에 대한 열두 가지 만족(santosa)을 구족한 비구가 다시 여덟 가지 자구(資具, aṭṭha parikkhārā)를 갖추어서 [만족한다는 말이다]. 여덟 가지 자구란 세 가지 옷[三衣, tīṇi cīvarāni], 발우(patta), 치목을 자를 칼(danta-kaṭṭha-cchedana-vāsi), 한 개의 바늘(ekā sūci), 허리띠(kāya-bandhana), 여과기(parissāvana)이다. 이것은 모두 몸을 보호하고(kāya-parihārikā), 위장을 지탱해준다(kucchi-parihārikā)."(MA.ii.211~212)

또 그 세세한 부분상[細相]을 취하지도 않습니다. 만약 그의 눈의 기능[眼根]이 제어되어 있지 않으면, 욕심과 싫어하는 마음의 나쁘고 해로운 법[不善法]들이 그에게 [물밀듯이] 흘러들어올 것입니다. 따라서 그는 눈의 감각기능을 잘 단속하기 위해 수행하며, 눈의 감각기능을 잘 방호하고, 눈의 감각기능을 잘 단속합니다.888)

귀로 소리를 들음에 … 코로 냄새를 맡음에 … 혀로 맛을 봄에 … 몸으로 감촉을 느낌에 … 마노[意]로 법을 지각함에 그 표상을 취하지 않으며, 그 세세한 부분상을 취하지도 않습니다. 만약 그의 마노의 기능[意根]이 제어되어 있지 않으면, 욕심과 싫어하는 마음의 나쁘고 해로운 법[不善法]들이 그에게 [물밀듯이] 흘러들어올 것입니다. 따라서 그는 마노의 감각기능을 잘 단속하기 위해 수행하며, 마노의 [181] 감각기능을 잘 방호하고, 마노의 감각기능을 잘 단속합니다. 그는 이러한 성스러운 감각기능의 단속을 구족하여 안으로 더럽혀지지 않는 행복을 경험합니다."

16. "그는 나아갈 때도 돌아올 때도 [자신의 거동을] 분명히 알아차리면서[正知] 행합니다. 앞을 볼 때도 돌아볼 때도 분명히 알아차리면서 행합니다. 구부릴 때도 펼 때도 분명히 알아차리면서 행합니

---

888) 본 정형구는 『맛지마 니까야』의 15단계 계·정·혜 정형구 가운데 다섯 번째에 속하고 『디가 니까야』 제1권의 23단계 계·정·혜 정형구(이 둘은 본서 역자 서문 §8-(3)을 참조할 것.) 가운데 여덟 번째에 속하는데 니까야의 도처에 나타나고 있다. 본서에서만 여기 M27 §15, M33 §20, M38 §35, M39 §8, M51 §16, M53 §8, M107 §4, M112 §15, M125 §16 등에 나타나고 있다.
그리고 본 정형구는 『청정도론』 I.53~59에서 상세하게 설명되고 있는데 본서 제2권 「소치는 사람의 긴 경」(M33) §20의 주해에 '표상(nimitta)'과 '부분상(anubyañjana)'의 설명이 인용되어 있으므로 참조할 것. '표상(nimitta)'의 의미에 대해서는 본서 제3권 「보름밤의 긴 경」(M109) §13의 주해를 참조할 것.

다. 법의(法衣)·발우·의복을 지닐 때도 분명히 알아차리면서 행합니다. 먹을 때도 마실 때도 씹을 때도 맛볼 때도 분명히 알아차리면서 행합니다. 대소변을 볼 때도 분명히 알아차리면서 행합니다. 갈 때도 서 있을 때도 앉아 있을 때도 잠잘 때도 깨어있을 때도 말할 때도 침묵할 때도 분명히 알아차리면서 행합니다."

17. "그는 이러한 성스러운 계의 조목을 잘 갖추고 이러한 성스러운 감각기능의 단속을 잘 갖추고 이러한 마음챙김과 알아차림[正念·正知]을 잘 갖추어 숲 속이나 나무 아래나 산이나 골짜기나 산속 동굴이나 묘지나 밀림이나 노지나 짚더미와 같은 외딴 처소를 의지합니다."

18. "그는 탁발하여 공양을 마치고 탁발에서 돌아와 가부좌를 틀고 상체를 곧추세우고 전면에 마음챙김을 확립하여889) 앉습니다. 그는 세상에 대한 욕심을 제거하여890) 욕심을 버린 마음으로 머물

---

889) '전면에 마음챙김을 확립하여'는 parimukhaṁ satiṁ upaṭṭhapetvā를 옮긴 것이다. 주석서에 따르면 parimukhaṁ을 두 가지로 해석하고 있다. 첫 번째는 abhimukhaṁ(향하다)의 뜻으로 '명상주제를 향하여(kammaṭṭhāna-abhimukhaṁ) 마음챙김을 확립하고 나서'라는 말이고, 두 번째는 '입(얼굴) 주위에(mukha-samīpe) 마음챙김을 확립하고 나서'라는 말이다.(MA.ii. 216)
『맛지마 니까야 주석서』는 『위방가』(分別論)와 『무애해도』를 인용하여 아래와 같이 계속 설명하고 있다.
"그래서 『위방가』는 말한다. "이 마음챙김은 확립되었다. 코끝이나 입(얼굴)의 표상에 잘 확립되었다. 그래서 전면에 마음챙김을 확립한 뒤라고 하였다."(Vbh.252)
다시 『무애해도』는 말한다. "parimukhaṁ satiṁ에서 접두어 pari는 철저히 파악한다는 뜻(pariggah-aṭṭha)이고, mukhaṁ은 출구의 뜻(niyyān-attha)이고, sati는 확립의 뜻(upaṭṭhān-attha)이다."
그러므로 이것을 요약(saṅkhep)하면, '철저히 파악하여 [반대편의 법인 잊어버림(muttha-sati)으로부터의] 출구인 마음챙김을 확립하고 나서(pari-ggahita-niyyāna-satiṁ katvā)'라는 뜻이다."(MA.ii.216)

고, 욕심으로부터 마음을 청정하게 합니다. 악의의 오점을 제거하여 악의가 없는 마음으로 머물고, 모든 생명의 이익을 위하여 연민하며, 악의의 오점으로부터 마음을 청정하게 합니다. 해태와 혼침을 제거하여 해태와 혼침이 없이 머물고, 광명상(光明想)을 가져 마음챙기고 알아차리며[正念 · 正知]891) 해태와 혼침으로부터 마음을 청정하게 합니다. 들뜸과 후회를 제거하여 들뜨지 않고 머물고, 안으로 고요히 가라앉은 마음으로 들뜸과 후회로부터 마음을 청정하게 합니다. 의심을 제거하여 의심을 극복하여 머물고, 유익한 법들에 아무런 의심이 없어서 의심으로부터 마음을 청정하게 합니다."

19. "그는 마음의 오염원이고 통찰지를 무력하게 만드는892) 이 들 다섯 가지 장애를 제거하여 감각적 욕망들을 완전히 떨쳐버리고

---

890) "'세상에 대한 욕심을 제거하여(so abhijjhaṁ loke pahāya)'라고 하셨다. 여기서 무너진다는 뜻에서(lujjanaṭṭhena), 취착의 [대상인] 다섯 가지 무더기[五取蘊, pañc-upādāna-kkhandhā]를 '세상(loka)'이라 한다. 그러므로 취착의 [대상인] 다섯 가지 무더기들에 대한 욕망(rāga)을 버리고(pahāya), 감각적 욕망(kāmacchanda)을 억압한 뒤에(vikkhambhetvā)라는 뜻이다."(MA.ii.216)
여기 본문에 나타나는 욕심(abhijjha) 등 다섯 가지 장애는 『네 가지 마음챙기는 공부』 214쪽 이하와 『아비담마 길라잡이』 2장 §4의 해로운 마음부수법들에 잘 설명되어 있으므로 참조할 것.
그리고 이 다섯 가지 장애는 본서 제2권 「앗사뿌라 긴 경」(M39) §14에 좋은 비유와 함께 잘 나타나고 있으므로 이 곳의 주해와 함께 참조할 것.

891) "'광명상을 가진다(āloka-saññī).'는 것은 밤에도 낮에 본 광명을 인식할 수 있고 장애가 없고 청정한 인식을 구족하는 것이고, '마음챙기고 알아차린다[正念 · 正知](sato sampajāno).'는 것은 마음챙김(sati)과 지혜(ñāṇa)를 구족한다는 말이다."(MA.ii.217)

892) "'통찰지를 무력하게 만드는(paññāya dubbalīkaraṇe)'이라고 하셨다. 다섯 가지 장애(pañca nīvaraṇāni)는 일어나면서 아직 일어나지 않은 세간적인 통찰지와 출세간적인 통찰지를 일어나지 못하게 하고, 이미 일어난 여덟 가지 증득과 다섯 가지 신통지를 끊어버리고 무너뜨린다. 그러므로 통찰지를 무력하게 한다고 하셨다."(MA.ii.217)

해로운 법[不善法]들을 떨쳐버린 뒤, 일으킨 생각[尋]과 지속적 고찰[伺]이 있고, 떨쳐버렸음에서 생긴 희열[喜]과 행복[樂]이 있는 초선(初禪)을 구족하여 머뭅니다.

바라문이여, 이것을 일러 여래의 발자국이라고도 하고, 여래의 흔적이라고도 하며, 여래의 표시라고도 합니다. 그러나 성스러운 제자는 아직 '세존은 정등각자이시고, 법은 세존에 의해 잘 설해졌고, 세존의 제자들의 승가는 잘 도를 닦는다.'라는 이런 결론에는 도달하지 못합니다."

20. "바라문이여, 다시 비구는 일으킨 생각[尋]과 지속적 고찰[伺]을 가라앉혔기 때문에 [더 이상 존재하지 않고], 자기 내면의 것이고, 확신이 있으며, 마음의 단일한 상태이고, 일으킨 생각과 지속적 고찰은 없고, 삼매에서 생긴 희열과 행복이 있는 제2선(二禪)을 구족하여 머뭅니다.

바라문이여, 이것을 일러 여래의 발자국이라고도 하고 여래의 흔적이라고도 하며, 여래의 표시라고도 합니다. 그러나 [182] 성스러운 제자는 아직 '세존은 정등각자이시고, 법은 세존에 의해 잘 설해졌고, 세존의 제자들의 승가는 잘 도를 닦는다.'라는 이런 결론에는 도달하지 못합니다."

21. "바라문이여, 다시 비구는 희열이 빛바랬기 때문에 평온하게 머물고, 마음챙기고 알아차리며[正念 · 正知] 몸으로 행복을 경험합니다. [이 禪 때문에] 성자들이 그를 두고 '평온하고 마음챙기며 행복하게 머문다.'고 묘사하는 제3선(三禪)을 구족하여 머뭅니다.

바라문이여, 이것을 일러 여래의 발자국이라고도 하고 여래의 흔적이라고도 하며, 여래의 표시라고도 합니다. 그러나 성스러운 제자는 아직 '세존은 정등각자이시고, 법은 세존에 의해 잘 설해졌고, 세존의 제자들의 승가는 잘 도를 닦는다.'라는 이런 결론에는 도달하지 못합니다."

22. "바라문이여, 다시 비구는 행복도 버리고 괴로움도 버리고, 아울러 그 이전에 이미 기쁨과 슬픔을 소멸하였으므로 괴롭지도 즐겁지도 않으며, 평온으로 인해 마음챙김이 청정한[捨念淸淨] 제4선(四禪)을 구족하여 머뭅니다.

바라문이여, 이것을 일러 여래의 발자국이라고도 하고, 여래의 흔적이라고도 하며, 여래의 표시라고도 합니다. 그러나 성스러운 제자는 아직 '세존은 정등각자이시고, 법은 세존에 의해 잘 설해졌고, 세존의 제자들의 승가는 잘 도를 닦는다.'라는 이런 결론에 도달하지 못합니다."

23. "그는 이와 같이 마음이 집중되고, 청정하고, 깨끗하고, 흠이 없고, 오염원이 사라지고, 부드럽고, 활발발하고, 안정되고, 흔들림이 없는 상태에 이르렀을 때 전생을 기억하는 지혜[宿命通]로 마음을 향하게 합니다.

그는 한량없는 전생의 갖가지 삶들을 기억합니다. 즉 한 생, 두 생, 세 생, 네 생, 다섯 생, 열 생, 스무 생, 서른 생, 마흔 생, 쉰 생, 백 생, 천 생, 십만 생, 세계가 수축하는 여러 겁, 세계가 팽창하는 여러 겁, 세계가 수축하고 팽창하는 여러 겁을 기억합니다. '어느 곳에서 이런 이름을 가졌고, 이런 종족이었고, 이런 용모를 가졌고, 이런 음식을 먹었고, 이런 행복과 고통을 경험했고, 이런 수명의 한계를 가졌고, 그곳에서 죽어 다른 어떤 곳에 다시 태어나 그곳에서는 이런 이름을 가졌고, 이런 종족이었고, 이런 용모를 가졌고, 이런 음식을 먹었고,

이런 행복과 고통을 경험했고, 이런 수명의 한계를 가졌고, 그곳에서 죽어 다시 여기 태어났다.'라고. 이처럼 한량없는 전생의 갖가지 모습들을 그 특색과 더불어 상세하게 기억해냅니다.

바라문이여, 이것을 일러 여래의 발자국이라고도 하고, 여래의 흔적이라고도 하며, 여래의 표시라고도 합니다. 그러나 성스러운 제자는 아직 '세존은 정등각자이시고, 법은 세존에 의해 잘 설해졌고, 세존의 제자들의 승가는 잘 도를 닦는다.'라는 이런 결론에는 도달하지 못합니다."

24. "그는 [183] 이와 같이 마음이 집중되고, 청정하고, 깨끗하고, 흠이 없고, 오염원이 사라지고, 부드럽고, 활발발하고, 안정되고, 흔들림이 없는 상태에 이르렀을 때 중생들의 죽음과 다시 태어남을 [아는] 지혜[天眼通]로 마음을 향하게 합니다.

그는 청정하고 인간을 넘어선 신성한 눈[天眼]으로 중생들이 죽고 태어나고, 천박하고 고상하고, 잘생기고 못생기고, 좋은 곳[善處]에 가고 나쁜 곳[惡處]에 가는 것을 보고, 중생들이 지은 바 그 업에 따라 가는 것을 꿰뚫어 압니다. '이들은 몸으로 못된 짓을 골고루 하고 말로 못된 짓을 골고루 하고 또 마음으로 못된 짓을 골고루 하고, 성자들을 비방하고, 삿된 견해를 지니어 사견업(邪見業)을 지었다. 이들은 몸이 무너져 죽은 뒤 처참한 곳[苦界], 불행한 곳[惡處], 파멸처, 지옥에 태어났다. 그러나 이들은 몸으로 좋은 일을 골고루 하고 말로 좋은 일을 골고루 하고 마음으로 좋은 일을 골고루 하고 성자들을 비방하지 않고 바른 견해를 지니고 정견업(正見業)을 지었다. 이들은 몸이 무너진 다음에는 좋은 곳[善處], 천상세계에 태어났다.'라고. 이와 같이 그는 청정하고 인간을 넘어선 신성한 눈으로 중생들이 죽고 태어나고, 천박하고 고상하고, 잘생기고 못생기고, 좋은 곳[善處]에 가고 나쁜 곳[惡處]에 가는 것을 보고, 중생들이 지은 바 그 업에 따라 가는 것을 꿰뚫어 압니다.

바라문이여, 이것을 일러 여래의 발자국이라고도 하고, 여래의 흔적이라고도 하며, 여래의 표시라고도 합니다. 그러나 성스러운 제자는 아직 '세존은 정등각자이시고, 법은 세존에 의해 잘 설해졌고, 세존의 제자들의 승가는 잘 도를 닦는다.'라는 이런 결론에는 도달하지 못합니다."

25. "그는 이와 같이 마음이 집중되고, 청정하고, 깨끗하고, 흠이 없고, 오염원이 사라지고, 부드럽고, 활발발하고, 안정되고, 흔들림이 없는 상태에 이르렀을 때 모든 번뇌를 소멸하는 지혜[漏盡通]로 마음을 향하게 합니다.

그는 '이것이 괴로움이다.'라고 있는 그대로 꿰뚫어 압니다. '이것이 괴로움의 일어남이다.'라고 있는 그대로 꿰뚫어 압니다. '이것이 괴로움의 소멸이다.'라고 있는 그대로 꿰뚫어 압니다. '이것이 괴로움의 소멸로 인도하는 도닦음이다.'라고 있는 그대로 꿰뚫어 압니다. '이것이 번뇌다.'라고 있는 그대로 꿰뚫어 압니다. '이것이 번뇌의 일어남이다.'라고 있는 그대로 꿰뚫어 압니다. '이것이 번뇌의 소멸이다.'라고 있는 그대로 꿰뚫어 압니다. '이것이 번뇌의 소멸로 인도하는 도닦음이다.'라고 있는 그대로 꿰뚫어 압니다.

바라문이여, 이것을 일러 여래의 발자국이라고도 하고, 여래의 흔적이라고도 하며, 여래의 표시라고도 합니다. 그러나 성스러운 제자는 아직 결론에 도달하지는 못했습니다. 그렇지만 이제 '세존은 정등각자이시고, 법은 세존에 의해 잘 설해졌고, 세존의 제자들의 승가는 잘 도를 닦는다.'라고 그 결론에 도달하게 됩니다."893)

26. "그가 이와 같이 알고 이와 같이 볼 때 그의 마음은 감각적 욕망에 기인한 번뇌에서 해탈합니다. 존재에 [184] 기인한 번뇌에서도 마음이 해탈합니다. 무명에 기인한 번뇌에서도 마음이 해탈합니다. 해탈했을 때 해탈했다는 지혜가 생깁니다. '태어남은 다했다. 청정범행은 성취되었다. 할 일을 다 해 마쳤다. 다시는 어떤 존재로도 돌아오지 않을 것이다.'라고 꿰뚫어 압니다.894)

바라문이여, 이것을 일러 여래의 발자국이라고도 하고, 여래의 흔적이라고도 하며, 여래의 표시라고도 합니다. 바라문이여, 이제야 성스러운 제자는 '세존은 정등각자이시고, 법은 세존에 의해 잘 설해졌고, 세존의 제자들의 승가는 잘 도를 닦는다.'라는 이런 결론에 도달했습니다.895) 바라문이여, 이것으로 마침내 코끼리 발자국의 비유는

---

893) "'그러나 성스러운 제자는 아직 이런 결론에 도달하지는 못했다(na tveva tāva ariyasāvako niṭṭhaṅgato hoti.).'는 것은 앞의 禪과 신통지들은 외도들(bāhirakā)과도 공통적(sādhāraṇā)이고, 또한 도의 순간(magga-kkhaṇa)에도 그 역할(kicca)을 완전히 끝내지 못했기 때문에 아직 결론에(niṭṭha) 이르지는 못했다는 말이다.
'그렇지만 이제 그 결론에 도달하게 된다(apica kho niṭṭhaṁ gacchati).'는 것은 도의 순간에, 마치 큰 코끼리를 본 코끼리 사냥꾼처럼, 정등각자이시고 세존이시라고 이런 측면(ākāra)에서 삼보에 결론을 짓게 된다는 뜻이다."(MA.ii.217)

894) 『맛지마 니까야』에 포함된 전체 152개의 경들 가운데서 삼명(숙명통, 천안통, 누진통)은 M4, M19, M27, M36, M39, M51, M53, M54, M60, M65, M71, M76, M79, M100, M101, M125의 16개 경 정도에 나타난다. 그리고 육통(신족통, 천이통, 타심통, 숙명통, 천안통, 누진통)은 M6, M12, M73, M77, M108, M119의 6개 경에 나타나는 것으로 보인다. 이들 가운데 삼명이 나타나는 13개 경의 누진통은 긴 누진통의 정형구로 나타나고, 그 나머지와 육통에 포함된 누진통은 짧은 누진통의 정형구로 되어 있다. 여기에 대해서는 본서 역자 서문 §8-(1)-2) 삼명-육통-8통과 누진통의 정형구를 참조하기 바란다.

895) "'이제야 성스러운 제자는 이런 결론에 도달했습니다(ettāvatā kho ariya-sāvako niṭṭhaṅgato hoti).'라는 것은 이와 같이 도의 순간에 결론을 지으

상세하게 완성된 것입니다."

27. 이렇게 말씀하시자 자눗소니 바라문은 세존께 이렇게 말씀드렸다.

"경이롭습니다, 고따마 존자시여. 경이롭습니다, 고따마 존자시여. 마치 넘어진 자를 일으켜 세우시듯, 덮여있는 것을 걷어내 보이시듯, [방향을] 잃어버린 자에게 길을 가리켜주시듯, 눈 있는 자 형상을 보라고 어둠 속에서 등불을 비춰주시듯, 고따마 존자께서는 여러 가지 방편으로 법을 설해주셨습니다. 저는 이제 고따마 존자께 귀의하옵고 법과 비구 승가에 귀의합니다. 고따마 존자께서는 저를 재가신자로 받아주소서. 오늘부터 목숨이 붙어 있는 그날까지 귀의하옵니다."

코끼리 발자국 비유의 짧은 경(M27)이 끝났다.

면서 아라한과의 순간(arahatta-phala-kkhaṇa)에 모든 형태의 역할을 끝내었기(pariyosita-sabba-kiccatā) 때문에 모든 측면(sabb-ākāra)에서 삼보에 결론(niṭṭha)을 짓게 되었다는 말이다."(MA.ii.217)

코끼리 발자국 비유의 긴 경

Mahā-hatthipadopama Sutta(M28)

1. 이와 같이 나는 들었다. 한때 세존께서는 사왓티에서 제따 숲의 아나타삔디까 원림(급고독원)에 머무셨다. 그때 사리뿟따 존자가 "비구들이여."라고 비구들을 불렀다. 그 비구들은 "도반이시여."라고 사리뿟따 존자에게 대답했다. 사리뿟따 존자는 이렇게 설했다.

2. "도반들이여, 예를 들면 움직이는 생명들의 발자국은 그 어떤 것이든 모두 코끼리 발자국 안에 놓이고, 또한 코끼리 발자국이야말로 그들 가운데 최상이라고 불리나니 그것은 큰 치수 때문입니다. 도반들이여, 유익한 법[善法]은 그 어떤 것이든 모두 네 가지 성스러운 진리[四聖諦]에 내포됩니다. 무엇이 넷인가요? 괴로움의 성스러운 진리, 괴로움의 [185] 일어남의 성스러운 진리, 괴로움의 소멸의 성스러운 진리, 괴로움의 소멸로 인도하는 도닦음의 성스러운 진리입니다."

3. "도반들이여, 무엇이 괴로움의 진리[苦聖諦]입니까?

태어남도 괴로움이고, 늙음도 괴로움이고, 죽음도 괴로움이고, 근심·탄식·육체적 고통·정신적 고통·절망도 괴로움이고, 원하는 것을 얻지 못하는 것도 괴로움입니다. 요컨대 취착의 [대상인] 다섯 가지 무더기[五取蘊][896]가 괴로움입니다."[897]

4. "도반들이여, 무엇이 취착의 [대상인] 다섯 가지 무더기[五取蘊]입니까?

그것은 취착의 [대상인] 물질의 무더기, 취착의 [대상인] 느낌의 무더기, 취착의 [대상인] 인식의 무더기, 취착의 [대상인] 심리현상들의 무더기, 취착의 [대상인] 알음알이의 무더기입니다."

5. "도반들이여, 무엇이 취착의 [대상인] 물질의 무더기입니까?

네 가지 근본물질[四大]과 그 근본물질에서 파생된 물질들[所造色][898]입니다. 도반들이여, 그러면 무엇이 네 가지 근본물질입니까?

---

896) 다섯 가지 무더기[五蘊]와 취착의 [대상인] 다섯 가지 무더기[五取蘊]의 차이점에 대해서는 『청정도론』 XIV(제14장) §214 이하를 참조하고, 『상윳따 니까야』 제3권 해제 §3 「무더기 상윳따」(S22)의 (7) 오온과 오취온의 차이와 중요 술어 몇 가지를 참조하거나, 『초기불교 이해』 159쪽 이하를 참조하기 바란다.

897) 일반적으로 경에서 괴로움은 사고팔고(四苦八苦)로 정의된다. 그래서 『상윳따 니까야』 제6권 「초전법륜경」(S56:11)등에서는 괴로움을 다음과 같이 정의한다.
"비구들이여, 이것이 괴로움의 성스러운 진리이다. 태어남도 괴로움이다. 늙음도 괴로움이다. 병도 괴로움이다. 죽음도 괴로움이다. 싫어하는 [대상]들과 만나는 것도 괴로움이다. 좋아하는 [대상]들과 헤어지는 것도 괴로움이다. 원하는 것을 얻지 못하는 것도 괴로움이다. 요컨대 취착의 대상인 다섯 가지 무더기[五取蘊]들 자체가 괴로움이다."(「초전법륜 경」(S56:11) §5)
위의 경문에서 보듯이 사고(四苦)는 생·노·병·사이다. 팔고(八苦)는 이 사고에다 애별리고(愛別離苦)와 원증회고(怨憎會苦)와 구부득고(求不得苦)와 오취온고(略 五陰盛苦)의 넷을 더한 것이다. 그런데 특이하게도 본경에서는 4고와 우비고뇌고와 구부득고와 오취온고의 셋을 더하여 모두 일곱 가지 괴로움(7고)이 나타나고 있다.

898) '근본물질'은 mahābhūta를 옮긴 것으로 본경에서 보듯이 지·수·화·풍의 네 가지 근본물질[四大]을 뜻한다. '파생된 물질[所造色]'은 Ee:upādā-

땅의 요소, 물의 요소, 불의 요소, 바람의 요소입니다."

땅의 요소

6. "도반들이여, 무엇이 땅의 요소[地界]입니까?

땅의 요소는 내적인 것과 외적인 것899)이 있습니다. 도반들이여, 그러면 무엇이 내적인 땅의 요소입니까? 몸 안에 있고 개개인에 속하고 딱딱하고 견고하고 업에서 생긴 것은 무엇이건 이를 일러 내적인 땅의 요소라 합니다. 예를 들면 머리털 · 몸털 · 손발톱 · 이 · 살갗 · 살 · 힘줄 · 뼈 · 골수 · 콩팥 · 염통 · 간 · 근막 · 지라 · 허파 · 창자 · 장간막 · 위 속의 음식 · 똥900)과 그 외에도 몸 안에 있고 개개인에 속하고 딱딱하고 견고하고 업에서 생긴 것은 무엇이건 이를 일러 내적인 땅의 요소라 합니다.

내적인 땅의 요소이든 외적인 땅의 요소이든 그것은 단지 땅의 요

---

rūpa Be:upādāya rūpa를 옮긴 것인데 upādā-rūpa는 아비담마에서 말하는 24가지 파생된 물질을 뜻하는 술어이기도 하다. 본경에서 말하는 파생된 물질이 아비담마에서 정리한 24가지 파생된 물질을 뜻하는지는 분명하지 않다.
이 구문은 본서 제2권 「소치는 사람의 긴 경」 (M33) §4와 제3권 「흔들림 없음에 적합한 길 경」 (M106) §4에도 나타나고 있다.
아비담마에서 설명하는 근본물질과 파생된 물질에 대해서는 『아비담마 길라잡이』 제6장 §2 이하를 참조할 것.

899) "본 [문단]에서 설해지고 있는 것이 '내적인 땅의 요소(ajjhattikā pathavī-dhātu)'이고 『위방가』 (分別論)에서 "철 구리 납 연석(ayo lohaṁ tipu sīsa)"이라는 방법으로 설하는 것이 '외적인 땅의 요소(bāhirā pathavī-dhātu)'이다."(MA.ii.223)

900) 여기서는 31가지 혹은 32가지 몸의 부분들 가운데 '지계[地界, paṭhavī-dhātu]'에 관계된 처음의 19가지만 언급되고 슬개즙 등의 나머지 12가지 분비물들은 다음 §11의 물의 요소[水界,apo-dhātu]에서 언급되고 있다. 31가지 혹은 32가지 몸의 부분들(dvattiṁs-ākārā 혹은 dvattiṁsa-koṭṭhāsā)에 대해서는 아래 §11의 주해를 참조할 것.

소일 뿐입니다. 이에 대해 '이것은 내 것이 아니다. 이것은 내가 아니다. 이것은 나의 자아가 아니다.'라고 있는 그대로[901] 바르게 통찰지로 보아야 합니다. 이와 같이 이것을 있는 그대로 바르게 통찰지로 보아 땅의 요소를 염오하고 마음이 땅의 요소에 대한 탐욕을 빛바래게 합니다[離慾]."

7. "도반들이여, 외적인 물의 요소[水界]가 교란되어 외적인 땅의 요소가 자취도 없이 사라져버리는 그런 때가 있습니다.[902] 도반들이여, 참으로 이 광대한 외적인 땅의 요소도 무상한 것으로 드러나고, 부서지기 마련인 것으로 드러나고, 소멸되기 마련인 것으로 드러나고, 변하기 마련인 것으로 드러나거늘, 하물며 갈애로 취착된, 하찮은[903] 이 몸뚱이를 두고 '나'라거나 '내 것'이라거나 '내가 있다.'라

---

901) "'있는 그대로(yathā-bhūtaṁ)'라는 것은 무상 등의 고유성질[自性]에 따라(aniccādi-sabhāvaṁ)라는 말이다. 이 땅의 요소의 본성은 무상, 고, 무아(anicca dukkha anatta)이다. 그러므로 '있는 그대로 본다.'는 것은 무상, 고, 무아라고 보아야 한다는 말이다."(MA.ii.224)

902) "'외적인 물의 요소(bāhirā apodhātu)'에 의해 '외적인 땅의 요소(bāhirā paṭhavī-dhātu)'가 파괴되는 것(vināsa)을 보이신 뒤에 업에서 생긴(upādinnā) 몸에 한정된 땅의 요소(sarīr-aṭṭhaka-pathavīdhātu)가 파괴되는 것을 보이기 위해서 이 말씀을 하셨다. 즉 물이 점점 불어나서 교란될 때 십만 꼬띠(십만×천만=1조)의 우주에 산 등의 모든 땅의 요소가 양잿물(khār-odaka)에 녹아(vilīyamānā) 물이 되어 사라진다, 녹아서 물이 되어버린다는 말이다."(MA.ii.224)
고대 인도의 우주관에 의하면 세계는 땅과 물과 바람에 의해서 주기적으로 파괴된다고 한다. 여기에 대해서는 『청정도론』 XIII.30~65를 참조할 것.

903) "'하찮은(mattaṭṭhaka)'이란 잠깐밖에 머물지 못한다는(paritta-ṭṭhitika) 말이다. 두 가지 측면에서 이 몸(kāya)은 잠깐밖에 머물지 못한다고 알아야 한다. 머무는 것이 잠깐인 것(ṭhiti-parittatā)과 본질 혹은 핵심이 잠깐인 것(sarasa-parittatā))이다.
여기서 "과거의 마음순간[心刹那, citta-kkhaṇa]에 머물렀던 것은 현재에 머물지 않고, 미래에도 머물지 않을 것이다(jīvittha, na jīvati, na jīvissati)."(Nd.i.42)라고 설하신 이것은 '머무는 것이 잠깐인 것'이다. "중생들은 들숨

고 할 수 있겠습니까? 이 몸뚱이에는 결코 그런 것이 없습니다."904)

8. "도반들이여, 만일 이 비구905)를 다른 이들이 욕하고 비난하고 꾸짖고 힐난하면 그 [비구]는 이렇게 꿰뚫어 압니다. '지금 나에게 귀의 감각접촉[耳觸]에서 생긴 괴로운 느낌이 일어났다. 이것은 조건으로 인해 생긴 것이고, 조건 없이 생긴 것이 아니다. 무엇을 조건했나? 감각접촉을 [186] 조건했다.'라고. 그리고 그는 '그 감각접촉은 실로 무상하다.'라고 보고, '느낌[受]은 무상하다.'라고 보고, '인식[想]은 무상하다.'라고 보고, '심리현상들[行]은 무상하다.'라고 보고, '알음알이[識]는 무상하다.'라고 봅니다. 요소를 대상으로 한906) 그의 마음은 [그 대상에] 깊이 들어가고 깨끗한 믿음을 가지고 확립하고 확신을 가지게 됩니다."907)

에 의지해 살고, 날숨에 의지해 살고, 들숨날숨에 의지해 살고, 근본물질에 의지해 살고, 덩어리진 음식에 의지해 살고, 알음알이에 의지해 산다."라고 설하신 이것은 본질이 잠깐인 것이다."(MA.ii.224~225)

904) "이 비구가 이런 세 가지 특상(tīṇi lakkhaṇāni)을 가지고 볼 때 이 내적인 땅의 요소에 대해 '나'라는 등의 세 가지 갈애와 자만과 사견에 붙들리지(taṇhā-māna-diṭṭhi-ggāha) 않는다. 마치 물의 요소에 의해 외적인 땅의 요소가 자취도 없이 사라지듯이, 불의 요소와 바람의 요소에 의해서도 외적인 땅의 요소가 사라진다. 여기서는 하나만 예를 들었지만 나머지도 뜻을 따라 그렇게 이해해야 한다."(MA.ii.225)

905) "이 비구란 요소(근본물질)를 명상주제로 삼은(dhātu-kammaṭṭhānika) 비구를 말한다."(MA.ii.225)

906) '요소를 대상으로 한 그의 마음'은 tassa dhāt-ārammaṇam eva cittaṁ을 옮긴 것이다. 주석서는 여기서 dhāt-ārammaṇam eva를 dhātu-saṅkhā-tam eva ārammaṇaṁ(요소라 불리는 그 대상)으로 풀이하고 있어서(MA.ii.225) 이렇게 옮겼다. 즉 그 땅의 요소를 대상으로 한 그의 마음은 그 요소의 대상에 깊이 들어간다는 말이다.

907) "'확신을 가지게 된다(adhimuccati).'는 것은 '이런 요소일 뿐이다.'라고 확신(adhimokkha)을 얻어 거기에 집착하지도 않고(na rajjati) 싫어하지도 않는다(na dussati)는 말이다."(MA.ii.225)

9. "도반들이여, 만일 이 비구를 다른 이들이 원하지 않고 좋아하지 않고 마음에 들지 않는 방법들인 주먹으로 공격하거나 흙덩이로 공격하거나 몽둥이로 공격하거나 칼로 공격하면 그 [비구]는 이와 같이 꿰뚫어 압니다. '이 몸은 지금 주먹으로 공격받고, 흙덩이로 공격받고, 몽둥이로 공격받고, 칼로 공격받는 그런 상태이다. 그런데 세존께서는 톱의 비유에서 이렇게 말씀하셨다. '비구들이여, 만일 양쪽에 날이 달린 톱으로 도둑이나 첩자가 사지를 마디마다 잘라낸다 하더라도 그들에 대해 마음을 더럽힌다면 그는 나의 가르침을 따르는 자가 아니다.'908)라고. 이제 내게는 불굴의 정진이 생길 것이고, 마음챙김이 확립되어 잊어버림이 없을 것이고, 몸이 경안하여 교란하지 않을 것이고, 마음이 집중되어 일념이 될 것이다. 그러니 주먹으로나 흙덩이로나 막대기로나 칼로 이 몸을 공격해오더라도 상관하지 말자. 이것이야말로 참으로 부처님들의 가르침을 따르는 것이니까.' 라고."

10. "도반들이여, 만일 그 비구가 이와 같이 부처님을 계속해서 생각하고[隨念], 이와 같이 법을 계속해서 생각하고, 이와 같이 승가를 계속해서 생각함에도 불구하고 유익함[善]에 바탕을 둔 평온이 확립되지 않으면, 그는 급박해져서 절박감에 사로잡힙니다. '내가 이와 같이 부처님을 계속해서 생각하고, 이와 같이 법을 계속해서 생각하고, 이와 같이 승가를 계속해서 생각함에도 불구하고 유익함에 바탕을 둔 평온이 확립되지 않다니, 이것은 참으로 내게 손실일 뿐 이득이 아니고, 불운일 뿐 행운이 아니다.'라고.

---

908) 이 말씀은 본서 「톱의 비유 경」(M21) §20에서 '톱의 비유(kakacūpama)'의 내용으로 나타나고 있다.

도반들이여, 마치 며느리가 시아버지를 보고 급박해져서 절박감에 사로잡히듯이 그와 같이 비구가 이와 같이 부처님을 계속해서 생각하고, 이와 같이 법을 계속해서 생각하고, 이와 같이 승가를 계속해서 생각함에도 불구하고 유익함에 바탕을 둔 평온이 확립되지 않으면, 그는 급박해져서 절박감에 사로잡힙니다. '내가 이와 같이 부처님을 계속해서 생각하고, 이와 같이 법을 계속해서 생각하고, 이와 같이 승가를 계속해서 생각함에도 불구하고 유익함에 바탕을 둔 평온이 확립되지 않다니, 이것은 참으로 내게 손실일 뿐 이득이 아니고, 불운일 뿐 행운이 아니다.'라고.

도반들이여, 만일 그 비구가 이와 같이 부처님을 계속해서 생각하고, 이와 같이 법을 계속해서 생각하고, 이와 같이 승가를 계속해서 생각하여 유익함에 바탕을 둔 평온이 확립되면 그는 [187] 그것으로 마음이 기뻐집니다. 도반들이여, 이렇게 될 때 비구는 많은 것을 행한 것이 됩니다."

물의 요소

11. "도반들이여, 무엇이 물의 요소[水界]입니까?

물의 요소는 내적인 것과 외적인 것이 있습니다. 도반들이여, 그러면 무엇이 내적인 물의 요소입니까? 몸 안에 있고 개개인에 속하는 물과 액체 상태로 된 것909)과 업에서 생긴 것은 무엇이건 이를 일러 내적인 물의 요소라 합니다. 예를 들면 쓸개즙·가래·고름·피·땀·굳기름·눈물·[피부의] 기름기·침·콧물·관절활액·오줌910)

---

909) '액체 상태로 된 것(āpo-gata)'에 대해서는 본서 제2권 「라훌라를 교계한 긴 경」(M62) §9의 주해를 참조할 것.

910) 여기서는 '물의 요소[水界, āpo-dhātu]'와 관계된 12가지 분비물이 언급되고 있다. 위 §6에서 나타난 "머리털·몸털·손발톱·이·살갗·살·힘

과 그 외에도 몸 안에 있고 개개인에 속하는 물과 액체 상태로 된 것과 업에서 생긴 것은 무엇이건 이를 일러 내적인 물의 요소라 합니다.

내적인 물의 요소이든 외적인 물의 요소이든 그것은 단지 물의 요소일 뿐입니다. 이에 대해 '이것은 내 것이 아니다. 이것은 내가 아니다. 이것은 나의 자아가 아니다.'라고 있는 그대로 바르게 통찰지로 보아야 합니다. 이와 같이 이것을 있는 그대로 바르게 통찰지로 보아 물의 요소를 염오하고 마음이 물의 요소에 대한 탐욕을 빛바래게 합니다."

줄・뼈・골수・콩팥・염통・간・근막・지라・허파・창자・장간막・위 속의 음식・똥"의 땅의 요소[地界, pathavi-dhātu]에 관계된 19가지에다 이 물의 요소에 관계된 이 12가지를 합하면 모두 31가지 몸의 부분들이 된다.

여기뿐만 아니라 『디가 니까야』 제2권 「대념처경」(D22), 본서 「염처경」(M10), 제4권 「몸에 대한 마음챙김 경」(M119 §7), 『앙굿따라 니까야』 제4권 「우다이 경」(A6:29), 『상윳따 니까야』 제4권 「바라드와자 경」(S35:127) 등의 니까야에도 모두 31가지가 나타나고 있다. 그러나 『쿳다까 니까야』 『쿳다까빠타』(Khp.2)와 『무애해도』(Ps.i.7)에는 맨 마지막인 똥(karīsa) 다음에 뇌(matthaluṅga)가 들어가서 32가지로 나타난다. 『청정도론』 VIII.44에는 "뇌를 골수(aṭṭhimiñjā)에 포함시켜 혐오를 마음에 잡도리함으로 32가지 명상주제를 설하셨다."라고 나타난다. 이렇게 하여 주석서 문헌에서는 모두 32가지 몸의 부분들(dvattiṁs-ākārā 혹은 dvattiṁsa-koṭ-ṭhāsā)로 정착이 되었다.

아무튼 본경에서 언급되고 있는 31가지 혹은 32가지 몸의 부분들은 『디가 니까야』 제2권 「대념처경」(大念處經, D22)에서는 혐오(paṭikūla)의 관점에서 설하셨고(『디가 니까야』 제3권 「확신경」(D28) §7의 주해 참조), 본경과 본서 제2권 「라훌라를 교계한 긴 경」(M62)과 제4권 「요소의 분석 경」(界分別經, M140)에서는 요소(dhātu)의 관점에서 설하셨다.

혐오의 관점에서 설한 것은 사마타의 명상주제가 되고(D28 §7의 주해 참조), 요소의 관점에서 설한 것은 위빳사나의 명상주제가 된다. 그래서 32가지 몸의 부분들을 마음에 잡도리하여 위빳사나를 증장시켜 아라한과를 얻는 수행 방법을 『청정도론』 제8장(VIII)에서는 사마타의 명상주제로, 제20장(XX)에서는 위빳사나의 명상주제로 상세하게 설명하고 있다.

12. "도반들이여, 외적인 물의 요소[水界]가 교란되는 그런 때가 있습니다. 그것은 마을을 휩쓸어가고 성읍을 휩쓸어가고 도시를 휩쓸어가고 지방을 휩쓸어가고 나라를 휩쓸어갑니다. 도반들이여, 그리고 망망대해에 백 요자나 정도의 물이 줄어들 때가 있습니다. 이백 요자나, 삼백 요자나, 사백 요자나, 오백 요자나, 육백 요자나, 칠백 요자나 정도의 물이 줄어들 때가 있습니다. 도반들이여, 망망대해에 일곱 그루의 야자수 키만큼 물이 깊을 때가 있습니다. 여섯 그루의 키만큼, 다섯 그루의 키만큼, 네 그루의 키만큼, 세 그루의 키만큼, 두 그루의 키만큼, 한 그루의 야자수 키만큼 물이 깊을 때가 있습니다. 도반들이여, 망망대해에 일곱 사람의 키만큼 물이 깊을 때가 있습니다. 여섯 사람의 키만큼, 다섯 사람의 키만큼, 네 사람의 키만큼, 세 사람의 키만큼, 두 사람의 키만큼, 한 사람의 키만큼 물이 깊을 때가 있습니다. 도반들이여, 망망대해에 사람 키의 반만큼 물이 있을 때가 있습니다. 허리 높이만큼, 무릎 높이만큼, 발목 높이만큼 물이 있을 때가 있습니다. 도반들이여, 망망대해에 손마디 하나를 적실만큼의 물도 없을 때가 있습니다.

도반들이여, 참으로 이 광대한 외적인 물의 요소도 [188] 무상한 것으로 드러나고, 부서지기 마련인 것으로 드러나고, 소멸되기 마련인 것으로 드러나고, 변하기 마련인 것으로 드러나거늘, 하물며 갈애로 취착된, 하찮은 이 몸뚱이를 두고 '나'라거나 '내 것'이라거나 '내가 있다.'라고 할 수 있겠습니까? 이 몸뚱이에는 결코 그런 것이 없습니다."

13. ~ 15. "도반들이여, 만일 이 비구를 다른 이들이 욕하고 비난하고 꾸짖고 힐난하면 그 [비구]는 이렇게 꿰뚫어 압니다. … <§§8~10> … 유익함에 바탕을 둔 평온이 확립되면 그는 그것으로 마음이

기뻐집니다. 도반들이여, 이렇게 될 때 비구는 많은 것을 행한 것이 됩니다."

불의 요소

16. "도반들이여, 무엇이 불의 요소[火界]입니까?

불의 요소는 내적인 것과 외적인 것이 있습니다. 도반들이여, 그러면 무엇이 내적인 불의 요소입니까? 몸 안에 있고 개개인에 속하는 불과 뜨거운 것과 업에서 생긴 것은 무엇이건 이를 일러 내적인 불의 요소라 합니다. 예를 들면 그것 때문에 따뜻해지고 늙고 타버린다거나 그것 때문에 먹고 마시고 씹고 맛본 것이 완전히 소화된다든지 하는 것입니다. 그 외에도 몸 안에 있고 개개인에 속하는 불과 뜨거운 것과 업에서 생긴 것은 무엇이건 이를 일러 내적인 불의 요소라 합니다.

내적인 불의 요소이든 외적인 불의 요소이든 그것은 단지 불의 요소일 뿐입니다. 이에 대해 '이것은 내 것이 아니다. 이것은 내가 아니다. 이것은 나의 자아가 아니다.'라고 있는 그대로 바르게 통찰지로 보아야 합니다. 이와 같이 이것을 있는 그대로 바르게 통찰지로 보아 불의 요소를 염오하고 마음이 불의 요소에 대한 탐욕을 빛바래게 합니다."

17. "도반들이여, 외적인 불의 요소[火界]가 교란이 되는 그런 시절이 있습니다. 그것은 마을을 태우고 성읍을 태우고 도시를 태우고 지방을 태우고 나라를 태웁니다. 도반들이여, 그것은 젖은 풀이나, 큰길이나, 바위나 물이나 확 트인 노지에 닿아 연료가 다하면 꺼집니다. 도반들이여, 닭의 깃털이나 가죽 부스러기를 문질러 불을 지피는 그런 때도 있을 것입니다.

도반들이여, 참으로 이 광대한 외적인 불의 요소도 무상한 것으로 드러나고, 부서지기 마련인 것으로 드러나고, 소멸되기 마련인 것으로 드러나고, 변하기 마련인 것으로 드러나거늘, 하물며 갈애로 취착된, 하찮은 이 몸뚱이를 두고 '나'라거나 '내 것'이라거나 '내가 있다.'라고 할 수 있겠습니까? 이 몸뚱이에는 결코 그런 것이 없습니다."

18. ~ *20.* "도반들이여, 만일 이 비구를 다른 이들이 욕하고 비난하고 꾸짖고 힐난하면 그 [비구]는 이렇게 꿰뚫어 압니다. … <§§8~10> … 유익함에 바탕을 둔 평온이 확립되면 그는 그것으로 마음이 기뻐집니다. 도반들이여, 이렇게 될 때 비구는 많은 것을 행한 것이 됩니다."

바람의 요소

21. "도반들이여, 무엇이 바람의 요소[風界]입니까?

바람의 요소는 내적인 것과 외적인 것이 있습니다. 도반들이여, 그러면 무엇이 내적인 바람의 요소입니까? 몸 안에 있고 개개인에 속하는 바람과 바람 기운과 업에서 생긴 것은 무엇이건 이를 일러 내적인 바람의 요소라 합니다. 예를 들면 올라가는 바람, 내려가는 바람, 복부에 있는 바람, 창자에 있는 바람, 온몸에 움직이는 바람, 들숨과 날숨입니다. 그 외에도 몸 안에 있고 개개인에 속하는 바람과 바람 기운과 업에서 생긴 것은 무엇이건 이를 일러 내적인 바람의 요소라 합니다.

내적인 바람의 요소이든 외적인 바람의 요소이든 그것은 단지 바람의 요소일 뿐입니다. 이에 대해 '이것은 내 것이 아니다. 이것은 내가 아니다. 이것은 나의 자아가 아니다.'라고 있는 그대로 바르게 통찰지로 보아야 합니다. 이와 같이 이것을 있는 그대로 바르게 통찰지로 보아 바람의 요소를 염오하고 마음이 바람의 요소에 대한 탐욕을 빛바래게 합니다."

22. "도반들이여, [189] 외부의 바람의 요소[風界]가 교란이 되는 그런 때가 있습니다. 그것은 마을을 휩쓸어가고 성읍을 휩쓸어가고 도시를 휩쓸어가고 지방을 휩쓸어가고 나라를 휩쓸어갑니다. 도반들이여, 여름의 마지막 달에 야자 잎사귀나 부채로 바람을 구하고, 초가지붕 끝자락의 물받이911)에 있는 지푸라기조차도 흔들리지 않는 그런 때도 있을 것입니다.

도반들이여, 참으로 이 광대한 외적인 바람의 요소도 무상한 것으로 드러나고, 부서지기 마련인 것으로 드러나고, 소멸되기 마련인 것으로 드러나고, 변하기 마련인 것으로 드러나거늘, 하물며 갈애로 취착된, 하찮은 이 몸뚱이를 두고 '나'라거나 '내 것'이라거나 '내가 있다.'라고 할 수 있겠습니까? 이 몸뚱이에는 결코 그런 것이 없습니다."

23. ~ 25. "도반들이여, 만일 이 비구를 다른 이들이 욕하고 비난하고 꾸짖고 힐난하면 그 [비구]는 이렇게 꿰뚫어 압니다. … <§§8~10> [190] … 유익함에 바탕을 둔 평온이 확립되면 그는 그것으로 마음이 기뻐집니다. 도반들이여, 이렇게 될 때 비구는 많은 것을 행한 것이 됩니다."

---

911) "'초가지붕 끝자락의 물받이'는 ossāvana를 옮긴 것이다. 주석서에서 "ossā-vana는 chadanagga(문자적으로는 초가지붕(chadana)의 끝자락(agga)이란 뜻)이다. 이것을 따라 물이 흐르기(udakaṁ savati) 때문에 ossāvana라 부른다."(MA.ii.229)라고 설명하고 있어서 초가지붕 끝자락의 물받이라고 풀어서 옮겼다.
ossāvana는 ud(위로)+√sru(*to flow*)에서 파생된 명사로 넘쳐흐름 등의 뜻으로 추측되는데, 넘쳐흐름이나 녹을 뜻하는 ussāva와 같은 어원으로 보인다. PED 등에는 나타나지 않는다.

26. "도반들이여, 마치 목재와 덩굴과 진흙과 짚으로 허공을 덮어서 '집'이라는 명칭이 생기는 것처럼 그와 같이 뼈와 신경과 살과 피부로 허공을 덮어서 '몸[色]'이라는 명칭이 생깁니다."

27. "도반들이여, 안으로 눈이 손상되지 않았지만[912] 밖에서 형색이[913] 눈의 영역에 들어오지 않고, 그곳으로 전향하는 마음[914]이 일어나지 않으면, 그것에 상응하는 알음알이는 일어나지 않습니다. 안으로 눈이 손상되지 않았고 밖에서 형색이 눈의 영역에 들어오더라도 그곳으로 전향하는 마음이 일어나지 않으면, 그것에 상응하는 알음알이는 일어나지 않습니다. 안으로 눈이 손상되지 않았고 밖에

---

912) "'눈이 손상되지 않았다(cakkhuṁ aparibhinnaṁ hoti).'는 것은 눈의 감성(cakkhu-pasāda)이 파괴되었거나 상처를 입거나 가래와 담즙에 의해 방해를 받으면 눈은 안식의 조건(paccaya)이 될 수 없기 때문에 손상된 것이라 한다. 그러나 안식의 조건이 되기에 적합한 것을 손상되지 않았다고 한다."(MA.ii.229)

913) "'밖에서 형색이'는 bāhirā rūpā(외적인 형색)을 풀어서 옮긴 것이다. 주석서는 "'외적인 형색(bāhirā rūpā)'이란 네 가지 원인인 [업, 마음, 온도, 음식에서] 생긴(catu-samuṭṭhānika) 외적인 물질을 말한다."(MA.ii.229)라고 설명하고 있다.
지금까지 초기불전연구원에서는 눈의 대상인 색(色, rūpa)을 대부분 '형상'으로 옮겼는데, 색깔의 의미가 빠진 번역이라서 『상윳따 니까야』 번역부터는 이 둘을 다 나타내는 '형색(形色)'으로 통일해서 옮기고 있음을 밝힌다. 중국에서는 물질의 의미든 형색의 의미든 모두 색(色)으로 통일해서 옮겼다.

914) "'그곳으로 전향하는 마음(tajjo samannāhāro)'이란 눈과 형색을 조건으로 바왕가(잠재의식)를 전환시킨 뒤에(bhavaṅgaṁ āvaṭṭetvā) 일어난 마음에 잡도리함(uppajjana-manasikāra)이다. 이것은 바왕가의 흐름을 끊어버리고 본격적인 인식단계로 접어드는 것으로, 눈의 문에서 일어난 단지 작용만 하는 마음의 요소인 [오문전향의] 마음(kiriya-manodhātu-citta)을 말한다."(MA.ii.229)
오문전향(pañca-dvār-āvajjana)은 『아비담마 길라잡이』 제3장 §8의 [해설] 3. (1)을 참조하고 오문인식과정은 같은 책 353쪽 이하에 상세하게 설명되어 있으니 참조할 것.

서 형색이 눈의 영역에 들어오고 그곳으로 전향하는 마음이 일어나기 때문에 그것에 상응하는 알음알이가 일어납니다."

28. "도반들이여, 이렇게 생긴 것 가운데서[915] 물질은 취착의 [대상인] 물질의 무더기[色取蘊]에 속합니다. 이렇게 생긴 것 가운데서 느낌은 취착의 [대상인] 느낌의 무더기[受取蘊]에 속합니다. 이렇게 생긴 것 가운데서 인식은 취착의 [대상인] 인식의 무더기[想取蘊]에 속합니다. 이렇게 생긴 것 가운데서 심리현상들[行]은 취착의 [대상인] 심리현상들의 무더기[行取蘊]에 속합니다. 이렇게 생긴 것 가운데서 알음알이는 취착의 [대상인] 알음알이의 무더기[識取蘊]에 속합니다. 그는 이와 같이 꿰뚫어 압니다. 이렇게 해서 취착의 [대상인] 다섯 가지 무더기[五取蘊]들의 모임, 적집, 더미가 만들어집니다.

도반들이여, 참으로 세존께서는 말씀하셨습니다. '연기(緣起)를 보는 자는 [191] 법을 보고, 법을 보는 자는 연기를 본다.'[916]라고. 취착

---

915) "'이렇게 생긴 것 가운데서(tathā-bhūtassa)'란 눈의 알음알이와 함께 생긴 것 가운데서(cakkhu-viññāṇena saha-bhūtassa), 눈의 알음알이를 가진 것 가운데서(cakkhu-viññāṇa-samaṅgino)라는 말이다.
그리고 여기서 '물질(rūpa)'이란 눈의 알음알이의 순간에는 아직 눈의 알음알이가 물질을 생성하지 않았기 때문에 세 가지 원인(네 가지 원인인 업, 마음, 온도, 영양분 가운데서 마음을 제외한 세 가지)에서 생긴 물질이고, 그 다음 마음순간(심찰나)부터는 네 가지 원인에서 생긴 것을 얻는다.
'느낌(vedanā)'은 항상 눈의 알음알이와 함께한 것이고, '알음알이(viññāṇa)'는 바로 눈의 알음알이이고, 여기서 '심리현상들[行, saṅkhārā]'은 오직 의도(cetanā)를 말한다."(MA.ii.230)

916) '연기(緣起)를 보는 자는 법을 보고, 법을 보는 자는 연기를 본다.'는 yo paṭiccasamuppādaṁ passati so dhammaṁ passati, yo dhammaṁ passati so paṭiccasamuppādaṁ passati를 옮긴 것이다. 그런데 우리에게 연기의 가르침을 대표한 구절로 잘 알려진 이 구문은 니까야뿐만 아니라 빠알리 삼장에서 본경의 이곳에서만 나타나는 것으로 검색이 된다. 주석서는 다음과 같이 간단하게 설명하고 있다.
"여기서 '연기(緣起)를 보는 자(yo paṭiccasamuppādaṁ passati)'란 조건

의 [대상인] 이 다섯 가지 무더기들은 조건 따라 생긴[緣起] 것입니다. 취착의 [대상인] 이 다섯 가지 무더기[五取蘊]들에 욕심내고 집착하고 친밀하고 탐착하는 것[917]은 괴로움의 일어남입니다. 취착의 [대상인] 이 다섯 가지 무더기[五取蘊]들에 대한 탐욕과 욕망을 제어하고 탐욕과 욕망을 제거하는 것이 괴로움의 소멸입니다. 도반들이여, 이렇게 될 때 비구는 많은 것을 행한 것이 됩니다."

29. ~ *30.* "도반들이여, 안으로 귀가 손상되지 않았지만 밖에서 소리가 귀의 영역에 들어오지 않고 … 이렇게 될 때 비구는 많은 것을 행한 것이 됩니다."

[緣, paccaya]을 보는 자란 말이고, '그는 법을 본다(so dhammaṁ passati).'는 것은 그는 조건 따라 생긴 법들(paṭiccasamuppanna-dhammā)을 본다는 말이다."(MA.ii.230)

여기서 중요한 것은 주석서는 이 문맥에서의 연기(緣起, paṭiccasamuppāda)를 조건[緣, paccaya]으로 설명하고 있다는 점이다. 초기불전과 아비담마에서 연기(緣起, 조건발생)와 연(緣, 조건, 상호의존)은 다른 개념이다. 연기는 [윤회의] 괴로움의 발생구조와 소멸구조를 밝히는 가르침으로 12연기로 대표된다. 조건[緣]은 제법의 상호의존(paṭṭhāna) 혹은 상호관계를 밝히는 것으로 상좌부에서는 24가지 조건[緣]으로, 설일체유부에서는 6인-4연-5과로, 유식에서는 10인-4연-5과로 설명하고 있다. 이처럼 연기(조건발생)와 연(조건, 상호의존)은 다른 개념이다.

그런데 본경의 주석서에서 '연기를 보는 자'에 나타나는 연기는 괴로움의 발생구조와 소멸구조를 설하는 12연기로 대표되는 연기(조건발생)가 아니라 24연이나 6인-4연-5과나 10인-4연-5과로 설명되는 조건[緣]을 보는 자로 설명하고 있어서 음미해봐야 할 것이다.

연기(緣起)에 대해서는 본서 제2권 「갈애 멸진의 긴 경」(M38) §17과 §19의 주해와 제3권 「사꿀루다이 짧은 경」(M79) §7의 주해와 『초기불교 이해』 230~231도 참조할 것.

917) "'욕심내고 집착하고 친밀하고 탐착하는(chando ālayo anunayo ajjhosānaṁ)'이란 것은 모두 갈애(taṇhā)를 두고 한 말이다. 왜냐하면 갈애가 욕심낸다는 측면에서는 욕심이고, 집착한다는 측면에서는 집착이고, 나머지도 그와 같기 때문이다."(MA.ii.230)

31. ~ *32.* "도반들이여, 안으로 코가 손상되지 않았지만 밖에서 냄새가 코의 영역에 들어오지 않고 … 이렇게 될 때 비구는 많은 것을 행한 것이 됩니다."

33. ~ *34.* "도반들이여, 안으로 혀가 손상되지 않았지만 밖에서 맛이 혀의 영역에 들어오지 않고 … 이렇게 될 때 비구는 많은 것을 행한 것이 됩니다."

35. ~ *36.* "도반들이여, 안으로 몸이 손상되지 않았지만 밖에서 촉감이 신체의 영역에 들어오지 않고 … 이렇게 될 때 비구는 많은 것을 행한 것이 됩니다."

37. "도반들이여, 안으로 마노[意][918]가 손상되지 않았지만 밖에서 법들이 마노의 영역에 들어오지 않고 그곳으로 전향하는 마음이 일어나지 않으면, 그것에 상응하는 알음알이는 일어나지 않습니다. 안으로 마노가 손상되지 않았고 밖에서 법들이 마노의 영역에 들어오더라도 그곳으로 전향하는 마음이 일어나지 않으면, 그것에 상응하는 알음알이는 일어나지 않습니다. 안으로 마노가 손상되지 않았고 밖에서 법들이 마노의 영역에 들어오고 그곳으로 전향하는 마음이 일어나기 때문에 그것에 상응하는 알음알이가 일어납니다."

38. "도반들이여, 이렇게 생긴 것 가운데서 물질은 취착의 [대상인] 물질의 무더기에 속합니다. 이렇게 생긴 것 가운데서 느낌은 취착의 [대상인] 느낌의 무더기에 속합니다. 이렇게 생긴 것 가운데서 인식은 취착의 [대상인] 인식의 무더기에 속합니다. 이렇게 생긴 것

918) "여기서 '마노[意, mano]'는 바왕가의 마음(잠재의식)을 말한다."(MA.ii.230)

가운데서 심리현상들[行]은 취착의 [대상인] 심리현상들의 무더기에 속합니다. 이렇게 생긴 것 가운데서 알음알이는 취착의 [대상인] 알음알이의 무더기에 속합니다.[919] 그는 이와 같이 꿰뚫어 압니다. 이렇게 해서 취착의 [대상인] 다섯 가지 무더기들의 모임, 적집, 더미가 만들어집니다.

도반들이여, 참으로 세존께서는 말씀하셨습니다. '연기를 보는 자는 법을 보고, 법을 보는 자는 연기를 본다.'라고. 취착의 [대상인] 이 다섯 가지 무더기들은 조건 따라 생긴 것입니다. 취착의 [대상인] 이 다섯 가지 무더기들에 욕심내고 집착하고 친밀하고 탐착하는 것은 괴로움의 일어남입니다. 취착의 [대상인] 이 다섯 가지 무더기들에 대한 탐욕과 욕망을 제어하고 탐욕과 욕망을 제거하는 것이 괴로움의 소멸입니다. 도반들이여, 이렇게 될 때 비구는 많은 것을 행한 것이 됩니다."

사리뿟따 존자는 이와 같이 설했다. 그 비구들은 흡족한 마음으로 사리뿟따 존자의 설법을 크게 기뻐했다.

코끼리 발자국 비유의 긴 경(M28)이 끝났다.

---

919) "이 마노의 문[意門, mano-dvāra]의 경우에서는 물질은 네 가지 원인에서 생긴 것을 얻는다. 마노의 알음알이가 물질을 일으키기 때문이다. 느낌 등은 마노의 알음알이와 함께한 것이고, 알음알이는 바로 마노의 알음알이이다. 그러나 여기서의 심리현상들[行]은 오직 감각접촉과 의도(phassa-cetanā)를 말한다."(MA.ii.230~231)

심재 비유의 긴 경

Mahā-sāropama Sutta(M29)

1. 이와 같이 나는 들었다. [192] 한때 세존께서는 라자가하[920]의 독수리봉 산[921]에 머무셨다. 그때가 데와닷따[922]가 [교단을] 떠난 지 얼마 되지 않았을 때였는데,[923] 세존께서는 데와닷따에 관해

---

920) 라자가하(Rājagaha)는 부처님 시대에 인도 중원의 16국 가운데서 꼬살라(Kosala)와 더불어 가장 강성했던 나라인 마가다(Magadha)의 수도였다. 빔비사라(Bimbisāra) 왕과 그의 아들 아자따삿뚜(Ajātasattu)가 부처님 재세 시에 이곳의 왕위에 있었다. 중국에서 왕사성(王舍城)으로 옮겨져서 우리에게도 익숙한 지명이며, 지금도 전세계 불교도들의 순례 행렬이 끊이지 않고 있다.

921) '독수리봉 산'은 Gijjhakūṭa pabbata를 직역한 것이다. 주석서에서는 "독수리(gijjha)들이 그곳의 봉우리(kūṭa)들에 살았다고 해서, 혹은 그곳의 봉우리가 독수리를 닮았다고 해서 독수리봉이다."(DA.ii.516)라고 설명하고 있다. 독수리봉은 라자가하를 에워싸고 있는 다섯 봉우리 가운데 하나이다. 독수리봉으로 올라가는 기슭에는 데와닷따가 부처님을 시해하려고 바위를 굴렸던 곳이 있으며(Vin.ii.193 등) 이곳에서 설하신 경들이 다수 전해 온다. 지금도 세계에서 많은 불자들이 성지순례를 하는 곳이다. 특히『법화경』이 설해진 곳이라 하여 대승불교권에서 신성시 하고 있다. 실제로 가보면 날개를 접은 독수리 모양을 한 바위가 있다.

922) 데와닷따(Devadatta)에 대해서는 본서 제2권「아바야 왕자 경」(M58) §3의 주해를 참조할 것.

비구들에게 말씀하셨다.

2. "비구들이여, 여기서 어떤 좋은 가문의 아들들은 다음과 같이 생각하면서 믿음으로 집을 나와 출가한다.

'나는 태어남과 늙음과 죽음과 근심·탄식·육체적 고통·정신적 고통·절망에 짓눌렸다. 괴로움에 짓눌렸다. 괴로움에 압도되었다. 이제 참으로 이 전체 괴로움의 무더기[924]의 끝을 꿰뚫어 알아야겠다.'

그는 이와 같이 출가하여 이득과 존경과 명성[925]을 얻게 된다. 그는 그 이득과 존경과 명성을 얻어 마음으로 흡족해하고 이제 그의 의도하는 바는 성취되었다. 그는 이 이득과 존경과 명성으로 자신을 칭

---

923) "'[교단을] 떠난 지 얼마 되지 않았을 때(acirapakkante)'란 부처님 몸에 피를 내는 업(ruhir-uppāda-kamma)을 지은 뒤 얼마 되지 않아서 혼자 고립(pāṭiyekka)되었을 때를 말한다."(MA.ii.230~231)
세존께서 데와닷따가 굴린 바위의 파편에 발을 다치신 일화는 『상윳따 니까야』 제1권 「돌조각 경」(S1:38)에 나타나고 있다. 『율장』에 의하면 그는 부처님이 연로해지시자 부처님께 가서 교단의 지도자의 위치를 그에게 물려줄 것을 요청하고 부처님께서는 그를 꾸짖으신다.(Vin.ii.188; M.i.393) 화가 난 데와닷따는 보복하겠다고 맹세한다. 그때쯤 그는 아자따삿뚜를 선동하여 그의 아버지 빔비사라 왕을 시해하게 하고, 자신은 부처님을 시해할 계획을 세우게 된다. 그는 독수리봉 산의 비탈길에서 바위를 떨어뜨려 부처님 발에 피가 흐르게 하였으며, 술 취한 코끼리를 내몰아 부처님을 시해하려했으나 코끼리가 부처님의 자애의 힘 때문에 유순해져서 실패로 돌아가고 만다. 이러한 소식을 들은 신도들은 그를 배척하였으며 그의 악명은 아주 높아졌다. 데와닷따(Devadatta)의 이러한 일화는 『율장』의 『소품』(Vin.ii.180~203)과 『법구경 주석서』(DhpA.i.133~149)에 상세하게 언급되어 있다. 『상윳따 니까야』 제2권 「분열 경」(S17:31)의 주해도 참조할 것.

924) "'전체 괴로움의 무더기(kevala dukkha-kkhandha)'란 태어남·늙음·죽음·근심·탄식·육체적 고통·정신적 고통·절망(jāti-jarā-maraṇa-soka-parideva-dukkha-domanass-upāyāsa) 등으로 분류되는 전체(sa-kala) 괴로움의 더미(dukkha-rāsi)를 말한다."(DA.ii.460)

925) "'이득(lābha)'이란 네 가지 필수품(cattāro paccayā)을 말하고, '존경(sak-kāra)'이란 그것을 쉽게 얻는 것(sukata-bhāva)을 말하고, '명성(siloka)'은 칭송을 얻는 것(vaṇṇa-bhaṇana)을 말한다."(MA.ii.231)

송하고 남을 비난한다.

'나는 이득과 존경과 명성을 가졌다. 그러나 저 다른 비구들은 잘 알려지지 않았고 신도들도 적다.'926)

그는 이런 이득과 존경과 명성에 취하고 방일하여 방일함에 빠진다. 방일해서는 괴로움 속에 머문다.

비구들이여, 예를 들면 심재가 필요하고 심재를 찾는 사람이 심재를 찾아 이리저리 다니다가, 심재를 가지고 튼튼하게 서 있는 큰 나무의 심재를 지나치고 겉재목[白木質]을 지나치고 속껍질을 지나치고 겉껍질을 지나쳐서 잔가지와 잎사귀를 잘라 심재라 생각하고 돌아간다고 하자. 눈 있는 사람은 이를 보고 이렇게 말할 것이다.

'참으로 이 양반은 심재를 모르고, 겉재목도 모르고, 속껍질도 모르고, 겉껍질도 모르고, 잔가지와 잎사귀도 잘 모른다. 그리하여 이 양반은 심재가 필요하고 심재를 찾고 심재를 찾아 이리저리 다니지만, 심재를 가지고 튼튼하게 서 있는 큰 나무의 심재를 지나치고 겉재목을 지나치고 속껍질을 지나치고 겉껍질을 지나쳐서 잔가지와 잎사귀를 잘라 심재라 생각하고 돌아가는구나.'

비구들이여, 그와 같이 여기서 어떤 좋은 가문의 아들들은 다음과 같이 생각하면서 믿음으로 집을 나와 출가한다. … [193] … 그는 이런 이득과 존경과 명성에 취하고 방일하여 방일함에 빠진다. 방일해서는 괴로움 속에 머문다. 비구들이여, 이를 일러 비구가 청정범행의 잔가지와 잎사귀를 붙잡고는 그것으로 끝나버렸다고 한다."

3. "비구들이여, 여기서 어떤 좋은 가문의 아들들은 다음과 같

926) '신도들이 적다.'는 appesakkhā를 옮긴 것인데, 주석서에서 appa-parivārā(따르는 이들이 적다)의 뜻이라고 설명하고 있어(MA.ii.231) 이렇게 옮겼다.

이 생각하면서 믿음으로 집을 나와 출가한다.

'나는 태어남과 늙음과 죽음과 근심 · 탄식 · 육체적 고통 · 정신적 고통 · 절망에 짓눌렸다. 괴로움에 짓눌렸다. 괴로움에 압도되었다. 이제 참으로 이 전체 괴로움의 무더기의 끝을 꿰뚫어 알아야겠다.'

그는 이와 같이 출가하여 이득과 존경과 명성을 얻게 된다. 그는 그 이득과 존경과 명성을 얻더라도 마음으로 흡족해하지 않는다. 아직 그는 목적을 달성하지 못했다. 그는 이 이득과 존경과 명성으로 자신을 칭송하지 않고 남을 비난하지 않는다. 그는 이런 이득과 존경과 명성에 취하지 않고 방일하지 않아서 방일함에 빠지지 않는다. 방일하지 않아서 계의 구족을 성취한다.

그는 그 계의 구족을 성취하여 마음으로 흡족해하고 이제 그의 의도하는 바는 성취되었다. 그는 이 계의 구족으로 자신을 칭송하고 남을 비난한다.

'나는 계를 구족한 자이며 좋은 법을 가졌다. 그러나 저 다른 비구들은 계행이 나쁘고 삿된 법을 가졌다.'

그는 이런 계의 구족에 취하고 방일하여 방일함에 빠진다. 방일해서는 괴로움 속에 머문다.

비구들이여, 예를 들면 심재가 필요하고 심재를 찾는 사람이 심재를 찾아 이리저리 다니다가, 심재를 가지고 튼튼하게 서 있는 큰 나무의 심재를 지나치고 겉재목[白木質]을 지나치고 속껍질을 지나쳐서 겉껍질을 잘라 심재라 생각하고 돌아간다고 하자. 눈 있는 사람은 이를 보고 이렇게 말할 것이다.

'참으로 이 양반은 심재를 모르고, 겉재목도 모르고, 속껍질도 모르고, 겉껍질도 모르고, 잔가지와 잎사귀도 잘 모른다. 그리하여 이 양반은 심재가 필요하고 심재를 찾고 심재를 찾아 이리저리 다니지만, 심재를 가지고 튼튼하게 서 있는 큰 나무의 심재를 지나치고 겉재목을 지나치고 속껍질을 지나쳐서 겉껍질을 잘라 심재라 생각하고 돌아가는구나.'

비구들이여, 그와 같이 여기서 어떤 좋은 가문의 아들들은 다음과 같이 생각하면서 믿음으로 집을 나와 출가한다. … 그는 이런 계의 구족에 취하고 방일하여 방일함에 빠진다. 방일해서는 괴로움 속에 머문다. 비구들이여, [194] 이를 일러 비구가 청정범행의 겉껍질을 붙잡고는 그것으로 끝나버렸다고 한다."

4. "비구들이여, 여기서 어떤 좋은 가문의 아들들은 다음과 같이 생각하면서 믿음으로 집을 나와 출가한다.

'나는 태어남과 늙음과 죽음과 근심·탄식·육체적 고통·정신적 고통·절망에 짓눌렸다. 괴로움에 짓눌렸다. 괴로움에 압도되었다. 이제 참으로 이 전체 괴로움의 무더기의 끝을 꿰뚫어 알아야겠다.'

그는 이와 같이 출가하여 이득과 존경과 명성을 얻게 된다. 그는 그 이득과 존경과 명성을 얻더라도 마음으로 흡족해하지 않는다. 아직 그는 목적을 달성하지 못했다. 그는 그 이득과 존경과 명성으로 자신을 칭송하지 않고 남을 비난하지 않는다. 그는 이런 이득과 존경과 명성에 취하지 않고 방일하지 않아서 방일함에 빠지지 않는다. 방일하지 않아서 계의 구족을 성취한다.

그는 계의 구족을 성취하여 마음이 흡족하지만 아직 그의 의도하는 바가 성취되지 않았다. 그는 계의 구족으로 자신을 칭송하지 않고 남을 비난하지 않는다. 그는 이런 계의 구족에 취하지 않고 방일하지 않아서 방일함에 빠지지 않는다. 방일하지 않아서 삼매의 구족을 성취한다.

그는 그 삼매의 구족을 성취하여 마음으로 흡족해하고 이제 그의 의도하는 바는 성취되었다. 그는 이 삼매의 구족으로 자신을 칭송하고 남을 비난한다.

'나는 삼매에 들고 마음이 전일하다. 그러나 저 다른 비구들은 삼매에 들지 못하고 마음이 산란하다.'

그는 이런 삼매의 구족에 취하고 방일하여 방일함에 빠진다. 방일해서는 괴로움 속에 머문다.

비구들이여, 예를 들면 심재가 필요하고 심재를 찾는 사람이 심재를 찾아 이리저리 다니다가, 심재를 가지고 튼튼하게 서 있는 큰 나무의 심재를 지나치고 겉재목을 지나쳐서 속껍질을 잘라 심재라 생각하고 돌아간다고 하자. 눈 있는 사람은 이를 보고 이렇게 말할 것이다.

'참으로 이 양반은 심재를 모르고, 겉재목도 모르고, 속껍질도 모르고, 겉껍질도 모르고, 잔가지와 잎사귀도 잘 모른다. 그리하여 이 양반은 심재가 필요하고 심재를 찾고 심재를 찾아 이리저리 다니지만, 심재를 가지고 튼튼하게 서 있는 큰 나무의 심재를 지나치고 겉재목을 지나쳐서 속껍질을 잘라 심재라 생각하고 돌아가는구나.'

비구들이여, 그와 같이 여기서 어떤 좋은 가문의 아들들은 믿음으로 집을 나와 출가한다. … 그는 이런 삼매의 구족에 취하고 방일하여 방일함에 빠진다. 방일해서는 괴로움 속에 머문다. 비구들이여, [195] 이를 일러 비구가 청정범행의 속껍질을 붙잡고는 그것으로 끝나버렸다고 한다."

5. "비구들이여, 여기서 어떤 좋은 가문의 아들들은 다음과 같이 생각하면서 믿음으로 집을 나와 출가한다.

'나는 태어남과 늙음과 죽음과 근심·탄식·육체적 고통·정신적 고통·절망에 짓눌렸다. 괴로움에 짓눌렸다. 괴로움에 압도되었다.

이제 참으로 이 전체 괴로움의 무더기의 끝을 꿰뚫어 알아야겠다.'

그는 이와 같이 출가하여 이득과 존경과 명성을 얻게 된다. 그는 그 이득과 존경과 명성을 얻더라도 마음으로 흡족해하지 않는다. 아직 그는 목적을 달성하지 못했다. 그는 이 이득과 존경과 명성으로 자신을 칭송하지 않고 남을 비난하지 않는다. 그는 이런 이득과 존경과 명성에 취하지 않고 방일하지 않아서 방일함에 빠지지 않는다. 방일하지 않아서 계의 구족을 성취한다.

그는 계의 구족을 성취하여 마음이 흡족하지만 아직 그의 의도하는 바가 성취되지 않았다. 그는 계의 구족으로 자신을 칭송하지 않고 남을 비난하지 않는다. 그는 이런 계의 구족에 취하지 않고 방일하지 않아서 방일함에 빠지지 않는다. 방일하지 않아서 삼매의 구족을 성취한다.

그는 삼매의 구족을 성취하여 마음이 흡족하지만 아직 그의 의도하는 바가 성취되지 않았다. 그는 삼매의 구족으로 자신을 칭송하지 않고 남을 비난하지 않는다. 그는 이런 삼매의 구족에 취하지 않고 방일하지 않아서 방일함에 빠지지 않는다. 방일하지 않아서 지와 견의 구족을 성취한다.[927)]

---

927) 니까야에서 '지와 견(知見, ñāṇa-dassana)'은 다양한 문맥에서 나타나고 있다. 주석서는 "신성한 눈[天眼]의 지혜, 위빳사나의 지혜, 도의 지혜, 과의 지혜, 반조의 지혜(paccavekkhaṇa-ñāṇa)가 지와 견의 동의어이다."(AA.i.58)라고 설명하여 지와 견의 의미를 크게 다섯 가지 정도로 분류하고 있다. MA.ii.21~22에서는 일체지(sabbaññuta-ññāṇa)도 포함시키고 있다. 여기에 대해서는 본서 「사자후의 긴 경」(M12) §2의 주해 등을 참조할 것. 본경에 해당하는 주석서는 본경에서의 지와 견은 이 가운데 신성한 눈의 지혜 즉 천안통을 뜻한다고 설명한다. 주석서는 이렇게 설명한다.

"데와닷따(Devadatta)는 다섯 가지 신통지(abhiññā)를 갖추었다. 천안통(dibba-cakkhu)은 다섯 가지 신통 가운데 최고였는데, 그것을 두고 본경에서는 지와 견[知見, ñāṇa-dassana]이라 했다."(MA.ii.231)

그는 그 지와 견의 구족을 성취하여 마음으로 흡족해하고 이제 그의 의도하는 바는 성취되었다. 그는 이런 지와 견의 구족으로 자신을 칭송하고 남을 비난한다.

'나는 알고 보면서 머문다. 그러나 저 다른 비구들은 알지도 못하고 보지도 못하며 머문다.'

그는 이런 지와 견의 구족에 취하고 방일하여 방일함에 빠진다. 방일해서는 괴로움 속에 머문다.

비구들이여, 예를 들면 심재가 필요하고 심재를 찾는 사람이 심재를 찾아 이리저리 다니다가, 심재를 가지고 튼튼하게 서 있는 큰 나무의 심재를 지나쳐서 겉재목을 잘라 심재라 생각하고 돌아간다고 하자. 눈 있는 사람은 이를 보고 이렇게 말할 것이다.

'참으로 이 양반은 심재를 모르고, 겉재목도 모르고, 속껍질도 모르고, 겉껍질도 모르고, 잔가지와 잎사귀도 잘 모른다. 그리하여 이 양반은 심재가 필요하고 심재를 찾고 심재를 찾아 이리저리 다니지만, 심재를 가지고 튼튼하게 서 있는 큰 나무의 심재를 지나쳐서 겉재목을 잘라 심재라 생각하고 돌아가는구나.'

비구들이여, [196] 그와 같이 여기서 어떤 좋은 가문의 아들들은 다음과 같이 생각하면서 믿음으로 집을 나와 출가한다. … 그는 이런 지와 견의 구족에 취하고 방일하여 방일함에 빠진다. 방일해서는 괴로움 속에 머문다. 비구들이여, 이를 일러 비구가 청정범행의 겉재목을 붙잡고는 그것으로 끝나버렸다고 한다."

6. "비구들이여, 여기서 어떤 좋은 가문의 아들들은 다음과 같이 생각하면서 믿음으로 집을 나와 출가한다.

'나는 태어남과 늙음과 죽음과 근심 · 탄식 · 육체적 고통 · 정신적 고통 · 절망에 짓눌렸다. 괴로움에 짓눌렸다. 괴로움에 압도되었다.

이제 참으로 이 전체 괴로움의 무더기의 끝을 꿰뚫어 알아야겠다.'

그는 이와 같이 출가하여 이득과 존경과 명성을 얻게 된다. 그는 그 이득과 존경과 명성을 얻더라도 마음으로 흡족해하지 않는다. 아직 그는 목적을 달성하지 못했다. 그는 이 이득과 존경과 명성으로 자신을 칭송하지 않고 남을 비난하지 않는다. 그는 이런 이득과 존경과 명성에 취하지 않고 방일하지 않아서 방일함에 빠지지 않는다. 방일하지 않아서 계의 구족을 성취한다.

그는 계의 구족을 성취하여 마음이 흡족하지만 아직 그의 의도하는 바가 성취되지 않았다. 그는 계의 구족으로 자신을 칭송하지 않고 남을 비난하지 않는다. 그는 이런 계의 구족에 취하지 않고 방일하지 않아서 방일함에 빠지지 않는다. 방일하지 않아서 삼매의 구족을 성취한다.

그는 삼매의 구족을 성취하여 마음이 흡족하지만 아직 그의 의도하는 바가 성취되지 않았다. 그는 삼매의 구족으로 자신을 칭송하지 않고 남을 비난하지 않는다. 그는 이런 삼매의 구족에 취하지 않고 방일하지 않아서 방일함에 빠지지 않는다. 방일하지 않아서 지와 견의 구족을 성취한다.

그는 지와 견의 구족으로 자신을 칭송하지 않고 남을 비난하지 않는다. 그는 이런 지와 견의 구족에 취하지 않고 방일하지 않아서 방일함에 빠지지 않는다. 방일하지 않아서 일시적이지 않은 [완전한] 해탈[928]을 성취한다. 비구들이여, 그 비구가 일시적이지 않은 [완전

928) "'일시적이지 않은 해탈(asamaya-vimutti)'이라고 하셨다. 『무애해도』에서 "무엇이 '일시적이지 않은 [완전한] 해탈'인가? 네 가지 성스러운 도와 네 가지 사문의 결실(cattāri sāmaññaphalāni, 예류과부터 아라한과까지)과 열반을 일시적이지 않은 [완전한] 해탈이라 한다."(Ps.ii.40)라고 설하신 아홉 가지 출세간법(nava-lokuttara-dhamma)을 '일시적이지 않은(완전한) 해탈'이라 한다.

한] 해탈에서 타락한다는 것은 있을 수 없다.

비구들이여, 예를 들면 심재가 필요하고 심재를 찾는 사람이 심재를 찾아 이리저리 다니다가, 심재를 [197] 가지고 튼튼하게 서 있는 큰 나무의 심재를 잘라 심재라 생각하고 돌아간다고 하자. 눈 있는 사람은 이를 보고 이렇게 말할 것이다.

'참으로 이 양반은 심재를 알고, 겉재목도 알고, 속껍질도 알고, 겉껍질도 알고, 잔가지와 잎사귀도 잘 안다. 그래서 이 양반은 심재가 필요하고 심재를 찾고 심재를 찾아 이리저리 다니다가, 심재를 가지고 튼튼하게 서 있는 큰 나무의 심재를 잘라 심재라 생각하고 돌아가는구나.'

비구들이여, 그와 같이 여기서 어떤 좋은 가문의 아들들은 다음과 같이 생각하면서 믿음으로 집을 나와 출가한다. … 그는 이런 지와 견의 구족에 취하지 않고 방일하지 않아서 방일함에 빠지지 않는다. 방일하지 않아서 일시적이지 않은 [완전한] 해탈을 성취한다. 비구들이여, 그 비구가 일시적이지 않은 [완전한] 해탈에서 타락한다는 것

그러나 세간적인 증득(lokiya-samāpatti)은 본삼매에 들어있는 순간(appit-appita-kkhaṇa)에만 반대되는 법들(paccanīka-dhammā)에서 해탈하기(vimuccanti) 때문에 '일시적인 해탈(samaya-vimokkha)'이라 한다. 그래서 『무애해도』는 "무엇이 일시적인 해탈인가? 네 가지 禪과 네 가지 무색계 증득을 일시적인 해탈이라 한다."(PS.ii.40)라고 설하고 있다.
그러나 출세간법은 때때로(kālena kālaṁ) 해탈하는 것이 아니다. 한번 해탈한 도와 과는 반드시 해탈한 것(vimuttāneva)이고 열반은 모든 오염원들에서 전적으로(accantaṁ) 해탈했기 때문에 이 아홉 가지 법을 일시적이지 않은 [완전한] 해탈이라 부른다."(MA.ii.232)
'일시적인 해탈(samaya-vimokkha)'과 '일시적이지 않은 해탈(asamaya-vimutti)'에 대해서는 본서 제4권 「공(空)에 대한 긴 경」(M122) §4와 이에 대한 주해를 참조할 것. 그리고 일시적인 해탈(samaya-vimokkha)에 대해서는 『앙굿따라 니까야』 제3권 「일시적 해탈 경」 1/2(A5:149~150)와 이에 대한 주해와 『상윳따 니까야』 제1권 「고디까 경」(S4:23) §2와 이에 대한 주해를 참조할 것.

은 있을 수 없다."

7. "비구들이여, 이처럼 청정범행은 이런 이득과 존경과 명성을 공덕으로 삼지 않는다. 계의 구족을 공덕으로 삼지 않고, 삼매의 구족을 공덕으로 삼지 않고, 지와 견의 구족을 공덕으로 삼지 않는다. 비구들이여, 이 확고부동한 마음의 해탈929)이야말로 청정범행의 목적이고 청정범행의 심재이고, 청정범행의 완결이다."

세존께서는 이와 같이 설하셨다. 그 비구들은 흡족한 마음으로 세존의 말씀을 크게 기뻐했다.

심재 비유의 긴 경(M29)이 끝났다.

---

929) "'확고부동한 마음의 해탈(akuppā cetovinutti)'은 아라한과의 해탈(arahatta-phala-vimutti)을 말한다. '청정범행(brahma-cariya)'은 아라한과를 '목적(attha)'으로 한다. 이 아라한과가 청정범행의 '심재(sāra)'요, 이 아라한과가 청정범행의 '완결(pariyosāna)'이다. 이것이 절정(koṭi)이고 이보다 더 얻어야 할 것이 없다는 말이다."(MA.ii.232)
본서 「성스러운 구함 경」(M26) §18에 나타나는 '나의 해탈은 확고부동하다(akuppā me vimutti).'에 대한 주해도 참조하고 『상윳따 니까야』 제2권 「깨닫기 전 경」(S14:31)의 마지막 주해도 참조할 것.

심재 비유의 짧은 경

Cūḷa-sāropama Sutta(M30)

1. 이와 같이 나는 들었다. [198] 한때 세존께서는 사왓티에서 제따 숲의 아나타삔디까 원림(급고독원)에 머무셨다.

2. 그때 삥갈라꼿차 바라문930)이 세존을 뵈러 갔다. 가서는 세존과 함께 환담을 나누었다. 유쾌하고 기억할만한 이야기로 서로 담소를 하고서 한 곁에 앉았다. 한 곁에 앉아서 삥갈라꼿차 바라문은 세존께 여쭈었다.

"고따마 존자시여, 사문·바라문들이 있는데, 그들은 승가를 가졌고 무리를 가졌고 무리의 스승이고 잘 알려졌고 명성을 가졌고 교단의 창시자이며 많은 사람들이 성직자라고 인정합니다. 즉 뿌라나 깟사빠, 막칼리 고살라, 아지따 께사깜발리, 빠꾸다 깟짜야나, 산자야 벨랏티뿟따, 니간타 나따뿟따931)가 그들입니다. 그들은 모두 스스로

930) 주석서에 의하면 삥갈라꼿차 바라문(Piṅgalakoccha brāhmaṇa)의 원래 이름은 꼿차(Koccha)였는데 그가 황갈색을 띠고 있었기 때문에(piṅgala-dhātuka) 이렇게 불리게 되었다고 한다.(MA.ii.232)

931) 뿌라나 깟사빠(Pūraṇa Kassapa)를 비롯한 여기서 언급되는 사람들은 세존 당시의 육사외도(六邪外道)들이다. 『디가 니까야』 제1권 「사문과경」(D2)

자처하듯이 최상의 지혜로 알았습니까, 아니면 모두 최상의 지혜로 알지 못했습니까, 아니면 어떤 자들은 최상의 지혜로 알았고 어떤 자들은 최상의 지혜로 알지 못했습니까?"

"그만 하라, 바라문이여. '그들 모두 스스로 자처하듯이 최상의 지혜로 알았습니까, 아니면 모두 최상의 지혜로 알지 못했습니까, 아니면 어떤 자들은 최상의 지혜로 알았고 어떤 자들은 최상의 지혜로 알

---

§§17~32에 나타나는 이들의 주장을 간략하게 정리해 보면 다음과 같다.

(1) 뿌라나 깟사빠(Pūraṇa Kassapa)의 사상은 한마디로 도덕부정론(akiriya-vāda, 업지음 없음)이다. 그는 「사문과경」(D2) §17에서 어떤 나쁜 짓을 하거나 어떤 선한 일을 해도 죄악도 아니고 공덕도 아니라고 업지음 없음을 주장한다.

(2) 막칼리 고살라(Makkhaligosāla)는 윤회를 통한 청정(saṁsāra-suddhi)을 주장한다. 그는 "어리석은 자나 현자나 똑같이 그것을 모두 치달리고 윤회하고 나서야 괴로움의 끝을 낸다."(D2 §20)라고 주장한다. 그러므로 그의 사상은 운명론(niyati)이다. 모든 것은 이미 정해져 있기 때문에 어떠한 업지음(kiriya)도 노력(viriya)도 업의 결과(vipāka)도 있을 수 없다고 이 모두를 부정한다.

(3) 아지따 께사깜발리(Ajita Kesakambalī)는 [사후] 단멸론(uccheda-vāda)을 주장한다. 그는 "어리석은 자도 현자도 몸이 무너지면 단멸하고 멸절할 뿐이라서 죽고 난 다음이라는 것은 없다."(D2 §23)라고 주장한다.

(4) 빠꾸다 깟짜야나(Pakudha Kaccāyana)의 사상은 한마디로 결정론이다. 그는 땅의 몸, 물의 몸, 불의 몸, 바람의 몸, 즐거움, 괴로움, 마지막으로 영혼이라는 이 일곱은 본래 결정되어 있는 것이라고 주장한다.

(5) 니간타 나따뿟따(Nigaṇṭha Nātaputta)의 사상은 "모든 찬물을 금하고, 모든 악을 금하고, [모든 악을] 철저하게 금하여 모든 악을 제거하고, 모든 악을 금하여 [해탈을] 얻는다."(D2 §29)라는 네 가지 제어로 단속함(cātu-yāma-saṁvara)이라고 「사문과경」(D2)은 정리하고 있다. 그에 대해서는 『상윳따 니까야』 제4권 「니간타 나따뿟따 경」(S41:8) §2의 주해를 참조할 것.

(6) 산자야 벨랏티뿟따(Sañjayena Belaṭṭhiputta)의 사상은 우리에게 회의론으로 알려져 있는데 「사문과경」(D2)은 애매모호함(vikkhepa)이라는 용어로 정리하고 있다. D2 §32는 16가지 질문에 대해서 애매모호하게 답변하는 것으로 그의 태도를 정리하고 있다.

육사외도에 대한 소개는 『디가 니까야』 제1권 「사문과경」(D2) §16 이하의 주해들을 참조하기 바란다.

지 못했습니까?'라는 이 질문은 그만 멈추어라. 대신 그대에게 법을 설하리니 그것을 듣고 잘 마음에 잡도리하라. 이제 나는 설하리라."932)

"그렇게 하겠습니다, 세존이시여."라고 뼁갈라꼿차 바라문은 세존께 대답했다.

세존께서는 이렇게 말씀하셨다.

3. "바라문이여, 예를 들면 심재가 필요하고 심재를 찾는 사람이 심재를 찾아 이리저리 다니다가, 심재를 가지고 튼튼하게 서 있는 큰 나무의 심재를 지나치고 겉재목[白木質]을 지나치고 속껍질을 지나치고 겉껍질을 지나쳐서 잔가지와 잎사귀를 잘라 심재라 생각하고 돌아간다고 하자. 눈 있는 사람은 이를 보고 이렇게 말할 것이다.

'참으로 이 양반은 심재를 모르고, 겉재목도 모르고, 속껍질도 모르고, 겉껍질도 모르고, 잔가지와 잎사귀도 잘 모른다. 그리하여 이 양반은 심재가 필요하고 심재를 찾고 심재를 찾아 이리저리 다니지만, 심재를 가지고 튼튼하게 서 있는 큰 나무의 심재를 지나치고 겉재목을 지나치고 속껍질을 지나치고 겉껍질을 지나쳐서 잔가지와 잎사귀를 잘라 심재라 생각하고 돌아간다. 그래서 심재를 가지고 해야 할 일이 무엇이든 간에 그는 그 목적을 달성하지 못할 것이다.'"

4. "바라문이여, 예를 들면 심재가 필요하고 심재를 찾는 사람이 심재를 찾아 이리저리 다니다가, 심재를 가지고 튼튼하게 서 있는

---

932) 같은 질문이 『디가 니까야』 제2권 「대반열반경」(D16) §5.26에도 나타난다. 거기서는 수밧다 유행승(Subhadda paribbājaka)이 부처님께서 반열반에 드시는 날 밤에 세존을 찾아와서 세존께 본경과 같은 질문을 드린다. 세존께서는 §5.27에서 팔정도가 있어야 진정한 사문집단이라고 강조하시고 불교 교단에는 팔정도가 있으므로 진정한 사문집단이라고 힘주어 말씀하신다. 그래서 수밧다는 출가하여 부처님의 마지막 제자가 되고 아라한이 되었다.(§§5.28~30)

큰 나무의 심재를 지나치고 겉재목을 [199] 지나치고 속껍질을 지나쳐서 겉껍질을 잘라 심재라 생각하고 돌아간다고 하자. 눈 있는 사람은 이를 보고 이렇게 말할 것이다.

'참으로 이 양반은 심재를 모르고, 겉재목도 모르고, 속껍질도 모르고, 겉껍질도 모르고, 잔가지와 잎사귀도 잘 모른다. 그리하여 이 양반은 심재가 필요하고 심재를 찾고 심재를 찾아 이리저리 다니지만, 심재를 가지고 튼튼하게 서 있는 큰 나무의 심재를 지나치고 겉재목을 지나치고 속껍질을 지나쳐서 겉껍질을 잘라 심재라 생각하고 돌아간다. 그래서 심재를 가지고 해야 할 일이 무엇이든 간에 그는 그 목적을 달성하지 못할 것이다.'"

5. "바라문이여, 예를 들면 심재가 필요하고 심재를 찾는 사람이 심재를 찾아 이리저리 다니다가, 심재를 가지고 튼튼하게 서 있는 큰 나무의 심재를 지나치고 겉재목을 지나쳐서 속껍질을 잘라 심재라 생각하고 돌아간다고 하자. 눈 있는 사람은 이를 보고 이렇게 말할 것이다.

'참으로 이 양반은 심재를 모르고, 겉재목도 모르고, 속껍질도 모르고, 겉껍질도 모르고, 잔가지와 잎사귀도 잘 모른다. 그리하여 이 양반은 심재가 필요하고 심재를 찾고 심재를 찾아 이리저리 다니지만, 심재를 가지고 튼튼하게 서 있는 큰 나무의 심재를 지나치고 겉재목을 지나쳐서 속껍질을 잘라 심재라 생각하고 돌아간다. 그래서 심재를 가지고 해야 할 일이 무엇이든 간에 그는 그 목적을 달성하지 못할 것이다.'"

6. "바라문이여, 예를 들면 심재가 필요하고 심재를 찾는 사람이 심재를 찾아 이리저리 다니다가, 심재를 가지고 튼튼하게 서 있는

큰 나무의 심재를 지나쳐서 겉재목을 잘라 심재라 생각하고 돌아간다고 하자. 눈 있는 사람은 이를 보고 이렇게 말할 것이다.

'참으로 이 양반은 심재를 모르고, 겉재목도 모르고, 속껍질도 모르고, 겉껍질도 모르고, 잔가지와 잎사귀도 잘 모른다. 그리하여 이 양반은 심재가 필요하고 심재를 찾고 심재를 찾아 이리저리 다니지만, 심재를 가지고 튼튼하게 서 있는 큰 나무의 심재를 지나쳐서 겉재목을 잘라 심재라 생각하고 돌아간다. 그래서 심재를 가지고 해야 할 일이 무엇이든 간에 그는 그 목적을 달성하지 못할 것이다.'"

7. "바라문이여, 예를 들면 심재가 필요하고 심재를 찾는 사람이 심재를 찾아 이리저리 다니다가, 심재를 가지고 튼튼하게 서 있는 큰 나무의 심재를 잘라 심재라 생각하고 돌아간다고 하자. 눈 있는 사람은 이를 보고 이렇게 말할 것이다.

'참으로 이 양반은 심재를 알고, 겉재목도 알고, 속껍질도 알고, 겉껍질도 알고, 잔가지와 잎사귀도 잘 안다. 그래서 이 양반은 심재가 필요하고 심재를 찾고 심재를 찾아 이리저리 다니다가, 심재를 가지고 튼튼하게 서 있는 큰 나무의 심재를 잘라 심재라 생각하고 돌아간다. 그래서 심재를 가지고 해야 할 일이 무엇이든 간에 그는 그 목적을 달성할 것이다.'"

8. "바라문이여, 그와 같이 여기서 어떤 좋은 가문의 아들들은 다음과 같이 생각하면서 믿음으로 집을 나와 출가한다.

'나는 태어남과 늙음과 죽음과 근심·탄식·육체적 고통·정신적 고통·절망에 짓눌렸다. 괴로움에 짓눌렸다. 괴로움에 압도되었다. 이제 참으로 이 전체 괴로움의 무더기의 끝을 꿰뚫어 알아야겠다.'

그는 이와 같이 출가하여 이득과 존경과 명성을 얻게 된다. 그는 그 이득과 존경과 명성으로 마음이 흡족해졌고 이제 그는 목적을 달성했다. 그는 이 이득과 존경과 명성으로 자신을 칭송하고 남을 비난한다.

'나는 이득과 존경과 명성을 가졌다. 그러나 저 다른 비구들은 잘 알려지지 않았고 신도들도 적다.'

그는 이런 이득과 존경과 명성보다 더 높고 더 수승한 다른 법들을 실현하기 위해 의욕을 일으키지 않고 정진하지 않고 그것에 집착하여 태만해진다.

바라문이여, 예를 들면 심재가 필요하고 심재를 찾는 사람이 심재를 찾아 이리저리 다니다가, 심재를 가지고 튼튼하게 서 있는 큰 나무의 심재를 지나치고 겉재목을 지나치고 속껍질을 지나치고 겉껍질을 지나쳐서 잔가지와 잎사귀를 잘라 [200] 심재라 생각하면서 가져가면 그가 심재를 가지고 해야 할 일이 무엇이든 간에 그 목적을 달성하지 못하는 것과 같이 나는 이 사람을 그와 같다고 말한다."

9. "바라문이여, 여기서 어떤 좋은 가문의 아들들은 다음과 같이 생각하면서 믿음으로 집을 나와 출가한다.

'나는 태어남과 늙음과 죽음과 근심·탄식·육체적 고통·정신적 고통·절망에 짓눌렸다. 괴로움에 짓눌렸다. 괴로움에 압도되었다. 이제 참으로 이 전체 괴로움의 무더기의 끝을 꿰뚫어 알아야겠다.'

그는 이와 같이 출가하여 이득과 존경과 명성을 얻게 된다. 그는 그 이득과 존경과 명성을 얻더라도 마음으로 흡족해하지 않는다. 아직 그는 목적을 달성하지 못했다. 그는 이 이득과 존경과 명성으로 자신을 칭송하지 않고 남을 비난하지 않는다. 그는 이런 이득과 존경과 명성보다 더 높고 더 수승한 다른 법들을 실현하기 위해 의욕을 일으키고 정진하고 그것에 집착하지 않고 태만하지 않아서 계의 구족을 성취한다.

그는 그 계의 구족으로 마음이 흡족해졌고 이제 그는 목적을 달성했다. 그는 계의 구족으로 자신을 칭송하고 남을 비난한다.

'나는 계를 구족한 자이며 좋은 법을 가졌다. 그러나 저 다른 비구들은 계행이 나쁘고 삿된 법을 가졌다.'

그는 이런 계의 구족보다 더 높고 더 수승한 다른 법들을 실현하기 위해 [201] 의욕을 일으키지 않고 정진하지 않고 그것에 집착하여 태만해진다.

바라문이여, 예를 들면 심재가 필요하고 심재를 찾는 사람이 심재를 찾아 이리저리 다니다가, 심재를 가지고 튼튼하게 서 있는 큰 나무의 심재를 지나치고 겉재목을 지나치고 속껍질을 지나쳐서 겉껍질을 잘라 심재라 생각하면서 가져가면 그가 심재를 가지고 해야 할 일이 무엇이든 간에 그 목적을 달성하지 못하는 것과 같이 나는 이 사람을 그와 같다고 말한다."

10. "바라문이여, 여기서 어떤 좋은 가문의 아들들은 다음과 같이 생각하면서 믿음으로 집을 나와 출가한다.

'나는 태어남과 늙음과 죽음과 근심·탄식·육체적 고통·정신적 고통·절망에 짓눌렸다. 괴로움에 짓눌렸다. 괴로움에 압도되었다. 이제 참으로 이 전체 괴로움의 무더기의 끝을 꿰뚫어 알아야겠다.'

그는 이와 같이 출가하여 이득과 존경과 명성을 얻게 된다. 그는 그 이득과 존경과 명성을 얻더라도 마음으로 흡족해하지 않는다. 아직 그는 목적을 달성하지 못했다. 그는 이 이득과 존경과 명성으로 자신을 칭송하지 않고 남을 비난하지 않는다. 그는 이런 이득과 존경과 명성보다 더 높고 더 수승한 다른 법들을 실현하기 위해 의욕을 일으키고 정진하고 그것에 집착하지 않고 태만하지 않아서 계의 구족을 성취한다.

그는 계의 구족을 성취하여 마음이 흡족하지만 아직 그는 목적을 달성하지 못했다. 그는 계의 구족으로 자신을 칭송하지 않고 남을 비난하지 않는다. 그는 이런 계의 구족보다 더 높고 더 수승한 다른 법들을 실현하기 위해 의욕을 일으키고 정진하고 그것에 집착하지 않고 태만하지 않아서 삼매의 구족을 성취한다.

그는 그 삼매의 구족으로 마음이 흡족해졌고 이제 그는 목적을 달성했다. 그는 삼매의 구족으로 자신을 칭송하고 남을 비난한다.

'나는 삼매에 들고 마음이 전일하다. 그러나 저 다른 비구들은 삼매에 들지 못하고 마음이 산란하다.'

그는 이런 삼매의 구족보다 더 높고 더 수승한 다른 법들을 실현하기 위해 의욕을 일으키지 않고 정진하지 않고 그것에 집착하여 태만해진다.

바라문이여, 예를 들면 심재가 필요하고 심재를 찾는 사람이 심재를 찾아 이리저리 다니다가, 심재를 가지고 튼튼하게 서 있는 큰 나무의 심재를 지나치고 겉재목을 지나쳐서 속껍질을 잘라 심재라 생각하면서 가져가면 그가 심재를 가지고 해야 할 일이 무엇이든 간에 그 목적을 달성하지 못하는 것과 같이 나는 이 사람을 그와 같다고 말한다."

11. "바라문이여, 여기서 어떤 좋은 가문의 아들들은 다음과 같이 생각하면서 믿음으로 집을 나와 출가한다.

'나는 태어남과 늙음과 죽음과 근심·탄식·육체적 고통·정신적 고통·절망에 짓눌렸다. [202] 괴로움에 짓눌렸다. 괴로움에 압도되었다. 이제 참으로 이 전체 괴로움의 무더기의 끝을 꿰뚫어 알아야겠다.'

그는 이와 같이 출가하여 이득과 존경과 명성을 얻게 된다. 그는 그 이득과 존경과 명성을 얻더라도 마음으로 흡족해하지 않는다. 아직 그는 목적을 달성하지 못했다. 그는 이 이득과 존경과 명성으로 자신을 칭송하지 않고 남을 비난하지 않는다. 그는 이런 이득과 존경과 명성보다 더 높고 더 수승한 다른 법들을 실현하기 위해 의욕을 일으키고 정진하고 그것에 집착하지 않고 태만하지 않아 계의 구족을 성취한다.

그는 계의 구족을 성취하여 마음이 흡족하지만 아직 그는 목적을 이루지 못했다. 그는 계의 구족으로 자신을 칭송하지 않고 남을 비난하지 않는다. 그는 이런 계의 구족보다 더 높고 더 수승한 다른 법들을 실현하기 위해 의욕을 일으키고 정진하고 그것에 집착하지 않고 태만하지 않아 삼매의 구족을 성취한다.

그는 그 삼매의 구족을 성취하여 마음이 흡족하지만 아직 그는 목적을 달성하지 못했다. 그는 삼매의 구족으로 자신을 칭송하지 않고 남을 비난하지 않는다. 그는 이런 삼매의 구족보다 더 높고 더 수승한 다른 법들을 실현하기 위해 의욕을 일으키고 정진하고 그것에 집착하지 않고 태만하지 않아 지와 견[933]의 구족을 성취한다.

그는 지와 견의 구족으로 자신을 칭송하고 남을 비난한다.

'나는 알고 보면서 머문다. 그러나 저 다른 비구들은 알지도 못하고 보지도 못하며 머문다.'

그는 이런 지와 견의 구족보다 더 높고 더 수승한 다른 법들을 실

---

933) '지와 견(知見, ñāṇa-dassana)'에 대해서는 본서 「심재 비유의 긴 경」(M29) §5의 주해를 참조할 것.

현하기 위해 의욕을 일으키지 않고 정진하지 않고 그것에 집착하여 태만해진다.

바라문이여, 예를 들면 심재가 필요하고 심재를 찾는 사람이 심재를 찾아 이리저리 다니다가, 심재를 가지고 튼튼하게 서 있는 큰 나무의 심재를 지나쳐서 겉재목을 잘라 심재라 생각하면서 가져가면 그가 심재를 가지고 해야 할 일이 무엇이든 간에 그 목적을 달성하지 못하는 것과 같이 나는 이 사람을 그와 같다고 말한다."

12. "비구들이여, 여기서 어떤 좋은 가문의 아들들은 다음과 같이 생각하면서 믿음으로 집을 나와 출가한다.

'나는 태어남과 늙음과 죽음과 근심 · 탄식 · 육체적 고통 · 정신적 고통 · 절망에 짓눌렸다. 괴로움에 짓눌렸다. 괴로움에 압도되었다. 이제 참으로 이 전체 괴로움의 무더기의 끝을 꿰뚫어 알아야겠다.'

그는 이와 같이 출가하여 [203] 이득과 존경과 명성을 얻게 된다. 그는 그 이득과 존경과 명성을 얻더라도 마음으로 흡족해하지 않는다. 아직 그는 목적을 달성하지 못했다. 그는 이 이득과 존경과 명성으로 자신을 칭송하지 않고 남을 비난하지 않는다. 그는 이런 이득과 존경과 명성보다 더 높고 더 수승한 다른 법들을 실현하기 위해 의욕을 일으키고 정진하고 그것에 집착하지 않고 태만하지 않아 계의 구족을 성취한다.

그는 계의 구족을 성취하여 마음이 흡족하지만 아직 그는 목적을 달성하지 못했다. 그는 계의 구족으로 자신을 칭송하지 않고 남을 비난하지 않는다. 그는 이런 계의 구족보다 더 높고 더 수승한 다른 법들을 실현하기 위해 의욕을 일으키고 정진하고 그것에 집착하지 않고 태만하지 않아 삼매의 구족을 성취한다.

그는 그 삼매의 구족을 성취하여 마음이 흡족하지만 아직 그는 목적을 달성하지 못했다. 그는 삼매의 구족으로 자신을 칭송하지 않고 남을 비난하지 않는다. 그는 이런 삼매의 구족보다 더 높고 더 수승한 다른 법들을 실현하기 위해 의욕을 일으키고 정진하고 그것에 집착하지 않고 태만하지 않아 지와 견의 구족을 성취한다.

그는 지와 견의 구족으로 자신을 칭송하지 않고 남을 비난하지 않는다. 그는 이런 지와 견의 구족에 취하지 않고 방일하지 않아 방일함이 증가하지 않는다. 그는 이런 지와 견의 구족보다 더 높고 더 수승한 다른 법들을 실현하기 위해 의욕을 일으키고 정진하고 그것에 집착하지 않고 태만하지 않는다."

13. "바라문이여, 그러면 무엇이 지와 견보다 더 높고 더 수승한 법들인가? 바라문이여, 여기 비구는 감각적 욕망들을 완전히 떨쳐버리고 해로운 법[不善法]들을 떨쳐버린 뒤, 일으킨 생각[尋]과 지속적 고찰[伺]이 있고, 떨쳐버렸음에서 생긴 희열[喜]과 행복[樂]이 있는 초선(初禪)을 구족하여 머문다.

바라문이여, 이것이 지와 견보다 더 높고 더 수승한 법이다."934)

14. "바라문이여, 다시 비구는 일으킨 생각[尋]과 지속적 고찰[伺]을 가라앉혔기 때문에 [더 이상 존재하지 않고], 자기 내면의 것이고, 확신이 있으며, 마음의 단일한 상태이고, 일으킨 생각과 지속적 고찰은 없고, 삼매에서 생긴 희열과 행복이 있는 제2선(二禪)을 구족하여 머문다.

바라문이여, 이것도 지와 견보다 더 높고 더 수승한 법이다."

---

934) "어떻게 초선 등의 법이 지와 견보다 더 높은가?(ñāṇadassanena uttaritarā jātāti) 소멸의 토대가 되기 때문(nirodha-pādakattā)이다. 앞에서는 초선 등의 법들이 위빳사나의 토대(vipassanā-pādakā)가 되었고, 여기서는 소멸의 토대가 되기 때문에 더 높다고 알아야 한다."(MA.ii.234)

15. "바라문이여, 다시 비구는 희열이 빛바랬기 때문에 평온하게 머물고, 마음챙기고 알아차리며[正念·正知] 몸으로 행복을 경험한다. [이 禪 때문에] 성자들이 그를 두고 '평온하고 마음챙기며 행복하게 머문다.'고 묘사하는 제3선(三禪)을 구족하여 머문다.

바라문이여, [204] 이것도 지와 견보다 더 높고 더 수승한 법이다."

16. "바라문이여, 다시 비구는 행복도 버리고 괴로움도 버리고, 아울러 그 이전에 이미 기쁨과 슬픔을 소멸하였으므로 괴롭지도 즐겁지도 않으며, 평온으로 인해 마음챙김이 청정한 제4선(四禪)을 구족하여 머문다.

바라문이여, 이것도 지와 견보다 더 높고 더 수승한 법이다."

17. "바라문이여, 다시 비구는 물질[色]에 대한 인식을 완전히 초월하고 부딪힘의 인식을 소멸하고 갖가지 인식을 마음에 잡도리하지 않기 때문에 '무한한 허공'이라고 하면서 공무변처(空無邊處)를 구족하여 머문다.

바라문이여, 이것도 지와 견보다 더 높고 더 수승한 법이다."

18. "바라문이여, 다시 비구는 공무변처를 완전히 초월하여 '무한한 알음알이[識]'라고 하면서 식무변처(識無邊處)를 구족하여 머문다.

바라문이여, 이것도 지와 견보다 더 높고 더 수승한 법이다."

19. "바라문이여, 다시 비구는 식무변처를 완전히 초월하여 '아무것도 없다.'라고 하면서 무소유처(無所有處)를 구족하여 머문다.

바라문이여, 이것도 지와 견보다 더 높고 더 수승한 법이다."

20. "바라문이여, 다시 비구는 무소유처를 완전히 초월하여 비상

비비상처(非想非非想處)를 구족하여 머문다.

바라문이여, 이것도 지와 견보다 더 높고 더 수승한 법이다."

21. "바라문이여, 다시 비구는 비상비비상처를 완전히 초월하여 상수멸(想受滅)을 구족하여 머문다. 그리고 그의 통찰지로 [진리를] 보아서 번뇌를 남김없이 소멸한다.

바라문이여, 이것도 지와 견보다 더 높고 더 수승한 법이다."

22. "바라문이여, 예를 들면 심재가 필요하고 심재를 찾는 사람이 심재를 찾아 이리저리 다니다가, 심재를 가지고 튼튼하게 서 있는 큰 나무의 심재를 잘라서 그것을 심재라고 알고 가져가면 그가 심재를 가지고 해야 할 일이 무엇이든 간에 그 목적을 달성하는 것과 같이 나는 이 사람을 그와 같다고 말한다."

23. "바라문이여, 이처럼 청정범행은 이런 이득과 존경과 명성을 공덕으로 삼지 않는다. 계의 구족을 공덕으로 삼지 않는다. 삼매의 구족을 공덕으로 삼지 않는다. 지와 견의 구족을 공덕으로 삼지 않는다. 바라문이여, [205] 이 확고부동한 마음의 해탈[935]이야말로 청정범행의 목적이고, 청정범행의 심재이고, 청정범행의 완결이다."

24. 이렇게 말씀하시자 삥갈라꼿차 바라문은 세존께 이렇게 말씀드렸다.

"경이롭습니다, 고따마 존자시여. 경이롭습니다, 고따마 존자시여. 마치 넘어진 자를 일으켜 세우시듯, 덮여있는 것을 걷어내 보이시듯, [방향을] 잃어버린 자에게 길을 가리켜주시듯, 눈 있는 자 형상을 보

935) '확고부동한 마음의 해탈(akuppā ceto-vimutti)'에 대해서는 본서 「심재 비유의 긴 경」(M29) §7의 주해를 참조할 것.

라고 어둠 속에서 등불을 비춰주시듯, 고따마 존자께서는 여러 가지 방편으로 법을 설해주셨습니다. 저는 이제 고따마 존자께 귀의하옵고 법과 비구 승가에 귀의합니다. 고따마 존자께서는 저를 재가신자로 받아주소서. 오늘부터 목숨이 붙어 있는 그날까지 귀의하옵니다."

심재 비유의 짧은 경(M30)이 끝났다.

제3장 비유 품이 끝났다.

역자 · 대림스님

세등선원 수인(修印) 스님을 은사로 출가. 봉녕사 승가대학 졸업.
11년간 인도 뿌나 대학교(Pune University) 에서 산스끄리뜨어와 빠알리어 수학.
3년간 미얀마에서 아비담마 수학.
현재 초기불전연구원 원장 소임을 맡아 삼장 번역불사에 몰두하고 있음.

역서로 『염수경(상응부 느낌상응)』(1996), 『아비담마 길라잡이』(전2권, 2002, 12쇄 2016, 전정판 2쇄, 2018, 각묵스님과 공역), 『들숨날숨에 마음챙기는 공부』(2003, 개정판 2019), 『청정도론』(전3권, 2004, 9쇄 2023), 『앙굿따라 니까야』(전6권, 2006~2007, 6쇄 2021), 니까야강독(I/II, 2013, 4쇄 2017, 각묵스님과 공역)이 있음

맛지마 니까야 제1권

2012년 10월 10일 초판1쇄 인쇄
2024년 2월 6일 초판7쇄 발행

옮긴 이 | 대림스님
펴낸 이 | 대림스님
펴낸 곳 | 초기불전연구원
경남 김해시 관동로 27번길 5-79
전화 (055)321-8579
홈페이지 | http://tipitaka.or.kr
http://cafe.daum.net/chobul
이 메 일 | chobulwon@gmail.com
등록번호 | 제13-790호(2002.10.9)
계좌번호 | 국민은행 604801-04-141966 차명희
하나은행 205-890015-90404 (구.외환 147-22-00676-4) 차명희
농협 053-12-113756 차명희
우체국 010579-02-062911 차명희

ISBN 978-89-91743-23-6
ISBN 978-89-91743-22-9(전4권)

값 | 30,000원